电子科技大学高水平教材建设项目

知识产权管理：理论与实践
（第二版）

肖延高　范晓波　万小丽　翁治林　等　著

科学出版社

北　京

内 容 简 介

本书借鉴大量中外文献研究成果，追溯了知识产权的法学和管理经济学双重本源，分析了知识产权管理的内涵、功能和定位等。在此基础上，结合创新驱动的最新知识产权制度和商业实践，从知识产权的形式要素和行为要素两个维度，系统构建起包括专利、商标、著作权、商业秘密等知识产权的创造、运营、保护、组织和战略框架，内容翔实，案例丰富。

本书不仅适合作为高校，特别是理工科高校知识产权管理、知识产权与信息检索等课程的配套教材或参考书，而且适合企业、高校、科研院所、行政管理部门的技术创新和知识产权研究者、管理者阅读参考。

图书在版编目(CIP)数据

知识产权管理：理论与实践/肖延高等著．—2版．—北京：科学出版社，2020.12（2023.1重印）
ISBN 978-7-03-067067-0

Ⅰ.①知⋯ Ⅱ.①肖⋯ Ⅲ.①知识产权–管理 Ⅳ.①D913.4

中国版本图书馆CIP数据核字（2020）第242545号

责任编辑：张 展 莫永国／责任校对：彭 映
责任印制：罗 科／封面设计：墨创文化

科学出版社 出版
北京东黄城根北街16号
邮政编码：100717
http://www.sciencep.com

四川煤田地质制图印务有限责任公司
科学出版社发行 各地新华书店经销

*

2016年11月第 一 版　开本：787×1092 1/16
2020年12月第 二 版　印张：24 1/4
2023年1月第五次印刷　字数：520 000
定价：88.00元
（如有印装质量问题，我社负责调换）

《知识产权管理：理论与实践(第二版)》作者名单

前言、第一章、第二章：肖延高

第三章：万小丽

第四章：林　青、凌世婷

第五章：肖延高、黄小洵、冯　薇

第六章：肖延高、黄小洵

第七章：肖延高、冯　薇

第八章：万小丽

第九章、第十章：范晓波

第十一章、第十二章：肖延高、翁治林

第十三章：肖延高、童文锋、刘佳佳、张合成

第二版前言

当前,新一轮科技革命和产业变革大规模快速发展,新一代移动通信、大数据、云计算、人工智能、物联网等新技术和新业态不断涌现,世界正在发生百年未有之大变局,人类社会正从信息时代逐渐向智能时代迈进。中国共产党第十九次全国代表大会明确提出,我国经济已由高速增长阶段转向高质量发展阶段,需要倡导创新文化,强化知识产权创造、保护、运用。《中共中央关于制定国民经济和社会发展第十四个五年规划和二〇三五年远景目标的建议》进一步强调,坚持创新驱动发展,全面塑造发展新优势。国家如是,企业等创新主体也如是。

《知识产权管理:理论与实践》自2016年11月出版以来,以扎实的理论基础和翔实的实践考察,得到学界同仁的认可和广大读者的喜爱。近四年里,我国知识产权司法体制改革和法律制度完善取得了长足进步,知识产权管理业已成为企业保护创新成果、保障经营安全乃至引领可持续发展的重要支撑。出版一本既遵循法律规范和管理逻辑,又反映创新过程和商业实践的知识产权管理教材,是创新驱动高质量发展的伟大时代赋予理工科高校教师的使命和责任。正是本着这样的初心,我们对《知识产权管理:理论与实践》进行了大幅修订和优化,不仅使其体例更符合教材的要求,而且保证内容与时俱进。

一是体例上符合教材结构的系统性要求。本书将本书第一版九章扩展为六篇十三章,包括基础篇、创造篇、运营篇、保护篇、组织与战略篇和案例篇,以体现教材在结构上的完整性和逻辑性。其中,基础篇包括第一章和第二章,讨论的是知识产权的含义和类型,以及知识产权管理的一系列基本问题;创造篇包括第三章和第四章,分析了知识产权开发、获取和维护规则,以及知识产权检索和利用策略;运营篇包括第五章至第八章,涉及知识产权的实施、知识产权许可和转让、知识产权的投资和融资,以及知识产权价值评估;保护篇包括第九章和第十章,探讨了知识产权侵权认定与救济途径,以及知识产权海外保护策略;组织与战略篇包括第十一章和第十二章,内容是知识产权治理模式和组织设计,以及知识产权战略制定和实施;案例篇包括第十三章,深度分析了华为、小米和丝丽雅等中国企业的知识产权管理案例。另外,本次再版还增加了"本章要点""开篇案例""复习思考题"等内容,以方便教师教学及读者导读和复习。

二是内容上强调知识产权的商业价值实现方法和策略。按照《布莱克法律词典》(第十版)对"知识产权"词条的释义,从权利的角度来看,知识产权是保护具有商业价值的人类智力成果的非物质性权利;从财产的角度来看,知识产权是以具体或抽象形式存在的、具有商业价值的人类智力成果。长期以来,我国高校开展的知识产权相关课程教学,往往强调知识产权客体——人类智力成果的"非物质性",对知识产权本身的"商业价值性"却有所忽略。本书将知识产权视为企业等创新主体保护其创新成果、并借此获得可持续竞争优势的战略资源,不仅探讨了知识产权管理与战略管理、创新管理、营销管理、知识管理、人力资源管理、财务管理等的逻辑关系,而且厘清了知识产权管理的功能组合,即"指引创新路径,服务市场拓展"的导航功能,"保护创新成果,维护市场竞争"的护航功能,以及"赢得创新所得,支撑经营战略"的领航功能。后续章节主要就是围绕如何实现知识产权管理的上述功能而展开的。

三是时效上保证与最佳商业实践和知识产权法律制度修订的一致性。近年来,随着知识产权数量的增长、知识产权价值的凸显,以及知识产权诉讼的频发,引发了一系列亟待解决的知识产权管理问题,如知识产权管理的含义、功能、定位及其结构等认识论问题,以及知识产权管理的方法论问题,如知识产权能力与经营战略匹配策略、知识产权组合管理策略、知识产权许可和转让策略、知识产权投融资策略、知识产权评估和定价方法与流程、知识产权诉讼管理策略、知识产权治理模式和机制等。与此同时,《中华人民共和国民法典》自2021年1月1日起施行,新《中华人民共和国商标法》自2019年11月1日起施行,新《中华人民共和国专利法》自2021年6月1日起施行,新《中华人民共和国著作权法》自2021年6月1日起施行,涉及商业秘密保护的《中华人民共和国反不正当竞争法》于2019年4月23日修正。概而言之,知识产权管理实践对法律制度完善提出了新的诉求,知识产权法律制度的修订又引起企业等创新主体知识产权管理行为的动态调整。《知识产权管理:理论与实践》(第二版)正是对最新商业实践和知识产权法律制度修订的积极回应。

本书系集体智慧的结晶。肖延高、范晓波和万小丽拟订写作大纲,并由相应作者分工撰写完成。前言、第一章、第二章作者为肖延高;第三章作者为万小丽;第四章作者为林青和凌世婷;第五章作者为肖延高、黄小洵和冯薇;第六章作者为肖延高和黄小洵;第七章作者为肖延高和冯薇;第八章作者为万小丽;第九章、第十章作者为范晓波;第十一章、第十二章作者为肖延高和翁治林;第十三章的案例一由肖延高、童文锋和刘佳佳撰写,案例二由肖延高和童文锋撰写,案例三由肖延高和张合成撰写。全书由肖延高、范晓波和万小丽统稿。

由于作者水平所限,书中难免存在不足之处,请广大读者批评指正。

第一版前言

随着全球知识经济的兴起，知识产权业已成为企业参与全球竞争的战略资源，知识产权管理是企业特别是创新型企业的核心要务之一。2013 年 3 月 1 日，国家质量监督检验检疫总局和国家标准化委员会共同发布的《企业知识产权管理规范》(GB/T 29490—2013)（以下简称《规范》）正式实施。《规范》旨在引导企业将知识产权的创造、运用、保护和组织等管理活动，嵌入研发、生产、采购、销售和进出口等经营全流程，从而促进企业开展技术创新，提升核心竞争力，提高市场竞争地位，实现可持续发展。《规范》的发布与实施，标志着中国企业知识产权管理开始走上有章可循、有标可对的标准化发展道路。

企业知识产权管理实践，向知识产权学术界提出了诸多亟待解决的问题，迫切需要进行理论探讨和总结。比如，①知识产权管理的认识论问题，包括知识产权管理的内涵、功能、定位，以及逻辑结构和能力测度等；②知识产权管理的方法论问题，特别是作为动态竞争环境下企业柔性战略资源、知识产权的管理方法特殊性问题；③知识产权管理的实践性问题，如知识产权发展与公司战略匹配、知识产权的组合管理策略、知识产权许可和转让模式与策略、知识产权投融资模式与策略、知识产权评估和定价方法与流程、知识产权诉讼管理策略、知识产权组织模式选择、不同产业领域和生命周期的企业知识产权管理策略等。

本书正是作者们"迎难而上"开展理论探索和实践总结的结果。借鉴大量的中外文献研究成果，本书追溯了知识产权的法学和管理经济学双重本源，分析了知识产权管理的内涵、功能和定位等。在此基础上，本书打开知识产权的形式要素"黑箱"和行为要素"黑箱"，以知识产权创造、运营、保护和组织等管理行为为主线，试图系统构建包括专利、商标、著作权、商业秘密等知识产权的管理框架。本书的基本内容和主要结论如下。

在知识产权管理基础理论部分，综述了知识产权的法学含义和管理经济学含义，给出了知识产权管理的内涵、功能和定位等。①借鉴形式逻辑关于事物属性的分类方法，分析了知识产权的特有属性，即对象的非物质性是知识产权的本质属性，专有性是法律赋予知识产权在权利性质上的固有属性，时间性是法律赋予知识产权在时间上的固有属性，地域性是法律赋予知识产权在空间上的固有属性。②从知识、智力资本、智力资产和知识产权等概念的逻辑关系出发，总结出知识产权的资源特性，即处于企业知识系统价值链高端的知识产权，是企业谋求和保持竞争优势的内在源泉。③借鉴既有文献和企业实践，给出知识产权管理的定义，即知识产权管理是指企业为了赢得创新所得和竞争优势，创造、运营、保护和组织其知识产权，如专利、商标、著作权、商业秘密等一系列活动的总称；总结出知识产权管理的特征，即商业性、集成性、合规性、国际性和动态性。④探讨了知识产权管理与战略管理、创新管理、营销管理、知识管理、人力资源管理、财务管理的逻辑关系和相互作用。在此基础上，给出了知识产权管理的三大功能，即导航功能（指引创新路径、服务市场拓展)、护航功能(保护创新成果、维护市场竞争)及领航功能(赢得创新所得、支撑经营战略)。⑤采用知识产权的形式要素和行为要素,构建起二维的知识产权管理框架,给出了知识产权能力解构和测度指标体系。

在知识产权创造部分,从企业技术创新和市场拓展双重视角,围绕专利、商标、著作权和商业秘密的权利开发、获取和维护,给出知识产权创造的规则、流程和要诀。①知识产权开发主要包括专利研发、商标设计、作品创作和商业秘密认定。专利研发的重点是研发定位、专利挖掘和技术交底;商标设计的重点是明确商标定位、符合法律要求、尊重设计原则;作品创作的重点是明确权利归属、注意证据保存;商业秘密认定则需要考量和平衡企业的维护成本和预期经济利益。②知识产权获取是将创新成果固化为知识产权的重要环节。无论是自行申请还是委托申请专利,内部评审和信息检索都是必不可少的。对于商标注册来说,时间、地域和类别的选择则具有举足轻重的意义;计算机软件著作权登记,不仅有利于著作权交易,而且可以获得重点保护和税收优惠。③知识产权维护的过程也是知识产权筛选的过程。企业应该根据实际需要,以及知识产权本身的价值,选择是否继续维护其效力。不同的知识产权类型,需要采取不同的维护策略。特别是对于满足秘密性、价值性和保密性的商业秘密来说,组合采取制度性保密措施和物理性保密措施是必要的。

在知识产权运营部分,聚焦企业知识产权运营的三大重要形式,即知识产权实施、知识产权许可和转让、知识产权投资和融资,解析知识产权运营的规则、技巧和流程,在此基础上,详细讨论知识产权运营系统的基础模块,即知识产权价值评估,分析不同知识产权类型的价值评估方法及其重点考虑因素。①知识产权的实施。首先,分析企业专利实施中的注意事项,包括善用禁止权排除他人的妨害,借助抗辩权避免专利侵权,运用共有权处理好与合作者的关系等。其次,讨论商标使用中应当避免的注册商标"搭便车"行为和"恶意抢注"行为,给出未注册商标的正确使用和驰名商标的合理使用要求,强调对他人在先权利的尊重。再次,讨论共有著作权的使用规则和"合理使用"抗辩,以及避免信息网络传播过程中的著作权侵权和"避风港规则"运用策略。最后,给出商业秘密的使用策略,如完善企业内部商业秘密使用制度和流程,管控员工离职造成的商业秘密泄漏风险,履行企业与商业伙伴协作过程中的保密义务。②知识产权的许可和转让。在讨论知识产权许可及许可费的含义和类型的基础上,分析了专利、商标和著作权的许可规则及其运用,包括许可费的影响因素、许可谈判注意事项、许可合同的内容等;给出专利、商标和著作权转让规则的运用重点,包括法律状态和实施情况调查,专利、商标和著作权转让的登记效力,以及不同知识产权类型转让的特殊规则遵循,如近似商标一并转让、著作权重复转让的处理等。③知识产权投资和融资。在知识产权投资方面,分析了知识产权投资的适格性、可投资的知识产权范围,以及知识产权投资的资本充实责任等。在知识产权质押融资方面,给出了知识产权质押的规则运用重点,如区分知识产权质押合同生效和质权设定,完善知识产权质押合同的内容,把握知识产权质押登记的注意事项等。④知识产权价值评估。在介绍成本法、市场法、收益法、实物期权法等评估方法的基础上,分析了专利交易价值评估、专利清算价值评估、专利担保价值评估、专利公平价值评估等专利价值评估类型的特殊要求,以及商标、著作权和商业秘密的价值影响因素和评估方法。

在知识产权保护部分,从知识产权侵权行为认定、知识产权司法保护、知识产权行政保护三个方面，分析了专利、商标、著作权和商业秘密等知识产权的保护标准、规则和流程；进而给出中国企业的海外诉讼策略、美国337调查应对策略和展会知识产权风险管控策略，以期有助于增强中国企业的海外知识产权风险管理能力。①在知识产权侵权行为的认定上，企业不仅要注意区分专利相同侵权和等同侵权的认定规则，而且还要善于运用不构成侵犯专利权的抗辩情形；不仅有必要认识到商标专用权的保护范围大于其使用权行使的范围，而且还要关注非商标意义使用、在先使用者正当使用其商标、商标权穷竭等商标侵权例外情形；不仅要关注传统的著作权侵权行为，还要关注互联网环境下对信息网络传播权的保护，以及网络服务提供商的行为边界；不仅要关注商业秘密的三大构成要件，而且还要警惕正当"反向工程"的特定要求等。②在知识产权的司法和行政保护规则运用上，享有知识产权的权利人（包括利害关系人），必要时要善于利用民事诉讼、刑事诉讼、行政诉讼、行政执法等救济途径，追究侵权人的民事法律责任、刑事法律责任和行政法律责任，以切实保障权利人的合法权益。③在海外知识产权风险管理策略上，为了应对来自海外市场所在法域的知识产权讼案，我国企业有必要树立尊重他人知识产权、按照国际通行规则处理知识产权事务的意识；同时采取积极措施和有效策略，主动应对海外知识产权讼案。针对美国337调查，有必要持续提升技术能力与知识产权预防意识，灵活运用诉讼策略，或者通过产品重新设计进入美国市场等。针对我国企业赴海外参展频繁遭遇知识产权纠纷问题，参展企业应提前了解展会知识产权保护规则，并在展会举办国及时取得知识产权；如果检索发现侵权存疑，提交保护信函不失为一种应对诉前禁令的有效策略；如果发生知识产权侵权指控以及展品被查扣没收情形，而我国企业又认为自己的产品不构成侵权时，则应积极申辩，防止外国企业滥用知识产权，阻碍市场进入。

在知识产权组织与战略部分，从企业知识产权管理角度，提出知识产权组织概念，进而解析了企业知识产权治理模式、组织架构和制度流程，给出了企业知识产权战略结构。①为了有力支撑知识产权创造、运营和保护，企业有必要根据自身的发展阶段、经营战略、企业规模、行业特点等情况，对知识产权组织进行顶层设计，选择恰当的知识产权治理模式，包括集中治理模式、分散治理模式和行列治理模式；同时，结合企业自身的经营目标和组织架构，处理好知识产权组织与研发、法务和经营部门的组织关系，保证企业知识产权组织的良好运行。②随着企业资源的"轻量化"和企业发展"创新驱动"越来越成为主流，知识产权在企业竞争中的作用越来越显性化。知识产权创造、运营、保护和组织等也从先前的"偶然""非连续"和"部门"性企业管理活动逐渐演变成"必然""长远"和"全局"性企业管理活动，知识产权战略的制定和实施已经成为企业特别是创新型企业的重要管理活动。作为企业整体经营战略的组成部分，知识产权战略的制定和实施既要遵循企业战略管理的一般规则和方法，又要考虑知识产权的资源特性和知识产权管理的特定功能。为此，本书借鉴战略管理理论和方法，结合企业知识产权管理实践，给出了企业知识产权战略环境分析的方法，详细解析了知识产权战略目标、战略任务和战略措施的结构和要点，以及知识产权战略实施的步骤和动态调整策略。

在企业知识产权管理案例部分，精选中国六个典型企业的知识产权管理案例，旨在结合案例企业的知识产权管理里程碑事件，讨论处于不同产业背景和不同企业生命周期的中国企业的知识产权管理实践的困惑及其解决之道。案例一重点分析全球本土化发展阶段的华为实施反专利劫持的动因和策略。案例二侧重讨论凭借互联网技术和商业模式创新迅速崛起的小米等创业型公司在国际化初期面临的专利竞争格局及其应对策略。案例三分析了丝丽雅面对"效率瓶颈"、"资源瓶颈"和"环保瓶颈"所作出的创新努力，以及采取的相应知识产权管理策略。案例四总结了长虹在本土化和国际化阶段的差异化知识产权管理策略。案例五解读了成都光明基于全球商业竞争的专利侵权应对和全 IP 管理体系构建方面所做的努力；案例六介绍了处于初创期和成长期的老肯科技如何实现创新能力与知识产权管理策略的动态匹配。

  本书作者持续关注并着手研究企业知识产权管理问题，迄今已是十年有余。其间，诸多学界前辈和同仁的关照与教诲，如海岸灯塔，既温暖于心，又激励我们努力前行。特别感谢刘春田教授、朱雪忠教授、李仕明教授和唐小我教授，先生们待人宽厚、治学严谨，时时鞭策我们立志成为对国家、对民生有益的学者。受惠师恩良多，感激之情长存于心！十余年来，我们在各地知识产权行政管理部门的支持和帮助下，先后走访调研过一百余家企业。这些发端和扎根于中国的本土企业，正在国际化和全球本土化征程上抢滩涉水，以奋斗者的姿态践行着他们的商业使命；而企业界人士对学术研究表现出的社会责任感和公益心，值得我们尊敬并满怀感激！在长期调研和学习的过程中，我们也有幸结识了一批企业界和政府的杰出管理者和知识产权精英，多谢诸君的真诚相待和给予的讨论机会！

  感谢科学出版社领导的厚爱和"知识产权管理研究丛书"编委会委员们的辛勤付出，将拙作列入丛书出版计划；感谢"中细软知识产权管理研究出版基金"的资助，使得本书（第一版）能够尽快与读者见面。

  本书是作者们集体智慧的结晶。全书由肖延高、范晓波和万小丽拟订写作提纲，并由相应作者分工撰写完成。前言、第一章、第二章作者为肖延高；第三章作者为万小丽；第四章第一节、第二节、第三节作者为肖延高和翁治林，第四节作者为万小丽；第五章、第六章作者为范晓波；第七章作者为翁治林和肖延高；第八章作者为肖延高；第九章案例一由肖延高、童文锋和刘佳佳撰写，案例二由肖延高和童文锋撰写，案例三由肖延高撰写，案例四由代德建撰写，案例五由刘慧撰写，案例六由常相辉撰写。全书由肖延高、范晓波和万小丽统稿。

  书中难免存在疏漏和不足之处，敬请学界前辈、企业界朋友和读者批评指正。

目　录

第一篇：基础篇

第一章　知识产权的含义和类型 3
 第一节　知识产权的法学含义 4
  一、知识产权的概念 4
  二、知识产权的本质和特有属性 6
 第二节　知识产权的管理经济学含义 13
  一、知识观：竞争优势理论的新发展 13
  二、知识的含义和类型 15
  三、知识、智力资本、智力资产和知识产权 16
 第三节　知识产权的类型 17
  一、专利 17
  二、商标 20
  三、著作权 21
  四、商业秘密 22
  五、其他知识产权 24
 复习思考题 25
 参考文献 26

第二章　知识产权管理的基本问题 29
 第一节　知识产权管理的缘起 30
  一、知识产权是知识经济时代的核心资源 30
  二、知识产权数量持续增长 31
  三、知识产权价值凸显 36
  四、知识产权诉讼案频发 39
 第二节　知识产权管理的含义和功能 40
  一、知识产权管理的概念和特征 40
  二、知识产权管理的定位 44
  三、知识产权管理的功能 52
 第三节　知识产权管理行为解构 57

复习思考题 ·· 60
参考文献 ·· 60

第二篇：创造篇

第三章 知识产权的开发、获取和维护 ·· 65
第一节 知识产权的开发、获取和维护概述 ·· 67
第二节 专利的研发、申请和维护 ·· 68
一、专利研发 ·· 68
二、专利申请 ·· 72
三、专利维护 ·· 78
第三节 商标的设计、注册和维护 ·· 79
一、商标设计 ·· 79
二、商标注册 ·· 89
三、商标维护 ·· 93
第四节 著作权的开发和登记 ·· 94
一、作品创作 ·· 94
二、著作权登记 ··· 95
第五节 商业秘密的认定和保密 ··· 97
一、商业秘密认定 ·· 97
二、商业秘密保密 ··· 100
复习思考题 ··· 101
参考文献 ·· 102

第四章 知识产权信息检索与利用 ·· 103
第一节 信息检索概述 ·· 103
一、检索原理 ··· 104
二、文献类型 ··· 105
三、检索策略 ··· 107
四、检索效果的评估 ·· 110
第二节 期刊检索及利用 ··· 111
一、期刊文献 ··· 111
二、检索平台及分析工具 ·· 112
第三节 商标检索 ·· 117
第四节 专利检索及利用 ··· 119
一、专利文献 ··· 119

二、专利文献的特征检索途径 ··· 123
　　三、检索平台及分析工具 ··· 130
　　四、专利信息的利用 ··· 140
复习思考题 ·· 152

第三篇：运营篇

第五章　知识产权的实施 ·· 155
第一节　专利的实施 ·· 156
　　一、善用禁止权排除他人的妨害 ······································· 156
　　二、运用抗辩权维护自身合法权益 ··································· 157
　　三、运用共有权处理好与合作者关系 ································ 159
第二节　商标的使用 ·· 161
　　一、注册商标的正确使用 ··· 161
　　二、未注册商标的正确使用 ··· 162
　　三、驰名商标的正确使用 ··· 162
　　四、尊重他人现有的在先权利 ·· 164
第三节　著作权的使用 ·· 165
　　一、法人作品、职务作品和委托作品的使用规则 ·············· 165
　　二、共有著作权的使用 ·· 166
　　三、"合理使用"抗辩 ··· 167
　　四、避免信息网络传播的著作权侵权 ······························· 168
第四节　商业秘密的使用 ·· 169
复习思考题 ·· 171
参考文献 ··· 173
第六章　知识产权许可和转让 ··· 174
第一节　知识产权许可 ·· 175
　　一、知识产权许可的含义和类型 ······································· 175
　　二、知识产权许可费的类型和确定方法 ··························· 177
　　三、专利许可规则及其运用 ··· 179
　　四、商标许可规则及其运用 ··· 182
　　五、著作权许可规则及其运用 ··· 183
第二节　知识产权转让 ·· 186
　　一、知识产权转让的含义 ··· 186

二、专利权的转让规则及其运用 ……………………………………………… 187
　　三、商标权的转让规则及其运用 ……………………………………………… 188
　　四、著作权的转让规则及其运用 ……………………………………………… 190
　复习思考题 ……………………………………………………………………… 191
　参考文献 ………………………………………………………………………… 192

第七章　知识产权的投资和融资 …………………………………………… 193
　第一节　知识产权出资管理 ……………………………………………………… 194
　　一、知识产权出资的适格性 …………………………………………………… 194
　　二、知识产权出资的方式及程序 ……………………………………………… 195
　　三、知识产权出资人的资本充实(填补)责任 ………………………………… 199
　第二节　知识产权质押管理 ……………………………………………………… 200
　　一、知识产权质押概述 ………………………………………………………… 200
　　二、知识产权质押合同的内容 ………………………………………………… 202
　　三、知识产权质押登记 ………………………………………………………… 203
　　四、知识产权质权的实现 ……………………………………………………… 204
　第三节　知识产权信托管理 ……………………………………………………… 205
　　一、知识产权信托的定义 ……………………………………………………… 205
　　二、知识产权信托的类型 ……………………………………………………… 206
　　三、知识产权信托财产的范围和独立性 ……………………………………… 207
　　四、知识产权信托当事人及其权利和义务 …………………………………… 208
　　五、知识产权信托的设立和终止 ……………………………………………… 209
　复习思考题 ……………………………………………………………………… 210
　参考文献 ………………………………………………………………………… 210

第八章　知识产权价值评估 …………………………………………………… 211
　第一节　知识产权价值评估概述 ………………………………………………… 212
　　一、知识产权价值评估的意义 ………………………………………………… 212
　　二、知识产权价值评估的基本方法 …………………………………………… 213
　　三、知识产权价值评估的原则 ………………………………………………… 214
　第二节　专利价值评估 …………………………………………………………… 214
　　一、专利价值的分类 …………………………………………………………… 215
　　二、专利价值的基本评估方法 ………………………………………………… 216
　　三、专利价值的特殊评估方法 ………………………………………………… 218
　第三节　商标价值评估 …………………………………………………………… 221
　　一、商标价值的影响因素 ……………………………………………………… 223
　　二、商标价值的评估方法 ……………………………………………………… 223

第四节　著作权和商业秘密价值评估	224
复习思考题	225
参考文献	225

第四篇：保护篇

第九章　知识产权侵权与救济	229
第一节　知识产权侵权认定	230
一、专利侵权认定	230
二、商标侵权认定	237
三、著作权侵权认定	243
四、商业秘密侵权认定	248
第二节　侵犯知识产权的法律救济	251
一、民事救济	252
二、刑事救济	258
三、行政救济	261
第三节　确认不侵权之诉	262
复习思考题	266
参考文献	266
第十章　知识产权海外保护	267
第一节　海外知识产权诉讼及应对	268
一、我国企业海外知识产权诉讼	268
二、商标海外遭抢注与维权	270
三、海外诉讼的应对	271
第二节　美国337调查及应对	273
一、美国337调查概述	273
二、337调查给我国企业及相关行业发展带来严重不利影响	275
三、我国企业应对337调查策略分析	277
第三节　展会知识产权风险与应对	279
一、我国企业境外参展遭遇知识产权纠纷	279
二、展会知识产权执法措施	280
三、展会知识产权风险应对策略	283
复习思考题	284
参考文献	284

第五篇：组织与战略篇

第十一章 知识产权组织 … 289
第一节 知识产权组织概念的提出 … 290
一、宏观背景：实施国家知识产权战略的内在要求 … 290
二、微观背景：知识产权创造、运营和保护需要高效的组织支撑 … 291
第二节 知识产权治理模式 … 292
一、集中治理模式 … 292
二、分散治理模式 … 293
三、行列治理模式 … 294
第三节 知识产权组织架构 … 295
一、隶属于研发部门的组织架构 … 296
二、隶属于法务部门的组织架构 … 297
三、隶属于企业总部的组织架构 … 297
第四节 知识产权管理制度 … 298
一、知识产权管理总则 … 299
二、专利管理制度 … 301
三、商标管理制度 … 310
四、著作权管理制度 … 313
五、商业秘密管理制度 … 317
复习思考题 … 325
参考文献 … 325

第十二章 知识产权战略制定和实施 … 326
第一节 知识产权战略的理论和方法 … 326
一、企业战略基本理论 … 326
二、知识产权战略的含义和原则 … 328
三、知识产权战略的框架 … 330
第二节 知识产权战略的环境分析 … 332
一、知识产权战略环境分析方法 … 332
二、知识产权战略环境分析要点 … 335
第三节 知识产权战略的制定 … 340
一、知识产权战略目标的结构和要点 … 340
二、知识产权战略任务的结构和要点 … 341
三、知识产权战略措施的结构和要点 … 343
第四节 知识产权战略的实施和调整 … 347

一、知识产权战略实施的步骤 ··· 347
　　二、知识产权战略实施的评估与调整 ······································· 348
复习思考题 ··· 349
参考文献 ··· 350

第六篇：案例篇

第十三章　知识产权管理案例 ··· 353
案例一　华为：全球化进程中的反专利劫持动因和策略 ··············· 353
　　一、华为反专利劫持的动因何在 ··· 354
　　二、华为采取何种策略成功实现反专利劫持 ···························· 356
　　三、对中国 ICT 企业有何借鉴价值 ······································· 357
　　四、对欧美跨国公司有何现实启示 ·· 358
案例二　小米：国际化的专利困局与对策 ··································· 359
　　一、专利之困 ·· 359
　　二、困局之势 ·· 361
　　三、破局之策 ·· 362
案例三　丝丽雅：依靠创新突破瓶颈的知识产权管理策略 ············· 365
　　一、突破"效率瓶颈"：一锭多丝技术工艺创新 ························ 366
　　二、突破"资源瓶颈"：竹、木、棉、麻复合纤维产品创新 ········ 367
　　三、突破"环保瓶颈"：溶剂法纤维和粘胶法纤维的错位技术创新 ··· 368

第一篇：基础篇

第一章 知识产权的含义和类型

本章要点：
1. 理解知识产权的法学含义和管理经济学含义。
2. 掌握知识产权的特有属性及其逻辑关系。
3. 掌握知识、智力资本、智力资产和知识产权的逻辑关系。
4. 了解知识产权的商业价值。

开篇案例一　海尔智家：研发、专利与标准同步，助力全球大型家电第一品牌发展[①]

海尔智家股份有限公司（原名：青岛海尔股份有限公司）是为全球用户定制美好生活解决方案的智慧家庭生态品牌商，总部位于中国青岛。公司主要从事冰箱/冷柜、洗衣机、空调、热水器、厨电、小家电等智能家电产品与智慧家庭场景解决方案的研发、生产和销售，通过丰富的产品、品牌、方案组合，创造全场景智能生活体验，满足用户定制美好生活的需求。公司成立于1984年，并于1993年、2018年分别在上海证券交易所和法兰克福交易所上市。根据世界权威市场调查机构欧睿国际（Euromonitor）全球大型家用电器品牌零售量数据：海尔大型家用电器2019年品牌零售量连续十一年蝉联全球第一；同时，冰箱、洗衣机、酒柜、冷柜销售量继续蝉联全球第一。2019年，海尔健康自清洁空调、互联空调全球市场份额分别为43.4%、29.4%，排名全球第一。

上述商业绩效和品牌发展，与海尔持续开展研发、专利和标准同步的知识产权管理息息相关。①实施全球研发资源布局。海尔不仅在全球范围内建立了十大研发中心（其中8家位于海外），而且建立了根据用户痛点随时并联的N个创新中心，搭建"10+N"开放式创新体系。在自主创新的同时，海尔还开放地连接全球资源，搭建开放式创新平台HOPE，打通用户与资源之间的壁垒，将用户、企业和资源纳入同一交互生态圈，通过社群内不同角色人群的有效协作，实现零距离交互，持续产出跨界及颠覆性创新成果。②实施技术专利与工业设计引领。海尔在全球累计申请专利5.3万余项，其中发明专利为3.3万余项，占比超过60%，在中国家电行业排名领先，体现领先的专利质量；海外发明专利为1.1万余项，覆盖28个国家，是在海外布局专利最多的中国家电企业；累计获得国家专利金奖9项，国内行业排名第一；"国家科技进步奖"作为我国科技界最高荣誉，海尔累计获得15项，是获得该奖项最多的家电企业，获奖总量占行业半数以上；累计获得工业和信息化部（简称工信部）"中国优秀工业设计金奖"3项，是唯一"国家工业设计金奖"三连冠企业；累计获得国际设计金奖3项，设计大奖194项（含前述3项金奖）。③实施国际标准

[①] 资料来源：海尔智家股份有限公司2019年年度报告，https://smart-home.haier.com/cn/?spm=cn.29341_pad.header_aboutha ier_20191029.2。

引领。截至2019年末，海尔参与67项国际标准的制定/修订，以及累计550项国家/行业标准的修订工作，中国家电行业排名领先，覆盖了智慧家庭、大规模定制、智能制造、智能工厂、智能生产、工业大数据、工业互联网七大领域。公司在四大国际标准组织［ISO（International Organization for Standardization，国际标准化组织）、IEC（International Electrotechnical Commission，国际电工委员会）、IEEE（Institute of Electrical and Electronics Engineers，电气与电子工程师协会）、OCF（Open Connectivity Forum，物联网联盟）］全面主导智慧家庭国际标准的制定，实现智慧家庭云生态标准体系的全球引领。海尔公司是中国唯一进入 IEC 市场战略局（IEC/MSB）的家电企业，也是中国唯一承担国际标准分技术委员会的家电企业；公司牵头成立了 IEC TC59/SC59M WG4 冰箱保鲜国际标准工作组，主导制定冰箱保鲜全新国际标准；发布由公司主导制定的全球首个 AI（artificial intelligence，人工智能）标准白皮书，牵头在 IEEE 立项并主导制定智慧家庭、衣联网、食联网等国际标准。

第一节　知识产权的法学含义

一、知识产权的概念

在语义学意义上，一般认为知识产权译自英文 intellectual property 或者 intellectual property rights。日本称知识产权为"知的所有权"，我国台湾称之为"智慧财产权"。《中华人民共和国民法通则》（1986 年）首次以法律的形式通称为"知识产权"。"知识产权"这一概念最早见于 17 世纪中叶的法国学者卡普佐夫的著作。后来，比利时著名法学家皮卡第发展了这一理论，将知识产权视为一种特殊的权利范畴，并以此区别于物的所有权（吴汉东，2006）。Sherman 和 Bently（1999）的研究表明，早在 1893 年国际上就正式使用"知识产权"这一概念，但是直到 19 世纪 50 年代前后现代知识产权法才作为一个独立的法律出现。1893 年，保护知识产权联合国际局（United International Bureau for the Protection of Intellectual Property，BIRPI）在瑞士首都伯尔尼正式成立。BIRPI 实际上是将分别负责《保护工业产权巴黎公约》（1883 年）和《保护文学和艺术作品伯尔尼公约》（1886 年）的秘书处合二为一。BIRPI 是法语的缩写字，B 是局，I 是国际，R 是联合，PI 就是知识产权。自此，"知识产权"一词正式出现。

知识产权通常被认为是一个高度抽象的财产概念，具体包括专利、商标和著作权（Miller and Davis，2000）。也有学者认为，作为私人权利的一种类型，知识产权在最广泛的意义上被法律确认为具有保护价值的智慧和信息的集合，主要包括专利、著作权、数据库、著作权的邻接权、商标权、外观设计和未披露信息等（Garner，2014）。Nard 等（2014）从美国知识产权制度传统视角出发，认为知识产权是对包括专利、著作权、商标、商业秘密在内的联邦和州法律制度的统称。同时，他们也关注到经济全球化和信息化给传统知识产权制度带来的冲击，如软件和数字技术对著作权和商标法律制度的突破，基因和生命科学发展对专利制度的影响等；发现知识产权已从单纯的法律范畴演变成能创造价值的战略性商业资产，是企业资产的重要组成部分。

《牛津法律词典》(第九版)对"知识产权"词条的释义是"无形财产,包括专利、商标、著作权、登记或未登记的设计权利"(Law,2018)。《布莱克法律词典》(第十版)则从两个方面对知识产权的含义进行了解释。①从权利的角度来看,知识产权是保护具有商业价值的人类智力成果(或产品)的非物质性权利。这类权利主要包括商标权、著作权、专利权,还包括商业秘密权、(商品化)形象权、精神权、反不正当竞争权利。②从财产的角度来看,知识产权是以具体或抽象形式存在的、具有商业价值的人类智力成果,如可著作权化的作品、可受保护的商标、可专利化的发明或商业秘密(Garner,2014)。《建立世界知识产权组织公约》(1967年)采用列举和概括性规定的方式,对知识产权予以界定。根据该公约的规定,知识产权包括:①关于文字、艺术和科学作品的权利;②关于表演艺术家的演出、录音和广播的权利;③关于人们努力在一切领域的发明的权利;④关于科学发现的权利;⑤关于工业品式样的权利;⑥关于商品商标、服务商标、厂商名称和标记的权利;⑦关于制止不正当竞争的权利;⑧在工业、科学、文学或艺术领域里一切其他来自智力活动的权利。世界知识产权组织(World Intellectual Property Organization,WIPO)在其官方网站上进一步将知识产权抽象为,知识产权是指思想的创造,包括发明、文学和艺术作品,以及商业上使用的标记、名称、图像和设计。世界贸易组织的《与贸易有关的知识产权协定》(Agreement on Trade-Related Aspects of Intellectual Property Rights,TRIPs)从国际贸易的角度,概括了知识产权的范围,具体包括著作权和相关权利、商标、地理标志、工业设计、专利、集成电路布图设计、未披露信息,以及许可协议中限制竞争行为的控制等。

我国学者从知识产权的对象入手,对知识产权的概念展开了广泛而深入的研究和讨论。对此,刘春田(2010)在《新中国知识产权法学学科的开拓者》中进行了梳理。综述之,我国学术界对知识产权的定义主要有两种理论。

(1)权利人对创造性智力活动成果享有的权利。比如,知识产权是人们就其智力创造的成果依法享有的专有权利(郑成思,2001),或者本质上是以创新性智力成果为客体的排他权(朱谢群,2008);或者是在智力创造活动中智力劳动者及智力成果所有人依法所享有的权利(张平,1994)。

(2)权利人对创造性智力成果和工商业标记等享有的权利。比如,将知识产权归属于形式产权或知识财产权,是人们基于他们所创造和利用的形式依法享有的权利(刘春田,2003),即基于创造成果和工商业标记依法产生的权利的统称(刘春田,2014),或者是人们对于自己的智力活动创造的成果和经营管理活动中的标记、信誉依法享有的权利(吴汉东,2005b),或者是为人们依法支配自己所有的创造性智力成果和商业活动的标志的排他性权利,主要包括著作权、专利权、商标权,以及集成电路布图设计专有权、植物品种权、著作权邻接权等权利(张玉敏,2005)。也有学者结合权利主体的行为要素,将知识产权定义为民事主体对其智力活动创造的成果和经营活动中的标记、信誉等依法享有的运用、保护和管理的专有权利(朱雪忠,2010)。以法律规范的目的为标准,将知识产权分为三大类,即以保护文化创作为目的的著作权及其邻接权、工业设计,以保护技术创新为目的的发明和实用新型,以保护正当交易秩序的商标、服务标记、商号名称、产地标记、防止不正当竞争等(谢铭洋,2001)。

由此可见,国内外学术界和国际组织关于"知识产权"这一概念的界定,从形式上讲主要有三种方式,即概括式、列举式、概括和列举相结合的混合式定义。从知识产权的对象来讲主要有两种观点:一是知识产权的对象是"创造性劳动"的智力成果;二是将知识产权的对象分为两类,即"创造性智力成果"和"工商业标记"等,进而将知识产权划分为创造性的智力成果权和工商业标记权。理由是作为财产权,创造性的智力成果权的价值与工商业标记权的价值来源截然不同,创造性的智力成果权的概念不能覆盖工商业标记权的内容(刘春田,2007)。作者认为,知识产权概念统一的基础是具有一定独特性的、以非物质形态存在的知识产品。知识产权是权利人对具有一定独特性的知识产品依法享有的支配权(萧延高和范晓波,2014)。

二、知识产权的本质和特有属性

(一)知识产权的本质

知识产权的本质问题是有关知识产权作为一种独立的权利类型的本源及其存在的合理性问题,是认识和处理知识产权法律制度与其他法律制度关系的前提。关于知识产权本质的法哲学思考,是近年来中外知识产权法学界非常重视的基础问题(肖延高等,2016)。

1. 知识产权的对象是特定的智力成果——知识产品

知识产权的对象是指那些导致知识产权法律关系发生的事实因素。财产权之所以区分为物权、债权和知识产权,正是由于它们各自对象的自然属性存在差异。物权的对象是能为人类控制、利用和支配的物,债权的对象是特定的人的行为。知识产权的对象,顾名思义,应当就是"知识"(Landes and Posner,2003)。当然,任何"知识"都是人类在与客观世界彼此作用的过程中凭借智力创造的成果,"知识(knowledge)"和"智力成果(intellectual products)"是同构关系(郑成思和朱谢群,2004)。

知识产权的对象是特定的智力成果或知识。①知识产权的对象源自人类的智慧或智力,即"对事物能认识、辨析、判断处理和发明创造的能力"(夏征农和陈至立,2009),而不是源于自然力或人类的体力。智力劳动是知识产权法所专有并使之统一的问题,它与体力劳动存在根本性区别。同时,随着法律开始对创造性智力劳动给予超过体力劳动的特权,从许多方面来说,我们也看到了对智力劳动授予财产权的各种法律部门予以合理化和进行整理的最初企图(布拉德·谢尔曼和莱昂内尔·本特利,2006)。②知识产权的对象是人类智力活动创造出来的成果。知识产权的对象并不是思想和活动本身,只有智力活动的成果,即智力成果或知识才可能成为知识产权的对象。③作为人类智力活动的重要方式,创造是为思想、情感等精神上的独特感受和思考寻找、选择符号,构筑形式并使之实现的过程,而创造的成果是否具有创造性或创新性,则是一个相对的概念,是与现有的人类智力活动的成果相比较而言的。也就是说,创造只是知识产权的对象的形成过程,并不代表知识产权的所有对象必须具有创造性或创新性,即不能以创造性或创新性作为知识产权对象的判断标准。事实上,法律对不同知识产权类型的对象要求是不同的,如著作权要求独创性,发明和实用新型专利要求新颖性、创造性和实用性,而注册商标要求具有显著性,但我们不能否认这些成果都是人类运用智慧创造出来的。④知识产权的对象是人类智力活动创造出来的特定智力成果或知识。知识产权的对象是特定的知识,即以"形式、结构、符号系统"等为存在方式的知识(刘春田,2003)。知识的本质是形式,创造是设计形式的活动(刘春田,2007)。从这个意义上说,知识产权的本质是基于人们就其创造构建的形式、结构、秩序、符号系统而产生的权利(刘春田,2014)。作为知识产权的对象来说,智力成果和知识仅仅是语境和表述方式不同,两个概念指向的存在是同一的,即人类智力活动的结果,只是"知识"概念强调的是存在的形态,智力成果概念强调的是存在的来源和形成过程与方式。

需要说明的是,不是任何智力成果或知识都能成为知识产权的对象。按照《布莱克法律词典》(第十版)的界定,能够成为知识产权对象的智力成果,应当具备双重特性,一是非物质性,即只有人类运用智慧创造出来的思想、情感等的外化形式才能成为知识产权的对象,而智力成果或知识的载体(即有形物,如图书、画作、按照专利技术制造的产品等)则是物权的对象;二是商业价值性。商业价值性有两层含义:作为知识产权对象的智力成果或知识,是外化、经过编码且可复制的那部分智力成果或知识;具有商业价值可能性,即价值性和稀缺性融合的可交易性(Demsetz,1967;Landes and Posner,2003),但不是说一定就能够实现其现实的商业价值。其中,显性化是可交易性的前提,可交易性是显性化的目的或结果。正是智力成果或知识具有的商业价值性,使得立法者采取给予发明者或创造者利益垄断的方式,以达到激励创造的效果。离开智力成果或知识的商业价值性,就容易偏离知识产权立法的本意,也很难理解知识产权制度的一些具体规定。

现有关于知识产权对象的认知,往往忽略了商业价值性的要求,包括智力成果或知识的显性化和可交易性。事实上,无论是专利、商标、商业秘密,还是著作权等,都与权利人的商业价值取向密切相关。知识产权是近代商品经济与科学技术发展的产物(吴汉东,2000)。知识产品成为新型财产权利的对象,取决于几项条件的成就,即社会生产的科学技术化、科学技术成果的商品化、知识财产的法律制度化。可见,正是非物质性,把知识产权的对象与物权和债权的对象区别开来,使知识产权作为一种特定的权利范畴有了存在的基础;也正是商业价值性,使这部分智力成果从众多智力成果或知识中脱颖而出,成为知识产权的对象。

因此,只有具有商业价值性、以非物质形态存在的智力成果或知识,才能成为知识产权的对象。对这部分具有特定要求的智力成果或知识的认知和界定,学者们曾结合洛克、斯密和马克思的劳动价值论,提出"知识产品"概念(吴汉东和闵锋,1987),认为知识产权的本源在于:知识产品是智力劳动的产物,智力劳动者应对其知识产品享有财产权,即知识产权(吴汉东,2000)。知识产权并非传统意义上的所有权。它未设定于物之上,而是植根于创造性的知识产品,后者是非物质性的另类客体(吴汉东,2003a)。

作者认为,"知识产品"这一概念,具有统揽中西关于知识产权对象,即"特定的智力成果"或"特定的知识"认知的积极意义。"知识产品"这一概念既揭示了知识产权对象是智力创造的结果,即显性化了的产品,又突出了知识产权保护对象不同于有形物的形式本质;既能体现知识产权对象不同于有形物的非物质性特性,又能体现知识产权制度的立法本意,即智力成果或知识的商业价值性。但是,采用"知识产品"这一中文概念来概括知识产权的对象时,对应使用西文"intellectual goods"更为妥当,而不是"knowledge goods"或"knowledge-based goods"。其有以下四个理由。①intellectual goods(知识产品)这一概念是对现有intellectual products(智力成果)概念的认知深化。作为知识产权的对象,知识产品(intellectual goods)既表达了智力活动创造成果的非物质性要求,又表达了知识产权对象的商业价值性要求。而且intellectual goods(知识产品)在近年诸多欧美知识产权法学文献中已有呈现(Landes and Posner,2003;Merges et al.,2012)。②欧美管理经济学界在讨论知识和知识产权的逻辑关系时,是从知识(knowledge)向智力资本(intellectual capital)、智力资产(intellectual assets)和知识产权(intellectual property)收敛。也就是说,欧美学者非常强调知识产权对象的形成过程和显性化要求。而知识产品(intellectual goods)刚好契合和弥补了西方文献中关于知识产权对象认知的不足。这是智力成果(intellectual products)和知识(knowledge)概念所不及的。③知识就是人类智力活动创造的成果。如果用knowledge goods来表达,略显重复(刘春田,2003);如果用knowledge-based goods来表达,则容易被理解为知识型产品,可能指向有形物本身。④中国大陆学者和立法者既然在立法时就将intellectual property表达为知识产权,那么,将intellectual goods表达为知识产品,不仅符合中文本身的表达习惯,而且与英文表达习惯一致。

2. 知识产权是私权

知识产权和知识产权法的本质问题是知识产权理论的核心,是知识产权研究的基础与出发点,决定着知识产权理论与制度的根本面目(刘春田,2010)。世界贸易组织《与贸易有关的知识产权协定》在其序言中宣示:知识产权为私权。知识产权之为民事权利,源于知识是劳动的产品,知识的创造者天然是它的权利人(刘春田,2003)。围绕对知识的利用而发生的利益关系属于平等主体之间的财产关系。这种关系不以主体的性质不同而改变。知识产权权利人无论是国家、国际组织、政府或企业,还是个人,都是民事主体。与其他任何主体发生的知识产权关系,均系民事财产关系;知识产权的私权本质,不以对该权利的法律保护手段不同而改变,不以立法技术上的不同处理而有所改变,也不以该权利的发生是否办理相关登记手续,或经由政府部门以国家名义授权、注册、批准而改变。登记等做法是为了保障公平合理、有效充分地维护民事主体的利益,对可能发生的利益冲突,对正当合理的权利要求和主张进行审查、甄别、确认和公示的必要的行政行为。其本质并非将本属于政府的私权授予申请人,这种"要式行为"不能改变知识产权的固有属性。总之,知识产权作为民事权利的属性取决于它所调整的利益关系的性质,而利益关系是客观的,它不以人的主观意志而改变。知识产权之所以属于民事权利是由于它所反映和调整的社会关系是平等主体之间的财产关系,因而具备了民事权利共同的本质特征。

权利本位的私权性是将知识产权归类于民事权利范畴的基本依据(吴汉东,2003b,2005a,2005b)。在私人层面,知识产权是知识财产私有的权利形态;在国家层面,它是政府公共政策的制度选择;在国际层面,它是世界贸易体制的基本规则(吴汉东,2006)。知识产权私权本质的确立,在制度层面为私人提供了获取财产权的新方式。

(二)知识产权的特有属性

结合上述关于知识产权的特定对象和私权本质,可以更好地解构知识产权的特有属性,进而全面理解知识产权的法学涵义。形式逻辑学认为,事物的性质与关系,称为事物的属性。与偶有属性不同,某类事物的特有属性是指某类事物都具有而别的事物都不具有的那些属性。事物的特有属性包括本质属性(即某类事物的有决定性的特有属性)和固有属性(即某类事物的派生的特有属性)。概念的内涵就是概念所反映的事物的特有属性(本质属性或固有属性),定义不过是揭示事物的特有属性(本质属性或固有属性)的逻辑方法(金岳霖,1979)。借鉴形式逻辑学关于事物属性的分类,我们可以更为清晰地探寻知识产权特有属性之间的逻辑关系(肖延高等,2016)。

1. 对象的非物质性是知识产权的本质属性

知识产权是与物权、债权等相区别的另一类独立民事权利,其对象为有别于物和行为的特定智力成果或知识——知识产品。权利以有形或无形之社会利益为其内容或目的,物权以直接排他的支配一定之物为其内容或目的,债权以要求特定人之一定行为为其内容或目的,为此内容或目的之成立所必要之一定对象,即权利之客体。物权之客体为一定之物,债权之客体为特定之人,人格权之客体为人之本身,无体财产权之客体为精神之产物(史尚宽,2000)。法律意义上的物与日常生活中的物不尽相同,作为能够成为民事权利的客体的物,是指存在于人体之外,占有一定的空间,能够为人力所支配并且能够满足人类某种需求,具有稀缺性的物质对象,包括动产和不动产。作为债权客体,法律意义上的行为是指债表现为一种请求权,即债权人有权要求债务人为一定的行为或不为一定行为,法律上称为"给付"。物权、债权和知识产权的区分,正是在于这三类权利有着不同的权利对象,更为准确地说,这三类权利的对象具有不同的本质属性(王利明,2004)。物权的对象是各类法律意义上的物,债权的对象是法律意义上的行为,知识产权的对象是特定范围的知识(刘春田,2007)。

与作为物权对象的法律意义上的物和作为债权对象的法律意义上的行为不同,知识产品是以"形式、结构"方式存在。知识产品的本质是形式,是人类创造性智力活动的产物,是一种没有物质形体的精神财富,具有显著的非物质性。这是知识产权的对象,即知识产品区别于物权和债权对象的本质属性。关于 intangible 这一术语的翻译,郑成思将其翻译为"无形"(郑成思,1996,1997);金海军和刘春田等将其译为"无体"(刘春田,2007;布拉德·谢尔曼和莱昂内尔·本特利,2006);吴汉东从"财产的非物质化革命"视角出发,将其译为"非物质"(吴汉东,2003a,2009)。"非物质性"的一个英文表述方式是 immaterial,见于 Kur 和 Dreier(2013)在其《欧洲知识产权法》中的论述。作为一个"舶来"概念,翻译用语准确且容易为大众所接受即妙。"无形"概念取其意,且与管理经济学领域的"无形资产"概念对接,"无体"概念源远流长,"非物质"更接近 intangible 概念描述对象的存在形态。按照《布莱克法律词典》(第十版)的解释,intangible 具有两个词性,即形容词和名词。作为形容词的 intangible 语义上与 impalpable、incorporeal 和 immaterial 同义,是指无法触摸的,触摸不到的,不以物质形式存在的;作为名词,intangible 是指缺乏物质形式的某种东西,特别是指以非物质形式存在的资产,如知识产权。特别需要说明的是,intangible 用作形容词时,不仅用于修饰资产、财产、损失,还用于修饰权利。可见,在不同的修饰对象面前,intangible 的含义还是有一定区别的。本书的理解是,

intangible 在表达知识产权对象，即知识产品的本质属性时，主要是相对于物权对象，即物的本质属性以物质形式存在而言的。也就是说，是否以物质形式存在是知识产权对象和物权对象的本质差别。因此，在描述知识产权对象，即知识产品本质属性时，intangible 翻译为"非物质"可能更贴切。但是，在描述财产、权利类别时，"无形""无体"可能更为合适。

知识产品之非物质性是相对于动产、不动产之有形而言的，具有不同的存在、利用和处分形态（吴汉东，2003a，2009）。①不发生有形控制的占有。人们对知识产品的占有不是一种实在而具体的占据，而是表现为对某种知识、经验的认识与感受。当然，知识产品的非物质性，并不是说其载体或表现形式也是非物质的。事实上，知识产品总要通过一定的客观形式表现出来，作为其表现形式的物化载体是有形财产权而不是知识产权的客体。也就是说，即使是合法占有知识产权的权利客体——知识产品的载体，并不意味着就占有知识产品本身，拥有法律赋予权利人对该知识产品的权利。②不发生有形损耗的使用。与有形物不同，知识产品在一定时空条件下可以被若干主体共同使用，而且上述使用不会像有形物使用那样发生损耗。如果无权使用人擅自利用了他人的知识产品，也无法使用恢复原状的民事责任形式。③不发生消灭知识产品的事实处分与有形交付的法律处分。知识产品不可能有实物形态消费而导致其本身消灭的情形，它的存在仅仅会因为期间（即法定保护期）届满产生专有财产与社会公共财富的区别，即从私人权利转入公有领域。同时，有形交付与法律处分并无联系，即非权利人有可能不通过法律途径去"处分"本来属于他人而自己并未实际占有的知识产品。

正是由于知识产权的对象，即知识产品非物质性的本质属性，使得知识产权的对象具有公共产品的共享属性，即相对于物权对象而言，知识产品在多人消费或使用的情况下不会造成损耗或减少，而且比较难以分辨使用者的付费情况，也比较难以防止未付费者使用该智力成果或知识。为了防止他人的"搭便车"现象，使智力成果或知识的创造者能够有机会收回付出的成本，法律赋予权利人对该对象不同于传统物权或债权对象的专有保护，以便更好地维护知识产权对象创造者或其承受者的利益，促进人类知识的增进，实现知识产品的价值。但是，由于法律赋予了创造者就其智力成果或知识的专有或垄断，就有可能使得知识产权拥有者凭借专有权利而不当抬高商品或服务的价格，造成社会成本的增加、社会福利的减少，以及竞争的减弱。这就需要法律在竞争者使用和激励创造之间取得平衡。平衡的办法是对知识产权拥有者的专有权利进行时间、地域等方面的人为限制。因此，正是由于知识产权对象的非物质性，使得法律在赋予权利人就其知识产品享有不同于物权或债权等专有权利的同时，对其专有权利在时间和地域方面进行适当限制，这就衍生出知识产权的固有属性，即专有性、时间性、地域性。

2. 专有性是法律赋予知识产权在权利性质上的固有属性

专有性是知识产权和所有权不同于债权的共有特性，即排他性和绝对性（吴汉东，2005a）。绝对性是指权利主体是特定的，其他任何人都负有不得非法干涉和侵害权利人所享有的权利的义务。排他性是指权利人行使权利，有权排斥他人的侵害和妨害（王利明，2004）。由于知识产权的客体（即知识产品）和物权的客体（即有形物）的本质属性的差异，导致法律赋予特定智力成果和有形物的权利在归属专有性上呈现出很大的区别(郑成思,2001)。①侵害有形物的专有财产权,一般需采取入室、取物等显性化的违法行为,但是侵害知识产权,则往往不表现为这类活动。②有形物的有形特征,使得有形财产权极少可能采用"分身法"予以使用和处置。但知识产权则有可能被他人采用这种手法予以使用。因此,有学者提出与物权通过排他地控制客体本身来确保排他地实现客体上的利益不同,知识产权客体的无形性,决定了知识产权的专有性是指"客体共享,利益排他",或者"客体共享,权利专有"(朱谢群,2008)。

综而言之,由于知识产权的对象,即知识产品的非物质性,决定了知识产权与所有权在专有性方面是有本质区别的。①所有权的专有性,权利人可以采用实际占有方式来实现;知识产权的专有性,权利人则往往通过授权、登记或备案等形式来宣示(Landes and Posner,2003)。②所有权的排他性表现为所有人排斥非所有人对其所有物进行不法侵占、妨碍或毁损;而知识产权的排他性则主要是排斥非权利人对其知识产品进行不法仿制、假冒或剽窃。③所有权的独占性是绝对的,即所有人行使对物的权利,既不允许他人干涉,也不需要他人积极协助,不受地域和时间的限制;而知识产权的独占性是相对的,这种垄断性权力往往受到权能方面的限制(如专利权中的临时过境使用等),且只有在一定空间和有效期限内才发生效力。

3. 时间性是法律赋予知识产权在时间上的固有属性

知识产权的时间性是指法律对知识产权专有性的时间限制。也就是说,知识产权不是没有时间限制的永恒权利,这种权利仅在法律规定的期限内受到保护,一旦超过法定期限即行消灭,相关智力成果或知识即成为整个社会的共同财富,可以为他人共同使用。知识产权的时间性应当限定为法定时间性,即由法律确定或限定(朱谢群,2008),而且是在法律意义上相对于所有权的永续性而言的(吴汉东,2009)。所有权的永续性是指所有权不受时间限制,只要其对象——有形物没有灭失,权利即受法律保护。以消灭时效或取得时效所产生的法律后果,也只涉及财产权利主体的变更,而不涉及权利本身的消灭。然而,所有权的永续性在许多情况下存在事实不能,因为该项权利的永续状态是以其标的物的存在为前提的,若该物毁损、灭失,则原所有人就可能无法"所有"了。知识产权的对象,即知识产品具有非物质性,作为形式的智力成果或知识不可能毁损、灭失,因此具有事实意义上的永续性。也就是说,事实上无法永续的所有权对象(即有形物)在其存续期间,权利人享有自然的永续权利,不存在时间性问题;而事实上永续存在的知识产权对象(即知识产品),因知识产权制度设定的原意,权利人的专有权只能在法律限定的期限内享有,超出法律规定的期限就进入公有领域。从这个意义上说,时间性本身就是法律对知识产权权利人在时间维度上享有其专有权的限制,无须再加限定词"法定"。

为了更为准确地把握知识产权的时间性,有必要进一步细分知识产权的时间性的形成方式。仔细考究可以发现,知识产权的时间性分为两类,一类是法律明确规定知识产权专有性因确定的期限届满而消灭,另一类是法律明确规定知识产权专有权因不确定的条件成就而消灭。郑玉波(2003)解释认为,"期限者,以将来确定事实之到来为内容,藉以限制法律行为效力之发生或消灭,而由当事人任意所加之一种法律行为之附款也"。"条件者,乃当事人以将来客观上不确定事实之成否，决定其法律行为效力之一种法律行为附款也"。知识产权专有性因法定期限届满而消灭的情形，主要表现为专利、商标、著作权、集成电路布图设计等因超出法律规定的期限而进入公有领域，成为社会的共同财富，不再受到法律的保护；知识产权专有性因法定条件成就而消灭的情形，主要表现为商业秘密，即权利人的商业秘密一旦公开，包括自行公开或为他人以"反向工程"或其他合法方式获取或公开，即不再受到法律的保护。

4. 地域性是法律赋予知识产权在空间上的固有属性

知识产权既不是没有时间限制的永恒权利，也不是无限空间的绝对垄断权利。相反，知识产权受到地域限制。无论中外，知识产权的雏形均是封建社会的地方官或封建君主、封建国家通过敕令等形式授予的一种特权，只能在发敕令的官员、君主或国家权力所及的地域范围内才有效（郑成思，2001）。此后，知识产权从特权演化为法律意义上的私权，但地域性的属性被保留下来。然而自19世纪末期起，随着科学技术的发展和国际贸易的扩大，有关知识产权交易的国际市场逐渐形成并发展起来，知识产权的国际性需求与其地域性属性发生了矛盾。为了解决这一矛盾，世界各国通过签署保护知识产权的国际公约方式，在世界范围内建立了一套知识产权国际保护制度。但是，知识产权的国际保护并没有改变知识产权的地域性属性，这些公约均遵循相同的原则，即最低限度保护原则、独立性原则和国民待遇原则（吴汉东，2005b）。

知识产权的地域性属性是法律对知识产权的专有权在空间上的限制。地域性使知识产权有别于有形财产的所有权。一般来说，对所有权的保护原则上没有地域限制，无论是公民从一国移至另一国的财产，还是法人因投资、贸易而从一国转入另一国的财产，都归权利人所有，不会发生所有权失去法律效力的问题，理论基础是各国在有形财产领域，均奉行涉外物权平权原则，即通过权利推定，推定在一国取得的动产进入另一国后，只要权利主体仍对其有效占有，则动产进入国就可以依照本国占有制度推定该主体为合法所有人并加以保护。而知识产权则不同，按照一国法律获得承认和保护的相关权利，只能在该国发生法律效力。这是由于知识产权客体（即知识产品）的非物质性本质属性，决定了在法理上权利人无法对其进行实质性占有，也就无法像有形财产那样因占有而适用权利推定，从而使知识产权在域外得到保护（吴汉东，2005b）。在国际私法中多数国家接受这样一条原则，即有形财产适用财产取得地法或物之所在地法；知识产权则适用权利登记地法或权利主张地法（郑成思，2001）。

由此可见，知识产权是法律赋予权利人就其知识产品享有的民事权利。从历史角度来看，知识产权经历了一个从特权向私权演化的过程。相对于物权（特别是所有权）和债权来说，知识产权能够成为一种独立的民事权利类型，缘于其对象（即特定智力成果或知识）——知识产品——的非物质性本质属性，以及由此衍生出来的在权利性质上的专有性、时间维度上的时间性和空间维度上的地域性等固有属性。知识产权的本质及其特有属性，是理解知识产权内涵和外延的基础。

第二节　知识产权的管理经济学含义

一、知识观：竞争优势理论的新发展

(一) 从产业定位理论到资源观和能力观

新古典完全竞争市场理论认为，市场被视为一部完美运作的机器而非有社会或历史属性的制度安排，自发且无摩擦地配置资源。作为市场价格系统运行的一部分，企业不是作为决策者而存在，而是作为资源供给和商品需求之间的中介，即投入与产出之间的"黑箱"，仅仅承担投入和产出的转换职能。因此，在完全竞争条件下，当供给和需求曲线给定的情况下，价格与产出水平的均衡就容易确定(Archibald, 1979)。

针对新古典经济学的完全竞争市场理论，Mason(1939)和 Bain(1968)提出了产业组织理论著名的 S-C-P 范式(structure-conduct-performance paradigm)。该范式认为，新古典经济学关于市场(价格)配置资源这一分析框架没有考虑到现实经济生活中的产业组织特征，从而缺乏真实性。更为适当的市场(价格)理论在解释市场绩效时，必须考虑各种力量作用下形成的市场结构(完全竞争市场或不完全竞争市场，如完全垄断、垄断竞争和寡头垄断)。不同市场结构下，企业的行为及其绩效表现是有差异的。从产业组织理论看来，部分企业获得超额利润主要是由不同的市场结构所导致的。产业内存在进入和退出壁垒、政府保护和限制、产品差异化所产生的相对垄断等决定了企业的获利水平。此后，Porter(1980, 1985, 1991)借助 S-C-P 范式，提出企业绩效差异化是以下两个动态因素作用的结果：一是产业长期盈利能力及其影响因素所决定的产业吸引力；二是企业在产业中的相对竞争地位。前者是决定企业盈利能力的首要和根本因素。后者决定了企业的盈利能力是高于还是低于产业的平均水平。企业的竞争优势归根结底来源于特定产业结构下企业为顾客创造的价值，来源于企业在设计、生产、营销、交货等过程及辅助过程中所进行的许多价值活动，并由此总结出企业成功竞争的三大战略，即成本领先战略、差异化战略和聚焦战略。产业定位理论的基本假设是，各个企业拥有类似的资源和能力，企业资源在各个企业之间是流动的，因而寻求竞争优势的关键是选择有吸引力的产业并进行定位，寻求通用的战略；企业外部环境相对稳定，产品生命周期较长，企业可对外部环境进行预测(周三多和郭统钎，2002)。但是，产业定位理论过于强调选择有吸引力的产业的重要性。按照产业定位理论的逻辑，在同一产业中，所有企业面临的市场结构、市场机会等在客观上是同质的，在较为充分的市场竞争条件下，市场机会不可能被某个企业长期独占，该产业内所有企业的盈利状况应该是基本一致的。然而事实往往是，最重要的超额利润源泉是企业具有的特殊性，而非产业内的相互关系。业务单元因素对企业利润率的影响要比产业因素大得多。各因素对企业利润率的贡献率如下：行业效果占 9%～16%，母公司占 1%～2%，而业务单元占 44%～46%(Rumelt, 1987)。

理论与实际经济生活的偏离，促使管理学者将研究视角从企业外部转向企业内部，探索企业成功竞争的源泉和实现机理。其中，资源观(resource-based view, RBV)和能力观

(capability-based view，CBV)是这一探索的杰出代表。1984年，沃纳菲尔德(Wernerfelt)在《战略管理杂志》发表了具有里程碑意义的论文《企业资源理论》"A Resource-Based Perspective"，标志着资源观的兴起。资源观的核心是，企业是由一系列资源束组成的集合，企业的竞争优势来源于企业拥有的资源，尤其是异质性资源(Rumelt，1991；Peteraf，1993；Mathews，2006)。外部的市场结构和市场机会对企业的竞争优势有一定的影响，但不是决定性因素。企业资源包括企业控制的所有资产、能力、组织流程、企业属性、信息、知识等。一个企业拥有可持续竞争优势是指该企业实施的价值创造战略不仅不能同时被其他现有或潜在的竞争者实施，而且其他竞争者也不能复制这一战略的收益。资源观的集大成者巴尼(Barney)认为，企业的可持续竞争优势的源泉在于企业控制的资源的价值性、稀缺性、难以模仿性和难以替代性(Barney，1997)。资源观从企业内部寻找企业成长和持续竞争优势的成因，总结了企业的资源类型及其特征。特别地，这一理论开始关注知识这一特殊资源对于企业持续竞争优势的意义，对后来的研究具有重要的启发意义。20世纪90年代初，在企业资源观的基础上，企业核心能力理论确立。开山之作为Prahalad和Hamel(1990)在《哈佛商业评论》上发表的《企业核心能力》一文。该文认为企业不仅仅生产产品，而且还创造、积累知识和技能，并将其内嵌于组织；企业的竞争外在地表现为产品的竞争，实质上是企业的核心竞争力的竞争。该文一发表就受到企业界的广泛关注，吸引了一批学者深入研究，逐渐形成核心能力、动态能力、动态核心能力等不同观点(Leonard-Barton，1992；Patel and Pavitt，1997；Teece et al.，1997；Eisenhardt and Martin，2000；魏江，1997；贺小刚等，2006)。其中，核心能力观强调核心能力是企业一系列知识和技能的结合，认为核心能力具有整合性、延展性、用户价值、独特性和难以复制等特征。动态能力则是指企业为了适应快速变化的环境而整合、重新配置和建构内外部能力的能力，也就是说，动态能力强调能力的动态性、知识性和学习性。随着企业资源观和能力观理论研究的不断深入，知识在企业资源集合中的核心地位，特别是在企业获得和保持动态核心能力方面的价值逐渐凸显出来，竞争优势理论的知识观呼之欲出。

(二)知识观和知识管理的兴起

早期的传统经济学认为，与土地、劳动和资本等私人产品不同，知识是"公共产品"，也就是说知识在理论上是无限延展的，一个人的使用并不能够排除他人的使用(Samuelson，1955；Arrow，1962)。然而，Teece(1986)对企业利润来源进行的开创性研究，启发了学者们对企业技术性知识的持续探索。Winter(1987)率先提出知识是一种战略性资产的观点，并认为知识与企业能力密切相关。知识逐渐被视为与企业利润相关的私有财产而存在。随着对企业资源和能力研究的深入，学术界认识到企业为了动态地应对变化的环境，不能仅仅被视为有效处理信息的机器，而应当被视为创造信息和知识的实体(Nonaka，1994)。随着技术、市场、产品、竞争者、规则等的变化速度加快，组织的结构性变革具有战略意义。企业竞争优势来自难以模仿的知识资产(包括隐性知识和显性知识)的创造、所有、保护和利用。企业的卓越绩效有赖于创新、保护和利用无形的知识资产(Teece，1998，2000)。知识越来越被视为决定技术密集型企业获利能力的基础性资产(Borg，2001)。

全球化、时间紧缩和技术集成为许多组织创造了一个动荡的技术和市场环境（Narayanan，2001）。为了理解企业如何在这样的环境下获得和保持竞争优势，知识管理普遍被视为企业的核心活动，相关研究集中在知识管理和绩效的关系上（Grant，1996；Teece，2000）。从而形成知识管理的一个重要方向，即以资源为基础的价值获取思路，关注企业如何通过知识与有形资源的独特组合形成自身卓越的管理和组织过程，以获取持续的竞争优势（Zollo and Winter，2002；洪茹燕和吴晓波，2005）。由此，从管理经济学的角度关注和研究知识的含义、类型及其管理成为理论热点之一。关于企业成长和发展的知识观以及由此发展起来的知识管理理论，是知识产权的管理经济学理论渊源。

二、知识的含义和类型

（一）知识的含义

如果将 Polanyi（1958）的《个人知识》和 Polanyi（1966）的《隐性维度》作为起始点，则将知识与企业成长联系在一起进行研究的时间并不长。然而，作为人类特有的实践产物，人类很早就开始了对知识的概念、属性、类型、价值、获得路径等的探索。正如英国哲学家罗素在《人类的知识》一书中得出的结论，知识是一个意义模糊的概念。不同领域的研究者基于不同的认识论和研究角度，对知识的理解和定义是不同的。我国《现代汉语词典》把知识定义为"人们在改造世界的实践中所获得的认识和经验的总和"。美国《韦氏大词典》则认为"知识是人们通过实践对客观事物及其运动过程和规律的认识，是对科学、艺术或技术的理解，是人类获得关于真理和原理的认识的总和"。

Drucker（1968）提出了"知识社会"的概念，认为知识是一种能够改变某些人或某些事物的信息。也有学者将知识定义为人际间个人信念向"真实"方向实现验证的动态过程（Nonaka and Takeuchi，1995），或者是一种有组织的经验、价值观、相关信息及洞察力的动态组合，它所构成的框架可以不断地评价和吸收新的经验和信息（Davenport and Prusak，1998）。知识起源并且作用于有知识的人们的头脑。在组织机构中，它不但存在于文件或档案之中，还存在于组织机构的程序、过程、实践与管理之中（Spender，1989）。

部分学者则从数据、信息和知识的关系角度定义知识（Machlup，1983；Macdonald，1995；Boisot，1998）。其中，数据是事物属性及其相互关系等的抽象表示；信息则是有目的、有用途的数据，是会修正观察者的期望或其取决于条件的准备状态的数据；知识则是信息、经验、价值观和洞察力的组合，是观察者所拥有的关于某一事件的期望的集合（Boulding，1996）。具体而言，可以从以下三个方面去理解知识的含义（王众托，2004）：①知识是人类在实践中获得的有关自然、社会、思维现象与本质的认识的总结；②知识是具有客观性的意识现象，是人类最重要的意识成果，一般来说，信息是知识的载体；③从静态来说，知识表现为有一定结构的知识产品，从动态来说，知识是在不断地流动中产生、传递和使用的。与物质产品不同，知识作为人类一种特定的精神产品，具有如下特征：①知识是可以分享的，一个人掌握了某种知识，不排除其他人也可以同时掌握这些知识；②知识是可以越过时空传递的，也就是说过去的知识可以流传到现在，一个地方的知识可以传递到其他地方；③知识是可以重复使用的，不存在损耗；④知识是可以再生的，具有无限复制扩散的可能性;⑤知识具有不可替代性。

(二)知识的类型

从管理经济学的角度讨论知识的类型,主要有三种观点。①个人知识和组织知识。这是从本体论维度对知识所做的划分。组织知识是将个人产生的知识与其他人交流而形成并积淀于组织的知识网络中。②隐性知识和显性知识。前者包含经验、技巧、诀窍,是靠实践摸索和体验来获得的、可意会而不可言传的知识;后者是可以用语言表达的,通过书籍、刊物、报纸、文件、图纸等载体表现的知识。这是从认识论角度对知识所做的划分。③经济合作与发展组织(Organization for Economic Co-operation and Development,OECD)则将知识分为四类,即"知道是什么""知道为什么""知道怎么做""知道是谁"(OECD,1995)。此外,有学者将知识分为五类,即实践性知识、智力性知识(体现科学、人文和文化的知识)、娱乐性知识(新闻、传记、故事等)、精神性知识和多余的知识(Machlup,1980)。

三、知识、智力资本、智力资产和知识产权

在知识管理的理论研究中,"知识""智力资本""智力资产""知识产权"等概念的逻辑关系成为学者们关注的重点之一。斯图尔德(Steward)较早论证了智力资本的高增值性和默会性,给出了智力资本的内涵,即智力资本是一个企业拥有的最有价值的资产,是公司中所有成员所知晓的能为企业在市场上获得竞争优势的相关软资产的总和,包括员工的知识技能,顾客忠诚度,以及企业的文化、制度和企业运作过程中的集体知识、经验等(Stewart,1994)。基于上述研究成果,学者们用智力资本这一概念替代知识和知识资产,并将智力资本与企业的利润相联系,认为智力资本是指能够转化为利润的知识,包括存在于企业员工头脑中的所有知识的总和,进而讨论了智力资本、智力资产和知识产权的逻辑联系(Harrison and Sullivan,2000;Poltorak and Lerner,2002)。

绝大多数的智力资本都以无形的知识形式存储于员工的头脑中。当员工离开企业时,带走了存在于其头脑之中的智力资本。因此,智力资本管理者的首要任务是辨别、捕捉、证明和记录智力资本,并使企业中的其他成员享有获取使用这一智力资本的途径,也就是将智力资本上升为智力资产。智力资产是经过辨别、证明的智力资本,它可以在组织中共享和复制。而知识产权是指那些受到相关法律保护的智力资产。但是,智力资产要上升为知识产权,往往需要一个申请、审查、批准、登记、备案、签订保密协议的过程。由此可见,智力资产是组成智力资本的一个具有重要价值的子集,而知识产权又是组成智力资产的一个更具重要价值的子集。正是这种价值的递增决定了管理者如何设计管理流程:从智力资本中过滤智力资产,再从智力资产中提取知识产权。简而言之,管理者的目标就是不断发掘知识产权。

郑成思(2001)在考察了知识产权在罗马法、英美法及法国民法中的不同状况后指出,虽然技术发明、商品、文学艺术作品等知识产权所依附的客体是自古就存在的,但知识产权却是在生产力发展到一定阶段后,才在法律中作为一种财产权出现;随着社会从简单商品生产向现代市场经济发展,知识产权在法律中的地位也变得越来越重要。知识产权在财产权体系中的地位的变化,使得知识产权成为法学和管理经济学共同关注的研究领域。随

着知识或智力资本在企业竞争中的地位日益凸显，处于企业知识系统价值链高端的知识产权，对于企业在动态竞争环境下获得和保持竞争优势的价值，逐渐为企业界和学术界所关注。

第三节　知识产权的类型

目前国内外一致认同的知识产权类型主要包括专利、商标、著作权、商业秘密、集成电路布图设计、地理标志、植物新品种、协议许可中的反竞争行为等。其中，专利、商标、著作权和商业秘密是不同产业背景的企业均采用的通适性知识产权类型。基于此，本节重点对这四类知识产权类型予以分析。

一、专利

专利是指法律赋予权利人对其发明创造在一定时间和区域范围内享有的独占权。除法定情形外，未经权利人许可，他人不得制造、使用、许诺销售、销售或进口。自1623年英国颁布世界上公认的第一部具有现代意义的专利法——《垄断法案》以来，专利制度逐渐为各国所接受。专利保护的理论包括合同理论和自然权利理论（Miller and Davis, 2000）。有关专利制度的解释，较有影响的学说有自然权利说、报酬说、契约说、发展经济说等（吴汉东，2009）。依学术界通说，专利制度建立的目的主要有两点：一是以法律的手段实现对技术实施的垄断，保护发明创造成果权利人的权益；二是以书面的形式实现对技术信息的公开。这也是专利制度的两个最根本功能。特别地，专利法中所规定的垄断并非对技术的全面垄断，而是仅仅限于对技术的营利性实施方面；而且专利制度并不禁止在现有技术基础上进行新技术的研发。因此可以认为，专利制度在赋予发明创造者对其营利性收益垄断权的同时，给予发明创造者的垄断权以时间、地域及其他法律规定的限制，并对技术信息予以公开，从而提供了一套平衡发明创造者和公众利益的机制。

不同类型的专利，相应的授权条件、获权方式、权利内容和保护期限等存在差异。从世界知识产权组织数据库收录的各国专利制度来看，不同国家和地区的专利类型、保护期限和立法体例也存在较大差异。《中华人民共和国专利法》规定，专利包括三种类型，即发明、实用新型和外观设计。发明是指对产品、方法或者其改进所提出的新的技术方案。实用新型是指对产品的形状、构造或者其结合所提出的适于实用的新的技术方案。外观设计是指对产品的整体或局部的形状、图案或者其结合以及色彩与形状、图案的结合所作出的富有美感并适于工业应用的新设计。其中，发明专利保护期限为20年，实用新型专利保护期限为10年，外观设计专利保护期限为15年，均自申请日起算。然而，《专利合作条约》（Patent Cooperation Treaty, PCT）第四十三条确认的专利是指发明专利和实用新型专利两类。美国采取统一专利立法体例，规定了三种类型的专利，即发明专利、植物专利和外观设计专利（部分国家又称industrial design，世界知识产权组织官方翻译为工业品外观设计，本书统一称为外观设计）。加拿大采取专利和外观设计单行立法体例，分别规定发明专利和外观设计。英国的专利法只规定发明专利，外观设计通过外观设计注册法采用版权予以保护。法国采用知识产权法典形式，分别规定了发明专利及外观设计和款型，后两者通过注册获得权利。德国则采用单行立法方式，分别保护专利（发明）、实用新型和外观设计（鲁道夫·克拉瑟，2016）。日本和韩国也采取专利（发明）、实用新型、外观设计单行立法体例。俄罗斯与我国专利制度一致，采取统一的专利法规范发明专利、实用新型专利和外观设计专利三种类型，而且还特别规定了保密专利。印度的专利立法体例与英国相同，同时规定在符合条件的情形下，发明设计人可以同时申请专利权和外观设计版权保护。巴西将发明和实用新型列入专利法保护范围，外观设计单行立法，与商标统一编入工业产权法。世界部分国家和地区专利类型、保护期限及其立法体例见表1.1。

表1.1　世界部分国家和地区专利类型、保护期限及其立法体例

国别	专利类型及其保护期限	立法体例
美国	发明专利（20年，自申请日起计算；药品、医疗器械和添加剂可以再延长5年）；植物专利（20年，自申请日起计算）；外观设计专利（14年，自颁发之日起计算）	统一立法（美国法典第35卷即专利法，1952年颁布，2015年11月25日最新修订）
加拿大	发明专利（20年，自申请日起计算；1989年10月1日前为17年，自授权之日起计算）；外观设计（10年，自注册之日起计算）	单行立法（专利法，1985年颁布，2015年7月17日最新修订；外观设计法，1985年颁布，2016年7月21日最新修订）
英国	发明专利（20年，自申请日起计算）；外观设计版权（5年，自注册之日起计算，一次延长5年，最高上限为15年）	单行立法（专利法，1977年颁布，2004年7月22日最新修订；外观设计注册法，1949年颁布，1979年4月30日最新修订）
法国	发明专利（其中发明专利证书保护期限为20年，实用新型证书为6年）；外观设计或款型（5年，一次延长5年，最高上限为25年）	统一立法（知识产权法典，1992年颁布，2012年5月3日最新修订）
德国	发明专利（20年，自申请日起计算）；实用新型（10年，自申请日起计算）；外观设计（25年，自申请日起计算）	单行立法（专利法，1980年颁布，2016年4月4日最新修订；实用新型法，1986年颁布，2011年11月24日最新修订；外观设计法，2004年颁布，2014年4月4日最新修订）
日本	发明专利（20年，自申请日起计算）；实用新型（10年，自申请日起计算）；外观设计（20年，自注册之日起计算）	单行立法（专利法，1959年颁布，2015年4月1日最新修订；实用新型法，1959年2011年第63号法令最新修订；外观设计法，1959年颁布，2016年4月1日最新修订）
韩国	发明专利（20年，自申请日起计算）；实用新型专利（10年，自申请日起计算）；外观设计专利（20年，自申请日起计算）	单行立法（专利法，1961年颁布，2013年3月23日最新修订；实用新型法，1961年颁布，2013年3月23日最新修订；外观设计法，1961年颁布，2014年1月21日修订）
俄罗斯	发明专利（20年，自申请日起计算）；实用新型专利（10年，自申请日起计算）；外观设计专利（15年，自申请日起计算）	统一立法（民法典专利法部分，1992年颁布，2006年纳入民法典第四部分，2016年7月3日修订）
印度	发明专利（20年，自申请日起计算）；外观设计（10年，自注册之日起计算）	单行立法（专利法，1970年颁布，2005年4月4日最新修订；外观设计法，2000年颁布）
南非	发明专利（20年，自申请日起计算）；外观设计（美学设计为15年，功能设计为10年，均自注册日起算）	单行立法（专利法，2005年12月5日修订；外观设计法，1993年颁布，1997年9月9日知识产权法修正案）
巴西	发明专利（20年，自申请日起计算）；实用新型专利（15年，自申请日起计算）；外观设计（10年，最多可以延长3次，每次5年，自申请日起计算）	单行立法（工业产权法，专利、外观设计和商标分篇立法，1996年颁布，2001年2月14日最新修订）
中国	发明（20年，自申请日起计算）；实用新型（10年，自申请日起计算）；外观设计（15年，自申请日起计算）	统一立法（专利法，1984年颁布，2020年10月17日最新修订）

从上述各国法律规定的专利类型可以看出,不同国家的专利类型及其授权方式存在差异,具体表现如下:①实用新型和外观设计是否纳入专利保护范围;②实用新型或外观设计是否采取注册登记模式;③实用新型或外观设计是否单独立法。与此相一致,不同国家的法律对发明创造的授予专利的条件规定也存在差异。《中华人民共和国专利法》第二十二条规定,授予专利权的发明和实用新型,应当具备新颖性、创造性和实用性。新颖性是指该发明或者实用新型不属于现有技术(指申请日以前在国内外为公众所知的技术);也没有任何单位或者个人就同样的发明或者实用新型在申请日以前向国务院专利行政部门提出过申请,并记载在申请日以后公布的专利申请文件或者公告的专利文件中,即采用绝对新颖性标准。创造性是指与现有技术相比,该发明具有突出的实质性特点和显著的进步,该实用新型具有实质性特点和进步。实用性是指该发明或者实用新型能够制造或者使用,并且能够产生积极效果。《中华人民共和国专利法》第二十三条规定,授予专利权的外观设计,应当不属于现有设计(指申请日以前在国内外为公众所知的设计);也没有任何单位或者个人就同样的外观设计在申请日以前向国务院专利行政部门提出过申请,并记载在申请日以后公告的专利文件中。授予专利权的外观设计与现有设计或者现有设计特征的组合相比,应当具有明显区别;不得与他人在申请日以前已经取得的合法权利相冲突。

美国专利法规定了三种不同专利的授予条件,即发明专利的新颖性和非显而易见性,植物专利的独特和新的要求,外观专利的新的、原创的装饰性要求。英国、德国、日本、韩国、俄罗斯、南非、巴西等的专利法均规定,专利只可以授予满足下列条件的发明:①具备新颖性;②有发明步骤;③适于工业应用;④不属于法律排除授予专利的情形,如发现、科学理论和数学方法,以及损害公共秩序、道德规范或公共健康等。具体而言,如俄罗斯专利法就规定,一项技术方案,如果涉及一种产品或一种方法,具备新颖性,有发明步骤并可以工业应用,则可以授予发明专利;一件器具有关的技术方案,如果新颖并可以工业应用,则可以授予实用新型专利;一项工厂或家庭制作的物件的外观的艺术和设计方案,具有新颖并在重要特征上有原创性,可以授予外观设计专利。世界部分国家专利法授予的专利权条件见表1.2。

表1.2 世界部分国家专利法规定的授予专利权条件

国别	发明	实用新型	外观设计
美国	发明专利(patent):新颖性(novelty);非显而易见性(non-obviousness);植物专利(plant):独特的(distinct);新的(new)	—	新的(new);原创的(original);装饰性(ornamental)
加拿大	未披露的(not disclosed);非显而易见的(not obvious)	—	不相同或不相近似(not identical or not resembling)
英国	新的(new);有发明步骤(inventive step);有工业实用性(industrial application)	—	新的(new);原创的(original)
法国	新颖性;创造性;工业实用性	新颖性;创造性;工业实用性	新颖的;具有个体特点的
德国	新的(new);有发明步骤(inventive step);工业实用性(industrial application)	新的(new);有发明步骤(inventive step;工业实用性(industrial application)	新的(new);个体特点(individual character)

续表

国别	发明	实用新型	外观设计
日本	新颖性(novelty)；非显而易见性(non-obviousness)；工业实用性(industrially applicable)	新颖性(novelty)；非显而易见性(non-obviousness)；工业实用性(industrially applicable)	新颖性(novelty)；非显而易见性(non-obviousness)；工业实用性(industrially applicable)
韩国	新颖性(novelty)；工业实用性(industrial applicability)；创造性(not easily made & not identical)	新颖性(novelty)；工业可实施性(industrially practicable)；创造性(not easily made & not identical)	新颖性(novelty)；工业可实施性(industrially practicable)；创造性(not easily created & not identical)
俄罗斯	新颖性；有发明步骤；工业实用性	新颖性；工业实用性	新颖性；原创性
印度	未规定积极条件，而是列举16项不能授予专利的情形(其中第g项在2002年修订时删除)	—	新的(new)；原创的(original)
南非	新的(new)；有发明步骤(inventive step)；适于贸易、工业或农业中应用(applied in trade or industry or agriculture)	—	美观设计：新的(new)；原创的(original) 功能设计：新的(new)；非常见的(not commonplace)
巴西	新颖性(novelty)；有发明步骤(inventive step)；工业实用性(industrial application)	新颖性(novelty)；有发明步骤(inventive step)；工业实用性(industrial application)	新的(new)；原创的(original)
中国	新颖性；创造性；实用性	新颖性；创造性；实用性	新颖性；有明显区别；无权利冲突

二、商标

商标是指能够将不同的经营者所提供的商品或服务区别开来，并可为视觉、听觉或嗅觉所感知的显著标记。商标在本质上是经营者用来区别商品或服务来源的标记，因此具有标示商品或服务来源、保证品质、广告宣传、彰显个性等功能，能够降低消费者搜寻商品或服务的成本。商标的价值来源于商标的使用，随着经营者对商标的使用和投资，作为标记的商标逐渐演化为经营者的一种财产和参与竞争的重要资源，其价值往往远远大于商品或服务本身的价值。

根据不同的标准，商标可分为不同的类型，其具体的作用也有区别。根据商标的结构组成或状态，可将商标分为形象商标和非形象商标。前者又称视觉商标，具体包括文字商标、图形商标、组合商标、颜色组合商标和立体商标；后者是指以声音、气味等通过听觉或嗅觉才能感知的商标。根据商标使用者的具体情况，可将商标分为商品商标(包括制造商标和销售商标)、服务商标、集体商标和证明商标。此外，联合商标是指商标所有人在同一种商品或类似商品上注册与主商标相近似的一系列商标。防御商标是指商标所有人在与注册商标所指定商品和服务不同的其他类别的商品或服务上注册的同一商标。

商标最基本的作用是区别商品或服务的来源，保护商标的目的在于防止混淆和淡化。因此，一个标记可否作为商标登记注册并受法律保护，核心要件是是否具有显著特征，便于识别。各国商标法和国际公约都毫不例外地将显著性规定为商标构成的必要条件和商标注册的积极条件。显著性包括固有显著性和获得显著性。前者是指一个标志由于其创造性或者正确选用而具有的天然的显著特征；后者是指一个缺乏固有显著性的标志通过长期连续使用而产生的新的含义，具备识别商品的能力。此外，商标获得注册的消极条件是非冲突性，包括不得违反公序良俗，不得与在先合法权益相冲突。不同国家对商标最初有效期的规定不一致，但都可以不断续展。我国的商标保护期限为10年。

三、著作权

著作权亦称版权，是指作者或其他著作权人依法对文学、艺术或科学作品所享有的各项专有权利的总称，即法律赋予作者或其他著作权人阻止他人未经许可对其作品进行复制、销售、演出、展示或改编的权利。作为著作权客体的作品的表现形式，与科学技术的发展存在不可分割的联系。早期的作品仅限于文字作品及以书面形式表现的美术、音乐作品；随着19世纪末的工业革命特别是20世纪50年代以后以微电子技术、生物技术和纳米技术等为代表的新兴技术的出现，作品的表现形式日益多元化。《中华人民共和国著作权法》将文学、艺术和科学领域的作品分为9类，即文字作品，口述作品，音乐、戏剧、曲艺、舞蹈、杂技艺术作品，美术、建筑作品，摄影作品，视听作品，工程设计图、产品设计图、地图、示意图等图形作品和模型作品，计算机软件，符合作品特征的其他智力成果。

著作权与专利权存在如下两点差异：①著作权并不保护作品的思想，而只保护作品的表达，专利权所保护的则是作者创造的思想内容；②著作权并不要求保护的作品是首创的，而只要求它是独创的，而对于同一内容的发明创造，专利权只授予先申请人。著作权和商标权的取得条件也有所不同。作品只要求各自独立完成，不论他们之间是否相同、类似，而商标权则要求申请注册的商标不得与已注册的同类商品或类似商品的商标相同或近似。

学者们溯源研究表明，著作权的保护制度最早起源于我国宋朝的令状制度。世界上首部著作权法是1709年英国议会通过的《为鼓励知识创作而授予作者及购买者就其已印刷成册的图书在一定时期内之权利的法》，简称《安娜女王法令》，开启了商业著作权学说，即主张著作权仅仅是一种财产权，而否认其人身意义，直至1956年英国著作权法才得以改变。也就是说，英美法系国家最早使用"著作权"的概念来描述著作权人所享有的基本权利，其本意是禁止他人未经授权而复制或使用作品。所以著作权的主体既可以是自然人，也可以是法人等组织。法国的著作权法最主要的特点是以人格价值观为理论基础，强调著作权的财产权和精神权利的全面保护。以法国为代表的大陆法系著作权法认为作品是作者人格的一部分，并且与作者人身相连，只能为作者享有。而且作者只能是自然人，不能是法人或非法人组织。大陆法系国家的作者权制度保护作者利益，不仅保护财产权利，精神权利也备受关注。著作权和作者权的语义差异，反映了著作权法在保护重点、保护对象、保护内容和保护形式上的不同选择。随着著作权的国际化潮流的发展，著作权体系的英美法系国家与作者权体系的大陆法系国家在基本原则与基本制度方面出现了某种程度的融合——著作权的内容包括人身权和财产权两个方面。①著作人身权是指作者基于作品创作所享有的各种与人身相联系而无直接财产内容的权利。在大陆法系国家通称为作者人格权，英美法系国家通称为精神权利，我国著作权法称为作者享有的人身权。一般而言，著作人身权具有永久性、不可分割性和不可剥夺性。按照我国著作权法的规定，著作人身权包括发表权、署名权、修改权、保护作品完整权。②著作财产权是指著作权人自己或者授权他人以一定方式使用作品而获得物质利益的权利。著作财产权具有可让与性、有期限性和可继承性。按照我国著作权法的规定,著作财产权包括复制权、发行权、出租权、展览权、表演权、放映权、广播权、信息网络传播权、摄制权、改编权、翻译权、汇编权,以及应当由著作权人享有的其他权利。

著作权的取得方式因各国的立法思想不同而迥异。概而言之,主要分为注册取得和自动取得两类。著作权的保护期限即著作权受法律保护的时间界限,既涉及著作权人的利益,也涉及作品的传播与科学文化的发展。在立法体例上有两种计算方法,即"死亡起算主义"和"发表起算主义"。多数国家采用前者,即作者终生享有著作权加死亡后若干年限;少数国家采用后者,即自作品出版、登记、发行、公开表演之年年末起保护其著作权若干年限。《伯尔尼公约》规定著作财产权的最低期限应为作者有生之年加死后50年,大部分西欧国家以及英美等国的著作权采用此规定,理由是考虑到作者终生和作者子女平均寿命的相加时间。《世界版权公约》对著作财产权的保护期限规定为作者有生之年加死后25年,一些发展中国家及少数东欧国家采用这一规定。《中华人民共和国著作权法》关于著作权的保护期限兼采两种计算方法。对于一般作品使用"死亡起算主义",如自然人作品的发表权、著作财产权保护期为作者终生及其死亡后五十年;对于特殊作品,适用"发表起算主义",如法人或非法人组织的作品、著作权(署名权除外)由法人或非法人组织享有的职务作品的发表权保护期限为作品创作完成后第五十年,著作财产权的保护期限为首次发表之日起50年。作者的署名权、修改权和保护作品完整权的保护期限不受限制。

四、商业秘密

将商业秘密归属于知识产权的表现形式,已为各国立法和学术研究所接受。商业秘密法植根于财产法和侵权法(Nard et al.,2014)。依据财产理论,类似于专利法,商业秘密法起到功利性调整作用,促进有价值商业信息的产生;依据侵权理论(在美国1939年的《侵权法重述》上首次表述),商业秘密更关注防止不道德的商业行为(如窃取)。因此,当商业秘密被纳入知识产权的形式时,除对权利人的利益进行保护外,同时也是基于对商业主体道德责任和行为的约束。事实上,相对于专利而言,很多行业更依赖商业秘密,特别是与流程相关的发明(Cohen et al.,2000)。商业秘密被视为促使企业成功的重要资源。

我国反不正当竞争法和相关法律法规规定,商业秘密是指不为公众所知悉、具有商业价值并经权利人采取相应保密措施的技术信息、经营信息等商业信息。日本反不正当竞争法规定,商业秘密是指作为秘密管理的生产方法、销售方法以及其他对经营活动有用的技术上或者经营上未被公知的情报。美国统一商业秘密法规定,商业秘密意指特定信息,包括配方、样式、编辑产品、程序、设计、方法、技术或工艺等,由于未能被可从其披露或使用中获取经济利益的他人所公知且未能用正当手段已经可以确定,因而具有实际或潜在的独立经济价值;同时,在特定情势下已尽合理保密努力的对象。根据世界贸易组织的《与贸易有关的知识产权协定》(TRIPs),未公开信息是指符合以下三个条件的信息,一是属于秘密,就是说,该信息作为整体或作为其中内容的确切组合,并非通常从事有关该信息工作之领域的人们所普遍了解或容易获得的;二是因其属于秘密而具有商业价值;三是合法控制该信息之人,为保密已经根据有关情况采取了合理措施。

诸多学者表达了对商业秘密的认识,如商业秘密是指有商业价值,并经企业采取保密措施以防止竞争者模仿的信息,通常是指顾客名单、商业计划、制造工艺等(Friedman et al.,1991)。商业秘密是公民、法人和其他组织保有的有关其社会竞争和物质利益的、符合保护商业秘密法律规定的信息(张玉瑞,1999)。总体上讲,商业秘密应当满足三个要件:①秘密性,即不为不负有义务的特定范围人所知悉,该信息不能从公开渠道直接获取;②价值性,即该信息具有确定的可应用性,能为权利人带来现实的或者潜在的经济利益或者竞争优势;③保密性,即权利人根据环境需要,对商业秘密采取的合理保护措施。

按照《中华人民共和国反不正当竞争法》的规定,商业秘密主要包括两类,即技术秘密和经营秘密。国家科学技术委员会颁布的《关于加强科技人员流动中技术秘密管理的若干意见》(1997年7月2日)规定,技术秘密包括但不限于设计图纸(含草图),试验结果,试验记录、工艺、配方、样品、数据、计算机程序等。《珠海市企业技术秘密保护条例》(1997年7月10日)规定,技术秘密是指非专利技术及技术信息,包括以物理的、化学的、生物的或者其他形式的载体所表现的设计、工艺、数据、配方、诀窍等。经营秘密主要是指客户名单、货源情报、产销策略、招投标中的标底及标书内容等信息。技术秘密和经营秘密从理论上均可得到保护,但在实践中技术秘密的保护占有更为重要的地位。例如,美国《侵权法重述》在说明如何确定商业秘密时提到的6项要素,主要围绕技术秘密;《统一商业秘密法》有关评论在说明获得商业秘密的正当手段时,借用的也主要是技术秘密的语言,如独立开发、反向工程等。深圳市人大常委会2009年5月21日修订颁布的《深圳经济特区企业技术秘密保护条例》第五条规定,技术和技术信息包括以物理的、化学的、生物的或者其他形式的载体所表现的设计、工艺、数据、配方、诀窍、程序等形式。

与专利相比,商业秘密存在以下弱点。①专利权是垄断权、独占权,权利人行使的是绝对权,可以依法制止侵权行为;商业秘密是相对权,其禁止效力仅及于违法侵占,不能及于合法的取得手段。②专利权维护其独占权主要靠法律规定;商业秘密保守的手段主要是保密措施,一旦泄密和扩散,权利人受到的损失将无法挽回。③专利的保护期是固定的,而商业秘密的寿命则可能因泄密、公开而很短。④专利因公开而获权,也因公开而可以吸引受让者或者被许可人;商业秘密则不能以内容公开招揽受让人或被许可人,存在诸多不便之处。

但是,相对于专利来说,商业秘密也有以下优点。①专利由有权机关按照法定程序授予,比较复杂;商业秘密则无须任何部门批准,自然取得。②专利申请需将其技术方案充分公开,容易招致模仿;商业秘密则无公开要求。所以企业往往是在技术无法保密的情况下申请专利保护,甚至在非主流技术领域申请专利,试图引起竞争对手的错觉。而在技术不容易被模仿,被模仿后不容易制止侵权,或者发现、制止侵权比较容易但权利人没有足够的精力或财力去做时,企业更愿意采用商业秘密保护。③专利保护的是完整的技术方案;商业秘密则对未完成的技术方案也可以提供保护。④与专利的时间性不同,商业秘密的"寿命"可能因保密到位而很长。当然,专利和商业秘密在很多情况下也相互补充和转化。专利、商标、著作权和商业秘密的区别见表1.3所示。

表 1.3 专利、商标、著作权和商业秘密的区别

特征	形式			
	专利	商标	著作权	商业秘密
理论基础	通过限制性垄断，激励发明创造的披露和公共福利的最大化	保护具有显著性特征的非功能性名称或标记，持续改善市场信息质量	通过限制性垄断，激励表达性作品的创作；最初是促进作品的出版	合同自由；保护公平竞争
法律渊源	专利法及其实施细则	商标法及其实施条例	著作权法及其实施细则	反不正当竞争法
保护对象	技术方案和设计方案	用于商品或服务上的标记或符号	科学、文学和艺术作品	技术信息和经营信息
保护标准	新颖性；创造性；实用性	显著性；商业上使用；驰名商标（防止淡化）	独创性；可复制性	秘密性；价值性；保密性
保护范围	排他性权利；他人不得为生产经营目的而制造、使用、许诺销售、销售、进口其专利产品或使用专利方法的同等行为	排他性权利；防止商品或服务的来源混淆和驰名商标的淡化	保护作品的发表、署名等人身权和表演、展览、复制等财产权利；防止技术保护措施的规避等	防止通过不正当手段和未经授权获取、披露、使用
有效期	20 年、10 年或 15 年	10 年	死亡后 50 年或发表后 50 年	保密期内
注册要求	有	有	没有	没有
接受审查	是	是	否	否
保护成本	申请费；专利证书费；年费；诉讼成本等	注册费；续展注册费；诉讼成本等	著作权登记费（如计算机软件）；诉讼成本等	保密费用；诉讼成本等
救济途径	协商；民事或刑事诉讼；仲裁；行政处理或处罚等；驳回申请或无效宣告；复审；行政诉讼等	协商；民事或刑事诉讼；仲裁；行政处理或处罚等；驳回申请或无效宣告；复审；行政诉讼等	协商；民事或刑事诉讼；仲裁；行政处理或处罚等	协商；民事或刑事诉讼；仲裁；行政处理或处罚等
第三人的权利	请求许可；请求专利无效	正当使用（如实反映商品来源；合理而附带地使用）	合理使用；独立创造	独立开发；反向工程

参考：Merges 等（2012）。

五、其他知识产权

其他的知识产权形式具体包括以下 4 种类型。

1. 集成电路布图设计

集成电路布图设计（拓扑图）是指集成电路中多个元件，其中至少有一个是有源元件，和其部分或全部集成电路互连的三维配置，或者是指为集成电路的制造而准备的这样的三维配置。《关于集成电路的知识产权条约》规定，集成电路布图设计的保护期限至少为 8 年。我国《集成电路布图设计保护条例》规定，布图设计专有权的保护期为 10 年，自布图设计登记申请之日或者在世界任何地方首次投入商业利用之日起计算，以较前日期为准。但是，无论是否登记或者投入商业利用，布图设计自创作完成之日起 15 年后，不再受本条例保护。

2. 地理标志

地理标志是指标示出某商品来源于某成员地域内,或来源于该地域中的某地区或某地方的标志,该商品的特定质量、信誉或其他特征主要归因于该地理来源。《中华人民共和国商标法》第十六条对地理标志的概念也做了类似规定。地理标志作为知识产权的表现形式之一,其特征在于,当某商品的特定品质、声誉或者其他特征主要由该地理来源决定时,地理标志为那些能够确认其来源地或制造地为某国或者该国某地区或地方的产品提供保护。当该产品为制造品时,相关产品在该地域或者地方进行的生产、处理或者制作活动也可能构成区别特征。一般来说,地理标志的最初期限为10年,并可不断续展。

3. 植物新品种

随着以动物、微生物和植物为主的生物工程的迅速发展,在知识产权领域产生了很大影响,使许多国家制定了一系列新法律或通过判例法,扩大了原有的保护范围,同时相应的新国际公约也随之而产生,如《植物新品种保护公约》。到目前,几乎还没有国家对动物新品种提供专利或其他知识产权保护,新技术革命在知识产权领域所提出的问题主要反映在微生物与植物两类上。虽然微生物的新制法或新的微生物制品一般均未作为受保护对象写进专利法中,但不少国家的专利管理部门总是把他们解释为可受保护的对象,如日本的《特许法》本来是将一切生物发明排除在保护之外的,但日本特许厅解释认为分子生物学中的制成品的研制方法,可以同新物质的发明方法相类比,而新物质发明是可以授予专利的。《中华人民共和国专利法》只规定动物、植物新品种不可以获得专利,在《中华人民共和国专利法实施细则》中规定微生物发明在申请专利时如何交存样品的问题,等于承认我国以专利保护微生物发明的事实。当然,为微生物提供专利保护,也会遇到一些难题,其中之一是微生物是会"自我繁殖"的。如果某人获得了微生物专利的许可使用权,而未获得"仿制"该微生物的权利,那被许可人是否构成侵权呢?1993年以前,大多数国家还只是以专门法,即植物新品种保护法来保护植物新品种的。但是随着遗传工程技术的不断发展,特别是转基因技术的不断发展,发达国家开始给予植物新品种以专利法保护。

4. 协议许可中的反竞争行为

一般认为,一些限制竞争的有关知识产权的许可行为可能对创新和贸易产生不利影响,并阻碍技术转让。这些限制性行为可能包括独占返授条款、禁止对有效性提出质疑、强迫性一揽子许可等。世界贸易组织《与贸易有关的知识产权协定》(TRIPs)鼓励各国进行立法活动以打击协议许可中的这些行为。当然,这一般与各国反垄断法律和控制"垄断行为"的"强制许可"相关。

复习思考题

1. 知识产品的含义是什么?为什么说知识产品是知识产权的对象?
2. 如何理解知识产权的私权本质及其意义?
3. 如何理解知识产权的本质属性和固有属性之间的逻辑关系?

4. 为什么说知识产权处于智力资本价值链的高端？
5. 与专利相比，商业秘密具有哪些优点和弱点？

参 考 文 献

布拉德·谢尔曼，莱昂内尔·本特利，2006. 现代知识产权法的演进：英国的历程(1760-1911). 金海军译. 北京：北京大学出版社.

贺小刚，李新春，方海鹰，2006. 动态能力的测量与功效：基于中国经验的实证研究. 管理世界，(3)：94-103，171.

洪茹燕，吴晓波，2005. 国外企业智力资本研究述评. 外国经济与管理，27(10)：42-48.

金岳霖，1979. 形式逻辑. 北京：人民出版社.

刘春田，2003.知识财产权解析.中国社会科学，(4)：109-121

刘春田，2007. 知识产权法(第三版). 北京：高等教育出版社，北京大学出版社.

刘春田，2010.新中国知识产权法学学科的开拓者.法学家，(4)：77-83.

刘春田，2014. 知识产权法(第五版).北京：中国人民大学出版社.

鲁道夫·克拉瑟，2016.专利法(第六版)——德国专利和实用新型法、欧洲和国际专利法. 单晓光，等译. 北京：知识产权出版社.

史尚宽，2000. 民法总论. 北京：中国政法大学出版社.

王利明，2004. 民法. 北京：中国人民大学出版社.

王众托，2004. 知识系统过程. 北京：科学出版社.

魏江，1997. 企业技术能力：增长过程，机理与模式[D]. 杭州：浙江大学.

吴汉东，2000. 财产权客体制度论——以无形财产权课题为主要研究对象.法商研究，(4)：45-58.

吴汉东，2003a. 财产的非物质化革命与革命的非物质财产法.中国社会科学，(4)：122-133.

吴汉东，2003b. 知识产权的私权与人权属性——以《知识产权协议》与《世界人权公约》为对象.法学研究，(4)：66-78.

吴汉东，2005a.关于知识产权私权属性的在认识——兼评"知识产权公权化"理论.社会科学，(10)：58-64.

吴汉东，2005b. 知识产权基本问题研究. 北京：中国人民大学出版社.

吴汉东，2006.知识产权本质的多维度解读.中国法学，(5)：97-106.

吴汉东，2009. 知识产权法(第三版). 北京：法律出版社.

吴汉东，闵锋，1987.知识产权法概论.北京：中国政法大学出版社.

夏征农，陈至立，2009.辞海. 上海：上海辞书出版社.

萧延高，范晓波，2014. 知识产权(第二版). 北京：科学出版社.

肖延高，范晓波，万小丽，等，2016.知识产权管理：理论与实践.北京：科学出版社.

谢铭洋，2001. 智慧财产权之基础理论(第三版). 台北：翰芦图书出版公司.

张平，1994. 知识产权法详论. 北京：北京大学出版社.

张玉敏，2005. 知识产权与市场竞争. 北京：法律出版社.

张玉瑞，1999. 商业秘密法学. 北京：中国法制出版社.

郑成思，1996.论知识产权的概念.中国社会科学院研究生院学报，(1)：19-29.

郑成思，1997. 再论知识产权的概念.知识产权，(1)：13-22, 33.

郑成思，2001. 知识产权论. 北京：法律出版社.

郑成思，朱谢群，2004.信息与知识产权的基本概念.科技与法律，(2)：39-45.

郑玉波，2003. 民法总则（第九版）. 台北：三民书局.

周三多，郭统钎，2002. 战略管理思想史. 上海：复旦大学出版社.

朱谢群，2008. 我国知识产权发展战略与实施的法律问题研究. 北京：中国人民大学出版社.

朱雪忠，2010. 知识产权管理.北京：高等教育出版社.

Archibald G C，1979. Method and appraisal in economics. Philosophy of Social Sciences，（9）：304-315.

Arrow K，1962. The economic implications of leaning by doing. Review of Economic Studies，（29）：155-173.

Bain J S，1968. Industrial organization. 2nd ed. New York：John Wiley and Sons.

Barney J B，1997. Gaining and sustaining competitive advantage. Cambridge MA：Addison-Wesley Publishing Company.

Boisot M H，1998. Knowledge assets. London：Oxford University Press.

Borg E A，2001. Knowledge，information and intellectual property：implications for marketing relationships.Technovation，（21）：515-524.

Boulding K，1996. The economics of knowledge and the knowledge of economics. American Economic Review，（58）：1-13.

Cohen W M，Nelson R R，Walsh J P，2000. Protecting their intellectual assets：appropriability conditions and why U.S. manufacturing firms patent (or not).Working paper.

Davenport T，Prusak L，1998 . Working knowledge. Boston：Harvard Business School Press.

Demsetz H，1967. Toward a theory of property rights. American Economic Review，57(2)：347-359.

Drucker P，1968. The age of discontinuity：guidelines to our changing society. New York：Harper & Row.

Eisenhardt K，Martin J A，2000. Dynamic capabilities：what are they? Strategic Management Journal，21(10/11)：1105-1121.

Friedman D D，Landes W M，Posner R A，1991.Some economics of trade secret law. The Journal of Economic Perspectives，5(1)：61-72.

Garner B A，2014. Black's law dictionary (10th edition).Cambridge, MA：Thomson Reuters.

Grant R M，1996. Toward a knowledge-based theory of the firm. Strategic Management Journal，（17）：109-122.

Harrison S, Sullivan P H. 2000. Profiting from intellectual capital：learning form leading companies. Journal of Intellectual Capital, 1(1)：33-46.

Klaila D, Hall L. 2000.Using intellectual assets as a success strategy. Journal of Intellectual Capital，1(1)：47-53.

Kur A，Dreier T，2013. European intellectual property law. Canbridge, MA：Edward Elgar：2.

Landes W M，Posner R A，2003. The economic structure of intellectual property law. MA：The Belknap Press of Harvard University Press.

Law J，2018. Oxford dictionary of law (9th edition). London：Oxford University Press.

Leonard-Barton D，1992. Core capability and core rigidities：a paradox in managing new product development. Strategic Management Journal，（13）：111-125.

Macdonald S，1995. Learning to change：an information perspective on learning in the organization. Organization Science，6(5)：557-568.

Machlup F，1980. Knowledge：its creation，distribution，and economic significance. Princeton：Princeton University Press.

Machlup F，1983. Semantic quirks in studies of information//the study of information. New York：John Wiley.

Mason E S，1939. Price and production policies of large-scale enterprise. American Economic Review，（29）：61-74.

Mathews J A，2006. Strategizing，disequilibrium，and profit. Stanford：Stanford University Press.

Merges R P，Peter S M，Mark A L，2012 . Intellectual property in the new technological age (6th edition). New York：Wolters Kluwer Law & Business.

Miller A R,Davis M H,2000. Intellectual property:patents,trademarks,and copyright (3rd edition). Hong Kong:Sweet & Maxwell Asia.

Narayanan V K,2001. Managing technology and innovation for competitive advantage. Upper Saddle River:Prentice-Hall,Inc.

Nard C A,Madison M J,McKenna M P,2014. The law of intellectual property (4th Edition). New York:Wolters Kluwer Law & Business.

Nonaka I,1994. A dynamic theory of organizational knowledge creation. Organization Science,5(1):14-37.

Nonaka I,Takeuchi H,1995. The knowledge-creating company. New York:Oxford University Press.

OECD,1995.Territorial development and human capital in the knowledge economy:towards a policy framework. Paris:OECD.

Patel P,Pavitt K,1997. The technological competencies of the world's largest firms:Complex and path-dependent,but not much variety. Research Policy,26(2):141-156.

Peteraf M A,1993. The cornerstones of competitive advantage:a resource-based view. Strategic Management Journal,14(3):179-191.

Polanyi M,1958. Personal knowledge. Chicago:The University of Chicago Press.

Polanyi M,1966. The tacit dimension. London:Routledge & Kegan Paul.

Poltorak A I,Lerner P J,2002. Essentials of intellectual property. New York:John Wiley & Sons,Inc.

Porter M E,1980. Competitive strategy:techniques for analysing industries and competitors. New York:The Free Press.

Porter M E,1985. Competitive advantage:creating and sustaining superior performance. New York:The Free Press.

Porter M E,1991. Towards a dynamic theory of strategy. Strategic Management Journal,(12):95-117.

Prahalad C K,Hamel G,1990. The core competence of the corporation. Harvard Business Review,68(3):79-91.

Rumelt R P,1987. Theory,Strategy and entrepreneurship// the competitive challenge:strategies for industrial innovation and renewal. Ballinger,Cambridge,MA:137-158.

Rumelt R P,1991. How much does industry matter? Strategy Management Journal,(12):167-185.

Samuelson P A,1955. Diagrammatic exposition of a theory of public expenditure. Review of Economics and Statistics,(37):350-356.

Sherman B,Bently L,1999. The making of modern intellectual property law:the british experience. Cambridge:Cambridge University Press.

Spender J C. 1989. Industry recipes:the nature and sources of managerial judgment. Oxford:Blackwell.

Stewart T A,1994. Your company's most valuable asset:intellectual capital. Fortune,(10):34-42.

Teece D J,1986. Profiting from technological innovation:implications for integration,collaboration,licensing and public policy. Research Policy,(15):285-305.

Teece D J,1998. Capturing value from knowledge assets:the new economy,markets for know-how,and intangible assets. California Management Review,40(3):55-79.

Teece D J,2000. Strategies for managing knowledge assets:the role of firm structure and industrial context. Long Range Planning,(33):35-54.

Teece D J,Pisano G,Shuen A,1997. Dynamic capabilities and strategic management. Strategic Management Journal,18(7):509-533.

Winter S G,1987. Knowledge and competence as strategic assets//the competitive challenge:strategies for industrial innovation and renewal. Cambridge,MA:Ballinger.

Zollo M,Winter S G,2002. Deliberate learning and the evolution of dynamic capabilities. Organization Science,13(3):339-351.

第二章 知识产权管理的基本问题

本章要点：
1. 理解知识产权管理的定位。
2. 掌握知识产权管理的含义和功能。
3. 了解知识产权管理兴起的理论和实践背景。

开篇案例二　华为：发展与全球本土化发展阶段相适应的知识产权能力[①]

"知识产权能力"的概念较早见于 2002 年原国家知识产权局局长王景川在《科技广场》发表的讲话《加强知识产权能力建设　培育和发展核心竞争力》，以及 2007 年在《中国经贸导刊》的撰文，认为国家核心竞争能力日益体现为智力资源和智慧成果的培育、拥有、配置和调控能力，尤其体现为对知识产权的拥有和运用能力。为此，应高度重视培育和发展知识产权能力（王景川，2002，2007）。从企业角度来看，知识产权能力是指企业为了谋求竞争优势，创造、运营、保护和组织专利、商标、著作权、商业秘密以及其他知识产权形式的能力（肖延高 等，2016）。

华为技术有限公司（2003 年注册华为投资控股有限公司）成立于 1987 年，现已发展为全球领先的信息与通信（information and communications technology，ICT）基础设施和智能终端提供商。在华为国际化和全球本土化发展阶段，公司非常重视知识产权的积累、运营和保护。在华为看来，在日益激烈的全球竞争中，知识产权的价值主要体现在五个方面，即保护研发成果、保障市场自由、避免缴纳高额的许可费、获得技术许可收入、在产权活动中提高公司的价值。为此，有必要将知识产权作为公司整体战略的重要组成部分，并将知识产权能力视为建立和保持国际市场竞争地位、市场份额基本能力要素之一。经过近三十年的发展，截至 2019 年底，华为约有 19.4 万名员工，其中从事研究与开发的人员约有 9.6 万名（包括从事基础研究的 15000 名），约占公司总人数的 49%，业务遍及 170 多个国家和地区，服务 30 多亿人口。华为坚持长期投入研究与开发，每年将 10%以上的销售收入投入研究与开发，不断丰富自身知识产权积累，是目前全球最大的专利持有企业之一，共持有有效授权专利 85000 多件，其中中国有效授权专利有 30000 多件，中国以外国家有效授权专利有 50000 多件（包括欧美有效授权专利 40000 多件），90%以上专利为发明专利。

创新是华为三十年来生存和发展的根本。华为坚信尊重和保护知识产权是创新的必由之路。作为创新者以及知识产权规则的遵循者、实践者和贡献者，华为注重自有知识产权的保护，也尊重他人知识产权，不仅与全世界主要 ICT 企业达成了专利交叉许可，而且还积极通过自身实践致力于行业和国家的创新和知识产权环境的完善。面向未来，华为的

[①] 资料来源：华为投资控股有限公司《2019 年年度报告》，https://www.huawei.com/cn/annual-report。

创新将从基于客户需求的技术和工程、产品和解决方案的创新 1.0 时代，迈向基于愿景驱动的理论突破和基础技术发明的创新 2.0 时代，即基于对未来智能社会的愿景假设，打破制约 ICT 发展的理论和基础技术瓶颈，实现理论突破和技术发明的创新，是从 0 到 1 的创新。

第一节　知识产权管理的缘起

一、知识产权是知识经济时代的核心资源

如前所述，有关知识产权的法学、管理经济学研究成果，是知识产权管理的重要理论来源。然而，将知识产权视为土地、人力、资本之外的企业发展内生性要素，从企业资源管理视角开展知识产权管理理论研究，则源于全球知识经济兴起和创新驱动发展背景下的知识产权管理实践，以及由此引发的诸多知识产权管理理论问题。

稀缺资源的有效配置是经济学永恒的研究主题。经济，简言之，是指社会再生产（生产、分配、交换、消费）活动以及在这些活动中结成的人与人之间的关系。没有投入就不可能有产出。社会再生产过程的投入，经济学上称为生产要素，其中的核心部分是资源。资源是短缺的，从而要求对社会资源进行有效、合理地挖掘、组织、配置，以物尽其用，发挥最大效用。具体的社会再生产过程，千形百态，需要各种各样的资源。随着社会经济的发展和人们认识的深化，资源的外延亦在扩张。不同的经济时代有着不同的核心资源，社会的资源配置，往往是围绕核心资源展开的（李仕明和魏立新，1999）。

农业经济时代或农业社会，是一种以自然经济为主体经济形态的时代。农业经济时代的核心资源是土地，由于土地这一资源的流动性差，从而决定了农业经济时代是一个相对封闭、静态的经济时代。工业经济时代或工业社会，是一种以高度发达、社会大生产的商品经济为主体经济形态的时代，工业经济时代的核心资源是资本。由于工业经济时代以市场作为资源配置的主要手段，社会资源"资本化"和资本的运动性本质，因而工业经济时代是以市场经济为标志的开放、动态、竞争的经济时代。知识经济是一种全新的经济形态，它以数据、信息、知识的生产、分配、传播和使用为基础，以创造性的人力资源为依托，以高科技产业和智力服务业为支柱。在知识经济社会，知识居于非常突出的地位，人力资源的开发，特别是人力资源创造能力的开发在经济中具有特殊的价值；同时，社会经济结构、产业结构将发生重大变化。如果说钢铁、汽车、电力、机械、制造、石油、化工构成工业经济的支柱，那么在知识经济社会，计算机软件、芯片、生物制品、新材料、人工智能等高技术产品以及信息咨询业和以管理为主的服务业在经济中的比例将居于压倒性地位，成为整个经济的先导和支柱。微软、英特尔、IBM、高通、谷歌、苹果、爱立信、三星、华为、中兴通讯、阿里、腾讯、百度等为代表的知识经济产业，正以新的观念、新的赢利模式冲击着辉煌了 200 多年的工业经济社会，撼动资源型经济赖以存在的根基。天赋的自然资源优势已不再是主要的竞争要素，因为现代产品所耗费的自然资源日减。桥梁和汽车所需要的钢材越来越少，而新一代信息技术、移动通信之类的设备却基本上不耗费太多自然资源。现代交通的发展，已使资源能以较低的成本运送到任何需要的地方。资本优势也不再成为一种主要的竞争要素。

在知识经济时代,创新成为社会经济发展的主要驱动力,知识与技能成为企业竞争优势的主要来源。智力资源已经成为对社会价值创造贡献最大、最为稀缺的核心资源。国家、区域、产业以及企业的价值创造和竞争优势的获得正在演变为以知识、智力资本、智力资产为核心来展开。正是在这一时代背景下,居于知识、智力资本、智力资产价值链高端的知识产权的管理,正从企业管理的边缘逐渐演化成企业管理的核心内容(李平和萧延高,2008)。

二、知识产权数量持续增长

(一)全球专利申请数量剧增

随着全球知识经济的兴起,以及世界各国对创新在商业成功及经济增长中的关键作用认知的确立,全球 R&D(research and development,研究发展)费用占 GDP 的比例总体呈现出递增趋势,知识产权特别是专利申请和授权数量逐年增加(Goldstein,2015)。知识产权在商业竞争中的价值日益凸显,知识产权质量、价值、保护等管理问题业已成为企业特别是创新型企业面临的核心问题(Granstrand,1999)。

世界银行的统计数据库数据表明,1996~2015 年,二十国集团主要国家和地区 R&D 费用占 GDP 比例总体呈增加趋势。从图 2.1 可以看出:①除英国和法国外,其他国家和地区 R&D 费用占 GDP 的比例在统计期间均有不同程度的增加;②发达国家和地区如美国、日本、德国、法国、英国、加拿大、意大利、韩国等国家 R&D 费用占 GDP 的比例除意大利以外都保持在 1.50%以上,美国、日本、德国和韩国在 2008~2015 年更是一直保持在 2.50%以上,其中韩国和日本增长最为明显,分别从 1996 年的 2.43%和 2.77%增长到 2015 年的 4.22%和 3.25%,增幅达到 73.66%和 17.33%;③中国、俄罗斯、印度、巴西、阿根廷、墨西哥和土耳其 1996 年 R&D 费用占 GDP 的比例均在 1.00%以下,与上述发达国家差距十分明显。但是,近十五年来,这些国家的该比例也有不同程度的增长。其中,中国的 R&D

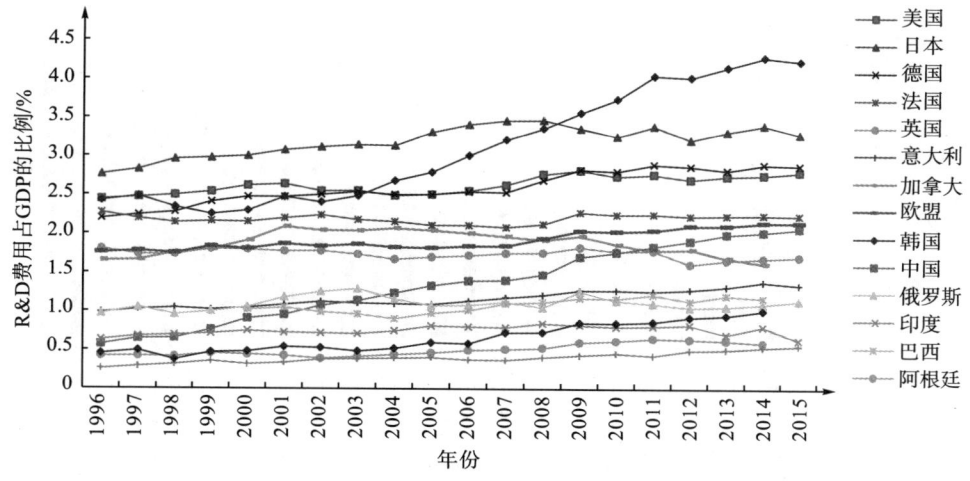

图 2.1 1996~2015 年二十国集团主要成员的 R&D 费用占 GDP 的比例

数据来源:根据世界银行统计数据库数据整理。

费用占 GDP 的比例从 1996 年的 0.57%增长到 2015 年的 2.06%，先后超过意大利、英国和加拿大，甚至接近欧盟的水平。

随着全球 R&D 投入的增加，作为创新成果重要法律保护形式的专利数量也不断增加。如图 2.2 所示，20 世纪 80 年代中期以来，全球专利（统计口径为发明）申请数量出现了明显的上升趋势，从 1980 年的 822823 件上升到 2017 年的 3168900 件，增长了 2.85 倍，年均增长 3.80%。

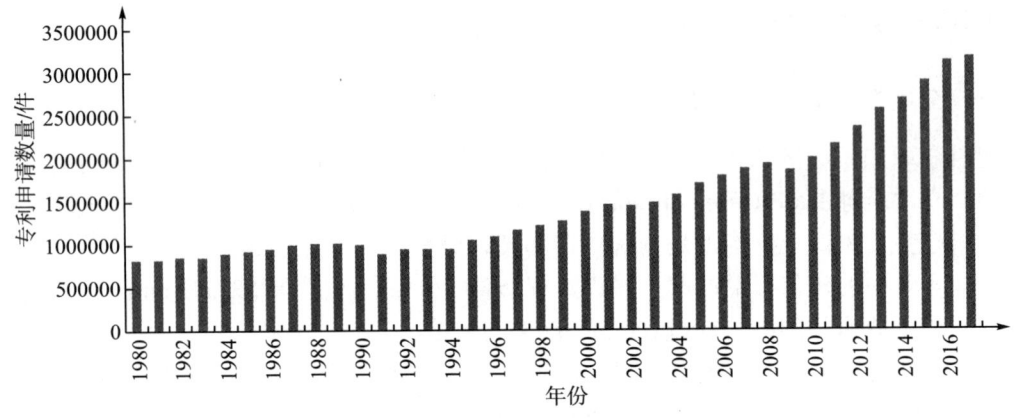

图 2.2　1980～2017 年全球专利申请数量

数据来源：根据世界知识产权组织统计数据库数据整理（仅统计发明）。

从《专利合作条约》(PCT)专利申请来看，年申请量也是逐年攀升。如图 2.3 所示，PCT 专利申请数量从 1990 年的 19806 件增长到 2017 年的 243500 件，增长了 11.29 倍，年均增长 9.94%。

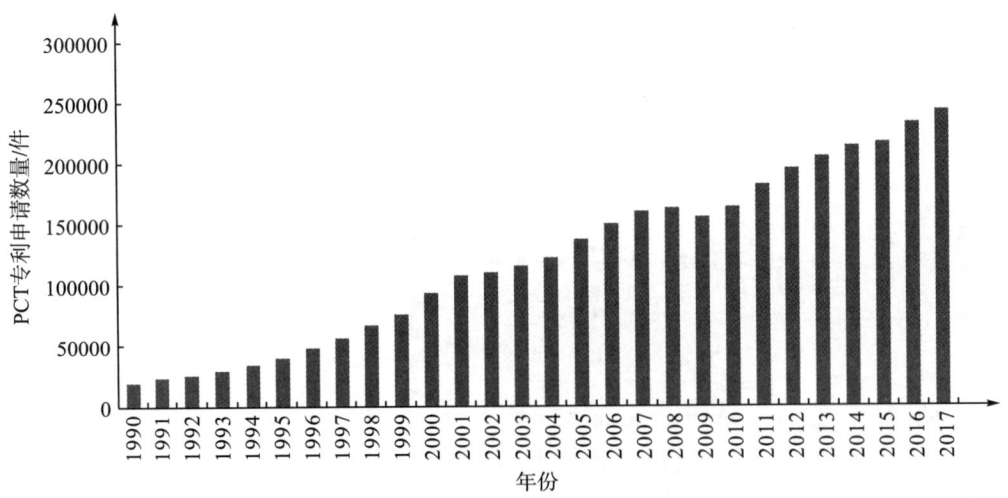

图 2.3　1990～2017 年 PCT 专利申请数量

数据来源：根据世界知识产权组织统计数据库数据整理。

从专利申请受理局所在区域(一定程度上反映创新和市场活跃程度或者市场主体对该区域市场未来发展及其进入态度)来看,全球专利申请量增幅最大的是亚洲和北美洲,而且一直保持快速增长的趋势。其中,亚洲的专利申请量从1980年的207164件增长到2017年的2062500件,增长了8.96倍,年均增长6.52%;北美洲的专利申请量从1980年的128676件增长到2017年的642000件,增长了3.99倍,年均增长4.53%。欧洲1989~1994年有一个持续走低的过程,从1988年的412885件跌落至1994年的236109件,此后缓慢恢复增长。拉丁美洲和加勒比地区、大洋洲和非洲专利申请量总体保持较低水平,增长比较缓慢。其中,拉丁美洲和加勒比地区相对增幅较大,从1980年的23205件增长到2017年的57600件。1980~2017年全球不同区域的专利申请数量情况如图2.4所示。

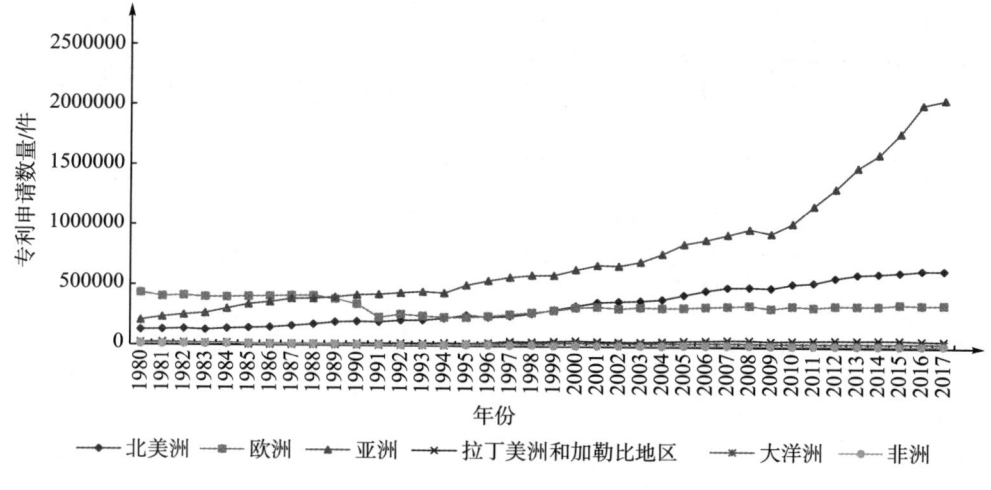

图2.4　1980~2017年全球不同区域的专利申请数量情况

数据来源:根据世界知识产权组织统计数据库数据整理(仅统计发明)。

结合图2.5可以看出,美国的专利申请量一直保持稳定增长,从1980年的104329件增长到2017年的606956件,增长了4.82倍,年均增长5.43%。亚洲专利申请量增长的主要贡献者是中国,其次是韩国和日本。其中,中国的专利申请量(仅指发明)从1985年的8558件飙升到2017年的1381594件,增幅最大的区间是2001年中国加入世界贸易组织以后,17年间增幅达到21.77倍,年均增长18.34%,先后在2004年、2005年、2010年和2011年超过韩国、欧洲、日本和美国。韩国也是后起之秀,专利申请量在1995年超过欧洲后,与欧洲一路交叉上扬。日本曾是全球专利申请量最大的国家,多年保持遥遥领先地位。但是,从2005年达到顶点427078件后开始下行,先后于2006年和2010年被美国和中国超越。

改革开放以后,中国的专利申请和授权发端于1985年4月1日《中华人民共和国专利法》的施行。从图2.6可以看出,中国国家知识产权局受理的专利申请数量在前期有一个缓慢增长的过程,受理量从1985年的14372件增长到1996年的102735件,突破10万件大关;在2001年中国加入世界贸易组织当年突破20万件,达到203573件;此后呈井喷式增长,在2013年达到历史最高点2377061件,2014年小幅回落后又快速增长,至

2017年达到3697845件。2001~2017年,专利受理数量增长了17.16倍,年均增长20.17%。同期专利授权数量也持续增长,17年间专利授权量增长了15.07倍,从2001年的114251件增长到2017年的1836434件,年均增长19.78%。

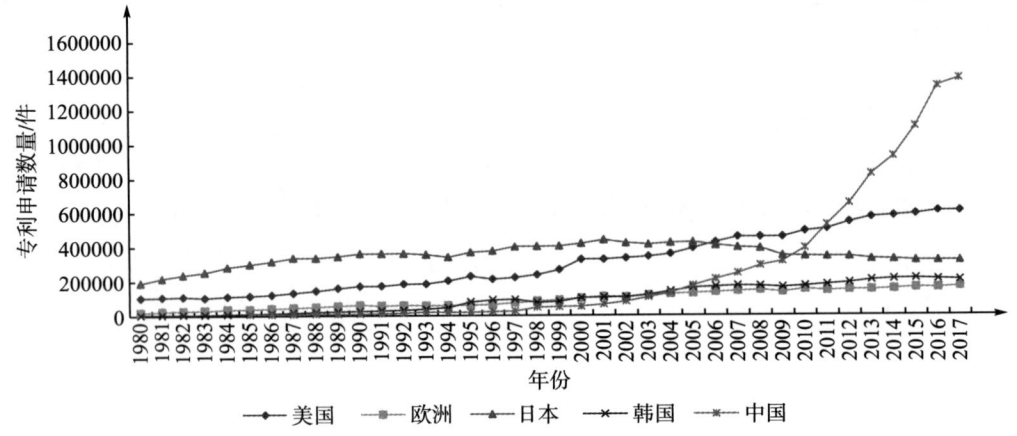

图2.5　1980~2017年全球五大知识产权局专利申请数量

数据来源:根据世界知识产权组织统计数据库数据整理(仅统计发明)。

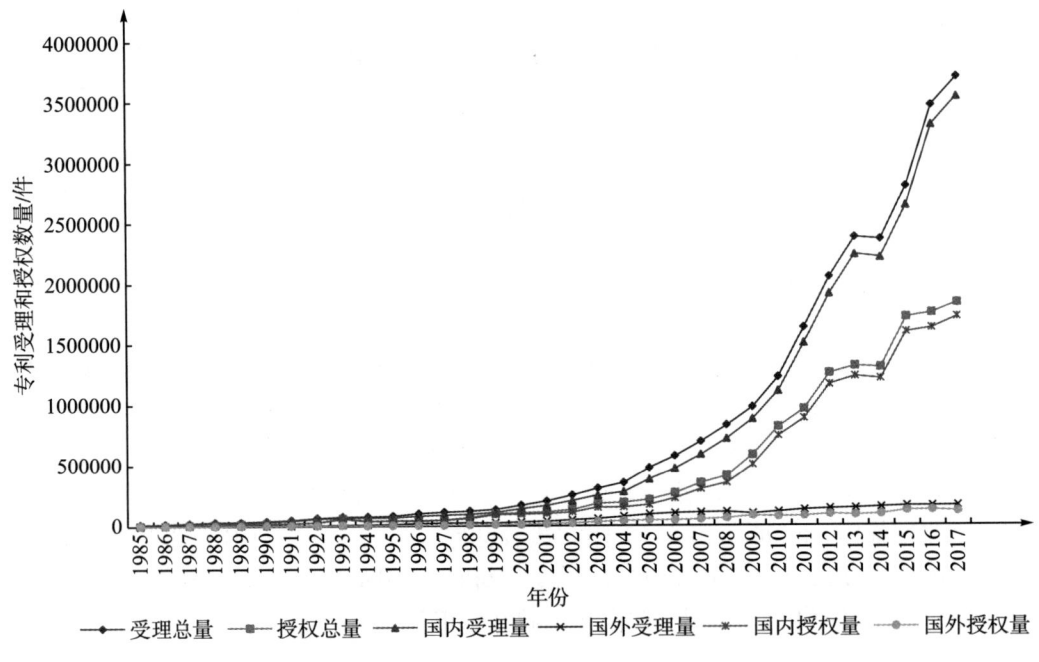

图2.6　1985~2017年中国知识产权局专利受理和授权情况

数据来源:根据中国国家知识产权局年报数据整理。

(二)商标申请和注册量逐步增长

随着全球化和互联网的兴起,企业越来越重视消费者的"品牌体验"。正因为经济领域的品牌在企业价值和经济增长中的重要作用凸显,作为品牌的法律表现形式——商标——的全球申请和授权量也逐年增长。如图 2.7 所示,1995~2017 年,全球商标申请量从 1949200 件增长到 9106600 件,年注册量从 1307300 件增长到 5445000 件,年均增长率分别是 7.55%和 7.10%。

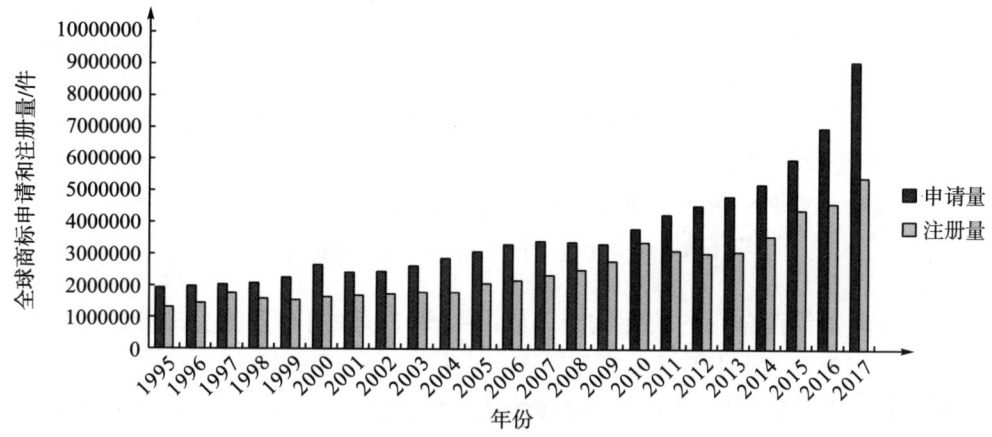

图 2.7　1995~2017 年全球商标申请和注册情况

数据来源:根据世界知识产权组织全球品牌数据库数据整理。

如图 2.8 所示,全球商标国际申请和注册量从 1980 年的 91936 件和 51724 件增长到 2017 年的 1202000 件和 1091200 件,分别增长了 12.07 倍和 20.10 倍,年均增长分别为 8.48%和 12.19%。如图 2.9 所示,马德里商标国际注册的核准注册量从 1997 年的 19070 件增长到 2017 年的 56200 件,年均增长 6.26%。

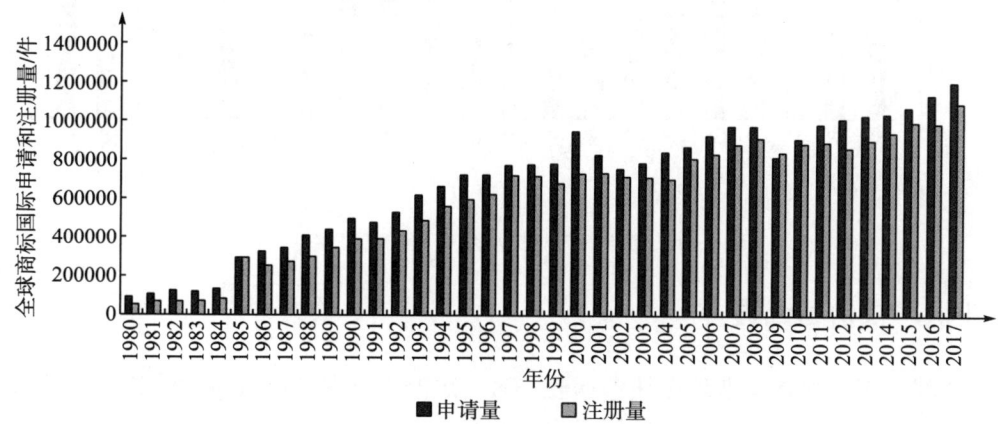

图 2.8　1980~2017 年全球商标国际申请和注册情况

数据来源:根据世界知识产权组织全球品牌数据库数据整理。

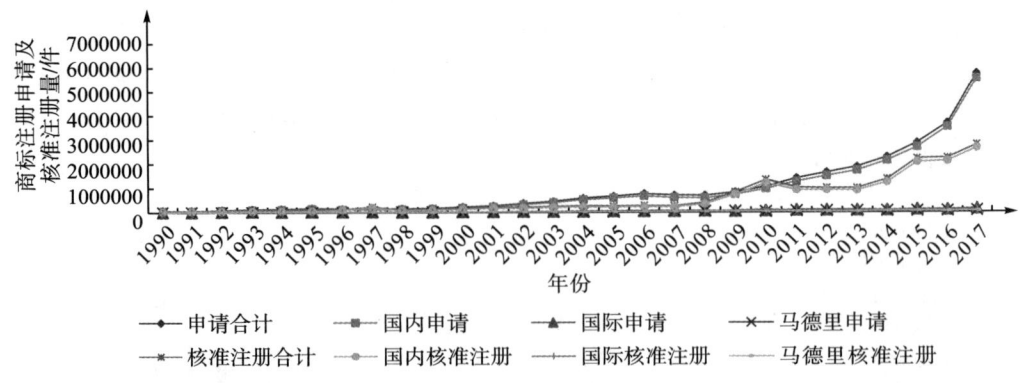

图 2.9　1997~2017 年国内、国际及马德里商标注册申请及核准注册情况

数据来源：根据世界知识产权组织年报数据整理。

国家市场监督管理总局的统计数据显示，中国商标注册申请的受理量在 1980~1990 年增幅较小，但 1991~2001 年增长较为迅速，先后在 1993 年和 2000 年突破 10 万件（132323 件）和 20 万件（223177 件）大关。中国商标注册申请的受理量从 2001 年的 270417 件增长到 2017 年的 5748175 件，17 年间增长了 20.26 倍，年均增长 19.61%（图 2.10）；同期商标核准注册量从 202839 件增长到 2792072 件，年均增长 22.51%。

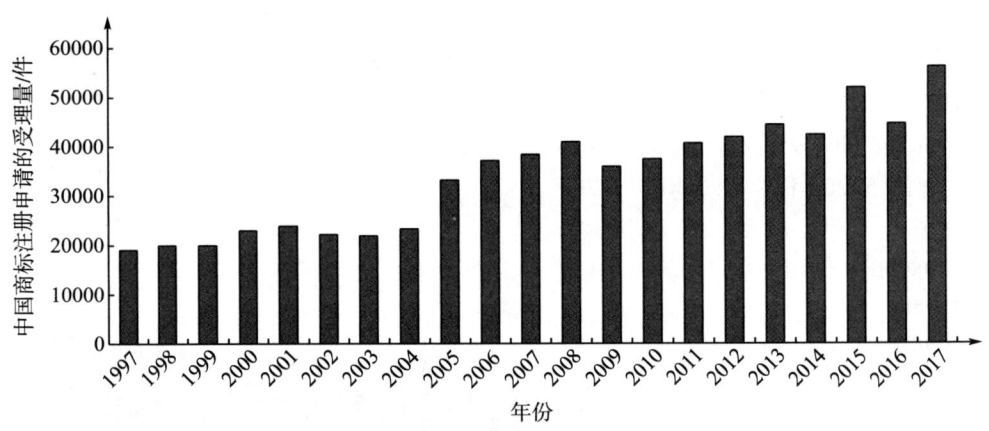

图 2.10　中国商标注册申请的受理量

三、知识产权价值凸显

与全球知识产权数量非均衡快速增长一致，知识产权在商业竞争中的价值也凸显。这不仅表现在企业将自有知识产权运用于自身产品或服务中，以降低产品或服务的成本或增加其价值，知识产权在企业总资产中的比例越来越大，而且更体现在企业之间通过转让或许可知识产权的方式获得其交换价值。知识产权交换价值的凸显，激发企业在知识产权积累的同时，日益重视从知识产权中萃取价值。

（1）以知识产权为核心的无形资产在企业总资产中的占比越来越大。企业知识产权价值的大小，首先表现为企业对知识产权这一柔性的战略性资源的重视程度，特别是知识产权在企业总资产中的占比。根据美国知识产权管理集团 Ocean Tomo 对标准普尔 500 指数里的 500 家上市公司的资产结构进行多时点调查统计,近四十年来,上述公司的资产结构越来越"轻量化",以知识产权为核心的无形资产占企业总资产的比例越来越大。如图 2.11 所示,1975 年,上述公司无形资产占企业总资产的比例仅为 17%,1985 年和 1995 年先后上升至 32%和 68%,2005 年和 2015 年更是上升至 80%和 84%。

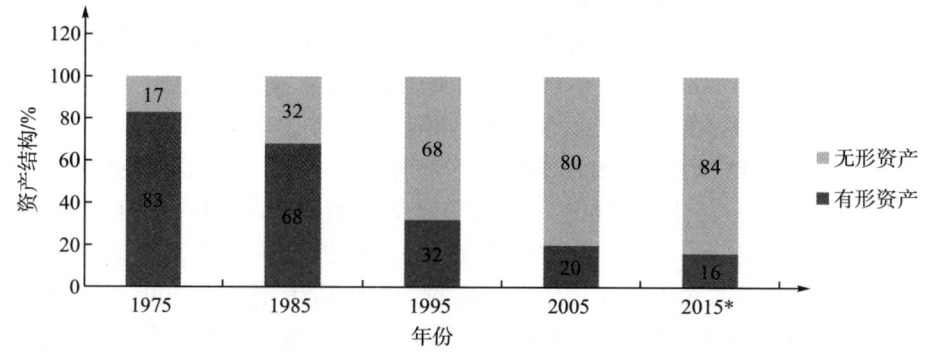

图 2.11 1975~2015 年美国标准普尔 500 指数里的 500 家上市公司的资产结构变化情况

数据来源:Ocean Tomo;2015*是 2015 年 1 月 1 日的统计结果。

(2) 知识产权转让日益频繁,且费用数额巨大。2009 年 6 月,成立于 1895 年的加拿大著名的电信设备公司北电网络(Nortel Networks)申请破产保护。北电网络曾经是无线网络、企业网络(包括光网络、全球微波接入互操作性(World Interoperability for Microwave Access,WiMAX)、IP 多媒体系统(IP Multimedia Subsystem,IMS)、全球移动通信系统(Global System for Mobile Communications,GSM)/通用移动通信系统(Universal Mobile Telecommunications System,UMTS)、码分多址(Code Division Multiple Access,CDMA)等领域的世界领先电信设备供应商,其核心资产是约 6000 项专利组成的专利组合。由于该专利组合涉及大量的 4G 无线技术及相关通信技术,尤其是 LTE(long term evolution,长期演进)相关的移动宽带技术,因此引起电信和手机领域相关公司对该专利组合的激烈争夺。2011 年 6 月 30 日,竞拍的结果是由苹果、微软、索尼、黑莓、爱立信等公司成立的专利联盟 Rockstar Consortium 以 45 亿美元天价成功获得北电公司约 6000 项专利。随后,约 4000 项专利归于 Rockstar Consortium 名下,另外 2000 项专利被联盟成员瓜分。这一巨额专利收购案余音未了,同年 8 月 15 日,谷歌宣布以每股 40 美元的现金收购摩托罗拉移动,总价约为 125 亿美元,将其 17000 项专利和 7000 项专利申请悉数收入囊中。然而,上述知识产权收购案交易对象的易手并未就此结束。2014 年 10 月 30 日,联想集团宣布以 29 亿美元再次从谷歌手中接过摩托罗拉移动,摩托罗拉旗下 2000 项专利、摩托罗拉移动品牌和商标组合、与全球 50 多家运营商的合作关系,都归于联想移动业务集团。2014 年 12 月 24 日,美国专利风险管理公司 RPX 也宣布斥资 9 亿美元收购包括 4000 多项由专利联盟 Rockstar Consortium 持有的专利,RPX 对外宣称此举有望进一步减少智能手机行业的专利诉讼数量。

(3) 国际间知识产权许可实施规模越来越大,但使用费国际收支不均衡。为了掌握全球知识产权交换价值的流动规模和方向,近年来,国际货币基金组织和世界银行对各国的知识产权使用费国际支出和收入按年度进行了统计。统计口径是国家和地区之间的知识产权因合法使用而产生的年度使用费收入和支出,统计范围包括专利、商标、著作权、工业设计、商业秘密和特许经营许可等通过许可协议形成的年度使用费收入和支出。2005～2017 年的统计数据显示,与国际货物贸易一致的是,近年来国际知识产权使用费国际收支总额不断扩大,显示出知识产权的国际间交换价值不断增加。但是,从区域分布来看,与货物贸易形成的国际收支趋势截然不同的是,知识产权使用费国际收支在发达国家与发展中国家呈现出严重的不均衡,发达国家,如美国、日本、英国、瑞士、法国等顺差明显,发展中国家,尤其是中国的知识产权使用费国际收支逆差急剧扩大。

如图 2.12 和图 2.13 所示,2005～2017 年,美国和日本知识产权使用费国际收支为顺差,且规模呈扩大趋势;德国从 2009 年从逆差转变为顺差后,五年来一直保持顺差状态。其中,日本的知识产权使用费国际收支顺差额度从 2005 年的 30.02 亿美元上升到 2017 年的 204.00 亿美元,美国的知识产权使用费国际收支顺差额度更是从 2005 年的 488.71 亿美元增加到 2017 年的 795.82 亿美元。与此形成强烈反差的是,中国、俄罗斯、印度等国的知识产权使用费国际收支逆差呈扩大趋势。尤其是中国,逆差更是从 2005 年的 51.64 亿美元急速扩大到 2017 年的 280.01 亿美元。这一趋势表明,中国本土企业在全球竞争中呈现出货物贸易国际收支显著顺差,背后却是知识产权使用费国际收支不断扩大的逆差。

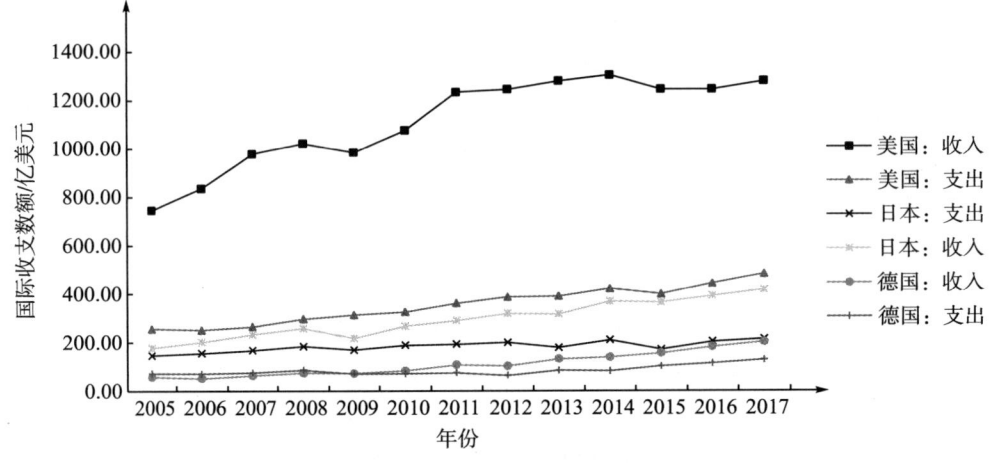

图 2.12 2005～2017 年美国、日本、德国知识产权使用费国际收支情况

数据来源:根据世界银行统计数据库数据整理。

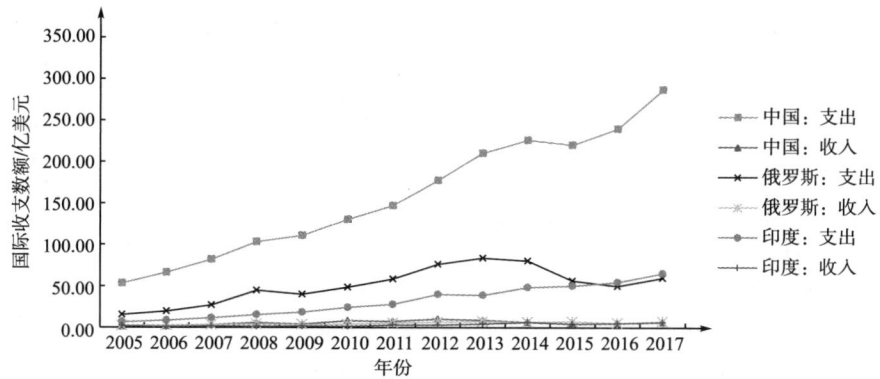

图 2.13　2005～2017 年中国、俄罗斯、印度知识产权使用费国际收支情况

数据来源：根据世界银行统计数据库数据整理。

四、知识产权讼案频发

随着知识产权数量的增长和知识产权价值的凸显，知识产权诉讼的数量总体呈递增趋势，知识产权诉讼的目的也越来越多元化。知识产权诉讼不仅成为权利人保护创新成果、维持创新所得的重要方式，而且越来越成为竞争对手之间争夺目标市场、赢得竞争优势的重要途径。特别是近年来以购买的专利为筹码，通过诉讼或诉讼威胁获取收益或利润的商业模式的出现，直接推高了知识产权诉讼的频次，使知识产权特别是专利制度的运用出现了诸多新的现象，不仅增加了创新和创业的成本，而且减少了社会福利，引起企业界、政府和学术界的广泛注意，也引发了知识产权制度变革和企业知识产权管理的新课题。

比如，让美国企业界、政府和学术界感到棘手的新情况是非专利实施实体(non-practicing entities，NPEs)的诉讼行为。据美国 RPX 公司统计，NPEs 提起的专利诉讼案件占专利诉讼案件总数的比例在 2010～2016 年居高不下，但自 2015 年出台相关政策后，NPEs 相关案件数量开始迅速减少，但仍约占讼案总数的 50%，如图 2.14 所示。如何规范 NPEs 的专利诉讼或专利诉讼威胁行为，使专利制度回归其保护发明设计人创新和促进社会公众获得知识的平衡功能，成为美国知识产权制度变革和企业知识产权管理的新课题。

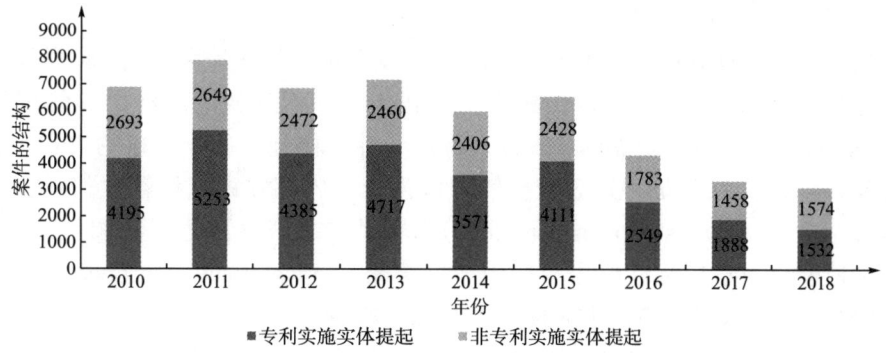

图 2.14　2010～2018 年美国专利诉讼案件的结构

数据来源：RPX，2018 NPE Litigation Report。

中国加入世界贸易组织以来，各级法院加强了知识产权的审判工作，受理的知识产权民事案件和知识产权刑事案件总体呈增长趋势。如图 2.15 所示，全国各级法院年度受理的一审、二审、再审案件，从 2004 年的 13744 件上升到 2017 年的 221767 件，增长了 15.14 倍，年均增长 24.68%。其中，各级地方法院受理的一审知识产权民事案件从 2004 年的 10654 件上升到 2017 年的 201039 件，增长了 17.87 倍，年均增长 26.24%。从历年各级法院受理的一审知识产权民事案件累计来看，占比最大的是著作权，其次是商标，最小的是专利，占比分别是 60.462%、21.220%和 11.080%；年均增幅最大的是著作权，其次是商标，最小的是专利，分别是 32.53%、31.11%和 15.84%。特别地，各级法院审结的知识产权侵权刑事案件数量，从 2004 年的 2751 件逐步增长，在 2012～2014 年达到高点，分别为 12794 件、9212 件和 10803 件，随后下降至 2017 年的 3621 件，年均增长 20.17%。

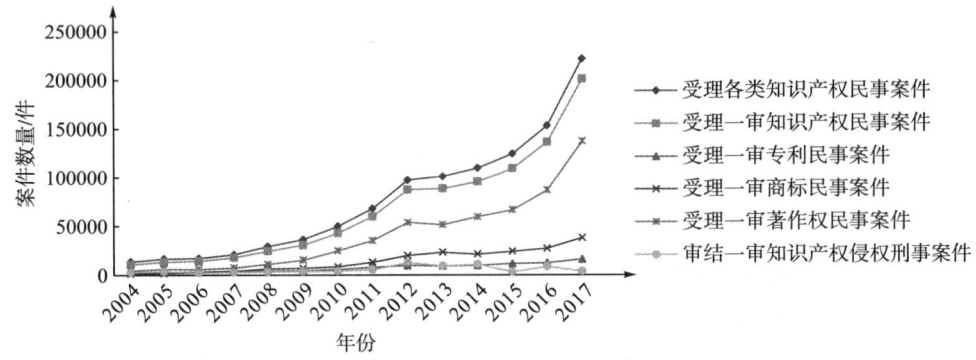

图 2.15　2004～2017 年中国法院受理知识产权民事案件和审结刑事案件

数据来源：根据国家知识产权局《中国知识产权保护状况》（2004～2017 年）和最高人民法院《中国法院知识产权司法保护状况》（2009～2017 年）数据整理。

第二节　知识产权管理的含义和功能

一、知识产权管理的概念和特征

（一）知识产权管理的概念

关于知识产权管理的概念，国内外文献尚无较为统一的认识和界定。较早开始关注知识产权管理的格兰斯特兰德（Granstrand）在其著作《知识产权的经济学和管理学》（*The Economics and Management of Intellectual Property*）中，阐述了知识产权的哲学、经济学和管理学含义，但该文献只是将知识产权管理作为企业内部知识产权管理部门的一项职能（Granstrand，1999）。Davis 和 Harrison（2002）考察了知识产权管理在全球跨国公司运营中的功能和价值演化过程以后，给出了知识产权管理系统（intellectual property management system，IPMS）的概念和结构，进而提出了知识产权管理"五层次"模型，即防御型、成本型、利润型、集成型和愿景型。Harrison 和 Sullivan（2012）将企业知识产权管理实践分为两个阶段，即 2000 年以前的知识产权权利保护阶段和 2000 年以后的知识产权价值运营阶段。在知识产权权利保护阶段，企业很大程度上是将知识产权视为一种防御性机制，单纯用于保护其创新的成果和产品的销售;在知识产权价值运营阶段,企业及其管理者认识到知识产权还可以为企业带来除产品以外的价值,包括但不限于构建竞争壁垒、赢得交换价值等。有学者将知识产权管理定义为企业从其智力资产中寻求获利的活动(Grindley and Teece,1997;Bhaskarabhatla and Hegde,2014)。班布里奇(Bainbridge)等在其著作《知识产权资产管理》(Intellectual Property Assets Management)中结合知识产权的类型和知识产权管理行为,认为知识产权管理是对专利、商标、著作权、外观设计、数据库等知识产权的利用、评估、审计、保护。Alkaersig 等(2015)等则认为企业应站在经营战略的高度开展知识产权管理,并从企业知识产权管理行为和战略愿景两个维度,构建了一个基于企业实践的知识产权管理发展模型,即知识产权新秀(the IP rookie)、知识产权交易商(the IP dealer)、知识产权战略家(the IP strategist)和知识产权战略交易商(the IP Strategic dealer)。

朱雪忠(2010)等借鉴管理学关于管理的计划、组织、协调和控制职能的认知,结合知识产权主体及其活动,给出了知识产权管理的定义,即知识产权管理是指政府机构、高校、科研院所、企业或者其他组织等主体计划、组织、协调和控制知识产权相关工作,并使其发展符合组织目标的过程,是协调知识产权事务的宏观调控和微观操作活动的总和。曾德国和乔永忠(2012)等也沿用了上述对知识产权管理的认知,讨论了知识产权的行政管理、行业管理和企业管理体制,重点分析了企业知识产权管理的流程、团队、风险以及不同知识产权类型的管理特性等。袁建中(2011)从知识产权与现代企业的关系角度出发,提出了知识产权管理的阶段性。在此基础上,他按照知识产权管理的基本流程,给出了具有操作性的知识产权管理基本架构、前置架构和后段架构。冯晓青(2010,2012)将企业知识产权管理界定在企业管理范畴,认为企业知识产权管理是为规范企业知识产权工作,充分发挥知识产权制度在企业发展中的重要作用,促进企业自主创新和形成自主知识产权,推动企业强化对知识产权的有效开发、保护、运营而对企业知识产权进行的有计划的组织、协调、谋划和利用活动。企业知识产权管理是企业对知识产权开发、保护、运营的综合管理,在知识经济时代的知识管理、战略管理中具有特别重要的地位。它是对知识产权所进行的系统化的谋划活动,通过对知识产权实施动态管理、法制管理、市场管理和国际化管理,能够提高企业运营知识产权的水平,强化企业对知识产权的保护,提高市场竞争力。国家知识产权局和中国标准化研究院共同起草的国家标准《企业知识产权管理规范》(GB/T 29490—2013)提出了基于过程方法的企业知识产权管理模型,用于企业构建策划、实施、检查和改进知识产权管理体系。其中,策划是指理解企业知识产权管理需求,制定知识产权方针和目标;实施是指在企业的业务环节(产品的立项、研究开发、采购、生产、销售和售后)中获取、维护、运用和保护知识产权;检查是指监控和评审知识产权管理效果;改进是根据检查结果持续改进知识产权管理体系。通过持续实施和改进知识产权管理体系,达到如下目的:①激励创造知识产权,促进技术创新;②灵活运用知识产权,改善市场竞争地位;③全面保护知识产权,支撑企业持续发展;④系统管理知识产权,提升企业核心竞争力(中华人民共和国国家质量监督检验检疫总局和中国国家标准化管理委员会,2013)。

借鉴上述研究成果,作者从企业管理的角度,将知识产权视为企业赢得创新所得、谋求和保持竞争优势的战略资源,结合知识产权的形式要素(专利、商标、著作权、商业秘密和其他)和行为要素(创造、运营、保护和组织),对知识产权管理的含义进行总结。概而言之,知识产权管理是指企业为了赢得创新所得和竞争优势,创造、运营、保护和组织其知识产权(如专利、商标、著作权、商业秘密等)的一系列活动的总称。知识产权管理的含义解构如图2.16所示。这一含义可以从以下四个方面来理解。

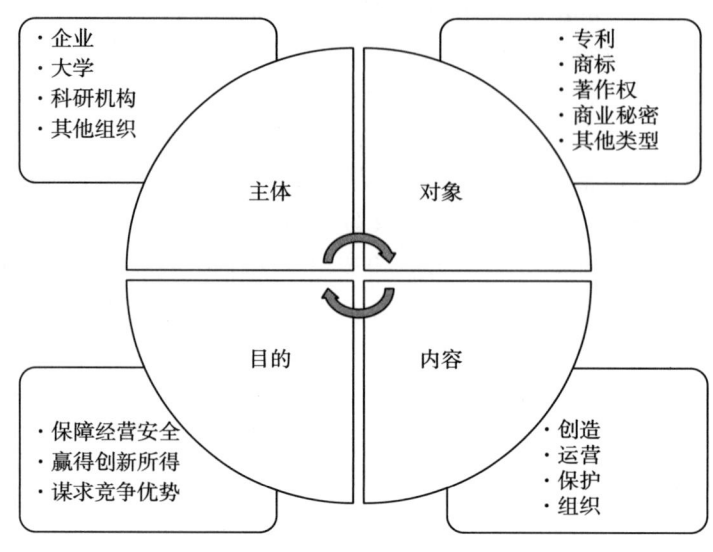

图2.16 知识产权管理的含义解构

(1)主体。知识产权管理的主体是企业,推而广之,包括大学、科研机构和其他组织,但不包括行使国家权力的国家机关,如立法机关、行政机关和司法机关等。未将国家机关纳入知识产权管理主体范围,理由有二。一是知识产权的私权本质决定了知识产权主体只能是民事主体,而不是行使立法、行政和司法权力的立法机关、行政机关和司法机关。即使依照法律法规的规定,知识产权的原始或继受取得者可以是国家或相关国家机关,但其知识产权管理行为仅仅等同于其他民事主体的管理行为,而不能与其行使的知识产权立法行为、行政管理行为和司法裁判行为混同。二是本书写作的立意,是知识产权管理主体如何有效地萃取知识产权的价值。这一定位也表明知识产权管理的价值取向与国家机关的立法行为、行政行为和司法行为的价值取向无法放在一个位阶来讨论。

(2)对象。知识产权管理的对象是企业的特定资源——知识产权,包括专利、商标、著作权、商业秘密和其他类型。考虑到知识产权的整体性和组合价值,本书并未按照知识产权的类型,即专利、商标、著作权、商业秘密等来安排研究逻辑和写作体例,而是强调根据企业技术发展和市场拓展需要进行知识产权组合管理和集成管理,以便降低成本,提升价值。

(3)内容。知识产权管理的内容是知识产权的创造、运营、保护和组织等商业活动,而非经典的企业管理职能描述。本书提出的知识产权管理活动不包括国家机关行使国家权力的行为,即不包括立法机关的知识产权立法行为、行政机关的知识产权行政管理行为和司法机关的知识产权司法裁量行为。当然,知识产权管理不包括行政机关的行政行为和司法机关的司法行为,并不表示与后者没有关系。恰好相反,企业的知识产权管理诸多活动,与行政机关的行政行为和司法机关的司法行为存在交集并有赖于后者方能实现其活动目的。

(4) 目的。知识产权管理的目的是保障企业经营安全，赢得创新所得和谋求竞争优势。企业开展知识产权管理的初始目的就是保护其智力成果——知识产品。而保护其知识产品的目的，无非是借助知识产权法律制度赢得创新所得。随着知识产权在企业资产系统中的占比和价值不断增加，企业逐渐将知识产权视为获得和保持竞争优势地位的战略资源，通过知识产权管理保障企业技术发展和市场拓展的安全，通过获取知识产权的交换价值赢得竞争优势。如果因为制度或政策指引使得企业的知识产权管理行为的目的出现了"异化"，那么并不是知识产权管理的目的得到丰富和发展，而是制度或政策需要反思和改进。

(二) 知识产权管理的特征

知识产权管理特征的内在逻辑关系如图 2.17 所示。

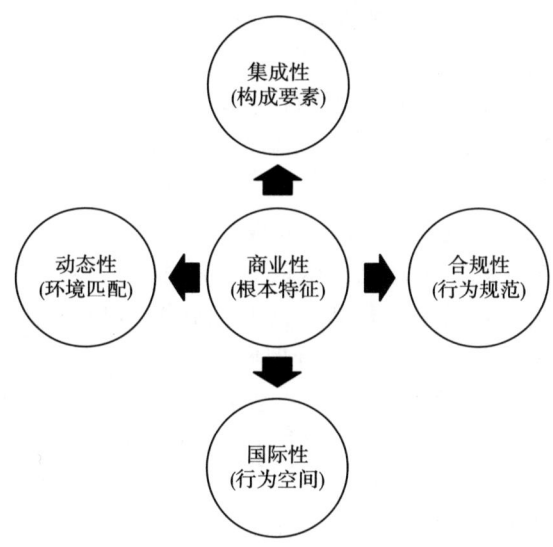

图 2.17　知识产权管理特征的内在逻辑关系

(1) 商业性。知识产权管理的商业性特征是指知识产权管理是企业管理的组成部分，知识产权管理的目的就是保障企业技术发展和市场拓展的安全，赢得创新所得和竞争优势。企业的知识产权创造、运营、保护和组织等管理职能或管理行为，都是围绕达成企业的经营目标而展开的。企业的知识产权管理服务于企业的商业目的，既不是公益活动，也不为行政目标服务。坚持知识产权管理的商业性特征，不仅符合知识产权法律制度的立法本意，而且有利于激励企业出于自身的经营目的，持续开展有效的知识产权管理，不断提高知识产权能力，在动态的竞争环境下赢得和保持竞争优势。商业性是知识产权管理的根本特征，是知识产权管理其他特征的逻辑起点和归属。

(2) 集成性。知识产权管理的集成性特征具体表现在四个方面：一是知识产权类型，即专利、商标、著作权、商业秘密和其他类型的组合；二是知识产权行为，即创造、运营、保护和组织的协同；三是知识产权机构和制度的协调；四是知识产权管理与企业其他管理活动的匹配，即将知识产权管理嵌入企业战略管理、创新管理、营销管理、人力资源管理和财务管理等活动中。坚持知识产权管理的集成性特征，不仅可以使部分企业摆脱知识产权管理的"边缘化""成本化"窘境，而且可以更好地发挥知识产权的资源特性，使知识产权直接参与企业的价值创造或为企业的价值创造提供有力支撑。可见，集成性是基于企业知识产权管理的商业性特征而对其构成要素提出的管理要求。

（3）合规性。知识产权管理的合规性特征是指知识产权的创造、运营、保护、组织活动与知识产权法律制度密切相关，知识产权管理活动必须符合知识产权法律、法规和规章制度。如前所述，知识产权制度的立法本意是平衡激励发明创造和增进社会福利，因此知识产权制度对知识产权权利人的创造、运营、保护甚至组织行为均有诸多规范和约束。知识产权管理的合规性具体包括四个方面：一是管理主体合法；二是管理对象合法；三是管理行为合法；四是内部管理制度合法。坚持知识产权管理的合规性特征，不仅是知识产权的权利对象、权利取得、权利行使、权利维护等的法定性所需，而且也是降低企业经营的知识产权风险的内在要求。可见，合规性是基于企业知识产权管理商业性特征而对其行为规范提出的管理要求。

（4）国际性。知识产权管理的国际性特征是指知识产权管理应当具有全球视野，既要遵从国际通行的知识产权规则处理知识产权事务，又要根据不同市场的竞争需要和不同法域的制度要求，针对性地进行知识产权布局和运营，善于运用不同法域的知识产权制度和司法程序，保障企业全球经营的安全。知识产权管理的国际性特征，不仅是企业竞争日益全球化的需要，是知识产权制度国际化甚至全球化发展的需要，而且也是企业知识产权管理行为适应区域化知识产权制度和司法程序的必然选择。可见，国际化是基于企业知识产权管理商业性特征而对其行为空间提出的管理要求。

（5）动态性。知识产权管理的动态性特征是指知识产权管理与企业外部竞争环境和内部经营目标动态匹配，知识产权管理重心应随企业不同发展阶段的经营战略的变化而调整。知识产权管理的动态性具体包括两个方面：一是知识产权类型，如专利、商标、著作权、商业秘密和其他类型的选择应根据企业所处的法律制度、产业环境、竞争地位和企业的生命周期、经营目标等的不同而变化；二是知识产权创造、运营、保护、组织等管理行为的重心应随着企业所处的法律制度、产业环境、竞争地位和企业的生命周期和经营目标等的变化而调整。坚持知识产权管理的动态性特征，既能充分发挥动态竞争环境下知识产权的柔性资源特质，又能满足企业不同发展阶段经营战略调整对知识产权管理的重新匹配要求。可见，动态性是基于企业知识产权管理商业性特征而对其环境匹配提出的管理要求。

二、知识产权管理的定位

（一）知识产权管理与战略管理

战略管理是分析企业与市场环境的关系，研究企业如何成功竞争的理论，或者是关于企业如何在市场和产业中获取更佳绩效的理论（Porter，1980；Kay，1993；Barney，2010）。从战略层次来看，战略管理包括业务层战略和公司层战略，前者是指成本领先战略、产品差异化战略、聚焦战略、柔性战略等，后者是指纵向一体化战略、多元化战略、战略联盟、兼并与收购战略、国际化战略等。从战略过程来看，战略管理包括战略分析、战略制定、战略实施和调整等。

知识产权管理与战略管理之间的逻辑关系，总体来说表现为知识产权管理服从和支撑企业经营战略目标的实现。这一逻辑关系具体可以从四个方面来理解。①知识产权战略从属于企业的经营战略。企业实践表明，其知识产权战略的制定和实施，包括战略目标、重点、任务、措施等，主要是出于企业自身的技术发展和市场拓展需要，知识产权战略是企业整体战略的组成部分。②知识产权管理活动服从于企业的经营战略。知识产权管理并非独立于企业经营战略而存在，知识产权创造、运营、保护和组织活动遵从于企业经营战略目标的实现需要。③企业经营战略目标的实现有赖于知识产权的有效管理。比如，企业要获得新产品或者新服务的商业成功，需要知识产权充分发挥其保驾护航功能；企业实施兼并和收购等一体化战略，知识产权更是如影随形，知识产权转让、许可以及由此形成的交换价值，往往是企业一体化战略能否成功的重要影响因素。企业的国际化甚至全球本土化战略的实现，更需要企业尊重他人的知识产权，积累和保护自己的知识产权，按照国际通行的知识产权规则处理知识产权事务。④处于不同生命周期的企业，其经营战略的调整需要知识产权管理的动态匹配。初创期的企业特别是高技术企业，其生存的基础往往就是知识产权，企业的创立者凭借其知识产权吸引人力资源和资本的聚合，企业的知识产权管理重心往往是专利、商标、著作权、商业秘密等的获取和保护；处于快速成长和发展阶段的企业，知识产权与资本如影随形，在市场上攻城掠地的情形比比皆是，知识产权管理的重心往往侧重于知识产权的布局和运营，实现知识产权的商业价值和交换价值；当企业进入成熟期，企业仍然可以利用其拥有的知识产权获取相应的收益，甚至在衰退期出售剩余资产时还可以凭借知识产权为股东赢得体面的退出机会。

从知识产权管理与战略管理的相互作用来看，一方面，知识产权管理的兴起和发展，丰富了企业战略管理的内容。强调企业的知识产权管理既是战略管理理论从产业定位理论发展到资源观、动态能力观特别是知识观的必然结果，又是企业战略管理实践无法回避和不可忽视的重要内容，知识产权管理已经嵌入企业经营战略的各个环节，在企业经营战略目标实现过程中起着重要的支撑作用。另一方面，战略管理的理论和方法，为知识产权管理理论的建构提供了必要的养分，企业战略管理实践的内在需求使知识产权管理从企业管理的"边缘"迅速迈向"主流"。随着经济全球化的快速推进，不可再生资源和环境的"硬约束"已经成为企业可持续发展必须考虑的重要因素，企业资源的"轻量化"和企业发展"创新驱动"越来越成为主流，企业全球并购的主要目标越来越从物力资源和生产能力转变为人力资本和知识产权。知识产权在企业竞争中的作用越来越显性化，知识产权管理正从先前的"边缘""偶然""非连续""部门"性企业管理活动逐渐演变成"主流""必然""长期""全局"性企业管理活动。概而言之，知识产权管理丰富了战略管理理论和实践，战略管理的内在需求推动了知识产权管理的地位提升和内容发展。

(二) 知识产权管理与创新管理

创新是指新产品或新工艺（流程）首次付诸运用，既包括新发明、新创造的研究和形成过程，也包括新发明和新创造的应用和实施过程，也就是新发明和新创造的商业化全过程

(Kline and Rosengerg, 1986; Tidd et al., 2001; Rogers, 2003; Schilling, 2009)。从内容来看，创新包括产品创新和工艺(或流程)创新。前者可细分为物品和服务创新，后者可细分为技术流程创新和组织流程创新(Edquist, 2011)。从过程来看，创新既包括新发明和新创造的研究与开发过程，也包括新发明和新创造的商业化实现过程，但不包括新发明和新创造首次商业实现以后的后续重复过程。创新已经成为现代企业生存和发展的基本手段，企业从创新中获利的能力有赖于其管理创新的好坏，创新管理已经成为企业管理研究的重要领域(Dodgson et al., 2014)。

知识产权管理与创新管理的逻辑关系，总体来说表现为共生和交叉的关系。①企业的创新活动是知识产权形成和获得的不竭源泉。从知识产权的法学和管理经济学含义可以看出，知识产权是人们对其智力创造活动的成果——知识产品享有的权利，这种法学意义上的独占性权利，表现在管理经济学上无非就是权利人创造的智力资产因受法律保护而演变成垄断性资源。正是企业源源不断的创新活动，才有了企业不断积累的知识产权。②知识产权是企业创新活动的重要成果和制度保障。企业通过创新投入和创新行为获得创新成果是一回事，在商业竞争中赢得创新所得是另一回事。赢得创新所得的重要前提是企业将创新成果提炼成受到法律保护的知识产权这一资源形式。从知识管理的角度来看，管理者在创新管理中的重要任务之一就是将企业的内外部智力资本创造并固化为智力资产，进而使企业的创新成果进一步上升为受法律保护的知识产权。缺失知识产权制度保障，创新动力势必衰竭，创新之花也将枯萎。③知识产权管理与创新管理无论是内容还是过程都存在交叉关系。从学术研究活动来看，创新管理学术会议和论坛，必将知识产权列为重要专题进行讨论；从学术研究结果来看，诸多创新管理的专著和教材，都将知识产权管理纳入专章进行讨论和分析；从企业创新管理实践来看，知识产权创造、运用和保护与新产品和新方法的研究与开发、技术转移和市场扩散过程叠加，知识产权管理已经深度融入创新管理的全过程。但是，与创新管理重点关注新产品或新工艺的商业化周期不同，企业知识产权管理关注的是企业产品或服务的全生命周期；与创新管理重点关注创意、概念等的物质实现不同，企业知识产权管理关注的是创新成果的权利化；与创新管理重点关注新产品或新工艺为市场所接受不同，企业知识产权管理首先关注的是技术发展和市场拓展的安全，保障企业赢得创新所得。

从知识产权管理与创新管理的相互作用来看，有以下结论。①企业的创造活动和创新成果的商业化需求，强化了知识产权管理的功能和价值。企业先前的知识产权管理活动，更多的是对创新成果的事后知识产权化和法律保护。随着竞争全球化的日益加剧和企业发展对创新的依赖，协同创新、开放创新、网络创新等创新模式不断发展，使得知识产权管理从"事后"和"幕后"逐渐走到"事前、事中"和"台前"，从单纯寻求创新成果的法律保护逐渐演变为向企业技术研发提供导航、为企业国内外市场拓展进行专利或商标等的预见性布局，甚至为了企业竞争需要而组合运用知识产权工具，通过技术公开、申请、谈判、诉讼、许可、转让等策略，实现知识产权的商业价值和交换价值。可见，正是企业创造活动和创新成果的商业化需求，不断强化知识产权管理在企业竞争中的功能和价值。②知识产权能力的发展有助于创新管理绩效的提升。首先，善于利用知识产权文献有助于企业明确研发方向，缩短研发周期，减少研发费用。据世界知识产权组织的调查统计，企业充分利用专利文献可以缩短 60%的研发周期，节约 40%的研发费用。特别是通过专利文献和其他技术情报，定期或实时跟踪竞争对手的研发方向和进展，不仅可以为企业明确和调整技术研发方向和进度提供重要的决策参考，而且可以降低技术开发的权利落空风险和权利陷阱风险。其次，在与其他组织或个人开展合作创新的过程中，善于运用知识产权制度有助于企业降低权属纠纷风险和泄密风险，保护自身的合法权益。再次，企业在目标市场预见性地开展知识产权（如专利、商标等）布局，不仅可以阻却竞争对手，而且可以保障企业新产品或新服务市场拓展的安全。最后，在积累一定数量和质量的知识产权以后，企业有能力与竞争对手开展交叉许可，不仅可以降低新产品或新服务的成本，而且可以加快新产品或新服务推向市场的速度；部分知识产权能力达到一定水平的企业，向下游厂商或竞争对手实施知识产权许可，其收入已经成为企业的财务底线和利润保障。

（三）知识产权管理与营销管理

根据美国市场营销协会（American Marketing Association，AMA）2013 年 7 月审定的定义，市场营销是在创造、沟通、传递和交换产品的过程中，为顾客、客户、合作伙伴以及整个社会带来价值的一系列活动、过程和体系。市场营销是个人和集体通过创造产品和价值，并同别人自由交换产品和价值，来获得其所需所欲之物的一种社会和管理过程；营销管理就是选择目标市场，通过创造、传递、沟通更好的顾客价值，获得、保持和增加消费者的艺术和科学（Kotler and Keller，2015）。营销管理既包括不断发展的营销理论，如市场分析、营销观念、市场营销信息系统与营销环境、消费者需要与购买行为、市场细分与目标市场选择等理论，也包括营销实践，如营销策略和营销过程等实务。

知识产权管理与营销管理的逻辑关系主要表现为以下三个方面。①知识产权营销是营销管理的新兴领域。市场营销最初是以产品营销为研究和实践对象。随着服务业的兴起，服务营销成为营销管理的重要内容。但无论是产品营销还是服务营销，品牌和商标管理本身就是营销管理的重要内容。特别地，随着企业知识产权运营，如转让、许可、融资、投资等在知识产权管理活动中的地位日益突出，知识产权这一特殊对象的营销，必将成为营销管理研究和实践的新兴领域；知识产权营销的不断发展，也将丰富营销管理理论和实践。毕竟，知识产权的性质、功能、价值实现方式不同于一般的产品和服务，其营销方法、策略和途径也有别于后者。②营销管理的诸多理论和方法可以为知识产权管理理论建构提供借鉴。比如营销战略的制定、对目标市场的分析、顾客价值分析、与顾客沟通和价值传递的方法、内部营销方法和策略、营销组织的架构等，为知识产权创造、运营和管理提供了丰富的参考和借鉴。特别是作为营销管理重要组成部分的品牌管理理论、策略和方法，更是可以直接支持知识产权管理理论和方法的建构。③在企业管理系统中，营销管理关注的重点是顾客价值创造、沟通、传递和交换，通过获得、保持和增加顾客数量和忠诚度，实现企业的商业目标；知识产权管理关注的重点是企业知识产权资源的创造、运营、保护和组织，通过有效的知识产权管理，保障企业经营安全，萃取知识产权资源的商业价值和交换价值，支撑企业赢得竞争优势。可见，营销管理和知识产权管理在企业管理系统中具有不同的职能和作用。

从知识产权管理与营销管理的相互作用来看，一方面，知识产权是企业成功营销的重要保障。企业为顾客创造价值、传递价值或交换价值,最终表现为产品或服务这一载体;而企业新产品或新服务营销的成功标志,是顾客数量的增加和忠诚度的提高,企业销售收入的增加和利润率的提高。在这一过程中,知识产权(如商标、专利等)在企业目标市场的提前布局,是降低企业市场拓展的知识产权风险,保障市场营销取得成功的重要条件。同时,高知名度、高美誉度的品牌和商标,是叩开市场大门的金钥匙;专利、著作权、技术秘密等的竞争工具的成功运用,可以使企业营销活动事半功倍。因此,在现代企业管理实践中,缺乏知识产权支持的市场营销是很难想象的。另一方面,成功营销提升和彰显企业知识产权的商业价值。就专利、技术秘密、著作权等知识产权而言,其商业价值的实现途径主要就是企业通过有效的营销策略和成功的营销活动,将新产品、新工艺、新方法、新服务等传递给消费者,降低企业的成本,增加顾客的价值;就商标、商号等标志性知识产权而言,其商业价值的实现途径主要就是企业通过有效的营销策略和成功的营销活动,将既有的或新开发和新设计的产品和服务传递给顾客并为其所了解和接受,减少顾客的识别成本和风险,增加顾客的满意度和附加价值。

(四)知识产权管理与知识管理

自从 Shannon(1948)提出信息的关键度量——信息熵的定义,关于信息的本质、度量、功能、传递等的信息科学研究逐渐从数学、物理、工程、计算机、系统科学等领域扩散到统计学、心理学、经济学、管理学、社会学等领域。Machlup(1962)将信息科学系统引入宏观经济学研究,在其著作《美国知识的生产与分配》(*The Production and Distribution of Knowledge in the United States*)中系统考察了美国后工业信息社会中信息、知识与经济增长的关系,并对美国 1958 年的知识产业生产进行了统计测定。Drucker(1968)进而提出知识社会的概念,认为知识是一种能够改变某些人或某些事物的信息。数据是事物属性及其相互关系等的抽象表示;信息则是有目的、有用途的数据,是会修正观察者的期望或其决定条件的准备状态的数据;知识则是信息、经验、价值观和洞察力的组合,是观察者所拥有的关于某一事件的期望的集合(Machlup,1983;Boulding,1996;Boisot,1998)。因此,知识管理天然地与信息管理紧密联系在一起(Foray,2004)。然而,Nonaka 和 Takeuchi(1995)等在调研日本企业如何管理新产品开发流程的过程中发现,信息处理理论并不足以解释创新,因为除了信息处理,创新过程还包含知识的取得、创造、运用与保存等多种要素,在创新过程中,隐性知识和显性知识的创造和转化才是重点。知识是企业创新的源泉,知识管理是企业成功的密码。

知识产权管理与信息和知识管理的逻辑关系,主要表现为三个方面。①知识产权居于企业信息和知识资产价值链的高端。在企业的知识、智力资本、智力资产和知识产权价值系统中,智力资本是指能为企业带来利润的知识,是物力资本以外的资本;智力资产是经过固化、可以复制的那部分智力资本;知识产权则是受法律保护的智力资产。也就是说,知识产权是凭借法律制度,能够使企业获得一定时间和地域范围内的垄断价值的智力资产,居于企业信息和知识资产价值链的高端。从企业资产的角度来看,知识产权是信息和知识的权利化存在形式。②知识产权管理衍生于信息和知识管理。法学和经济学关于知识产权的初始研究,集中在知识产权制度及其演进的科学性和合理性方面。企业知识产权管理的系统实践以及由此引发的知识产权管理研究,并非知识产权制度在法律体系中分量越来越重所致,而是源于信息社会和知识经济的兴起,信息和知识对经济增长和企业竞争力的贡献率不断增加,而知识产权又居于企业信息和知识资产价值链的上端,企业越来越重视知识产权这一高价值柔性资产的管理。这才是知识产权管理兴起和发展的内在逻辑,也是知识产权制度在法律体系中的地位日益凸显的经济根源。③基于上述理由,传统管理学科一般将知识产权视为信息和知识管理研究和实践的对象之一。但是,由于学科基因和研究范式传统的缘故,信息和知识管理往往偏重于借助信息技术、运筹学、数据挖掘、人工智能、模糊决策等科学方法和工具,对信息和知识的管理规划、组织、过程等进行研究,强调信息和知识管理的方法科学性和经济合理性;而知识产权的法律权利基因和商业价值取向,决定了知识产权管理更强调管理行为的合规性和管理结果的商业性。

从知识产权管理与信息和知识管理的相互作用来看,一方面,信息和知识管理推动了知识产权管理实践的兴起和理论的出现。信息管理包括信息需求、信息收集和加工、信息存储与检索、信息传递与反馈等(杜栋,2014)。与信息管理同出一源的知识管理,主要研究知识管理的架构、机制、技术、流程等,知识管理过程包括知识的获取、利用、分享、转化等(Becerra-Fernandez and Sabherwal,2015)。在信息和知识管理理论研究和实践过程中,信息和知识的商业价值实现必然需要寻求法律的保护,由此引出信息和知识的产权化诉求,直接推动知识产权管理系统实践的兴起和理论的出现。另一方面,知识产权管理理论研究开辟了信息和知识管理的新领域。从知识产权管理与信息和知识管理的逻辑关系来看,知识产权管理行为与信息和知识管理行为在时点上具有一定的重合性。但是,由于知识产权管理更强调管理行为的合规性和管理结果的商业性,知识产权管理就不仅关注管理行为或管理职能的技术实现,而且关注知识产权这一战略性资源的商业价值和交换价值。也就是说,与信息和知识管理的出发点不同,知识产权管理理论和实践已经从创造性智力活动成果——知识产品的单纯法律技术保护发展到追求保障企业运营安全、赢得创新所得和竞争优势。知识产权管理已经不仅是企业获利的保障因素,而且也成为企业的财务底线和利润来源。此外,知识产权管理活动的诸多商业和法务工具、方法、策略,也丰富和拓展了信息和知识管理的理论和实践。

(五)知识产权管理与人力资源管理

Drucker(1954)在其《管理的实践》中讨论管理员工及其工作时,引入了"人力资源"的概念。他认为,和其他所有资源相比较而言,唯一的区别就是人力资源是人,并且是经理们必须考虑的具有特殊性的资源。人力资源拥有当前其他资源所没有的特质,即"协调能力、融合能力、判断力和想象力"。随后,巴基(Bakke)在其著作《人力资源功能》中详细阐述了有关人力资源管理的问题,认为人力资源职能包括人事行政管理、劳工关系、人际关系等各个方面。人力资源管理的职能对于组织的成功来讲,与其他管理职能(如会计、生产、营销等)一样是至关重要的。Ulrich(1996)根据自己的理论研究和咨询实践,进一步列举了人力资源管理的四大职能,即人力资源与企业战略匹配、组织流程再造、倾听和回应员工、管理变革等。一般而言,人力资源管理工作主要包括人力资源规划、招聘与配置、培训与开发、绩效管理、薪酬与福利、劳动关系六大模块。时至今日,人力资源管理已经被企业界和学术界视为企业管理的主要职能之一。

知识产权管理与人力资源管理的逻辑关系，总体来说表现为职能的交叉和重叠关系。①激励企业研发人员开展创造性智力活动，将隐性知识显性化为企业的权利化资产——知识产权，是知识产权管理和人力资源管理的共同目标。创新是高度个人化的个人和组织自我更新的过程。管理者需要提供新组织愿景、新经营理念和新方式方法，鼓励组织成员共享隐性知识，促进隐性知识和显性知识的相互转化，从而创造出新思路、新战略、新产品概念、新创意流程、新设计、新产品和服务(Nonaka, 1991；Takeuchi and Nonaka, 2004)。激励企业研究开发人员开展创新活动，将隐性知识显性化为企业的知识产权，既是知识产权管理的首要目标，也是人力资源管理的目标之一。只是知识产权管理强调知识产权创造的管理流程优化，人力资源管理强调员工的心理、薪酬、文化激励要素的运用。②对企业知识产权类型之一——商业秘密的保护是知识产权管理和人力资源管理的共同任务。商业秘密的保护，既是知识产权管理的重要内容，也是企业人力资源管理的重要任务。只是知识产权管理主要采取定密、涉密、解密、救济等措施对商业秘密进行全流程管理，人力资源管理则主要通过劳动合同的订立、履行、终止等对商业秘密进行管理和保护。③知识产权组织流程设计和人员匹配是企业人力资源管理的重要内容。知识产权的创造、运用和保护等管理职能的实现，有赖于相应的组织架构和管理流程设计，以及相应数量和能力的人员匹配，这正是企业组织和人力资源管理的重要内容。

从知识产权管理与人力资源管理的相互作用来看，一方面，人力资源管理为企业知识产权管理提供组织和人力资源保障。首先，容错、宽松、向上的企业文化和融洽的人际关系环境，有利于提高企业员工的知识产权创造绩效；其次，有效的物质、精神激励和约束机制，有利于企业员工围绕企业经营战略从事知识产权的创造、运营和保护；最后，恰当的知识产权管理人员配置和持续的能力培训，有利于企业知识产权管理目标的顺利实现。另一方面，知识产权管理的发展向传统组织和人力资源管理提出了新的实践挑战和研究课题。比如，企业知识产权从业人员的技术、经济、管理、法律复合型知识结构，对传统的人才甄选和培训模式就是一大挑战，迫切需要企业借助外部的人力资源开发和管理专业机构进行人才匹配，同时在内训的同时加大知识产权管理人才的外训力度；又如，知识产权管理的集成性和动态性特点，决定了企业的知识产权管理活动必然会贯穿产品或服务的整个生命周期，涉及企业研发、制造、市场等多个部门，知识产权人员的直线式管理要求也是对现有企业人力资源的职能式管理模式的挑战。

(六) 知识产权管理与财务管理

财务管理是指企业为了实现其经营目标而对资本融通(融资)、资产购置(投资)和资金分配等实施的有效管理。Norgaard(1981)将企业财务管理职能演进和理论发展大致分为三个阶段。①组织阶段(1860~1949年)。在这一时期，工业革命的成功促使企业生产规模不断扩大，股份公司迅速发展起来并逐渐成为占主导地位的企业组织形式。如何筹集资本扩大经营，成为大多数企业关注的焦点。许多公司纷纷建立了一个新的管理部门——财务管理部门，财务管理开始从企业管理中分离出来，成为一种独立的管理职业。Greene(1897)出版的《公司财务》，详细阐述了公司资本的筹集问题；Mead(1910)在其著作《公司财务》

中主要研究企业如何最有效地筹集资本,奠定了现代财务的理论基础。②过渡阶段(1950～1959年)。20世纪50年代以后,面对激烈的市场竞争和买方市场趋势的出现,企业管理者认识到单纯靠扩大融资规模、增加产品产量已无法适应新的形势发展需要。企业财务管理的主要任务应是解决资金利用效率问题,资金的时间价值引起财务经理的普遍关注,财务管理的重心由重视外部融资转向注重资金在公司内部的合理配置。这一时期的代表性理论是 Dean(1951)的投资财务理论、Markowitz(1959)的资产组合选择理论、Modigliani 和 Miller(1958)的资本结构无关定理等。③管理评估阶段(1960年至今)。在这一时期,投资学和公司财务管理相互组合,金融工具推陈出新,期权、套利等理论和风险投资决策方法日臻完善,国际公司财务管理、网络财务管理等理论和方法不断涌现。财务管理发展成为集财务预测、财务决策、财务计划、财务控制和财务分析于一身,以筹资管理、投资管理、营运资金管理和利润分配管理为主要内容的管理活动,并在企业管理中居于核心地位。代表性的理论是 Sharpe(1964)和 Lintner(1965)在资产组合选择理论基础上发展起来的资本资产定价模型,Black 和 Scholes(1973)创立的期权定价模型,Ross(1976)提出的套利定价理论等。

知识产权管理与财务管理的逻辑关系,主要表现在两个方面。①财务管理已经嵌入知识产权管理的各个环节。随着知识产权管理从早期的企业创新成果知识产权化职能逐渐扩展到企业研究开发前端并贯穿生产协作和市场拓展全过程,特别是知识产权商业价值和交换价值的实现越来越成为企业经营的重要任务,现代财务管理逐渐嵌入知识产权的创造、运营、保护和组织各个环节。以知识产权创造为例,由于企业研发投入的增加和市场拓展的需要,专利、商标、著作权、商业秘密以及其他知识产权类型的获取和维持费用越来越高,已经成为企业不可忽视的财务成本,是企业运营资金安排不可忽略的重要模块。以知识产权运营为例,在多专利复杂产品情境下,不仅企业并购和投资经常会涉及知识产权的转让和许可,而且产品和服务推向市场的过程中也往往伴随着与竞争对手或其他知识产权权利人开展转让和许可,财务管理必须全程介入方能保证企业经营目标的实现,包括知识产权运营收入和支出的预见和管理。以知识产权保护为例,企业在经营过程中,随时可能面临来自竞争对手的知识产权诉讼或其他争议,如果企业没有由此带来的财务风险的识别和控制能力,很容易陷入财务危机和经营被动。②知识产权的货币化管理已经成为现代财务管理的重要内容。传统的财务管理重点关注企业实物资产和货币资金的投资、筹措和分配。随着知识产权这一无形财产在企业资产系统中的地位越来越重要,知识产权的货币化管理已经成为财务管理的重要内容。知识产权的货币化管理,包括知识产权的货币化计量、知识产权价值评估、知识产权审计、知识产权投资、知识产权融资、知识产权收益和知识产权税务处理等方面的内容。

从知识产权管理与财务管理的相互作用来看,一方面,财务管理是知识产权价值实现的重要支撑。长期以来,知识产权之所以徘徊在企业经营的边缘,除企业投资和资源拉动发展模式造成对创新的淡化外,还与企业经营者的观念有关,即知识产权在财务上仅仅被视为成本和费用,是企业经营的"摆设"和"花瓶",无法产生直接的财务效益。随着知识产权在企业竞争中的核心资源地位的逐渐确立,知识产权管理正从"边缘"走向"主流"。但是,作为企业经营赖以获利的资源,知识产权的创造、运营、保护等管理活动,必须主动获得财务管理的全方位和全过程支持,才能建立起动态的知识产权管理新模式和新流程,从而真正使知识产权成为保障企业经营安全、赢得创新所得和竞争优势的内生性要素。另一方面,财务管理的诸多思维、方法和工具值得知识产权管理借鉴。比如,资产组合选择理论和方法、资本资产定价理论与方法、实物期权定价理论与方法、套利定价理论与方法等的引入,必将促进知识产权的量化管理,使企业知识产权管理走出单纯的法务管理"圈子",不断提高知识产权的绩效,从而与企业经营战略建立起更精细、更动态、更有效的匹配关系。此外,知识产权管理也为传统财务管理提出了诸多实践挑战和理论问题。比如,知识产权资产的会计处理,知识产权审计核销,知识产权价值评估与定价方法,知识产权的税务处理等,亟待适应实物资产和货币资金管理的现行会计准则和财务规则作出适当调整。

三、知识产权管理的功能

(一)导航功能:指引创新路径,服务市场拓展

(1)学习利用文献情报,指引创新发展路径。创新既包括新发明、新创造的研究和形成,也包括新发明和新创造的应用和实施。可见,创新既是人们的新发明和新创造取得商业成功的过程,也是人类探索未知世界、创造新知识和新技术的过程。在这一过程中,创新主体的学习能力是影响其创新绩效的重要因素,创新路径的选择需要知识产权强有力的支持(陈劲和郑刚,2013)。这里的学习,既包括创新主体组织内部成员之间的相互学习和成员对组织积累知识和文献的学习,也包括创新主体对外的商业间谍式学习(Gavin,2009),特别是创新主体从竞争对手或其他创新者公开发表的文献情报,寻找创意灵感、创新思路、创新路径、技术难题解决办法等。创新主体善于及时跟踪和利用已经公开发表的文献情报,包括专利文献、科技论文、失效专利、计算机软件、集成电路布图设计,甚至广告创意等,既可以大幅减少研发费用和缩短研发周期,又可以有效避开竞争对手的知识产权陷阱,降低研究开发和生产环节的沉没成本风险。因此,知识产权管理的基础功能之一,就是在研究开发前端和知识产权创造初期,对既有文献情报(包括专利文献、科技论文等)进行跟踪和学习,对有针对性的文献检索报告应予以有效吸收和运用,从而为企业管理者提供创新路径选择决策依据,指引创新的方向,避开创新的雷区。

为了学习利用文献情报,有效支持企业创新路径选择,在实践中有三个方面值得注意。①以研究开发项目为服务对象,有针对性地开展文献检索,形成相应的文献检索报告,保障研究开发项目的顺利实施。为了增强企业研究开发项目的可行性,企业在项目审批立项前,可以制度性要求项目组一同报送文献检索报告;如果研究开发项目对企业未来发展具有重大影响,则企业可以委托外部专业知识产权服务机构,对项目涉及的相关技术领域的热点和进展进行深入分析,找出企业技术发展的机会和可行路径。②运用专利文献、科技论文等文献情报,定期对企业自身、现实或潜在竞争对手、上下游厂商等的技术发展动向进行综合研究,形成以产业价值链为载体的动态技术竞争知识产权态势图,支持企业采取有针对性的技术竞争和技术发展策略。③以产业技术发展为主线,开展战略性知识产权诊断,支持企业洞悉和把握产业技术轨道转换的发展"机会窗"。这一点无论是对在既有产

业技术轨道上已经成为在位者的中国企业来说,还是对在新兴产业技术轨道形成期试图成为产业进入者的创业型企业而言,其意义都是显而易见的。纵观中国企业近四十年来在全球竞争中的技术追赶路径,可以看到,在全球相关产业的技术轨道转换期,通过"重新发明成熟技术"或"改进成熟技术"成为本土市场在位者的中国企业,创新战略却出现了重大分野:部分企业选择在既有技术轨道上"深耕"成本,未能把握住新兴技术轨道上赶超外国领先企业的"机会窗";部分企业却敏锐地把握住新兴技术轨道涌现的技术和市场发展机会,在产业技术轨道转换期成功跃迁为全球新兴产业技术的领导者。细致剖析这些典型企业案例,其创新战略分野与企业知识产权导航功能发挥(预见或滞后)是密不可分的(Xiao et al., 2013)。

(2)开展知识产权布局,服务目标市场拓展。知识产权管理的导航功能,不仅表现为支撑企业运营前端的创新路径选择,而且表现为通过预见性的知识产权布局,服务企业运营后端的目标市场拓展。在全球化竞争环境下,企业的目标市场拓展,必须考虑不同法域的知识产权风险,客观上要求知识产权管理从先前"偶然的"和"事后的"阶段性行为转变为"持续的"和"事前的"全过程行为,围绕企业目标市场拓展需要,进行预见性的知识产权布局。企业的知识产权布局,既包括知识产权的专利布局,也包括商标等知识产权类型的布局;既包括技术类别布局,也包括空间类别布局和时间类别布局(周延鹏,2006);既包括不同法域、不同技术领域的技术、产品和服务的知识产权发展计划和策略制定,也包括上述计划的实施和策略的调整。

为了更好地开展知识产权布局,服务企业目标市场拓展,在实践中有必要注意以下三个方面的问题。①先整体发展谋篇,后知识产权布局。企业的知识产权布局,必须紧紧围绕经营战略目标以及与之相适应的技术战略和市场拓展需求来进行。脱离企业整体发展战略和经营目标,知识产权战略布局的考量就容易偏离方向,造成不必要的技术、人力和资金浪费。②知识产权布局重在组合。知识产权组合不仅包括知识产权类型如专利、著作权和商标等的组合,即企业根据创新成果特性和竞争目的采取不同的知识产权类型组合,而且包括知识产权布局策略的组合,即根据产业竞争发展态势和企业擅长的领域,站在竞争对手的角度采取组合式的知识产权布局策略。③综合考虑不同法域的法律制度、文化环境、技术发展、市场容量等因素,是成功进行知识产权布局的前提。知识产权布局是为实现企业经营目标而开展技术竞争和市场拓展服务的,所以知识产权布局的空间因素往往会突破本土市场边界,进入企业既有或未来的目标市场区域。在这种情形下,企业必须综合考虑不同法域的法律制度和政策、文化环境、技术发展、预期市场容量等因素,采取有针对性的知识产权布局策略,才能更好地支撑目标市场的拓展,达成知识产权布局的商业效果。

(3)实施知识产权预警,保障企业经营安全。知识产权管理的导航功能,不仅表现为指引创新发展路径和服务目标市场拓展,而且表现为保障企业经营安全。有效识别与管控知识产权风险,保障企业运营安全,是企业知识产权管理的重要职能。而知识产权风险识别与控制,就需要企业构建知识产权预警机制,对企业可能面临的知识产权风险进行识别,并有针对性地提出知识产权风险防范和管控策略。企业知识产权风险预警机制包括预警处理部门、信息收集—传递机制、风险分析机制、风险处理机制四大构成要素,知识产权风险预警包括六个环节,即确定知识产权风险预警标准、确定知识产权风险预警指标体系、确定知识产权风险预警指标权重、搜集知识产权风险预警数据、计算知识产权风险水平、知识产权风险水平的判断及采取相应措施(周文光和黄瑞华，2010)。北京市知识产权局发布的《企业海外知识产权预警指导规程》(2011年6月29日)则将企业专利预警工作分为数据检索和筛选、数据对比分析、专利侵权分析、风险规避和应对四个方面。

为了实施知识产权预警，保障企业经营安全，在实践中有以下三个方面值得注意。①实现知识产权导航功能的三项措施是相关联的，跟踪学习文献进展是知识产权布局和知识产权预警的基础，知识产权布局和知识产权预警则是文献情报跟踪学习结果的应用，是支撑企业技术发展和市场拓展顺利进行、保障企业经营安全的重要措施。因此，在为研究开发项目和企业技术发展方向选择而进行文献情报的检索和分析时，就要关注知识产权布局和预警的信息需求，以免造成不必要的工作重复及时间、资金和人力浪费。②在建构知识产权预警机制时，不仅要考虑专利预警，还要综合考虑企业技术发展和市场拓展过程中涉及的其他知识产权类型的预警，如商标、商号、著作权、商业秘密等；不仅要重视基于数据、信息、文献等进行知识产权风险剖析，而且要结合企业经营发展需求提出相应的规避和应对知识产权风险的策略。③知识产权风险的形成和应对，往往涉及特定区域的特定行业发展，也就是说不是单个企业所能应对的。因此，企业在开展知识产权预警工作时，有必要充分运用行业协会、产业联盟、技术联盟等组织的力量，共同研究，协作应对。

(二)护航功能：保护创新成果，维护市场竞争

(1)组合运用权利类型，保护研究开发成果。保护企业研究开发成果，是知识产权管理的首要功能。在知识经济和创新驱动发展的时代背景下，创新已经成为企业特别是高技术企业谋求和保持可持续竞争优势的基本途径，企业的资产结构也越来越"轻量化"，以知识产权为主的无形财产在企业价值体系中占据越来越重要的地位。企业管理的重要职能之一就是充分运用知识产权法律制度，组合运用法律确认的知识产权类型和工具，对研究开发成果提供最合理、最有效的保护。

为实现保护研究开发成果功能，知识产权管理实践中有五个方面值得注意。①专利、著作权、商业秘密、商标和其他知识产权类型，其对研究开发成果的保护方式、保护力度、获权途径、获权和维护成本等均存在很大差异，知识产权管理人员应当根据行业竞争特点和企业经营发展目标，结合研究开发成果的不同属性，选择最适当的知识产权类型，对研究开发成果进行组合保护。②知识产权管理人员(专职或兼职)有必要全程跟进研究开发项目，结合阶段性研究成果的特征和研究目的，采取合适的知识产权类型，及时保护好相应的阶段性成果。③研究开发项目设计之初，跟进该项目的知识产权管理人员有必要做好知识产权子项规划，注意项目研究开发成果与其他项目研究开发成果之间知识产权对接，保证企业知识产权发展的整体性和集成性。④知识产权组合不仅包括核心专利和外围专利、主商标和从商标等同一类知识产权类型的组合，还包括专利、商业秘密、著作权等不同知识产权类型的有效组合，也包括知识产权组合的动态转化，如技术秘密与专利、著作权等的转化。⑤开展产、学、研协作创新的知识产权归属和使用规则，有必要在合作开发或委托开发合同中予以明确约定，降低协作创新的知识产权风险，避免引发不必要的利益争端。

(2)控制外部协作风险，支撑生产运作管理。随着全球分工的不断发展，集成制造、

敏捷制造、智能制造、绿色制造、定制化生产等逐渐成为企业生产运作方式的主流。企业的生产运作活动早已突破企业的内部边界，外部协作成为企业生产运作的常态。在企业生产运作的外部协作过程中，往往会涉及企业的知识产权转移，特别是厂房和设备布置、工艺设计、产品设计、作业流程、服务流程等方面的诸多知识产权问题，由此出现了企业外部协作的知识产权风险。识别和控制企业外部协作的知识产权风险，支撑生产运作活动的顺利开展，是企业知识产权管理的功能之一。

为了更好地控制企业外部协作的知识产权风险，保障生产运作活动的顺利进行，知识产权管理实践中有三个方面值得注意。①对外部协作中的知识产权转移风险进行分类控制，即根据不同知识产权类型的特点，在外部协作合同中明确采取不同的知识产权保护措施，同时约定相应的知识产权保护义务和侵权责任。②打开外协单位知识产权特别是商业秘密保护的"黑箱"，必要时可以要求提供相应的知识产权管理制度和流程，并约定有权对其知识产权管理制度和流程的执行和调整情况进行检查。③对外部协作中涉及的核心技术秘密，必要时可派员驻守处理，而不进行技术交底。

(3)化解知识产权争议，维护市场公平竞争。近二十多年来，全球知识产权讼案频发，知识产权争议涉及金额递增。如何通过有效化解知识产权争议，维护公平市场竞争秩序，是知识产权管理的重要功能。对于通过"技术引进"或"技术模仿"途径发展起来的中国企业来说，在本土化和国际化发展阶段，如何积极应对来自外国领先企业的知识产权打压和诉讼，是企业市场拓展顺利进行的重要保障；随着企业技术能力发展和知识产权积累，如何在全球本土化发展过程中，遵循国际规则处理知识产权纷争，扭转知识产权竞争劣势地位，谋求更大的利润空间，是这部分企业目前面临的重要问题。而对于依靠"技术创新"或"商业模式创新"在新兴产业领域成长起来的中国企业来说，如何有效利用知识产权争议解决机制，不断增加市场份额，往往事关企业生存和发展。

为了有效化解知识产权争议，维护市场公平竞争，知识产权管理实践中有三个方面值得注意。①动态监控竞争对手，适时解决知识产权争议。目前，部分企业在知识产权争议解决上存在认识误区，以为知识产权维权的前提是存在侵权行为，所以需要等到市场上出现了侵权行为、给企业造成损失以后才委托律师出面予以处理。这样的知识产权争议解决时点选择，很容易让企业处于相当被动和不利的地位。事实上，许多企业的实践表明，知识产权争议解决往往是企业主动的、有选择的行为，而非被动、无奈之举。知识产权管理人员的一项重要工作内容就是动态监控竞争对手的产品或服务的知识产权状况，是否存在侵犯企业知识产权的行为，提出解决知识产权争议的时点选择和维权重点建议。②组合运用知识产权争议解决途径。在不同的法域，知识产权争议解决途径存在较大差异。如何根据不同法域的法律制度，结合知识产权争议的特点和目的，组合运用协商谈判、行政处理、民事审判、刑事审判、仲裁裁决等知识产权争议解决途径，直接关系企业化解知识产权争议的效果。③谋求知识产权争议解决的最佳效果。知识产权争议解决过程中，争议解决途径和争议解决策略的选择，服务于企业解决知识产权争议的最终目的。各国法院民事争议解决结果统计显示，知识产权民事案件以和解或调解方式结案的数量占总案件数量的比例明显高于其他民事案件的结案比例。这在一定程度上表明知识产权争议解决的最佳效果不一定是"你死我活"的讼争，而是通过知识产权争议的解决，谋得市场竞争的有利地位。

(三)领航功能：赢得创新所得，支撑经营战略

(1)萃取知识产权价值，赢得创新所得。随着知识产权管理在企业技术创新、生产运作、市场拓展中的作用越来越显著，企业经营目标的实现迫切需要知识产权管理嵌入企业管理的各个环节。知识产权管理的功能也从事前保护(护航)、事前与事中的指引(导航)，逐渐延伸到企业盈利活动，直接贡献于企业的财务收益和竞争优势，在企业经营活动中发挥着领航作用。知识产权管理的领航功能，首先表现为通过萃取知识产权的商业价值和交换价值，赢得创新所得。这里的商业价值，主要表现为企业运用自有知识产权，降低产品或服务成本，增加顾客价值，使知识产权转化为企业的财务收益；或者增加竞争对手的市场进入难度，延迟竞争对手的市场进入时间等。这里的交换价值，主要表现为企业在市场竞争中，通过开展知识产权投资、融资、转让、许可、交叉许可等商业活动，直接增加企业的财务收入或减少企业的财务支出。萃取知识产权价值，赢得创新所得，是知识经济时代发展出的知识产权管理新功能，也是强化知识产权管理在企业经营管理中的职能和价值的重要支点。

为了更有效地萃取知识产权价值，赢得创新所得，在企业知识产权管理实践中有必要注意以下两个问题。①企业的研究开发活动和投资并购活动等，既要考虑技术的可实现性，又要考虑知识产权的商业价值。特别是在企业研究开发活动中，既不能不关注知识产权的获得、不关注创新成果的知识产权化，又不能仅仅为了获得知识产权而不考虑知识产权的商业价值和交换价值。也就是说，企业在取得和维护知识产权过程中，始终要围绕知识产权的价值展开活动，从而在源头上持续提升知识产权的质量。②整合企业技术、法务、财务、战略等部门的力量，建立企业知识产权价值评价和审计制度和流程，定期对积累的知识产权的价值进行评估和审计，根据知识产权评估和审计结果，合理采取知识产权维持、放弃、转让、许可、收购等行动，发挥企业知识产权的最大化商业价值和交换价值。③熟悉和掌握知识产权投融资、知识产权定价、知识产权转让和许可等新兴的规则和方法，保证企业在知识产权投融资、知识产权转让和许可等经营活动中，取得最佳的商业效果。

(2)构建知识产权管理系统，谋求竞争优势。企业的竞争地位分为三类，即竞争优势、竞争平等和竞争劣势(Porter，1985；Barney，2002)。其中，获得竞争优势的企业的绩效要比仅仅获平等竞争地位的企业的绩效好。在企业经营管理活动中，谋求和保持可持续竞争优势，是企业管理者的核心使命。以知识产权法律制度为基础，整合企业内外部的知识产权资源，从整体上构建起有效运转的知识产权管理系统，支撑企业可持续发展，是企业知识产权管理的重要职能。

为了构建企业知识产权管理系统，支撑企业可持续发展，在实践中有必要注意以下两个问题。①知识产权创造、运营、保护和组织等活动对企业竞争优势的支撑和促进作用，受到企业所处的产业环境、市场结构、企业规模(或企业生命周期)、企业性质等因素的影响(萧延高，2011)。也就是说，能够支撑企业可持续发展的知识产权管理系统的建构，要考虑自身所处的产业环境、市场结构、企业规模以及企业的治理等多种因素。知识产权类型的选择、知识产权行为的重点、知识产权管理的目标等，都应当根据企业自身的外部竞

争环境和内部资源状况来确定。否则，容易陷入不切实际的空想，最终难以实现支撑企业谋求和保持可持续竞争优势的功能。②企业的知识产权战略目标、战略重点和任务、战略措施的制定和实施，不能偏离企业经营目标这个中心；知识产权管理的组织架构设计，服务于企业的经营战略。比如，华为整个结构设计，包括创新能力和知识产权，都是围绕着经营目标来设计的。所以华为没有所谓的独立知识产权战略，华为一切战略目标都围绕经营，使自己能够存活下来，并能够在竞争中不断地发展。这是华为知识产权管理顶层设计的精要，对立志全球化经营的中国企业具有现实的借鉴意义。

(3) 发展柔性管理能力，动态匹配经营战略。充分发挥知识产权的柔性资源特质，动态匹配和支持企业经营战略的调整，是企业知识产权管理领航功能的又一体现。一方面，在动态的竞争环境下，企业经营战略在执行过程中本身就面临着诸多不确定性，包括技术、市场、管理等的不确定性，所以企业的经营战略目标、战略任务和措施等需要动态调整。另一方面，在企业发展的不同阶段，企业的经营目标、发展重点、主要任务等都会有很大的差异。这就需要企业的知识产权管理本身保持柔性，形成一种动态管理能力，既能匹配企业经营战略目标的调整，又能支撑和促进企业经营战略的转型和升级。在动态竞争环境下，企业正是通过柔性知识产权管理能力，动态匹配和有力支撑经营战略的调整和转型，发挥知识产权管理在企业经营主航道上的"领航"作用。也正是在这一过程中，企业的知识产权工作也才真正具有全局、长期的战略价值和意义。

为了发展知识产权的柔性管理能力，动态匹配和支撑企业经营战略的调整和转型，在实践中有必要注意两个问题。①在企业经营战略转型的关键时刻，知识产权管理要有担当前锋和"尖兵"的勇气和能力。企业经营管理实践表明，在竞争环境变化的情境下，企业经营战略的成功转型，除自身组织变革和研发、生产、市场、供应链等资源整合外，往往还伴随着与竞争对手在目标市场展开激烈的知识产权竞争和较量。在企业经营战略转型期，企业与竞争对手之间的知识产权竞争结果，可能直接关系到企业的生死存亡。在这样的关键时刻，企业的知识产权管理能否当好前锋和"尖兵"，采取有效的知识产权竞争策略赢得竞争的胜利，对企业的可持续发展具有重要的战略意义。②企业需要建立起知识产权管理与战略管理、创新管理、生产运作管理、营销管理、人力资源管理、财务管理等职能和业务部门的工作内容接口和业务衔接机制，才能让企业的知识产权管理具备感知竞争环境变化和企业经营战略调整或转型的能力，同时根据企业经营战略调整或转型需要及时进行知识产权管理组织变革和工作重心转移。也唯有如此，在企业经营战略调整或转型的关键时刻，知识产权管理才能冲锋在前，扫除企业前进的障碍。

第三节 知识产权管理行为解构

Arai(2006)在考察日本 2002 年开始的"知识产权立国"战略时，总结了日本"知识产权立国"战略的五大要素：①激励创造和发明；②加强保护；③促进利用；④促进创意产业的保护；⑤开发人力资源等。我国《国家知识产权战略纲要》（2008 年 6 月 5 日）从国家竞争优势的角度，将知识产权视为国家发展的战略性资源和国际竞争力的核心要素，并将"提升知识产权创造、运用、保护和管理能力"作为国家实施知识产权战略的重要内容。但是，从企业管理的层面来看，无论是知识产权的创造、运营、保护，还是企业内部的组织架构、流程设计、制度建设、人员配置等，都是知识产权管理的一部分。本书借鉴资源学派代表人物巴尼(Barney)有关资源与企业竞争优势逻辑关系的"VRIO理论"(V: valuable，价值；R: rare，稀缺；I: non-imitative，难以模仿；O: organization，组织)(Barney, 2010)，将企业内部的组织架构、流程设计、制度建设和人员配置等管理活动统称为"组织"。因此，企业知识产权能力的行为要素包括知识产权创造、知识产权运营、知识产权保护和知识产权组织四个方面。本书后续章节也将围绕专利、商标、著作权、商业秘密等知识产权的管理行为分别展开讨论。

(1) 知识产权创造。知识产权创造是指在企业通过创造性智力活动，形成受法律保护的知识产品的过程。在知识产权能力的四个行为要素中，创造居于首要位置，是其他要素的源头。

不同形式的知识产权的创造流程是有差异的。以专利创造为例，结合发明创造的实现过程，或者产品开发过程，专利的创造具体包括四个方面的阶段和流程，如图2.18所示。①概念形成阶段，即企业研发人员和知识产权管理人员通过检索和整理收集到的技术信息和市场信息，滤出干扰信息，形成相应的研发概念。这一阶段的专利工作重点是开展专利发展规划。②研发计划阶段，即企业研发人员和机构依据技术发展趋势和市场需求，评估不同研发方案的成本和利润，选择最优方案，然后制订研发计划，明确研发的目标和流程等。这一阶段的专利工作重点是进行专利文献检索和分析，收集现有发明创造及其法律状态，预测该项研发面临的专利风险。③研究设计阶段，即通过研发活动实现企业内部的发明，通过外包研发合同获得技术，必要时需要通过许可证、技术受让甚至购并获得支持性技术等。这一阶段的专利工作重点是适时召开发明评价会议，申请专利；获取必要的专利许可或受让。④开发测试阶段，即实施平行技术开发和相关市场开发。其中，产品开发对应外部客户市场，工艺开发对应内部用户市场。这一阶段的专利工作重点是外围专利申请，同时完善其他形式的知识产权，如保密合同的完善、著作权登记等。

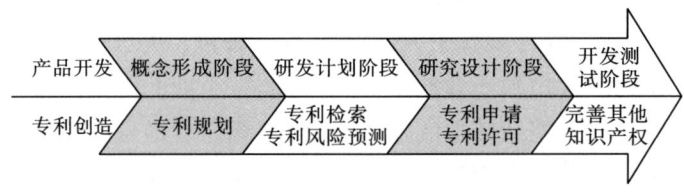

图2.18　基于产品开发阶段的专利创造流程

商标的本质是区别企业的产品或服务的标记。与创造性智力成果本身是获取财产价值的源泉不同，工商业标记本身不是其财产价值的源泉，其价值来源于所标记的商品或服务，来源于它所标记的工商业主体的商业信誉(刘春田，2007)。因此，与专利创造不同，商标创造不仅包括商标的设计与注册，而且包括企业围绕工商业标记做广告宣传而转化为企业信誉，以及通过技术改造、产品质量保证等获得信誉的过程。因此，商标创造不是止于工商业标记的形成，而且包括工商业标记的价值的提升过程。其中，商标设计和注册以及注册商标受让属于第一种情形，而"驰名商标"的形成属于商标创造的第二种情形。与大学和科研院所采用公开发表方式表现著作权不同,除计算机软件外,企业的著作权往往采用内部登记方式进行管理。商业秘密特别是技术秘密则采用模块化分置或合同方式进行保密管理。

(2)知识产权运营。知识产权运营,或称知识产权运用,是指知识产权权利人通过实施、转让、许可、交叉许可、投资、融资等方式,将知识产权外化为产品、服务、现金流、股权或有价证券等,以获取知识产权的商业价值和谋求竞争优势的过程(Bainbridge and Claire,2014)。基于此,知识产权运营主要包括三个方面的内容。①知识产权的实施。指创新成果或产品向顾客扩散的过程,也是知识产权权利人实施知识产权的过程。一是要避免知识产权侵权,即知识产权权利人在实施知识产权权利的过程中,应当避免侵犯他人的知识产权。二是避免滥用知识产权,确保知识产权的合法使用。知识产权制度本身就是权利人对智力成果享有的知识产权这种私权与科学技术的公益性之间"均衡"的产物(Duffy,2004)。如果知识产权权利人在行使其权利时,违背了基本的公序良俗,严重阻碍了科学技术的传播和进步,抑或损害了人类的公共健康,则应受到限制。防止知识产权滥用是知识产权制度永恒的主题。②知识产权的许可和转让。知识产权许可是指知识产权权利人在未转让所有权的情况下转移知识产权中的财产权(Dratler and Stephen,2015)。知识产权许可包括独占性许可、排他性许可、普通许可、交叉许可、分许可等。知识产权转让是指知识产权权利人通过转让所有权的形式让渡知识产权中的财产权。知识产权权利人采用许可或转让方式让渡知识产权的权利,不仅可以获得一定的现金收益,而且可以通过交叉许可等方式,增加与竞争对手谈判的筹码,在激烈竞争中获得竞争优势。③知识产权的投资和融资。知识产权投资是指知识产权权利人依法将其持有的知识产权投资入股,以获得相应股权的行为。而知识产权融资则是指知识产权权利人依法将其持有的知识产权采取质押等方式,以获取现金流的行为,包括向银行贷款或发行债券。随着知识产权商业价值的凸显和多专利复杂产品的涌现,出现了一些新兴的知识产权运营形式,如知识产权份额化交易;与此同时,一些独立的知识产权运营第三方组织也应运而生,如主权投资基金、产业化基金、交易经纪人、非专利实施主体(NPE)、专利联盟等。

(3)知识产权保护。知识产权保护是指知识产权权利人(包括利害关系人)采取协商、行政申诉或司法途径等预防和制止知识产权侵权的过程。本书讨论的知识产权保护是权利人针对现实或潜在的侵权而采取的保护自身权益的途径和措施,而不包括知识产品形成后的"知识产权化"过程,即发明创造者、作者或设计人对其知识产品采用法律规定的知识产权形式予以固定的过程,知识产品形成后的"知识产权化"在本书中属于知识产权的创造环节。

不同的知识产权形式在知识产权保护方面存在较大差异。①从知识产权保护范围来看,专利的保护范围因专利类型的不同而有差异。《中华人民共和国专利法》规定,发明专利或者实用新型的保护范围以其权利要求的内容为准,说明书及附图用于解释权利要求书的内容。外观设计专利权的保护范围以表示在图片或照片中的该产品的外观设计为准。商标的保护范围包括以制止混淆确定的保护范围、以反淡化确定的权利范围两种情形。著作权的保护范围为权利人对其独创的作品享有的人身权和财产权。商业秘密的保护范围为具有秘密性、实用性和价值性,并且采取了保密措施的技术信息和经营信息。②从争议的表现来看，不同的知识产权形式之间也存在差异。专利争议包括专利行政争议、专利侵权争议、专利权属争议、专利合同争议、发明专利临时保护使用费争议等。商标的争议包括使用争议、销售争议、标志争议、更换商标争议以及其他争议。著作权争议主要包括擅自发表他人作品、歪曲和篡改他人作品、侵占他人作品、擅自使用他人作品、剽窃他人作品等。商业秘密争议包括以不正当手段获取商业秘密、违法使用和披露商业秘密、违反约定披露和使用商业秘密等。③从权利人追究侵权人的法律责任类型来看，包括民事责任、行政责任、刑事责任等。其中，民事责任包括返还财产、排除妨碍、赔礼道歉、消除影响、停止侵权和损害赔偿等。④从知识产权保护的途径来看，主要有自行协商、调解、仲裁、诉讼、行政处理等。

(4)知识产权组织。企业拥有竞争优势的潜力在于企业资源和能力的价值性、稀缺性以及难以模仿性(Barney and Hesterly，2008；Barney，2010)。但是为了全面了解其潜力，企业必须被组织起来去开发这些资源和能力。企业组织的这些要素通常被称为补充性资源和能力，因为从独立运作角度来看，它们创造竞争优势的贡献非常有限，但是一旦与其他资源和能力结合起来，它们能够帮助企业实现对竞争优势潜力的全面开发。

借鉴资源/能力理论的上述观点，知识产权组织具体包括三个方面的内容。①知识产权管理制度，即企业结合自身的产业技术背景和战略目标，制订的激励知识产权创造、促进知识产权运营、加强知识产权保护方面的制度和政策。②知识产权管理机构和人员配备，包括知识产权管理机构的目标定位和设置层级，以及专兼职知识产权管理人员的配备。一般来说，企业知识产权管理机构的主要目标有三种情况，即保护技术创新成果、融入公司经营、应对知识产权诉案等；相应地，知识产权管理机构的设置层级也有三种情况，即设置研发管理机构、企业运营管理机构和法务机构。③知识产权组织行为，指知识产权管理人员的行为嵌入企业技术创新和市场拓展过程的深度和广度。作为知识产权管理的行为要素之一，知识产权组织主要是作为知识产权创造、运用和保护的补充性行为，贯穿在知识产权创造、运用和保护的过程中，起到组织协调和制度保证的作用。

复习思考题

1. 知识产权管理实践为知识产权管理理论发展提出哪些诉求？
2. 如何看待知识产权管理的含义和特征？
3. 如何理解知识产权管理与其他企业管理职能的联系和区别？
4. 如何系统理解知识产权管理的功能？

参 考 文 献

陈劲，郑刚，2013. 创新管理:赢得持续竞争优势(第二版). 北京：北京大学出版社.

杜栋，2014. 信息管理学教程(第四版). 北京：清华大学出版社.

冯晓青，2010. 企业知识产权管理基本问题研究. 湖南社会科学，(4):54-58.

冯晓青，2012. 企业知识产权管理. 北京：中国政法大学出版社.

国家工商行政管理总局，2018. 中国商标战略年度发展报告(2017). 北京：中国工商出版社.

李平，萧延高，2008. 产业创新与知识产权战略——关于深圳实践的深层分析. 北京：科学出版社.

李仕明，魏立新，1999. 经济时代与企业权利安排. 经济体制改革，(2)：69-73.

刘春田，2007. 知识产权法(第三版). 北京： 高等教育出版社，北京大学出版社.

王景川，2002. 加强知识产权能力建设培育和发展核心竞争力. 科技广场，(4)：4-5.

王景川，2007. 应高度重视培育和发展知识产权能力. 中国经贸导刊，(9)：36.

肖延高，范晓波，万小丽，等，2016.知识产权管理：理论与实践. 北京：科学出版社.

萧延高，2011. 企业知识产权能力与竞争优势. 北京：知识产权出版社.

袁建中，2011. 企业知识产权管理理论与实务. 北京：知识产权出版社.

中华人民共和国国家质量监督检验检疫总局，中国国家标准化管理委员会，2013. 中华人民共和国国家标准(GB/T 29490—2013)：企业知识产权管理规范.北京：中国标准出版社.

周文光，黄瑞华，2010. 企业自主创新中知识产权风险预警过程研究. 科学学与科学技术管理，(4)：72-76.

周延鹏，2006. 虎与狐的智慧力——智慧资源规划九把金钥匙. 台北：天下文化出版社.

朱雪忠，2010. 知识产权管理.北京：高等教育出版社.

曾德国，乔永忠，2012. 知识产权管理. 北京：知识产权出版社.

Alkaersig L，Beukel K，Reichstein T，2015. Intellectual property rights management. London：Palgrave Macmillan.

Arai H，2006. Japans intellectual property strategy. World Patent Information，(28)：323-326.

Bainbridge D，Claire H，2014 . Intellectual property asset management：how to identify，protect，manage and exploit intellectual property within the business environment. New York：Routledge.

Barney J B，Hesterly W S，2008. 战略管理. 李新春, 等译. 北京：机械工业出版社.

Barney J B，2002. Gaining and sustaining competitive advantage(2nd Ed). Upper Saddle River：Prentice Hall.

Barney J B，2010. Gaining and sustaining competitive advantage (4th edition). Upper Saddle River：Prentice Hall.

Becerra-Fernandez I， Sabherwal R，2015. Knowledge management：systems and processes. New York：Routledge.

Bhaskarabhatla A，Hegde D，2014. An organizational perspective on patenting and open innovation. Organization Science，25(6)：1744-1763.

Black F，Scholes M，1973. The pricing of options and corporate liabilities. Journal of Political Economy，81(3)：637-654.

Boisot M H，1998. Knowledge assets. London：Oxford University Press.

Boulding K，1996 . The economics of knowledge and the knowledge of economics. American Economic Review，(58)：1-13.

Davis J L， Harrison S S，2002. Edison in the Boardroom：How Leading Companies Realize Value from Their Intellectual Assets. New York：John Wiley & Sons.

Dean J，1951. Capital budgeting. New York：Columbia University Press.

Dodgson M，Gann D M，Phillips N，2014. The oxford handbook of innovation management. Oxford：Oxford University Press.

Dratler J J，Stephen M M，2015 . Licensing of intellectual property. New York：Law Journal Press.

Drucker P F，1954.The practice of management. New York：Harper & Brothers.

Drucker P，1968. The age of discontinuity：guidelines to our changing society. New York：Harper & Row.

Duffy J F，2004. Rethinking the prospect theory of patents . The University of Chicago Law Review，Chicago，Spring，(71)：439-511.

Edquist C，2011. The system of innovation approach and innovation policy：an account of the state of the art. DRUID Conference.

Foray D，2004. Economics of knowledge. Cambridge：MIT Press.

Gavin W，2009. The industrial revolutionaries：the making of the modern world，1776-1914.New York：Grove Press.

Goldstein L M, 2015. Patent portfolios: quality, creation and cost. Memphis: True Value Press.

Granstrand O, 1999. The economics and management of intellectual property: towards intellectual capitalism. Cheltenham: Edward Elgar.

Greene T L, 1897. Corporation finance. New York: G. P. Putnam's Sons.

Grindley P C, Teece D J, 1997. Managing intellectual capital: licensing and cross-licensing in semiconductors and electronics. California Management Review, 39(2): 1-34.

Harrison S S, Sullivan P H, 2012. Edison in the Boardroom Revisited: How Leading Companies Realize Value from Their Intellectual Property (2nd Edition). Hoboken: John Wiley & Sons.

Kay J A, 1993. The structure of strategy. Business Strategy Review, 4(2): 17-37.

Kline S J, Rosengerg N, 1986. An overview of innovation//the positive sun strategy: harnessing technology for economic growth. Washington D.C.: National Academy Press.

Kotler P T, Keller K L, 2015. Marketing management (15th edition). Upper Saddle River: Prentice Hall.

Lintner J, 1965. The valuation of risk assets and the selection of risky investments in stock portfolios and capital budgets. The Review of Economics and Statistics, 47(1): 13-37.

Machlup F, 1962. The production and distribution of knowledge in the united states. Princeton: Princeton University Press.

Machlup F, 1983. Semantic quirks in studies of information, in F. machlup and U. mansfield (Eds.), the study of information. New York: John Wiley.

Markowitz H, 1959. Portfolio selection. New York: John Wiley & Sons.

Mead E S, 1910. Corporation finance. New York: D. Appleton and Co.

Modigliani F, Miller M H, 1958. The cost of capital, corporation finance and the theory of investment. The American Economic Review, 48(3): 261-297.

Nonaka I, 1991. The knowledge-creating company. Harvard Business Review, 69(6): 96-104.

Nonaka I, Takeuchi H, 1995. The knowledge-creating company. New York: Oxford University Press.

Norgaard R L, 1981. The evolution of business finance textbooks. Financial Management, 10(2): 34-45.

Porter M E, 1980. Competitive strategy: techniques for analysing industries and competitors. New York: The Free Press.

Porter M E, 1985. Competitive advantage: creating and sustaining superior performance. New York: The Free Press.

Rogers E, 2003. Diffusion of innovations (5th ed). New York: The Free Press.

Ross S A, 1976. The arbitrage theory of capital asset pricing. Journal of Economic Theory, 13: 341-360.

Schilling M A, 2009. Strategic Management of Technology Innovation (3rd Edition). New York: McGraw-Hill/Irwin.

Shannon C E, 1948. A mathematical theory of communication. The Bell System Technical Journal, 27: 379-423, 623-656.

Sharpe W F, 1964. Capital asset prices: A theory of market Equilibrium under conditions of risk. Journal of Finance, 19(3): 425-442.

Takeuchi H, Nonaka I, 2004. Hitosubashi on Knowledge Management. Singapore city: John Wiley & Sons (Asia).

Tidd J, Bessant J R, Pavitt K, 2001. Management Innovation: Integrating Technological, Market and Organizational Change. New York: John Wiley & Sons.

Ulrich D, 1996. Human Resource Champions. The next agenda for adding value and delivering results. Boston: Harvard Business School Press.

Xiao Y G, Tylecote A, Liu J J, 2013. Why not greater catch-up by Chinese firms? The impact of IPR, corporate governance and technology intensity on late-comer strategies. Research Policy, 42: 749-764.

第二篇：创造篇

第三章　知识产权的开发、获取和维护

本章要点：
1. 理解知识产权创造（开发、获取和维护）与企业经营管理的关系。
2. 掌握各类知识产权获取的法律程序和布局策略，尤其是专利申请和商标注册。
3. 了解各类知识产权开发的流程、策略和注意事项，具体包括专利研发、商标设计、作品创作和商业秘密认定。
4. 了解各类知识产权的期限和维护方式，知晓知识产权维护和筛选的关系。

开篇案例三　重视国际合作的知识产权管理，深圳怡化电脑突破海外"知识产权壁垒"[①]

2016年12月1日，广东省深圳市中级人民法院受理原告冲电气工业株式会社（简称日本冲电气）诉被告深圳怡化电脑股份有限公司（简称怡化电脑）等专利权权属纠纷一案，于2017年8月22日审结宣判。日本冲电气不服一审判决结果，上诉至广东省高级人民法院。2018年7月23日，广东省高级人民法院驳回上诉，维持原判。日本冲电气不服广东省高级人民法院等7件民事判决，一并向最高人民法院申请再审。2019年12月31日，最高人民法院发出《冲电气工业株式会社、深圳怡化电脑股份有限公司专利权权属纠纷再审审查与审判监督民事裁定书》，驳回日本冲电气的再审申请。至此，历时四年的日本冲电气和怡化电脑专利权属之争画上句号，意味着怡化电脑在国际合作中形成的专利和创新成果得到了最高人民法院的最终认可。

据法院判决书记载，日本冲电气诉称，2005年4月5日，其在深圳成立的关联公司冲电气实业与怡化电脑缔结OEM（original equipment manufacturer，原始设备制造）合同。依据该合同，冲电气实业以及之后成立的关联公司冲电气金融在日本冲电气的许可下生产ATM（automated teller machine，自动柜员机）设备并销售给怡化电脑，怡化电脑使用其商标将购买得到的ATM设备再进行销售。在合作过程中，怡化电脑从冲电气实业和冲电气金融直接获取或通过对得到的ATM整机、零部件进行反向工程获取日本冲电气所拥有的ATM设备相关的技术或设计信息。在怡化电脑作为原告起诉日本冲电气专利权属纠纷案件（案号为[2016]粤03民初687、1706—1708、2349—2353号）中，怡化电脑则诉称：怡化电脑与冲电气实业双方2005年开始合作生产存取款一体机，怡化电脑是存取款一体机的所有人，怡化电脑提供产品零部件及技术要求，由冲电气实业一方完成加工制造，双方对存取款一体机涉及的知识产权进行了约定，包括涉案专利权归怡化电脑所有。怡化电脑提交证据主要为2008年4月～2010年12月，双方签订的系列关于生产存取款一体机授权委托合同，该系列合同约定：怡化电脑作为存取款一体机的所有人，拥有存取款一体机

[①] 资料来源：中国裁判文书网，https://wenshu.court.gov.cn；搜狐网，https://www.sohu.com/a/368217775_120347053。

的全部知识产权，其产品所有的相关技术，冲电气实业一方不得以任何形式透露给第三方。

法院审理查明：怡化电脑和日本冲电气双方于2005年开始合作生产存取款一体机，其合作基于《OEM供货协议》，根据《OEM供货协议》及怡化电脑在其他专利权属案件中提交的证据反映，双方开始合作时，主要是怡化电脑一方出资，日本冲电气一方出技术，此时日本冲电气一方的技术体现在其合作之前拥有的专利等。但是，在合作期间，因产品的改良和银行及用户对产品提出要求，产生了一些新技术，体现在合作期间申请的专利等。本案为合作期间的专利的归属问题。《OEM供货协议》对合作期间产生的专利归属涉及的条款如下：如果冲电气实业和怡化电脑任何一方基于另一方提供的信息或材料创造、构想或付诸实践任何发明、思想或者设计（统称为发明），一方应立即将该发明告诉另一方。冲电气实业和怡化电脑将讨论并约定哪方（一方或几方）有权提交申请获得涉及该发明的专利并拥有所获专利权（包括实用新型和外观设计），即双方对专利权归属没有约定。而事实上，在合作期间，日本冲电气和怡化电脑双方均有申请专利权。相反，怡化电脑在案件中提交的证据反映，双方对合作期间产生的专利权约定归怡化电脑一方所有。怡化电脑还提交了对外获奖证明及与银行的证明材料，均反映怡化电脑拥有ATM机知识产权，即对内对外的证据均反映合作期间ATM机产生的专利权归怡化电脑所有。据此，原告日本冲电气依据《OEM供货协议》主张涉案专利权，理由不成立。

怡化电脑自1999年成立以来，扎根金融自助设备领域，专注各类金融设备核心技术的研发，保障中国金融信息安全。20年来，怡化电脑始终把知识产权保护视为重中之重，坚持把知识产权建设作为企业发展的战略目标，是行业内唯一被国家、省、市三级认定的知识产权优势（示范）企业，同时担任国标委、金标委、信标委十余项企业技术标准化工作牵头单位及"粤港澳大湾区标准化联动工作首批示范单位"。该公司董事长彭彤高度重视并部署企业知识产权蓝图和体系建设，构建了领先行业的科学、全面的知识产权布局，从2016年开始提升组建了专门的一级部门——怡化知识产权与法务部，下设专利事务组、商标版权组、流程事务组、标准体系部、法务与合规管理部，并设立了由公司董事长、战略顾问牵头的跨部门的月度知识产权联席会制度。为响应国家知识产权战略并加大自主知识产权力度，近几年，怡化电脑持续开展专利挖掘与规避、专利导航与布局、专利质量及检验工作，并对高价值专利及质量和布局提出明确要求，建立了覆盖公司各相关部门的"知识产权代表制度"，实施"一岗双责"，围绕经营全链条加强知识产权的创造、管理、运用和保护。截至2019年底，拥有自主知识产权4000余项，PCT国际专利近百项，各类软件著作权、商标权800余项，中国专利申请量、拥有量连续多年位居行业前列。

知识产权创造，即通过创造性智力活动形成受法律保护的知识产品，进而将其权利化的过程。企业的知识产权创造不是孤立的行为，而是与其经营活动紧密联系在一起。从宏观层面而言，企业的经营战略决定了知识产权创造的方向，包括技术研发的定位、商标定位、知识产权布局、知识产权数量和质量目标等；从微观层面而言，企业的经营管理决定了知识产权创造的具体工作，包括知识产权创造的具体流程、成本核算、各部门关系协调等。知识产权创造是知识产权运营、保护、组织的基础和前提，是企业知识产权管理活动的开始，其核心工作就是知识产权的开发、获取和维护。本章将在知识产权法学和管理经济学含义分析及知识产权管理框架构建的基础上,重点从企业技术创新和市场拓展双重视角,围绕专利、商标、著作权和商业秘密的权利开发、获取和维护,讨论知识产权创造的规则、流程和要诀。

第一节 知识产权的开发、获取和维护概述

(1)知识产权的开发。知识产权的开发是指通过创造性智力活动形成可以受知识产权保护的知识产品的过程。这一项工作是将传统的知识产权管理向前延伸至研发或设计环节,使知识产权管理工作变得更加主动,可以更大程度地融入和支撑企业的经营发展。知识产权开发是企业创造知识产权的第一步,也是非常重要的一步。知识产权开发的水平和质量直接影响未来获取的知识产权的"威力"。目前,我国部分企业还未意识到知识产权开发的重要性,往往是创新成果出来以后,再根据需要进行知识产权保护。这种情况之下,很难保证所谓的"创新成果"的新颖性、先进性,很难进行后期的知识产权布局,甚至留下侵权或权属纠纷的隐患。因此,企业应高度重视知识产权前期开发,结合企业经营战略,以知识产权为导向,明确开发的方向,有针对性地开展研发或设计工作,保证创新成果的质量,保证知识产权的质量。

知识产权开发主要包括专利研发、商标设计、作品创作和商业秘密认定。专利研发主要是根据企业的经营战略进行研发定位,积极挖掘专利,撰写高水平的技术书,提前做好专利布局准备。商标设计不是简单的标志设计,而是根据企业理念和商品特征,甚至是消费群体对商标进行定位,设计出既美观实用、寓意丰富,又符合法律规定的商标,因此商标设计是一项极具战略性、创造性和艺术性的活动。由于受著作权保护的作品十分繁杂,对普通企业的经济价值并不大,因此企业通常不太重视著作权开发。但是,对于比较重要的作品创作,企业有必要关注其权利归属和证据保存问题。此外,知识产权开发的过程中通常会伴随商业秘密保护。

(2)知识产权的获取。知识产权的获取是指将知识产品固化为知识产权的过程,是企业创造知识产权的关键一步。只有将创新成果固化为知识产权,才真正意味着创造了知识产权。由于多数知识产权的确权都需要经历一定的法律程序,并非自主完成创新成果即享有知识产权,因此企业必须提高主动获取知识产权的意识,防止出现自主创新成果无法为己所用的尴尬局面。同时,企业还应该结合自身的经营战略,有目的地进行知识产权布局,即选择在什么时间、什么地域获取什么类型的知识产权,使知识产权组合发挥更大的作用。企业处于不同的发展阶段,对知识产权的"量和质"的需求是不同的:企业在初创阶段,更看重知识产权"量"的积累;当企业规模不断扩大时,知识产权"质"的需求日益明显;当企业发展为行业领导者时,会对知识产权数量和质量的合理布局提出更高的要求。

企业需要注意的是,不同类型知识产权的获取程序存在较大差异:专利权需要通过申请、经审查合格以后才能获取;仅有发明专利申请需要进行实质审查;由于专利申请将会导致技术公开,因此企业应该考虑周全。商标权需要通过申请、核准注册以后才能获取;商标注册应该越早越好。著作权和商业秘密的获取不需要履行特别的法律手续;作品完成

即享有著作权，但是自愿进行著作权登记可以获得权利的初步证据，适用于重要作品和计算机软件；商业秘密是保护最宽泛的一项知识产权，只要企业将具备秘密性、价值性、保密性的重要信息认定为商业秘密即可。

(3) 知识产权的维护。知识产权维护是指通过续费或采取措施维持知识产权法律效力的过程。知识产权不仅有期限限制，而且部分知识产权在法定保护期内还必须履行一定的法律手续才能维持其效力，否则该知识产权将提前终止。例如，专利需要每年缴纳年费，商标需要每十年续展一次，商业秘密需要采取必要的保密措施。因此，企业获取知识产权以后并非高枕无忧，后期的权利维护同样重要，否则前功尽弃。例如，苏州恒久光电科技股份有限公司(简称恒久光电)"专利门"事件就给企业一个很好的警示，恒久光电在核准上市前夜被发现专利因未维护而终止，失去了上市机会，由此掀起了中国 A 股 IPO 波澜壮阔的发行人专利大核查。当然，知识产权维护的过程实际上也是知识产权筛选的过程。企业应该根据实际需要，以及知识产权本身的价值，选择是否继续维护其效力，以降低维护成本。

第二节 专利的研发、申请和维护

一、专利研发

专利是知识经济时代企业参与市场竞争、追逐高额利润的核心战略资源。研究技术、发掘专利，即专利研发，便成为企业专利管理最基础的工作。传统的研发部门比较孤立，在技术研发的过程中容易造成重复研发、专利侵权、技术流失、竞争力削弱等不良后果。以专利为导向对技术研发进行全过程管理可以最大限度地降低这些不良后果发生的概率。企业在专利研发阶段的主要管理工作，就是由知识产权管理部门联合研发等其他部门，借助专利信息分析，对研发过程进行全面规划和设计，积极挖掘专利，提前做好专利布局，为企业参与市场竞争积累精良的武器装备。简单而言，专利研发管理旨在提高研发效率、提升专利数量和质量。

(一) 研发定位

研发不只是研发部门的事，知识产权管理部门，甚至是生产销售部门都要紧密配合，共同确定研发方向和策略，制定专利目标，以保障企业具有持久的技术优势、适应市场变化。知识产权管理部门不仅要通过专利信息分析把脉研发动向，还要将专利战略思想贯彻到研发之中。例如，微软公司创设的"超前发明会议"，由知识产权主管甚至董事长亲自参加或者指导，旨在预测当前或下一个产品周期，甚至是十年内的创新方向(正义之魂，2011)。由此可见专利管理对研发定位的重要性。

首先，在研发的各个节点重视专利信息分析。尤其关键的是，在研发开始之前就要对拟研技术进行全面的专利信息分析，包括技术的发展脉络、技术障碍、专利布局、竞争对手专利状况、可行研发空间等。以专利信息分析结果为基础，综合考虑市场需求，即可定位企业的研发方向。这种方法会极大地提高研发起点、缩短研发时间、减少研发费用、避免盲目研发和重复研发。在整个研发过程中还要跟踪分析相关专利技术的发展变化，及时调整研发方向。

其次，站在专利战略的高度统筹规划研发。研发是获取专利的源头，只有系统规划和策划研发，才能真正实施专利战略。因此，专利战略思想应该贯穿整个研发过程。也就是说，在确定研发方向和策略时，必须考虑专利规避、专利布局、专利囤积、专利经营等战略规划。例如，竞争对手已经研发出一项核心专利技术，为了阻击对方，需要实施专利包围战略。因此，本企业必须围绕对方专利技术寻找空白点，研发替代技术和改进技术，进而形成专利包围圈。

最后，制定明确的专利目标。很多企业在研发时未能考虑专利的问题，研发结束后也只是随意申请专利，导致很多很好的技术成果未及时得到专利保护，等到被竞争对手提出专利侵权时才后悔莫及。因此，无论是长远的研发计划，还是某一个研发项目，都应该制定明确的专利目标，提前做好专利布局的准备。一方面可以提高研发人员的专利意识，另一方面可以提升企业整体的专利数量和质量。专利目标由研发部门和知识产权管理部门根据企业的发展需要共同制定。研发部门预测可能的技术创新点，知识产权管理部门确定具体的专利目标，包括专利的类型、数量、核心专利、外围专利、专利的大致布局等。企业在初创期，为了快速积累专利，可能比较重视专利数量；而到了发展中后期则更重视专利质量。

为了使知识产权管理部门和研发部门沟通畅快，可以设置专利联络人岗位。专利联络人最好由资深研发人员担任，并对其进行专利基础知识培训，使其不仅能够将研发构想清楚地传达给知识产权管理部门，而且能够将专利战略策略吸收到研发规划之中。

（二）专利挖掘

专利挖掘就是从专利的角度，对纷繁的技术成果进行剖析、拆分、筛选以及合理推测，进而得出各技术创新点和专利申请技术方案的过程（谢顺星等，2008）。专利挖掘旨在提升企业的专利数量和质量，优化专利组合，为技术成果建立一道周密的专利网，从而增强企业的专利竞争力。另外，专利挖掘分析出来的可申请专利的技术创新点，还可以对研发起到重要的指导和提示作用。

专利挖掘是一种专业性、技术性、技巧性很强的创造性活动，需要既懂技术又懂专利的复合型人才。这种高层次人才在企业是十分稀缺的。然而，每一个企业的技术研发是非常具体的，懂得通用技术的人员并不一定能够胜任。因此，对企业而言，较好的做法是，以第一线研发人员为主，以专利工程师为辅。研发人员缺乏专利基础知识和专利挖掘技巧，可以就此加强培训，提高他们对可申请专利的创新点的敏感度。专利工程师也应该多与研发人员沟通，深入了解技术，便于进行专利挖掘。

专利挖掘的途径主要两种：一是研发人员从项目任务出发进行专利挖掘，二是专利工程师从创新点出发进行专利挖掘。两种途径叠加，效果会更好。首先，第一线研发人员非常了解在研技术，对技术的敏感性较高，从项目任务出发进行专利挖掘：①找出完成任务的组成部分；②分析各组成部分的技术要素；③找出各技术要素的创新点；④根据创新点总结技术方案。其次，专利工程师熟悉专利制度，依照专利申请的条件和要求，围绕研发人员提供的创新点继续进行专利挖掘：①找出该创新点的关联因素；②找出各关联因素的其他创新点；③根据其他创新点总结技术方案。这些技术方案大多符合专利授权条件，是专利申请素材，企业专利管理部门便可在此基础上分析筛选，确定专利申请的主题（谢顺星等，2008）。

另外，对于生产制造型企业，还可以鼓励生产流水线上的员工充分挖掘专利。具体做法如下：将生产流程和专利申请结合起来制作一个专利挖掘图，引导员工挖掘专利。以生产流程为横轴，尽量细化；以每个流程上已申请的专利以及可能开发的专利作为纵轴，这需要专利管理人员进行专业的专利信息分析。流水线上的每一名员工对自己所处的具体环节非常熟悉，优缺点了如指掌，针对存在的缺陷提出切实解决的办法，这就是技术改进方案，可以申请专利。根据这个图表，每个员工只要看自己所在横轴对应的纵轴，就很容易知道可以挖掘出哪些专利（佚名，2011）。

（三）技术交底

专利挖掘之后，研发人员应该将可申请专利的技术方案进行提炼和解释，撰写技术交底书，提供给专利工程师或专利代理人申请专利时参考。技术交底的关键是清楚地表达出技术方案拟解决的问题、解决问题的方法以及最终的技术效果，以便专利工程师或专利代理人正确理解技术方案。因此，技术交底直接决定专利申请的质量，需要高度重视。为此，知识产权管理部门可以制作技术交底书模板引导研发人员表达技术方案；提高研发人员的专利意识，鼓励其从专利申请的角度撰写技术交底书；委派专利工程师对研发人员进行现场指导，帮助其完成技术交底书。需要说明的是，只有发明和实用新型需要技术交底。技术交底书实际上就是专利申请书的"雏形"，在结构方面与其近似。具体内容如下（黄贤涛，2008）。

（1）发明或者实用新型的名称。简单明了地反映该发明创造的技术内容是产品、装置或方法。应使用本技术领域通用的技术名词，不要使用杜撰的非技术名词，不得使用人名、地名、商标、型号或者商品名称，也不得使用商业性宣传用语。名称最好与国际分类表中的类、组相对应，一般不超过 25 个汉字。

（2）所属技术领域。所属技术领域是指该发明创造直接所属或直接应用的技术领域，既不是所属或应用的广义技术领域，也不是其相邻技术领域，更不是发明或者实用新型本身，如本发明属于温度自动控制装置，本发明涉及××材料的热处理方法等。

（3）背景技术。背景技术又称现有技术、已有技术，是指申请日以前公开的与该发明创造的结构、用途、效果最接近的技术。一般至少要引用一篇最接近的对比文献，必要时可再引用几篇较接近的对比文献。这些文献可以是专利文献，也可以非专利文献，都应该对该发明创造的理解、检索、审查有参考作用。清楚、客观地对背景技术进行描述和评价，具体内容一般包括：①注明其出处，即指出对比文献的来源或指出公知公用的具体情况；②简要说明该现有技术的主要相关内容，如主要的结构和原理，或者所采用的技术手段和方法步骤；③客观地指出现有技术存在的问题和缺点，在可能的情况下说明存在这些问题和缺点的原因，切忌采用诽谤性语言。

（4）发明目的。实事求是地指出该发明创造的技术方案要解决现有技术中存在的哪些问题。通常针对最接近的现有技术存在的问题结合本发明创造取得的效果提出所要解决的问题。具体要求如下：①应与该发明创造的主题以及类型相适应；②应采用正面语句直接、清楚、客观地写明目的，明确说明要解决的问题；③应具体体现出要解决的技术问题，避免采用"节省能源""提高质量"等笼统的提法，但不得包含技术方案的具体内容；④不得采用广告性宣传用语。

(5) 技术方案。技术方案是技术交底书的核心部分，是实现发明创造目标的所有技术特征的集合。应清楚完整地写明技术方案，包括达到发明创造目的的全部必要技术特征。如果该发明创造是产品，应该表明产品的构成及各部分之间的关系，各部分都起什么作用；其中属于该发明创造的部分是什么。如果该发明创造是方法，应该表明该方法由几个步骤构成，每个步骤要求什么条件，各步骤之间是什么关系，各起什么作用等。一般情况下，应用构成该发明创造所必要的技术特征总和的形式公开其实质内容。但有时为了使要求保护的技术范围更加明确，避免产生误解，还应当包括阐述发明创造所必须的重要的附加技术特征，以使人们清楚地了解为达到目的，应当采取的技术解决方案是什么。

(6) 有益效果。结合该发明创造的目的和内容，清楚、有根据地阐述该发明创造与现有技术相比带来的有益效果，最好有具体数据，切忌说大话、空话、过头话。通常有益效果可以由产率、质量、精度和效率的提高，能耗、原材料、工序的节省，加工、操作、控制、使用的简便，环境污染的治理或根治，以及有用性能的出现等方面反映出来。具体要求如下：①可以用对发明创造的结构特点或作用关系通过分析方式、理论说明方式或用实验数据证明的方式或者其结合来描述，不得断言其有益效果，最好通过与现有技术进行比较而得出；②对于机械或电器等技术领域，可结合结构特征和作用方式进行说明；③引用实验数据说明有益效果时，应给出必要的实验条件和方法。

(7) 附图说明。附图是为了更直观地表述发明创造的内容，可采取多种绘图方式，如示意图、方块图、各向视图、局部剖视图、流程图等，以充分体现发明点。对于说明书中有附图的专利申请，在说明书中应集中给出图面说明。其具体要求如下：①应按照机械制图的国家标准对附图的图名、图示的内容进行简要说明；②附图不止一幅的，应当对所有的附图按照顺序编号并作出说明；③图面说明不必包括对附图中具体零部件名称和细节的说明。

(8) 最佳实施方式。结合附图对本发明创造的具体实施方式做进一步的详细说明。这不应该理解为说明书内容的简单重复，其目的是使权利要求的每个技术特征具体化，从而使发明实施具体化，使发明创造的可实施性得到充分支持。一般来说，这部分应至少具体描述一个最佳实施方式，这种描述的具体化程度应当达到使本专业普通技术人员按照所描述的内容能够重现其发明创造。在描述具体实施方式时，并不要求对已知技术特征做详细展开说明，但必须详细说明区别于现有技术的必要技术特征和各附加技术特征，以及各技术特征之间的关系及其功能和作用。实施方式和实施例的描述应当与所要求保护的技术方案的类型相一致。例如，如果要求保护的是一种产品，那么其实施方式或实施例就应当是体现实施该产品的一种或几种最佳产品；如果要求保护的是一种方法，那么就应当是说明实施该方法的一种或几种最好的实施方法。

二、专利申请

专利申请是企业专利管理工作的关键环节，只有及时、准确地将企业研发的技术成果申请专利，才能真正提升企业的专利数量和质量，为企业进军市场保驾护航。专利申请也是企业知识管理部门最常规的工作，尤其是那些处于积累专利数量阶段的初创企业。专利申请还是一个非常繁杂的环节，因为过程中涉及主体、期限、文件、手续和费用等诸多问题，最考验专利管理人员的能力。也正是如此，市面上涌现出不少以专利申请流程管理为核心的专利管理软件，成为企业专利管理的好帮手。

企业正式申请专利之前，首先要判断研发的技术成果是否应该申请专利，在什么时间和地点申请哪种类型的专利。专利保护有利也有弊，企业应该从战略的高度综合考虑。因此，技术交底以后，需要对其进行内部评审，以便作出专利申请决策。如果决定申请专利，则企业需要选择申请专利的途径，可以由企业知识产权管理部门自行申请，也可以委托专利代理机构申请，或者兼而有之。如果企业的专利申请量相对较大，自行申请的工作量太大，则选择全部或部分委托专利代理机构申请比较适宜。由于外部的专利代理人对企业内部的技术和战略规划了解不一定深入，难以有效实现专利保护和专利战略，企业可以选择自己申请核心专利或重要专利，其余专利委托专利代理机构申请。企业甚至可以将专利申请过程中的某一环节外包给专利代理机构，如中兴通讯基本上将专利撰写全部外包出去，以节省人力资源。

（一）内部评审

专利申请内部评审是对拟申请专利的交底技术进行综合评审以作出专利申请决策。该程序是企业内部设置的一道关卡，旨在提高专利质量、实施专利布局、节约成本，对中大型企业专利管理尤为重要，如英特尔、惠普都有类似的程序。专利申请内部评审包括评审主体、评审标准和评审结果三个内容。

1. 评审主体应该是综合性的

专利申请决策不仅要依据企业总体发展目标和专利战略目标而定，还要依据产品的市场拓展需求而定（胡佐超和余平，2008）。因此，知识产权管理部门难以独自作出决策，需要与研发部、法务部、市场部等沟通协调，共同作出决策。企业可以成立由知识产权管理部门主持、多个部门共同参与的专利评审委员会，专门负责专利申请的内部评审。例如，Intel 成立了专利委员会，惠普有专利协调会议。为了慎重起见，企业还可以再加一道关卡，由最高决策部门最后审批。

2. 评审标准应该是复合型的

专利申请决策要考虑的因素不只是专利申请条件，更重要的是企业战略规划。由于各个部门关注的重点不同，评审标准也不同，需要将不同的评审标准综合在一起，得出最终结果。比如，研发部的评审标准可能是技术成果的性能及效果、替代技术、技术的寿命等；知识产权管理部门的评审标准可能是可专利性、权利保护范围、侵权判断的难易程度等；

市场部的评审标准可能是商业利益、市场需求、市场环境、竞争力等；法务部的可能评审标准是专利潜在侵权和被侵权的风险。如果企业涉及众多研发对象和技术领域，还可以按照技术类别对评审标准进行细化(汪琦鹰和杨岩，2009)。

3. 评审结果应该是具体化的

评审结果不是简单地判断是否申请专利，而是给出具体的申请决策，为技术成果的保护提供指引。最终结果一般分为四种情况：申请专利、技术秘密保护、公开、保留(即暂时不采取任何行动)。选择的结果不同，所考虑的因素也不同，具体内容如下所示。

(1)申请专利。专利具有较强的垄断性，可以使企业获得高额的垄断利益。但是，企业一旦将技术成果申请专利，将会面临审查周期长、成本高、技术公开等问题。因此，企业不能盲目地选择申请专利，应根据发展需要综合考量。比如，以下情况可以考虑申请专利：①从竞争战略出发，技术复杂、难以绕开的基础发明，能有效控制对手或者防御对手的发明创造，为迷惑对手而申请专利制造假象；②从技术开发难度出发，竞争对手能轻易通过反向工程获得技术要点，市场潜力大，但创造性水平较低的发明创造；③从利用的角度出发，能够通过许可转让获取收益的发明创造；④从市场的角度出发，具有市场前景好、经济价值大的发明创造(冯晓青，2007)。

如果决定申请专利，则还应该综合考虑各种因素确定申请专利的类型，以及申请专利的时间、地域和途径，这些也是专利布局和专利战略的重要内容。①专利类型。我国专利分为发明、实用新型和外观设计三种，其保护客体、授权条件、审查程序和保护期限存在差异，应结合研发成果的特点和企业的战略规划进行选择。例如，创造性程度高的技术方案应考虑申请发明专利；欲尽早获得专利保护及时推出产品的技术方案可考虑申请实用新型专利，或者同时申请发明和实用新型专利，实现两种专利的转换；具有实用功能的外观设计可以同时申请实用新型和外观设计专利。到其他国家申请专利，也应该注意该国专利的不同类型。②申请时间。通常尽早申请专利最好，因为当前世界各国的专利制度都实行先申请制。但是，从企业价值最大化的角度出发，并非所有的专利申请都是越早越好。有时候过早申请专利会给企业带来负面影响，如在技术生命周期结束以前专利保护期限届满、过早让竞争对手知悉发明创造的内容、由于准备不充分或技术不成熟导致专利申请失败等。因此，申请专利必须选择恰当的时机。对于竞争激烈的领域应尽早申请专利；对于技术尚不成熟，或者竞争对手创新能力较弱时，应延迟申请专利；先申请外围专利，再申请基础专利。③申请地域。由于向国外申请专利的费用较高，企业应该根据研发成果本身的特点和实际经营状况选择地域。一般而言，企业可以选择在企业所在国、产品销售国、产品拟销售国和主要竞争对手所在国申请专利。④申请途径。向国外申请专利的途径有两种：一是依据《巴黎公约》逐一向各国提交专利申请，二是依据《专利合作条约》提交国际专利申请。PCT国际专利申请是用一种语言向一个专利局提交一份专利申请而达到向多个国家申请专利的效果，可以节约成本，延长专利决策时间。由于PCT申请费用高于单个国家专利申请费用，因此仅在一两个国家申请专利时，还是依照《巴黎公约》逐一申请比较经济(朱雪忠，2008)。

(2)技术秘密保护。技术成果不适合申请专利，但可采用技术秘密保护。技术秘密保护具有保护对象广、保护期限长等优势，但也存在保密措施要求高、秘密容易被公开、维权难度大等劣势。通常，以下情况可以选择技术秘密保护：①明显不受专利保护的技术；②容易被绕过的技术；③经济价值不大的技术；④经济寿命非常短的技术；⑤不易破解，希望长期保护的技术，如可口可乐饮料配方。实践中，申请专利和技术秘密保护并不是非此即彼，有的时候可以相互转化，有的时候可以一起使用。例如，在研发阶段和专利申请公开前采用技术秘密保护，当时机成熟或情况变化时，技术秘密应及时申请专利；即使决定申请专利，并非把所有技术信息全部公开，对涉及影响技术效果的工艺、最佳条件、优选方案等作为技术秘密保护，可以有效防止侵权，长期保持技术竞争优势。

(3) 公开。对于既不适合申请专利又不适合作为技术秘密保护的技术成果，可以将之公开，使其丧失新颖性，防止竞争对手申请专利。例如，美国国际商业机器公司（International Business Machines Corporation，IBM）1950年至今每月自行出版技术公报，公开的技术高达88%。但应注意，这里所谓的公开决不是"和盘托出"，而是只要达到破坏竞争对手在后申请专利的目的即可。至于技术创新中的关键内容是不能轻易公开的，而且公开的范围在符合法律对新颖性要求的前提下越窄越好。由于技术公开意味着不受任何法律保护，人人皆可自由利用，因此公开技术成果一定要慎之又慎（冯晓青，2007）。

(4) 保留。对于难以把握其发展趋势和市场前景的技术，可以暂时不采取任何行动，等到条件成熟、情况比较明朗以后再做决定。这是一种比较保守同时也比较安全的做法。过于冒失，会使企业遭受比较大的技术风险。

（二）自行申请

如果企业已经建立知识产权管理部门，或者拥有专职的专利工程师，则完全可以自行申请专利。何况，企业内部的专利工程师更了解和熟悉企业的产品、技术和市场，自行申请专利更容易把握企业的需求和策略、更有效地贯彻实施企业专利战略。企业自行申请专利一般要经历专利检索与分析、专利申请书撰写、专利申请的提交与审查、优惠政策的收集与利用几个流程。

1. 专利检索与分析

正式提交专利申请之前，有必要进行全面的专利检索与分析，了解相关技术的发展状况和已有的专利布局，以最终确定专利申请策略。如果企业已建立专利申请内部评审制度，则正式申请专利以前可以不进行或者只进行简单的专利检索与分析，因为内部评审已经对拟申请专利的技术成果进行了一次全面的诊断。专利检索与分析是一项专业性、技巧性要求很高的工作，需要工作人员具备过硬的技术知识和扎实的法律知识，同时还要熟悉各种专利数据库和检索工具。企业知识产权管理部门可以培养自己的专利分析师，以满足专利管理各个环节对专利检索与分析的需求；当然也可以将该业务委托给专业的中介机构，以获取高质量的分析结果。

2. 专利申请书撰写

专利申请书是申请人正式向专利机关提交的请求授予专利权的法律文件。世界各国在专利申请方面的规定基本一致。在我国，发明和实用新型专利申请书主要包括请求书、权利要求书、说明书及其摘要，外观设计专利申请书主要包括请求书、外观设计的图片或者照片以及简要说明。其中，权利要求书是核心部分，用于划定专利保护的范围。专利工程师负责撰写专利申请书，撰写实际上就是将技术交底书转化为法律文书。这个过程并非简单的法律化，而是对技术方案进行再加工和再创造，以提升专利申请书的含金量。专利申请书写得好与坏，直接影响专利的授权和保护范围，因此需要高度重视。这也是大多数企业委托代理机构申请专利的主要原因。在撰写专利申请书的过程中，专利工程师应多与研发人员沟通，并在完成后交与研发人员审核。一般而言，撰写专利申请书（主要指发明和实用新型专利申请书），有必要掌握以下技巧。

(1) 取好专利名称，确定技术领域。好的名称应该是能简明扼要地反映发明创造主题的通用技术名称，而且字数在 25 个字以内。所属技术领域不能写得太宽，也不能太窄，在具体概念的基础上稍有提升即可。

(2) 确定对比文献，谨慎予以评价。绝大多数发明创造都是在前人的智力成果上改进而来的。因此，申请专利时一定要找出与发明创造最相关的现有技术作为对比文献，以突出自己的创新点。

(3) 找出存在问题，确定发明目的。确定对比文献以后，应指出现有技术存在的问题，并将发明目的与之呼应。对于发明未解决的问题，一般不应点出。

(4) 斟字酌句，合理限定保护范围。撰写权利要求书时一定要反复推敲，用最简洁、最准确、最规范的语言表达所要保护的技术特征，避免产生歧义。在追求专利保护范围最大化的同时，注意避免过于宽泛而导致专利申请不被授权或将来被判定无效的风险。弄清楚保护的技术主题与具体的技术特征之间的关系。如果去掉某个技术特征，仍能完成发明创造所要解决的技术问题，则应该坚决删除该特征。

(5) 详述实施例，支持权利要求。实施例也称实施方案，是说明书的重要组成部分，其作用在于充分公开、理解和再现发明创造，支持和解释权利要求。因此说明书应详细描述最好的实施例，且与技术方案保持一致，对技术特征给予详细的解释，尽量支持权利要求。如果需要保留部分技术作为技术秘密进行保护，则必须掌握公开的度。

(6) 有根有据，描述有益效果。有益效果是指由构成发明创造的技术特征直接带来的，或者是由所述的技术特征必然产生的技术效果，主要体现为经济效果、社会效果、环境效果等。有益效果是判断发明创造的创造性的重要依据。撰写时应当与现有技术进行比较，指出发明创造所特有的良好效果。

(7) 准确绘制附图，标清名称代码。附图是说明书的组成部分，用于补充说明书的文字描述。附图一定要绘制准确，与技术特征保持一致。附图中的数字代码应该标示清楚，并在说明书中准确描述代码所表示的技术或部件名称。

(8) 用词规范，清楚撰写说明书。说明书包括名称、技术领域、背景技术、发明目的、技术方案、有益效果、附图及其说明、实施例。撰写时应使用规范化技术用语，用词准确；每个内容分段描述，层次清楚。

(9) 简明扼要地撰写说明书摘要。说明书摘要是对说明书的总体概括，要简洁明了，一般不超过 300 字。摘要虽然不具有法律效力，但是作为一种技术情报，有利于专利技术的推广运用，价值不小。

(10) 撰写有序，事半功倍。一般应先写权利要求书，再写摘要，最后写说明书。这样的撰写顺序有助于抓住要害、提纲挈领、层层展开、彼此照应、逻辑严密、事半功倍，有助于运用专利的申请策略、保护策略和说明书对权利要求书的支持，提高专利的申请质量。

3. 专利申请的提交与审查

专利工程师准备好专利申请书和相关文件，就可以正式提交专利申请。在我国，可以向国家知识产权局和地方专利代办处提交专利申请。一旦专利申请符合受理条件，在规定期限内缴纳申请费以后，将进入专利审查程序。在我国，发明专利需要进行初步审查和实质审查，而实用新型和外观设计专利只需进行初步审查。在审查环节，专利工程师一定要注意时间控制和文件管理，并积极配合专利审查，答复审查员意见。专利申请通过审查之后，在规定期限内办理登记手续并缴纳规定费用，将获得专利权。如果专利申请被驳回，则可向专利复审委员会请求复审；对复审决定不服，还可向北京知识产权法院起诉。专利申请与审查的具体流程如图3.1所示。

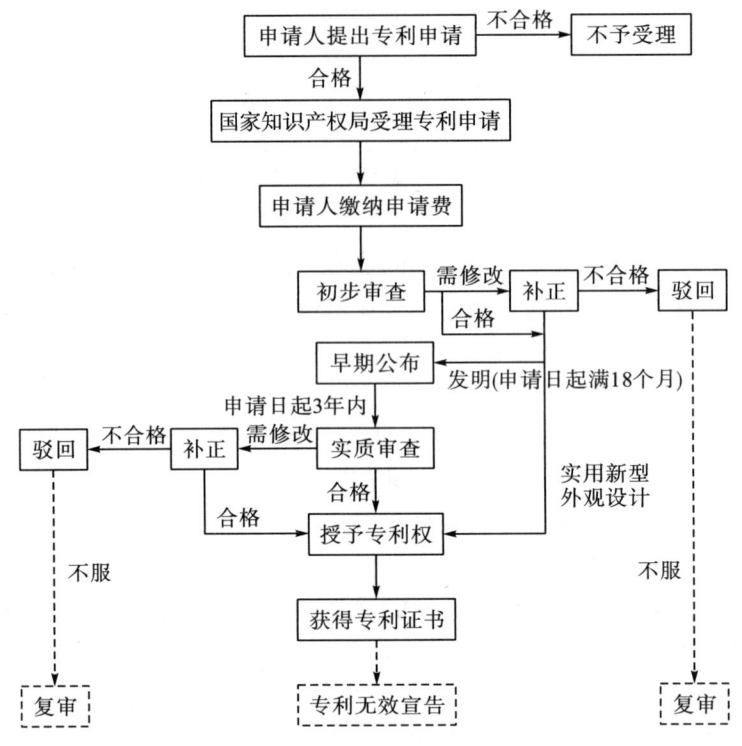

图 3.1 专利申请与审查流程

4. 优惠政策的收集与利用

国家及各地政府为鼓励专利申请，制定了一系列优惠政策，如减缓申请费、代理费，专利申请资助，专利奖励，重要专利项目扶持等。企业知识产权管理部门应该积极收集并充分利用专利申请优惠政策，在一定程度上可节约专利成本。

(三) 委托申请

专利申请是一项专业性强、要求严格的工作，尤其是专利申请书的撰写和审查意见的答复，需要专业扎实、业务熟练、经验丰富的专业人员才能完成。因此，委托专利代理机构申请专利是企业不错的选择，而企业内部的专利管理人员则可以把更多时间和精力放在专利布局和管理上。在委托申请专利的过程中，知识产权管理部门承担的主要任务是专利代理机构的选择与管理、技术交底书的完善与移交、专利申请文件的审核以及专利审查中的配合与监控。

(1) 专利代理机构的选择与管理。委托专利代理机构申请专利，关键是要控制专利申请质量，方便沟通。因此，企业知识产权管理部门最重要的工作就是选择和管理专利代理机构。选择代理机构通常需要考虑以下因素。①专利代理机构的服务质量。体现在是否有稳定的客户资源、客户是否建立完善的专利管理制度、专利申请案件数量以及平均答复次数、是否提供国内外专利培训等。②专利代理机构的管理能力。体现在是否有专人负责、是否有先进的管理软件、保密措施是否完善、是否能根据客户的需求及时提供相关文件等(朱雪忠，2008)。③专利代理机构的代理水平。体现在专利代理人的能力、素质和数量。通常可以通过一些外在特征予以评判，如代理机构的品牌，专利代理人的学历、知识背景、工作经验、科研经历、外语水平、学习能力、沟通能力、表达能力等。④专利代理机构的地理位置。尽量选择企业所在区域或周边的代理机构，方便企业知识产权管理部门及相关人员与之沟通。⑤专利代理机构的收费标准。目前我国专利代理市场收费比较混乱，但保证质量的代理机构收费都相对较高。企业应将费用与其他选择因素结合起来考虑，甚至同时考虑企业的专利战略，如申请核心专利要舍得花钱，申请外围专利或一般性战略专利可选择收费较低的普通代理机构。

选择专利代理机构之后，并非万事大吉，需要加强对专利代理机构的管理，以稳定专利申请的质量。首先，定期评价专利代理机构，及时更换不符合要求的代理机构。其次，加强与专利代理人的沟通，使其深入了解企业的相关技术和战略规划，更好地为企业提供服务。

(2) 技术交底书的完善与移交。基于研发人员向知识产权管理部门提交的技术交底书，专利工程师应该根据专利检索与分析的结果以及专利申请内部评审意见对其进行完善，然后将之移交给专利代理机构以撰写专利申请书。需要注意的是，与专利代理机构对接的是专利工程师，而非研发人员，因为专利工程师的知识背景更容易理解技术文件如何转化为法律文件，沟通更顺畅。当然，专利工程师如果对技术的理解出现困难，可以要求研发人员协助。

(3) 专利申请文件的审核。专利代理机构完成专利申请文件的撰写之后，企业应该对其进行审核，以确定是否符合要求，保证专利申请的质量。专利申请文件的审核由企业的知识产权管理部门负责，研发部参与。审核内容主要涉及技术和法律两个层面，分别由研发部和知识产权管理部门完成。审核结果由知识产权管理部门反馈给专利代理机构，有问题的要求及时修改并尽快定稿。如果企业设有专利评审委员会，则由其最终审批更好。

(4) 专利审查中的配合与监控。专利代理机构提交专利申请之后，企业知识产权管理部门必须随时配合和实时监控代理机构的工作。配合任务主要是协助专利代理人答复各种审查意见，有必要时可直接同审查员沟通。监控任务主要是督促专利代理人在规定期限内完成各项工作，或者根据企业需要掌控专利申请的进度。

三、专利维护

一方面，专利获得授权以后，企业必须定期缴纳维持费用以维持其效力；否则专利将失效，不再为企业拥有。对于拥有专利数量较大的企业而言，这笔维持费不是一个小数目。另一方面，技术的生命周期、企业的发展战略、市场因素等都在不断变化，企业的专利布局和专利战略也应该随之变化。基于专利成本和专利战略两个方面的原因，企业有必要积极进行专利维护管理，即通过评估专利的价值，合理选择维持或放弃专利，以节约成本，提升专利整体质量，实现企业价值最大化。例如，本田公司也只有30%左右的专利能够维持到期；美国道化学公司对专利进行分类管理，放弃不再使用的专利，为公司节省专利费4000多万美元(汪琦鹰和杨岩，2009)。

(一) 专利评估

专利评估是专利维护决策的基础，一般由知识产权管理部门负责，研发部、市场部等参与。如果企业设有专利评审委员(会)，则可由其负责。专利评估工作应该定期举行，一般每年一次，与专利维持缴费的频率保持一致。专利评估所要考虑的主要因素包括：①技术价值，体现在专利的技术创新度、技术含量、技术成熟度、技术应用范围、技术可替代程度等方面。②权利价值，体现在专利的独立性、保护范围、许可实施状况、专利族规模、剩余有效期、法律稳定性等方面。③市场价值，体现在专利的市场化能力、市场需求度、市场垄断程度、市场竞争能力、利润分成率、剩余经济寿命等方面(万小丽和朱雪忠，2008)。评估结果最好用等级表示，以区分专利的重要程度或价值，既方便当前作出维护决策，又方便为专利的其他管理工作提供参考。一般而言，最低等级的专利即为当前需要放弃的专利。

此外，评估专利时还需要考虑一些特殊情况，如发明人或设计人离职，尤其是离职后再到竞争企业就业，容易将专利技术带走并实施，可考虑优先维护相关专利，但从职务发明创造的奖酬费用支出而言，也可考虑优先放弃。企业也可以综合考虑主要竞争对手的专利布局、行业特点、政府对专利的保护力度和奖励措施等，对专利数量设定战略指标，每次根据实际状况决定维持专利的比例(刘杰，2011)。

(二) 维持缴费

经过专利评估以后，对于决定维持的专利，企业需要按期缴纳维持费。由于专利维持费用一般是以专利申请日为基准确定缴费时间和金额，而每一项专利的申请日不尽相同，因此每一项专利应该缴费的时间和金额也存在差异。如果企业需要维持成千上万件专利，则缴费工作可不是小事。企业应该建立专利管理系统，并由专人负责，避免丢失重要专利。

(1) 缴费时间。各国专利维持费缴纳制度有所不同，但绝大多数国家(包括我国)都是每年缴纳一次，美国是每四年缴纳一次。这里主要介绍我国专利维持费(俗称年费)缴纳的情况。专利年度是指从专利申请日起算，按周年进行计算。例如，一件专利申请的申请日是2002年6月1日，则该专利申请的第一年度是2002年6月1日~2003年6月1日。

专利被授权的当年即开始缴纳年费,在办理登记手续时缴纳;以后各专利年度的年费应于上一年度期满前一个月预缴。期满未缴纳或未缴足,可在期满之日起 6 个月内补缴,同时缴纳滞纳金。滞纳金的金额按照每超过规定的缴费时间 1 个月,加收当年全额年费的 5%计算,第一个月为 0%……第六个月为 25%。期满未缴纳的,专利权自应缴纳年费期满之日起终止。

(2)缴费金额。专利维持费的金额与专利的价值无关,仅与专利的类型和维持期限有关。通常,专利维持费的金额是随着维持期限的增长而增加的,目的在于促使专利权人尽早放弃没有价值的专利。我国专利年费的收费标准见表 3.1。

表 3.1 我国专利年费收费标准

年度	发明/(元/年)	年度	实用新型和外观设计[①]/(元/年)
1～3	900	1～3	600
4～6	1200	4～5	900
7～9	2000	6～8	1200
10～12	4000	9～10	2000
13～15	6000		
16～20	8000		

资料来源:国家知识产权局专利缴费服务指南。

(3)缴费方式。在我国,缴纳专利年费时,缴费人可在国家知识产权局受理大厅内通过收费窗口面交专利费。缴费人对于自己将缴纳的费用种类及金额不清楚的,可先进行查询。收费窗口可接受现金和转账支票两种支付方式。缴费人还可以通过银行汇款和邮局汇款,汇款时应当在汇款单上写明正确的申请号(或专利号)、缴纳的费用名称和金额。不符合上述规定的视为未办理缴费手续。除此之外,全国 32 个城市已设立专利代办处,缴费人可就近到专利代办处办理专利缴费手续。

第三节 商标的设计、注册和维护

一、商标设计

商标设计是指商标创意的体现和表达,是用文字、图形、颜色、声音等元素艺术性地将商标构思具体化、成果化。商标设计是商标管理的第一步,也是非常关键的一步,它不只是创造一个标志,而是整个品牌经营策略的一部分(袁建中,2011)。商标设计旨在从一开始为企业形象打造一个缩影,为商品特色勾画一个图景,以吸引消费者的关注、影响消费者的品牌印象和购买决策。商标设计得好,品牌建设就走出了成功的第一步。

但是,设计一件好商标,并非易事,要考虑方方面面的因素,如商标定位恰当、符合

---

① 外观设计专利的保护期限将从 2021 年 6 月 1 日起延长至 15 年,年费标准将会更改。

法律要求、独特美观简洁、符合消费者心理、符合不同国家的语言和风俗习惯等。因此，企业必须认识到商标设计的重要意义，愿意投入资源进行商标设计。例如，美国美孚石油公司为了更改其"埃索ESSO"商标，组成一个由经济学家、心理学家、社会学家、语言学家、商品学家等专家构成的研究小组，研究了世界上许多国家的语言和风俗习惯，最后从一万多个候选的商标设计方案中确定"埃克森（EXXON）"商标。前后历时六年，耗资1.22亿美元(彭文胜和刘星逸，2009)。所以，商标设计不是简单地设计标志，而是在遵守法律规范的前提下，极具创造性、艺术性、战略性的活动。

(一)商标定位

商标设计的第一件事是商标定位，明确企业需要什么样的商标。只有定位清楚，商标设计才有方向。一件好商标，应该有思想、有内涵，反映企业理念和商品特征，同时取悦和满足消费者。宝洁公司在进入中国市场之前，在中国全境做了长达两年的市场调查，充分了解目标市场和消费群体，以生产出更适合中国消费者使用的产品。所以，宝洁公司的产品定位准确，商标定位也很准确(彭文胜和刘星逸，2009)。

首先，商标设计要定位企业理念。商标承载企业商誉，是企业形象、文化和理念的缩影。因此，商标设计应该准确表达企业理念，达到"以意造形，以形达意"的效果。不少世界驰名商标就很好地通过文字或图形准确表达企业理念，使人一目了然，对消费者产生良好的诱导作用。例如，麦当劳的"大M"商标(图3.2)，造型呈弧形、圆润的字形配以金黄色，像两扇打开的黄金双拱门，象征着欢乐与美味。它以明亮的色彩，简洁独特的标识，人格化表达了"麦当劳大叔"和蔼可亲的笑容，充分表现了向顾客提供高品质的产品，表达了清洁优雅的环境、亲切友善的服务，并做到物有所值的麦当劳经营理念。又如，丰田汽车图形标志(图3.3)是采用三个不同方向滚动的椭圆形圆环相扣，有机地组合在一起，疏密有致，极富流动感和美的韵律感，含蓄地表达了机动高速的性能和精工制造的良好品质，同时也表达了丰田企业追求卓越的企业信念。一件商标就是一副面孔，就是一种形象。标志形象对于企业的形成、发展，以及企业理念的繁衍、扩散都有着重要的作用(吴尚君，1999)。

图3.2 麦当劳商标

图3.3 丰田汽车商标

其次，商标设计要定位商品特征。商标是区分同类商品或服务的标志。如果商标能够充分反映商品的功能、品质、效果、档次等特征，则消费者根据商标就能从众多同类商品或服务中快速锁定目标。例如，保健品"脑白金"商标就很好地将商品信息传递给了消费者，使人自然而然地联想到商品作用的部位和商品的价值。如果把"脑白金"换为"××

牌复方褪黑素"或者"脑×健",效果就不尽如人意了。宝洁公司的很多子商标,其中文译名不仅朗朗上口,而且传递的商品信息十分准确。比如,"飘柔"(Rejoice)洗发水意味着洗过的秀发更飘逸、更柔顺;"帮宝适"(Pampers)婴幼儿纸尿片,言下之意:这是一款能够帮助宝宝获得舒适感受的产品;"护舒宝"(Whisper)女性个人卫生护理用品则告诉你:它会把女性当宝贝一样精心护理,让你舒服地度过特殊生理周期。当然,如果一件商标对应多种商品,想要准确地反映商品特征比较难,应选择抽象反映企业理念。

最后,商标设计要定位消费群体。不同的商品有不同的消费群体,商标设计应充分考虑消费群体的特征和喜好,以取悦和满足他们,得到他们的认同。比如,香皂商标"力士"就远不如"舒肤佳"。香皂的采购群体一般是家庭主妇,"力士"给人的感觉生硬、男性化,显然与消费群体的喜好格格不入。而"舒肤佳"是中性化的词语,让人联想到舒适和美好,符合消费群体的偏好。又如,"太太"口服液是一种专为已婚妇女设计的营养补品(女性补血口服液),一听名称就知道它所针对的消费群体,加之色彩上使用鲜红的主色调,利益诉求不言而喻。锁定消费群体的商标还有"好孩子"儿童车、"娃哈哈"儿童口服液等,这些商标很容易获得特定消费群体的认同。

(二)法律要求

商标设计首先必须符合法律的规定,否则设计出的标志不能注册商标,甚至不能作为商标使用。《中华人民共和国商标法》规定,商标标志必须符合法定构成要素,具备显著性,不违反禁止性规定,不存在权利冲突。如果需要在其他国家注册商标,则还必须了解其他国家的具体规定。

1. 符合法定构成要素

各国商标法都会规定商标的构成要素,而且差异不大。《中华人民共和国商标法》规定,商标的构成要素包括文字、图形、字母、数字、三维标志、颜色组合和声音等,以及上述要素的组合。大部分国家基本如此,但有的国家还会将气味规定为商标构成要素。因此,设计商标时必须使用合法的元素。①文字商标,可以是各种语言文字,从广义上讲,字母和数字也包含其中。文字商标是使用最广泛的商标,具有可呼叫、好记忆、易传播的优势,是设计商标的首选对象。图形商标,种类繁多,可以是人物、风景的绘画,也可以是虚拟的或抽象的图形。②图形商标比文字商标具有更大的视觉冲击,而且不受语言限制,也是最常见的一类商标。③立体商标,即使用三维标志的商标,一般是通过商品的外形或商品的容器来体现,如可口可乐的瓶子(图3.4)、好时巧克力的外形(图3.5)。但是,功能性外形(即商品自身的性质产生的形状,为获得技术效果而须有的商品形状,或者使商品具有实质性价值的形状)不能申请注册商标。④颜色组合商标,即两种或两种以上颜色构成的商标,也是一种视觉冲击比较大的商标,如"高露洁"牙膏的蓝、白颜色组合。⑤声音商标,可以是声音片段,也可以是自然界的声音,2014年修正的《中华人民共和国商标法》正式将其纳入商标构成要素。声音商标与传统的可视性商标不同,其通过听觉感知商品或服务的来源,是传统商标的补充。世界上著名的声音商标有英特尔的"灯!等灯等灯",还有米高梅电影公司的狮吼声。我国最早的声音商标,要数上海恒源祥公司的"恒源祥，羊！羊！羊！"六字叫声。

图 3.4　可口可乐饮品的商标

图 3.5　好时巧克力的商标

2. 具有显著性

商标的显著性，又称商标的识别性、区别性或差异性，是指商标能使消费者区分商品或服务的来源。商标获得显著性有两种途径：一是商标本身就具有显著性（固有显著性），即商标标志本身与众不同，能够使消费者区别开来。例如，Nokia 是一个独特的商标，消费者看到商标很容易就会想到诺基亚手机制造商。二是商标通过使用获得显著性，即商标标志本身的区分作用较小，但经过长期使用，使消费者在商标与商品或服务的提供者之间建立稳固的联系。例如，"冷酸灵"商标描述了牙膏的功效，其他牙膏也可以有此功效，因此该商标区分作用较小，但由于企业的长期使用和宣传，消费者一看到"冷酸灵"便知道这是特定企业提供的牙膏。

商标必须具备显著性，才能够获得注册。商标的显著性越强，越容易被消费者识别，获得注册的可能性也越大。按照商标固有显著性程度由强至弱可以将商标依次分为臆造性商标、任意性商标、暗示性商标和描述性商标。

（1）臆造性商标，是指刻意设计或臆造的现实生活中不存在的词汇或图形，如 SONY、Exxon、Lenovo、"诺基亚""柯达"等。这类词汇没有其他任何含义，仅代表特定企业提供的商品或服务，具有最强的显著性，是商标设计的首选对象。除此之外，臆造性商标更利于独享和维权，因为他人很难想到相同或近似的词汇，如果模仿，则其恶意意图十分明显。

（2）任意性商标，是指从现有词汇或图形中任意选择一个作为商标，但与其指定使用商品或服务的属性没有任何联系，如"苹果"手机、"熊猫"电视、"长城"葡萄酒等。这类词汇有其原本的含义，用作商标时，消费者初次接触更容易想到其本意，久而久之才会与特定商品或服务联系起来。因此，任意性商标的显著性低于臆造性商标。但由于任意性商标与商品或服务的属性并没有直接关系，识别力较强，也是商标设计不错的选择。需要注意的是，由于任意性商标使用的是现有词汇，容易被他人选择用作商标，因此该类商标难以独享，甚至还有可能遇到注册受阻。例如，联想公司早期使用 Legend 商标，后来去欧洲注册商标时才发现，该词汇已被广泛注册于各类商品上。于是，联想公司痛下决心，将商标改为臆造性商标 Lenovo（朱雪忠和乔永忠，2010）。Le 来自 Legend，novo 是一个假的拉丁语词，从"新的（nova）"而来。

(3) 暗示性商标，是指不直接描述，但暗示商品或服务的品质、功能等属性的商标，如"娃哈哈"饮料、"飘柔"洗发水、"舒肤佳"香皂、"雪花"啤酒、"网易"网络服务等。暗示性商标使消费者很容易联想到商标所指代商品或服务的属性或特征，备受企业青睐。但是，暗示性商标隐隐约约已与商品或服务的属性发生关联，容易被认为是实际描述，存在不能被注册的风险。因此，设计暗示性商标需要十分谨慎。

(4) 描述性商标，是指直接描述商品或服务品质、特点或功能等性质的商标，如"五粮液"白酒、"两面针"牙膏、"冷酸灵"牙膏等。《中华人民共和国商标法》第十一条规定，缺乏显著性的标志不得作为商标注册，包括：①仅有本商品的通用名称、图形、型号的；②仅直接表示商品的质量、主要原料、功能、用途、重量、数量及其他特点的。这些标志直接描述商品或服务的属性，无法与同类商品或服务区分开来，不具有显著性，不可注册为商标。只有当企业长期使用或宣传，使描述性标志具备"第二含义"而获得显著性，即消费者能够将描述性标志与特定企业的商品或服务联系起来时，该标志才可以获得注册，如前述"五粮液""两面针""冷酸灵"就是这样的商标。因此，设计描述性商标具有极大的风险，获得注册的可能性较低，应该予以避免。另外，描述性商标即使在一个国家获得注册，也难保在其他国家能获得注册；描述性商标的独占性较弱，不能禁止他人的合理使用。

总之，设计商标时应考虑显著性强的标志，以降低注册风险，同时确保较强的独占性。从显著性强弱来看，设计商标时应首先考虑臆造性商标和任意性商标，其次是暗示性商标，避免使用描述性商标（袁真富和苏和秦，2007）。模仿或部分模仿他人商标，将会使自身的商标失去显著性。如果设计出来的商标让人联想到某个商标或标志，显然该商标的识别性较弱，则设计是失败的。

3. 不违反禁止性规定

为了维护社会公共利益，《中华人民共和国商标法》规定了九种标志不得作为商标使用，当然更不能作为商标注册；即便侥幸注册成功，也会面临随时被宣告无效的风险。因此，设计商标时绝对不能触碰这些标志。①同中华人民共和国的国家名称、国旗、国徽、国歌、军旗、军徽、军歌、勋章等相同或者近似的，以及同中央国家机关的名称、标志、所在地特定地点的名称或者标志性建筑物的名称、图形相同的。②同外国的国家名称、国旗、国徽、军旗等相同或者近似的，但经该国政府同意的除外。③同政府间国际组织的名称、旗帜、徽记等相同或者近似的，但经该组织同意或者不易误导公众的除外。④与表明实施控制、予以保证的官方标志、检验印记相同或者近似的，但经授权的除外。⑤同"红十字""红新月"的名称、标志相同或者近似的。⑥带有民族歧视性的。⑦带有欺骗性，容易使公众对商品的质量等特点或者产地产生误认的。⑧有害于社会主义道德风尚或者有其他不良影响的。⑨县级以上行政区划的地名或者公众知晓的外国地名，不得作为商标。但是，地名具有其他含义或者作为集体商标、证明商标组成部分的除外；已经注册的使用地名的商标继续有效。

《中华人民共和国商标法》还规定，不以使用为目的的恶意商标注册申请，应当予以驳回。此外，商标中有商品的地理标志，而该商品并非来源于该标志所标示的地区，误导公众的，不予注册并禁止使用，但是，已经善意取得注册的继续有效。地理标志是指标示某商品来源于某地区，该商品的特定质量、信誉或者其他特征，主要由该地区的自然因素或者人文因素所决定的标志。

4. 不存在权利冲突

设计商标时还必须尊重他人的合法权利，不得侵犯在先的商标权、著作权、外观设计专利权、商号权、肖像权、姓名权等权利，否则会遭遇注册障碍；即使暂时注册成功，也会面临被宣告无效的风险。一些企业为了吸引消费者眼球、引起轰动效应，喜欢使用名人姓名注册商标，如各类名人姓名都被注册了商标，连诺贝尔奖获得者屠呦呦都未能幸免。使用他人姓名注册商标，涉嫌侵犯姓名权，法律风险非常大，刘德华就曾多次因自己的姓名被注册商标而维权。即使自己的姓名与名人姓名恰巧相同，用自己姓名注册商标也要慎重，因为使用者很难证明自己没有利用名人效益的恶意，侵犯姓名权的可能性比较大。因此，设计商标要尽量避免与他人在先合法权利相冲突，当确实遇到冲突时，应当与在先合法权利人协商，事先获得授权。

(三) 设计原则

商标设计不仅要符合法律规则，还得符合常理，遵循一定的原则，以便商标易于推广，易于被消费者所接受。一般而言，商标设计应追求美观实用、易读易记，尽力争取成为一个寓意丰富、百年兴盛的好名字。

1. 富有创意

一件好商标不仅要传情达意，反映企业文化和商品信息，还要个性鲜明，新颖脱俗，感染力强，让人过目不忘。因此，商标设计不是简单设计，而是极具创新的活动。创意来自哪里？关键是将企业理念和商品特征巧妙地融入商标，使商标富有寓意。例如，德芙巧克力的英文商标 DOVE 就很有创意，它代表的意思是 Do you love me，寓意浪漫，背后还有一段王室公主和平民恋爱的动人故事。德芙广告又多用帅哥靓女演绎，丝丝心动的感觉很容易打动消费者的心。商标代表公司形象，一旦在消费者心中定型将很难改变。因此，给商品起一个富有创意的名字，会为企业带来意想不到的收获。再如，宁波万里春针织有限公司的"万里春"文字及"春"字图形商标(图 3.6)，创意来自源远流长的中华民族传统文化。将"春"字倒置，寓意"春到"；艺术化的"春"字图案又形似茂盛的万年青，比喻永远发达兴旺；"春"字的三横具有动感的流线造型，似天然纤维、飘带、江水，使人联想到春风万里、春水荡漾；倒置后圆圆的"日"，有如旭日初升亦或如日中天；其撇捺如双手托起希望的太阳，希望的明天；"日"下的三横又如阳光照耀下的康庄大道、万里征程。标志使用绿色，象征自然、春天、生命。整个商标表达了该企业对自然、对人类、对事业的热爱和奋发向上、永葆活力的创意。

图 3.6　宁波万里春针织有限公司的商标

2. 富有美感

商标设计还是一项艺术创作活动，应该追求艺术美感，以感染和吸引消费者，最终达到良好的传播效果，在消费者心中树立良好的企业形象和商品形象，激发其购买欲望。商标的美感体现在很多方面，包括文字、线条、色彩和构图等。对于文字商标，如果寓意好、读音美，本身就是一个艺术品。例如，Coca-Cola 商标的中文译名"可口可乐"，一直被认为是业界翻译得最好的品牌名称。因为它不仅保持了英文发音，朗朗上口，而且体现了品牌核心理念"美味与快乐"并行。然而，可口可乐刚进入中国时被翻译成"蝌蝌啃蜡"，独特的口味加上古怪的名字，被消费者接受的状况可想而知。再如，汽车商标 Benz 一开始被翻译成了"笨死"，香港又叫"平治"，直到找到"奔驰"这个贴切的译名，才开始在中国快速发展。

商标的整体造形也应该富有美感，使消费者乐于接受。例如，曼秀雷敦的小护士图文商标（图 3.7）具有强烈的视觉美感。消费者即便不能准确记住它的英文商标 MENTHOLATUM，但是都会对那个纯洁可爱的小护士形象印象深刻，并容易联想到"医药、呵护、温和、信赖"等理念，增强了购买欲望。又如，壳牌石油的贝壳图标（图 3.8）颜色鲜亮，张力十足，极具感染力。图标上的红色代表热烈氛围，而黄色底色则象征能源所带来的普照光明。设计者更把贝壳的扇形画成太阳光线四处辐射、喷薄而出的景象，为壳牌石油能源产品增添了"无远弗届、穿透万物"的意象。

图 3.7　曼秀雷敦的商标

图 3.8　壳牌石油的商标

3. 简洁明了

商标应该简洁、易读、易记，具有简练清晰的视觉效果和感染力。苹果、奔驰、可口可乐(图 3.9、图 3.10、图 3.11)都是世界驰名商标，它们的简洁再一次证明"少即是多"。当人们谈到这些品牌时，它们的商标就立刻浮现在眼前。因此，商标设计应该专注于创造一个简单但富有内涵、同时容易让人识别和记住的商标。

图 3.9　苹果公司的商标　　图 3.10　奔驰公司的商标　　图 3.11　可口可乐公司的商标

也可以从一些驰名商标的演变发现，商标的极致就是简单明了、易识别。如图 3.12 所示，美的商标从复杂的图标和字体、多种颜色，最后演变为简洁明快的单一蓝色字体。如图 3.13 所示，柯达商标同样从造型比较复杂的图文商标，演变为直接使用字体简单的字母商标。由此可见，一个简单明了的商标更好、更让人难以忘记。

 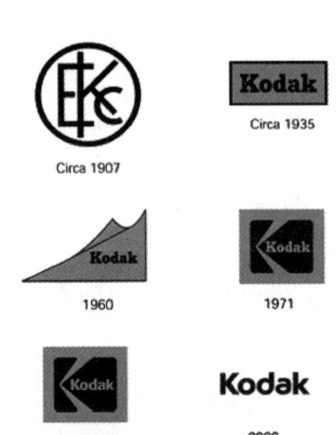

图 3.12　美的集团的商标演变　　　　图 3.13　柯达公司的商标演变

4. 体现商品特色

商标应充分体现商品的性质、特点和风格，使消费者有所联想，这是商标成功设计的基础。只有体现商品特色的商标，才能对顾客产生吸引力。这一特色可通过商标的结构和形状来反映，也可以间接地以它物为象征加以表达，还可以借用某种机智趣味的形象语言来描述。例如，"雪花"（冰箱）、"洁银"（牙膏）、"声乐"（收录机）、"可口可乐"（饮料）等商标，都是较好地体现了商品特色的传神商标，极富感染力。再如，Sprite 饮料初次进入香港市场时,根据港澳取吉利心理的常规,按其谐音取名为"事必利",实际销售情况并不好,后改名为"雪碧",给人以冰凉解渴的印象,产品也随之为消费者所接受。

5. 符合消费者心理

商标应该符合消费者心理,才容易为消费者所接受。每一种商品或服务都有其特定的消费群体,设计商标时必须考虑这些消费群体的文化素养、个性偏好、消费水平,以使商标喜闻乐见、易于接受(朱雪忠,2008)。例如,电梯上使用的"迅达"商标,乐器上的"百灵"商标,均能给人联想,符合消费者对商品的期望,带给消费者精神上的愉悦。美国宝洁公司的中文商标都翻译得很好,符合消费者心理。例如,洗发水商标"飘柔",意为头发飘逸柔顺,既能充分地显示商品的特性和品质,又能使消费者产生美好的联想。反之,如在饼干等副食品上使用"云石"商标,尽管"云"柔和而轻盈,但与"石"并联使用,即"天外来石"之意,其坚硬可想而知,岂能不使消费者望而却步。又如,在女装上面使用"大象"商标,相信爱美的女性都不愿意买这款商品。

6. 避免禁忌或不良含义

由于各国风土人情、社会文化背景不同,在一国受欢迎的商标在另一国未必适宜。因此,商标设计应符合目标国的风俗习惯,所选择的文字、图形和色彩应避免目标国的禁忌或不良含义。例如,文字含义的差异:数字"6"在我国寓意"顺",但是圣经中"6"象征魔鬼,因此西方国家忌讳使用该数字;中国出口的"白象"电池在东南亚各地十分畅销,因为"白象"是该地区的吉祥物,但在欧美市场上却无人问津,因为英语系国家的词汇里"大象"是"笨拙"的同义词,并禁用大象的图形作为商标;中国的"蓝天"牙膏出口到美国,其译名 Blue Sky 意为"企业收不回来的债券",销售无疑成了问题;化妆品"芳芳"使用的字母商标是汉语拼音 FangFang,但是在英语中的意思为"毒蛇的牙齿",使人感到不快。又如,对物的喜好不同,中国人引以为豪的熊猫,在东南亚、欧美等地广受欢迎,但伊斯兰国家却对它有厌恶之感,禁忌熊猫图形;孔雀在东方人心目中是美丽的,但是在法国是淫妇的别称;意大利人把菊花当作国花,日本人把菊花视为皇家的象征,而拉丁美洲国家则将菊花视为妖花,均不允许用菊花的文字和图形作为商标使用。还有颜色的偏好不同,中国人和泰国人将黄色视为庄重、高贵和权力,而英国人忌讳黄色,埃塞俄比亚人办丧事时穿黄色衣服;东方国家以白色为不吉利,西方国家以黑色为不吉利;瑞典的国旗为蓝色,该国禁用蓝色作为商标,认为这是对国家的不尊重。

总之,商标设计应充分考虑区域文化差异,避免禁忌或不良含义,尤其是销售市场广泛的企业有必要设计一款国际通行的商标。

(四)设计事项

(1)设计途径。商标设计的途径主要有三种:一是自行设计,二是委托设计,三是公开征集。自行设计更能凸显企业的理念和商品的特色,因为企业内部人员更了解企业和商品。但是自行设计也有其局限性,毕竟企业内部人员并不擅长商标设计,尤其是造型的设计。因此,委托专门的机构设计商标,通常会得到较好的结果。但是,仍然需要企业内部人员,尤其是企业高层管理者与设计机构充分沟通,描述企业的追求和商品的功效,使设计人员深入理解,以便设计出更传神的商标。由此可见,企业自行设计文字商标,再委托专业机构设计造型,也是不错的选择。为了获得更大的选择范围,企业也可以对外公开征集商标。但是在选中标志以后,企业必须就标志的著作权归属作出明确约定,以免日后出现权属纠纷。

(2)要素选择。商标使用,应该有一个可呼叫的名字,这样才利于宣传,才能在消费者之间流传。因此,商标设计应该首先考虑文字商标(包括字母和数字商标)。如果先设计好中文商标,则需要设计对应的英文商标,最好不要直接使用汉语拼音,毕竟很难与英语体系对接(王瑜 等,2009)。其次,文字商标应该搭配图形商标,因为图形是没有语言限制、没有国界的,在任何国家都可以使用。图形商标越是简洁,越容易传达信息,越容易被记忆。很多运动品牌的商标就非常简洁好记,如"耐克"的弯钩(图3.14)、"阿迪达斯"的三道杠(图3.15)、"李宁"的小红旗(图3.16)等。如果企业要将商品或服务推向国际市场,最好配有图形商标。最后,企业还可以根据需要选择立体商标和声音商标,给消费者全方位的冲击。如果商品本身或商标包装的造型独特,则可以考虑立体商标。如果商品或服务难以被直接看到,则使用声音商标是很好的选择。例如,"英特尔"的"灯!等灯等灯"声音商标就是成功的典范,据说这几个音符每五分钟就在世界上播放一次。虽然"英特尔"芯片内置于计算机,但打开计算机只要听到这个声音,便知是英特尔。再如,一听到"滴滴滴滴"的声音,便知是腾讯公司的QQ即时通信服务。

图3.14 耐克商标

图3.15 阿迪达斯商标

图3.16 李宁公司商标

(3)标志检索。由于我国采用注册申请原则,而且对使用的要求不高,导致商标注册数量十分庞大,商标资源被占用,两个汉字的商标已经十分稀缺。因此,在拟定商标的过程中应该随时进行标志检索,以防止与新申请或已注册的商标标志相同或近似,提高商标成功注册的概率。可以先用搜索引擎进行简单检索,在初步确定选用标志以后,还应该使用国家工商总局商标局官方网站的商标查询系统进行检索。如果打算将商标用作企业名称,还应该在国家工商总局开通的全国企业信用信息公示系统检索是否重名。如果想对图形商标进行检索,可以使用知标网(http://www.knowtm.com/)对图形进行检索,或者使用中细软商标注册服务平台进行快速查询(http://www.ciprun.com/)。

(4)保守秘密。企业在设计商标时应注意保守秘密。因为我国(包括大部分国家)商标注册采用"先申请"原则,一旦设计构思或方案被人获悉,有可能被人抢先申请注册,导致企业无法使用原设计商标,或者回购商标的成本较高。商标设计的保密工作应做到以下几点:①参与商标设计的企业员工应具备较强的保密意识,谨防泄漏信息;②如果委托设计,应该与设计机构签订书面的保密协议或保密条款,并明确违约责任;③商品参展,最好不要使用未注册商标,如果不得不使用未注册商标,应该注意保留使用证据,以便申请注册商标时主张优先权;④在接受媒体采访,或进行宣传报道时,应注意保护好自己的商标设计信息,否则信息快速扩散后,给竞争对手或职业商标客(主要是指专门抢注商标,并通过转让商标获取高额利润的人)留有可乘之机(袁真富,2007)。

二、商标注册

我国乃至世界大多数国家都采用商标注册取得制度。也就是说,企业通过注册才能取得商标权,才能排斥他人使用;否则,辛辛苦苦培育一个商标,最后被人抢注,也只是为他人做嫁衣。而且,即便商标被认定为驰名商标,注册与否会直接影响商标权的保护范围。注册驰名商标所有人可以禁止他人在不同类别的商品上使用与其相同和近似的商标,未注册驰名商标所有人只可以禁止他人在相同和类似商品上使用与其相同和近似的商标。因此,商标注册是企业获取商标权的必要条件。

(一)注册选择

(1)时间选择。企业设计好商标以后决定注册,首先要选择在什么时间、什么地域、什么种类的商品或服务上注册。对于注册时间的选择,应当越早越好,因为采取商标注册取得制度的国家基本都实行"先申请"原则,即谁先申请,谁就有机会获得商标注册。我国很多中小企业的商标注册意识不强,使用很长时间以后发现商标被别人抢注,最后商品无法销售,只得花重金回购商标。例如,广东省万家乐集团公司的"万家乐"商标,由于缺乏商标注册意识,曾被浙江省某企业抢注,最后不得已花 38 万元的代价回购商标,而当时的注册费仅需几百元(袁真富,2007)。

通常而言,商标设计和注册应该与产品开发同步进行,甚至还早,即所谓"产品未动,商标先行"。如果产品已经推出市场,而商标却未被核准注册,企业便会陷入窘境。

(2)地域选择。商标权具有地域性,即在一个国家注册获取的商标权仅在该国有效。如果企业现在已经或者将来打算进军国际市场,就必须提前在国外申请注册商标,否则一旦被抢注,后悔莫及。最典型的例子莫过于海信的英文商标 Hisense 被西门子在德国抢注,海信不得不将该商标购回,否则商品无法销售到德国。结果,西门子要价 4000 万欧元,海信只能作罢。最终,在有关部门的斡旋下,双方才达成转让协议。由此可见商标国际注册对外向型企业的重要性。这一点,国外知名企业的意识就非常高。例如,世界驰名商标"可口可乐""奔驰""雀巢"等同时都在 150 多个国家注册;英国联合利华公司在世界各国注册商标达 7 万件,在中国注册的商标就超过 1000 件(朱雪忠,2008)。

那么,如何选择商标注册的地域呢?通常情况下,企业应该根据自己的实际情况予以选择,选择时可以考虑以下因素:①企业目前的市场范围;②企业未来打算开拓的市场范围;③企业的规模和经济状况。比如,中兴通讯的选择标准是 10 万人口以上的国家均进行商标注册。可见,商标注册地域的选择与企业经营战略是紧密联系在一起的。

(3)类别选择。注册商标专用权一般限定于核定的商品或服务上,因此申请注册商标应该确定商标所使用的商品类别。根据《有关商标注册用商品和服务国际分类的尼斯协定》，商品和服务总共分为45大类，其中商品为34大类，服务为11大类，类下面还细分"类似群"。企业在填报商标注册申请表时，必须首先确定商品大类，再确定"类似群"中具体的商品或服务项目。在我国，商标注册官费是按商品类别收费，一件商标每注册一个商品大类需要缴纳官费800元；每个大类里可以任选类似群，而所选类似群中的商品或服务项目总共可任选10个，超过10个的每个增收官费80元。《中华人民共和国商标法》第三次修改后，允许一份申请就多个商品类别注册同一商标，即"一表多类"。但是，官费标准仍按照商品类别收费。企业应该根据实际经营状况，或者未来的发展空间选择商标注册的商品类别，同时也应该考虑商标注册的成本。

在选择具体的商品或服务项目时也有一些技巧。首先，先选择范围比较大的商品，再根据主营商品对范围小的商品项目进行选择，以求用最低成本达到最大的保护效果。其次，如果小的商品项目中没有确切的商品描述，则可以选择与主营商品功能相近的商品项目，或者将主营商品的主要组成部分进行选择，以达到对商品的保护。最后，对于非主营商品，只是为了类别整体保护的商标来说，在选择商品时，只要看好类似群，在大类里的每个类似群里随意选择一项商品，就可以比较好地对商标进行全面的保护，以达到在所有行业都不被他人使用的效果。

(二) 预防策略

一件商标只要稍有名气，"搭便车"的人便层出不穷，这些人会在近似商标上打主意，或者直接将该商标用到不同类别的商品上，以在短时间内吸引消费者的注意。因此，企业在注册商标时应该有更长远的规划，提前预防他人"搭便车"的行为，编制一张周密的商标保护网。

企业通常的做法是注册联合商标和防御商标。所谓联合商标，即在相同和类似的商品上注册的若干近似商标。其中，主要使用的商标为正商标，其他近似商标为联合商标。例如，杭州娃哈哈集团除了在食品类商品上注册了"娃哈哈"商标，还将"娃娃哈""哈哈娃""笑哈哈"等近似标志注册商标，以防止他人有机可乘，同时还可以储备系列商标。所谓防御商标，即将同一商标在不同类别的商品上注册。《中华人民共和国商标法》第三次修改后，可以提交"一标多类"的申请，对于注册防御商标十分有利。目前，绝大部分驰名商标几乎都在其主营商品之外进行注册，以防止他人弱化自己的驰名商标。例如，浙江报喜鸟服饰有限公司除了将"报喜鸟"商标注册在服装类上，还将其注册在化学品和机器机床类上。有的跨国公司或者大型企业为了周密保护，甚至采取了"全类注册"的策略。无论是注册联合商标，还是注册防御商标，企业都需要根据自己的经济实力和经验规模考虑商标注册的"度"——选用多少个近似商标，选择多少个商品类别。

(三) 注册程序

(1) 注册方式。企业在国内注册商标，可以自行办理，也可以委托商标代理机构办理。商标注册申请的手续比专利申请简单，一般的企业都可以自己处理。但是，就商标注册成功率和注册策略而言，委托专业商标代理机构完成的效率高、质量好。企业在国外注册商标，需要根据该国商标法的规定，确定是否委托商标代理机构办理。目前，《中华人民共和国商标法》要求外国企业在中国申请商标注册时应当委托依法设立的商标代理机构办理。选择商标代理机构通常需要考虑以下因素：①具备商标代理资质，成立时间较早，业务量较多；②代理收费比较合理；③可以提供全流程、全方位的服务；④地理位置较近，方便随时沟通。

(2) 国内注册。在正式提交商标注册申请之前，仍然要进行检索和查询，以确保商标能够成功注册。这个阶段的查询，应该使用国家知识产权局商标局的权威查询系统，保证查询结果的准确性。注册前除准备申请书和商标图样以外，还需注意准备申请人资质证明材料。自然人申请需准备身份证及个体工商户、个人合伙等经营主体的营业执照复印件，企业申请需准备企业《营业执照》副本及经发证机关签章的《营业执照》复印件。

准备好相关文件和材料，可以向商标局提交商标注册申请，并缴纳申请费。在我国，商标注册申请需要进行形式审查和实质审查。形式审查是对申请的形式要件和手续进行审查，审查合格者，商标局予以受理并确定申请日。申请日非常重要，是商标局依据"先申请原则"核准注册的时间点，也是主张优先权的时间点，因此企业要十分重视，尤其是打算向境外申请注册商标的企业。实质审查主要是对商标的显著性、是否违反禁止性规定、是否与在先权利相冲突进行审查。经实质审查合格以后，商标局予以初步审定公告。公告之日起3个月内没有人提出异议或提出异议经裁定不成立的，商标局予以核准注册并登记公告、发放《商标注册证》。从核准注册之日起，商标权正式生效。

在审查过程中，如果商标注册申请被驳回，或者经裁定异议成立的，申请人不服都可以向商标评审委员会请求复审；对复审决定仍不服，还可以向北京知识产权法院起诉。国内商标注册申请与审查的具体流程如图 3.17 所示 (袁真富，2007)。

(3) 国际注册。企业国外申请注册商标，可以逐一国家注册，也可以通过马德里体系进行国际注册，或者通过地区性公约组织进行注册，如向欧盟注册欧共体商标。不同的注册途径各有优劣，企业应根据自己的情况进行选择。

逐一国家注册，需要企业根据不同国家的要求分别提交注册申请。由于各国的规定千差万别，导致逐一国家注册不仅耗时耗力，而且费用昂贵，尤其是注册国家比较多的时候更加明显。但是，在少数几个国家注册商标选择逐一注册也有其好处。首先，时间和费用成本增加并不明显；其次，逐一注册更加灵活简便；最后，每个国家的注册互相独立，互不影响。需要注意的是，为了抢得时间先机，企业应充分运用优先权制度。

马德里商标国际注册，即根据《商标国际注册马德里协定》(以下简称《马德里协定》) 或《商标国际注册马德里协定有关议定书》(以下简称《马德里议定书》) 的规定，在马德里联盟成员国间所进行的商标注册。具体流程如图 3.18 所示。这种注册途径更适合多国注册，其好处在于：只需要用一种语言、提交一份申请、缴纳一种费用，便可以指定向多国申请注册，只要指定国在规定期限内 (《马德里协定》成员国为 12 个月，《马德里议定书》成员国为 18 个月) 未向国际局发出驳回通知，申请注册商标即在指定国自动获得注册。因此，该注册途径方便快捷、费用低廉。但是，马德里商标国际注册也有其弊端：首先，只能在马德里成员国进行注册；其次，要求以本国商标申请或注册 (《马德里协定》要求以本国商标注册为基础，《马德里议定书》要求以本国商标申请为基础) 为基础提交国际注册申请，并且注册内容必须一致；再次，自国际注册日起 5 年内，国际注册商标的效力依附本国注册商标的效力,即本国注册商标不受保护,则国际注册商标也不受保护;最后,由于《马德里协定》以本国商标注册为前提,可能丧失优先权的利用机会。

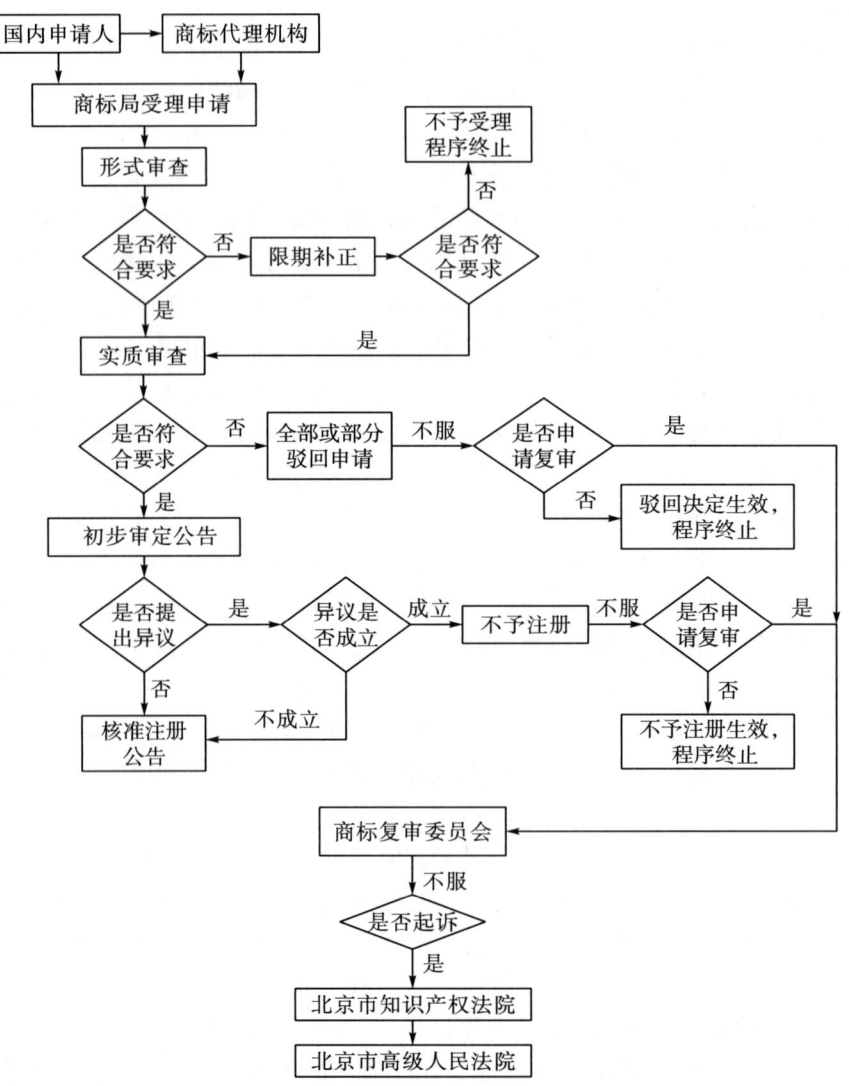

图 3.17 商标注册申请与审查流程

第三章　知识产权的开发、获取和维护

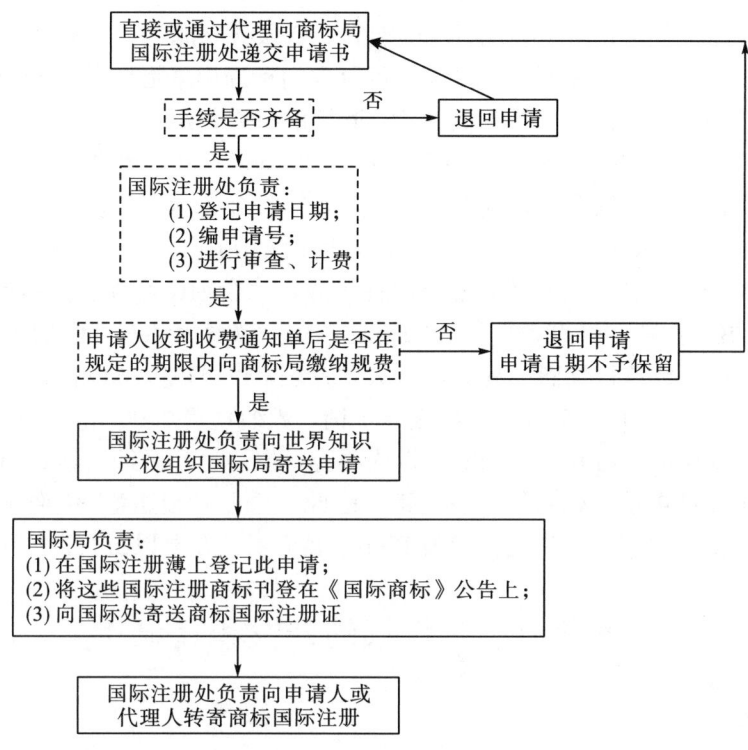

图 3.18　商标国际注册申请与审查程序

三、商标维护

商标的基本功能是区分商标和服务的来源，因此商标只有使用才有价值。对于那些长期不使用或使用不当的注册商标，法律也对其加以规制，情况严重的将予以撤销。注册商标还是有期限的，自核准注册之日起保护 10 年。每十年可以续展一次，续展次数不限；如果不续展，则商标权将归于消灭。可见，商标维护不仅仅是续费的问题，还包括使用的正当性问题。

（1）商标使用。商标首先必须正确使用，即在核定的商品上使用核准注册的商标。如果企业自行改变注册商标、注册人名义、地址或者其他注册事项，则地方工商行政管理部门将有权责令其限期改正；期满不改正的，商标局将撤销其注册商标。如果企业确实要改变注册商标，则应该重新提出注册申请。如果企业在工商局的登记信息，包括企业名称、地址等已经改变，则需要向商标局提交变更申请。使用注册商标，可以在商品、商品包装、说明书或者其他附着物上标明"注册商标"或者注册标记。注册标记包括 ⓡ 和 ®，应当标注在商标的右上角或者右下角。虽然标注标记不是强制性规定，但是企业应该充分利用这些标记宣示商标权。一方面，可以提醒他人尊重本企业的商标权；另一方面还可以防止商标被用作商品名称而丧失显著性，如"阿司匹林""优盘"等商标因被认为退化成商品通用名，曾经被撤销。后经深圳市朗科科技股份有限公司多方努力，商标评审委员会才于 2015 年 8 月裁定维持"优盘"商标注册。

商标还必须有效使用，即连续地、以识别商品或服务来源为目的的使用。倘若注册商标没有正当理由连续三年不使用，任何人都可以向商标局申请撤销该注册商标。因此，企业必须实际有效使用注册商标以维护其效力。商标的有效使用方式，除通常在商品或包装上使用以外，还包括在商品交易文书、广告宣传、展览以及其他商业活动中的使用。对于联合商标而言，只要"正商标"有效使用，视为全体联合商标有效使用，因此不受连续三年不使用被撤销的规定之限。事实上，因为三年连续不使用而被撤销的商标非常少，除非竞争对手故意发难，或者有人需要夺取该商标资源，才会因此而提出撤销申请。

(2) 商标续展。注册商标有效期满，如果企业认为该商标还有存续的价值，则应当办理续展手续。企业可以自行到商标局的注册大厅办理，也可以委托商标代理机构办理。具体流程如下：在期满前的 12 个月内提出续展申请，缴纳官费 2000 元；在此期间未提出续展申请的，还可以在期满后 6 个月的宽限期内补办，但需另行缴纳滞纳金 500 元；如果宽展期内仍未提出续展申请，则商标将被注销。因此，企业必须注意商标续展的时间节点。商标续展申请经商标局审查合格后，核发商标续展证明，并予以公告。

第四节 著作权的开发和登记

一、作品创作

著作权也称为版权，与专利、商标和商业秘密相比，给普通企业（对应于软件、图书出版、广播电影和音像制品制作发行等著作权集中行业的特定企业而言）带来的经济价值相对较小。因为普通企业所拥有的著作权主要是保护企业规划书、产品说明书、研究记录、研究报告、广告策划、系统操作手册、设计图等，这些著作权多数起着支撑作用，难以直接产生经济价值。但是，普通企业也应该提高著作权管理的意识，因为市场竞争是极其复杂的，著作权容易被人忽略，又往往成为企业命悬一线时的灵丹妙药。那些以著作权为主业的企业，如出版业、广播电视台、唱片公司、电影公司、软件公司、动漫企业、网络服务提供商等依赖著作权生存，它们对著作权的重视程度不言而喻，对著作权的管理也比较复杂。此处仅简单介绍普通企业在著作权创造过程中应该注意的问题。

受著作权保护的作品涉及文学、艺术、科学三大领域，范围十分广泛，包括文字作品、口述作品、音乐作品、戏曲作品、舞蹈作品、美术作品、建筑作品、摄影作品、影视作品、图形作品和计算机软件等。对于普通企业，创作的作品主要是文字作品、美术作品、摄影作品、图形作品等，有的企业还涉及计算机软件。由于绝大部分国家（包括我国）对著作权采用自动获取原则，也就是作品创作完成即获得著作权保护，无须任何其他手续。这种"无手续原则"导致著作权的权利表征不明显，容易引起权利归属纠纷，维权时举证也比较困难。因此，对于企业而言，除了考虑作品创作的人力物力投入，关键是要明确著作权的权利归属，其次是保存证据以便于证明著作权的存在。

(1) 权利归属。一般而言，创作作品的作者享有著作权。但是，对于一些特殊作品，如职务作品、委托作品，其权利归属法律另有规定。所谓职务作品，即员工完成单位工作任务所创作的作品。职务作品又分为一般职务作品和特殊职务作品。特殊职务作品是指主要利用单位物质技术条件,由单位承担责任的工程设计图、产品设计图、计算机软件、地图等职务作品,以及法律法规规定或合同约定著作权由单位享有的职务作品。对于一般职务作品,著作权由员工享有,单位仅享有业务范围内的优先使用权;同时,在作品完成两年内,单位有权排斥以相同使用方式许可第三人。对于特殊职务作品,员工仅享有署名权,其他著作权由单位享有。实践中,职务作品的认定比较困难,区分一般职务作品和特殊职务作品使情况变得更加复杂。企业从维护自身利益的角度出发,可以根据法律的规定与员工约定权利归属。通常的做法是,在员工入职时,在劳动合同中约定受雇期间及其后一年内完成的职务作品的著作权归企业所有。同时,企业也应该对创作作者设置一定的精神和物质奖励,以鼓励员工积极创作。

所谓委托作品,即受他人委托创作的作品,著作权以约定优先;如果没有约定,则著作权归受托人所有。如果企业没有能力或条件自己创作某些作品,则可以委托他人完成,但是一定要签订书面合同,并在合同里明确约定著作权归企业所有,避免付了钱却无法自由使用作品的情况发生。

(2)证据保存。由于著作权是自动获取,不需要特别的审批登记手续。因此,保存创作作品的证据以证明权利归属显得十分重要。①企业应该记录作品创作的全过程,并保存好相关文档和材料。②企业还可以通过防伪设计增强证据的效力。比如,在作品中设计防止影印的水印,或者在不显眼的地方埋入特殊标记。尤其是计算机软件,可以在代码中埋入与公司有关的信息,如工程师姓名或企业名称,也可以故意制造一些无关紧要的错误,一旦发现抄袭软件出现同样的标记,则轻松举证。③对于比较重要的作品,可以装袋密封并盖企业骑缝章后,通过挂号邮寄的方式寄回,然后不拆封归档,以备将来作为证据使用(彭文胜和刘星逸,2009)。这种方式不仅能够证明作品创作的内容,还可以证明作品完成的时间。④对于比较重要的作品还可以进行著作权登记,以作为效力比较高的初步证据。

二、著作权登记

在实施著作权自动获取的国家,著作权登记是自愿选择。虽然著作权登记不是权利获取的必要条件,仅仅是权利归属的初步证据,但是经过登记的著作权公信力较高,除非对方提供足够的证据予以推翻,而事实上要做到这一点非常困难。因此,对于重要的作品,选择著作权登记不失为一种好的证据保存方法。同时,著作权登记还有其他好处,尤其是对计算机软件而言有以下好处。①有利于著作权交易。经过登记的著作权具有较高的公信力,能够得到购买方或被许可人的信任。②经过著作权登记的计算机软件可以得到国家的重点保护。③经过著作权登记的计算机软件可以享受一定的税收优惠。财政部、国家税务总局制定的政策曾明确规定,经过著作权登记的计算机软件转让后,只征收营业税,不征收增值税。④可以借助登记平台更好地宣传和推广自己的作品。当然,如果企业欲将作品信息同时作为商业秘密进行保护,则不能选择登记。

(一) 一般作品的登记

一般作品的著作权登记机构是国家版权局和各省(自治区、直辖市)版权局。国家版权局委托中国版权保护中心办理登记;各省(自治区、直辖市)办理登记的具体机构各不相同,有的是在省版权局版权处,有的是省版权局委托版权协会受理审核,有的是省版权局委托版权中介机构受理审核,有的是委托到地市一级机构受理审核。因此,在各省办理著作权登记,需要具体了解当地的办事规则。

各地关于一般作品的著作权登记流程大同小异,现以中国版权保护中心的登记流程为例予以说明。如图 3.19 所示,办理著作权登记的基本步骤如下:申请人提交登记申请材料→登记机构核查接收材料→通知缴费→申请人缴纳登记费用→登记机构受理申请→审查→制作发放登记证书→公告。申请人需要提交的材料包括:①按要求填写完整的作品著作权登记申请表;②申请人身份证明;③权利归属证明;④作品样本(可以提交纸介质或者电子介质作品样本);⑤作品说明书(从创作意图、创作过程、独创性三个方面编写,并有作者签字);⑥委托他人代为申请时,代理人应提交申请人的授权书;⑦代理人的身份证明。

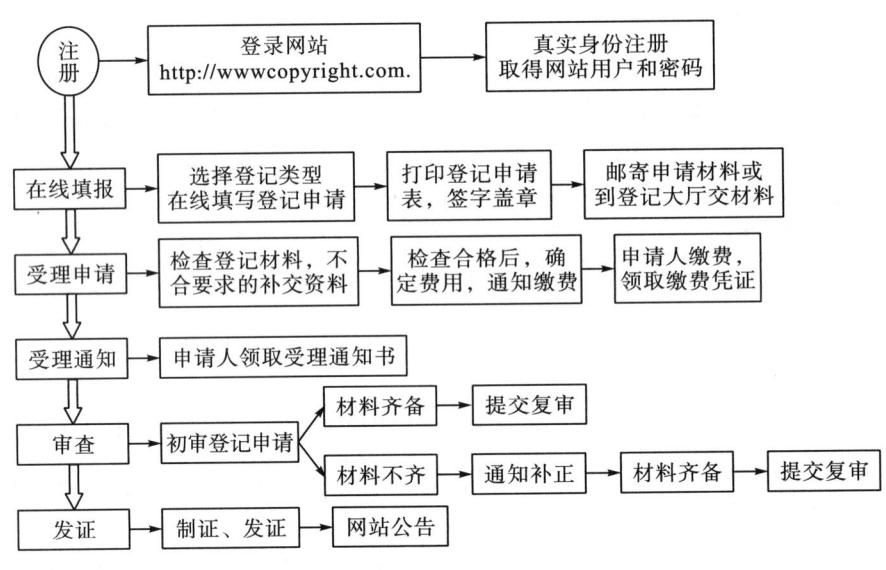

图 3.19 一般作品著作权登记流程图

(二) 计算机软件的登记

计算机软件的著作权登记机构为国家版权局。国家版权局认定中国版权保护中心为唯一的计算机软件登记机构,负责全国的登记工作。申请人可到中国版权保护中心的登记大厅现场办理,也可使用挂号信函或特快专递邮寄到中国版权保护中心软件登记部。

如图 3.20 所示,办理计算机软件著作权登记的基本流程如下:填写申请表→提交申请文件→缴纳申请费→登记机构受理申请→补正申请文件(非必须程序)→取得登记证书。申请人需要提交的材料包括软件著作权登记申请表、软件的鉴别材料、申请人身份证明、联系人身份证明和相关的证明文件各一式一份。如在登记大厅现场办理的,还需出示办理人身份证明原件,否则将不予办理。

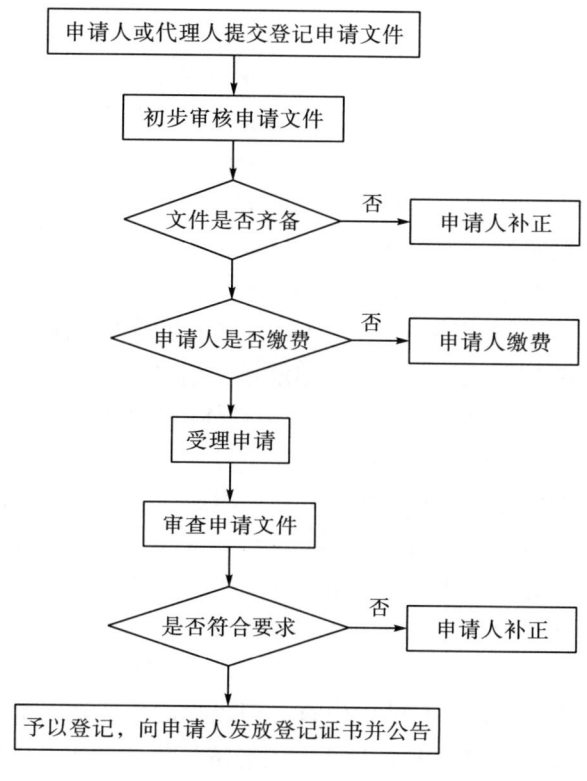

图 3.20　计算机软件著作权登记流程图

第五节　商业秘密的认定和保密

一、商业秘密认定

按照《中华人民共和国反不正当竞争法》第九条第四款的规定,商业秘密是指"不为公众所知悉、具有商业价值并经权利人采取相应保密措施的技术信息、经营信息等商业信息"。因此,秘密的、有价值的信息都有可能成为企业的商业秘密,成为一种知识产权。有的企业认为到处都是商业秘密,而有的企业认为没什么商业秘密,这是两种极端的认识。未公开的有经济价值的信息固然可以成为商业秘密,但是还必须采取必要的保密措施才能真正成为商业秘密,这是需要成本的。认为到处都是商业秘密的企业,可能对信息的重要性认识不清,会导致商业秘密维护成本过高,但获取的经济利益有限。认为没什么商业秘密的企业,可能对信息的经济价值要求过高,以致疏于对商业秘密进行保护。事实上,商业秘密的范围非常宽泛,甚至可以包括企业的一切信息或知识,尤其是其他知识产权开发时形成的重要创新成果。但是,无论是从权利保护的角度出发,还是从成本的角度考虑,企业都应该根据自己的实际情况,厘清哪些信息应该纳入商业秘密保护的范畴,应该如何分级管理和更新,应该采取哪些适当的保密措施。同时,企业还应该将商业秘密与其他类型的知识产权进行协同保护。

(一)认定范围

商业秘密的范围十分广泛,甚至可以囊括企业所有的信息或知识。这些信息的表现形式复杂多样,逐一认定商业秘密的确难度很大。从法律概念来讲,商业秘密总体上可以分为技术信息和经营信息。我国《禁止侵犯商业秘密行为的若干规定》第二条将技术信息和经营信息具体描述为产品、设计、程序、产品配方、制作工艺、制作方法、管理决策、客户名单、货源情报、营销策略、招投标中的标底及标书等。不管怎样,这种列举仅仅是起指导作用,难以囊括所有的重要信息。而且,每个企业所关注的重要信息是不同的。因此,对于企业比较好的做法是,采用概括式和列举式相结合的方法确定本企业商业秘密的范围。概括式划分商业秘密的范围,用于防止遗漏重要信息,同时又可以加强企业员工的保密意识。列举式划分商业秘密的范围,用于明确具体的保密信息,使企业员工方便操作。例如,企业可以列举以下几种典型的商业秘密。

(1)产品:企业新开发的产品,以及新产品的组成成分或制造方法。新产品在未申请专利以前,或者专利申请未公布以前,都应作为商业秘密进行保护。

(2)配方:主要是食品、药品、化妆品、化工产品等的组成成分及其含量。工业配方是一种常见的商业秘密,如"可口可乐"饮料配方就是一项世界知名的商业秘密,至今已保密120多年。

(3)工艺流程:将若干设备进行特定组合,用以完成优质高效的生产。好的工艺流程可以减少消耗,降低成本,提高效率,对企业的经济价值非常大,理应作为企业重要的信息资源。工艺流程在未获得专利保护以前,应该进行商业秘密保护。

(4)机器设备及其改进:企业根据新产品的需要设计或定制的机器设备,或者对现有设备的改进。对于制造型企业而言,特殊的生产设备是比较重要的信息,应该作为商业秘密进行保护。

(5)研究与开发的文件:详细记录研究与开发活动的文件,如研究计划、设计蓝图、图样、计算机数据、实验结果,以及具体研发过程等。这些都是竞争对手比较敏感的信息,即使是失败实验的文件和记录也切不可落入对方手中,否则将给对方可乘之机。

(6)通信:普通信件的经济价值不大,但是有些特定通信与企业经营活动有关,不可落入竞争对手手中,这样的通信应视为商业秘密。

(7)企业内部文件:与企业经营活动有重要关系的内部文件,应尽可能纳入商业秘密的范畴。例如,某企业采购文件中记录了该企业购买关键物资或服务的实际费用,如果竞争对手看到此文件,就可推算出该企业对某些产品的定价,这将不利于该企业在市场上进行价格竞争。即便是一张打印用纸,若上面印有企业某一个时间的存货情况,也都应该成为商业秘密。

(8)客户名单:企业根据自身交易的需要拟定的交易对象,包括原料供应商和产品购买者。竞争对手很容易从公开渠道获取的客户名单很难成为商业秘密,只有那些经济价值大的特殊客户名单,或者附有其他重要关联信息的名单,才可能成为商业秘密。

(9)财务会计报表：财务会计信息可以反映企业的财务状况、经营状况，是企业非常重要的信息，不对外公开的财务会计报表应该属于商业秘密的范畴。在发达国家，与企业有业务联系的银行信息也可算作商业秘密。

(10)诉讼情况：尚未公开的诉讼事实、进展和结果都应作为商业秘密保护。因为涉诉的任何情况以及结果都有可能给企业带来极大的影响。

(11)企业规划：企业近期或长远规划、各部门的规划、内部运作计划或营销战略计划等，关系企业的经营策略和未来发展，切不可落入竞争对手的手中，应该作为重要的商业秘密进行保护。

(二)认定标准

虽然商业秘密保护的范围比较广泛，但是能够被认定为商业秘密的信息并不多。企业所拥有的技术信息和经营信息必须符合秘密性、价值性、保密性三个条件，才能被认定为商业秘密。

(1)秘密性，也叫非公开性，是指技术信息和经营信息必须"不为公众所知"。"不为公众所知"并非不为一切人所知，需要使用信息的特定人员应该知道，包括企业内部人员和企业外部的合作人员，但是仅限于此范围，且特定人员都负有明示或默示的保密义务。除此以外的不特定人员一旦获知信息，该信息即被公开，秘密性被破坏。秘密性是商业秘密最基本的特征，也是区分于其他知识产权的特征。

(2)价值性，即技术信息和经营信息能为企业带来经济利益，具有实用性。因此，价值性包括经济性和实用性两个方面。所谓经济性，是指企业依赖商业秘密可以获得竞争优势，已经或将来可以获得一定的经济收益。所谓实用性，是指商业秘密必须是一种现在或者将来能够应用于生产经营或者对生产经营有用的具体的技术方案和经营策略。

(3)保密性，是指企业对技术信息和经营信息采取适当的保密措施，防止信息公开。保密性要求企业实施保密行为即可，而不是要求万无一失的保密结果。企业只需要根据信息的特点采取适当的保密措施就好，如制定保密制度、与公司员工签订保密合同、进行物理装置的保密等。

(三)认定程序

每个企业所拥有的技术信息和经营信息存在差异，对商业秘密的具体认定也是不同的。但是，各企业对商业秘密的认定程序大同小异，一般包括摸底、评级和更新三个环节。

(1)摸清企业商业秘密的范围。企业应该根据商业秘密的认定标准以及自身的实际情况，认真调查清理所有的技术信息和经营信息，将那些具备秘密性、价值性和保密性的重要信息纳入商业秘密的保护范畴，并将这些信息进行标记和归档，方便日常管理。

(2)确定企业商业秘密的密级。企业应该根据商业秘密的重要性对其定级，并确定相应的保密措施、保密期限以及泄密者的法律责任。商业秘密的密级通常定为三级：绝密、机密和秘密。其中，绝密级商业秘密是最重要的商业秘密，泄漏会使企业的利益遭受特别严重的损害；机密级商业秘密是重要的商业秘密，泄漏会使企业利益遭受严重的损害，秘密级是一般的商业秘密，泄漏会使企业的利益遭受损害。当然，企业也可以根据自己的情况进行定级,只要能实现分级管理即可。商业秘密定级的考虑因素很多,如果是技术信息,通常可考虑技术秘密的生命周期、技术成熟程度、潜在的价值及市场需求度等。

确定商业秘密的密级以后,应该用显著的标志进行标识,一方面提醒保密者履行保密义务,另一方面警示不法分子窃取商业秘密要承担法律责任。

(3)定期对企业商业秘密进行更新。企业商业秘密管理应该是动态的:一方面,商业秘密的范围需要不断更新,新的重要信息要不断纳入,老的废旧信息要不断排除;另一方面,商业秘密的密级应该定期调整,密级定期降低或者直接解密。定期更新商业秘密不仅可以减轻企业的管理成本和压力,还可以更好地保护有价值的信息。

二、商业秘密保密

技术信息和经营信息只需满足秘密性、价值性和保密性即可成为商业秘密,不需要履行其他法定手续。这也是商业秘密与其他知识产权(尤其是专利权和商标权)最大的区别,它的获权成本比较低,而且限制条件比较少。但是,商业秘密最难的地方在于,必须采取保密措施保护信息的秘密性,一旦信息被披露,商业秘密也就不复存在。因此,企业维护商业秘密的关键在于采取适当的保密措施。企业内部的保密措施大致可以分为两类:制度性保密措施和物理性保密措施。制度性保密措施主要通过规章制度和合同条款来加强保密工作,物理性保密措施主要通过限制物理性接触防止秘密泄漏。

(一)制度性保密措施

制度是最好的管理办法。企业一旦建立商业秘密保护制度,不仅可以使保密工作有根有据,而且可以大大增强企业员工的保密意识。具体而言,制度性保密措施可以细分为管理制度、保密协议、保密条款和竞业禁止条款。

(1)管理制度。企业可以根据实际情况,建立符合自己需求的商业秘密保护规章制度,繁简不等,但主要内容应该包括商业秘密管理的机构和人员、商业秘密的认定和归档、商业秘密的接触和使用制度、员工的保密措施、违反规定的责任等。商业秘密保护制度是企业开展保密工作的依据或指南,应贯彻实施于各项具体的保密工作中。

(2)保密协议。保密协议是企业与保密义务人(包括内部员工和外部人员)就保密事项及法律责任单独签订的协议。这是一种常用的保密措施,尤其适用于特定人员需要对特定信息进行保密的情况。对于外来人员,如合作方、实习生、参观人员等,最好事先签订保密协议。签订保密协议时应当注意几点:一是明确商业秘密的范围、类型等,保密人员的具体义务;二是保密期限;三是违约责任,甚至可以写明违约赔偿金的具体数额或者标准。

(3)保密条款。保密条款是企业与员工签订劳动合同时约定商业秘密保密的条款。一般而言,这种保密条款会比较宽泛,主要是要求员工在履行工作职责时保守相关的商业秘密。对于企业而言,这是一种常规做法,也比较简便。但是,这种宽泛的条款对员工的约束有限,出现纠纷时很难证明员工对特殊信息具有保密义务。因此,对于重要的信息,或者比较特殊的信息,企业还是应该与相关人员另外签订一份保密协议。

(4)竞业禁止。竞业禁止是指禁止掌握企业商业秘密的职工在任职期间或离职后的一定期间内从事竞争性行为。企业与员工,尤其是与高层管理人员、技术骨干等签署竞业禁止协议也是一种常用的保密措施，可以有效防护企业商业秘密流向竞争对手。

竞业禁止有多种类型，包括法定的竞业禁止和约定的竞业禁止，在职期间的竞业禁止和劳动者离职后的竞业禁止，无论哪种类型的竞业禁止内容都必须严格限定在法定范围内。第一，竞业禁止限于企业的高级管理人员、高级技术人员和其他负有保密义务的人员。实际工作中企业通常与接触、知悉、掌握商业秘密的员工都签订竞业禁止协议。第二，竞业禁止限制期限一般不得超过2年。第三，竞业禁止行为限于：不得在竞争企业兼职甚至任职，不得自行组织公司与用人单位竞争，不得抢夺用人单位客户，不得引诱其他人离职等。第四，给予合理的经济补偿。

(二)物理性保密措施

物理性保密措施是为接触和获取商业秘密设置物理屏障，能够有效地防止商业秘密泄漏，也能不断地提醒相关人员注意保守秘密。物理性保密措施主要涉及文件管理、人员管理、场所管理以及网络管理。

(1)文件管理。企业的商业秘密一般都会文件化，一方面便于管理和使用，另一方面也便于举证。因此，文件的归档、保存、接触、使用、回收、销毁等管理显得尤为重要。什么样的人可以接触和使用什么级别的文件，是否需要履行特别审批手续等，这些都应有具体的可操作的规则。

(2)人员管理。人是泄漏秘密的关键因素，因此，人员管理是商业秘密管理的关键。除与相关人员签订保密协议或保密条款以外，企业还必须高度重视内部员工的保密教育。首先，在员工入职前就应重视其职业道德调查；其次，在员工入职时以及在职期间都应定期进行保密教育；最后，在员工离职时应进行离职谈话，强调保密事项和法律责任，并对员工在职期间的工作文件、数据、资料进行清点、回收和删除。

(3)场所管理。办公场所是企业信息传播的重要场所，对这些场所的进出设置一定限制，有助于预防信息的无意泄漏或不当流传。档案室、会议室、办公区域等重要场所都应设置进出限制，如门禁或者密码，甚至安放摄像头进行监控，重要实验室的进出应当获得领导批准。办公场所中的一些设备，如复印机、传真机等信息传输机器，应当严格管控，重要信息进行复印时应当交由相关人员处理或在相关监管人员监控下处理。

(4)网络管理。网络信息是极易被窃取的，在高度依赖网络技术的时代，网络安全管理成为商业秘密管理的重头戏。为了防止网络泄密，最简单直接的一种做法是，涉密信息不可以存储于有网络连接的计算机中。如果无法避免使用网络，可以采取的措施如下：加强网络安全保护，如设置网络防护墙、对一些涉密信息进行加密处理；选聘一些网络管理人员处理公司网络故障问题和对网络进行定期维护；对网络资料定期进行处理和备份；涉密信息的传播需要经过批准审核等。

复习思考题

1. 知识产权的开发、获取和维护主要包括哪些具体工作？
2. 技术交底书应该怎么写？

3. 企业在决定是否申请专利、如何申请专利时应该考虑哪些因素、采取哪些策略？

4. 假设你是一家饮料公司的知识产权管理人员，请为其设计一枚商标，并阐述你的思路。

5. 注册商标时，在注册时间、地点、类别、方式的选择上有哪些策略？如何预防他人"搭便车"？

6. 企业为维护自身利益，在确定著作权权利归属时应该采取哪些措施？

7. 每个企业皆有自己的商业秘密，企业应该采取哪些适当的保密措施保护其商业秘密？

参 考 文 献

冯晓青，2007. 企业专利申请战略的运用探讨. 东南大学学报（社会科学版），9(4)：47-53，127.

胡佐超，余平，2008. 企业专利管理. 北京：北京理工大学出版社：159.

黄贤涛，2008. 专利战略管理诉讼. 北京：法律出版社.

刘杰，2011. 企业对专利权的维护与放弃. http://technique.cheari.com/2011/0426/2633.shtml.

彭文胜，刘星逸，2009. 企业知识产权战略与实施方案制作指引. 北京：法律出版社.

万小丽，朱雪忠，2008. 专利价值的评估指标体系及模糊综合评价. 科研管理，(2)：185-191.

汪琦鹰，杨岩，2009. 企业知识产权管理实务. 北京：中国法制出版社.

王瑜，丁坚，腾云鹏，2009. 企业知识产权战略实务. 北京：知识产权出版社.

吴尚君，1999. 从标志设计谈现代企业理念和内涵的表现. 设计教育，(5)：41-42.

谢顺星，窦夏睿，胡小永，2008. 专利挖掘的方法. 中国发明与专利，(7)：46-49.

佚名，2011. 专利开发"公式". http://china.findlaw.cn/chanquan/zhuanli/zlflw/17301.html.

袁真富，2007. 商标战略管理. 北京：知识产权出版社.

袁建中，2011. 企业知识产权管理理论与实务. 北京：知识产权出版社.

袁真富，苏和秦，2007. 商标战略管理. 北京：知识产权出版社.

正义之魂，2011. 关于微软公司知识产权战略的分析——读《烧掉舰船》有感. http://honglawblog3490.fyfz.cn/art/946825.htm.

朱雪忠，2008. 企业知识产权管理. 北京：知识产权出版社.

朱雪忠，乔永忠，2010. 知识产权管理. 北京：高等教育出版社.

第四章 知识产权信息检索与利用

本章要点:
1. 了解信息检索的基本原理及信息资源的类型。
2. 理解专利、论文、商标的检索途径,以及主要审查机构检索系统和数据库的特点。
3. 掌握专业数据库的检索方法和技巧。
4. 掌握专利信息的分析方法和流程。

开篇案例四 生物药物产业专利竞争情报研究[①]

生物技术药物或称生物药物,也称基因工程药物,是指以DNA重组技术生产的蛋白质、多肽、酶、激素、疫苗、单克隆抗体和细胞生长因子等药物。为了掌握生物药物产业专利竞争态势,广东省知识产权研究与发展中心曾于2013年对生物药物产业的专利竞争情报开展专项研究。该研究从生物药物产业态势、主要竞争者和竞争环境三个角度对生物药物产业进行了全面深入的分析。其中,生物药物产业态势分析主要从生物药物产业整体态势、肽类药物、抗体药物、基因治疗药物、干细胞治疗药物、诊断试剂、疫苗7个层次展开;生物药物主要竞争者及竞争环境分析则主要从整体企业态势、广东省企业、广东省主要企业竞争对手辨识和检测三个模块进行。

研究表明,生物药物产业的竞争对手主要是国外企业,其中尤以美国企业占据绝大多数,主要为大型公司,产业化程度高,且呈现出并购倾向。竞争对手的技术重点主要集中在免疫球蛋白、含肽的医药配置品的研究和开发等领域。面对产业创新迅速、国际竞争日趋激烈、全球竞争对手技术实力强大的局面,我国生物药物产业有必要加强人才培养与引进,加强科技创新平台建设,建立完善的专利技术服务体系,增强生物药物产业研发创新能力,提升企业竞争力。同时,还应加强产学研结合,推动企业间结成战略联盟,利用全球资源增强自身的研发能力,走共同发展之路。

第一节 信息检索概述

信息是决策的依据与关键因素,架起了决策者与决策对象之间的桥梁。管理是比决策有更大范畴的人类经常性社会活动,决策是管理的重要职能之一。管理的过程既是一个有序化的过程,也是一个信息的处理与反馈的过程。因此,信息贯穿管理的全过程。为了更好地做好知识产权的管理工作,本章主要围绕专利与著作权,介绍信息检索与利用。

[①] 资料来源:国家知识产权局网站:http://www.cnipa.gov.cn/wxfw/zlxxyjjl/cyfwyj/1061627.htm。

"信息检索"一词出现于20世纪50年代。文献信息检索亦称为情报检索,是指将信息按一定的方式组织和存储起来,并根据用户的需要找出有关信息的过程。知识、情报和信息是与文献密切相关的几个概念,下面简要说明它们各自的含义及相互间的关系。

(1)知识是指人们在改造客观世界的实践中所获得的认识和经验的总结。世界经济与合作发展组织从知识使用的角度对知识进行了分类:①事实性知识;②原理性知识;③技能性知识;④知道谁有知识。文献检索与利用涉及的主要是技能性知识、事实性知识等。

(2)情报是指关于某种情况的消息和报告。钱学森认为"情报就是为了解决一个特定的问题所需要的知识。"英国情报学家布鲁克斯认为"情报是使原有的知识结构发生变化的那一小部分知识。"因此,情报本质上也是知识,它同时还强调传递功能效用。

(3)信息一词中的"信"和"息"分别指信号和消息。信息一词可简单地理解为通过信号带来的消息。在信息论中,信息是指用符号传送的报道,报道的内容是接收者预先不知道的。生活中信息无处不在,无时不有,它们是知识产生的原料,这些原料经过人脑接收,去伪存真,系统化后成为知识。

目前我国图书情报学界对信息、知识、文献和情报的看法是,知识是对信息的提取、加工、评价的结果,即系统化的信息成为知识,知识记录下来成为文献,文献经传递并加以利用成为情报,对情报的利用体现了人对知识应用的能力。

一、检索原理

(一)文献信息检索的含义

文献信息检索是信息检索的一种类型,是依据一定的方法,按照一定的方式将文献组织存储在某种载体上,并利用相应的方法或手段从中查出符合用户特定需要的文献的相关过程。文献检索是文献信息工作的重要组成部分,是科学研究的前期工作,进行文献检索时,必须按照与存储一致的思路和方法,才能获得良好的检索效果。

文献信息检索的全过程包括存储和检索两个过程。其中,存储是检索的基础,检索是存储的目的。文献信息存储和检索的全过程如图4.1所示。

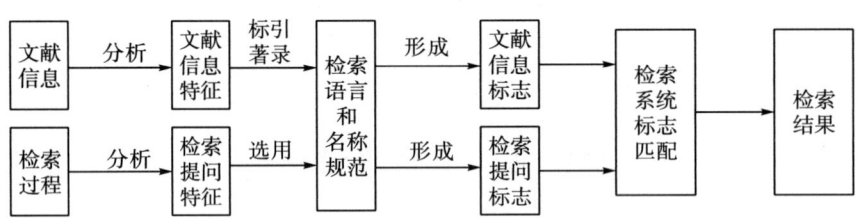

图4.1 文献信息存储和检索的全过程

存储是选择文献信息、按规范化语言文本揭示与描述文献信息内外特征并使其有序化,即将大量有关信息集中起来,并对信息的外表特征和内容特征进行著录、标引和组织,经过整理、分类、归纳等处理,使其系统化、有序化,并按一定的技术要求建成一个具有检索功能的工具或检索系统,供人们检索和利用。检索是系统根据用户提问按规范化语言进行概念转换，经逻辑匹配输出与提问相关的文献信息，即运用编制好的检索工具或检索系统，查找出满足读者要求的特定信息。狭义的检索是指依据一定的方法，从已经组织好的大量有关文献集合中，查找并获取特定的相关文献的过程。

综上所述，文献信息检索就是将文献信息按照一定的方式组织和存储起来，并能根据用户的需求，找出其相关文献信息的过程。

(二)文献信息检索类型

按文献信息检索存储和检索内容的不同，文献信息检索可分为文献型检索、事实型检索和数据型检索。

(1)文献型检索。利用文摘、题录、索引、目录等二次文献信息，查找文献线索和根据文献线索查找原始文献，如查找某一课题、某一著者、某一地域、某一机构、某一事物的有关信息，都属于文献型检索的范围，如检索"我国中小学课程改革的论文"。

(2)事实型检索。对特定的事件或事实的检索，包括事物的性质、定义、原理及发生的地点、时间、前因后果等。利用百科全书、辞典、年鉴等检索工具从存储事实的信息系统中查找特定的事实的过程称为事实型检索，如检索"改革开放以来我国中小学教育事业的成果"。

(3)数据型检索。从检索工具(系统)存储的数据中检索用户所需数据的检索。利用参考工具书、数据库等检索工具检索文献中某一数据、参数、公式或化学分子式等统称为数据型检索，如上海杨浦大桥的高度与跨度，2018年我国人均GDP指数。

下面主要针对文献信息检索的面向对象，介绍常见文献类型。

二、文献类型

文献的类型大致可分为图书、期刊、特种文献，其中特种文献包括会议文献、学位论文、专利文献、标准文献、科技报告、政府出版物等。图书、期刊、专利文献被视为科技文献的三大支柱。下面对各类型文献进行介绍。

(一)图书

图书是对某一领域的知识或已有的研究成果及生产经验等做系统性论述。图书带有总结性，内容成熟可靠，系统全面。但出版周期长，报道速度慢。事实上，图书出版的目的主要是传授知识，而不是传递最新情报。

图书按功能可以分为阅读型和工具型两大类。阅读型图书包括教科书、专著、文集等，提供系统、完整的知识，有助于人们了解某一领域的历史与现状。工具型图书包括词典、百科全书、手册、年鉴等，提供经过验证、归纳和浓缩的知识，是事实与数据的重要来源。

正式出版的图书均有国际标准书号(international standard book number，ISBN)，它是每一种正式出版的图书的唯一代码标志。根据国际标准化组织(International Organization for Standardization，ISO)的决定，从2007年起，ISBN由原来的10位数字升至13位，分成5段。各段依次是前缀、组号(代表地区或语种)、出版者号、书名号及校验位。

(二) 期刊

期刊是指有固定名称、周期出版、刊载多篇论文的连续出版物。英文词汇 journal、periodical、magazine、serial 虽然都表示期刊，但有所侧重。periodical 是最广义的概念，journal 主要指学术期刊，而 magazine 则主要指通俗的、大众娱乐及消遣的杂志，serial 是指定期或不定期连续出版的出版物，强调的是出版的连续性，它主要包括期刊、报纸、年刊，如年鉴。

期刊按内容和性质划分，主要有学术性期刊，如由学术团体编辑出版的各种学报、通报、汇刊、评论、进展；快报性期刊（刊载最新技术和研究成果的短文）报道新产品、新工艺以及学术动态等信息，内容简洁、报道速度快，如各种通信、快报、短讯；检索性期刊，如各种文摘、索引刊物等，目前这类刊物已经电子化，成为各类文摘数据库。

期刊由于出版周期短，报道速度快，数量大，内容丰富，能及时反映世界科技发展水平，因此它是了解科技动态、获取新科技情报的重要来源。据估计，科技研究人员从期刊获取的情报占整个情报来源的 60%～70%。事实上，期刊自产生以来，一直是学术交流与传播活动中最重要和最稳定的媒介。除传递科技情报外，学术期刊上的论文作为研究成果的正式记录，还是评价科技工作者学术贡献的重要依据。

正式出版的期刊有国际标准连续性出版物编号（international standard serial number，ISSN），如 ISSN 1001-8867 为《中国图书馆学报》的国际标准刊号。

(三) 特种文献

特种文献包括会议文献、学位论文、专利文献、标准文献、科技报告、政府出版物、产品资料、科技档案等。专利文献将在第四节详细叙述。

(1) 会议文献。会议文献是指在各种学术会议上宣读和交流的论文、报告和其他有关资料，是报道研究成果的主要形式之一。其特点如下：①内容新颖，如计算机领域的研究成果有相当一部分是通过学术会议进行报道的；②专业性强，交流量大，学术会议大都围绕一个主题，与会者的研究领域大致相同，所交流的论文也基本是针对一个问题或一个学科；③出版发行快，时效性强，但由于会议文献的出版无规律性，收集困难。尽管如此，学术会议文献仍然是科技人员掌握国内外研究动态的重要情报源。

会议录[①]可以以图书的形式单独出版，也可以连续出版。以图书的形式出版的会议录，如专题论文集、会议论文集、会议论文汇编等，书名通常由 proceedings、symposium 等特征词和会议名称构成，在图书的版权页上提供会议主办单位、会议地点、会期及 ISBN 编号等信息。

(2) 学位论文。学位论文是作者为获得某种学位而撰写的研究论文。学位论文分为博士、硕士和学士三种，其中博士论文有较高的参考价值。一般来说，博士论文具有以下几个特点：①选题新颖，不少选题涉足学科发展的前沿；②论述系统，不但提供研究结论，还有具体的研究方法与研究过程；③文后附有大量的参考文献，借此可以了解相关专题的发展过程；④由于博士论文是学生在某一学科的学者、专家的指导下完成的，因此学术水

---

① 会议录是指会议文献经编辑后出版。

平较高;⑤实用性强,一些学位论文中的研究成果可以直接应用于实践,甚至直接转化为产品进入市场。基于这些特点,学位论文是很好的情报源。

(3)标准文献。标准文献是经过公认的权威机构批准的标准化工作成果。它反映了当时的技术工艺水平及技术政策。标准文献具有以下三个主要特点:①有法律约束力,标准文献是经权威部门批准的规范性文献,它对标准化对象描述详细、完整,内容可靠、实用,具有法律性质,是生产的法规;②适用范围明确,不同种类和级别的标准只能在不同的范围内执行,如果是相关标准,则必须在技术上协调一致,相互配合,不能相互矛盾;③时效性强,它以某一时段时的技术发展水平为上限,所反映的是当时普遍能达到的技术水平。随着经济的发展和科学技术的进步,标准需要不断地进行修订、补充、替代或废止。根据我国《国家标准管理办法》,国家标准的年限一般为5年。ISO标准每5年复审一次。

(4)科技报告。科技报告是科技工作者或研究机构向资助者呈交的成果报告。科技报告的特点如下:①每份单独成册,有专门的编号(即报告号),通常由"报告单位缩写代码+流水号+年代号"构成;②内容具体,有各种研究方案的选择与比较、原始实验记录、实验数据、图表等;③保密或控制发行,原文获取较困难。科技报告是一种重要的科技情报源。据统计,科技人员对科技报告的需要量占其全部文献量的10%~20%,尤其是在发展迅速、竞争激烈的高科技领域。

(5)政府出版物。政府出版物是各国政府部门及其所属机构颁布和出版的文件资料,可分为行政性文件和科技性文件两大类。行政性文件主要有政府法令、方针政策和统计资料等,涉及政治、法律、经济等方面;科技性文件主要有政府部门的研究报告、标准、专利文献、科技政策文件、公开的科技档案等。政府出版物对了解各国的方针政策、经济状况及科技水平有较高的参考价值。

(6)产品资料。产品资料是厂商为推销产品而印发的产品介绍,包括产品样本、产品说明书、产品目录、厂商介绍等。产品资料是技术人员设计、制造新产品的一种有价值的参考资料,也是计划、开发、采购、销售、外贸等专业人员了解各厂商出厂产品现状、掌握产品市场情况及发展动向的重要信息源。

(7)科技档案。科技档案是指在科研生产活动中针对具体的工程对象所形成的文献资料,如课题任务书、合同、试验记录、研究总结、工艺规程、工程设计图纸、施工记录、交接验收文件等。其内容真实可靠、详尽具体,有很高的参考价值。它通常由档案部门保存。

除上述文献类型外,还有报纸、新闻稿、工作札记等。

三、检索策略

(一)检索步骤

检索就是根据要求,使用检索工具,按照一定的步骤查找文献的过程。检索步骤的科学安排称为检索策略。检索策略是针对检索提问、运用检索访求和技术而设计的信息检索方案,其目的是要达到一定的查准率和查全率,一般包括以下步骤。

(1)分析检索课题,明确检索需求。分析检索课题的主题要求,将检索课题分解成多个层次的主题概念,明确用户对查全、查准、查新方面的具体要求。明确检索课题所要求的各种范围或限定条件,包括要求的资源类型、语种、年代跨度等方面的限定。

(2)选择检索数据库。根据检索课题对主题范围、语种、年代、资源类型的要求,对查全、查准、查新方面的数据库要求;考虑数据库的收录范围、内容、倾向、可获得性、覆盖年限范围、更新周期、检索功能等。

(3)确定检索途径与检索方法。检索途径包括主题检索(对题目、摘要、关键词三个字段的检索)、作者检索、题名检索、学科分类检索、专利号检索、标准号检索等。检索方法包括简单检索、高级检索(又称专家检索、检索式检索)等。以中国知网为例,简单检索与高级检索界面如图 4.2 和图 4.3 所示。

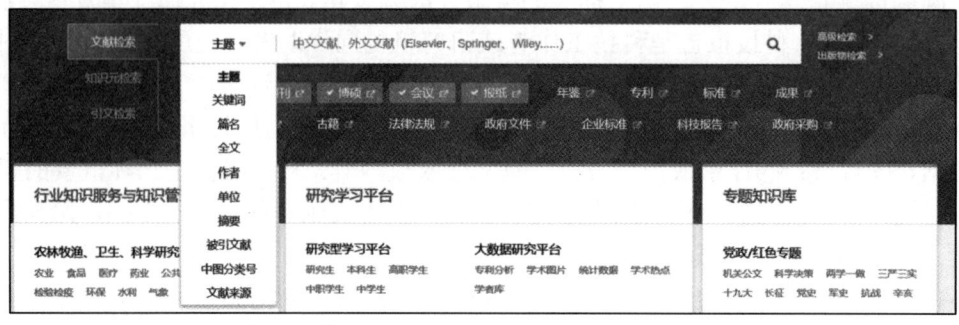

图 4.2　中国知网的简单检索界面

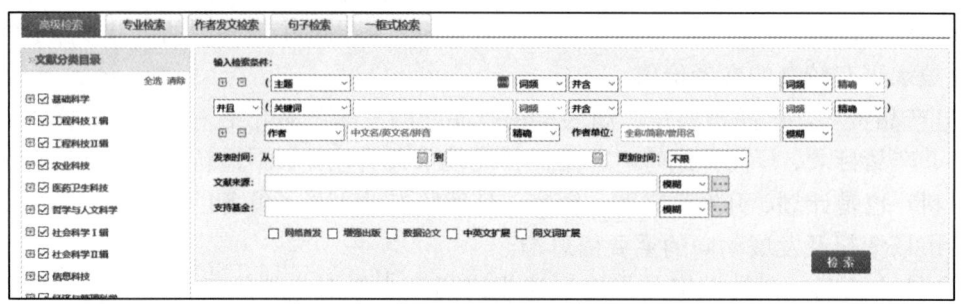

图 4.3　中国知网的高级检索界面

(4)选择合适的检索词。选择实质意义、概念明晰、关键的词汇(介词、冠词等通常不作为检索词,泛指的概念不作为检索词),如 technology、analysis、application、method 等词语,不作为检索词。所有拼写形式,单复数形式,不同的名称(学名和俗名,简称和全称),事物的代码、同义词、广义词、狭义词、相关词及多义词等,如 3D 打印可扩展为 3D printing、酒精可扩展为乙醇、4G 可扩展为 fourth-generation wireless。注意同词根相关同义派生词,如 3D printer(s),3D printing,3D printed。建议采用受控词,来自数据库的主题词表、叙词表、受控词表等。受控词的优点是避免一词多义或一义多词造成误检或漏检,缺点是无法反映新事物的发展,有的数据库不提供受控词检索。目前常用的 EI 和 INSPEC 数据库提供了叙词表/受控词表。

(5)构造检索式。利用检索算符与检索词构造检索式,检索算符在下文详述。例如,检索"酒精废水处理研究",可构造检索式为(酒精 OR 乙醇)and(废水 OR 污水)AND(处理 OR 净化 OR 回收 OR 回用 OR 再生)。

(6)实施检索。

(7)评价检索结果,调整检索策略,优化检索结果。

(二)运算符

当前文献检索主要采用电子数据库进行检索,一般可以分为简单模糊识别检索、高级表格检索和编写检索式检索。编写检索式检索是专业检索的必备技能。检索式的逻辑结构主要由以下检索算符构成。

1. 布尔逻辑检索

布尔逻辑检索是指采用"或""与""非"等逻辑运算符将两个以上的检索要素进行逻辑组配,组成逻辑检索式在数据库中实施检索。检索时查全很重要,但如果只注意查全,会使得检索量过大,筛选效率太低,因此,适当地结合"或""与""非"及其他逻辑运算符,能够在尽量保证查全的情况下,有效缩小筛选阅读的范围。

"或"检索:A"或"B,A"OR"B,A"+"B,检索结果包括所有带有 A 或 B 两个检索要素中任意一个的记录。"或"检索有助于扩大检索范围、提高查全率。例如,在摘要中检索"手机",其同义词包括"手提电话""便携通话装置""小型可移动通话器"等,则可以采用"或"检索将所有能列出的同义词进行连接,具体如下:"手机 OR 手提电话 OR 便携通话装置 OR 小型可移动通话器"。

"与"检索:A"与"B,A"AND"B,A"*"B,检索结果仅包括同时带有 A 和 B 两个检索要素的记录。"与"检索有助于加强检索的指向性、缩小检索范围、提高查准率。例如,在摘要中检索"手机用电池",手机对电池构成限制作用,应当采用"与"检索将其连接:"手机 AND 电池"。

"非"检索:A"非"B,A"NOT"B,A"-"B,检索结果包括所有带有 A 但不带有 B 检索要素的记录。"非"检索有助于缩小检索范围、提高查准率。例如,在摘要中检索"除铅酸蓄电池外的电动汽车用电池",需要将"铅酸蓄电池"排除在外,可以采用"非"检索将其连接:"(电动汽车 AND 电池)NOT 铅酸"。

2. 通配检索

通配检索是指在检索字段内用"截断符""强制符""选择符"等通配符代替某一检索字符串中的任意字符,构成通配检索式,在数据库中实施检索。不同的数据库通配符的标识和使用规则有所差异。通配检索有助于扩大检索范围,提高查全率和查准率,特别是在使用英文检索词时。

截断符检索用"%""*"或"+"代表,可分为前截断检索和后截断检索,在一个检索词中只能出现一个截断符,或前截断,或后截断,代表缺省任意数量的字符。例如,"electric*"为后截断,包含了 electric、electrical、electrically、electricity 等词。

强制符检索用"#"代表,一个强制符代表 1 个字符,在一个检索词中可以使用一个以上强制符。例如,"pipe#"包含了 pipes、piped 两个词。

选择符检索用"？"代表,在一个检索词中可以使用一个以上选择符,一个选择符代表 0~1 个字符。例如,"colo？r",包含了 color、colour 两个词。

3. 位置检索

位置检索主要表明两个检索词之间的位置关系,包括邻近算符和同在算符,或称邻词检索和共存检索,是针对摘要主题词或关键词检索而设置的,相比"AND"检索更精确,能有效减少噪声,适当使用,可以提高查准率。不同数据库中邻近算符和同在算符的表达规则有所差异。不同数据库位置检索的原理相似,使用的字符不同。下面举例说明其原理。

(1)邻近算符。W 代表两词前后位置固定;nW 代表两词前后位置固定,且中间可以插入 0 到 n 个词,n 预先设定;=nW 代表两词前后位置固定,且中间插入 n 个词,n 预先设定。D 代表两词前后位置不固定;nD 代表两词前后位置不固定,且中间可以插入 0 到 n 个词,n 预先设定;=nD 代表两词前后位置不固定,且中间插入 n 个词,n 预先设定。

例如,"wood 1W desk"可以匹配"wood desk""wood and desk""wood of desk"等;"wood=1W desk"可以匹配"wood and desk""wood of desk",但不能匹配"wood desk";"wood 1D desk"则除了可以匹配"wood desk""wood and desk""wood of desk",还可以匹配"desk and wood""desk ofwood"等。

(2)同在算符。F 表示把两个关键词限定到一个 Field 里,如 claim 是一个 Field,abstract 是一个 Field;P 表示把两个关键词限定到一个 paragraph 里;S 表示限定到同一个 sentence 里。F 和 P 的含义接近。

通常情况下,能使用邻近算符,就不用同在算符;能使用同在算符,就不用"AND"算符,以达到有效减少噪声的目的。

四、检索效果的评估

检索效率就是利用检索系统(或工具)开展检索服务时产生的有效结果。它直接反映检索系统的性能,影响系统在信息市场上的竞争能力和用户的利益。检索效率包括技术效果和社会经济效果两个方面。技术效果主要指系统的性能和服务质量,系统在满足用户的信息需要时所达到的程度。社会经济效果是指系统怎样经济有效地满足用户需要,使用户或系统本身获得一定的社会效益和经济效益。下面主要讨论系统技术效果的评价问题。

在检索中最理想的是查全率和查准率都达到 100%,就是数据库中收录的全部相关文献都被检索出来,而且检索出来的文献全部都是相关文献。但事实上,检索中有许多因素使这个指标很难达到,总存在一定的误差。那么就出现了两个评价误差的指标,即漏检率和误检率。

在评价工作中,最常用的是查全率和查准率,而且应同时使用,否则就难以反映检索系统的功能及检索结果的效率。查准率和查全率结合起来,描述了系统的检索成功率,查全率和查准率之间有着互逆的关系,也就是说查全率提高,查准率就下降。系统的收录范围、索引语言、标引和检索等都是影响查全率和查准率的因素。

第二节　期刊检索及利用

一、期刊文献

期刊情报占整个情报源的 60%～70%，期刊内容新颖，报道速度快，信息含量大，是科技情报、交流学术思想最基本的文献形式。

人们在利用文献传递信息的过程中，为了便于信息交流，对文献进行了不同程度的加工，随之形成了不同层次的文献。

(1) 一次文献。一次文献是作者以生产与科研工作成果为依据，而创作、撰写形成的文献。无论它以何种手段记录、何种载体存储，也不论其是否参考、引用了他人资料，均为一次文献，如期刊论文、科技报告、会议论文、专利说明书等。一次文献的内容比较新颖、详细、具体，是最主要的文献信息源和检索对象。

(2) 二次文献。二次文献是指对一次文献信息进行加工、提炼、浓缩，而形成的工具性文献。它反映一次文献的外部特征和内容特征及其查找线索，将分散、无序的文献信息有序化、系统化，是文献检索的工具，也称检索工具，如目录、题录、文摘、索引、各种书目数据库等。二次文献对文献信息进行报道和检索，其目的是使文献信息流有序化，更易被检索和利用。

(3) 三次文献。三次文献是指对一次文献和二次文献的内容进行综合分析、系统整理、高度浓缩、评述等深加工而形成的文献，如综述、述评、词典、百科全书、年鉴、指南数据库、书目之书目等。三次文献的内容综合性强、信息量大，它既是检索的对象，也是检索的工具。

在文献信息的层次结构演变中，从一次文献到二次文献、三次文献，每个环节都不断融入了著者及文献工作者的创造性劳动，使文献信息得到鉴别、提纯，不断满足人们的各种需求。文献信息经过加工、整理、浓缩，从一次文献到三次文献的变化，是文献信息由博而约、由分散到集中、由无序到有序的过程；文献信息内容随层次的变化逐步老化，但其可检性、易检性及可获得性在不断递增；文献信息的这一层次变化，使人们获取信息变得有章可循、有径可问。

根据信息的加工程度，按照内容，可将期刊数据库分为文摘数据库与全文数据库。①文摘数据库是二次文献库，是对期刊论文等进行内容和属性的认识与加工，它提供确定的文献来源信息，如这篇论文的发表刊物、年卷期、作者等，但一般不提供原始文献的馆藏信息。②全文数据库是一次文献库，是收录有原始文献全文的数据库。全文数据库可以解决用户获取一次文献所遇到的困难，向用户提供一步到位的查找原始文献的信息服务。例如，荷兰爱思维尔(Elsevier)的 Science Direct 数据库、Wiley 期刊全文数据库、IEEE/IEE Electronic Library(IEL)全文数据库、Springer 电子期刊及丛书全文数据库、中国学术期刊全文数据库(CNKI)等。

一般来说，用户可以首先使用文摘数据库进行检索，根据题录信息进行初筛，再到全文数据库查看全文。

二、检索平台及分析工具

常用的外文文摘数据库有 Web of Science 核心合集、Ei-Village(EI)。由于各数据库使用原理大致相同,对全文数据库不做详细介绍。此外,根据各学科特色,还可以访问相应学科协会网站。中文数据库常用数据库有中国知网、万方、维普等,由于它们重合性较高,本节仅介绍中国知网。

(一) Web of Science 核心合集

Web of Science 核心合集是获取全球学术信息的重要数据库,它收录了全球 12400 多种权威的、高影响力的学术期刊,内容涵盖自然科学、工程技术、生物医学、社会科学、艺术与人文等领域。Web of Science 核心合集拥有严格的筛选机制,其依据文献计量学中的布拉德福定律,只收录各学科领域中的重要学术期刊。选择过程毫无偏见,且已历经半个多世纪的考验。Web of Science 核心合集还收录了论文中所引用的参考文献,通过独特的引文索引,用户可以用一篇文章、一个专利号、一篇会议文献、一本期刊或者一本书作为检索词,检索它们的被引用情况,轻松回溯某一研究文献的起源与历史,或者追踪其最新进展;可以越查越广、越查越新、越查越深。

Web of Science 核心合集界面如图 4.4 所示。在更多设置中可以看到机构已订购的子库。Web of Science 核心合集由 10 个索引组成,内容包含来自数以千计的学术期刊、书籍、丛书、报告、会议及其他出版物的信息。10 个索引如下:①Science Citation Index Expanded(SCI-Expanded);②Social Sciences Citation Index(SSCI);③Arts & Humanities Citation Index(A&HCI);④Emerging Sources Citation Index(ESCI);⑤Conference Proceedings Citation Index-Science(CPCI-S);⑥Conference Proceedings Citation Index-Social Sciences & Humanities(CPCI-SSH);⑦Book Citation Index-Science(BKCI-S);⑧Book Citation Index-Social Sciences & Humanities(BKCI-SSH);⑨Current Chemical Reactions(CCR-Expanded);⑩Index Chemicus(IC)。

图 4.4　Web of Science 核心合集界面

期刊：SCI-Expanded、SSCI、A&HCI 三个引文索引包含论文作者引用的参考文献。可以使用这些参考文献进行引用的参考文献检索。通过这种类型的检索，可以查找引用以前发表的论文。它完全涵盖超过 12000 种在全球享有良好声誉和高影响力的期刊。ESCI 包含 SCI-Expanded、SSCI、A&HCI 尚未涵盖的期刊中的论文记录。这些期刊符合编辑质量、时效性和影响力方面的最低标准，但是因为它们相对较新，所以必须评估一段时间才能将其编入 SCI-Expanded、SSCI、A&HCI 索引。

会议：CPCI-S、CPCI-SSH 两个会议录文献引文索引包括多种学科中有关重要会议、讨论会、研讨会、学术会、专题学术讨论会和大型会议的出版文献。其涵盖了跨 256 个学科、超过 148000 篇由期刊和书籍收录的有关科学、社会科学和人文的文献。使用这些索引，便可以跟踪特定学科领域内的新概念和新研究。

图书：BKCI-S、BKCI-SSH 书籍引文与 Web of Science 核心合集中的其他引文索引无缝集成，提供了针对作者已发表著作的完整引文计数。这些书籍引文将包含在已发表著作的总体引文计数中。使用这些索引可以了解有谁在引用你以及你的同行发表的作品。教科书、百科全书和参考书不包含在 BKCI-S、BKCI-SSH 中。

化学索引：CCR-Expanded、IC 两个化学索引允许用户通过创建化学结构图来查找化合物和反应。用户也可以通过检索这些索引来查找化合物和反应数据。

SCI-Expanded 历来被公认为世界范围最权威的科学技术文献的索引工具，能够提供科学技术领域最重要的研究成果。SCI-Expanded 引文检索的体系更是独一无二，不仅可以从文献引证的角度评估文章的学术价值，还可以迅速方便地组建研究课题的参考文献网络。发表的学术论文被 SCI-Expanded 收录或引用的数量，已被世界上许多大学作为评价学术水平的一个重要标准。

SSCI 是 SCI-Expanded 的姊妹篇，是全球知名的专门针对人文社会科学领域的科技文献引文数据库，收录了政治、经济、法律、教育、心理、地理、历史等 50 多个研究领域的 3000 多种高质量学术期刊。在全球化一体化的今天，在东西方文化渴望进一步交流的今天，SSCI 是我们从事社会科学研究的重要工具。利用 SSCI，能够帮助广大社会科学的科研人员获得一个全新的视角去研究社会科学。

Web of Science 核心合集支持基本检索、被引参考文献检索、高级检索、作者检索、化学式检索。其中，较常用的是基本检索与高级检索。基本检索页面如图 4.5 所示。基本检索的检索字段可以通过下拉菜单选择。高级检索页面如图 4.6 所示。高级检索适合更复杂的检索式。

图 4.5　Web of Science 核心合集基本检索

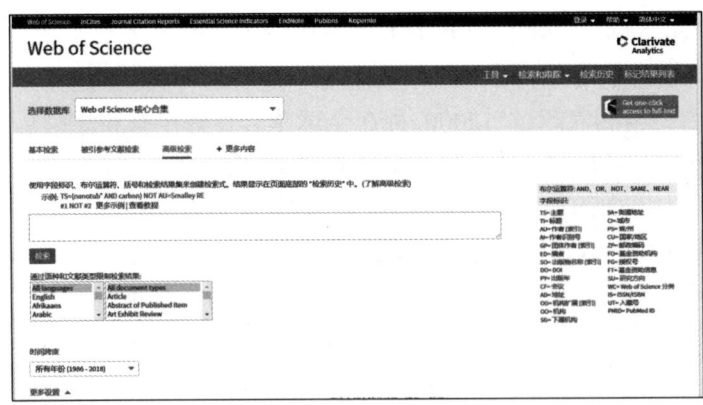

图 4.6　Web of Science 核心合集高级检索

Web of Science 核心合集具有一定的分析功能，完成检索后，可点击页面的"分析检索结果"如图 4.7 所示，结果分析页面如图 4.8 所示。

图 4.7　Web of Science 核心合集分析检索结果的入口

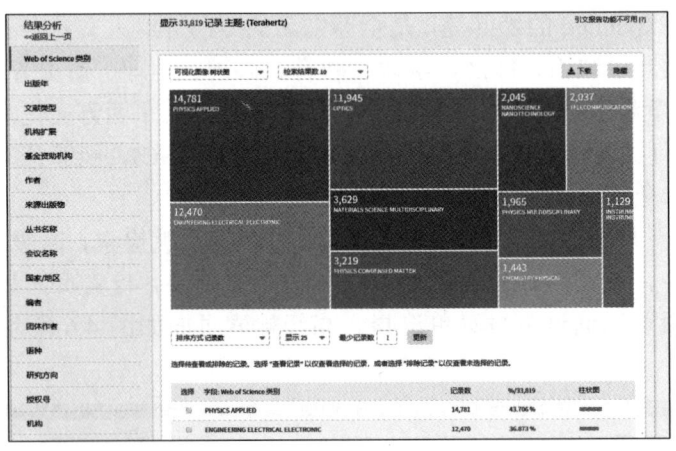

图 4.8　Web of Science 核心合集结果分析页面

（二）Ei-Village

如图 4.9 所示，Ei-Village 是 EI 公司将网络版的工程索引数据库和其他的 250 个数据库、专利和标准以及许多与工程技术有关的信息组织结合在一起，推出的集成信息服务系统。该系统提供包括文献传送、全文服务、网络导航以及其他的参考咨询服务在内的"一步到位"的便捷式服务。Ei 公司始建于 1884 年，作为世界领先的应用科学和工程学在线信息服务提供者，一直致力于为科学研究者和工程技术人员提供专业化、实用化的在线数据信息服务。1995 年以来，Ei 公司开发了被称为 Village 的一系列产品，Engineering Village 2 就是其中的主要产品之一。

Compendex 数据库是目前全球最全面的工程领域二次文献数据库，侧重提供应用科学和工程领域的文摘索引信息，涉及核技术、生物工程、交通运输、化学和工艺工程、照明和光学技术、农业工程和食品技术、计算机和数据处理、应用物理、电子和通信、控制工程、土木工程、机械工程、材料工程、石油、宇航、汽车工程以及这些领域的子学科。其数据来源于 5000 多种工程类期刊、会议论文集和技术报告，含 700 多万条记录，每年新增约 25 万条记录，可在网上检索 1970 年至今的文献，从中可以得到其所在领域的最新进展。Ei-Village 是著名的三大文献检索工具（SCI、EI、Inspec）之一，文献是否被 EI 收录也是衡量学者学术水平的重要标准之一。

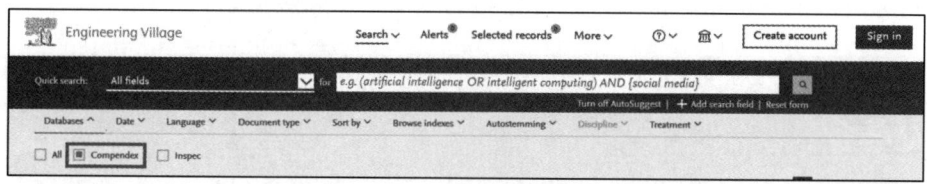

图 4.9　Ei-Village Compendex 数据库

EI-Village 的检索方式可分为 Quick Search、Expert Search、Thesaurus search（图 4.10）。其中，Thesaurus search 为叙词检索。叙词表是由专业的规范词组成的，它可以将同一主题不同表述的词，按主题内容规范在标准的专业词下，避免了由于词汇书写不同造成漏检，或词义概念混淆导致错检的问题。用户利用叙词表可从主题角度检索文献，进而提高文献的查准率。

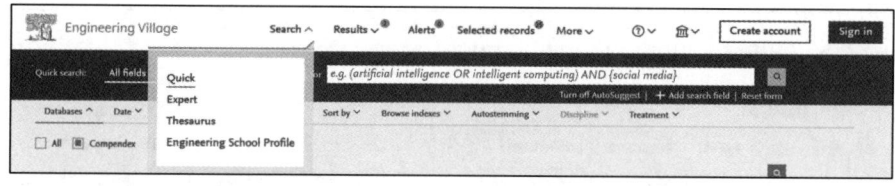

图 4.10　EI-Village 的检索方式

（三）中国知网

中国知网数据库是主要的中国学术全文数据库之一，产品覆盖面广，包含学术论文期刊、博硕学位论文、会议论文、报纸、年鉴、引文、工具书、图片、专利等子库。①学术期刊部分由其《中国学术期刊网络出版总库》提供，内容覆盖自然科学、工程技术、农业、哲学、医学、人文社会科学等各个领域。②博硕士学位论文部分，来源机构包括中科院部分研究机构和高等院校。③会议论文部分由《国内外重要会议论文全文数据库》提供，重点收录 1999 年以来，中国科协系统及国家二级以上的学会、协会，高校、科研院所，政府机关举办的重要会议以及在国内召开的国际会议上发表的文献。④报纸部分收录 2000 年以来中国国内重要报纸刊载的学术性、资料性文献的连续动态更新的国内公开发行的 500 多种重要报纸。⑤引文数据库来源于 CNKI 收录的全文数据库的参考文献，涉及期刊（中外文）、图书、学位论文、会议论文、专利、标准、报纸和年鉴等文献类型。用户可个性化选择来源文献范围，可分析、导出引文检索结果，打印引证报告，也可利用可视化技术，分析和展示期刊共被引关系图谱，揭示期刊之间的互引、共被引关系。统计分析器可以针对期刊、出版社、学者、科研机构、科研基金、地域和学科等进行统计分析，揭示其产出及学术影响力。⑥工具书收录了 200 多家知名出版社的 8000 余部工具书，类型包括汉语词典、双语词典、专科辞典、百科全书、图谱、年表、手册、名录、语录、传记等，内容涵盖自然科学、工程技术、农业、医学、哲学、人文科学、社会科学及经济管理等各学科领域，分为 10 个专辑，168 个学科专题。中国知网检索入口界面如图 4.11 所示。可以通过勾选进入不同字库。检索方式可分为基本检索、高级检索。

图 4.11　中国知网检索入口

在完成检索后，可利用平台的"计量可视化分析"对结果进行简单分析，如图 4.12 所示。分析内容包括指标、总体趋势、关系网络、分布，如图 4.13 所示。

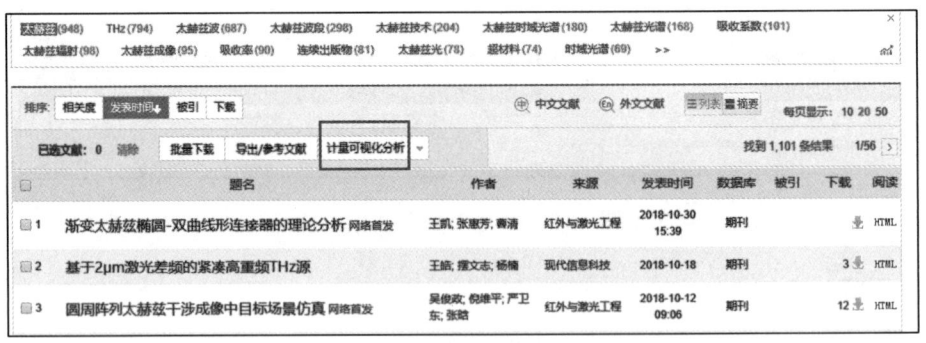

图 4.12　中国知网计量可视化分析入口

第四章　知识产权信息检索与利用

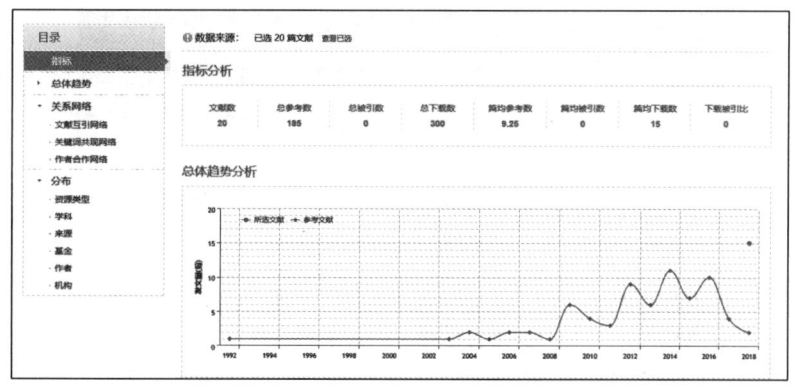

图 4.13　中国知网计量可视化分析详情

第三节　商标检索

我国商标分类采用尼斯分类，它是一种商标注册用商品和服务国际分类。尼斯协定全称为《有关商标注册用商品和服务国际分类的尼斯协定》，1957 年签署于法国尼斯，每个成员国均有义务在商标注册中使用尼斯分类，并须在与商标注册有关的官方文件和出版物中标明注册商标所涉及的商品或服务所在的国际类别号。现行尼斯分类将商品和服务分成 45 个大类，其中商品为 1～34 类，服务为 35～45 类。

2018 年 3 月，根据国务院机构改革方案，将国家知识产权局的职责、国家工商行政管理总局的商标管理职责、国家质量监督检验检疫总局的原产地地理标志管理职责整合，重新组建国家知识产权局，由国家市场监督管理总局管理。国家知识产权局的业务领域也从原来的专利、集成电路布图扩展到了商标、地理标志。目前，商标检索集成到国家知识产权局的政务服务平台(图 4.14、图 4.15)。

图 4.14　国家知识产权局商标查询入口

图 4.15　商标查询系统

（1）商标近似查询。按图形、文字等商标组成要素分别提供近似功能检索，用户可以自行检索在相同或者相似商品上是否有相同或者近似商标申请。如图 4.16 所示，如我想注册一个"麦芽香"的啤酒商标，则在分类中输入对应的分类"32"，在商标名称中输入"麦芽香"。

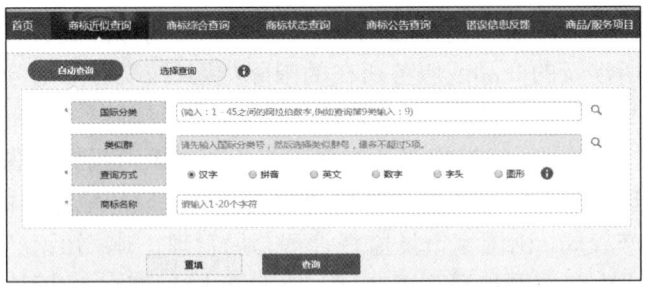

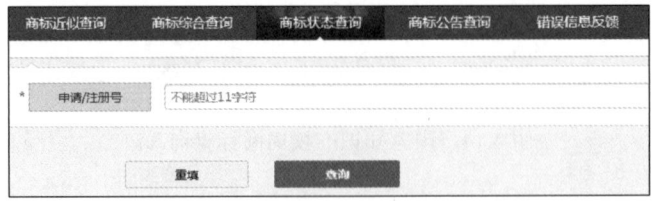

图 4.16　常用的商标查询

(2)商标综合查询。针对已申请的商标信息进行检索,可以具体查询商标申请状态,输入国际分类、申请号/注册号、商标名称、申请人任一个具体信息,即可查询商标申请状态或者检索某一申请人的商标情况等。

(3)商标状态查询。对已申请的商标,用户通过申请号或注册号查询有关商标在业务流程中的状态。

(4)商标公告。用户输入自己的商标注册号或者注册人信息,可以查询商标注册是否在公告的阶段。

第四节 专利检索及利用

专利信息是集技术、经济、法律信息于一体的综合性信息,是一种基础性、战略性资源,关系国家产业发展安全。专利信息服务作为知识产权信息服务的重要组成部分,是知识产权制度有效运转的重要支柱,高水平的专利信息服务对于知识产权创造、运用、保护和管理起着重要的促进作用,专利信息服务对企业明确产品研发方向、提高研发效率,形成并拥有自主知识产权发挥着不可替代的作用。

专利文献数量庞大、涉及领域广泛、内容新颖。根据世界知识产权组织(World Intellectual Property Organization,WIPO)的统计,全球有90%以上的发明创造信息都是首先通过专利文献反映出来的。专利信息包含了世界上90%~95%的技术信息,这些专利信息当中,有80%以上的技术信息未在其他的技术信息当中出现过。同时也有研究发现,有效运用专利信息,可平均缩短60%的研发时间,节省40%的研发费用。同一发明成果出现在专利文献中的时间比出现在其他媒体上的时间早1~2年。

一、专利文献

(一)专利的类型

专利类型主要包括发明专利、实用新型专利和外观设计专利。各国对于实用新型专利与外观设计专利的申请和审查立法不同,但对于发明专利的申请及审查基本达成了较为一致的意见。

对于发明专利而言,目前除少数国家采用登记制外,大多数国家均采用早期公开、延迟审查制度。对于早期公开、延迟审查而言,我国的情况如下:如果没有特别提出提前公开申请,则发明专利的申请文件自申请日起18个月即行公开;自申请日起3年内可以提出实质审查,并缴纳相应费用,从而进入实质审查阶段。通常情况下,一项发明专利自申请至授权或驳回,需要2~3年,部分专利由于答辩次数较多,甚至可能拖延更长的时间,各国均存在不同程度的审查积压情形。

根据世界知识产权组织的统计,实用新型专利在59个国家/地区可以获得保护。需要注意的是,比较重要的专利布局国家,如美国、英国、印度、加拿大、越南、荷兰没有实用新型专利制度。

实用新型专利在我国不经过实质审查,只通过初步审查即决定是否授权,因此获得授权的时间通常在 12 个月内，授权公告时方公开该实用新型专利文件。实用新型专利在维权时，权利人和利害关系人可以缴费并请求国家知识产权局出具实用新型专利权评价报告，该报告类似于进行实质审查，但不提供修改和答辩的途径，该报告主要作为侵权诉讼是否中止审理的证据。

外观设计专利权保护的制度在各国差别很大。我国除台湾地区以外，对于外观设计专利不进行实质审查，但美国、日本对外观设计专利均进行实质审查，韩国对外观设计专利在采用实质审查制的同时，还对部分产品采用登记制的保护。欧共体外观设计专利分为注册共同体外观设计专利和非注册共同体外观设计专利，均不进行实质审查。我国外观设计专利只经过初步审查即决定是否授权，获得授权的时间通常在 8 个月内，授权公告时公开该外观设计专利文件。

(二) 专利文献的概念

专利文献是指实行专利制度的国家及国际性专利组织在审批专利过程中产生的官方文件及其出版物的总称。专利文献的核心是专利说明书，其主要作用如下：一是公开技术信息；二是限定专利权的范围。任何专利信息用户在检索专利文献时，最终要获取的也是这种全文出版的专利文件。

专利文献具有以下特点：①专利文献集技术、法律和经济信息于一体，是一种战略性信息资源，通过对专利文献的分析，可以了解行业发展动态，监控跟踪竞争对手的技术发展情况；②专利文献传播最新技术信息，有助于研发人员寻找新品研发方向、获得灵感，或通过预警分析，有效规避已有专利；③专利文献的格式统一规范，具有国际范围内统一的分类体系，便于检索，附图详细，有利于跨语言阅读；④专利文献对技术方案的揭示通常较相应的学术论文更为细致、详尽，对于研发具有很好的参考和指引作用。

专利文献也存在一些缺点：①重复公开量很大，这一点可以通过同族专利合并改善；②由于单一性的要求，专利中技术方案碎片化较为严重，检索时应考虑到相关产品的各个部件；③专利文献通常撰写得较为晦涩，阅读时会存在一定的障碍；④专利文献数量巨大，有些专利不完全公开，有些甚至有可能产生误导，因此对于专利文献公开的内容也不应完全相信。另外，专利文献检索和分析只是技术资料分析的一部分，必要时也需要对科技论文和书籍进行检索分析，或者两者结合进行分析。

(三) 中国专利文献的构成

目前各国专利文献的内容已逐渐趋于一致，并形成了固定的格式，一般由三部分构成：扉页(或称著录项目)、权利要求书、说明书(可能附加附图)及其摘要。①说明书是记载发明或者实用新型的文件。②说明书及附图主要用于清楚、完整地描述发明或者实用新型，使所属技术领域的技术人员能够理解和实施该发明或者实用新型。③权利要求书应当以说明书为依据，清楚、简要地限定要求专利保护的范围。

1. 著录项目

著录项目即专利说明书的扉页。专利文献著录项目所代表的信息包括技术信息、法律信息和文献外在形式信息。

为了消除专利文献用户在浏览各国专利文献时的语言困惑，WIPO 制定了《ST.9 关于专利及补充保护证书著录项目数据的建议》和《ST.80 工业品外观设计著录数据推荐标准》，两个标准规定了专利文献著录项目识别代码，即 INID（internationally agreed numbers for the identification of (bibliographic) data）码，部分编号如下。

（10）专利文献标识。

（21）专利申请号。

（22）专利申请日期。

（30）优先权数据。

（43）申请公布日。

（45）授权公告日。

（51）国际专利分类号（Int. cl，右上角的阿拉伯数字代表《国际专利分类表》的版本）。

（71）申请人。

（72）发明人。

（73）专利权人。

发明专利和实用新型专利文件中的说明书摘要是必需文件，只作为一种技术情报，不具有法律效力。专利说明书摘要用于为专利情报筛查提供快速浏览的方便，以帮助浏览人确定是否需要进一步查阅专利文献的全文。

摘要包括发明或实用新型专利的名称、所属技术领域、主要解决的技术问题、技术方案的主要技术特征以及效果等，并附上最有代表性的附图或化学式。摘要书写虽然有一定的内容要求，但实践中，申请人撰写的摘要有时并没有包含重要的发明信息，从而影响情报的筛查。

同一件发明专利申请在公开阶段的专利文献、授权后的专利文献分别如图 4.17、图 4.18 所示。

图 4.17 中国发明专利申请在公开阶段的专利文献

图 4.18 中国发明专利授权后的专利文献

2. 权利要求书

权利要求书的作用是确定专利申请和专利权的保护范围。一方面，表明申请人希望获得多大范围的法律保护。国家知识产权局对该专利申请进行审查，就是核实申请人希望获得保护的发明或实用新型能否被授予专利权。另一方面，在专利申请被授予专利权后，权利要求书是确定该专利权保护范围的依据。

权利要求书包含若干条权利要求，权利要求之间可以存在引用关系。权利要求书由解决技术问题的技术方案组成。同一件专利申请的权利要求书在不同的公布阶段可能存在不同（图4.19）。

```
CN 107491748 A          权 利 要 求 书          1/2 页

1.一种基于视频的目标车辆提取方法,其特征在于,包括以下步骤:
步骤1、车辆检测与车辆跟踪
步骤1.1、车辆检测:定位出视频帧中的车辆;
步骤1.2、车辆跟踪:建立用于存放检测视频帧中车辆的车辆匹配列表,并后续帧中的车辆与车辆匹配列表的车辆进行相似性匹配,匹配成功则用后续帧中的车辆替换车辆匹配列表的车辆;
步骤2、特征提取与特征匹配
提取视频帧中车辆的车辆特征,并将提取的车辆特征与输入特征进行匹配,匹配成功时,则判断对应车辆为目标车辆;
```

图4.19 中国专利的权利要求书

3. 说明书

根据我国《专利法》第二十六条第一款的规定，一件发明专利申请应当有说明书（必要时应当有附图）及其摘要和权利要求书；一件实用新型专利申请应当有说明书（包括附图）及其摘要和权利要求书。也就是说，中国的发明专利申请可以没有附图，但实用新型专利必须包含附图。

说明书撰写内容应当包括如下几个方面的内容。①技术领域。技术方案所属或者直接应用的具体技术领域，而不是上位的或者相邻的技术领域，也不是发明或者实用新型本身。该具体的技术领域往往与发明或者实用新型在国际专利分类表中可能分入的最低位置有关。②背景技术。写明对发明或者实用新型的理解、检索、审查有用的背景技术，并且尽可能引证反映这些背景技术的文件。③发明内容。应当清楚、客观地写明要解决的技术问题、技术方案、有益效果。④附图说明。作用在于用图形补充说明书文字部分的描述，使人能够直观、形象地理解发明或者实用新型的每个技术特征和整体技术方案。⑤具体实施方式。描述申请人认为实现发明或者实用新型的优选的具体实施方式。在适当情况下，应当举例说明；有附图的，应当对照附图进行说明（图4.20）。

第四章 知识产权信息检索与利用

```
CN 107491748 A                  说 明 书                        1/6 页

                    一种基于视频的目标车辆提取方法

技术领域
[0001]   本发明涉及视频图像处理领域,具体来说,涉及一种基于视频的目标车辆提取方
法。

背景技术
[0002]   随着社会的飞速发展,社会经济具有很大进步,交通随之发生着日新月异的变化。
车辆对人们生活产生了巨大的改变,社会节奏得到很大程度的加快,人们的工作效率极大
的得到提高。但是车辆也带来了许多社会问题,比如交通事故频发,那么如何进行车辆的形
式监管成为一个热点。现在采用摄像头进行视频监管,但是视频数据量大,数据内容多,如
何进行有效的目标车辆的提取就成为了另一个问题。现有的车牌自动识别、环形线圈检测
```

图 4.20　中国专利的说明书

二、专利文献的特征检索途径

(一) 专利文献号

各国专利文献号的编号原则各有异同,本节主要讲解中国专利文献号。

1. 中国专利文献号的历史变迁

专利文献号相当于专利文献的"身份证",在用户阅读、查找和描述专利文献时,能够迅速提供时间、国别、申请状态等信息。自1985年我国建立专利制度以来,专利文献的编号体系历经三次重大变迁,可以划分为四个发展阶段:第一阶段(1985年4月1日~1988年),以中国专利制度建立为起点,形成申请号、公开号/审定号或公告号、专利号均相同的"一号制"编号体系;第二阶段(1989年1月1日~1992年12月31日)。上阶段实施的"一号制"编号体系导致文献缺号跳号现象严重,形成公开号、公告号、审定号各不相同的"三号制"编号体系;第三阶段(1993年1月1日~2004年6月30日),我国处于加入PCT的准备阶段,1992年专利法第一次修订,取消审定号;第四阶段(2004年7月1日至今):专利申请量急剧增加,专利文献编号体系全面升位,公开号和公告号使用相同的编号体系(图4.21)。下文内容均以现阶段的中国专利号及中国专利文献号为准。

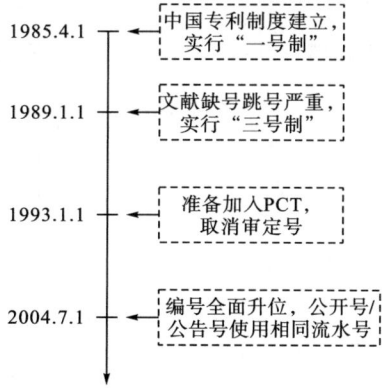

图 4.21　中国专利文献号的历史变迁

2. 现行编号规则

(1) 专利申请号、专利号。专利申请号是指国家知识产权局受理一件专利申请时给予该专利申请的一个标识号码。专利申请号用 12 位阿拉伯数字表示,包括申请年号、申请种类号和申请流水号三部分,如图 4.22 所示。按照由左向右的次序,专利申请号中的第 1~4 位数字表示受理专利申请的年号,第 5 位数字表示专利申请种类:

1 表示发明;

2 表示实用新型;

3 表示外观设计;

8 表示进入中国国家阶段的发明专利的国际申请;

9 表示进入中国国家阶段的实用新型专利的国际申请。

第 6~12 位数字(共 7 位)为申请流水号,表示受理专利申请的相对顺序。小数点后为计算机校验码。

专利的授权号就是专利号,由申请号演变而来,专利申请授权后,申请号变成专利号,只是在其前面加上大写字母 ZL(图 4.23)。

(2) 公开号/公告号。一件专利申请形成的专利文献只能获得一个专利文献号,该专利申请在后续公布或公告(如该专利申请的更正,宣告专利权部分无效的公告)时被赋予的专利文献号与首次获得的专利文献号相同,不再另行编号。因该专利申请公布或公告而产生的专利文献种类由相应的专利文献种类标识代码确定。

中国国家代码 CN 和专利文献种类标识代码均不构成专利文献号的组成部分。然而,为了完整、准确地标识不同种类的专利文献,应将中国国家代码 CN、专利文献号、专利文献种类标识代码联合使用。排列顺序应为国别代码 CN、专利文献号(申请种类、8 位流水号)、专利文献种类标识代码(图 4.24)。

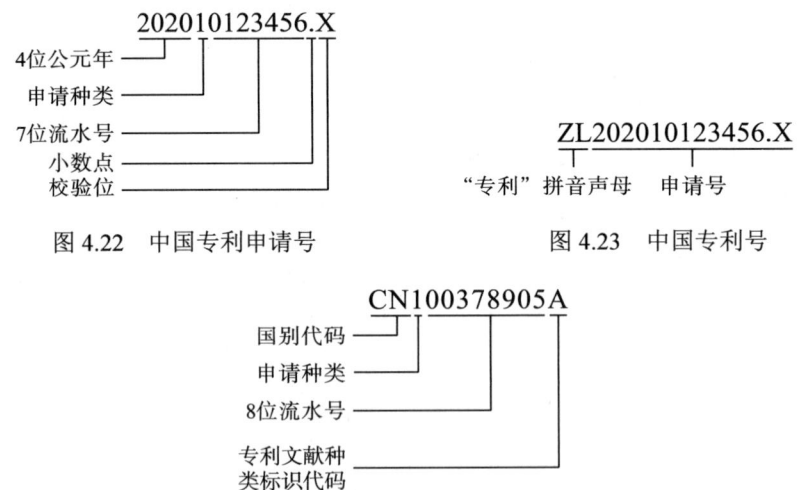

图 4.22 中国专利申请号　　图 4.23 中国专利号

图 4.24 中国专利公开号/公告号

三种类型专利申请的申请号、专利文献号、专利号示例见表 4.1。三种专利的文献种类标识代码见表 4.2。

表 4.1 三种类型专利申请的申请号、专利文献号、专利号示例

专利申请类型	申请号	专利文献号（公开号）	专利文献号（授权公告号）	专利号
发明	202010102344.5	CN 1 00378905 A	CN 1 00378905 B	ZL202010102344.5
指定中国的发明专利的国际申请	202080100001.3	CN 1 00378906 A	CN 1 00378906 B	ZL202080100001.3
实用新型	202020100001.1		CN 2 00364512 U	ZL202020100001.1
指定中国的实用新型专利的国际申请	202090100001.9		CN 2 00364513 U	ZL202090100001.9
外观设计	202030100001.6		CN 3 00123456 S	ZL202030100001.6

表 4.2 三种专利的文献种类标识代码

申请类型	专利文献种类标识代码	意义
发明	A	发明专利申请公布说明书
	A8	发明专利申请公布说明书（扉页再版）
	A9	发明专利申请公布说明书（全文再版）
	B	发明专利说明书
	B8	发明专利说明书（扉页再版）
	B9	发明专利说明书（全文再版）
	C1～C7	发明专利权部分无效宣告的公告
实用新型	U	实用新型专利说明书
	U8	实用新型专利说明书（扉页再版）
	U9	实用新型专利说明书（全文再版）
	Y1～Y7	实用新型专利权部分无效宣告的公告
外观设计	S	外观设计专利授权公告
	S9	外观设计专利授权公告（全部再版）
	S1～S7	外观设计专利权部分无效宣告的公告
	S8	预留给外观设计专利授权公告单行本的扉页再版

总而言之，①申请号和专利号采用相同的流水号，公开号/公告号采用相同的流水号；②对于同一件申请，专利号=ZL+申请号，公开号、公告号的区别仅在于专利文献种类标识代码不同；③所有号码的申请种类位后的号码位数均为 8 位（申请号和专利号为 7 位流水号+1 位校验位，公开号/公告号为 8 位流水号）。

(二) 专利分类体系

由于专利文献数量巨大，且技术领域、应用范围极其繁杂，为了能对专利文献进行高效检索，便于搜索在先专利文件以对后续专利的新颖性、创造性进行评价，也为了专利信

息使用者、研发人员能更便捷有效地检索到密切相关的专利技术文献，各国专利局均认为应当建立专门的针对专利的分类体系。通俗地讲，专利分类号相当于是专利审查员给专利申请标注的关键词。

1. 分类体系

针对发明或实用新型专利，世界主要专利分类体系包括：①世界知识产权组织（WIPO）的国际专利分类（IPC）；②欧洲专利分类（ECLA）；③美国专利分类（USPC）；④日本专利分类（FI/F-term）；⑤美国与欧洲联合制定的联合专利分类（CPC）。

在上述各专利分类体系中，IPC 被广泛使用，我国于 1997 年 6 月正式加入 IPC。我国发明和实用新型专利申请的 IPC 国际专利分类号是由专利局专业的分类人员进行分类标注的。同一专利文献可能被给予多个分类号，这源于该专利所涉及的技术内容具有交叉特性。如果被给予了若干个分类号，则第一个分类号被称为主分类号。

USPC 分类体系主要在美国使用，虽然每月更新，但完全采用功能分类，与 IPC 相差较大，且仅对美国专利文献进行分类；ECLA 分类准确且按需求每日更新，也被广泛使用，但其未对所有专利文献进行分类，需要与其他分类体系联合使用；FI/F-term 分类详细，同时体现发明点和发明所包含的各种要素，但其仅对日本专利文献进行分类，同样需要与其他分类体系联合使用。

除国际和各国官方 IPC 分类号之外，在采用德温特商业数据库检索时，还会用到德温特分类表（Dervent class code）和德温特手工代码（Derwent manual code）。德温特分类表将所有技术领域划分为三部分：化学（chemical）（A～M）、一般与机械（General and mechnical）（P～Q）、电气（electrical）（S～X），共 20 个大类。这 20 个部分被进一步细分成若干类别。每个类别包括大类的首字母随后跟随两位数字。例如，P26 是 Chairs、sofas、beds 的分类代码；Q21 是 railways 的分类代码。在德温特分类表的基础上形成了进一步细化的德温特手工代码，该代码由德温特的专业人员为专利标引。利用手工代码进行专利的检索可显著改进检索的速度和准确性。例如，德温特手工代码 P26～A10A 的含义如下。

P26：Chairs，Sofas and Beds。

P26～A：Chairs and benches。

P26～A10：Constructional details of chairs and benches。

针对外观设计专利，外观设计的分类法主要包括：①国际外观设计分类法；②欧洲共同体外观设计分类法；③美国外观设计分类法；④日本外观设计分类法。

国际外观设计分类法是基于 1968 年通过的《建立工业品外观设计国际分类协定》（也称《洛迦诺协定》）建立的。我国于 1996 年加入。国际外观设计分类表用 CL. 标示，由大类-小类构成，每一个大类包括若干个小类。

2. 国际专利分类

国际专利分类表（IPC）是在欧洲理事会的专利分类法工作组的主持下编制的，1968 年 9 月 1 日国际专利分类表第一版问世。

IPC（第八版）将全部发明分成 8 个部（section）、120 个大类（class）、628 个小类

(subclass)及约 69000 个主组(main group)和小组(subgroup)。其中，8 个部分别以 A、B、C、D、E、F、G、H 表示(表 4.3)。

表 4.3　国际专利分类中部的内容

部	内容
A	生活需要
B	作业；运输
C	化学；冶金
D	纺织；造纸
E	固定建筑物
F	机械工程、照明、加热、武器、爆破
G	物理
H	电学

各层级的标记方法，采用字母-数字-字母-数字混合标记法：部用字母表示；大类用数字表示；小类用字母表示；组用数字表示；主组和小组之间用"/"分开(图 4.25)。

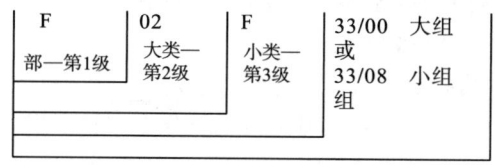

图 4.25　IPC 分类号分级示意图

部、分部和大类的类名只是宽泛地指出其内容，而没有精确定义受类名一般性指示所影响的技术主题。一般来说，部或分部的类名不很严格地指明该部或分部之内技术主题范围的大致特点，而大类的类名对其所属各小类所包括的技术主题做了全面性说明。反之，分类表意图通过各小类的类名，结合所有有关的参见、定义或附注尽可能精确地定义该小类所包括的技术主题范围。大组和小组的类名，还有与之相关的所有参见、定义或附注，精确地定义了它们所包括的技术主题。

从分类表上可知，国际专利分类表的细分并不限于五级，有些小组与小组之间有从属级别关系，一般用圆点和缩位的办法继续细分：①其等级完全由类名前的圆点个数决定，而不是根据小组的编号来决定；②为了避免重复，圆点也用来替代那些等级高一级的组的类名。

按照如上原则，分类号 F02F1/32 的等级分类分析结果见表 4.4。根据检索和分析结果，分类号 F02F1/32 的内容是指燃气发动机上的一种具有冷却装置、用于空冷、形状是散热片式的顶阀式的气缸盖。

表 4.4 分类号 F02F1/32 的等级分类分析

等级	字符	意义
部	F	机械工程；照明；加热；武器；爆破
大类	F02	燃气发动机
小类	F02F	燃气发动机的气缸、活塞或曲轴箱；燃烧发动机的密封装置
主组	F02F1/00	气缸；气缸盖
一点小组	F02F1/24	·气缸盖
二点小组	1/26	··具有冷却装置
三点小组	1/28	···用于空冷
四点小组	1/30	····散热片式气缸盖
五点小组	1/32	·····气缸盖是顶阀式

(三) 专利族

由于专利的地域性特征，任何主体想要在多个国家就同样的技术方案获得专利保护，必须在当国提交专利申请。这就产生了大量专利文献以相同或不同的语言重复出版。根据巴黎公约，这些专利申请为了保证其可专利性判断日期与首次申请一致，专利之间通常会以优先权进行联系，即在后的申请引用在先申请的优先权。这样，具有共同优先权的由不同国家或地区公布的内容相同或基本相同的一组专利申请或专利称为一个专利族(patent family)。专利族中的每件专利称为同族专利。

专利族在专利检索和情报分析中具有极其重要的作用，通过检索和阅读专利族可以明确该专利的国家布局情况、专利的后续申请情况(分案申请、继续申请等)、各国专利授权的权利要求是否相同等，也有助于查询到最有利于阅读的语言文本。例如，中国的查询者可以重点关注其是否有中文同族或英文同族专利。专利族是世界专利文献沟通的纽带。

常见的专利族分类有两种：一种是 INPADOC，另一种是 DWPI (Derwent world patents index，德温特世界专利索引)。INPADOC 是 international patent documentation 的缩写，INPADOC 同族专利定义为包括所有直接或间接(如通过一篇第三方文献)共享至少一个优先权。专利 D1、D2、D3、D4 和 D5 同属于一个 INPADOC 专利族，通过优先权 P1、P2、P3 相互关联。专利 D1 与 D5 虽然没有共同的优先权，但也属于这个 INPADOC 专利族(表 4.5)。

表 4.5 INPADOC 同族构成示意

专利族	同族成员	优先权		
INPADOC 同族	专利 D1	优先权 P1		
	专利 D2	优先权 P1	优先权 P2	
	专利 D3	优先权 P1	优先权 P2	
	专利 D4		优先权 P2	优先权 P3
	专利 D5			优先权 P3

因此，在一个 INPADOC 专利族中，很多专利中的技术信息往往并不完全一致。如果仅仅阅读其中的一篇专利，可能会对整个技术的把握出现偏差。但是 INPADOC 专利族的一个好处是，可以帮助你弄清一个发明有多少专利申请，包括这个发明的"远亲近亲"，有利于技术追踪。

DWPI 属于等同专利家族，能够反映一项技术的分布情况。德温特的专家对第一篇进入德温特数据库的专利称为基本专利(basic patent)，如表中的 D1，以后对进入德温特数据库的每篇专利进行检查。如果优先权是在基本专利范围内，则添加到基本专利的记录中，如 D2，如有新的优先权，基本专利无法覆盖，则将该专利作为基本专利，重新生成一条记录，如 D3(表 4.6)。

表 4.6 DWPI 同族构成示意

专利族	同族成员	优先权		
DWPI 同族 1	专利 D1	优先权 P1	优先权 P2	优先权 P3
	专利 D2	优先权 P1	优先权 P2	
DWPI 同族 2	专利 D3	优先权 P1	优先权 P2	优先权 P4

德温特力求做到"一记录一发明"，其专利族的标准主要依赖发明的内容，在优先权完全一致时视为发明内容一致。相比 INPADOC 同族标准而言，德温特同族标准则更为严格。

在进行同族专利检索时，通常需要识别专利文献的国家代码。主要专利国家、地区和组织的代码见表 4.7。其他国家的代码可在互联网上查询。

表 4.7 主要专利国家、地区和组织的代码

代码	国家、地区和组织	代码	国家、地区和组织
AP	非洲地区工业产权组织	IL	以色列
AR	阿根廷	IN	印度
AT	奥地利	IQ	伊拉克
AU	澳大利亚	IR	伊朗、伊斯兰共和国
BE	比利时	IT	意大利
BR	巴西	JP	日本
BY	白俄罗斯	MO	澳门特别行政区
CA	加拿大	MX	墨西哥
CH	瑞士	MY	马来西亚
CN	中国	NL	荷兰
DE	德国	NO	挪威
DK	丹麦	NZ	新西兰
EA	欧亚专利组织	OA	非洲知识产权组织
EG	埃及	RU	俄罗斯联邦
EM	欧盟内部市场协调局	SA	沙特阿拉伯
EP	欧洲专利局	SE	瑞典

续表

代码	国家、地区和组织	代码	国家、地区和组织
ES	西班牙	SG	新加坡
FR	法国	TH	泰国
GB	英国	TR	土耳其
GR	希腊	UA	乌克兰
HK	香港特别行政区	US	美国
KR	韩国	VN	越南
ID	印度尼西亚	WO	世界知识产权组织
IE	爱尔兰	ZA	南非

三、检索平台及分析工具

可以通过各审查局网站及商业数据库查询专利文献或相关信息，根据使用目的，用户可以多渠道结合使用。数据的更新速度以各审查局的平台最快，但在检索、下载、分析功能等方面效果有待改进。商业数据库以审查局的数据为基础进行加工，根据收费情况提供不同深度的检索、下载、分析等功能。

(一)国家知识产权局

1. 专利检索

国家知识产权局（简称国知局）提供电子数据库供网络免费检索。进入 http://www.cnipa.gov.cn/（自2018年8月28日起，国知局正式启用新的英文译名：National Intellectual Property Administration(PRC)或China National Intellectual Property Administration），对外正式简称为CNIPA，口头表述为C、N、I、P、A逐字母发音），官网界面如图4.26所示，检索及分析入口如图4.27所示。该系统由国知局首页的"政务服务平台"进入，在"专利检索查询"中选择"专利检索"功能。在页面的上方有注册和登录按钮。如果不进行注册登录，也可以直接点击进入检索，但检索功能和文件显示会受到一定限制。因此，建议注册登录后再进行查询。

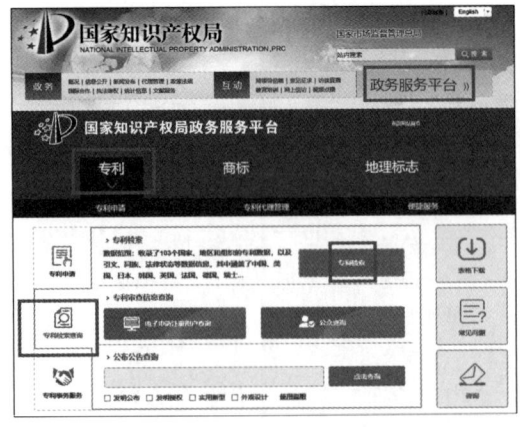

图4.26 国知局专利检索系统入口

图 4.27　国知局专利检索及分析

检索功能包括常规检索、表格检索、药物专题检索、检索历史、检索结果浏览、文献浏览、批量下载等。分析功能包括快速分析、定制分析、高级分析、生成分析报告等。该数据库收录了 103 个国家、地区和组织的专利数据，以及引文、同族、法律状态等数据信息。中外专利数据每周三进行数据更新；同族、法律状态数据每周二更新；引文数据每月更新。

下面重点介绍高级检索界面。该界面提供多个检索入口，包括英文检索入口、地址检索入口等，并在右侧"配置"中可供选择添加，通过左侧的"范围筛选"可限制检索的地域目标。国知局专利检索高级检索界面如图 4.28 所示。通过在界面中输入相关的检索条件，单击"生成检索式"按钮可以生成检索式，以备之后进行编辑。需要注意的是，界面中各入口之间的关系是"AND"关系，如果需要进行"OR"或"NOT"等运算，需要在检索式编辑区中自行编辑。该界面支持逻辑检索，也支持历史检索式之间的运算。

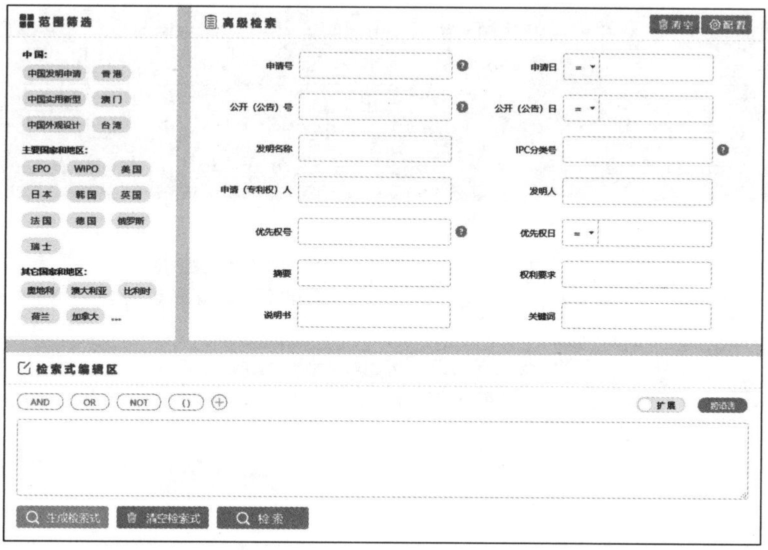

图 4.28　国知局专利检索高级检索界面

国知局"专利检索及分析"数据库具有以下优点和不足。

(1)优点主要包括：①能满足大部分的国内外专利免费检索需求，检索入口较多，支持逻辑检索、过滤检索、二次检索、分类号检索等，更新速度较快，数据来源权威；②支持10000项以下数据量的文献统计和专利分析，图表样式较多，分析功能较为强大，能基本满足一般工作要求，并且能够提供技术生命周期图，分析界面下还支持二次检索；③可保存检索历史，方便定期浏览；④在检索历史中允许对检索式进行运算符逻辑组配运算，便于去重或限制检索条件；⑤热门工具提供了对检索要素扩展的便利；⑥提供部分国家的专利审查文件链接；⑦提供中国专利文件的全文文本文件，方便拷贝；⑧药物专题数据库检索功能较为强大，特别是针对中药专利的检索；⑨文献浏览界面支持摘要中英文机器翻译互译；⑩引文和被引数据较全，包括美国、欧专、中国、日本、WIPO等的数据，并提供进一步链接。

(2)不足之处在于：①在线批量浏览文献不得超过100篇，若超过100篇只能每10项翻页一次浏览；②不提供批量下载，文件必须逐项下载；③文献收藏夹下限量限制在30项，过少；④文献搜索界面不提供同族聚类选项，在文件浏览方面存在一定的障碍，加入分析库后虽进行了同一文件不同公布级去重，但仍不提供同族聚类选项，一定程度上会影响数据的统计分析。

2. 中国及多国专利审查信息查询系统

多国发明专利审查信息查询服务可以查询中国国家知识产权局、欧洲专利局、日本特许厅、韩国特许厅、美国专利商标局受理的发明专利审查信息。用户登录本系统并进入多国发明专利审查信息查询界面，可以通过输入申请号、公开号、优先权号查询该申请的同族(由欧洲专利局提供)相关信息，并可以查询中、欧、日、韩、美的申请及审查信息。该系统同样由"政务服务平台"进入，如图4.29所示。

图4.29　中国及多国专利审查信息查询系统入口

该系统用户分为注册用户和普通用户：①注册用户是指电子申请注册用户，可以使用电子申请的注册名和密码登陆，查询该注册用户名下的所有专利申请的相关信息。②普通用户是指社会公众，可以通过输入申请号、发明名称、申请人等内容，对已经公布的发明专利申请或已经公告的发明、实用新型及外观设计专利申请的相关信息进行查询。

以中国专利申请 CN201610701779.9 为例，在中国及多国专利审查信息系统中可查询到的信息如图 4.30～图 4.33 所示。

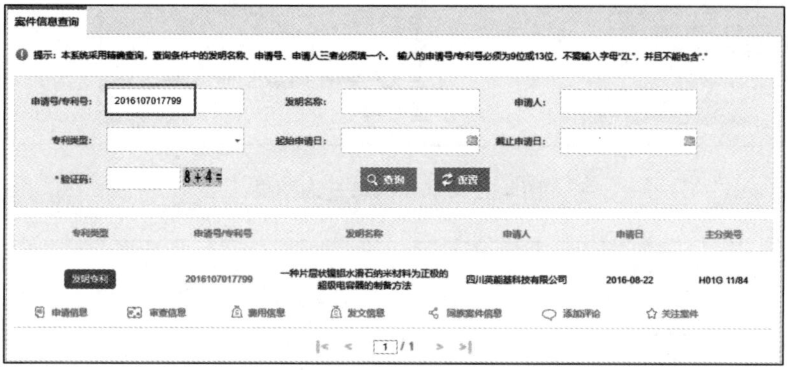

图 4.30　中国及多国专利审查信息查询页面

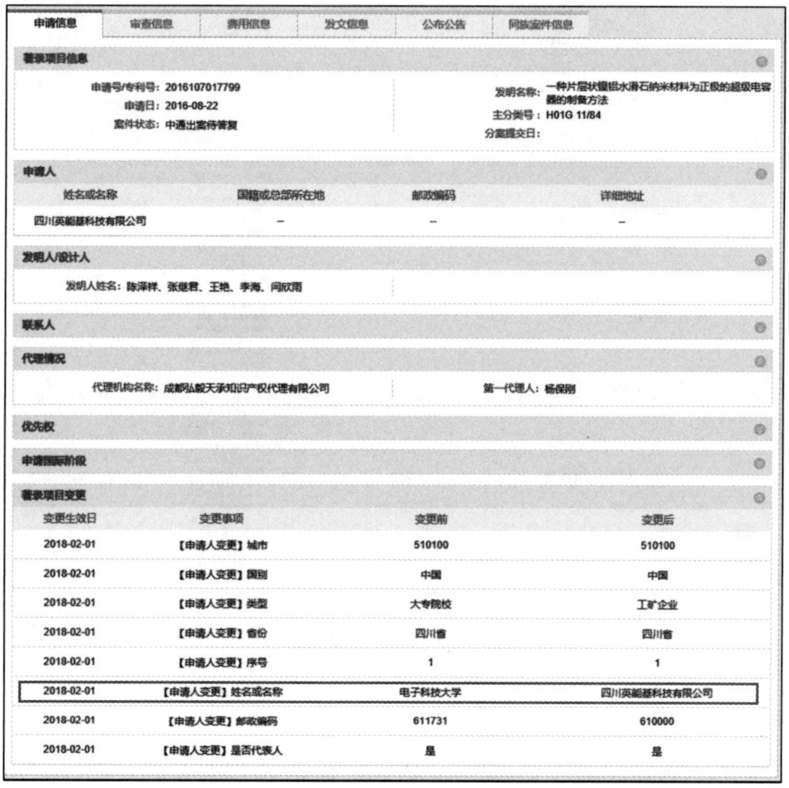

图 4.31　申请信息查询结果

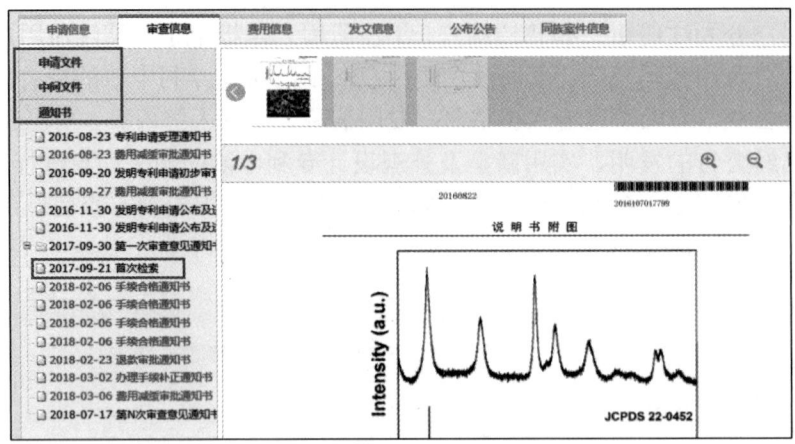

图 4.32 审查信息查询结果

检索类型：首次检索　　申请号：2016107017799
申请日：2016-08-22　　申请人：四川英能基科技有限公司
最早的优先权日：　　权利要求项数：6
说明书段数：48+4　　审查员确定的IPC分类号：H01G 11/84,H01G 11/86,H01G 11/24,H01G 11/26,H01G 11/30,B82Y 30/00
检索记录信息：

专利对比文献

类型	国别	文献号	文献类别	公开日期	IPC分类号	涉及权利要求项	相关页数
Y	CN	104900419	A	2015-09-09	H01G 11/36	1-6	说明书第[0015]-[...
Y	CN	104779059	A	2015-07-15	H01G 11/30	1-6	说明书第[0010]-[...
A	CN	102779646	A	2012-11-14	H01G 9/042	1-6	全文
A	CN	103962140	A	2014-08-06	B01J 23/755	1-6	全文
A	CN	104843805	A	2015-08-19	C01G 53/04	1-6	全文

期刊对比文献

类型	期刊文摘名称	卷号	期号	发行日期	作者	标题	涉及权利要求项	相关页数
A	《Electrochimica Acta》	第49卷		2004-03-28	Xian-Ming Liu 等	Studies on MeAl-layered double hydroxides (Me = Ni and Co) as electrode materials for electrochemical capacitors	1-6	第3137-3141页
A	《Chemistry of Materials》	第23卷		2011-07-07	Zan Gao 等	Graphene NanosheetNi2+Al 3+ Layered Double-Hydroxide Composite as a Novel Electrode for a Supercapacitor	1-6	第3509-3516页
A	《Journal of Sol-Gel Science and Technology》	第62卷		2012-01-24	Kiyoharu Tadanaga 等	Preparation of Co–Al and Ni–Al layered double hydroxide thin films by a sol–gel process with hot water treatment	1-6	第111-116页
A	《Electrochimica Acta》	第134卷		2014-05-02	Y Wimalasiri 等	Assembly of Ni-Al layered double hydroxide and graphene electrodes for supercapacitors	1-6	第127-135页

书籍对比文献

类型	书名	卷号	版本号	出版日期	作者	标题	涉及权利要求项	参考页数

图 4.33 检索报告查询结果

(二) Espacenet

欧洲专利局(European Patent Office，EPO)是根据《欧洲专利公约》(*European Patent Convention*，EPC)成立的政府间组织，其主要职能是负责欧洲专利申请的审查、批准及欧洲专利授权公告后异议的审理以及文献出版工作。EPO 提供：①European patent register (欧洲专利登记簿),可检索 1978 年以来欧洲专利局公布的欧洲专利申请以及指定欧洲的 PCT 申请的信息;②Espacenet,可检索提供超过 90 个不同国家和地区公布的专利申请信息、欧洲专利局公布的所有专利申请以及提供世界知识产权组织公布的所有专利申请;③ European publication server(欧洲专利文献出版服务器),可检索欧洲专利申请副本、授权的欧洲专利说明书、修正文本。下面主要介绍 Espacenet。

Espacenet 的链接为 http://worldwide.espacenet.com/,免费开放,涵盖数据量大,数据更新大概会滞后各局更新日 1 个月左右(图 4.34)。

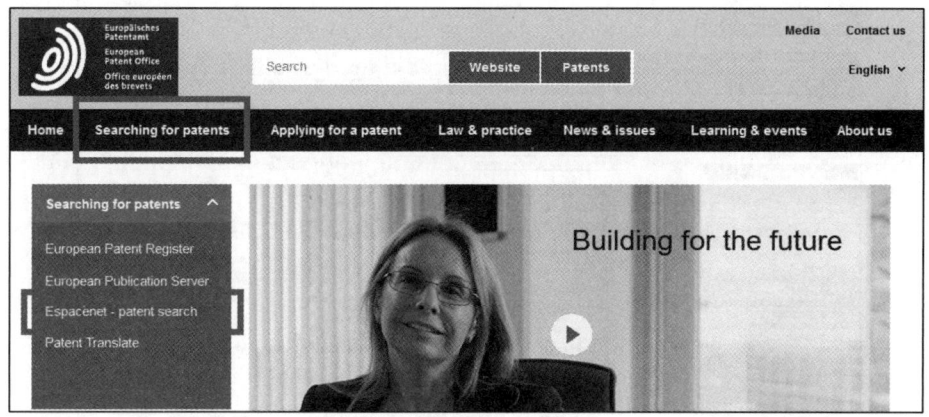

图 4.34　Espacenet 数据库

Espacenet 提供三种检索方式：智能检索(Smart search)、高级检索(Advanced search)和分类检索(Classification search)(图 4.35)。

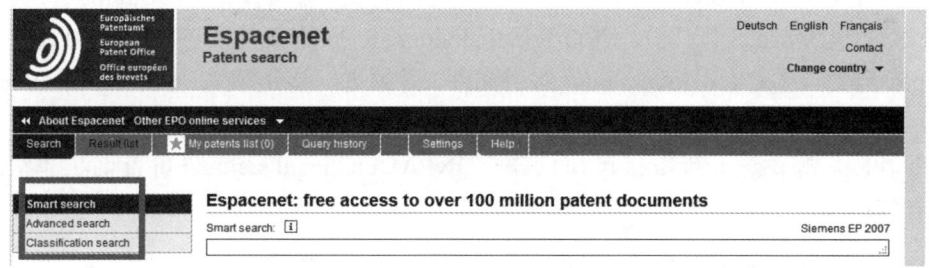

图 4.35　Espacenet 的三种检索方式

Smart search 提供两种检索方式：①直接输入检索条件,可以输入描述发明类型的词,也可以输入专利文献的号码、发明人或公司的名称、专利申请的日期或年代;②输入包含字段代码的检索式,在检索式中使用字段代码时,表示方式为"字段代码=检索要素"。

高级检索(Advanced search)提供发明名称(Title)、发明名称或摘要(Title or abstract)、公布号(Publication number)、申请号(Application Number)、优先权号(Priority number)、公布日(Publication date)、申请人(Applicatant(s))、发明人(Inventor(s))、联合专利分类号(CPC)、国际专利分类号(IPC)等检索方式。

高级检索下,可在不同的文本框内填入相应信息进行检索,允许进行全文文本中的关键词检索。在每个文本框中允许逻辑检索,但各文本框间默认为"AND"算符。因此,在逻辑检索方面该数据库有一定的局限。

分类检索提供对联合专利分类(cooperative patent classification,CPC)的浏览和检索。点击类名,系统会显示进一步细分的类。在文本框中输入主题词或分类号,可以查找主题词和分类号之间的对照或分类号的详细类名(图4.36)。

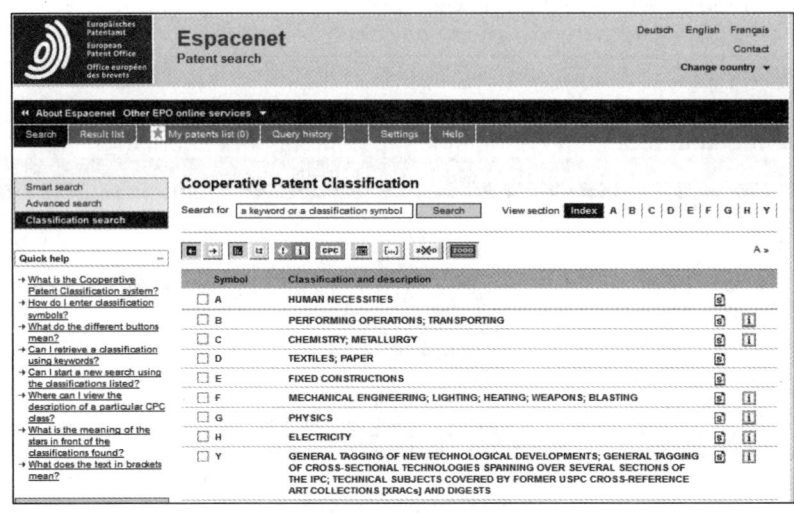

图4.36 Espacenet的分类检索

如图4.37所示,检索结果可分为九个浏览模块:①Bibliographic data(著录项目);②Description(说明书 Word 版本,该界面中可进行全文机器翻译);③Claims(权利要求书 Word 版本);④Mosaics(附图);⑤Original document(原始文件,该界面可浏览并下载原始文件 pdf 全文);⑥Cited documents(前引文件,提供进一步链接);⑦Citing documents(后引文件,提供进一步链接);⑧INPADOC legal status(法律状态);⑨INPADOC patent family(专利族,提供进一步链接)。而点击"INPADOC legal status"可查询法律状态,但数据不全(表4.8)。

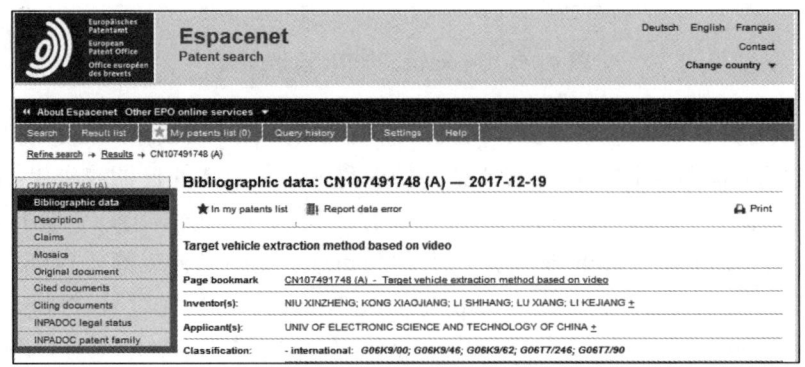

图4.37 Espacenet检索结果

表 4.8 Espacene 常见法律状态描述

Status	字段显示内容含义
Request for examination was made	已提交审查请求
The international publication has been made	国际公布已完成
The examination is in progress	正在进行审查
The application is deemed to be withdrawn	申请视撤
The application has been withdrawn	申请被撤回
Grant of patent is intended	有授权可能
Patent has been granted	已授权
No opposition filed within time limit	在规定期限内没有异议申请
The application has been refused	申请被驳回
Patent revoked	专利权无效

(三)德温特专利创新索引

德温特专利创新索引(Derwent innovation index，DII)数据库收录了来自 42 个专利机构授权的 1480 多万项基本发明、3000 多万条专利。每周更新一次，包含 DWPI 数据和专利引文数据，提供简单的排序筛选功能。

该平台的优势在于 DWPI 数据，该数据系原始专利信息经过德温特专家改写得到的，专家们根据专利全文内容，特别是权利要求项，用英文重新改写文摘以反映专利的核心技术内容、新颖性、效果/优点等。通过德温特独有的数据深加工标引字段，为研究人员提供了准确迅速的检索途径，如专利权人代码、德温特分类、德温特手工代码、化合物名称、被引专利检索等，可有效避免漏检与阅读困难。DII 数据库集成在 Web of Science 平台上，数据库进入界面不接受中文检索词输入，如图 4.38 和图 4.39 所示。

图 4.38 DII 数据库检索入口

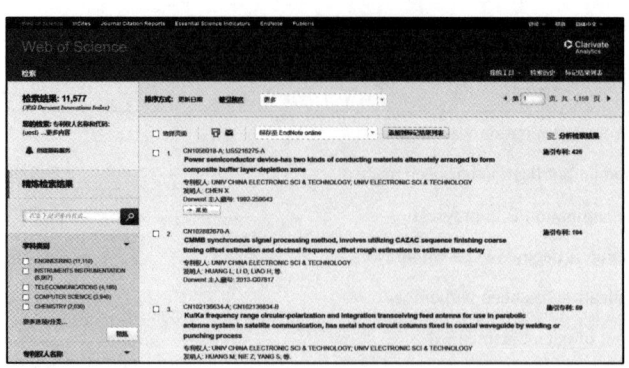

图 4.39　DII 数据库检索结果页面

DII 全记录包含的内容（图 4.40）：①专利号；②标题，简洁的英文描述性标题醒目地指出专利说明书中所谈到的发明的本质及其新颖性，但该字段为 DWPI 改写后的标题，并非专利原始标题；③发明人，发明人的姓名以姓氏在前的格式表现，最多可以包含 30 个字符；④专利权人，指在法律上拥有专利全部或部分权利的个人或公司；⑤德温特存取号，这是德温特分配给每一个专利家族中第一个专利的唯一的分类号；⑥摘要，由德温特专业人员用英语书写，简洁、准确、相关，覆盖了发明最广泛的领域；⑦图，有关专利的图画或图表被选出来作为发明的重要组成部分；⑧德温特分类代码；⑨德温特手工代码；⑩专利出版日期、页数及语种；⑪申请细节及日期，申请号码是专利局给专利文档分配的当地档案号码，申请日期是专利在专利局申请时的登记日期；⑫优先申请信息及日期，首次申请号为优先申请号，首次申请日期为优先申请日期；⑬国际专利分类号。

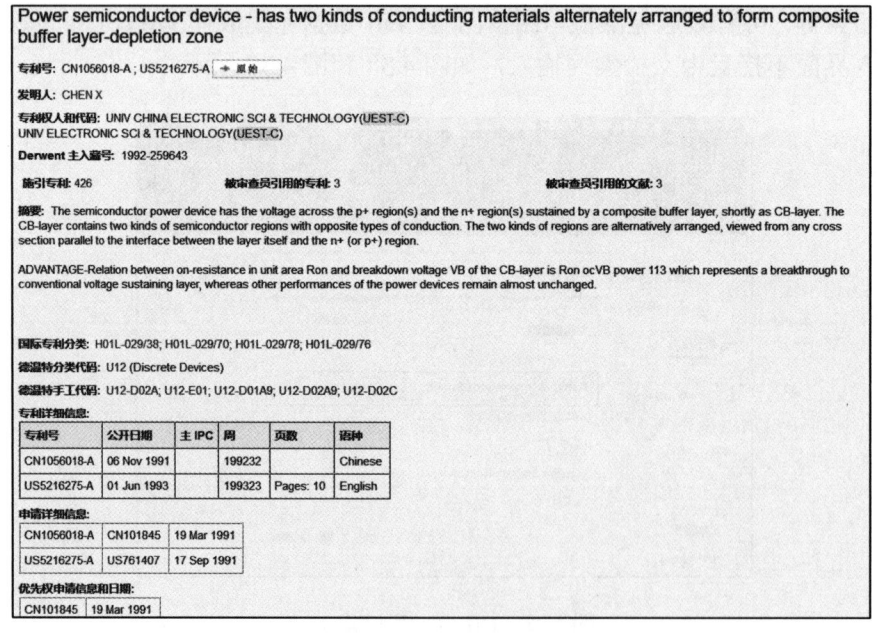

图 4.40　DII 数据库详情页面

(四)大为

Innojoy 专利平台(http://www.innojoy.com/search/home.html)由保定大为公司开发,可提供中、英、日、法等多种语言进行专利检索、在线分析、定期预警和机器翻译等功能,目前作为综合性的专利信息利用平台,免费用户可使用部分功能,本节主要介绍该平台可免费使用的功能。

Innojoy 的官方介绍平台的专利数据范围包括中国专利及国外 100 多个国家和组织(包括美国、日本、英国、德国、法国、俄罗斯、比利时、EPO、WIPO、瑞士等)的 1 亿多条高品质全球专利商业数据、19 个国家/地区的代码化全文数据以及美国增值数据,如图 4.41 和图 4.42 所示。

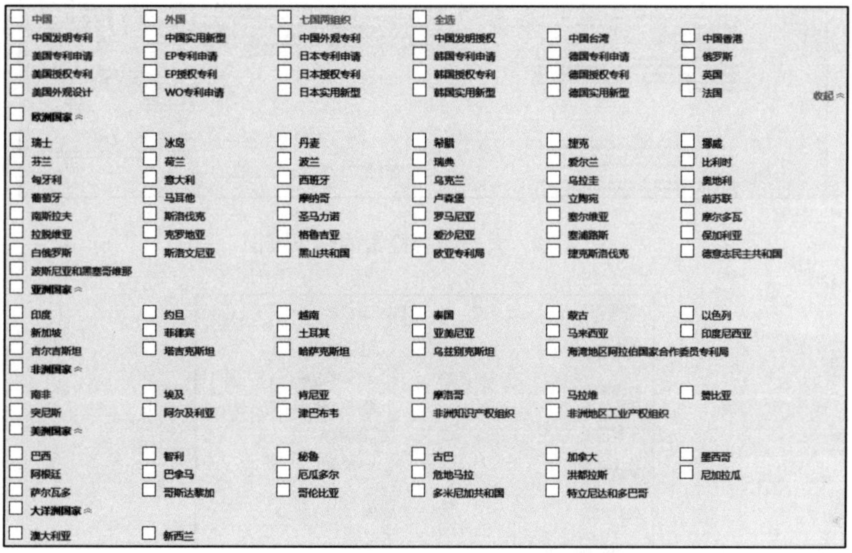

图 4.41 大为专利检索的收录范围

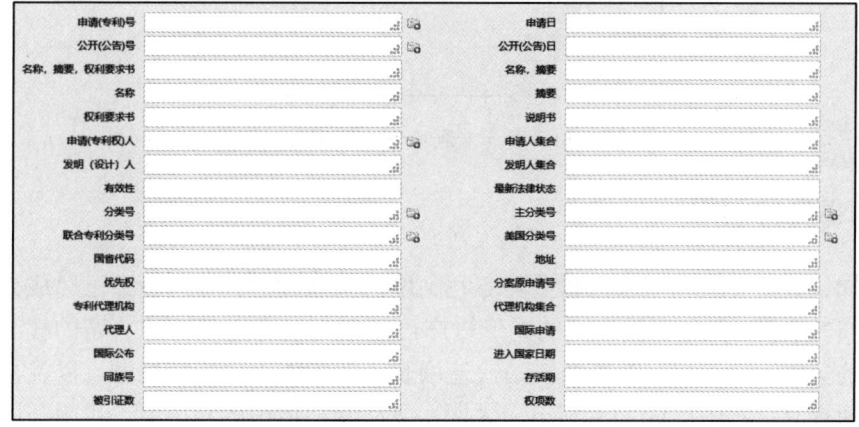

图 4.42 大为专利检索的可用字段

无论是简单检索、逻辑检索还是表格检索等,都可以在输入检索条件之后在右下角浏览到检索结果的数量,以及专利类型的数量等。

检索结果显示界面可以根据客户的不同需求,分为三栏式、三栏无图式、列表式、列表无图式、首图式来显示结果。针对检索结果,可以进行同族合并,避免用户浏览重复的信息。

大为专利检索免费版也向用户开放法律状态、运营状态的检索,特别是中国专利的运营情况(图4.43、图4.44)。

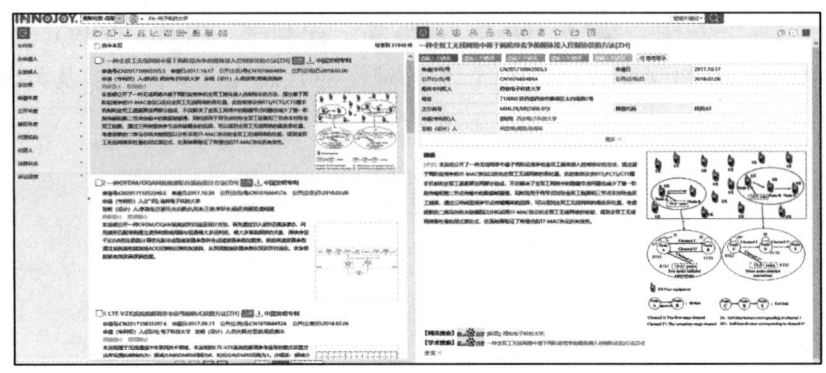

图4.43 大为专利检索的结果页面

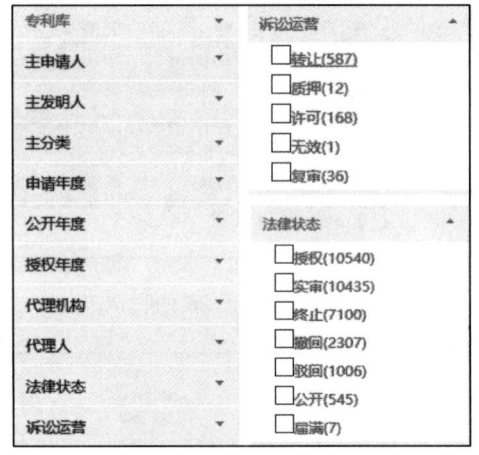

图4.44 大为专利检索的结果分类栏

四、专利信息的利用

随着知识经济、经济全球化和世界专利制度的深入发展,专利资源已经成为国家产业发展的战略性资源,以专利权为主的无形资产已经成为世界主要跨国公司的核心资产和市场竞争力的关键。近年来,随着经济的快速增长、创新能力的持续增强,以及全社会专利意识的不断提高,我国已成为专利申请大国,但从专利运用的角度看,我国与国际先进水平还有很大差距。

本节主要介绍常用的专利分析与特定检索。专利分析是一个对专利说明书、专利公报中大量零碎的专利信息进行收集、整理、加工、分析,并利用统计学方法和技巧使这些信息转化为具有总揽全局及预测功能的竞争情报,从而为企业的技术、产品及服务开发中的决策提供参考的过程。特定检索是一个根据特定目的,通过检索式的操作,从专利数据库中萃取符合该特定目的的相应专利的过程。

(一)专利信息分析

专利分析报告是专利信息分析工作成果的重要表现形式,能够充分展示专利信息分析工作的成果。专利分析报告是一个统称,可以应用于不同的场景和目的。

1. 专利信息分析流程

专利信息分析流程的主要步骤如下。

(1)明确分析目标。了解项目的类型和背景,确定项目的客体和目的,以及明确项目的检索范围等。了解清楚真实需求是开展专利分析工作的原始基础,也是作出一份好的专利分析报告的重要前提。

(2)了解技术背景和开展行业调研。专利分析人员需要主动了解该项目的相关情况,不仅要跟项目需求方的联系人直接沟通,还要跟该项目相关的技术研发人员沟通确认,最好是通过面对面交流的方式了解清楚整个项目的来龙去脉和项目的最终目的。在有必要的情况下,专利分析人员还应该主动通过其他方式去调查发掘该项目的一些背景资料。

(3)制定项目技术分解表。

(4)制定专利检索式。有的时候尤其是在有检索效率压力的情况下,很难保证同时达到检索结果的完整性和准确性。这个时候需要专利分析人员根据项目实际情况作出权衡或平衡,其中最基本的考虑因素是该项目的类型和目的。如果该项目是一个大型的产业专利分析项目,则应更关注检索结果的完整性;如果该项目是一个查新检索或无效检索项目,则应更关注检索结果的准确性。对于那种必须同等关注检索结果完整性和准确性的项目,如竞争对手技术竞争情报分析项目,一般可以采用"先保全,再抓准"的策略。

(5)优化完善专利检索式并去噪。检索阶段大致可以分为专利检索和专利筛选两个步骤。而在实务中,为了达到特定的目的,这两个步骤一般会重复操作多次。

(6)制定标引规则。

(7)进行人工专利数据标引。

(8)规划主要分析框架。分析过程一般包含统计分析和技术分析两个阶段,统计分析可由一些专业的分析软件或分析系统直接来完成,以生成的图表来展示统计分析结果,如以分类号划分的技术分支分析图表、申请人分析图表、地域性分析图表、法律状态分析图表等。但是,此类分析软件或系统的操作灵活性一般较差,图表的变化样式不多,一般较难满足个性化分析需求。技术分析是专利分析人员对专利文献中的技术内容进行解读分析的过程。通过对技术内容的解读,可以对专利检索的结果数据进行更合理的技术分类,制作技术功效矩阵图,分析预测特定技术或不同技术分支的技术发展趋势,跟踪竞争对手的技术布局等。技术分析阶段不仅是分析阶段更是整个专利分析项目的核心阶段,是最能体现专利分析人员专业功底的部分,也是最能体现专利分析报告质量的地方。

(9) 依各框架需求制作图表并解读。

(10) 必要时进行进一步的专利分析，如侵权分析等。

(11) 结合行业总体情况撰写报告并提出建议：一份好的专利分析报告不应该仅仅是一份"专利信息"分析报告，也不应该只是一份"技术信息"分析报告，而应该是一份"综合信息"分析报告，这里的"综合信息"应包含专利技术信息、非专利技术信息（如科技论文、技术报告、专业技术书籍等）、产业信息、市场信息、法律诉讼信息等。

专利分析报告一般由咨询公司等为客户定制完成，受版权等因素影响，公众无法公开获取。近年来，国知局为了推广专利分析项目启动了重点领域重大技术专利分析和预警工作，累计开展近百项专利分析和预警项目，围绕国家重点领域重大技术、战略性新兴产业、国家重大专项以及地方重大经济活动等形成了丰硕研究成果。相关成果以纸质书的形式出版，网络上公开部分内容。

2. 专利信息分析方法

分析目的决定了分析内容，如果只需要分析某行业的专利申请趋势，则应当以数据层面的分析为主；如果需要对某一即将出口的产品进行专利侵权风险分析，则应当以技术层面的权利要求分析为主；如果想要分析某一竞争对手的专利挖掘策略，则应当在技术层面分析的基础之上进行策略上的宏观分析等。

分析内容决定了需要分析的深入程度，有些分析内容不仅需要数据层面的分析，还需要技术层面、战略层面乃至系统应用层面的分析，如对竞争对手的分析，既需要统计其专利申请趋势的数据，又需要对其关注的重点技术、技术的研发动向等技术层面进行分析，还需要分析其专利布局策略、专利诉讼策略、专利运用策略等。根据分析对象可分析的程度，通常可将专利分析方法分为三种。

(1) 定性分析。定性分析是将专利文献信息的内部特征（如说明书、权利要求书的内容等）运用数据挖掘等手段进行归纳和整理，然后运用专业技术进行解读和分析的方法。

(2) 定量分析。定量分析是利用数理统计、科学计量等方法对专利文献及其相关信息进行加工整理和统计分析。定量分析主要是通过专利文献上所固有的著录项目来识别相关文献，经过数据加工分析获得相关信息和情报。

(3) 拟定量分析。专利拟定量分析是专利定量分析与定性分析相结合的分析方法。专利拟定量分析通常由数理统计入手，然后进行全面、系统的技术分类和比较研究，再进行有针对性的量化分析。

1) 趋势分析

趋势分析属于定量分析的一种，本质在于找出大量数据之间的关联。趋势分析是指对专利技术按时间分布进行研究，即将简单统计分析的结果按时间序列予以整理，目的在于掌握统计数据依时间变化的规律。变量主要包括专利申请量或授权量、专利申请人数量等。如图 4.45 所示，该技术领域专利申请有四个期间，依次为缓慢发展期、第一快速发展期、调整期和第二快速发展期，同期的专利申请人数量也类似分布。最近的第二快速发展期中，专利申请量和专利申请人数量均在上升，显示该领域仍旧处于多家公司持续参与的技术发展期。中国专利申请量自 1991 年起处于上升阶段。分析时，可结合行业背景分析数据

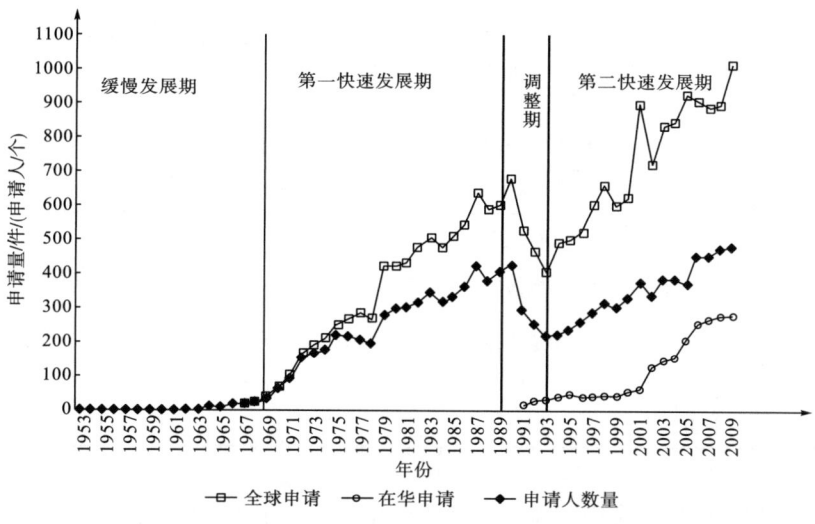

图 4.45　切削加工刀具专利全球申请趋势

拐点。技术因素：20 世纪 60 年代以来的硬质合金材料技术；20 世纪 70 年代兴起的并不断发展的刀具涂层技术和可转位刀片技术等。经济因素：经济危机不仅会导致股市缩水，同样也会逼迫各个企业压缩各项开支（包括研发投入）。地缘政治因素：1991 年底，苏联解体，这必将严重影响其在科技研发上的投入。世界贸易因素：2001 年底，中国正式加入世界贸易组织（World Trade Organization，WTO），从此全面实施了保护知识产权的 TPIPs 协议。中国的政策因素：中国在"十五"规划、"十一五"规划、中长期科技规划、振兴装备制造业规划等中制定了一系列的激励政策。

从图 4.46 可以看出，从 2009 年开始，每年都有大量的新增发明人进入石墨烯相关技术领域，这说明石墨烯相关技术正处于成长阶段，全球研发投入快速增长推动石墨烯技术应用范围不断扩大。可以预测，在未来几年中全球专利推动石墨烯技术应用范围不断扩大。

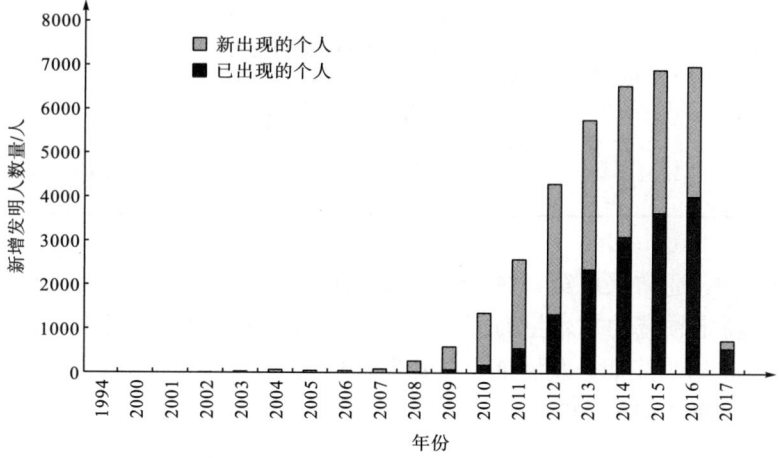

图 4.46　石墨烯发明人时序分布

注：2017 年部分数据暂缺

技术的发展同产品一样，具有一定的生命周期。一般来说，技术的发展可能经历萌芽期、发展期、成熟期、衰退期、复苏期五个阶段（表4.9）。

表4.9 技术生命周期各阶段的意义

发展期	申请人	申请量	说明
萌芽期	较少	较少	技术集中度高
发展期	急剧增加	急剧增加	基础发明呈纵向、横向发展，应用发明逐渐出现。技术投入回报相对较大
成熟期	基本不变	增速放缓	新增企业很少，申请量继续增加。发展空间相对较小
衰退期	下降	下降	企业被市场淘汰，申请量减少
复苏期	回升	回升	取决于技术突破和市场

对专利技术生命周期的描述主要有两种方法：专利数量测算法（表4.10）、图示法。①专利数量测算法通过计算技术生长率（v）、技术成熟系数（α）、技术衰老系数（β）、新技术特征系数（N）的值测算专利技术生命周期。②技术生命周期的图示法是将某一技术在不同时间段内的专利申请情况以图形的形式展现出来，一般分为两种形式：专利数量随时间变化的技术生命周期图，以及专利数量与专利申请人随时间变化的技术生命周期图。

表4.10 专利数量测算法

系数	公式	定义	说明
技术生长率（v）	$v=a/A$	某技术领域发明专利申请或授权量占过去五年该技术领域发明专利申请或授权量的比率	a：某技术领域发明专利申请或授权量 A：过去五年该技术领域发明专利申请或授权量
技术成熟系数（α）	$\alpha=a/(a+b)$	某技术领域发明专利申请或授权量占该技术类领域发明专利和实用新型专利申请或授权总量的比率。若比率逐年减小，则说明技术处于成熟期	b：该技术类领域实用新型专利申请或授权总量
技术衰老系数（β）	$\beta=(a+b)/(a+b+c)$	某技术领域发明和实用新型专利申请或授权量占该技术领域发明专利、实用新型、外观设计三种申请或授权总量的比率。若比率逐年减小，则说明技术处于衰老期	c：该技术类领域外观设计申请或授权总量
新技术特征系数（N）	$N=(v^2+a^2)^{1/2}$	N越大，新技术特征越强	由技术生长率和技术成熟系数推算得出

在专利分析中，通常采用第二种形式。以纵轴表示专利申请人数量，横轴表示专利申请量。通过某一特定领域的技术生命周期图与通用曲线图的比较，可发现该产业所处的技术生命周期情况，如萌芽期、发展期、成熟期、衰退期、复苏期。以此作为研发投入或研发战略制定的重要参考（图4.47）。

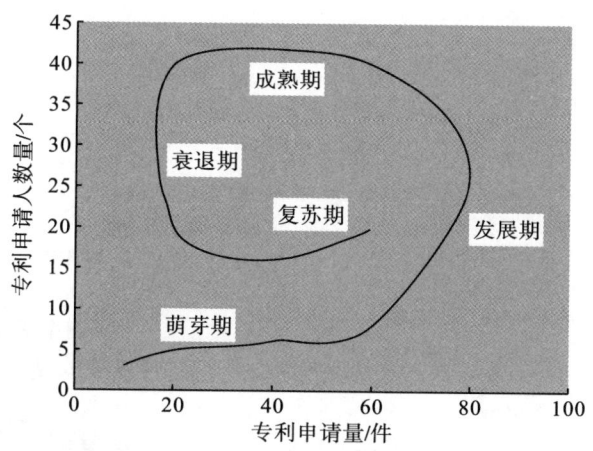

图 4.47 技术生命周期图示

2）专利布局分析

由于专利受理国不一定是专利申请国，为了解专利技术的原创来源，需要分析最早优先权国的专利情况。专利受理国的分析方法与申请国的方法相同。根据图 4.48 对石墨烯技术技专利文献的最早优先权进行统计分析发现，中国处于技术原创国的首位，其专利受理数量大幅领先于随后其他各国家、地区和组织，占据了 66.57%的份额；韩国、美国、日本紧随其后，也是该项技术的主要技术原创国。但是，韩国、美国和日本等的专利申请数量与中国有较大的差距。

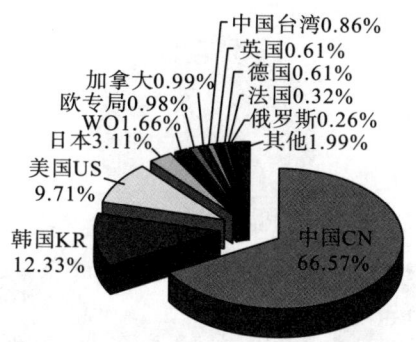

图 4.48 石墨烯技术专利最早优先权国家、地区和组织

从图 4.49 可以看出，美国和日本是最早进入该技术领域的国家，其他国家和地区则在 2006 年前后开始相关研究，其中日本、英国、加拿大等国的申请量始终保持稳定，增长缓慢，而中国、美国和韩国在 2010 年后申请数量增长迅速。其中，以中国的增长速度最快，受理的石墨烯相关专利基本上集中在近 3 年。

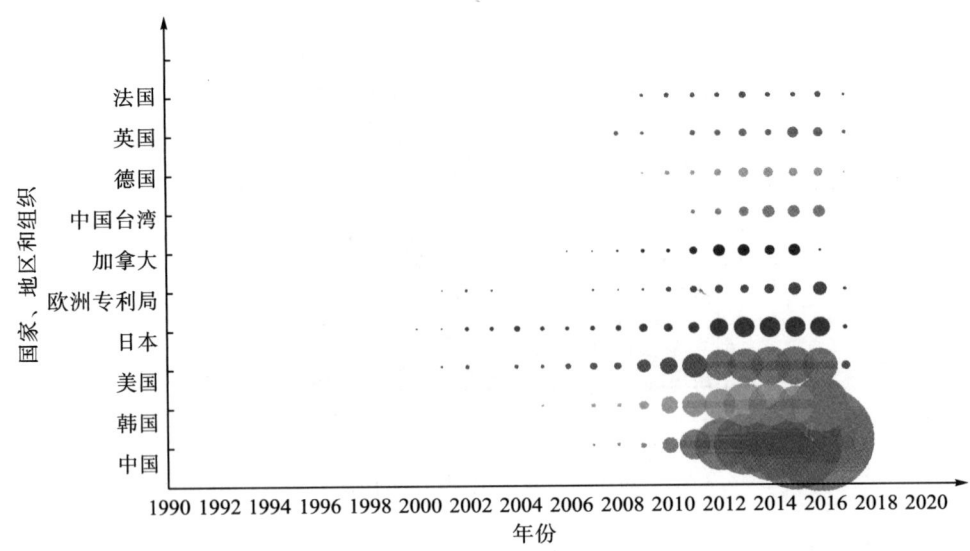

图 4.49　石墨烯技术主要最早优先权国家、地区和组织时间趋势

在对技术发源地和申请地进行分析后,仅对主要国家(中国、美国、日本、韩国)间的技术流向进行分析,可以看出如下特点:①中国,专利体量大,但国外专利技术布局相对少,以在美国申请为主;②日本,技术流向美国的最多,达到 6.7%;③韩国,技术流向美国和日本的最多,分别达到 17.4%、9.2%;④美国,流向日本和韩国的最多,分别达到 20.8%、7.0%(图 4.50)。

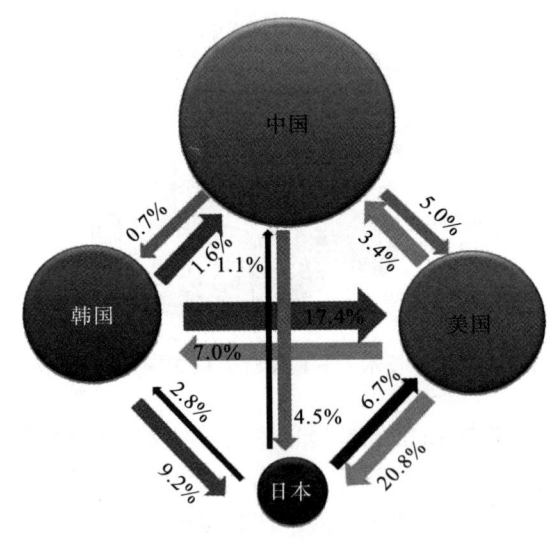

图 4.50　石墨烯技术主要国家专利流向

3) 发明人分析

布拉德福经过长期观察,对各种文献进行了大量的调查统计,得到定量描述科学文献集中-分散的经验定律:"如果将科学期刊按其刊载某个学科领域的论文数量,以递减顺

序排列起来,就可以在所有这些期刊中区分出载文量最高的核心区和包含着与核心区同等数量论文的随后几个区,这时核心区和后继区中所含的期刊数成 1：a：$a2$…的关系($a>1$)"。按照这一定律,如果把刊载与某一学科有关的论文的期刊分成几个区域,则必然是载文率逐区下降,而期刊数量逐区上升。

已有研究表明,布拉德福定律同样也适用于专利文献。通过布氏定律在专利情报分析中的应用,有助于分析研究主题领域内的核心技术分布、核心研发群体分布等特点。例如,应用布拉德福定律确定研发高产出人群,对这一群体加以重点关注甚至开展跟踪研究,有助于了解领域内创新活动的源头,把握创新动态。以某汽车电子产品相关专利为例,截至2005年,该技术领域有专利申请13663件,涉及7243位发明人,每位发明人的申请量为一件至数十件不等,其中申请量最高的发明人提出了56件申请。对上述专利申请及发明人进行统计研究,利用布拉德福定律划分该技术领域的核心发明人群、一般性发明人群、相关发明人群,从而确定该领域的高产出率核心创新群体(表 4.11)。

表 4.11　某汽车电子产品领域核心发明人群分布研究

划分区域	发明人数/人	专利申请量/项
第一区域(本领域核心发明人群)	524	4507
第二区域(本领域一般发明人群)	2076	4513
第三区域(本领域相关发明人群)	4643	4643

对由此确定的核心发明人群进一步展开重点研究,可借此分析所在的公司、区域、国家的创新活动特点与趋势等。

4)技术功效矩阵

将某领域的技术手段种类与对应实现的功效种类构成矩阵,可以看出技术密集区、空白区,并根据上述情况选择技术创新点。专利技术功效矩阵常用形式见表4.12。横行列出专利文献技术所能达到的功效种类,纵列表示出专利文献技术中采用的技术手段种类。

表 4.12　技术功效矩阵

技术方案	功效1	功效2	功效3	…	功效N
技术方案1	5	9	4	12	2
技术方案2	42	38	17	31	7
技术方案3	33	0	3	4	1

5)重点专利挖掘

专利价值分析对于专利权交易、专利融资极为重要。专利交易包括专利的转让及专利的许可,专利融资则包括专利质押贷款、专利作为无形资产作价入股。与有形资产在市场上容易评估明确价格不同,专利作为无形资产,评估其确切的价格非常困难,一方面,特定的专利往往缺乏可以参考的公开交易;另一方面,谈判的对象不同,估值也会发生极大差异。此外,专利的价格随着各种市场因素、科技因素,甚至法律因素的变化一直处于变动之中。即使存在第三方的资产评估机构，也可以依委托就特定专利给出相应的评估价格，但业界对于这样评估出的价格往往不置可否。目前，比较适当的做法是就待评估专利给出价值分析的定性结论，而将具体的价格留给交易或融资双方去谈判，由双方根据具体情况合意确定。

因此本节讨论的专利价值分析是建立在一定的客观事实分析的基础之上得出的一种定性的结论，不涉及具体的价格。

2012年10月，国家知识产权局专利管理司、中国技术交易所联合推出的专利价值分析指标体系进一步细化了相关的评估因素，并给出了相应的打分指导，以期规范专利价值分析工作。具体而言，该指标体系由法律价值度、技术价值度、经济价值度三个维度构成，在三个维度下，又分别设置了若干支撑指标。中国技术交易所相关专家认为，专利价值评估应当由相应的专业团队完成，其中技术价值度和经济价值度的打分应当由行业资深人士，如技术专家和市场专家进行。由于该指标体系关注的是专利内在价值的客观反映，因此，专利运用方面的因素对实现专利价值的影响（如产业化能力、市场营销能力、资本投入能力等）、侵权分析和专利的价格三项内容未包含在该指标体系的分析范围之内。

此外，部分数据库，如Innography、大为、Incopat等商用数据库纷纷推出专利价值评分的功能，基于整体的背景数据，对每件专利进行评分。评分依据主要包括权利要求数量、引用与被引用次数、是否涉诉、专利申请时长、同族专利数量等，具体算法则为其商业秘密。

6) 其他指标

其他指标包括数量类型指标和质量类型指标。

(1) 数量类型指标。数量类型指标是反映专利状况的基本表征，即按照一个或多个标准对专利数据项进行计数，是最为基础的专利统计指标。常用专利数量型指标如下。

①专利数量。包括专利申请量、专利授权量、无效专利量等，还可进一步细分为发明专利、实用新型专利、外观设计专利的申请量、授权量、对外申请量、对外授权量等。该指标可以反映国家、地区、行业、领域、组织、机构、个人等不同层面、不同主体在某一时间范围内的专利产出情况。其中，授权量和无效专利量指标还可以反映专利的质量情况。

②专利发明人数量。分析某一技术领域发明创造最多的技术人才，可借此掌握相关领域的重要人力资源。

③国际专利分类号数量。已有一些学者就专利文献中的IPC数量及其技术覆盖范围开展了研究，实证显示专利被引用次数与其IPC数量（统计到小类级）高度正相关，如证明了美国生物技术公司的市值随其专利技术覆盖范围的增大而提高。

④权利要求数量。专利权利要求是专利保护的核心问题，它不仅仅只是对专利技术精准简练的描述，更是对专利权保护范围的界定，是判断他人是否侵权的依据，具有直接的法律效力。专利文献中权利要求的表达与专利技术的价值之间存在高度相关关系，专利权利要求能够体现国家的技术能力，专利权利要求数量是专利价值的一个重要表现。

(2) 质量类型指标。尽管对引证频次的意义存在一些争议，但总体而言，国外大多数研究普遍认同专利引证频次是衡量专利技术影响力和质量的一个可信指标。因而，许多分析研究也将其作为专利质量与价值的重要评价依据。20世纪90年代，随着信息技术、网络技术与专利数据库的不断发展、完善，引证关系分析方法体系也得以不断完善，引证关系及其更多的衍生指标也越来越频繁地被应用于分析评价专利质量与影响力。常用专利质量型指标如下。

①专利引证频次。在一定时间范围内，在先专利被在后专利（一般以授权专利为统计对象）所引用的次数之和。

②引证率。该指标可分为专利自引率、他引率。自引率指在先专利被该专利的权利人（或发明人）的在后专利所引用的次数与该在先专利所拥有的总被引次数的比值。在先专利可以是单件的，也可以是呈集群的若干专利。

③专利存活率。专利存活率是自申请日或授权日起一定期限后的有效专利量与专利授权量的比率。由于专利授权后维持专利权需要缴纳专利年费，一般来说专利权人只会对具备一定技术水平和市场价值或者对自身发展有战略性影响的专利续费，因此该指标可在一定程度上衡量专利的重要性和技术水平。

④专利转移率。专利转移率是一定时间范围内，专利转移量与专利授权量的比率。该指标可分为专利许可实施率和专利转让率两类。一般来说，只有已实施有收益的或者将会实施有潜在经济价值的专利才会发生专利转移，因此该指标可以在一定程度上衡量专利的价值。但在使用此指标衡量专利的价值时，应注意区分与国防相关和与公益相关等专利种类。由于这种专利具有特殊性，其是否转移、能否转移，以及用何种方式转移都涉及国家和公众的利益，因此转移率的高低并不能唯一衡量这种专利的价值。类似的还有质押率、届满率、无效宣告率。

⑤专利家族规模。专利家族规模有助于了解权利人的国际市场意图，从而有助于了解该专利的价值。

(二)特定检索

1. 专利性检索

专利性检索也称专利对比文件检索，是指为确定申请专利的发明创造是否具备专利性，从发明创造的技术方案出发，对包括专利文献在内的全世界范围内的各种出版物进行的检索。专利性检索的目的是找出可进行新颖性或创造性对比的文件。一般针对本申请人或发明人的专利权主要用于确定一项已经申请的专利或即将申请的技术进行检索，目的在于判断该专利是否具有授权前景。专利性检索主要针对专利的新颖性、创造性进行检索。

下面仅介绍新颖性、创造性检索的原理。由于审查要求的动态变化，在实际操作中具体判断基准需参照最新的《专利审查指南》。

新颖性检索是指为确定申请专利的发明创造是否具有新颖性，从发明创造的主题对包括专利文献在内的全世界范围内的各种公开出版物进行的检索，其目的是找出可进行新颖性对比的文献。通常是找出一篇最接近的对比文件进行新颖性比对。根据 PCT 最低文献量的规定，新颖性应检索范围如下：1920 年以来的 8 国两组织（美国、日本、英国、德国、法国、瑞士、苏联（俄罗斯）、韩国及欧洲专利局、世界知识产权组织）的专利文献；1920年以来的讲英语、法语、德语、西班牙语的国家不要求优先权的专利文献；近五年的 100

多种科技期刊；中国专利文献及中国的科技期刊。

创造性检索是指为确定发明创造是否具备创造性，对各种公开出版物进行的检索，创造性检索是在新颖性检索的基础上进行的，只有当新颖性检索中未发现破坏新颖性的文献时，再继续进行创造性检索，目的是要找出与创造性相关的文献，可以找出几篇最接近的对比文件结合起来进行创造性比对。相对新颖性而言，创造性的判断存在一定的主观性。

以上仅介绍专利性检索中公开出版物的检索，其他的公开方式不予涉及，但这并不意味着其他形式的公开在新颖性、创造性的评价中不重要。需要注意的是，不同形式的公开方式在证据效力上存在差别。

2. 防侵权检索、无效检索

无效检索是为了向专利复审委员会提出专利无效宣告请求而提前做的专利检索。无效检索的目标很明确，即找出已经被授予专利权的专利被无效的主要理由——能够破坏专利权利要求的新颖性和创造性的现有技术，因此，该类检索在策略上与专利性检索十分接近。其区别在于无效检索直接面向的是已经被授予专利权的专利，而专利性检索面向的是一项专利性不明确的新的技术方案。此外，无效申请人要提供足够充分的证据，其主张才容易被专利复审委员会接受，因此无论是否已检索到相关证据，该证据应当足够充分，而专利性检索则是检索到最接近的现有技术即可，需要全面检索的前提是没有检索到影响目标技术方案新颖性和创造性的现有技术。

防侵权检索是要检索出独立权利要求保护范围覆盖产品技术方案的有效专利，因此，要秉承由内而外扩展检索的思路，首先采用类似专利性检索的方式获得技术相似度高的全部专利文献，然后在一定程度上扩展检索范围并在保留目标文献时考虑其保护范围是否可能覆盖待评估的技术方案，如有的专利保护主题为"一种干式套管"，对同类产品，也有的保护主题为"一种电气设备"。

严格意义上的防侵权检索特指为了规避侵权风险所做的对潜在侵权专利的检索，属于专利风险预警意义上的检索。广义的专利侵权检索则还包括对律师警告函中明确提到的专利进行确认的检索，如专利是否存在的检索、专利法律状态是否为有效的检索等。专利具有地域性，因此专利侵权检索首先要确定检索区域，即产品或技术方案在哪个国家或者区域存在侵权风险；其次，从理论上来说，要穷尽对该国或者区域的检索，以保证产品或者技术方案不侵犯该国或区域的任何有效专利（包括已授权专利和审查待授权的专利申请）的权利（表 4.13）。

表 4.13 三种特定检索对比

项目	专利性检索	专利无效检索	专利侵权检索
检索对象	技术方案	权利要求	技术方案
检索目标	评价技术方案的新颖性、创造性	评价权力要求的新颖性、创造性	评价是否落入权利要求保护范围
检索范围	不限	不限	指定国家、区域不限
难度	中	高	高
预警环节	是	否	是

续表

项目	专利性检索	专利无效检索	专利侵权检索
中止条件	查准	查准	查全
法律状态	不考虑	不考虑	考虑
用途	评估专利的授权前景	扫除壁垒，拓展市场	保障产品不侵权

3. 法律状态检索

专利法律状态是指在某一特定时间点，某项专利申请或授权专利在某一国家的权利类型、权利维持、权利范围、权利归属等状态，这些状态将直接影响专利权的存在与否以及专利权的权利范围。

专利法律状态检索是指对一项专利或专利申请当前所处的状态进行的检索，其目的是了解专利申请是否授权，授权专利是否有效，专利权人是否变更，以及与专利法律状态相关的其他信息。

法律状态的检索及分析是多数专利信息分析工作中不可或缺的内容。在防侵权分析、规避设计分析等方面，都需要首先明确涉及的专利文件处于何种状态。专利的状态不仅指法律状态，还包括以下内容。(1)其所在专利家族的布局情况、专利家族之间的连接关系。(2)在必要的情况下，查询该专利审查过程的中间文件、审查员做的检索报告，并比较各国授权的权利要求。(3)该专利的复审、无效、诉讼信息。检索专利的法律状态较为简单，既可以采用商业数据库快速查询到专利家族的全部法律状态；也可以采用免费数据库，如欧洲专利局 Worldwide 数据库提供专利家族各专利的法律状态，但进入相应的国家局数据库中查询最新网络公布的法律状态更为恰当。不过需要说明的是，网络的数据只用于初步确认专利的法律状态，最终应以各国家局出具的专利登记簿副本为准。

专利审查过程的中间文件(主要包括检索报告、审查员的审查意见以及申请人的答辩意见)建议采用 Global dossier 五局专利案卷系统检索并下载。当然也可以进入各国家局网站调取。对于非五局(美国、中国、欧洲专利局、日本、韩国)的其他国家、地区或组织(如WIPO)的中间文件则只能进入相应局调取。

专利家族之间的连接关系一般通过阅读著录项目梳理，主要包括引用优先权、延续申请(美国的 CP 和 CIP)、分案申请以及进入国家阶段的情况等。

常见法律状态类型包括九种。①专利申请尚未授权。在检索当日或检索日前，被检索的专利申请尚未公布，或已公布但尚未授予专利权，该法律状态称为专利申请尚未授权。②专利申请撤回。在检索当日或检索日前，被检索的专利申请被申请人主动撤回或被专利审批机构判定视为撤回，该法律状态称为专利申请撤回。③专利申请被驳回。在检索当日或检索日前，被检索的专利申请被专利审批机构驳回，该法律状态称为专利申请驳回。④专利权有效。在检索当日或检索日前，被检索的专利已获权，并且至检索日之后的下一个交费日前专利权是有效的，该法律状态称为专利权有效。⑤专利权终止。在检索当日或检索日前，被检索的专利虽已获权，但由于未交专利费或者由于专利权人的放弃，而在专利权有效期尚未届满时提前失效，该法律状态称为专利权终止。⑥专利权或专利申请权转移。在检索当日或检索日前，被检索的专利或专利申请发生专利权人或专利申请人变更，该法律状态称为专利权专利申请权转移。⑦专利权有效期届满。在检索当日或检索日前，被检索的专利已获权，但至检索当日或检索日前专利权有效期已超过专利法规定的期限（包括超过扩展的期限），该法律状态称为专利权有效期届满。⑧专利权无效。在检索当日或检索日前，被检索的专利曾获权，但由于无效宣告理由成立，专利权被专利审批机构判定为无效或部分无效，该法律状态称为专利权无效。⑨专利权质押。在检索当日或检索日前，由债务人或第三人将其专利权中的财产权设定质权，在债务人不履行债务时，债权人有权依法就该设质专利权中的财产权的变价款优先受偿的担保方式，被称为专利权质押。专利权质押后，专利权仍归属于原权利人，但该专利权已成为有负担的权利，权利的行使受到限制。

复习思考题

1. 制定检索策略的步骤有哪些？
2. 可用于检索的运算符有哪些？
3. 通常首先使用文摘数据库检索还是全文数据库检索？
4. 中国专利文献由哪些部分构成？
5. 从专利文献号中可以得出哪些信息？
6. 专利信息分析的主要步骤有哪些？

第三篇：运营篇

第五章　知识产权的实施

本章要点：
1. 掌握专利实施的基本规则和要求。
2. 掌握注册商标、未注册商标和驰名商标的使用要求和方法。
3. 理解并能准确运用作品的合理使用规则。
4. 了解法人作品、职务作品和委托作品的使用规则。

开篇案例五　朗科科技核心基础发明专利权到期的运营风险及管控策略[1][2]

1999 年，邓国顺和成晓华注册成立了深圳朗科科技有限公司（以下简称朗科科技），同年二人在中国申请了"用于数据处理系统的快闪电子式外存储方法及其装置"发明专利，后无偿转让给朗科科技（专利号：ZL99117225.6，以下简称99专利）。2002年，朗科科技生产的闪存盘销售额达到 2.5 亿元，同年 7 月 24 日上述发明专利获得授权。2004 年 12 月在美国获得权利范围相同的发明专利。

但在朗科科技取得专利授权前，中国市场已出现多个同类产品，同类竞争品牌多达上百个。此外，包括金士顿、SanDisk 等在内的在国外做过计算机存储业务的巨头企业也加入竞争行业。朗科科技生产的闪存盘市场销售受到极大冲击。2002 年 9 月，朗科科技在全球有计划地实施专利维权战略。通过专利诉讼、协商谈判等手段，朗科科技基本退出闪存产品直接生产市场，而向所有技术使用者收取专利许可费成为公司主要收入来源。《朗科智能：2017 年度财务决算报告》显示，报告期内，专利运营业务实现专利授权许可收入 40446992.53 元，较 2016 年同期上升 86.07%。但一方面，朗科科技专利盈利模式主要依赖核心专利99专利，一旦99专利到期，其盈利模式将受到极大挑战。另一方面，云存储、移动互联的大量出现，也对传统移动存储造成很大影响。而朗科科技在闪存卡、SSD（solid state disk，固态硬盘）和目前手机上用到的 EMCC/EMCP 等主流应用上，也没有进行相应的技术储备。2019 年，99专利到期进入公有领域后，朗科科技失去主要的收入来源。

就此，朗科科技于 2019 年 11 月 14 日发布《关于公司核心基础发明专利权到期的提示性公告》，表示公司的专利运营业务对 99 专利形成重大依赖，该专利的到期将对公司今后的营业利润产生一定不利影响。公司目前尚无有效措施从根本上解决该专利到期后对公司经营造成的风险，而且公司的专利主要集中于闪存等传统移动存储领域，而传统移动

---

[1] 资料来源：吴瞬. U 盘已沦为礼品 朗科科技仍靠专利官司赚钱. 每日经济新闻，http://www.nbd.com.cn/articles/ 2017-02-27/1079446.html，[2017-2-27].
[2] 资料来源：朗科科技《关于公司核心基础发明专利权到期的提示性公告》，http://www.szse.cn/disclosure/listed/bulletinDetail/index.html?ac6d0cd6-ead2-484a-9f6d- b966f882d3a5.

存储正日益被云存储、移动互联等加速取代,公司的主要专利技术面临被新技术取代的系统性风险。就后续的风险管控策略,朗科科技认为自身已经以核心专利为基础,在全球范围内围绕移动存储领域布局了众多的专利,形成"专利池",使得相关产品同时受到多个专利的保护,公司在与一些重点维权目标进行谈判时,首先考虑以"专利池"而不是单个专利作为授权许可的标的。其次,公司在进行专利授权时,也考虑以从公司采购产品的方式来进行授权,将传统的专利授权模式改变为产品端的商业合作,以减少对专利的依赖。此外,公司正在努力挖掘现有专利的潜力,争取将现有专利的价值发挥到最大化。公司也可考虑通过第三方引进一些优质的专利、专利申请或者技术构思,优化"专利池"的结构,丰富维权产品的类别。公司正运用多年积累的知识产权运营经验,积极开展与国内外第三方机构的知识产权维权合作,力争实现知识产权运营业务的可持续发展。

第一节 专利的实施

专利实施包含两种情形:一是积极实施,即专利权人将专利技术(包括新产品、新方法、新形状、新构造、新设计等)应用于产品或服务,达到降低成本或增加价值的目的;二是消极实施,即专利权人凭借法律赋予的在一定时间范围内的独占权,对竞争对手的技术研发和市场拓展形成相应的威胁和壁垒,包括增加竞争对手的研发成本、延缓或阻滞竞争对手产品或服务的市场进入时间等。从专利实施主体角度来看,专利实施的两种情形往往交织在一起。企业在实施专利的过程中,不仅要注意排除他人对其专利的妨害(李平等,2007),而且还要特别注意处理好与竞争者、协同创新的合作者之间的关系,以达到专利实施的目的。

一、善用禁止权排除他人的妨害

企业在独占性实施自有专利时,需要排斥他人共享其专利。该禁止权又因专利类型不同而有所区别:对于产品专利(包括发明和实用新型专利),禁止权主要包括禁止他人制造、使用、许诺销售、销售、进口该产品的权利;对于方法专利,专利权的效力不仅是方法本身,而且及于以该方法直接获得的产品,因此方法专利的禁止权内容包括禁止使用该方法,使用、许诺销售、销售、进口依该方法直接获得的产品;对外观设计专利的禁止范围主要体现在禁止制造、许诺销售、销售、进口该外观设计专利产品,而不包括使用含有外观设计专利产品的行为。

在专利权人运用禁止权的过程中,请求禁令救济具有重要价值。禁令制度最早是在14世纪末英国衡平法院为弥补普通法院救济不足而发展起来的一种救济方式,更多用于侵权特别是侵犯知识产权方面,是这类违法行为的首要救济(杨良宜和杨大明,2000)。在专利侵权方面,相对于金钱赔偿而言,对于专利权人来说,禁令救济通常是最有价值的救济方式(Adelman et al., 2009),能为专利权人提供保持先动者竞争优势和市场份额的机会。美国1819年的专利法对专利侵权确立了禁令救济制度,其禁令分为三种类型,即临时禁令(temporary restraint)、初步禁令(preliminary injunction)和终局禁令(也称永久禁令,

permanent injunction）。临时禁令是原告在诉前为防止造成无法弥补的损失而申请法院下达的。法院无须开庭和通知被告就可作出，但原告须提供担保。初步禁令，也称中间禁令，是原告在临时禁令期限届满前提出申请的，旨在诉讼期间维持双方当事人的现状，避免给权利人造成更大的损失，直到法院作出最终判决。原告要获得初步禁令救济，必须证明原告的胜诉可能性很大和不发布禁令将造成无法弥补的损失。永久禁令是法院在判决后正式发布的禁令，是法院判决的组成部分，可以单独使用或与经济赔偿相结合，构成被告侵权责任的承担形式。

我国专利制度关于禁令的规定，有三个方面值得专利权人或利害关系人注意。①临时禁令。见于《中华人民共和国专利法》（2020年10月17日修订）第七十二条，即"专利权人或者利害关系人有证据证明他人正在实施或者即将实施侵犯专利权、妨碍其实现权利的行为，如不及时制止将会使其合法权益受到难以弥补的损害的，可以在起诉前向人民法院申请采取财产保全、责令作出一定行为或者禁止作出一定行为的措施""申请人提出申请时，应当提供担保；不提供担保的，驳回申请""人民法院应当自接受申请之时起四十八小时内作出裁定；有特殊情况需要延长的，可以延长四十八小时。裁定责令停止有关行为的，应当立即执行。当事人对裁定不服的，可以申请复议一次；复议期间不停止裁定的执行""申请人自人民法院采取责令停止有关行为的措施之日起十五日内不起诉的，人民法院应当解除该措施"。②永久禁令。见于《中华人民共和国民法典》第一百七十九条的规定，即将"停止侵害"列为侵权人承担民事责任的首要方式，同排除妨碍、消除危险、返还财产、恢复原状等共同构成侵权人承担民事责任的基本形式。此外，我国《最高人民法院关于审理侵犯专利权纠纷案件应用法律若干问题的解释（二）》（法释〔2016〕1号）第二十六条规定，被告构成对专利权的侵犯，权利人请求判令其停止侵权行为的，人民法院应予支持，但基于国家利益、公共利益的考量，人民法院可以不判令被告停止被诉行为，而判令其支付相应的合理费用。此外，该司法解释第二十四条第二款还就"推荐性国家、行业或者地方标准明示所涉必要专利"的永久禁令适用条件予以规定，即推荐性国家、行业或者地方标准明示所涉必要专利的信息，专利权人、被诉侵权人协商该专利的实施许可条件时，专利权人故意违反其在标准制定中承诺的公平、合理、无歧视的许可义务，导致无法达成专利实施许可合同，且被诉侵权人在协商中无明显过错的，对于权利人请求停止标准实施行为的主张，人民法院一般不予支持。③请求专利管理机关"责令侵权人停止侵权行为"。《中华人民共和国专利法》（2020年10月17日修订）承袭了先前关于专利管理机关的这一权力规定，"管理专利工作的部门处理时，认定侵权行为成立的，可以责令侵权人立即停止侵权行为"。

二、运用抗辩权维护自身合法权益

专利制度设计的目的，就在于实现激励创新和获取知识之间的平衡。企业在经营管理活动中，需要借鉴和利用公开的专利文献信息（包括已经失效的专利文献信息），在缩短自身的研发时间和减少研发成本的同时，避免实施专利侵权行为，规避竞争对手布下的专利"地雷阵"。为此，有条件的企业有必要按照产品线配备相应的专利工程师，将现实或潜在竞争对手的专利信息利用活动嵌入企业技术创新的前端，识别和控制技术创新中的专利"陷阱"和风险。专利工程师可以每周或每月与研发人员进行沟通，使研发人员动态了解竞争对手的专利进展和布局，及时调整企业的技术或产品开发路径和节奏。

如果企业遭遇专利侵权诉讼，则有必要借助抗辩权制度，维护自身的合法权益。①专利权效力抗辩。抗辩理由包括专利权超过保护期、被专利权人放弃、被生效法律文书宣告无效等。此外，以专利权不符合专利授权条件、应当被宣告无效进行抗辩的，无效宣告请求应当向专利复审委员会提出。②滥用专利权抗辩。例如，专利权人将申请日前已有的国家标准、行业标准等技术标准申请专利并取得专利权的，或者将明知为某一地区广为制造或使用的产品申请专利并取得专利权的。③不侵权抗辩。比如，被诉侵权技术方案的技术特征与权利要求记载的全部技术特征相比，缺少权利要求中记载的一项或一项以上技术特征的；被诉侵权技术方案的技术特征与权利要求中对应技术特征相比，有一项或者一项以上的技术特征既不相同也不等同的；被诉侵权技术方案省略权利要求中个别技术特征或者以简单或低级的技术特征替换权利要求中相应技术特征，舍弃或显著降低权利要求中与该技术特征对应的性能和效果从而形成变劣技术方案的。④不视为侵权的抗辩。依照《中华人民共和国专利法》规定，包括专利权用尽、先用权、临时过境、科学研究与实验性使用等。⑤现有技术或现有设计抗辩。现有技术抗辩是指被诉落入专利权保护范围的全部技术特征，与一项现有技术方案中的相应技术特征相同或者等同，或者所属技术领域的普通技术人员认为被诉侵权技术方案是一项现有技术与所属领域公知常识的简单组合。⑥合理来源抗辩。这是指为达到生产经营的目的，使用、许诺销售或者销售不知道是未经专利权人许可而制造并售出的专利产品或者依照专利方法直接获得的产品的，虽然属于侵犯专利权行为，但使用者或者销售者能证明其产品的合法来源的，不承担赔偿责任，而应当承担停止侵害的法律责任。

案例 5-1　新海宜电信发展股份有限公司实用新型专利现有技术抗辩案

苏州工业园区新海宜电信发展股份有限公司（以下简称新海宜公司）于 2002 年 3 月 13 日向国家知识产权局申请名称为"槽道顶出纤结构"的实用新型专利并获得授权（专利号为 ZL02219359.6）。2005 年 1 月 6 日，美国 ADC 电讯股份有限公司（以下简称美国 ADC 公司）对该专利提出无效宣告请求。在专利复审委员会审查过程中，新海宜公司于 2005 年 3 月 2 日修改了该专利的权利要求书，并由专利复审委员会在修改后的权利要求的基础上于 2005 年 11 月 29 日作出第 7754 号无效宣告请求审查决定书（以下简称第 7754 号决定书），维持该专利权有效。之后，新海宜公司发现华发公司在苏州承揽"光纤通信"工程中以营利为目的使用涉案专利产品。经调查，华发公司承认侵权专利产品系向普天公司购得。新海宜公司遂向苏州市中院提起专利侵权之诉。诉讼过程中，被告普天公司以名称为"光纤电缆出口槽"的"一种关于光纤电缆的管理和布设系统的"美国专利（申请日为 1999 年 7 月 16 日）及《长途通信传输机房铁架槽道安装设计标准》两份证据为依据提出现有技术抗辩，即新海宜公司的实用新型专利不具有创造性，属于现有技术。

苏州市中院认为"判断现有技术抗辩是否成立，应以一份对比文件所揭示的技术与被控侵权物使用的技术进行单独比对,而不能以组合而成的现有技术进行比对。将US6,192,181B1号美国专利与被控侵权产品比对,该专利文件缺少了在出纤口基体上设有活动式出纤口盖的技术特征,而《长途通信传输机房铁架槽道安装设计标准》一书中既没有揭示相同或等同于涉案专利权利要求1的技术方案,也没有公开权利要求1中描述的"包括便于多次出纤的活动式出纤口盖,该出纤口盖盖在出纤口基体上"的技术特征,两份证据均不能完全揭示被控侵权物的全部技术特征,故普天公司以现有技术进行抗辩的理由不能成立。将普天公司被控侵权的光纤槽道活动出线口组件产品与原告新海宜公司的涉案专利独立权利要求2相比对,前者较后者少了一个出纤口接头这一结构特征,而直接由波纹管的上端与下纤口卡接,而涉案专利权利要求2描述为"包括一波纹管接头,该波纹管接头上端通过卡扣结构与下纤口端卡接,波纹管接头下端则与波纹管卡接"。两者技术构造不同,产生的技术效果也不同。而考虑到仅就两者相同的卡接连接方式这一技术特征而言,卡接方式属本领域内普通技术人员所知晓的通用的技术手段,故被控产品的技术特征与涉案专利权利要求2的技术特征既不相同也不等同,未落入涉案该实用新型专利权的保护范围。"综上,普天公司生产、销售光纤槽道活动出线口组件产品的行为,侵犯了新海宜公司的涉案专利权。

在二审中,江苏省高院认为"现有技术抗辩是指在专利侵权纠纷中被控侵权人以其实施的技术属于现有技术为由,对抗专利侵权指控的不侵权抗辩事由。通常情况下,被控侵权人进行现有技术抗辩,只能援引一份对比文献中记载的一项现有技术方案,但是,在被控侵权人有充分证据证明其实施的技术方案属于一份对比文献中记载的一项现有技术方案与所属领域技术人员广为熟知的常识的简单组合,应当允许被控侵权人以该理由进行现有技术抗辩。本案中,上诉人普天公司以US6,192,181B1号美国专利和《长途通信传输机房铁架槽道安装设计标准》两份对比文件进行现有技术抗辩。将被控侵权产品与其中的US6,192,181B1号美国专利进行比对,被控侵权产品只是增加了在开放式的出纤口基体上设有活动式出纤口盖这一技术特征。国家通信行业《长途通信传输机房铁架槽道安装设计标准》中明确规定:列、主槽道均由电缆支架、侧板、底板、终端板及盖板等组成。虽然该国家标准中并未明确槽道上的盖板是否属于活动式盖板,但本领域技术人员根据国家标准的要求,在开放式出纤口基体上或槽道上通过设置活动式盖板,实现既对其中的光纤加以保护,同时又便于多次出纤和维护的作用,是容易联想到的。因此,相对于本领域普通技术人员而言,根据《长途通信传输机房铁架槽道安装设计标准》的要求,在槽道或开放式出纤口基体上加盖或者加活动式的盖,属于本领域中的一种公知常识。北京法院一、二审行政判决书亦认定本领域技术人员在开放式的出纤口基体或槽道上通过设置盖板达到对其中的光纤加以保护的作用是显而易见的。据此,普天公司提供的证据足以证明其主张的现有技术抗辩理由成立,被控侵权产品不构成侵犯涉案专利独立权利要求。"[1]

三、运用共有权处理好与合作者关系

随着"复杂产品"的不断涌现(Hobday and Rush,1998),开放式创新(Chesbrough,

---

[1] 江苏省高级人民法院(2007)苏民三终字第0139号民事判决书。

2003a)和产学研协同创新就成为了企业创新活动的必然选择。因此,如何遵从开放式创新逻辑,合理运用共有规则实施共有专利,以最大化专利的商业价值,是需要企业予以重点考量的(Chesbrough,2003b)。企业在运用专利共有权时,需要特别注意以下三个方面的问题。

(1)专利申请时不宜遗漏共同申请人。司法实践表明,一些企业在与其他企业、大学、科研机构或个人合作开发过程中,往往抱着侥幸心理,有意或无意地在未依法征得合作者同意的情形下,自行将相应的技术成果单独申请专利。其实,这样做不仅损害了其他合作者的合法权益,而且为专利权利的稳定性和专利实施的利益可获得性埋下了风险种子。美国联邦巡回上诉法院审理的 Ethicon Inc. v. USSC 专利侵权案即是典型例子。在该案中,原告专利权人 InBae Yoon 博士与其独占性被许可人 Ethicon Inc.以美国专利被侵权为由,起诉被告美国外科手术公司(United States Surgical Corporation,USSC)。在该案审理过程中,被告 USSC 经过查询发现,Young Jae Choi 先生是该专利技术的共同发明人,但在申请专利时被遗漏。Young Jae Choi 先生在被追加为诉讼参与人后,向法庭出示了一份具有溯及力的专利许可协议,表明作为专利共有人,已经将该专利许可给 USSC。法院最后根据 USSC 的协议,驳回了原告侵权诉讼请求[①]。

(2)详尽约定专利申请权和专利权的归属事项。《中华人民共和国专利法》第八条规定,"两个以上单位或者个人合作完成的发明创造、一个单位或者个人接受其他单位或者个人委托所完成的发明创造,除另有协议的以外,申请专利的权利属于完成或者共同完成的单位或者个人;申请被批准后,申请的单位或者个人为专利权人"。这就意味着:①无论是合作开发还是委托开发,合作者均可通过协议约定专利申请权的归属,包括约定权利主体和权利主体享有的权利份额等;②如果没有协议约定,则合作开发的技术成果的专利申请权归属于共同完成的单位或个人,委托开发的技术成果的专利申请权归属于完成的单位或个人,即研究开发方而非委托开发方。也就是说,在协同创新情形下,产学研各创新主体有必要根据自身的利益诉求,就专利申请权和专利权的归属约定在先,以保障协同创新的持续开展。

(3)详尽约定专利权的行使和专利管理事项。《中华人民共和国专利法》第十四条还规定,"专利申请权或者专利权的共有人对权利的行使有约定的,从其约定。没有约定的,共有人可以单独实施或者以普通许可方式许可他人实施该专利;许可他人实施该专利的,收取的使用费应当在共有人之间分配"。"除前款规定的情形外,行使共有的专利申请权或者专利权应当取得全体共有人的同意"。这就意味着,在共有专利情形下,①专利权共有人对专利权的行使遵循"约定优先"原则,专利权共有人可以通过协议约定专利权自行实施、许可他人实施、权利人不得自行实施或许可他人实施的条件和期限,以及专利权实施后的利益归属、利益分享比例等,以达到专利权人运用专利共有制度,合理利用外部资源,赢得创新所得和竞争优势的目的;②专利权人没有就共有专利权的实施予以约定的,共有人的任何一方均有权单独实施或以普通许可方式许可他人实施该共有专利,而且在许可他人实施专利的情况下,收取的许可费用应当在共有人之间进行分配;③除以上情形外,

---

① http://caselaw.findlaw.com/us-federal-circuit/1221901.html。

行使共有的专利申请权或专利权应当取得全体共有人的同意,即遵循"全体一致决"规则。也就是说,在遵循现有"全体一致决"规则的前提下,共有人还有必要在协议中约定专利维持的决策流程、规则和费用分担,以及部分共有专利权人放弃维持的相应权利处理等(李文江,2014),以免因共有关系维系流程和规则约定不明导致专利失效等不利后果。

由以上共有专利实施的规则可以看出,为了降低共有专利实施的交易成本和共有专利实施许可费分配的公用地悲剧(孙敏洁,2011),协同创新各方有必要在技术开发协议中,就各方既有相关专利的实施、共有专利的权利行使和收益分配、共有专利的维护等予以详细约定。这一点正是目前我国诸多产学研协同创新的技术开发协议普遍欠缺的。

第二节 商标的使用

按照《中华人民共和国商标法》第四十八条的规定,商标的使用是指将商标用于商品、商品包装或者容器以及商品交易文书上,或者将商标用于广告宣传、展览以及其他商业活动中,用于识别商品来源的行为。在商品和服务琳琅满目、消费者需求多元的时代,企业依法合理使用商标,充分释放商标的产品识别价值和为顾客带来的附加价值,有利于提高企业的产品或服务竞争位势,有利于企业构建和增强可持续竞争力。企业在使用商标的过程中,有必要注意以下四点。

一、注册商标的正确使用

企业正确使用注册商标,首先表现为依法规范地使用其注册商标,不能擅自改变注册商标的注册事项,包括自行改变注册商标、注册人名义、地址或者其他注册事项。否则,地方工商行政管理部门有权责令限期改正;期满不改正的,商标局有权撤销其注册商标。在企业实践中,存在将注册商标的文字、图形、字母、数字、三维标志、颜色组合、声音或其组合分拆使用,或者自行改变上述要素的顺序和结构,或者在注册商标中增加其他要素等情形。这种做法不仅构成注册商标的不当使用,而且也会给用户或消费者造成不必要的混淆,导致减损企业品牌建设的成效,值得企业引起重视。

其次,企业的注册商标使用尽量避免"搭便车"行为,即混淆在先注册商标或淡化在先注册商标,以致注册商标被宣告无效。比如,九狼王 JOWOLFWOR 商标(商标注册第8288451 号,即争议商标)是由郁振威于 2010 年 5 月 12 日提出注册申请,2011 年 5 月 14 日获准注册,核定使用在第 25 类服装等商品上。2013 年 5 月 27 日,该商标经核准转让给美国九狼王控股集团有限公司。后该商标被九牧王股份有限公司提出无效宣告请求。商标评审委员会经审理认为,争议商标核定使用的服装等商品分别与九牧王公司的"九牧王"商标(即引证商标)一、二、三核定使用的衣物、服装等商品在功能、用途等方面相同或关联密切,为同一种或类似商品。争议商标由中文"九狼王"和英文"JOWOLFWOR"构成,引证商标一、二、三显著识别部分为汉字"九牧王"。争议商标与引证商标一、二、三首尾文字相同,仅中间一字不同,商标整体外观近似,相关公众以一般注意力不易区分。因此已构成《中华人民共和国商标法》所指同一种或类似商品上的近似商标,应予以无效宣告。

此外，企业的注册商标使用还要避免"恶意抢注"行为，即以获利等为目的、用不正当手段抢先注册他人在该领域或相关领域中已经使用并有一定影响的商标、域名或商号等权利的行为。见于《中华人民共和国商标法》第三十二条的规定，"申请商标注册……，也不得以不正当手段抢先注册他人已经使用并有一定影响的商标"。比如，ECH 商标（商标注册第 6124877 号，即争议商标）由上海中清化工有限公司于 2007 年 6 月 22 日提出注册申请，于 2010 年 2 月 21 日获准注册，核定使用在第 11 类消毒设备等商品上。后被上海洗霸科技股份有限公司提出撤销注册申请。商标评审委员会经审理认为，洗霸公司提交的销售合同证明，在争议商标申请注册前，中清公司的法定代表人万立勤作为洗霸公司的代表曾签署过关于 ECH 系列灭菌技术和方法的合同等相关文件。同时，洗霸公司提交的宣传资料也证明早在争议商标申请注册前，洗霸公司已使用 ECH98 灭菌技术和方法，并在灭菌技术领域具有了一定的知名度。争议商标核定使用的消毒设备、水净化装置等商品与洗霸公司 ECH98 方法长期使用并有一定知名度的灭菌技术具有密切关联。中清公司未经洗霸公司授权，擅自将洗霸公司商标注册为争议商标的行为，构成"恶意抢注"，应当予以无效宣告。

二、未注册商标的正确使用

虽然未注册商标不能依照商标法规定获得注册商标专用权保护，但未注册商标使用人仍然应当遵守商标法的相关规定。除不得冒充注册商标使用外，特别要遵守《中华人民共和国商标法》第十条的规定，即下列标志不得作为商标使用：同中华人民共和国的国家名称、国旗、国徽、国歌、军旗、军徽、军歌、勋章等相同或者近似的，以及同中央国家机关的名称、标志、所在地特定地点的名称或者标志性建筑物的名称、图形相同的；同外国的国家名称、国旗、国徽、军旗等相同或者近似的，但经该国政府同意的除外；同政府间国际组织的名称、旗帜、徽记等相同或者近似的，但经该组织同意或者不易误导公众的除外；与表明实施控制、予以保证的官方标志、检验印记相同或者近似的，但经授权的除外；同"红十字""红新月"的名称、标志相同或者近似的；带有民族歧视性的；带有欺骗性，容易使公众对商品的质量等特点或者产地产生误认的；有害于社会主义道德风尚或者有其他不良影响。县级以上行政区划的地名或者公众知晓的外国地名，不得作为商标。但是，地名具有其他含义或者作为集体商标、证明商标组成部分的除外。比如，心满意竹 HEART SATISFYING BAMBOO 商标（商标申请第 15063832 号，即申请商标）由成都蜀鑫泉贸易有限公司于 2014 年 7 月 9 日提出注册申请，指定使用在第 24 类浴巾等商品上。商标局审查后认为，申请商标心满意竹是对成语"心满意足"的不规范使用，用作商标注册，不仅扰乱规范汉语的使用秩序，且极易误导青少年对规范成语的认知，从而产生不良社会影响，违反了《中华人民共和国商标法》的规定。

三、驰名商标的正确使用

根据我国《驰名商标认定和保护规定》，驰名商标是指在中国为相关公众广为知晓并享有较高声誉的商标。相对于一般注册商标而言，由于驰名商标保护范围更广，包括就相同或者类似商品申请注册的商标是复制、摹仿或者翻译他人未在中国注册的驰名商标，容易导致混淆的，不予注册并禁止使用；就不相同或者不相类似商品申请注册的商标是复制、摹仿或者翻译他人已经在中国注册的驰名商标，误导公众，致使该驰名商标注册人的利益可能受到损害的，不予注册并禁止使用。所以，在过去一个时期，我国驰名商标管理和使用出现了一些异化现象，背离了商标的商品和服务识别功能，成为部分企业在商业活动中谋取商品和服务不正当溢价的手段。为此，2013年8月30日《中华人民共和国商标法》第三次修订时，不仅对商标评审委员会和最高人民法院指定的人民法院认定驰名商标的程序给予更严格的规定，而且规定生产、经营者不得将"驰名商标"字样用于商品、商品包装或者容器上，或者用于广告宣传、展览以及其他商业活动中。

当然，企业在注册商标使用中，也要注意避免与驰名商标发生权利冲突，否则可能遭致注册商标被宣告无效的后果。比如，奥迪商标（商标注册第5323791号，即争议商标）由吴会生申请，2014年6月27日，该商标被奥迪股份公司提出无效宣告请求。商标评审委员会经审理认为，奥迪公司的国际注册第737443号奥迪商标（即引证商标）在争议商标申请注册前，在机动车辆和零部件等商品上经过申请人长期、广泛的使用与宣传，已经在中国大陆地区具有了较高知名度及广泛影响力，为相关消费者所普遍知晓，达到了驰名商标的知名程度，根据《中华人民共和国商标法》的规定可以认定为驰名商标。争议商标与引证商标中文文字构成相同，仅字体有所不同，已构成对引证商标的复制。争议商标指定使用的非金属门等商品与引证商标核定使用的机动车辆和零部件等商品虽不属于同一种或类似商品，但鉴于引证商标具有较强的显著性和极高的知名度，若双方商标共存于市场，足以使相关公众认为争议商标与引证商标具有相当程度的联系，从而减弱引证商标的显著性。争议商标如被核准注册，可能会不正当利用引证商标的市场声誉，进而误导公众，致使申请人的合法利益受到损害。因此，对争议商标予以无效宣告。

案例 5-2　贵阳老干妈反商标淡化案

"老干妈"商标是属于贵阳南明老干妈风味食品有限责任公司（以下简称贵阳老干妈公司）的商标，它主要核定使用在第30类"豆豉、辣椒酱（调味品）、炸辣椒油"等商品上。2016年，贵阳老干妈公司销售额突破45亿元，20年间产值增长超过600倍。1998年4月13日，贵阳老干妈公司向商标局提出注册第2021191号"老干妈"字样的文字商标，该商标于2003年5月21日获准注册。同年12月30日，贵阳老干妈公司向商标局提出注册第1381611号"陶华碧老干妈及图"组合商标，2000年4月7日获准注册核定使用在第30类"豆豉、酱辣椒（调味品）、油辣椒（调味品）、火锅调料（调味品）、姜油（调味品）、蒜油（调味品）、酱菜（调味品）"等商品上。随着老干妈产品日益被消费者喜爱，许多生产调味品的公司都纷纷在类似商品上使用与老干妈相似的商标。贵阳老干妈公司为了维护自己的商标，对未正确注册、正确使用的行为积极给予制止。从2000年开始，贵阳老干妈公司就不同商标注册人分别提起了商标确权之诉、商标防混淆之诉、商标反淡化之诉和商标反通用化之诉，其目的都是阻止他人不正当使用自己的商标可能对老干妈商标造成不利影响。

贵州永红公司自2014年开始购入贵阳老干妈公司生产的"老干妈"牌豆豉作为调料生产涉案商品，贵州永红公司生产的牛肉棒上标明了若干口味，除"老干妈"外，还有"原味""麻辣""香辣""黑胡椒"等多种口味的商品。贵阳老干妈公司向一审法院起诉请求之一：判令贵州永红公司和北京欧尚公司立即停止侵犯贵阳老干妈驰名商标专用权的行为，停止在牛肉棒上使用"老干妈"字样，停止以任何形式销售印有上述"老干妈"字样的牛肉棒。贵州永红公司辩称自己标出使用老干妈豆豉作为原料的行为不属于商标使用行为。一审法院在审理本案后，认为贵阳老干妈公司已提供了证明涉案商标驰名的基本证据，足以证明涉案商标已经具有极高的知名度。贵州永红公司将"老干妈"字样标注在涉案商品包装上的行为，客观上造成的后果是消费者会误认为涉案商品与"老干妈"字样所指向的贵阳老干妈公司之间存在特定的联系。贵州永红公司在涉案商品上标注"老干妈"字样的行为，试图把涉案商标"老干妈"解释成同"黑胡椒""香辣"并列的一种口味描述，而事实上，"老干妈"并不代表现实生活中的一种口味，"老干妈"是贵阳老干妈公司的驰名商标，"老干妈"本身所具有的显著性以及其所代表的贵阳老干妈公司长期经营使用所产生的商誉，不是一种食品口味的通用名称，贵州永红公司的前述对"老干妈"的使用行为，将导致其通用化为一种口味名称，减弱涉案商标的显著性和识别性。为了避免涉案驰名商标"老干妈"最后淡化为一种通用的口味描述性词汇，故一审法院认定贵州永红公司构成侵权。二审法院维持一审的侵权认定[①]。

四、尊重他人现有的在先权利

注册商标尊重他人现有的在先权利的规定，见于《中华人民共和国商标法》第九条的规定，即"申请注册的商标，应当有显著特征，便于识别，并不得与他人在先取得的合法权利相冲突"，以及第三十二条的规定，即"申请商标注册不得损害他人现有的在先权利"。从中国商标注册、行政执法和司法实践来看，申请注册商标可能损害的在先权利是指包括商标权在内的各种可以阻却后位商标权获得注册的权利类型，具体包括但不限于在先的著作权、外观设计专利权、商号权、肖像权、姓名权和在先使用商标所形成的权利等。比如，何享健HEXIANGJIAN商标（商标注册第9954390号，即争议商标）由佛山市顺德区均安镇奥永五金电器厂于2011年9月13日向商标局申请注册，核定使用商品为第7类搅拌机、果酒榨汁机等商品，于2012年11月14日获准注册。2014年2月7日，该商标被美的股份有限公司创始人何享健提出无效宣告申请。商标评审委员会经审理认为，自然人何享健为知名家用电器企业美的股份有限公司创始人，在争议商标申请注册之前已在家电行业内具有一定知名度。争议商标与姓名"何享健"文字构成、呼叫相同，核定使用的搅拌机、果酒榨汁机、家用豆浆机等商品与何享健取得较高知名度的行业具有较强关联性。故被申请人在未经何享健授权的情况下，申请注册争议商标的行为已损害了何享健的姓名权，违反了《中华人民共和国商标法》关于不得损害他人现有的在先权利的规定。因此，争议商标应予以无效宣告。

[①] 北京市高级人民法院（2017）京民终76号。

第三节 著作权的使用

著作权的使用，是指著作权人或其他权利人行使著作人身权和财产权，实现作品价值的过程。作为著作权的客体，作品的价值就是在著作权的行使和利用中体现出来的。从著作权的内容来看，著作权人或其他权利人以作品为载体行使著作权的主要方式是发表作品，修改或者改编作品，出版发行作品，出售作品的原件或者复制件，汇编作品，翻译作品，通过互联网等方式传播作品，展览作品，摄制作品，放映作品，复制作品，表演作品等。从企业运营著作权的角度来看，著作权的使用主要涉及财产权部分。企业在使用著作权的过程中，有四个方面值得注意。

一、法人作品、职务作品和委托作品的使用规则

在企业使用著作权过程中，首先遇到的问题是如何区分法人作品、职务作品和委托作品，以及如何运用不同作品类型的著作权使用规则问题。按照作品的权利主体类型来划分，作品可以分为个人作品、职务作品和法人作品（丛立先，2009）。关于法人作品的法律依据见于《中华人民共和国著作权法》第十一条第三款，"由法人或者非法人组织主持，代表法人或者非法人组织意志创作，并由法人或者非法人组织承担责任的作品，法人或者非法人组织视为作者"。显然，法人作品这一概念本身并不能够涵盖上述规定，但约定俗成，本书继续沿用这一称谓。职务作品的法律依据，则见于《中华人民共和国著作权法》第十八条的规定，"自然人为完成法人或者非法人组织工作任务所创作的作品是职务作品，除本条第二款的规定以外，著作权由作者享有，但法人或者非法人组织有权在其业务范围内优先使用。作品完成两年内，未经单位同意，作者不得许可第三人以与单位使用的相同方式使用该作品"。"有下列情形之一的职务作品，作者享有署名权，著作权的其他权利由法人或者非法人组织享有，法人或者非法人组织可以给予作者奖励：（一）主要是利用法人或者非法人组织的物质技术条件创作，并由法人或者非法人组织承担责任的工程设计图、产品设计图、地图、示意图、计算机软件等职务作品；（二）报社、期刊社、通讯社、广播电台、电视台的工作人员创作的职务作品；（三）法律、行政法规规定或者合同约定著作权由法人或者非法人组织享有的职务作品"。委托作品的法律依据，见于《中华人民共和国著作权法》第十九条的规定，"受委托创作的作品，著作权的归属由委托人和受托人通过合同约定。合同未作明确约定或者没有订立合同的，著作权属于受托人"。此外，我国《计算机软件保护条例》（2013年1月30日第二次修订）就委托开发计算机软件的著作权归属做了类似规定。

从《中华人民共和国著作权法》上述规定可以看出，法人作品和职务作品的区别主要在于：①作品反映的意志不同，职务作品不是法人或其他组织单位意志的体现，而是职务作品的作者个人思想或情感的反映，而法人作品的执笔人虽然是自然人，但是该执笔人所要体现的不是其个人的意志，而是该法人或其他组织的意志；②完成作品的主体不同，职务作品的完成主体是履行法人或其他组织职责的自然人，该自然人与所在单位具有劳动法

律关系，法人作品的执笔人可能与其单位具有劳动法律关系，也可能是平等的民事主体关系；③作者不同，职务作品的作者是自然人，法人作品的作者是法人或其他组织；④作品的责任承担者不同，一般情况下，作品责任承担者应当是作品的作者，所以职务作品的责任承担者是该自然人，而法人作品的责任承担者则是该法人或其他组织；⑤权利归属不同，一般情况下，职务作品的著作权归属于作者，在特殊情况下作者对职务作品只享有署名权，其他权利由法人或其他组织享有，法人作品的权利归属于该法人或其他组织(杨述兴，2005)。委托作品则是指一方接受另一方的委托，按照委托合同规定的有关事项进行创作的作品。与职务作品和法人作品相比较，委托作品的特征在于：①作品创作基于的法律关系不同，一般而言，委托作品的委托人和受托人之间是平等民事主体的合同法律关系；②作品创作反映的意志有别，委托作品是按照作者个人的自由意志创作的，同时也要受委托人特定要求的约束；③权利归属不同，委托作品的原件所有权一般归委托人，而著作权归属可另行约定，没有约定的，著作权属于受托人。

结合上述法律规定和概念辨析，企业在运营法人作品、职务作品和委托作品时，需要掌握和区别运用相应的著作权使用规则。①如果是涉及法人作品或职务作品的，则企业有必要通过作品创作声明或技术开发任务书等形式，事先明确作品创作或技术开发项目的性质和作品权利归属。也就是说，企业与其具有劳动法律关系的雇员之间，在作品创作或技术开发项目实施前，应该通过约定，明确作品是法人作品还是职务作品，进而明确企业和创作人员的权利、义务和责任，包括但不限于作品的类型、权利归属、作品使用权限和期限等。如果是一般职务作品(即著作权属于自然人作者的职务作品)，还有必要明确法人或非法人组织依法优先使用职务作品后的奖励，以及"作品完成两年"后，作者许可第三人"以与单位使用的相同方式使用该作品"的条件等。如果是特殊职务作品(即作者享有署名权，著作权的其他权利由法人或者非法人组织享有的职务作品)，除法律、行政法规规定外，还可以约定哪些情形属于其他"著作权由法人或者非法人组织享有的职务作品"。同时，企业内部也有必要制定相应的规章制度，规定特殊职务作品的奖励办法。只有如此，才可以使企业在法人作品和职务作品的后续使用过程中，做到使用有据，既能充分保障企业的合法权益，又能激发创作人员的积极性和创造力。②如果是企业委托企业外的第三人创作或开发相应的作品，企业应当明确约定作品的权利归属、对价、使用、违约责任等。如果约定著作权属于委托方和受托方共有的，则需要特别约定受托方转让或许可使用相应著作权的条件和收益分配等；如果约定著作权属于受托方的，则可以约定委托方使用该作品、受托方使用或处分该作品著作权的条件和期限等。

二、共有著作权的使用

关于合作作品的共有著作权使用问题，《中华人民共和国著作权法》第十三条规定，"两人以上合作创作的作品，著作权由合作作者共同享有，没有参加创作的人，不能成为合作作者。合作作品的著作权由合作作者通过协商一致行使；不能协商一致，又无正当理由的，任何一方不得阻止他方行使除转让、许可他人专有使用、出质以外的其他权利，但是所得收益应当合理分配给所有合作作者。合作作品可以分割使用的，作者对各自创作的部分可以单独享有著作权，但行使著作权时不得侵犯合作作品整体的著作权"。此外，我国《计算机软件保护条例》(2013年1月30日第二次修订)第十条专门针对计算机软件共有著作权作出如下规定，"由两个以上的自然人、法人或者其他组织合作开发的软件，其著作权的归属由合作开发者签订书面合同约定。无书面合同或者合同未作明确约定，合作开发的软件可以分割使用的，开发者对各自开发的部分可以单独享有著作权；但是，行使著作权时，不得扩展到合作开发的软件整体的著作权。合作开发的软件不能分割使用的，其著作权由各合作开发者共同享有，通过协商一致行使；不能协商一致，又无正当理由的，任何一方不得阻止他方行使除转让权以外的其他权利，但是所得收益应当合理分配给所有合作开发者"。

从以上法律、行政法规关于合作作品和合作开发的计算机软件的共有著作权的使用规定可以看出，我国著作权共有人在行使共有的著作权时，首先要区分合作作品和合作开发的计算机软件的性质，即是否可以分割使用；如果是可分割使用的作品，则有必要明确可分割使用作品的边界或范围。其次是掌握不同作品类型的共有著作权行使规则。具体而言，可分割作品的著作权是由相应作者分别行使，但行使著作权时不得侵犯合作作品整体的著作权。对于不可分割作品的共有著作权的行使，参与合作创作的作者有必要在事前对该作品著作权的行使条件、方式、期限、许可使用或转让及其收益的分配等予以明确约定。因为在事前没有约定或约定不明且事后又无法协商一致的情形下，如果无正当理由，则任何一方均可行使除转让权外的其他权利。如果出现许可他人使用而获得报酬的情况，且合作人没有协议或者协议不成的，则需按同等份额分配。毕竟，不可分割的合作作品的著作权是由合作作者共同享有的，在没有约定或约定不明的情形下，任何一个合作作者都不能滥用自己的权利，或无正当理由阻止其他合作作者行使著作权。

三、"合理使用"抗辩

著作权中的"合理使用"是各国著作权制度中对著作权限制的一种主要制度，也是对使用受著作权保护的作品的一种抗辩事由。一般而言，合理使用是指在一定条件下使用受著作权保护的作品，可以不经著作权人的许可，也不必向其支付报酬。体现了著作权制度保护作者和其他著作权人利益与促进信息广泛传播的双重目的(冯晓青和陈小奇，2005)。其哲学基础是公平正义观，即在保护作者的著作权与限制作者的著作权中寻求均衡，合理消除作品创作者、作品传播者、作品使用者之间的冲突，力图实现在维护作者权益基础上的三者利益的均衡保护，推动整个社会创作繁荣和文化进步(吴汉东，1995)。我国著作权"合理使用"的法律依据，主要见于《中华人民共和国著作权法》第二十四条的规定。对于企业行使"合理使用"抗辩权来说，需要特别注意把握以下几个尺度，避免发生著作权侵权。

(1)在作品中适当引用他人已经发表的作品。这里的"适当引用"，一是要符合引用的目的，即仅限于介绍、评论某一作品或者说明某一问题；二是引用的部分不能构成该作品的主要部分或实质部分；三是不得损害被引用作品著作权人的利益，否则可能构成著作权侵权。比如，2006年初，中国画报出版社出版了《杨家埠年画之旅》，介绍了山东潍坊杨家埠年画的有关情况。原告杨洛书以该书未经许可使用其作品50多幅为由，诉至法院。被告认为，书中采用部分原告的作品，是基于宣传、推广以及研究、评论原告以及杨家埠年画的需要，是对原告公开发表作品的合理引用，不构成侵权。山东省高院经审理认为，该书使用涉案作品不属于对某一作品的具体介绍或评价，已超出了著作权法规定的对作品合理使用的范畴，判决中国画报出版社停止《杨家埠年画之旅》的发行和销售，赔偿原告经济损失5万元。

(2) 重视作者不许刊登、播放声明。这是指媒体不得无视作者不许刊登、播放声明，刊登或者播放其他报纸、期刊、广播电台、电视台等媒体已经发表的关于政治、经济、宗教问题的时事性文章，或者他人在公众集会上发表的讲话。此外，也不得以公益目的为由，随意播放他人的影视作品。否则，可能构成著作权侵权。比如，2006年7月，北京市海淀区人民法院审结的国家广播电影电视总局电影卫星频道节目制作中心诉中国教育电视台侵犯著作权纠纷案就是一例。法院经审理认为，原告电影频道是影片《冲出亚马逊》的著作权人。虽然该片被列为爱国主义教育影片，但并不表明任何播放该片的行为均是出于公益目的。中国教育电视台在播放该片过程中多处插播商业广告，显然与公众利益无关，故该播放行为并非著作权法意义上的合理使用。因此，法院以被告播放爱国主义教育影片不属于合理使用为由，认定其播放行为构成侵权，判令其停止侵权并赔偿原告5万元。

(3) 正确理解为学校课堂教学或科学研究而翻译、改编、汇编、播放或少量复制已经发表作品的规定。学校的课堂教学是一种传授知识的活动；科学研究是在总结、吸取前人经验或者知识的基础上，用科学方法探求事物的本质和规律的活动。这两项活动都离不开对知识的积累和探求。学习知识和创造知识离不开对已有作品的利用，限制这种利用，就会阻碍整个民族文化水平的提高，阻碍科学技术的发展。因此，《中华人民共和国著作权法》第二十四条规定合理使用包括"为学校课堂教学或者科学研究，翻译、改编、汇编、播放或者少量复制已经发表的作品，供教学或者科研人员使用，但不得出版发行"。但是，该合理使用情形需要满足以下条件：①该项的"课堂教学"一词是有严格限制的，以营利为目的的辅导班、培训班等的教学不属于"课堂教学"；②翻译、改编、汇编、播放或者少量复制，一般说来，不应超出课堂教学或科学研究的需要；③翻译、改编、汇编、播放或者少量复制的目的是供教学或科研人员为学校课堂教学或科学研究使用，不能用于出版发行；④翻译、改编、汇编、播放或者复制他人已经发表的作品，应当指明作者姓名、作品名称，不得侵犯著作权人依照著作权法享有的其他权利。

四、避免信息网络传播的著作权侵权

随着互联网技术的兴起，如何避免信息网络传播的著作权侵权，成为大量网络服务提供商必须面对的现实问题。根据我国《最高人民法院关于审理侵害信息网络传播权民事纠纷案件适用法律若干问题的规定》(法释〔2012〕20号)，信息网络包括以计算机、电视机、固定电话机、移动电话机等电子设备为终端的计算机互联网、广播电视网、固定通信网、移动通信网等信息网络，以及向公众开放的局域网络。《信息网络传播权保护条例》(2013年1月16日修改发布)就网络用户和提供信息存储空间或者提供搜索、链接服务的网络服务提供商侵犯著作权人信息网络传播权的情形进行了规定。

(1) 避免信息网络传播过程中的著作权侵权，减少诉讼风险。①妨碍权利人采取的技术措施。包括故意避开或者破坏权利人为了保护信息网络传播权而采取的技术措施，或者故意制造、进口或者向公众提供主要用于避开或者破坏技术措施的装置或者部件，或者故意为他人避开或者破坏技术措施提供技术服务。但是，法律、行政法规规定可以避开的除外。②共同侵权。这是指网络服务提供商与他人以分工合作等方式共同提供作品、表演、录音录像制品，构成共同侵权，网络服务提供商应当承担连带责任。当然，如果网络服务提供者能够证明其仅提供自动接入、自动传输、信息存储空间、搜索、链接、文件分享技术等网络服务的，则不被认为构成共同侵权。③帮助侵权。这是指网络服务提供商未能按照权利人要求，删除涉嫌侵权的作品、表演、录音录像制品，或者断开与该作品、表演、录音录像制品的链接。按照我国《最高人民法院关于审理侵害信息网络传播权民事纠纷案件适用法律若干问题的规定》（法释〔2012〕20号），网络服务提供商明知或者应知网络用户利用网络服务侵害信息网络传播权，未采取删除、屏蔽、断开链接等必要措施，或者提供技术支持等帮助行为的，人民法院应当认定其构成帮助侵权行为。

(2) 善用"避风港规则"，维护自己的合法权益。"避风港规则"源于美国1998年制定的《数字千年版权法案》，其含义是如果互联网络服务提供者使用信息定位工具，包括目录、索引、超文本链接、在线存储网站涉嫌侵犯他人的著作权，在互联网络服务提供商能够证明不存在恶意，并且及时删除侵权信息或者断开有关信息链接的情况下，互联网络服务提供商不承担赔偿责任。不同类型的网络服务提供商适用"避风港规则"的条件有所不同（张钦坤，2012）。①提供网络自动接入服务或传输服务的网络服务提供商不承担赔偿责任的情形如下：未选择并且未改变所传输的作品、表演、录音录像制品；向指定的服务对象提供该作品、表演、录音录像制品，并防止指定的服务对象以外的其他人获得。②提供信息存储空间的网络服务提供商不承担赔偿责任的情形如下：明确标示该信息存储空间是为服务对象所提供的，并公开网络服务提供者的名称、联系人、网络地址；改变服务对象所提供的作品、表演、录音录像制品；不知道也没有合理的理由应当知道服务对象提供的作品、表演、录音录像制品侵权；未从服务对象提供作品、表演、录音录像制品中直接获得经济利益；在接到权利人的通知书后，依法删除权利人认为侵权的作品、表演、录音录像制品。③提供搜索或者链接服务的网络服务提供商，在接到权利人的通知书后，依法断开与侵权的作品、表演、录音录像制品的链接的，不承担赔偿责任。

2018年8月31日通过的《中华人民共和国电子商务法》第四十二条规定，电商平台经营者在接到知识产权权利人的侵权通知后，应当及时采取删除、屏蔽、断开链接、终止交易和服务等必要措施维护权利人权利，未及时采取必要措施的，对损害的扩大部分与平台内经营者承担连带责任。依照该规定，若互联网络服务提供商是电商平台经营者时，"避风港规则"将适用所有知识产权情形，包括但不限于著作权、商标权和专利权。

第四节　商业秘密的使用

商业秘密是指不为公众所知悉、具有商业价值并经权利人采取相应保密措施的技术信息、经营信息等商业信息。作为法律规定的知识产权形式，商业秘密的产生和存在，能够对商事主体之间的经济利益起到功利性调整作用，一方面能够促进有价值商业信息的产生，另一方面能够防止不道德的商业行为。具体而言，作为一种财产权形式，商业秘密不仅有利于解决商事主体之间商业合作的信息流动问题，而且有利于平衡企业与雇员之间的商业利益保护与雇员流动性。因此，商业秘密被视为企业赢得创新所得，保持可持续竞争优势的重要资源。企业在使用商业秘密的过程中，需要注意三个方面的问题。

(1)完善企业内部商业秘密使用制度和流程。企业制定和执行商业秘密使用制度和流程，既是商业秘密构成要素，即"保密性"或"管理性"的内在要求，也是企业部门和人员使用商业秘密的规范和依据。一般而言，企业内部商业秘密使用制度主要包括四个方面的内容：①明确接触不同类别和级别商业秘密的人员范围及其权限；②确定有权限人员接触、查看、使用商业秘密的流程和要求；③涉密场所、设备和其他物件、纸质或数字文档和资料的技术措施的维护；④违反保密制度和流程、破坏保密技术措施的惩戒。

技术信息和经营信息的定密、解密标准和流程，商业秘密的使用和保护规则，是商业秘密管理制度的核心内容。依据《最高人民法院关于审理不正当竞争民事案件应用法律若干问题的解释》第十一条规定："具有下列情形之一，在正当情况下足以防止涉密信息泄漏的，应当认定权利人采取了保密措施：(一)限定涉密信息的知悉范围，只对必须知悉的相关人员告知其内容；(二)对于涉密信息载体采取加锁等防范措施；(三)在涉密信息的载体标有保密标志；(四)对于涉密信息采用密码或者代码等；(五)签订保密协议；(六)对于涉密的机器、厂房、车间等场所限制来访者或者提出保密要求；(七)确保信息秘密的其他合理措施。"

(2)管控员工离职造成的商业秘密泄漏风险。管控员工离职造成的商业秘密泄漏风险，是企业商业秘密管理的重要内容。根据《中华人民共和国劳动合同法》(2012年12月28日修正)第二十三条规定，"用人单位与劳动者可以在劳动合同中约定保守用人单位的商业秘密和与知识产权相关的保密事项"。"对负有保密义务的劳动者，用人单位可以在劳动合同或者保密协议中与劳动者约定竞业限制条款，并约定在解除或者终止劳动合同后，在竞业限制期限内按月给予劳动者经济补偿。劳动者违反竞业限制约定的，应当按照约定向用人单位支付违约金"。由此可见，企业对于涉密岗位的雇员，有必要按照涉密岗位可能涉及的商业秘密的类别和级别，在与雇员签订的劳动合同或保密协议中，明确约定劳动合同终止后的后合同保密义务。但是，是否要约定竞业限制条款，企业则应当在确有必要时才约定竞业限制的范围、地域、期限等。这是因为按照合同法理论，保守知悉企业商业秘密是雇员的合同附随法定义务。但是，竞业限制义务则属于约定义务。竞业限制本身就是一柄双刃剑，既有可能约束雇员保守企业商业秘密，也有可能增加企业人力资源管理的工作量和财务成本支出。对于确需与雇员签订竞业限制条款的，企业在与雇员订立和履行竞业限制条款时，需要注意的是，①竞业限制的范围，即雇员不得到与本单位生产或者经营同类产品、从事同类业务的有竞争关系的其他用人单位工作，或者自己开业生产或者经营同类产品、从事同类业务；②竞业限制的人员，按照《中华人民共和国劳动合同法》的规定，竞业限制人员限于用人单位的高级管理人员、高级技术人员和其他负有保密义务的人员；③竞业限制的期限，竞业限制期限最长不得超过两年；④竞业限制的经济补偿，一是竞业限制的经济补偿支付方式,用人单位和劳动者可以在劳动合同或者竞业限制协议中作出约定一次性支付经济补偿金,如果未做约定或未协商,则在劳动合同终止以后按月支付,二是如果没有约定经济补偿标准而雇员事后又履行了竞业限制义务的,按照我国《最高人民法院关于审理劳动争议案件适用法律若干问题的解释(四)》(法释〔2013〕4号)的规定,雇员诉至法院,将按照劳动合同终止前12个月平均工资的30%或劳动合同履行地最低工资标准就高金额按月支付。

(3)履行企业与商业伙伴协作过程中的保密义务。如何处理好与商业伙伴协作过程中保守商业秘密的问题,既有利于企业商业目的的实现,也有利于商业伙伴关系的维系。这里所指的"协作",包括但不限于研发、生产、营销、并购等过程中发生的商业合作行为。这里所指的"保密义务",既包括企业与商业伙伴基于合同关系而产生的保密附随义务,又包括企业与商业伙伴就保守商业秘密而订立保密合同或条款产生的约定义务。后者是企业对商业秘密采取保密措施的方式,两者不具有替代性。就企业与商业伙伴协作过程中的商业秘密使用问题,需要做好三个方面的工作:①将保守商业秘密的约定延伸至商业协作谈判过程中,包括商业信息交换、现场勘探、人员参观等,同时,在商业谈判阶段严格遵守保密约定,做好来访人员的涉密管理;②在技术开发、生产外协、采购销售、企业并购等业务合同履行过程中,严格按照企业内部的商业秘密管理制度和流程,以及保密合同或条款的约定,开展涉密场所、设备和其他物件、纸质或数字文档和资料等的管理,控制泄密风险,如在向商业伙伴提交产品或服务说明性材料、技术交底材料等的过程中,对涉密文档或资料应当加盖保密印章、注记保密或添加保密水印等,并做好资料移交或文档下载回执工作;③强化后合同附随义务和约定保密义务。按照《中华人民共和国民法典》规定,"债权债务终止后,当事人应当遵循诚实信用原则,根据交易习惯履行通知、协助、保密、旧物回收等义务"。但是,考虑到商业秘密对于企业在商业竞争中的价值和因泄密可能遭受的损失,企业有必要在法定的后合同附随义务的基础上,有针对性地约定技术开发、生产协作、采购销售、业务并购等商事合同履行完毕以后的保密义务,将保守商业秘密的约定义务延伸至商事合同终止以后。

复习思考题

1. 企业遭遇专利侵权诉讼时,可以以哪些事由进行抗辩?
2. 驰名商标持有人应如何正确使用商标,以防止自己的商标显著性弱化?
3. 法人作品、职务作品和委托作品的区别是什么?应如何区别使用这三类作品的著作权,使用及转让规则?
4. 你如何看待《中华人民共和国电子商务法》规定互联网络服务提供商是电商平台经营者时,"避风港规则"将适用所有知识产权情形下的电子平台服务者?
5. 何谓商业秘密?如何认定经营主体已经采取了保密措施?
6. 案例讨论:

Cariou 诉 Prince 著作权侵权案

Cariou 是一名摄影师,他在 20 世纪 90 年代中期住在牙买加群岛六年。经原住民同意,他拍摄了一组关于原住民和牙买加群岛风景的照片。后来 Cariou 将这些照片交由美国 PowerHouse 出版为摄影集 Yes Rasta，并一次性印刷了 7000 册。到 2010 年 1 月摄影集共卖出 5791 本。PowerHouse 出版社付给 Cariou 8000 美元。Cariou 除授权出版社出版该摄影专集以及私底下卖给一些朋友外，没有将其所拍摄的照片的著作权进行转让或授权。

Richard Prince 是一位知名的艺术家，他的主要作品都是将他人拍摄的照片或他人创作的图像结合起来进行转变，从而形成新的作品。Prince 最早是在 2005 年于 St.Barth 处的书店中看到 Cariou 的摄影集。2007 年 12 月至 2008 年 2 月，他将 35 张从摄影集 Yes Rasta 中剪下的照片订在一片木板上，制作为一幅叫做 Canal Zone 的拼贴画，并在 St. Barth 的 Eden Rock 饭店展示。Prince 将拼贴的照片做了大幅度的修正，包括打印它们，增加它们的尺寸，模糊或锐化，添加内容（有时是彩色）。在 James Brown Disco Ball 一画中，他直接将照片中原住民的头部取下，拼接在一些男性或女性的身体之上，而这些拼贴素材都贴在他自己绘制好的油画布上，而 Cariou 所拍摄的照片则被完全模糊。但在 graduation 一画中，Cariou 的原照片却只被 Prince 用色块遮住照片中原住民的双眼及嘴巴，并贴上一把吉他，照片原貌仍可被清楚辨认。

Cariou 认为 Prince 未经自己同意，擅自使用自己的作品，侵犯自己的著作权，2008 年向美国纽约地区法院提出侵权之诉。而 Prince 则以自己的行为属于合理使用予以抗辩。《美国著作权法》对"合理使用"行为的判断采取四要素判断法，包括：①使用的目的和性质，包括是商业目的还是非盈利的教育目的；②受版权法保护的作品的种类；③使用作品的数量和实质性；④使用行为对该作品的潜在市场或者其价值造成的影响。针对此要素，纽约地区法院认为，本案中 Cariou 的摄影作品和 Prince 的挪用作品创作目的相同，且后者为商业目的。Cariou 的摄影作品有高度原创性，且 Prince 挪用的部分已经超过其实质性需要的数量。而 Cariou 的照片的市场的确被 Prince 损害。所以 Prince 的行为不属于合理使用。Prince 不服，上诉到美国联邦第二巡回法院。第二巡回法院认为 Prince 的 30 幅画作中，有 25 幅画与 Cariou 被利用的照片散发出不同的美感，具有转化性。Prince 的画虽具有商业性，但因其转化性可不再被考虑，并且 Prince 画的受众和 Cariou 照片的受众极为不同，Prince 的画既没抢夺 Cariou 摄影作品的市场，也没有对 Cariou 照片的销售造成任何冲击。Prince 虽然取用了 Cariou 照片的重要部份，但是他将这些照片转化为全新的、完全不同的作品。所以，Prince 的 25 幅画构成合理使用，但剩余 5 幅无法自信地判定其是否具有转化性，故发回地区法院重审。2014 年 Cariou 和 Prince 对著作权纠纷达成和解[①]。

问：对本案中涉及的"合理使用"四要素判断法你怎么看？对美国法官的判断思路和认定结果你赞同吗？为什么？

---

① Cariou v. Prince，No. 11-1197 (2d Cir. 2013)。

参 考 文 献

丛立先, 2009. 职务作品与法人作品辨析——以蒋少武诉沈阳机电装备集团公司案为切入点. 中国版权,(1): 61-63.

冯晓青, 陈小奇, 2005. 著作权合理使用若干问题研究. 法律适用,(10): 65-67.

李平, 等, 2007. 自主创新加速器——来自深圳产业的知识产权实证报告. 北京:知识产权出版社.

李文江, 2014. 论共有专利权行使及立法完善. 知识产权,(12): 39-43, 73.

孙敏洁, 2011. 专利共有——交易与许可的经济分析. 北京化工大学学报(社会科学版),(4): 11-14.

吴汉东, 1995. 论合理使用. 法学研究,(4): 43-50.

杨良宜, 杨大明, 2000. 禁令. 北京: 中国政法大学出版社.

杨述兴, 2005. 职务作品和法人作品. 电子知识产权,(5): 20-24.

张钦坤, 2012. 云计算、开放平台与服务商版权责任. 电子知识产权,(12): 50-55.

Adelman M J, Randall R R, John R Thomas, 2009. Cases and Materials on Patent Law(3rd Edition). Eagan: West Publishing.

Chesbrough H W, 2003a. The era of open innovation. Sloan Management Review, 44(3): 35-41.

Chesbrough H W, 2003b. The logic of open innovation: managing Intellectual property. California management review, 45(3): 33-58.

Hobday M, Rush H, 1998. Technology management in complex product systems (CoPS): Ten questions answered. International Journal of Technology Management,(17): 618-638.

第六章 知识产权许可和转让

本章要点：
1. 了解知识产权许可的含义、类型以及知识产权许可费的计算方法。
2. 了解标准必要专利的含义和 FRAND 原则，掌握专利许可的基本谈判要点。
3. 理解专利许可协议的内容要求，并能撰写专利许可协议。
4. 掌握商标使用许可协议的内容和许可商标的使用规则。
5. 掌握著作权许可协议的内容和计算机软件使用的特殊情形。
6. 掌握专利权、商标权、著作权转让的含义和程序要求。

开篇案例六　加多宝集团和广药集团·"王老吉"商标许可引发的争议案[①]

加多宝集团的创办者陈鸿道早年在香港创立了鸿道集团。1990 年，陈鸿道与王老吉传人王健仪达成合作协议，王老吉(国际)有限公司授权鸿道集团使用王老吉凉茶的秘方与商标生产饮料。由于历史原因，在中国大陆地区"王老吉"商标并不属于王老吉后人，而是由广药集团前身羊城制药厂取得。1992 年鸿道集团到东莞开设凉茶生产厂。1994 年陈鸿道与广药集团联系，希望获得"王老吉"商标的使用权。1995 年 3 月，双方签订了第一份商标许可合同，约定鸿道集团子公司加多宝在大陆使用"王老吉"商标生产销售红色纸包装及红色易拉罐装凉茶饮料权，由香港王老吉后人王健仪提供配方。广药集团许可鸿道集团从即日起到 2003 年 1 月使用"王老吉"商标，双方不得使用对方产品的任何包装装潢。广药集团自己在后来则生产绿色利乐包装的王老吉凉茶，以示区别。鸿道集团旗下的广东东莞加多宝饮料有限公司开始生产红罐王老吉，并扩展至整个内地。1997 年、2000 年，鸿道集团和广药集团又两次重新签署合同，将使用期限延长到 2010 年 5 月 2 日。2002 年和 2003 年，广药集团总经理李益民收受了鸿道集团总裁陈鸿道支付的总共 300 万港币的贿赂，其后与鸿道集团又签订了两份补充协议，将商标使用时间分别延长至 2013 年和 2020 年。2005 年，李益民因受贿而入狱。2006～2011 年，加多宝投入大量经费打广告。加多宝的王老吉凉茶销售额大幅上升，2011 年达到 150 亿元。这段时间，广药集团投入的广告经费比加多宝要少得多。尽管如此，随着"王老吉"商誉的提升，广药集团的销售额 2011 年也达到 20 亿。2011 年 4 月，广药集团与鸿道集团打响商标争夺战，广药集团向中国国际经济贸易仲裁委员会提出关于"王老吉"商标的仲裁申请，主张 2002 年和 2003 年的补充协议因当事人行贿受贿而无效。2012 年 5 月 9 日，中国国际经济贸易仲裁委员会作出〔2012〕中国贸仲京裁字第 0240 号裁决书，裁决确认广药集团与鸿道集团签订的《"王老吉"商标许可补充协议》和《关于"王老吉"商标使用许可合同的补充协议》无

[①] 资料来源：本案例系作者根据王老吉和加多宝多个商标纠纷案资料整理完成。

效,鸿道集团停止使用"王老吉"商标。2012年5月17日,加多宝公司向北京一中院提出撤销该仲裁裁决书。2012年7月13日,北京一中院终审裁定鸿道集团禁用"王老吉"商标。

第一节　知识产权许可

一、知识产权许可的含义和类型

(一)知识产权许可的含义

按照《布莱克法律大词典》(2014年第十版)(Garner et al.,2014)的定义,许可有三层涵义,一是国家或城市在特定主体支付一定费用的情况下赋予其从事某个行为或一系列行为的权利,如驾车、养狗、开展税务服务等,未被准许者则不得从事上述行为;二是许可人授权被许可人从事某个行为,该项授权通常是可以撤销的,而且一般是基于协议建立起准许关系,未被授权而实施相应的行为则被视为违法;三是证明上述准许的证书或文件。知识产权许可,是指许可人授予被许可人在约定的期间和地域,按照约定方式使用其知识产权的行为。许可人是指有权授予被许可人按照约定使用所涉知识产权的权利人;被许可人是指与许可人协商并获得许可使用所涉知识产权的主体。知识产权许可是权利人将知识产权部分权能授权他人,允许被许可人按知识产权的性能和用途加以利用。因此知识产权许可是许可人的一种授权行为,是知识产权使用的授权,即许可人授权被许可人使用知识产权的行为(Dratler and McJohn,2016)。知识产权许可源于法律赋予知识产权权利人的排他性权利,未经权利人许可(合理使用例外),任何人不得行使相应的权利(Gomulkiewicz et al.,2014)。通过知识产权许可,许可人可以加快研究开发和市场拓展成本投入的回收,增加企业当期利润;同时,被许可人也可以获取新的技术,并借此进入新的市场。研究表明,1990~2000年,美国专利许可费从150亿美元增加到1100亿美元以上;一般来说,有效管理的知识产权组合可以为企业贡献1%的销售收入和5%的净利润;1美元的许可费收入的价值是1美元企业营业收入价值的4~5倍;51%以上的受访企业高管认为知识产权是推动企业并购的重要因素(Poltorak and Lerner,2004)。知识产权许可不仅可以为许可人带来现金收益,而且可以使承载该知识产权的相应产品进入新的区域或产品市场,增强许可人的市场地位和知识产权的强度。当然,知识产权许可也可以为消费者带来更多的选择和福利。

(二)知识产权许可的类型

由于知识产权权利人自身可能不具备最大限度地利用知识产权获得经济利益的资源和条件,通过签订知识产权许可合同的方式许可第三人实施知识产权,也就成为知识产权权利人萃取其知识产权商业价值的重要途径。然而,在不同知识产权许可类型情形下,知识产权许可合同主体享有的权利和义务存在较大差异,其行为策略也不尽相同。根据知识产权许可实施的权利来源来划分,知识产权许可可分为合同许可(contractual license)、强制许可(compulsory license)和默示许可(implied license);根据知识产权许可实施的权利边界来划分，知识产权许可分为普通许可（non-exclusive license）、排他许可（exclusive license）、独占许可（sole license）、交叉许可（cross license）等类型（曾德国，2015）。

（1）普通许可。知识产权普通许可是指许可人（这里的许可人包括自然人和法人等）允许被许可人在许可合同约定的期间和地域范围内使用合同约定的知识产权权利，同时保留在该期限和地域范围内自己使用该知识产权的权利，以及再与第三方就该项知识产权签订许可合同的一种法律行为。知识产权的普通许可中，同一地域内被许可人同时可能有若干家，许可人自己也可以使用该项知识产权。一般来说，如许可合同中没有特别指明是独占许可、排他许可或其他特殊的许可形式，就推定此许可合同属于普通许可。在普通许可情形下，许可人保留了较多的权利，被许可人享有的知识产权使用权排他性弱，相应的许可费一般也比排他许可和独占许可低；同时，当发生知识产权侵权行为时，被许可人以利害关系人身份享有的诉权受到限制，需要得到知识产权人（即许可人）的明确授权。

（2）排他许可。排他许可是指在一定期间和地域范围内，被许可人对被许可使用的知识产权享有排他性使用权，许可人不得把该知识产权权利再许可第三方使用，但许可人自己有权在该地域内使用该项知识产权权利的一种法律行为。也就是说，排他许可和独占许可都禁止许可人再与第三人签订许可协议，两者的区别在于许可人是否保留自行实施知识产权的权利。在知识产权排他许可情形下，在一定的期间和地域范围内存在两个合法使用知识产权的主体，即许可人和被许可人，任何对该知识产权的侵犯行为均会对许可人和被许可人造成直接损害。因此，当发生知识产权侵权行为时，在特定期间和地域范围内的被许可人以利害关系人身份享有的诉权受到的限制较少，可以与知识产权人（即许可人）共同起诉，或在知识产权人不起诉的情况下自行起诉。

（3）独占许可。知识产权独占许可是指许可人授予被许可人在许可合同约定期间和地域范围内，对所许可的知识产权拥有独占使用权，包括许可人和其他第三方均无权使用该项知识产权的一种法律行为。相对于普通许可和排他许可而言，独占许可情形下被许可人在合同约定期间和地域范围内拥有更多权利，对许可的知识产权拥有事实上的垄断权，因此许可费用更高。国际许可贸易工作协会（Licensing Executives Society，LESI）统计数据表明，独占许可合同的许可费一般要比普通许可合同的许可费高出66%~100%。由于独占许可情形下只有被许可人是合法使用者，假冒侵权产品挤占市场份额的最大受害者是被许可人，因此各国原则上都规定被许可人以利害关系人身份独立享有诉权，即有权以自己的名义起诉知识产权侵权行为并获得赔偿。

（4）交叉许可。知识产权的交叉许可是指交易双方或多方将各自拥有的知识产权相互许可使用，互为知识产权许可人和被许可人的一种法律行为。在交叉许可情形下，各方的许可权利可以是独占的，也可以是非独占的。在国际技术贸易中，交叉许可是商事主体在产品或产品生产过程中需要相互使用对方拥有的知识产权时，通过谈判达成有条件或无条件容许对方使用自己知识产权合同的行为。知识产权特别是专利交叉许可在企业商业实践中运用越来越广泛，不仅可以降低知识产权许可使用费，而且可以避免市场拓展的知识产权风险（朱国军和杨晨，2008）。

二、知识产权许可费的类型和确定方法

知识产权许可的核心问题是确定不同类型下的知识产权许可费(又称知识产权许可使用费,英文通常统称为 royalty,具体又细分为表示数额的许可费 royalty-fee 和表示比例的许可费率 royalty rate)(Gomulkiewicz et al., 2014)。许可费的计算与支付方法是知识产权许可合同的重要条款,也是合同签订过程中各方博弈的重点。

(一)知识产权许可费的类型

按照计算和支付方式来划分,知识产权许可费主要包括固定使用费、浮动使用费,以及入门费加提成费三种类型(董美根,2013)。

(1)固定使用费。固定使用费是指当事人在许可合同中确定许可费的总额,即一次总算。在确定了许可费总额后,支付方式可以为一次总付,也可以分期支付。这种许可费的计算与交付相对较为简便。对于许可人而言,固定使用费与被许可人是否盈利无关,这样就避免了收取不到许可费的风险,且不必关心被许可人如何实施被许可的知识产权(即不关心被许可人是否勤勉实施被许可的知识产权)、被许可人财务表的真实性等。对于被许可人而言,如果实施被许可的知识产权所获得的利润超出许可费,超出部分完全归被许可人所有。同时,许可人无权对其账目进行查询,这样就减少了被许可人财务状况及其他商业信息外泄的风险。

(2)浮动使用费。知识产权许可费最为常见的是浮动使用费,被许可人在许可合同有效期内,根据其使用的知识产权的种类及数量、产品的产量或销售量、销售额、使用次数等,按一定计算方式分期向许可人支付许可费。虽然固定使用费较易操作,但在大多数许可合同中,当事人仍坚持采用浮动使用费。浮动使用费每次支付的使用费并不相同,这取决于两个浮动因子:一是提成费,二是提成年限。提成费的计算公式为

$$提成费=提成基数×提成比例$$

其中,提成基数是计算使用费的基数;提成比例即费率,是在提成基数上以什么样的比例进行提成,费率一般按百分比计算。

提成年限是指许可人收取提成费的期限。一般而言,提成年限止于知识产权许可合同的有效期满或知识产权的保护期届满。在知识产权许可合同有特别约定的情形下,提成年限可以在合同期满前结束。显然,提成费是被许可人每期支付的许可费,其并没有考虑提成年限。在实践中,也常把提成费与浮动使用费混用。

(3)入门费加提成费。在许可费确定过程中,当事人还经常约定提成费附加预付入门费的支付方式(简称入门费加提成费)。这一方式是固定使用费与浮动使用费相结合的一种计算方式。所谓入门费,是当事人在知识产权许可合同(特别是专利许可合同)中约定,由被许可人在许可合同特别约定的期间内(如合同生效或被许可人收到第一批资料后的一定时间内)向许可人所支付的费用,也称之为预付费或初付费。这就使入门费具有固定使用费的特点。但入门费不同于固定使用费,其仅仅是使用费的一部分,被许可人仍然需要支付浮动使用费。与完全浮动使用费相比,在浮动使用费与入门费加浮动费总额相当的前提

下，入门费越高，提成越低；入门费越低，提成越高。从理论上讲，入门费加提成费兼具了固定使用费与浮动使用费的双重优点，应具有较大的可行性。然而，并不是所有的许可费都适合采用入门费加提成费方式，这与知识产权对象的完善程度、知识产权的可靠性、当事人的经济能力、当事人之间的信任程度等诸多因素密切相关。

（二）知识产权许可费的确定方法

一般而言，影响知识产权许可费率的变量很多，如被许可人的销售收入、边际利润、与知识产权有关的利润率、技术发展阶段、产品类别（如是通用产品还是特定产品）、许可知识产权数量及其组合等（Parr，2009）。知识产权许可谈判各方需要特别注意被许可人的边际利润和不同技术发展阶段的产品商业化风险；许可费率不仅与知识产权相关的技术成熟度有关，更与未来预期的销售额以及知识产权在其中的贡献有关。也就是说，一方面，知识产权许可费的确定必须考虑技术发展阶段；另一方面，还必须考虑知识产权对最终商业化产品或技术的贡献。对于许可人来说，必须承受开发知识产权的沉没成本无法得到市场响应的风险；对于被许可人来说，其目标在于评估和最小化使用该知识产权并将产品推向市场的风险（Manus and John，2012）。

关于知识产权许可费率在商业实践中的确定方法，比较典型的是"25%规则（25% rule）"。该规则是 Goldscheider 和 Marshall（1971）对大量知识产权许可案例进行统计分析后提出的，并在后续商业实践和司法判例研究中不断完善（Goldscheider，2012）。该规则基于"拇指规则（rule of the thumb，即经验法则，凭经验较为通用的原则，并非放之四海而皆准）"，以技术为基础的知识产权许可为例，发现制造商基于知识产权许可而制造出的产品，其营业利润大致可以分为 75/25，即在直接来源于许可产品或许可技术的营业利润中，大约 25%的营业利润会回到许可人手中。然而，在商业实践中，许可费通常无法按照利润率来确定，原因是许可人一般无法获得产品的真实边际利润。因此，许可费通常按照产品销售价格的一定比例来确定。

"25%规则"实际应用的关键在于如何将利润比例转换为单位销售价格比例。为此，许可人在与被许可人开展知识产权许可费谈判的过程中，需要落实预期成本，尽量获取预期市场规模、产品价格、制造成本和管理费用等方面的信息。通常情况下，如果许可人难以估计产品边际利润，则可以比较近似的知识产权许可交易，进而选择相应的许可费。需要说明的是，在 2011 年美国联邦巡回上诉法院的 Uniloc USA Inc. v. Microsoft Corp.判例中，明确表示不再接受依赖"25%规则"的证据。在商业实践中，知识产权特别是以技术为基础的知识产权许可费率的确定，还要考虑产品的特性，如应用该知识产权的产品是单一产品还是复杂产品。对于单一产品或工艺来说，许可费率可以基于该产品的单位价格、单位重量或单位销量；对于复杂产品或工艺来说，许可费率可以考虑该许可技术在最终产品总制造成本中的贡献比例，或者参照未使用该许可技术的相似产品（即未改进的产品），被许可制造商因该知识产权可以获得的溢价收益，不能轻易适用"全部市场价值规则"。此外，知识产权许可费率还有必要考虑通货膨胀率、利息和被许可人的先期投资等因素，随着销售收入的增加，采取差额累进递减的知识产权许可费率确定方式，也有利于激励被许可人扩大市场份额。

三、专利许可规则及其运用

(1)专利许可费的影响因素。商业实践中的专利许可费影响因素可谓千差万别,即使是相同因素,其影响权重在不同许可人和被许可人之间的专利许可个案中也存在差异。在诸多专利侵权赔偿案件中,比较有代表性的是美国 Georgia-Pacific Corp. v. United States Plywood Corp.一案。虽然后来联邦巡回上诉法院不认可此案的设置能作为计算合理专利许可费以及据此确定专利侵权赔偿数额的方法,但仍然认为这是进行可靠经济分析时可以考虑的因素。在该案中,纽约南区地方法院坦尼(Tenney)法官给出了专利侵权情形下确定专利许可费的十五个相关要素,包括:①专利权人在其他专利许可案中接受的既有许可费;②被许可人在类似专利诉讼案中使用其他专利的许可费率;③许可的类别和范围,如排他性或非排他性许可,许可使用地域有限制或没有限制,许可制造的专利产品销售对象等;④专利权人为了保持专利垄断地位所采取的既有政策和市场措施,如不许可第三人使用该发明创造或授权许可的特定条件等;⑤许可人和被许可人的商业关系,如两者是否是同一地域范围内的相同业务的竞争者;⑥销售含有专利技术的产品对被许可人销售其他产品的促进作用;⑦专利有效期和许可期限;⑧专利产品的既有盈利和商业表现,以及受欢迎程度;⑨相对于先前的产品、方法或设计来说,被许可专利的实用性和优势;⑩获得专利保护的发明创造的商业表现,包括许可人或其他被许可人使用该专利的获利情况,侵权者对该发明创造的使用程度和价值;⑪在先前相同或等同业务中使用该发明创造或类似发明创造时,许可费在利润或销售价格中的占比;⑫考虑侵权者的非专利要素、制造工艺、商业风险或所做的显著改进以后,可归因于该发明创造的利润占比;⑬专家证词;⑭在侵权发生之初,许可人(如专利权人)和被许可人(如侵权者)本来可以自愿达成的合理许可费数额或费率。

(2)FRAND 条件下的标准必要专利许可。FRAND 原则是指公平(fair)、合理(rational)和不歧视(non-discrimination)原则。它是为实现专利标准化和专利保护之间的平衡而被采用的。标准必要专利(standard essential patent,SEP)尚无统一定义,一般理解为要达到某一行业标准,而必须使用的且无其他技术可替代的专利。我国《国家标准涉及专利的管理规定(暂行)》(2013 年 12 月 19 日国家标准委员会和国家知识产权局发布)第四条规定,国家标准中涉及的专利应当是必要专利,即实施该项标准必不可少的专利。对一个企业来讲,不按照标准必要专利生产产品就无法进入市场。反过来说,企业要生产能进入市场的符合标准的产品,必然要使用标准必要专利。事实上,标准必要专利权人与标准实施者在谈判时,既可能出现标准专利权人漫天要价的情形,也可能出现标准实施者压低实施许可费或许可条件的情形。为了防止标准必要专利权人利用标准必要专利优势实施"专利劫持"行为,也为了避免专利许可使用费不合理的"叠加"问题,FRAND 原则被各国际标准组织作为一项准则,要求标准组织成员依此准则将标准必要专利授权给他人使用。FRAND 原则要求标准专利权人在其专利纳入标准化体系时,须对相关标准实施者一视同仁。标准必要专利许可最终结果取决于标准专利权人与标准专利实施人之间的谈判结果。这个谈判过程一般是由标准必要专利权人向标准必要专利实施人发出谈判磋商的意向,在双方签订

NDI(Network Derice Interface)保密协议后进入谈判程序。标准必要专利权人以清单列举的方式向标准必要专利实施人展示其所拥有的标准必要专利,并提出具体报价。实施人若质疑这些专利,则可就技术专利先谈判,然后再协商报价。对标准专利权人提出的报价,实施人在合理时间内可以考虑接受或拒绝,在拒绝的同时也可提出反报价,并说明理由。如果双方就许可条件和费用不能达成一致,则可协商交仲裁机构或司法机关裁决。

案例6-1　华为诉美国交互数字公司滥用市场地位垄断案[①]

美国交互数字公司(Inter Digita Co., IDC)2009年向欧洲电信标准化协会 ETSI(European Telecommunication Sdandards Institute)提交《知识产权信息声明和许可申报》及《知识产权信息声明附录》。依照 ETSI 知识产权方针第 4.1 条的规定,申报人和/或其关联机构现在相信《知识产权信息声明附录》中所披露的知识产权可能会成为欧洲电信标准化协会(ETSI)之工作项目、标准和技术规范的基本知识产权,IDC 是《知识产权信息声明附录》中所披露的知识产权所有人。同时,申报人和/或其关联机构将准备按照 ETSI 知识产权方针第 6.1 条所规定的条款和条件来授予该知识产权下的不可撤销许可。不可撤销承诺应符合以下条件:要求获得许可证的人员须同意互惠。IDC 在《知识产权信息声明附录》中声称,其拥有在 GSM、UMTS、GERAN、(UMTS;E-UMTS)、(GSM;UMTS)、(UMTS;E-UMTS;GERAN)、(GSM;UMTS;E-UMTS)、(UMTS;GERAN;E-UMTS)标准或项目下的大量必要专利和专利申请。IDC 声称的必要专利和专利申请,包括在美国的专利权和专利申请权,以及在中国的相应同族专利权和专利申请权。后 IDC 向华为发出要约,要求华为向自己支付标准专利许可费。在双方还处于谈判阶段时,IDC 在 2011 年 7 月和 9 月,分别向美国国际贸易委员会和美国联邦地方法院特拉华州法院投诉和起诉,控告华为的通信产品侵犯其专利权,要求颁发禁令,禁止华为产品进口至美国境内以及销售。

华为承认 IDC 的美国 METHOD AND SYSTEM FOR IMPLICIT USER EQUIPMENT IDENTIFICATION 是必要专利,且该专利在中国的同族专利为 ZL02809881.1 号专利,已经被纳入中国无线通信标准。华为的通信产品必须符合这些标准。但鉴于 IDC 四次对华为开出高出其他被许可人数倍的许可费,这一许可费与 IDC 要求苹果、三星等公司支付的许可费相比,虽然许可方式不完全相同,但是许可费却是它们的数十倍,并且当时苹果和三星的手机全球销售量还远远大于华为。为此,华为提出 IDC 的四次要约都违反 FRAND 原则,并要求 IDC 以符合 FRAND 原则的权利金授予其中国标准必要专利许可。2013 年广东省高院对华为诉 IDC 垄断案作出终审判决,认定 IDC 实施了垄断行为、违反了 FRAND 原则,判决 IDC 赔偿华为公司 2000 万元人民币。

(3)专利许可的谈判要点。为了使专利许可谈判得以顺利进行,Poltorak 和 Lerner(2004)总结出需要避免的七大谈判死结。①失信。在谈判过程中,尽量避免不切实际的承诺。一旦夸大的承诺无法兑现,对谈判的危害很大。②突然袭击。把坏消息(包括

[①] 资料来源:广东省高级人民法院《民事判决书》,案号:〔2013〕粤高法民三终字第 306 号。

被许可专利、市场拓展、补充性资产、财务等)留到谈判最后阶段才暴露出来。如果发现问题可能成为谈判的绊脚石,最好是尽早摊到桌面上。一般来说,问题暴露越早,越有可能被成功解决。③争吵或威胁。如果谈判过程中出现争吵,最好的办法是暂停谈判,直到谈判双方都冷静下来,因为争吵难免会出现威胁。而成功的谈判需要参与人建立和保持最低程度的工作关系。面对威胁,这样的工作关系很难继续下去。④低估对手。在谈判过程中,不要被谈判对手的表现所迷惑,也无须表现得聪慧过人,否则容易导致前功尽弃。⑤漫天杀价。专利许可谈判有别于集市上的漫天杀价,不宜采取不顾及对方利益、容易导致对抗的立场式谈判(positional bargaining)。⑥削弱自身。当谈判一方向对方发出要约而未得到对方的反要约时,谈判往往陷入沉默僵局。这时候,发出要约一方不必急于采取行动打破沉默。因为如果急于再次发出新的要约,容易使对方产生坐等底线的期望,不利于谈判继续进行。⑦缺乏准备。在诸多谈判死结中,缺乏准备是危害极大的。为了促成谈判的成功,谈判前各方均有必要开展调查工作,包括调查对手,了解对手的目标和目的,并形成备选方案。如果不深入了解对手,就难以以最小的代价满足对手的期望。

为此,在专利许可谈判过程中,有必要做好以下几个方面的工作。①设定谈判目标。在开始谈判之前,需要设定好谈判目标,"摸着石头过河"是不可取的,对掌握谈判走向也是不利的。为此,可以设定最好的情景和最坏的情景。前者是最优但不一定是非常合理的目标;后者是谈判的底线,低于最坏情景细化出的指标和要求,就需要拒绝,以免在后续谈判中陷于被动。②准备次优备选方案。次优备选方案有利于打破谈判僵局。③拟订谈判策略。这需要谈判者从自己的最优目标开始,有次序地设置相应的谈判点位,每个谈判点位都有相应的理由支撑。这样可以避免随意发出要约。④建立工作联系。如果可能,可以授权与谈判对方团队的成员建立起工作关系,包括通过社交、先前的谈判或私交建立起来的工作关系;特别需要避免与谈判对方团队成员有宿怨甚至敌意的成员加入谈判团队。⑤准备谈判日程表。一份详细可行的谈判日程表,有利于保证落实各项谈判议题,可以避免商务谈判忌讳的突然袭击。毕竟在专利许可谈判过程中,谈判各方的关注焦点是有差异的。比如,许可人更关注许可费,被许可人则更关注专利技术的价值。⑥落实对话机制。专利许可谈判的内容不仅涉及商务和财务,还涉及技术和法务,因此参加人员相对也比较复杂。这就需要谈判各方建立起对话机制,保障负责不同谈判业务的人员能够有效对话,推动谈判的有序进行。⑦谈判备忘。在谈判过程中,与会人员需要做好记录,将已经达成共识的议题和尚未达成共识的议题分别记录下来。特别是需要对已经达成共识的议题进行充分阐述,以保证谈判各方理解的一致性,以免后续因理解不一致导致耗时费力的拉锯式谈判。

(4)专利许可协议的要点。《中华人民共和国专利法》和《中华人民共和国专利法实施细则》对专利许可规范较少,有关专利许可的内容主要依靠当事人自行谈判并达成专利许可协议。因此,专利许可协议的内容就显得非常重要。结合《中华人民共和国民法典》、深圳市知识产权局颁布的《深圳市知识产权许可操作指引》(2008年9月24日)以及商务实践,现就专利许可协议的要点予以总结。一般而言,专利许可协议的条款包括以下内容。①合同主体。该条款需明确载明专利许可协议当事人的姓名或名称、住所地等,特别需要增强主体身份的识别性,避免使用"集团"等模糊概念。②鉴于条款。表明许可人和被许可人的专利许可意愿,以及许可人对许可专利享有专利许可权限。③定义。定义条款一般包括许可专利权、许可产品、许可范围、期限、协议生效日期、以往产品、销售额、净销价。如果涉及标准必要专利，还需定义标准和标准必要专利等。④许可。该条款包括授权地域范围、权限和实施人范围，同时可以要求专利授权标注等。⑤支付。以浮动许可使用费为例，该条款包括许可费率的计算标准、许可费支付方式和期限、会计方法、会计凭证和审计、利息、信息保密等。⑥损害赔偿（indemnification）。包括损害赔偿的条件和范围。⑦合同终止。特别是约定单方解除的情形，合同解除的后果等。⑧许可人的保证。包括授权许可的权利、责任范围、免责情形等。⑨被许可人的保证。⑩当事人的关系。⑪转让。包括权利义务是否可以转让。如果可以转让，则注明转让的条件、权限和继受者的约束等。⑫争议解决。包括争议解决的范围、方式和法律适用。⑬权利和授权的限制。⑭其他。包括时间计算、通知、续期、效力瑕疵、修改和补充、解释、协议份数等。

不同的专利许可方式决定了专利许可合同内容存在差别。专利许可通常包括独占许可、排他许可和普通许可三种形式。但随着市场竞争愈发激烈，同业竞争者之间的专利交叉许可情形也逐渐成为一种常见许可方式。在这些许可中，独占许可的被许可人获得最大的权利范畴。但专利权人可以通过权利保留条款，限制和缩小被许可人实际取得的许可范畴。由于专利许可是由专利权人和被许可人在协商的基础上达成书面协议，协议约定内容将直接决定被许可人后期的专利使用范围。同时专利许可协议约定的许可费用也可能对侵权损害数额的决定起参考作用。许可协议条款如果存在歧义，则很可能导致以后出现争议。为预防争议产生，专利权人和被许可方订立专利许可协议时，就应尽可能细化专利条款。

按照《中华人民共和国专利法实施细则》第十四条第二款的规定，专利权人与他人订立的专利许可协议，应当自协议生效之日起3个月内向国务院专利行政部门备案，记载于专利登记簿。虽然我国专利许可协议备案登记并不影响协议的效力，除非当事人另有约定。但是，专利许可备案登记仍然具有一定的法律意义和商业价值，如诉前禁令证据效力，侵权赔偿参照标准，被许可人向外付汇凭证，参评高新技术企业，甚至对抗善意第三人等。

四、商标许可规则及其运用

与专利或技术秘密许可主要是允许被许可人分享许可人的技术不同，商标许可是许可人允许被许可人分享其商品或服务的标识。因此，如何管控被许可人依法正确使用许可商标以及保证被许可人使用许可商标的产品或服务质量，是商标许可人需要特别关注的。与此相对应，能否通过商标许可尽快进入相关产品或服务市场，或者利用许可商标的既有声誉提升产品或服务的市场份额，是被许可人关心的话题。下面就商标许可协议的内容、商标许可协议的备案登记、许可商标的使用规则等问题予以讨论。

(1)商标许可协议要点。按照《深圳市知识产权许可操作指引》第五十三条的规定，商标许可协议一般应包括以下核心条款，即许可使用的商标及其注册证号；许可使用的产品范围；许可使用期限；许可使用商标的标识提供方式；许可人对被许可人使用其注册商标的产品质量进行监督的条款；在使用许可人注册商标的产品上标注被许可人的名称和产品产地的条款等。由于《中华人民共和国商标法》第五十六条规定，注册商标的专用权，以核准注册的商标和核定使用的商品为限。因此，商标许可协议不仅要明确许可使用的商标本身，而且还需要明确许可使用的产品或服务范围。两者需要在许可商标注册登记的商品类别和许可协议约定使用的商品类别之间进行匹配，许可协议约定的商品或服务类别应当落入注册登记的商品类别范围。

(2)商标许可备案的效力。《中华人民共和国商标法》第四十三条规定，许可他人使用其注册商标的，许可人应当将其商标使用许可报商标局备案，由商标局公告。商标使用许可未经备案不得对抗善意第三人。就此，我国《最高人民法院关于审理商标民事纠纷案件适用法律若干问题的解释》(法释〔2002〕32号)第十九条第一款进一步明确规定，商标使用许可合同未经备案的不影响该许可合同的效力，但当事人另有约定的除外。商标使用许可合同未在商标局备案的，不得对抗善意第三人。上述规定既与商标的标识功能有关，也与工商行政管理部门强化商标许可使用管理有关。除当事人另有约定外，商标许可备案登记程序虽然也不影响商标许可协议的生效，但是备案登记本身具有对抗善意第三人的效力。因此，许可人应当按照《中华人民共和国商标法实施条例》第六十九条的规定，在许可合同有效期内向商标局备案并报送备案材料。备案材料应当说明注册商标使用许可人、被许可人、许可期限、许可使用的商品或者服务范围等事项。

(3)许可商标的使用管控。从消费者的角度来看，商标的另一项功能是品质保证。对消费者而言，标注同一商标的不同商品或服务的质量应该是等同的，无论该商品或服务是由同一厂商提供还是由不同厂商提供。从这个意义上讲，商标在承担市场功能的同时也扮演着公共服务的角色(Poltorak and Lerner, 2004)。在商标许可使用情形下，许可人和被许可人均有义务保持商品或服务品质，这也符合商标权人的根本利益。就此，《中华人民共和国商标法》第四十三条规定，商标注册人可以通过签订商标使用许可合同，许可他人使用其注册商标。许可人应当监督被许可人使用其注册商标的商品质量。被许可人应当保证使用该注册商标的商品质量。经许可使用他人注册商标的，必须在使用该注册商标的商品上标明被许可人的名称和商品产地。

(4)许可商标的使用延期。许可商标是有期限的，如果截至许可期限，被许可人没有获得许可人的继续授权，则被许可人将无权继续使用该商标。为了防止此种情况发生，被许可人可以在许可期截至前同许可人协商，延长许可商标的使用期限。或者在首次签订商标许可使用合同时，对延长许可使用商标的条件事先进行约定，如约定条件满足可无须协商即签订商标使用许可合同。

五、著作权许可规则及其运用

著作权许可是著作权人或其委托代理人授予被许可人制作和销售作品(思想表达形式)复制品的权利的法律行为。在公众印象中，企业运营中的著作权许可主要与图书、音乐作品和电影作品等的出版发行有关，具有很强的专业性。下面就比较具有普遍意义的著作权许可使用、计算机软件著作权许可使用、商业广告中的著作权许可使用问题进行讨论。

(1)著作权许可协议的形式。《中华人民共和国著作权法》第二十六条第一款规定，使用他人作品应当同著作权人订立许可使用合同，但法律未规定著作权许可使用合同应当采取书面形式，即既包括同著作权人签订书面合同，取得著作权人的许可，也包括取得著作权人许可使用作品的口头承诺。在什么情况下应当签订书面许可使用合同，在什么情况下应当取得口头承诺，获得著作权人的同意，许可使用其作品，要根据对作品的使用的方式、使用的地域范围、期限、被许可使用的权利种类及性质、付酬的多少以及当事人之间的信任程度等多种因素来作出决定。一般来说，图书出版应当签订书面许可使用合同，而演唱某一首歌，则可以取得词、曲作者的口头承诺。使用的地域范围宽、期限长的，最好签订书面许可使用合同；使用地域范围窄、期限短的，可以取得口头承诺，获得许可。报酬较高又不能即时清结的，最好签订书面许可合同，报酬较低或者能即时清结的，可以取得口头承诺，获得使用许可。此外，《中华人民共和国著作权法实施条例》第二十三条规定，许可使用的权利是专有使用权的，应当采取书面形式，但是报社、期刊社刊登作品除外。

(2) 著作权许可协议的内容。《中华人民共和国著作权法》第二十六条第二款规定，著作权许可使用合同包括下列主要内容。①许可使用的权利种类。根据《中华人民共和国著作权法》第十条第二款的规定，著作权人可以许可他人行使的权利主要有复制权、发行权、出租权、展览权、表演权、放映权、广播权、信息网络传播权、摄制权、改编权、翻译权、汇编权等权利。②许可使用的权利是专有使用权或者非专有使用权。这里专有使用权的含义是指独占的和排他的使用权，非专有的含义是指非独占的和非排他的使用权。例如，图书出版者与作者约定，享有该作者某一作品 10 年的图书专有出版权。在这 10 年的期限内，出版部门有权禁止他人出版该作品。③许可使用的地域范围、期间。许可使用的地域范围是指使用作品的地域、对象等；许可使用的期间，是指使用作品的人享有使用作品的年限，也可以说是使用人享有使用权的期间，一般表示为从某年某月某日到某年某月某日，也可以表示为从订立合同的时间起到某年某月某日。④付酬标准和办法。当事人应当在合同中确定支付报酬的付酬标准和办法。付酬标准和付酬办法有联系，也有区别。付酬标准一般是确定付酬多少的问题，付酬办法一般是确定怎样付酬的问题。⑤违约责任。违约责任是促使当事人履行合同义务，使对方免受或少受损失的法律措施，也是保证合同履行的主要条款。违约责任的具体内容，如是否规定违约金、违约的赔偿金额以及赔偿金额的计算方法等，由当事人协商后在合同中确立。⑥双方认为需要约定的其他内容，如解决纠纷的办法等。

(3) 计算机软件著作权许可使用。与物质性产品不同，计算机软件非常容易复制，而且边际成本很低甚至为零。因此，计算机软件公司面临的最大问题就是计算机软件的盗版。毕竟，计算机软件复制件一经售出，购买人就可以将其出借给其他人，而其他人则有可能在归还该计算机软件复制件之前，将其轻易复制，虽然该复制行为本身构成侵权。正是在这样的情形下，计算机软件公司选择了许可使用计算机软件而非出售计算机软件复制件。一般而言，计算机软件许可使用采取"拆封许可证(shrink-wrap license)"或"点击许可证(click-wrap licensing)"模式，也就是说，只要最终消费者打开计算机软件包装封印，或下载安装计算机软件之前点击接受许可协议按键，即视为计算机软件许可使用承诺，接受软件许可使用合同的相关条款。在计算机软件许可使用情形下，著作权人一般会在许可协议中明确约定许可范围，确认该软件并未出售，只是授予许可，著作权人保留所有其他权利。比如，在未事先获得著作权人书面许可的情况下，不得向任何第三方披露软件的任何基准测试结果；不得绕过该软件中的任何技术限制；不得对该软件进行反向工程、反向编译或反汇编(法律明示允许除外)；不得制作超过协议约定或法律允许数量的软件副本；不得发布该软件供他人复制；不得出租、租赁或出借该软件等。此外，我国《计算机软件保护条例》第十九条第规定，许可他人专有行使软件著作权的，当事人应当订立书面合同。没有订立书面合同或者合同中未明确约定为专有许可的，被许可行使的权利应当视为非专有权利。这一规定是需要软件许可使用合同当事人特别是被许可人注意的。

在计算机软件许可使用过程中，著作权人还需要注意，《中华人民共和国民法典》第八百五十条明确规定，非法垄断技术或者侵害他人技术成果的技术合同无效。我国《最高人民法院关于审理技术合同纠纷案件适用法律若干问题的解释》(法释〔2004〕20号)将计算机软件纳入"技术成果"范围，并明确规定了"非法垄断技术、妨碍技术进步"的六种情形，即限制当事人另一方在合同标的技术的基础上进行新的研究开发或者限制其使用所改进的技术，或者双方交换改进技术的条件不对等，包括要求一方将其自行改进的技术无偿提供给对方、非互惠性转让给对方、无偿独占或者共享该改进技术的知识产权；限制当事人另一方从其他来源获得与技术提供方类似的技术或者与其竞争的技术；阻碍当事人另一方根据市场的需求，按照合理的方式充分实施合同标的技术，包括明显不合理地限制技术接受方实施合同标的技术生产产品或者提供服务的数量、品种、价格、销售渠道和出口市场；要求技术接受方接受并非实施技术必不可少的附带条件，包括购买非必需的技术、原材料、产品、设备、服务和接收非必需的人员等；不合理地限制技术接受方购买原材料、零部件、产品或者设备等的渠道或者来源；禁止技术接受方对合同标的技术的知识产权的有效性提出异议或者对提出异议附加条件。比如，2005年1月20日，英特尔美国总部向深圳市中级人民法院递交起诉状，称深圳市东进通讯技术股份有限公司侵犯其计算机软件著作权。在此情形下，2005年3月23日，北京东进信达科技有限公司在北京市第一中级人民法院起诉英特尔，称英特尔以格式条款形式提供的《英特尔软件许可协议》明确规定，购买该软件产品并因此而受该协议约束的用户，只能将该软件产品与英特尔公司的相关硬件产品结合起来使用，而不能将其与用户从第三方购买的硬件产品结合使用。该约定限制了原告从除被告以外的其他渠道购进并使用相关的硬件产品，以及获得并使用竞争性技术，违反了中国法律的强制性规定，构成非法垄断技术和妨碍技术进步。2007年5月14日，英特尔和东进就上述讼案达成庭外和解。

就涉嫌滥用市场支配地位的垄断行为，我国随后颁布的《中华人民共和国反垄断法》(2007年8月30日)第十七条明确规定，禁止具有市场支配地位的经营者从事下列滥用市场支配地位的行为：①以不公平的高价销售商品或者以不公平的低价购买商品；②没有正当理由，以低于成本的价格销售商品；③没有正当理由，拒绝与交易相对人进行交易；④没有正当理由，限定交易相对人只能与其进行交易或者只能与其指定的经营者进行交易；⑤没有正当理由搭售商品，或者在交易时附加其他不合理的交易条件；⑥没有正当理由，对条件相同的交易相对人在交易价格等交易条件上实行差别待遇；⑦国务院反垄断执法机构认定的其他滥用市场支配地位的行为。当计算机软件厂商在相关市场内具有能够控制商品价格、数量或者其他交易条件，或者能够阻碍、影响其他经营者进入相关市场能力的市场地位时，上述垄断行为是应当注意避免的。

(4)商业广告中的著作权许可使用。随着商业广告内容和呈现形式的多元化，企业在制作、发布商业广告或开展形象推广的过程中，使用他人的文字作品、音乐作品、舞蹈艺术作品、美术作品、摄影作品、影视作品片段等的情形越来越普遍。因此，建立和实施企业商业广告的知识产权审查制度和流程，以管控他人作品的著作权使用风险，是企业知识产权管理的重要内容。如果抱着侥幸心理，认为仅此一次或范围有限，未经著作权人许可而使用其作品，在互联网技术、社交媒体、自媒体高度发达的时代，就有可能适得其反，造成企业不必要的商誉损失。尤其是现在多数企业都委托广告公司为自己的企业形象、产品或服务专门设计广告文案，而广告公司又可能在互联网下载一些图片或其他作品——经过处理或者没有处理——直接用在企业的宣传材料或者包装上。这种情形一旦被相关作品的权利人发现，极易引起纠纷。虽然企业通常会与广告公司约定发生此类侵权纠纷由广告公司承担相关法律责任，但是这种内部的约定不能阻止权利人对该企业提起侵权诉讼。因此，企业在委托广告公司进行广告设计的过程中仅仅约定责任承担是不够的，应当进行必要的知识产权审查。此外，企业还要注意作品权利分散在若干个权利人手里的情形，有的权利人拥有的是广播权，有的权利人拥有的是网络传播权，有的权利人拥有的是署名权、修改权等权利。仅仅随意选择一个权利人签订合同、取得授权是不够的，还需要根据广告的使用范围进行权利审查。例如，一个主要打算投入网络中的广告，如果没有取得作品网络传播权人的授权，就有可能发生侵权纠纷（赵虎，2015）。此外，企业在广告中使用照片需要特别小心。除照片著作权人（往往是摄影师）的许可外，可能还需要分别获得照片中摄入对象的使用许可。这里不仅仅涉及肖像权，还可能涉及隐私权。比如，一个啤酒酿酒厂的年历中使用的一幅图像是一个不知名人士驾驶一辆汽车，手中拿着一瓶啤酒。这有可能产生隐私权问题，因为它披露了该人私人的或敏感的问题。

第二节　知识产权转让

一、知识产权转让的含义

知识产权转让是指知识产权转让人（一般是知识产权权利主体）与知识产权受让人依法订立合同，将知识产权权利人主体资格转移给受让人享有的法律行为。广义的知识产权转让还包括因继承、继受、司法裁判等发生的知识产权主体资格转移的法律行为。考虑到本书的研究范围，在无特别说明的情况下，知识产权转让仅指合同转让，不包括因继承、继受、司法裁判等发生的知识产权转让。

通过知识产权转让，转让人可以获得一次性收益，不仅可能收回知识产权开发和维护的投资，而且可能获取相应的利润；受让人则可以在不必付出知识产权开发投资和承担开发风险的情况下直接获取知识产权，并且可以利用受让的知识产权清除或减少市场进入障碍。当然，知识产权转让也意味着转让人放弃先动者优势以及借此形成的垄断市场，受让人则需要承受受让知识产权可能存在的法律瑕疵或者失去知识产权商业价值的风险。

二、专利权的转让规则及其运用

(1)专利法律状态和实施情况调查。根据《中华人民共和国专利法》的规定,专利包括发明、实用新型和外观设计三种类型,其中实用新型和外观设计专利的授权并不经过实质审查,其专利权的"稳定性"相对较差,受让人应充分了解所转让的专利权的类型,权衡转让的潜在风险,必要时可要求专利权人提供国家知识产权局出具的检索报告。受让人应通过法律状况检索,以证实待转让的专利是有效专利,并确认专利权的剩余有效年限。同时,在专利存续期间,专利权人有可能就待转让专利与其他人签订过实施许可合同,或者自行实施了专利。因此,在签订专利权转让合同之前,受让人应该仔细了解该专利权人是否就该专利与他人签订过专利实施许可合同。另外,还应该了解专利权人是否自行实施过待转让专利,以便在专利转让合同中明确约定专利在转让前的实施情况以及可能产生的法律责任及解决方法。根据我国《最高人民法院关于审理技术合同纠纷案件适用法律若干问题的解释》(法释〔2004〕20号)第二十四条的规定,订立专利权转让合同或者专利申请权转让合同前,让与人自己已经实施发明创造,在合同生效后,受让人要求让与人停止实施的,人民法院应当予以支持,但当事人另有约定的除外。让与人与受让人订立的专利权、专利申请权转让合同,不影响在合同成立前让与人与他人订立的相关专利实施许可合同或者技术秘密转让合同的效力。这是"买卖不破租赁"原则的体现。当然,如何借鉴其他国家的专利许可登记制度,从法律层面分类明确规定我国专利许可登记的法律效力,从而解决我国专利许可和专利转让的对抗和继受问题,是我国专利制度尚需完善之处(宁立志和盛赛赛,2015)。

(2)专利转让经登记生效。《中华人民共和国专利法》第十条第二款规定,转让专利申请权或者专利权的,当事人应当订立书面合同,并向国务院专利行政部门登记,由国务院专利行政部门予以公告。专利申请权或者专利权的转让自登记之日起生效。一方面,专利权转让应当采取书面形式,即签订书面的专利权转让合同,并到国务院专利行政部门,即国家知识产权局办理登记手续。根据我国《专利审查指南》第一部分第一章6.7的规定,除向国家知识产权局提交转让合同和著录项目变更申报书外,当事人还应缴纳著录事项变更费200元。另一方面,这里的"生效"不是指专利权转让合同的生效,而是指专利权转让的生效。只有国务院专利行政部门依法登记,专利权转让对当事人才发生财产权属转移的法律效力,即采取登记生效主义。由此可见,专利权转让登记与专利实施许可合同的备案登记的法律效力存在显著差异。

依据2018年国务院发布的《知识产权对外转让有关工作办法(试行)》,"中国单位或者个人将其境内知识产权(包括专利权、集成电路布图设计专有权、计算机软件著作权、植物新品种权等)转让给外国企业、个人或者其他组织,包括权利人的变更、知识产权实际控制人的变更和知识产权的独占实施许可",需要先经地方贸易主管部门审查。

(3)转让专利被宣告无效后的处理。专利权是国家专利行政部门依法赋予发明设计人就其发明创造享有的排他性权利。然而,自国务院专利行政部门公告授予专利权之日起,任何单位或者个人认为该专利权的授予不符合专利法有关规定的,可以请求专利复审委员会宣告该专利权无效。根据《中华人民共和国专利法》第四十七条规定，宣告无效的专利权视为自始即不存在。宣告专利权无效的决定，对已经履行的专利实施许可合同和专利权转让合同，不具有追溯力。但是，因专利权人的恶意给他人造成损失的，应当给予赔偿。如果依照法律规定不返还专利使用费和专利权转让费，明显违反公平原则的，应当全部或者部分返还。由此可见，对受让人来说，受让的专利权并不一定是"绝对"有效的，尤其是对于没有经过实质审查的实用新型和外观设计来说，存在一定的被宣告无效的风险，而且原专利权人并没有义务返还专利转让费。在没有其他约定的情况下，由受让人承担专利被宣告无效的责任。因此，受让人在签订专利转让合同前，应充分考虑待转让的专利权的"稳定性"、专利转让费与专利实施的经济效益前景等因素，并根据具体情况在转让合同中与专利权人约定专利被宣告无效后的不同处理方式。

(4) 导致专利转让后果的其他行为。专利转让是专利人将专利权让渡给他人的一种行为，转让一旦完成，受让人就成为专利权人。除专利权人直接与受让人签订专利转让合同外，在以下几种情况下也可能会产生专利转让的结果。①专利投资入股。即将专利作为非货币资产经评估作价后，折合成相应的股权。原专利持有人成为公司的股东，而专利权人则变成公司。②企业并购中的专利转让。实践中，企业并购中发生专利转让的情形主要有两种。一是企业并购以后，被并购企业所持有的专利权转移至并购企业；二是企业并购的目的主要是获得被并购企业的专利技术。例如，吉利并购沃尔沃以后，学习和研究沃尔沃汽车有关的技术（含专利技术和非专利技术），然后将一些技术用于该企业的自主车上，极大地改进了吉利自研汽车的品质。③专利质押。专利权人为担保债务，将自己的专利权作为质押标的，在债务到期不能实现的情况下，债权人可变卖、拍卖该专利权，并以所得价款优先受偿。专利质押只有在担保债务到期不能清偿的情况下，才可能发生专利转让。与专利转让合同一样，专利质押合同只有在国务院专利行政部门登记后方可生效。以上导致专利转让后果的行为，同样可适用于商标权和著作权之上。

三、商标权的转让规则及其运用

注册商标的转让，是指注册商标所有人在法律允许的范围内，将其注册商标转移给他人所有，转让注册商标是注册商标的主体发生变更，转让后的商标所有人不再是原注册人。转让注册商标与变更注册人名义不同，后者注册商标的主体并不发生改变，只是注册人的名称、住址等发生了变化。商标是一种无形财产，与有形财产一样，在法律允许的范围内可根据商标权人的意志自由转让。但商标权的转让不同于有形财产权的转让，也不同于专利权和著作权的转让，它关系到商品的来源和出处，涉及企业的信誉和声誉，涉及消费者的利益。

因此，《中华人民共和国商标法》对注册商标的转让做了限制性规定。该法第四十二条规定，转让注册商标的，转让人和受让人应当签订转让协议，并共同向商标局提出申请。受让人应当保证使用该注册商标的商品质量。转让注册商标的，商标注册人对其在同一种商品上注册的近似的商标，或者在类似商品上注册的相同或者近似的商标，应当一并转让。对容易导致混淆或者有其他不良影响的转让，商标局不予核准，书面通知申请人并说明理由。转让注册商标经核准后，予以公告。受让人自公告之日起享有商标专用权。以上规定包含四个方面的内容，需要企业在开展商标转让活动的过程中加以注意。

(1) 商品质量保证。也就是说，商标是商品或服务的标识，具有品质保证和来源指向的意义。注册商标受让人在受让注册商标时，应当承担保证使用该注册商标的商品质量的法定义务。不能因为注册商标的转让导致商品质量得不到保证而损害消费者的利益。如果受让人使用该注册商标，而其商品粗制滥造、以次充好、欺骗消费者的，由各级工商行政管理部门根据不同情况予以处理，甚至由商标局撤销其受让的注册商标。

(2) 近似商标一并转让。近似注册商标分开转让可能造成市场混乱，进而损害消费者和社会公共利益。因此，《中华人民共和国商标法》规定了近似商标一并转让规则，转让注册商标的，商标注册人对其在同一种商品上注册的近似的商标，或者在类似商品上注册的相同或者近似的商标，应当一并转让。然而，对于近似商标分开转让的行为，《中华人民共和国商标法》并未明确规定相应的注册商标转让协议无效。我国《商标法实施条例》第三十一条第二款规定，转让注册商标，商标注册人对其在同一种或者类似商品上注册的相同或者近似的商标未一并转让的，由商标局通知其限期改正；期满未改正的，视为放弃转让该注册商标的申请，商标局应当书面通知申请人。也就是说，《中华人民共和国商标法》关于近似商标"应当一并转让"的规定，学理上可以理解为管理性规范，而非效力性规范。当事人转让注册商标时出现近似商标分开转让情形，并不能据此得出转让合同无效的结论。当然，在司法实践中，即使近似商标分开转让合同有效，法官也不能对当事人分开转让的行为忽视不管。如果因为一并转让规则属于管理性规范而对分开转让行为不进行规制，则可能因近似商标分属不同主体而引发商标侵权纠纷以及商标注册和使用混乱（孙国臻，2014）。

(3) 禁止混淆。本着"禁止混淆"的商标法立法目的和制度设计，为避免与他人在先注册商标权相冲突，民事主体在申请注册和使用某商标时，应进行合理避让，尽量消除商业标志混淆的可能性。商标注册和注册商标转让审查核准就是合理避让的制度保障。因此，《中华人民共和国商标法》规定，对容易导致混淆或者有其他不良影响的转让，商标局不予核准，书面通知申请人并说明理由。

(4) 审查核准和登记生效。转让注册商标需由转让人与受让人签订注册商标转让协议，并共同向商标局提出申请，由商标局核准登记。也就是说，商标转让行为的实现不能由当事人自主决定，商标局对当事人转让注册商标的行为有权依法予以审查并决定是否核准转让。因此，转让人和受让人应当依法向商标局交送《转让注册商标申请书》，受让人也必须符合商标法有关商标权利人主体资格的规定，即从事生产、制造、加工、拣选和经销商品或是提供服务的自然人、法人或者其他组织。注册商标转让须经商标局核准后，才能发给受让人相应证明，并予以公告。同时，按照"受让人自公告之日起享有商标专用权"的规定，表明《中华人民共和国商标法》采取了注册商标转让登记生效制度，即注册商标转让自登记公告之日起发生财产权属转移的法律效力。

四、著作权的转让规则及其运用

与专利权和商标权的登记取得方式不同,根据《中华人民共和国著作权法》第二条的规定,"中国公民、法人或者非法人组织的作品,不论是否发表,依照本法享有著作权。"也就是说,著作权采取的是自动取得方式。著作权取得方式的特殊性以及由此引发的著作权转让规则,值得企业予以关注,特别是可转让著作权种类、著作权转让合同的形式和内容、著作权转让登记效力和著作权重复转让等问题。

(1) 可转让著作权种类。一是可以转让的著作权权利种类。按照《中华人民共和国著作权法》第十条第三款和第二十七条第一款的规定,著作权人可以依法全部或部分转让的是著作权中的财产权,具体包括复制权、发行权、出租权、展览权、表演权、放映权、广播权、信息网络传播权、摄制权、改编权、翻译权、汇编权,以及由著作权人享有的其他权利。

(2) 著作权转让合同的形式和内容。一是著作权转让合同的形式要求。《中华人民共和国著作权法》第二十七条第一款规定,著作权人转让其享有的上述财产权利的,应当订立书面合同。这与前述著作权许可使用合同的形式要求不同。二是著作权合同的内容。《中华人民共和国著作权法》第二十七条第二款规定,著作权转让合同包括下列主要内容:①作品的名称;②转让的权利种类、地域范围;③转让价金;④交付转让价金的日期和方式;⑤违约责任;⑥双方认为需要约定的其他内容。

(3) 著作权转让登记效力。《中华人民共和国著作权法实施条例》第二十五条规定,与著作权人订立专有许可使用合同、转让合同的,可以向著作权行政管理部门备案。①按照法律法规规定,著作权专有许可使用合同和转让合同应当采用书面形式,具备备案登记的条件;②通过对著作权专有许可使用合同和转让合同的备案登记,可以加强对著作权权利行使的监督,也可以使被许可人或受让人获得其享有著作权专有使用权或著作权的初始证明。但是,我国著作权法规定的著作权备案登记,既不具有专利和商标转让的登记生效效力,也不具有登记对抗效力。这既与著作权的取得方式密切相关,也与著作权登记的公信力相关。

(4) 著作权重复转让的处理。在著作权交易中,由于著作权客体的非物质性和著作权的自动取得方式等原因,容易发生著作权的重复转让和重复授权,即所谓的"一权多卖"和由此涉及的善意取得等问题。著作权重复转让是指著作权人以签订著作权转让合同的方式,将其享有的著作权的财产权全部或部分转让给受让人以后,又以权利人的身份与其他不知情的第三人签订转让合同,将同样的权利重复进行转让。著作权重复转让或专有许可使用,容易导致多个受让人或被许可人之间产生著作权侵权确权纠纷,影响交易的安全和稳定。面对著作权重复转让难题,如何有效保护受让人或其他利害关系人自身的合法权益,维护交易的安全和稳定,值得著作权转让当事人注意。就此,我国《最高人民法院关于审理买卖合同纠纷案件适用法律问题的解释》(法释〔2012〕7号)第九条规定,出卖人就同一普通动产订立多重买卖合同,在买卖合同均有效的情况下,买受人均要求实际履行合同的,应当按照以下情形分别处理:①先行受领交付的买受人请求确认所有权已经转移的,人民法院应予支持;②均未受领交付,先行支付价款的买受人请求出卖人履行交付标的物等合同义务的,人民法院应予支持;③均未受领交付,也未支付价款,依法成立在先合同的买受人请求出卖人履行交付标的物等合同义务的,人民法院应予支持。就上述司法解释的买卖合同标的物是否扩展到著作权,或者说著作权重复转让是否能够参照上述规定予以处理,目前虽有不同认识(冯刚,2015),但是该司法解释第四十五条规定,"法律或者行政法规对债权转让、股权转让等权利转让合同有规定的,依照其规定;没有规定的,人民法院可以根据合同法第一百二十四条和第一百七十四条的规定,参照适用买卖合同的有关规定"。由此可见,上述司法解释关于多重买卖合同的处理规则,能够直接适用于著作权重复转让行为。一方面,在先受让人可以根据"保护在先权利的原则"主张取得著作权;另一方面,无过错的在后受让人则可另行向原著作权人主张违约责任。

复习思考题

1. 简述知识产权许可费的类型。
2. 专利使用许可费的考量因素包括哪些?
3. 应如何认定著作权重复转让的合同效力?
4. 试比较商标许可备案制度和商标转让登记制度的差异。
5. 如何理解标准必要专利许可时适用的 FRAND 原则?
6. 案例:

"酒鬼酒"新版包装设计知识产权使用权转让合同纠纷案

中国当代著名书画家湘西黄永玉在宣纸上提笔写下"不可不醉、不可太醉"的警语,加上为之设计的独特包装,成为酒鬼酒的独特外包装。2007年6月21日,黄永玉将新版包装设计知识产权有价转让给石磊公司,同年6月28日,酒鬼酒与石磊公司签订了《"酒鬼酒"新版包装设计知识产权使用转让合同》(以下简称《转让合同》),以0对价获得了包装设计的永久使用权。但在转让合同中附带了一个条件,即酒鬼酒在首单订购后不论采取何种确定供货商的方式,石磊公司均享有在同等供货条件下的优先权、知情权。2009年8月,石磊公司认为酒鬼酒未保障其0元转让本该享有的对价权利。故双方在2010年1月25日签订了《"酒鬼酒"新版包装设计知识产权使用权转让合同补充协议》(以下简称《补充协议》),并明确表示同等供货条件是指在同质、同价的前提下,酒鬼酒向石磊公司优先采购。同时补充协议还再次明确了所转让的"酒鬼酒"新版包装设计知识产权的范围,并强调了酒鬼酒公司对该知识产权的永久性专有使用权及石磊公司的优先权。

2016年8月,石磊公司以著作权转让合同纠纷为由将酒鬼酒公司告上法庭。石磊公司在起诉状中提出,合同签订后,酒鬼酒公司多次违反合同约定,没有保障石磊公司的知情权与优先权,并擅自将包装物制作业务交予其他供应商实施,请求法院调判解除合同。石磊公司认为酒鬼酒公司采用招标方式选择确定包装材料供应商,使得石磊公司与其他投标对象享有的权利一致,不存在享有优先权。公司以0元对价向酒鬼酒转让新版包装知识产权,就是希望通过转让合同可以优先获得酒鬼酒外包装的生产权,在供货商同质同价的前提下,石磊公司有优先权、知情权。而酒鬼酒在确定采购价格后也不征求石磊公司是否愿意按照评标确定的价格供货,同时招标结束后未告知中标结果(单位、价格),没有保障石磊公司的知情权。即便在价格相同的情况下,酒鬼酒也不选择石磊公司作为包装物供应商。酒鬼酒提供的2011年、2012年、2014年、2015年及2016年五年中所涉及优先权采购条件的包装材料总金额为5559.7万元,其中仅有42.34%向石磊公司及关联公司采购。根据双方签订的《转让合同》,酒鬼酒公司已经构成了违约,应解除合同。一审法院认定在未构成根本违约的情况下,考虑到双方长期的合作关系,根据合同法鼓励交易的立法目的,不宜轻易解除合同。如石磊公司认为酒鬼酒公司侵犯了其知情权、优先权,可以提起损害赔偿请求。石磊公司对一审判决不服,提出上诉。上诉中石磊公司坚持认为酒鬼酒公司的行为不符合《转让合同》及《补充协议》约定的保证石磊公司享有优先权的条款,已经构成违约,应当解除合同。本案二审正在审理中[①]。

问:你认为本案中酒鬼酒是否违反了《转让合同》的转让条件,石磊公司能否请求解除合同?为什么?

参 考 文 献

董美根,2013. 知识产权许可研究. 北京:法律出版社.

冯刚,2015.《最高人民法院关于审理买卖合同纠纷案件适用法律问题的解释》对著作权重复转移行为的适用. 法律适用,(11):63-67.

宁立志,盛赛赛,2015. 论专利许可与专利转让的对抗与继受. 知识产权,(7):3-13.

孙国臻,2014. 近似注册商标分开转让合同纠纷裁判及其价值选择. 人民司法,(21):84-88.

赵虎,2015. 广告中的知识产权法律问题. 中国工商报,10(13):7.

朱国军,杨晨,2008. 企业专利运营能力的演化轨迹研究. 科学学与技术管理,(7):180-183.

曾德国,2015. 企业知识产权管理. 北京:北京大学出版社.

Dratler J J, McJohn S M,2016. Licensing of intellectual property. New York: Law Journal Press.

Garner B A,2014. Black's Law Dictionary (Tenth Edition).MA: Thomson Reuters.

Goldcheider R,2012. The current realities of the classic 25% rule: an attempt to put the house in order. les nouvelles,(3):1-7.

Goldscheider R,Marshall J T,1971. The art of licensing-from the consultant's point of view. Les Nouvelles,(6):166.

Gomulkiewicz R W,Nguyen X T, Conway D M,2014. Licensing Intellectual Property: Law and Application (Third Edition).

Manus M, John P,2012. Intellectual Property: From Practical Guide for Innovators and Researchers. Cork: Oak Tree Press.

Parr R L,2009. Royalty Rates for Technology (Fourth Edition). Yardley: Intellectual Property Research Associates,Inc..

Poltorak A I,Lerner P J,2004. Essentials of Licensing Intellectual Property. Hoboken: John Wiley & Sons,Inc..

---

① 于垚峰,张韵. 酒鬼酒新版包装陷著作权转让纠纷授权方上诉欲解除合同. 每日经济新闻,http://www.nbd.com.cn/articles/2018-01-13/1182630.html,[2018-12-08].

第七章　知识产权的投资和融资

学习目标：
1. 了解知识产权与金融资本。
2. 掌握知识产权出资的方式和程序。
3. 掌握知识产权质押的含义和质权设立条件。
4. 理解知识产权信托的含义、财产独立性及当事人的权利和义务。

开篇案例七　文化创意金融专营机构助力产业发展[①]

2014年5月28日，浙江温州市首家文化企业专营金融机构——温州银行文化支行正式揭牌成立。针对文化产业"投入大、周期长、轻资产"特点，该支行推出了知识产权质押等多种金融产品：著作权（版权）质押、专利权质押、商标质押、股权质押、景区收费权质押等。企业可凭借影视和软件著作权、商标、专利等知识产权质押，获得50万~500万元不等的授信额度。该支行在挂牌成立的两年多时间里，建立起契合文化型中小企业的服务模式，并在支行营业大厅开辟文化产品展示专区，供文化企业客户陈列艺术品，增进文化与金融的另一种合作。该支行刚一成立，一家文化公司马上就成为了受益者。2014年7月，温州正栩影视有限公司通过质押电视剧版权，拿到该行发放的第一单——500万元贷款。该公司负责人孙榕表示申请很顺利，文化银行的版权抵押对于公司可谓是"雪中送炭"，而本次获得的这笔500万元贷款也将用于公司下一部电视剧的拍摄。截至2017年4月，该支行已通过传统抵押和文化产业专项贷款相结合的方式向温州文化产业累计投放了约1.3亿元贷款。

我国国内首家文化创意金融专营机构——杭州银行文创支行成立于2013年10月。成立仅一年，该支行就为16家影视公司提供了1.5亿贷款，为17家动漫游戏开发和制作公司提供了近亿元贷款。其中不少都是首次从银行获得融资。早前大牌导演、知名文创企业其实也不乏知识产权抵押融资贷款的先例。比如，2007年，华谊兄弟传媒制作影片《集结号》时，从招商银行成功贷款5000万元；2008年，华谊兄弟、保利博纳、光线传媒三家知名娱乐企业，先后以版权质押方式，获得了北京银行1亿元的影视项目打包贷款；2009年，华谊兄弟从工商银行贷款1.2亿元，用于《唐山大地震》等四部电影的拍摄。

文化创意产业获得快速发展的核心是资金，版权可以抵押融资相当于为企业开辟了一条获取资金的绿色通道。知识产权融资让文化创意产业的知识产权和品牌价值等无形资产得到最大的价值化和运用。这一融资方式不仅使得企业很好地利用了自身版权这一无形资产，也使企业得到了持续发展。

[①] 资料来源：孔军民.企业知识产权运用实战百例.北京:知识产权出版社，2016，http://www.sohu.com/a/134297928_467960。

知识产权投资是指权利人将其知识产权作价为出资或股份，以股权的形式享有资产收益、参与重大决策和选择管理者等权利的商业行为。知识产权投资是将知识产权作为一种出资方式，以其可能实现的价值和使用价值折算成一定出资或股份，与其他资本一起参与公司经营和收益分配的一种投资方式(余丹，2015)。知识产权融资则是指权利人将其知识产权出质担保或委托他人管理和处置，以融通资金的行为，具体包括知识产权质押、知识产权信托、知识产权证券化等。以知识产权为载体的投融资特别是知识产权质押、信托和证券化活动，是新型的企业资产运营形态。由于知识产权技术价值的不确定性和商业价值的后效性，使得知识产权投融资活动比较复杂，而且存在较大风险。如何遵从法律规定和商业规则以降低知识产权投融资的风险，谋求知识产权商业价值的最大化，是企业特别是创新型企业管理者的当务之急。

第一节　知识产权出资管理

一、知识产权出资的适格性

我国对于知识产权出资的适格性规定，经历了一个认识逐渐清晰、范围不断扩大的过程。改革开放之初，出于引进外国先进技术的需要，《中华人民共和国中外合资经营企业法》(1979年7月8日)第五条规定，合营企业各方可以用"工业产权"投资。《中华人民共和国中外合资经营企业法实施条例》(1983年9月20日)扩展为"工业产权、专有技术"。虽然《中华人民共和国外资企业法》(1986年4月12日)对外商的出资方式规定阙如，但在随后的《中华人民共和国外资企业法实施细则》(1990年12月12日)也将知识产权投资界定为"工业产权、专有技术"。囿于立法目的限制，我国适用于内资企业的《中华人民共和国全民所有制工业企业法》(1988年4月13日)、《中华人民共和国乡村集体所有制企业条例》(1990年6月3日)、《城镇集体所有制企业条例》(1991年9月9日)、《中华人民共和国乡镇企业法》(1996年10月29日)、《中华人民共和国个人独资企业法》(1999年8月30日)等并无企业投资人的出资方式规定。随着社会主义市场经济的提出和发展，同样适用于内资企业的我国《有限责任公司规范意见》(1992年5月15日)和《股份有限公司规范意见》(1992年5月15日)出现了有关知识产权投资的规定，并将知识产权投资界定为"工业产权、非专利技术"。这一规定被随后发布的《中华人民共和国公司法》(1993年12月29日)所吸收和沿用，即有限责任公司股东或股份有限公司发起人可以用"工业产权、非专利技术"出资。同时规定有限责任公司股东或股份有限公司发起人以工业产权、非专利技术作价出资的，必须评估作价，出资金额不得超过公司注册资本的百分之二十(设立有限责任公司的，国家对采用高新技术成果有特别规定的除外)，并依法办理验资和财产权转移手续。

1997年2月23日颁布的《中华人民共和国合伙企业法》，首次将"知识产权"作为一个完整的类别纳入企业的可投资范围。2005年10月27日颁布的《中华人民共和国公司法》修正案关于知识产权投资的规定，在我国公司法发展进程中具有里程碑意义。一是与《中华人民共和国合伙企业法》一致，此次修正案将有限责任公司股东和股份有限公司发起人的知识产权投资从"工业产权、非专利技术"扩展为"知识产权";二是规定有限责任公司"全体股东的货币出资金额不得低于有限责任公司注册资本的百分之三十",同时取消了发起设立的股份有限公司"知识产权"出资的比例限制;三是启动了有限责任公司和发起设立的股份有限公司分期缴付出资。特别值得一提的是,2013年12月28日发布的《中华人民共和国公司法》第三次修正案不仅取消了股东的"知识产权"出资比例限制,而且全面采用法定资本制度下的"认缴登记制"。2018年10月26日发布的《中华人民共和国公司法》第四次修正案沿用了2013年修正案有关知识产权出资的规定。虽然有学者指出我国现行公司制度还存在出资催缴和实收资本公示等制度缺陷(刘燕,2014),但上述规定客观上放松了政府管制,有利于促进科技创新和创业。

二、知识产权出资的方式及程序

(一)知识产权出资方式

关于知识产权的范围,《建立世界知识产权组织公约》的界定是:①关于文学、艺术和科学作品的权利;②关于表演艺术家的演出、录音和广播的权利;③关于人们努力在一切领域的发明的权利;④关于科学发现的权利;⑤关于工业品式样的权利;⑥关于商标、服务商标、厂商名称和标记的权利;⑦关于制止不正当竞争的权利;⑧关于在工业、科学、文学或艺术领域里一切其他来自智力活动的权利。此后,世界贸易组织(WTO)的《与贸易有关的知识产权协定》进一步拓展了知识产权的范围。该协定从国际贸易的角度,将知识产权的范围界定为,版权和邻接权、商标、地理标识、工业设计、专利、集成电路布图设计、未披露信息、许可协议中限制竞争行为的控制等。

《中华人民共和国民法典》第一百二十三条规定,民事主体依法享有知识产权。知识产权是权利人依法就下列客体享有的专有的权利:①作品;②发明、实用新型、外观设计;③商标;④地理标志;⑤商业秘密;⑥集成电路布图设计;⑦植物新品种;⑧法律规定的其他客体。《中华人民共和国公司法》第二十七条第一款规定,股东可以用货币出资,也可以用实物、知识产权、土地使用权等可以用货币估价并可以依法转让的非货币财产作价出资;但是,法律、行政法规规定不得作为出资的财产除外。此外,《中华人民共和国公司登记管理条例》(2016年2月6日)第十四条规定,股东的出资方式应当符合《中华人民共和国公司法》第二十七条的规定,但是,股东不得以劳务、信用、自然人姓名、商誉、特许经营权或者设定担保的财产等作价出资。《公司注册资本登记管理规定》(2014年2月20日)第五条也规定,股东或者发起人可以用货币出资,也可以用实物、知识产权、土地使用权等可以用货币估价并可以依法转让的非货币财产作价出资。股东或者发起人不得以劳务、信用、自然人姓名、商誉、特许经营权或者设定担保的财产等作价出资。由此可见,①按照《中华人民共和国公司法》的规定,用作投资的知识产权的范围是有限制的。只有那些在法律和事实上可以定价并且能够转让的知识产权才能作为企业出资人的出资方式,包括各种类型的知识产权,如专利权、商标权、著作权、商业秘密、集成电路布图设计专有权、植物新品种权、域名权等。但是,原产地证明在法律上不允许转让,其所有权不属于某一个具体的企业,只能由符合规定条件的商事主体无偿使用,所以不能被任何人当作出资方式向公司投资入股。此外，知识产权中不能依法转让的人身权利不能用以作价出资。②与知识产权有一定关联的信用、商誉、特许经营权和设定了担保的知识产权不能作价出资。

为了进一步明晰可投资的知识产权范围，以下就专利申请权，专利权、商标权、著作权和商业秘密等的许可使用权的投资问题予以分析。

(1)专利申请权不能用以投资入股。按照《中华人民共和国专利法》的规定，专利申请权可以依法转让。但是，专利权与专利申请权的根本不同在于，专利权是经过国务院专利行政部门审查后，对符合法定条件的发明创造授予的排他性财产权利，而专利申请权只是专利申请人向国务院专利行政部门就其发明创造申请授予专利权的主观愿望和资格，属于期待权。专利申请权不具备知识产权的属性，既不是专利权的一部分，也不是独立的知识产权类型。更何况专利申请权的价值处于不确定状态且无从评价，不符合现物投资的基本条件，包括确定性、现存价值性、评价可能性。因此，专利申请权不能用以投资入股。

(2)专利权、商标权、著作权、商业秘密等使用权投资入股的可行性。关于知识产权的使用权能否投资入股问题，学术界有过较长时间的讨论(赵旭东，2003；袁晓东和李晓桃，2007)。从实际操作层面来看，1998年9月14日深圳市人民政府发布的《深圳经济特区技术成果入股管理办法》第四条规定，技术出资方可以用下列专利权、计算机软件著作权、非专利技术成果的使用权等技术成果财产权作价入股，同时又规定"不包括有关权利的使用许可"。随着讨论的深入，比较一致的结论是，被许可人享有的专利权、商标权、著作权、商业秘密等知识产权的使用权，是许可人采取特定方式，对其知识产权部分权能在一定时间和一定地域范围内让渡给被许可人。虽然许可人和被许可人之间因知识产权许可而存在债权关系，但是被许可人享有的知识产权使用权本身属于知识产权的一部分。除非存在相反的证据或者权利人放弃等情形，权利人的知识产权因受到法律保护而具有确定性和现存价值性。此外，虽然知识产权的价值评估是一个世界性商业难题，但不可否认其评价可能性。相应地，知识产权使用权在考虑使用方式、期限、范围等因素的情况下，其价值具有可评价性。因此，专利权、商标权、著作权、商业秘密等的使用权可以投资入股。

与此认识相一致，我国司法审判实践也出现多起认定知识产权使用权投资有效性的判例，如美国环球科技开发股份有限公司诉北京橡果经贸有限公司等确认协议无效纠纷案(北京市第一中级人民法院民事判决书〔2003〕一中民初字第9658号)、中国科学院山西煤炭化学研究所与陕西秦晋煤气化工程设备有限公司专利权投资纠纷案(最高人民法院民事调解书〔2007〕民三提字第1号)、邓某诉冯某股东出资纠纷案(上海市黄浦区人民法院民事判决书〔2011〕黄民二[商]初字第97号)、李伏林与宁波康麦隆医疗器械有限公司股权确认纠纷上诉案(浙江省宁波市中级人民法院民事判决书〔2011〕浙甬商终字第62号)、嘉兴市佳惠畜禽食品有限公司诉嘉兴市华经科工贸有限公司股东出资纠纷案(浙江省嘉兴市中级人民法院民事判决书〔2010〕浙嘉商终字第245号)等。

从工商登记注册的实践来看，积极探索知识产权使用权投资入股渐成趋势。比如，2012年2月16日，国家工商总局和上海市人民政府联合发布《国家工商总局关于支持上海"十二五"时期创新驱动、转型发展的意见》明确提出"支持上海开展专利使用权等知识产权出资研究工作"。2014年12月9日，湖南省科技厅、湖南省工商行政管理局、湖南省知识产权局联合出台的《关于支持以专利使用权出资登记注册公司的若干规定(试行)》,专利使用权是专利权人使用该项专利应用于生产并获得收益的权利,属于知识产权范畴。专利使用权出资是将其作为资本进行投资,与资金投资方提供的资金共同投资入股。因此,在登记注册公司时允许专利权人用专利使用权作价出资,入股比例不受限制。但是,专利许可方式为在中国境内独占许可。

(二)知识产权出资程序

如前所述,我国现行公司法将公司的注册资本制度从法定资本制度下的实缴登记制修改为认缴登记制。其中,有限责任公司的注册资本为在公司登记机关依法登记的全体股东认缴的出资额;股份有限公司采取发起设立方式设立的,注册资本为在公司登记机关依法登记的全体发起人认购的股本总额;股份有限公司采取募集设立方式设立的,注册资本为在公司登记机关依法登记的实收股本总额;法律、行政法规以及国务院决定规定公司注册资本实行实缴的,注册资本为股东或者发起人实缴的出资额或者实收股本总额。但是,对采用知识产权等非货币财产出资的,应当遵循法定出资程序,否则将会承担相应的法律责任。

(1)评估作价。《中华人民共和国公司法》第二十七条第二款规定,对作为出资的非货币财产应当评估作价,核实财产,不得高估或者低估作价。法律、行政法规对评估作价有规定的,从其规定。我国《最高人民法院关于适用〈中华人民共和国公司法〉若干问题的规定(三)》(2010年12月6日)第九条规定,出资人以非货币财产出资,未依法评估作价,公司、其他股东或者公司债权人请求认定出资人未履行出资义务的,人民法院应当委托具有合法资格的评估机构对该财产评估作价。评估确定的价额显著低于公司章程所定价额的,人民法院应当认定出资人未依法全面履行出资义务。

(2)办理财产权转移手续。《中华人民共和国公司法》第二十八条规定,股东应当按期足额缴纳公司章程中规定的各自所认缴的出资额。股东以货币出资的,应当将货币出资足额存入有限责任公司在银行开设的账户;以非货币财产出资的,应当依法办理其财产权的转移手续。股东不按照前款规定缴纳出资的,除应当向公司足额缴纳外,还应当向已按期足额缴纳出资的股东承担违约责任。我国《最高人民法院关于适用〈中华人民共和国公司法〉若干问题的规定(三)》(2010年12月6日)第十条规定,出资人以房屋、土地使用权或者需要办理权属登记的知识产权等财产出资,已经交付公司使用但未办理权属变更手续,公司、其他股东或者公司债权人主张认定出资人未履行出资义务的,人民法院应当责令当事人在指定的合理期间内办理权属变更手续;在前述期间内办理了权属变更手续的,人民法院应当认定其已经履行了出资义务;出资人主张自其实际交付财产给公司使用时享有相应股东权利的,人民法院应予支持。出资人以前款规定的财产出资,已经办理权属变更手续但未交付给公司使用,公司或者其他股东主张其向公司交付、并在实际交付之前不享有相应股东权利的,人民法院应予支持。

(3)验资。关于企业出资人出资的验资问题,目前法律规定不再统一要求。但是,《中华人民共和国公司法》《中华人民共和国公司登记管理条例》和《公司注册资本登记管理规定》规定,市场监督管理机关在接受股份有限公司设立登记申请时,以募集方式设立股份有限公司的，还需要申请人提交创立大会的会议记录以及依法设立的验资机构出具的验资证明。也就是说，采取募集设立方式设立股份有限公司的，必须经过验资程序。此外，《中华人民共和国中外合资经营企业法实施条例》《中华人民共和国中外合作经营企业法实施细则》也规定，合营或合作各方缴付出资额或提供合作条件后，应当由中国的注册会计师验证并出具验资报告，由合营企业或合作企业据以发给各方出资证明书。

(4) 特别审查或审批。这主要是针对外商投资企业的外国投资者采用知识产权等出资设定的特别程序。比如，《中华人民共和国中外合资经营企业法实施条例》第二十六条和第二十七条就规定，外国合营者以工业产权或者专有技术作为出资，应提交该工业产权或者专有技术的有关资料，包括专利证书或者商标注册证书的复制件、有效状况及其技术特性、实用价值、作价的计算根据、与中国合营者签订的作价协议等有关文件，作为合营合同的附件。外国合营者作为出资的机器设备或者其他物料、工业产权或者专有技术，应当报审批机构批准。《中华人民共和国外资企业法实施细则》第二十七条也规定，外国投资者以工业产权、专有技术作价出资的，该工业产权、专有技术应当为外国投资者所有。对作价出资的工业产权、专有技术，应当备有详细资料，包括所有权证书的复制件、有效状况及其技术性能、实用价值、作价的计算根据和标准等，作为设立外资企业申请书的附件一并报送审批机关。该法第二十九条还规定，作价出资的工业产权、专有技术实施后，审批机关有权进行检查。该工业产权、专有技术与外国投资者原提供的资料不符的，审批机关有权要求外国投资者限期改正。

案例7-1　朗科：创始人的专利出资程序之惑[①]

深圳市朗科科技有限公司是闪存盘的世界首创者、发明专利持有者，其推出的以"优盘"为商标的闪存盘是世界上首创基于USB接口，采用闪存(flash memory)介质的新一代存储产品。"优盘"迅速走向全国乃至世界，开创了整个闪存盘行业，成为全球闪存储产品领域的领导品牌。

公开资料显示，1999年5月，邓国顺、成晓华、沈文媛共同出资成立朗科电脑，法定代表人为邓国顺，注册资本为30万元，其中邓国顺、成晓华分别现金出资14.85万元，各占股权比例49.50%，沈文媛出资0.30万元，占股权比例1%。2000年6月，沈文媛将其所持1%股权分别转让给邓国顺及成晓华各0.5%。本次股权转让完成后，邓国顺和成晓华分别持有朗科电脑50%的股权。

2000年8月，公司更名为深圳市朗科科技有限公司，同时引进外国投资者。邓国顺、成晓华分别将其所持朗科科技有限公司8.5%、11.5%的股权转让给Trek 2000 International Ltd.。同时，公司注册资本由30万元增加到508万元，邓国顺增资198.37万元，其中以专利权作价97万元，现金增资101.37万元；成晓华增资184.03万元，其中以专利权作价81万元。邓国顺、成晓华用于出资的专利权分别是申请号为第99240761.3号的中国实用新型专利"用于数据处理系统的快闪电子式外存储装置"及第ZL99335617.6号中国外观

[①] 资料来源：朗科盈利模式存巨大隐患：上市3个月业绩大变脸，http://tech.sina.com.cn/it/2010-10-19/07384761273.shtml。

设计专利"快闪电子存储盘"。

记者通过国家知识产权局法律状态检索系统发现,99240761.3号专利的授权日为2000年11月8日,这意味着,邓国顺在对朗科科技有限公司增资时,尚未拿到该专利的授权。2002年8月21日,该专利权被邓国顺主动放弃。成晓华用于增资的ZL99335617.6号专利权授权日期为2000年4月12日,该专利权同样在2002年11月20日被终止,终止原因是未缴年费。此外,在此次出资过程中,邓国顺、成晓华以专利权出资均未经合法的评估机构进行评估,不符合《中华人民共和国公司法》的相关规定。经保荐机构核查,作为本次出资的专利权一直未转移至朗科科技有限公司名下。

朗科公司称,因99240761.3号专利被随后的第ZL99117225.6号专利所覆盖,而第ZL99335617.6号专利不再具有市场竞争力,邓国顺、成晓华分别于2002年1月22日和2002年9月30日放弃上述两项用作出资的专利,因而导致上述两项专利不能进行所有权转移登记。

三、知识产权出资人的资本充实(填补)责任

与货币和其他实物财产不同,知识产权的价值评估方法甚至评估机构的差异,有可能出现评估后的知识产权实际价额显著低于投资协议和公司章程约定价额的情形。就此,《中华人民共和国公司法》第三十条规定,有限责任公司成立后,发现作为设立公司出资的非货币财产的实际价额显著低于公司章程所定价额的,应当由交付该出资的股东补足其差额;公司设立时的其他股东承担连带责任。同时,公司法第九十三条第二款规定,股份有限公司成立后,发现作为设立公司出资的非货币财产的实际价额显著低于公司章程所定价额的,应当由交付该出资的发起人补足其差额;其他发起人承担连带责任。依据上述规定,有限责任公司或股份有限公司成立后,知识产权投资人应当承担资本充实(填补)责任,其他股东或发起人承担连带责任。这一规定既体现了对商人意思自治的尊重,又体现了公司资本维持原则,为解决知识产权投资的实际价值和约定价值差异问题提供了法律依据。

知识产权是法律赋予发明创造人或作者就其智力成果享有的专有权利。如果出现不符合实体条件(如不符合专利法要求的新颖性、创造性和实用性,不符合著作权法的独创性要求,不符合商标法的显著性要求等)或未满足程序要求(如未按规定缴纳年费等)的情形,权利人将丧失相应的知识产权。如果在公司成立后才发生(拟)投资的知识产权权利丧失情形,资本充实(填补)责任是否适用,则需要视情形而定。①在公司成立以后,如果知识产权权利人在发生知识产权丧失之前已经办理了知识产权财产权转移手续或使用许可合同登记手续的,应当依照《中华人民共和国专利法》第四十七条和《中华人民共和国商标法》第四十七条的规定处理,即宣告专利权或注册商标无效的决定,对在宣告专利权或注册商标无效前已经履行的专利实施许可合同和专利权转让合同、商标使用许可合同商标转让合同,不具有追溯力。但是因专利权人的恶意给他人造成的损失,应当给予赔偿。依照规定不返还专利或注册商标使用费或转让费,明显违反公平原则的,应当全部或者部分返还。也就是说,在这种情形下,如果作为投资人的(原)知识产权人存在恶意的,应当对因知识产权权利丧失而给公司造成的损失承担赔偿责任。如果(原)知识产权人不存在恶意,则无

须承担赔偿责任；如果明显违反公平原则，企业和其他投资人可以要求(原)知识产权人采取其他补救措施。②如果在知识产权投资人办理财产权转移手续或知识产权许可使用合同登记手续之前就发生知识产权权利丧失情形，《中华人民共和国专利法》第四十七条和《中华人民共和国商标法》第四十七条的规定则不适用，企业和其他投资人可以按照《中华人民共和国公司法》规定要求知识产权投资人承担资本充实(填补)责任。

第二节　知识产权质押管理

一、知识产权质押概述

(1)知识产权质押的概念和作用。质押是指为担保债务的履行，债务人或者第三人将其动产或者权利出质给债权人占有的，债务人不履行到期债务或者发生当事人约定的实现质权的情形，债权人有权就该动产优先受偿，包括动产质押和权利质押两类。知识产权质押，顾名思义，是指以合法有效的知识产权出质设定担保，属于权利质押类型。在知识产权质押法律关系中，以依法享有的知识产权权利为自己或第三人的债务设定质押担保的人，为出质人；对出质的知识产权享有担保权利的债权人，为质权人；质押的客体或标的，是出质人依法享有处分权的知识产权中的财产权，包括专利权、商标权、软件著作权等知识产权中的财产权利(丘志乔，2015)。

知识产权质押作为担保物权的一种重要形式，在现代社会中发挥着越来越重要的作用，它不仅是知识产权自身价值的体现，而且还具有担保融资价值(余丹，2015)。1995年6月30日颁布的《中华人民共和国担保法》第七十五条规定："下列权利可以质押……(三)依法可以转让的商标专用权、专利权、著作权中的财产权"。然而，由于知识产权技术价值的不确定性、商业价值的后效性、法律价值的不稳定性，以及评估方法和评估结果的合理性等原因，知识产权质押规模始终未能有大的起色。2007年3月16日颁布的《中华人民共和国物权法》第二百二十三条对可以质押的知识产权范围做了更严密的规定和扩展，即"债务人或者第三人有权处分的下列权利可以出质……(五)可以转让的注册商标专用权、专利权、著作权等知识产权中的财产权"。《中华人民共和国民法典》第四百四十条承袭了《中华人民共和国物权法》的上述规定。在各级政府的大力推动和金融机构的积极参与下，我国知识产权质押逐渐成为新兴的企业融资方式，并呈现出常态化、规模化发展态势。如电影《金陵十三钗》根据严歌苓的同名小说改编，总投资6亿元人民币，是中国电影史上同类影片中投资最高的一部影片。在民生银行的支持下，获得1.5亿元人民币的著作权质押贷款，创下了国内单本影片著作权质押贷款的最高纪录。2019年，我国专利、商标质押融资总额达到1515亿元，同比增长23.8%。其中，专利质押融资金额达1105亿元，同比增长24.8%，质押项目7060项，同比增长30.5%[①]。

---

① 中国知识产权报/国家知识产权战略网，2020[2020.1.15]. 国家知识产权局在京举办2020年首场新闻发布会,. http://www.Nip so. cn/onews. asp? id=49287.

(2)知识产权质押融资的模式。由于知识产权质押的风险相对较难预测,如何设计出知识产权质押融资的风险控制模式,尤其是最大程度控制银行的贷款风险,是推动知识产权质押融资发展的关键。图7.1是我国引入专业担保机构和管理咨询公司的创业企业知识产权质押融资模式(陈晓静,2014)。其中,知识产权质押贷款过程共涉及五个主体:创业企业、专业担保机构、管理咨询公司、银行和政府。在该模式的框架下,贷款风险由政府、银行、专业担保机构三者承担。专业担保机构对创业企业的知识产权质押融资贷款进行再担保,并与管理咨询公司合作,规定管理咨询公司负责对创业企业提供高质量、高水平的专业化服务,对创业企业成长的全过程进行监控和扶持,以分散风险。该模式界定了管理咨询公司作为中介服务机构所应发挥的功能,为推动众多其他中介机构介入著作权质押贷款融资业务提供了借鉴(苑泽明,2010)。

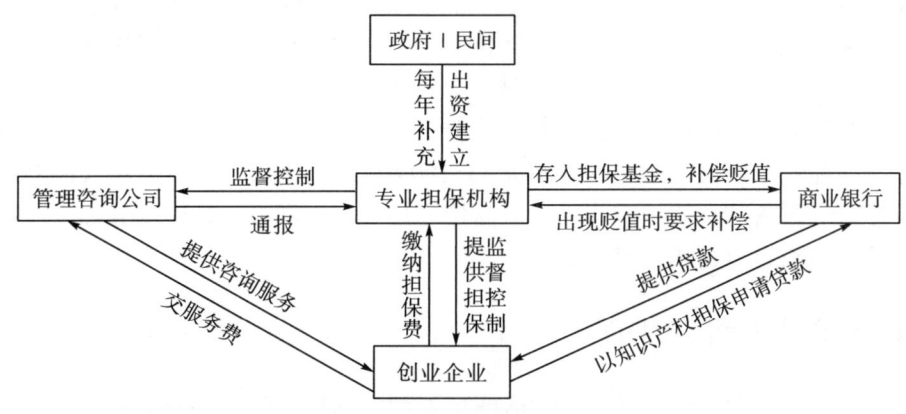

图 7.1 知识产权质押融资运作模式示意图

案例 7-2 珠海三川工业专利质押获得 500 万贷款案例[①]

珠海三川工业自动化设备有限公司(简称珠海三川工业)位于珠海高新区,专注于数控机床、数控刀具的研发制造,产品在国内外市场颇具知名度。

2016 年 12 月,中都国脉受横琴国际知识产权交易中心的委托,对珠海三川工业的 13 项专利技术进行价值评估,并成功在珠海农商银行获得了 500 万元贷款。此次珠海三川工业的 500 万元知识产权质押贷款,采用了"基金+保险+银行"按照 4:4:2 比例分担风险的质押模式。基金管理人珠海科创投公司、提供保证保险的太平洋保险珠海中心支公司各承担贷款总额 40%的风险,银行承担贷款额 20%的风险。此次贷款标志着珠海市知识产权质押融资风险补偿基金支撑的贷款模式正式运作,也意味着由横琴国际知识产权交易中心参与组织推动的知识产权质押贷款模式成功落地。

(3)知识产权质押合同的生效和质权设定。《中华人民共和国担保法》第七十九条规定,以依法可以转让的商标专用权、专利权、著作权中的财产权出质的,出质人与质权人

[①] 资料来源:广东科技报,[2017-4-28]. http://epaper.gdkjb.com/html/2017-04/28/content_16_4.htm。

应当订立书面合同，并向其管理部门办理出质登记。质押合同自登记之日起生效。与此相适应，《专利权质押合同登记管理暂行办法》(1996年9月19日)和《著作权质押合同登记办法》(1996年9月23日)相继出台。从以上规定可以看出，当时中国专利局和国家版权局登记的是质押合同，而且登记是质押合同生效的条件。

此后，《中华人民共和国物权法》第二百二十七条就知识产权质押的登记事项规定，以注册商标专用权、专利权、著作权等知识产权中的财产权出质的，当事人应当订立书面合同。质权自有关主管部门办理出质登记时设立。也就是说，与《中华人民共和国担保法》不同，《中华人民共和国物权法》将登记事项从质押合同修改为质权设定登记，即将质权设定与质押合同的生效加以区分，明确了登记仅仅是质押生效条件或者说质权设定条件而非质押合同的生效要件。《中华人民共和国物权法》的上述规定既尊重了当事人约定知识产权质押的意思自治，又对因知识产权质押行为而设定质权这一担保物权的程序进行了严格规定。正因为如此，国家知识产权局于2010年8月26日将《专利权质押合同登记管理暂行办法》修订为《专利权质押登记办法》，国家版权局于2010年11月25日将《著作权质押合同登记办法》修订为《著作权质权登记办法》，国家工商行政管理总局也相应制定了《注册商标专用权质权登记程序规定》(2009年9月10日)。《中华人民共和国民法典》第四百四十四条第一款规定，以注册商标专用权、专利权、著作权等知识产权中的财产权出质的，质权自办理出质登记时设立。

二、知识产权质押合同的内容

根据《专利权质押登记办法》《注册商标专用权质权登记程序规定》和《著作权质权登记办法》的规定，知识产权质押合同是登记机关重点审查的事项，因质押合同的内容缺失，可能导致登记机关不予登记的不利法律后果。所以企业在订立知识产权质押合同时，要特别注意知识产权质押合同的条款的完备性和内容的合法性。

(1)专利权质押合同的内容。按照《专利权质押登记办法》第九条和第十条的规定，专利权质押合同的条款分为两类，即缺失会导致登记机关不予登记或撤销登记的"应当"包含条款和出于维护当事人合法权益的"可以"(建议)包含条款。前者包括当事人的姓名或者名称、地址，被担保债权的种类和数额，债务人履行债务的期限，专利权项数以及每项专利权的名称、专利号、申请日、授权公告日，质押担保的范围；后者包括质押期间专利权年费的缴纳，质押期间专利权的转让、实施许可，质押期间专利权被宣告无效或者专利权归属发生变更时的处理，实现质权时，相关技术资料的交付。

(2)注册商标专用权质权合同的内容。按照《注册商标专用权质权登记程序规定》第八条和第九条的规定，由于注册商标专用权质权合同的签订违反法律法规强制性规定的，国家知识产权局商标局将不予登记或撤销登记。注册商标专用权质权合同一般包含下列条款：出质人、质权人的姓名(名称)及住址，被担保的债权种类、数额，债务人履行债务的期限，出质注册商标的清单(列明注册商标的注册号、类别及专用期)，担保的范围，当事人约定的其他事项。

(3)著作权质权合同的内容。按照《著作权质权登记办法》第十二条和第十五条的规定,由于著作权质权合同的签订违反法律法规强制性规定的,国家版权局将不予登记或撤销登记。著作权质权合同一般包含下列条款:出质人和质权人的基本信息,被担保债权的种类和数额,债务人履行债务的期限,出质著作权的内容和保护期,质权担保的范围和期限,当事人约定的其他事项。

三、知识产权质押登记

由于知识产权质押登记关系到质权的设定,所以登记机关设置了比较严格的实体条件和程序要求。

(1)专利权质押登记。首先,企业在申请专利权质押登记时,需要了解和避免国家知识产权局不予登记的情形,包括:出质人与专利登记簿记载的专利权人不一致的,专利权已终止或者已被宣告无效的,专利申请尚未被授予专利权的,专利权处于年费缴纳滞纳期的,专利权已被启动无效宣告程序的,因专利权的归属发生纠纷或者人民法院裁定对专利权采取保全措施的,专利权的质押手续被暂停办理的,债务人履行债务的期限超过专利权有效期的,质押合同约定在债务履行期届满而质权人未受清偿时专利权归质权人所有的,质押合同不符合《专利权质押登记办法》第九条规定的,以共有专利权出质但未取得全体共有人同意的,专利权已被申请质押登记且处于质押期间的,其他应当不予登记的情形。专利权质押期间,国家知识产权局发现质押登记存在上述所列情形并且尚未消除的,或者发现其他应当撤销专利权质押登记情形的,应当撤销专利权质押登记,并向当事人发出《专利权质押登记撤销通知书》。专利权质押登记被撤销的,质押登记的效力自始无效。其次,发生下列情形之一的,当事人应当持《专利权质押登记通知书》向国家知识产权局办理专利权质押注销登记:债务人按期履行债务或者出质人提前清偿所担保的债务的,质权已经实现的,质权人放弃质权的,因主合同无效、被撤销致使质押合同无效、被撤销的,法律规定质权消灭的其他情形。

(2)注册商标专用权质押登记。首先,企业在申请注册商标专用权质权登记时,需要了解和避免商标局不予登记的情形,具体包括:出质人名称与商标局档案所记载的名称不一致且不能提供相关证明证实其为注册商标权利人的,合同的签订违反法律法规强制性规定的,商标专用权已经被撤销、被注销或者有效期满未续展的,商标专用权已被人民法院查封、冻结的,其他不符合出质条件的。其次,有下列情形之一的,商标局应当撤销登记:发现有属于不予登记情形之一的,质权合同无效或者被撤销,出质的注册商标因法定程序丧失专用权的,提交虚假证明文件或者以其他欺骗手段取得商标专用权质权登记的。最后,与专利权质押登记不同,《注册商标专用权质权登记程序规定》规定了注册商标专用权质权延期登记程序,即因被担保的主合同履行期限延长、主债权未能按期实现等原因需要延长质权登记期限的,质权人和出质人双方应当在质权登记期限到期前申请办理延期登记。

(3)著作权质押登记。我国国家版权局负责著作权质权登记工作。同时,国家版权局指定中国版权保护中心进行著作权质权登记。首先,企业在申请著作权质押登记时,有必要了解和避免登记机关依法不予登记的情形:出质人不是著作权人的,合同违反法律法规强制性规定的,出质著作权的保护期届满的,债务人履行债务的期限超过著作权保护期的,出质著作权存在权属争议的，其他不符合出质条件的。其次，有下列情形之一的，国家版权局将依职权撤销质权登记：登记后发现有不予登记情形的，根据司法机关、仲裁机关或行政管理机关作出的影响质权效力的生效裁决或行政处罚决定书应当撤销的，著作权质权合同无效或者被撤销的，申请人提供虚假文件或者以其他手段骗取著作权质权登记的，其他应当撤销的。最后，有下列情形之一的，申请人应当申请注销质权登记：出质人和质权人协商一致同意注销的，主合同履行完毕的，质权实现的，质权人放弃质权的，其他导致质权消灭的。

四、知识产权质权的实现

按照《中华人民共和国民法典》的规定，知识产权质押形成的质权属于担保物权范围。作为一种特殊的物权，知识产权质权的实现方式和程序遵从特定的规则。

(1) 转让或许可使用质押知识产权的效力。按照《中华人民共和国民法典》四百四十条第二款的规定，知识产权中的财产权出质后，出质人不得转让或者许可他人使用，但是出质人与质权人协商同意的除外。出质人转让或者许可他人使用出质的知识产权中的财产权所得的价款，应当向质权人提前清偿债务或者提存。此前，《最高人民法院关于适用〈中华人民共和国担保法〉若干问题的解释》（2000年9月29日）第一百零五条规定，以依法可以转让的商标专用权、专利权、著作权中的财产权出质的，出质人未经质权人同意而转让或者许可他人使用已出质权利的，应当认定为无效。因此给质权人或者第三人造成损失的，由出质人承担民事责任。

(2) 知识产权质权的实现方式和程序。有关知识产权质权的实现方式，有四个方面的规则值得注意。①质权人不得与出质人在出质合同中约定，当债务人不能履行债务时，出质物归质权人所有。《中华人民共和国民法典》第四百二十八条规定，质权人在债务履行期限届满前，与出质人约定债务人不履行到期债务时质押财产归债权人所有的，只能依法就质押财产优先受偿。但是根据该法第四百四十六条规定，"权利质权除适用本节规定外，适用本章第一节的有关规定。"由此可见，《中华人民共和国民法典》第四百二十八条的规定适用于权利质押。②质押财产的处置。债务人履行债务或者出质人提前清偿所担保的债权的，质权人应当返还质押财产。债务人不履行到期债务或者发生当事人约定的实现质权的情形，质权人可以与出质人协议以质押财产折价，也可以就拍卖、变卖质押财产所得的价款优先受偿。质押财产折价或者变卖的，应当参照市场价格。质押财产折价或者拍卖、变卖后，其价款超过债权数额的部分归出质人所有，不足部分由债务人清偿。出质人可以请求质权人在债务履行期届满后及时行使质权；质权人不行使的，出质人可以请求人民法院拍卖、变卖质押财产。出质人请求质权人及时行使质权，因质权人怠于行使权利造成损害的，由质权人承担赔偿责任。③当债务人不履行或不能履行债务时，质权人为（也是主合同的债权人）起诉时的诉讼主体选择。根据此前的《最高人民法院关于适用〈中华人民共和国担保法〉若干问题的解释》第一百零六条的规定，质权人向出质人、出质债权的债务人行使质权时，出质人、出质债权的债务人拒绝的，质权人可以起诉出质人和出质债权的债务人，也可以单独起诉出质债权的债务人。也就是说，当质权人单独起诉出质债权的债务人时，债务人不得以质权人未起诉出质人为由提出抗辩。④质权与其他担保权同时存在的处理。《中华人民共和国民法典》第三百九十二条规定，被担保的债权既有物的担保又有人的担保的，债务人不履行到期债务或者发生当事人约定的实现担保物权的情形，债权人应当按照约定实现债权；没有约定或者约定不明确，债务人自己提供物的担保的，债权人应当先就该物的担保实现债权；第三人提供物的担保的，债权人可以就物的担保实现债权，也可以请求保证人承担保证责任。提供担保的第三人承担担保责任后，有权向债务人追偿。同时，该法第四百一十五条还规定，同一财产既设立抵押权又设立质权的，拍卖、变卖该财产所得的价款按照登记、交付的时间先后确定清偿顺序。

第三节　知识产权信托管理

一、知识产权信托的定义

根据《中华人民共和国信托法》（2001年4月28日）的规定，信托是指委托人基于对受托人的信任，将其财产权委托给受托人，由受托人按委托人的意愿以自己的名义，为受益人的利益或者特定目的，进行管理或者处分的行为。作为一种理财方式，信托是一种特殊的财产管理制度和法律行为，同时又是一种金融制度，与银行、保险、证券一起构成了现代金融体系四大支柱。

《中华人民共和国信托法》第七条规定，设立信托，必须有确定的信托财产，并且该信托财产必须是委托人合法所有的财产，包括合法的财产权利。这就为知识产权信托提供了法律依据。因为知识产权作为一种无形资产，具有财产属性，且可以由权利人进行独立委托支配并进行转让。因此，知识产权具备信托财产的要件，知识产权信托作为一种知识产权金融模式得以在法理上确立。

有学者指出，知识产权信托是以知识产权为标的的信托，通过权利主体与利益主体的分离，将知识产权转移给具有专业理财能力的信托机构经营管理，由知识产权权利人取得知识产权的收益，信托机构取得相应报酬的一种有效的财产管理方式（杜蓓蕾，2006）；或者是指知识产权权利人（亦即信托关系中的委托人），为了使自己所属的知识产权产业化、商品化以实现其增值的目的，将其拥有的知识产权转移给受托人（多为信托投资公司），由信托投资公司代为经营管理、运用或处分该知识产权的一种法律关系（李琴，2008）。知识产权信托既能够充分发挥专业信托机构在市场和财产管理上的优势，又能降低知识产权权利人直接运营知识产权的风险，同时有效推动了知识产权的转化，实现了知识产权的保值增值（杨延超，2008）。结合信托的一般特点和知识产权的特有属性，知识产权信托具有如下特征（朱雪忠，2010）。

(1) 知识产权信托是一种特定的理财制度。这种理财制度是以信任为基础的委托，委托的内容是管理或处分知识产权，理财的目的是为了受益人的利益。

(2) 受托人以自己名义管理或处分知识产权。知识产权信托不同于代理，一方面，主体结构不同，代理关系的主体包括委托人和代理人，而信托关系中，存在受益人这一独立主体；另一方面，法律关系存续期间财产的独立性不同，在代理关系中，代理人代为管理或处分的知识产权与委托人的其他财产在权利归属上并无二致;而在信托关系中,信托知识产权不仅独立于委托人的其他财产,而且独立于受托人的固有财产。

(3) 信托财产是委托人所委托的知识产权中的财产权。包括对知识产权的许可使用权,获取知识产权权益的收益权,实施对知识产权管理的权利,以及对知识产权的处分权。上述权利可以分别行使或组合形式。委托人有权根据法定规则,在信托合同中自主决定其知识产权信托的具体内容和方式。

需要说明的是,由于知识产权对象的无形性、技术价值的不确定性、商业价值的后效性和法律价值的不稳定性,使得知识产权管理相对于有形财产、有价证券、股权等的管理来说,更为复杂化和专业化。知识产权信托在我国的业务模式及业务范围尚处于不断调整的时期,知识产权信托还处于理论和制度探索阶段。

二、知识产权信托的类型

知识产权信托可以根据知识产权类型分为专利权信托、商标权信托、著作权信托、集成电路布图设计专有权信托、植物新品种权信托等;也可根据通常的信托目的分为民事信托、商事信托和公益信托。

(1) 民事信托。民事信托即受托人从事事务管理类信托业务,以完成一般的民事法律行为为内容,其业务模式是"受托人+保管人"。比如,著作权集体管理就属于知识产权民事信托。根据我国《著作权集体管理条例》(2004年12月22日)第二条规定,著作权集体管理是指著作权集体管理组织经权利人授权,集中行使权利人的有关权利并以自己的名义进行的下列活动:与使用者订立著作权或者与著作权有关的权利许可使用合同;向使用者收取使用费;向权利人转付使用费;进行涉及著作权或者与著作权有关的权利的诉讼、仲裁等。如果著作权集体管理组织从事营利性经营活动的,由市场监督管理部门依法予以取缔,没收违法所得;构成犯罪的,依法追究刑事责任。

(2) 商事信托。商事信托即受托人以营利为目的,接受委托人委托实施有关知识产权的商事行为,其业务模式是"受托人+投资管理人+保管人"。根据我国《信托公司管理办法》第二条的规定,信托公司从事的信托业务是以营业和收取报酬为目的,以受托人身份承诺信托和处理信托事务的经营行为。信托公司管理运用或处分信托财产时,可以依照信托文件的约定,采取投资、出售、存放同业、买入返售、租赁、贷款等方式进行。可见,信托公司的信托行为具有营利性,属于典型的商事信托。

(3) 公益信托。公益信托即以公益事业为目的的有关知识产权的信托。根据《中华人民共和国信托法》第六十条的规定,为了下列公共利益目的之一而设立的信托,属于公益信托:救济贫困;救助灾民;扶助残疾人;发展教育、科技、文化、艺术、体育事业;发展医疗卫生事业;发展环境保护事业,维护生态环境;发展其他社会公益事业。也就是说,虽然知识产权是私权,但是只要这种财产权信托是为了社会公众谋求上述领域的公共利益,而非谋求特定个人的私利,仍然属于公益信托。

三、知识产权信托财产的范围和独立性

(一)知识产权信托财产的范围

根据《中华人民共和国信托法》第十四条的规定,受托人因承诺信托而取得的财产是信托财产。受托人因信托财产的管理运用、处分或者其他情形而取得的财产,也归入信托财产。法律、行政法规禁止流通的财产,不得作为信托财产。法律、行政法规限制流通的财产,依法经有关主管部门批准后,可以作为信托财产。同时,我国《信托公司管理办法》第十六条也规定,信托公司可以申请经营下列部分或者全部本外币业务:①资金信托;②动产信托;③不动产信托;④有价证券信托;⑤其他财产或财产权信托;⑥作为投资基金或者基金管理公司的发起人从事投资基金业务;⑦经营企业资产的重组、购并及项目融资、公司理财、财务顾问等业务;⑧受托经营国务院有关部门批准的证券承销业务;⑨办理居间、咨询、资信调查等业务;⑩代保管及保管箱业务;⑪法律法规规定或中国银行业监督管理委员会批准的其他业务。由此可见,信托财产必须是可以流通的财产。

因此,从理论上讲,并不是所有的知识产权类型都可以作为信托财产,只有可以自由流通的知识产权才可以成为信托财产,即可以转让的专利权、商标权、著作权、集成电路布图设计专有权、植物新品种权等知识产权中的财产权可以作为信托财产。

(二)知识产权信托财产的独立性

就信托财产的权利归属问题,目前存在四种观点,即"委托人所有说""受托人所有说""受益人所有说"以及"独立主体说"(李立新和柴丽杰,2013)。从《中华人民共和国信托法》关于信托的定义、信托财产与信托公司固有财产的关系以及信托财产的处置情形和结果来看,我国采取了财产权转移或信托登记至受托人但独立于受托人固有财产模式。就知识产权信托而言,当信托关系因登记而设立,该知识产权就与委托人的其他财产、受托人的固有财产和受益人的其他自有财产相分离,具有独立性,仅仅服从和服务于信托目的。

(1)知识产权信托关系设立后,该知识产权独立于委托人的其他财产。这种独立性具体体现在作为委托人的知识产权主体不得直接运用该知识产权。比如,《中华人民共和国信托法》第十五条规定,信托财产与委托人未设立信托的其他财产相区别。设立信托后,委托人死亡或者依法解散、被依法撤销、被宣告破产时,委托人是唯一受益人的,信托终止,信托财产作为其遗产或者清算财产;委托人不是唯一受益人的,信托存续,信托财产不作为其遗产或者清算财产;但作为共同受益人的委托人死亡或者依法解散、被依法撤销、被宣告破产时,其信托受益权作为其遗产或者清算财产。我国《著作权集体管理条例》第二十条也规定,权利人与著作权集体管理组织订立著作权集体管理合同后,不得在合同约定期限内自己行使或者许可他人行使合同约定的由著作权集体管理组织行使的权利。

(2)信托知识产权独立于受托人的固有财产。具体体现在以下三个方面:一是信托知识产权与属于受托人所有的财产相区别,不得归入受托人的固有财产或者成为固有财产的一部分。受托人死亡或者依法解散、被依法撤销、被宣告破产而终止,信托知识产权不属

于其遗产或者清算财产。二是受托人管理运用、处分信托知识产权所产生的债权，不得与其固有财产产生的债务相抵销。三是受托人管理运用、处分不同委托人的信托知识产权所产生的债权债务，不得相互抵销。

(3) 委托人、受托人和受益人的一般债务的效力不能及于信托知识产权，信托知识产权不得被强制执行。但是，下列法定情形除外：设立信托前债权人已对该信托财产享有优先受偿的权利，并依法行使该权利的；受托人处理信托事务所产生的债务，债权人要求清偿该债务的；信托财产本身应担负的税款；法律规定的其他情形。

四、知识产权信托当事人及其权利和义务

(1) 知识产权信托的委托人。委托人是以其拥有的知识产权设立信托，为了一定目的委托他人进行知识产权管理或处分的当事人。结合《中华人民共和国信托法》和相关知识产权法的规定，知识产权委托人应当具备两项基本条件：一是拥有可以信托的知识产权；二是具有完全民事行为能力，包括自然人、法人或者依法成立的其他组织。

委托人为了其合法权益和受益人的利益，主要享有如下的权利。①有权了解其信托知识产权的管理运用、处分及收支情况，并有权要求受托人作出说明。委托人有权查阅、抄录或者复制与其信托知识产权有关的信托帐目以及处理信托事务的其他文件。②因设立信托时未能预见的特别事由，致使信托知识产权的管理方法不利于实现信托目的或者不符合受益人的利益时，委托人有权要求受托人调整该信托知识产权的管理方法。③受托人违反信托目的处分信托知识产权或者因违背管理职责、处理信托事务不当致使信托知识产权受到损失的，委托人有权申请人民法院撤销该处分行为，并有权要求受托人恢复信托知识产权的原状或者予以赔偿。上述申请权自委托人知道或者应当知道撤销原因之日起一年内不行使的，归于消灭。④受托人违反信托目的处分信托知识产权或者管理运用、处分信托知识产权有重大过失的，委托人有权依照信托文件的规定解任受托人，或者申请人民法院解任受托人。

(2) 知识产权信托的受托人。受托人是接受委托，按照信托文件对信托知识产权进行管理、利用、处分的人，包括具有完全民事行为能力的自然人、法人。我国《信托公司管理办法》对从事营业信托的信托公司的资格进行了严格的规定。不仅规定设立信托公司应当经中国银行保险监督管理委员会批准，并领取金融许可证。而且明确规定了信托公司的设立条件：①有符合《中华人民共和国公司法》和中国银行保险监督管理委员会规定的公司章程；②有具备中国银行业监督管理委员会规定的入股资格的股东；③具有最低限额为实缴3亿元人民币或等值的可自由兑换货币的注册资本；④有具备中国银行保险监督管理委员会规定任职资格的董事、高级管理人员和与其业务相适应的信托从业人员；⑤具有健全的组织机构、信托业务操作规程和风险控制制度；⑥有符合要求的营业场所、安全防范措施和与业务有关的其他设施；⑦中国银行业监督管理委员会规定的其他条件。

为了保证信托知识产权的安全和信托行为的合法性，《中华人民共和国信托法》还明确规定了受托人的义务。①受托人应当遵守信托文件的规定，为受益人的最大利益处理信托事务。受托人管理信托知识产权，必须恪尽职守，履行诚实、信用、谨慎、有效管理的

义务。②受托人除依法取得报酬外，不得利用信托知识产权为自己谋取利益。受托人违反规定，利用信托知识产权为自己谋取利益的，所得利益归入信托财产。③受托人不得将信托知识产权转为其固有财产。受托人将信托知识产权转为其固有财产的，必须恢复该信托财产的原状；造成信托财产损失的，应当承担赔偿责任。受托人必须将信托知识产权与其固有财产分别管理、分别记帐，并将不同委托人的信托财产分别管理、分别记帐。④受托人不得将其固有财产与信托知识产权进行交易或者将不同委托人的信托财产进行相互交易，但信托文件另有规定或者经委托人或者受益人同意，并以公平的市场价格进行交易的除外。受托人违反规定造成信托知识产权损失的，应当承担赔偿责任。

(3) 知识产权信托的受益人。受益人是指在信托中享有信托收益的人。根据《中华人民共和国信托法》的规定受益人享有如下权利。①受益人自信托生效之日起享有信托受益权，即享有信托收益的权利。信托文件另有规定的，从其规定。②受益人可以放弃信托受益权。全体受益人放弃信托受益权的，信托终止。③受益人不能清偿到期债务的，其信托受益权可以用于清偿债务，但法律、行政法规以及信托文件有限制性规定的除外。④受益人的信托受益权可以依法转让和继承，但信托文件有限制性规定的除外。

五、知识产权信托的设立和终止

(1) 知识产权信托的设立。①须有合法的信托目的。《中华人民共和国信托法》规定，设立信托，必须有合法的信托目的。信托目的违反法律、行政法规或者损害社会公共利益，或者专以诉讼或者讨债为目的设立的信托无效。②应当采取书面形式。知识产权对象的无形性特征，需要在设立知识产权信托关系时，采取书面形式确立信托当事人的权利和义务，以增强信托确定性，减少信托纠纷。例如，我国《著作权集体管理条例》第十九条就规定，权利人可以与著作权集体管理组织以书面形式订立著作权集体管理合同，授权该组织对其依法享有的著作权或者与著作权有关的权利进行管理。权利人符合章程规定加入条件的，著作权集体管理组织应当与其订立著作权集体管理合同，不得拒绝。③应当依法办理信托登记。按照《中华人民共和国信托法》第十条的规定，设立信托，对于信托财产，有关法律、行政法规规定应当办理登记手续的，应当依法办理信托登记。未依照前款规定办理信托登记的，应当补办登记手续；不补办的，该信托不产生效力。结合《中华人民共和国专利法》《中华人民共和国商标法》《中华人民共和国著作权法》《计算机软件保护条例》《集成电路布图设计保护条例》以及《中华人民共和国物权法》的规定，知识产权信托关系的设立以登记为条件，而非权利证书的移交或技术交底等行为为条件。不过，我国目前尚未出台知识产权信托登记的具体操作规程。

(2) 知识产权信托关系的终止。《中华人民共和国信托法》第五十三条规定，有下列情形之一的，信托终止：①信托文件规定的终止事由发生；②信托的存续违反信托目的；③信托目的已经实现或者不能实现；④信托当事人协商同意；⑤信托被撤销；⑥信托被解除。信托终止的，信托财产归属于信托文件规定的人；信托文件未规定的，按下列顺序确定归属：①受益人或者其继承人；②委托人或者其继承人。

复习思考题

1. 简述知识产权资本化的含义和类型。
2. 简述知识产权出资的条件和程序。
3. 论述知识产权质押融资的困境和出路。
4. 简述知识产权质押登记的注意事项。
5. 简述信托知识产权的独立性。
6. 给出我国知识产权信托发展的制度建议。

参 考 文 献

陈晓静, 2014. 知识产权担保融资方式的运作新模式浅析. 湖南财经高等专科学校学报, (6): 50.

杜蓓蕾, 2006. 安中业. 知识产权信托初探. 法学杂志, 27(5): 143-145.

李梦, 2008. 从激励机制探讨知识产权信托交易模式. 河北法学, 26(10): 155-157.

李立新, 柴丽杰, 2013. 我国信托财产所有权归属问题研究——一个法经济学的分析. 金融与经济, (5): 76-79.

刘燕, 2014. 公司法资本制度改革的逻辑与路径——基于商业实践视角的观察. 法学研究, (5): 32-56.

丘志乔, 2015. 知识产权质押制度之重塑: 基于法律价值的视角. 北京: 知识产权出版社.

杨延超, 2008. 知识产权资本化. 北京: 法律出版.

余丹, 2015. 知识产权投资: 风险、战略与法律保护. 杭州: 浙江工商大学出版社.

袁晓东, 李晓桃, 2007. 论我国知识产权用益权出资. 科学学与科学技术管理, (8): 5-8.

苑泽明, 2010. 知识产权融资的风险、估价与对策: 拓宽创新型企业资金瓶颈. 大连: 东北财经大学出版社.

赵旭东, 2003. 从资本信用到资产信用. 法学研究, (5): 109-123.

朱雪忠, 2010. 知识产权管理. 北京: 高等教育出版社.

第八章 知识产权价值评估

学习目标：

1. 理解知识产权价值的内涵，掌握知识产权价值评估的基本方法——成本法、市场法和收益法。
2. 掌握不同类型专利价值应该采用的评估方法。
3. 掌握商标价值的影响因素及其基本评估方法。
4. 掌握著作权价值的影响因素及其基本评估方法。
5. 了解商业秘密的特殊性与评估注意事项。

开篇案例八 《赤道》电影放映权价值评估[①]

评估背景： 电影《赤道》是由张学友、张家辉、王学圻和崔始源等中韩两地明星主演的动作大片，于2015年4月30日全国上映。版权方（在我国一般是制片方）为估算该部电影在国内院线将获得的放映权价值收益，特进行评估。

评估方法： 采用收益法中的许可费节省法，评估模型如下：

$$V = \sum_{t=1}^{n} \frac{K \times Pt}{(1+r)^t} \tag{8.1}$$

式中，V 为电影的放映权价值；Pt 为日均票房收入；K 为许可费用率；n 为收益期限；r 为折现率。

参数确定如下。

(1) 票房预测：参考类似电影往年同档期的平均放映场次，预测该电影票房收入为 47204.57 万元；扣除电影专项资金 5%和营业税 3.3%后为 43286.59 万元；估计影片的放映时间为 40 天。那么，《赤道》的日均票房收益 Pt=43286.59/40=1082.16（万元）。

(2) 许可费用率：目前在我国相当于制片方与院线的电影票房分账比例。除去各项分账和费用，制片方可获得的票房分账比例一般在 35%~43%。参考美国电影版权行业平均许可费用率 40%，和我国实际分账水平相近。因此，此次评估确定的许可费用率 K=40%。

(3) 折现率：此次评估采用折现率=无风险报酬率+风险报酬率+个别风险调整。无风险报酬率定为一年银行定期存款率 3%；风险报酬率采用 2010~2013 年华谊兄弟的风险报酬率 6.09%；个别风险调整定为 5%。故折现率=3%+6.09%+5%=14.09%；对应的日折现率=(1+14.09%)^(1/365)−1=0.036%。

评估结果： 将上述确定参数代入许可费节省法评估模型，计算得出电影《赤道》的影院放映权价值为 17188.87 万元。

[①] 资料来源：余惠琴（2015）。

第一节　知识产权价值评估概述

价值泛指客体对于主体表现出来的积极意义和有用性（冯契，2007）。这是一个非常主观的概念，由于主体的需求或判断标准存在差异，同一客体相对于不同主体的价值也各有不同。同理，知识产权价值就是知识产权对于权利主体表现出来的积极意义和有用性。从本质上讲，知识产权价值体现在知识产权的垄断性使权利主体获得的超额利润，即为使用价值。但是，随着知识产权运用的深化，使用行为变得复杂多样，权利主体对知识产权的价值取向呈现多元化——有的是为了独占实施，有的是为了通过交易直接获取利益，有的是为了战略上的价值，有的是为了个人精神上的满足等。因此，谈及知识产权价值，必须明确价值的内涵。通常而言，知识产权价值评估针对的是其经济价值，即对知识产权未来能够产生的经济收益的现值进行评估。

知识产权价值评估是知识产权运营系统中的关键环节。知识产权但凡许可转让、质押融资、侵权赔偿，均需事先进行知识产权价值评估。然而，知识产权具有无形性、期限性、差异性、不稳定性、价值不确定性等诸多特性，影响知识产权的主客观因素也非常多，导致知识产权价值评估成为世界性难题。目前，知识产权价值评估的基本方法包括成本法、市场法和收益法，这是沿用传统的无形资产价值评估方法。此外，基于知识产权的特性，理论界和实务界研发了很多新型评估方法，如实物期权法、价值的收益区分方法、利润的价值分割方法等。由于不同类型的知识产权存在较大差异，价值评估目的和背景也各不相同，因此，评估一项具体的知识产权价值时应该选择一种或多种适当的评估方法，以确保评估结果的相对准确性。

一、知识产权价值评估的意义

知识产权价值评估是一项基础而又复杂的工作。在知识产权交易中如何确定知识产权的对价，知识产权质押贷款数额如何确定，知识产权参股股份如何计算，以及在知识产权侵权损害后如何核算损害赔偿额，这些疑难问题归根究底是知识产权的价值难以确定（朱雪忠和乔永忠，2010）。即便如此，相对科学、准确地知识产权价值评估，仍然是企业进行知识产权运营，甚至制定知识产权战略的重要依据，是知识产权实现经济价值不可或缺的环节。首先，知识产权价值评估有利于企业认识知识产权的真实价值，避免资产流失。例如，广东岭南饼干厂转让"岭南"商标时未进行商标价值评估，因此未能获得任何收益。相反，浙江某企业转让其"东宝"商标时，连同其19项专利，共估值1000万元，获利颇丰。其次，知识产权价值评估可以促进知识产权交易，给交易双方提供可谈判的基础。如果没有第三方出具比较客观的价值评估结果，一方漫天要价，或一方故意压价，交易很难完成。再次，在非交易情况下，如质押、侵权赔偿，进行知识产权价值评估更能维护权利人的利益，使知识产权实现其应有的价值。最后，知识产权价值评估还能为企业投资发展提供战略依据，获得更好的市场效益。例如，可口可乐公司刚向全球扩张时，耗费了大量的广告费，但收效甚微。然而，当人们知道其商标价值244亿美元时，可口可乐公司很快名满全球,在国际市场上的份额与日俱增。

二、知识产权价值评估的基本方法

知识产权是企业非常重要的一类无形资产。因此,知识产权价值评估也沿用传统的无形资产价值评估方法,如成本法、市场法和收益法三种基本方法。但是知识产权有诸多特性,如期限性——知识产权保护通常具有时间限制;差异性——不同类型知识产权的保护客体差异很大,包括作品、技术方案、设计、标志、有价值的信息等;不稳定性——知识产权本身的法律效力不稳定,尤其是专利,被无效的可能性比较大,一旦无效即不存在价值;价值不确定性——知识产权价值是相对的,由于各项因素的影响,知识产权价值在不同时段浮动很大。因此,理论界和实务界针对知识产权的特性创设出许多新的评估方法,如实物期权法、减少价值法、价值的收益区分方法、利润的价值分割方法、价值的资产使用返还法等。甚至还针对不同的情形创设了特殊情况下专门的评估方法,如重要规则、技术因素排列技巧、VALCALC方法、品牌价值平等法、VALMARIX分析方法等(韦斯顿•安森,2009)。此处,仅介绍三种基本的评估方法。

(1)成本法。成本法是以重新建造或购置与被评估资产具有相同用途和功效的资产现行需要的成本作为计价标准。成本法又具体分为历史成本法和重置成本法两种类型。历史成本法是指用历史成本并按照合理使用期限进行适当折旧来评估资产。重置成本法是指按当前的价格计算复制现有资产所需的成本。知识产权的成本通常包括研发成本、人员成本、申请注册成本、代理成本、维护成本、广告成本等,但是具体类型的知识产权又有较大的差异。知识产权的成本与预期收益不直接相关,预期收益可能远大于成本,也有可能不及成本,因此成本法不能很好地反映知识产权在使用中带来的经济价值。但是,成本法所评估的价值至少可以看作知识产权在获权初期或未进入市场或未获得收益之时的最小价值。

(2)市场法。市场法是参照相似资本的市场价格进行评估。该方法适用的前提是存在一个活跃的公开的市场,能够找到相似资本及其交易的详细信息。在这种情况下,市场法将是最简单、最直接的资产评估方法。但是,知识产权交易市场并不活跃,交易信息获取十分困难;而且不同类型的知识产权之间,甚至相同类型的知识产权之间的差异非常大,不具有可比性;因此,目前市场法并非知识产权价值评估的优选方法。

(3)收益法。收益法又称收益现值法、利润预测法,是估测资产未来的预期收益并以适当的折现率折算成现值,借以确定其价值的一种评估方法该方法包括三个要素:预期收益、折现率和收益期限,计算方式如下:

$$资产评估值 = \sum_{i=1}^{n} \frac{预期收益}{(1+折现率)^i} \qquad (8.2)$$

其中,i为未来某个收益年,n为收益期限。

收益法是资产评估中应用最广泛的一种方法,也被认为是知识产权价值评估最适当的方法,因为这种方法与通常对知识产权价值的理解(实际上是知识产权交易价值)一致。在交易过程中,买卖双方更看重知识产权未来能够产生的经济利益。但是,预期收益存在极大的不确定性,应当考虑哪些因素,应该如何估测,又成为收益法需要解决的难题。预期收益通常有三种计算方式：①节省的许可费，即权利人因拥有知识产权而不需要支付的许可费；②增加的收益，即产品有知识产权比没有知识产权多获得的收益；③超额利润，即扣除其他资产对整体利润的贡献，剩余的便是知识产权带来的超额利润(或者直接计算一定的利润分成)。

例如，A公司欲用一项实用新型专利"一种小型海水淡化装置"(专利号：ZL200820103336.0)进行质押贷款，需要对该专利进行评估，评估时间为2009年9月30号。若选用收益法进行评估，收益计算方式为专利技术利润分成。经过对专利技术本身及其市场前景进行深入分析，预估该专利还有9年的经济寿命(收益期限)；未来9年A公司的净利润分别是346.14万元、862.10万元、6061.00万元、6328.10万元、6576.66万元、后四年每年7117.56万元；专利技术分成率为11.99%；折现率=无风险报酬率+(行业风险报酬率+特有风险报酬率)=5.00%+(4.69%+14.02%)=23.71%。将这些参数带入收益法评估模型计算得出，该专利的价值为17920000万元[①]。

三、知识产权价值评估的原则

知识产权作为一项特殊的无形资产，其价值评估除了遵循一般资产评估的原则，即真实性、科学性、可行性的原则，还应该遵循如下特有的原则。①替代性原则。知识产权价值主要源于其垄断性，如果市场上出现可以替代的类似资产，那么交易中的知识产权的价值就会受到影响。②预期收益原则。知识产权价值主要在于其预期收益，因此评估时重在预测未来的收益，而非局限于现实状况。③变化性原则。知识产权价值受诸多主客观因素的影响，主观因素包括当事方经营状况、对知识产权的认识和预期、评估者的认识等，客观因素包括宏观经济状况、知识产权保护环境、知识产权本身的状况、知识产权的运用前景等。这些因素的不断变化，导致知识产权价值处于动态变化之中，因此知识产权价值评估是某一时间点的评估，评估结果是相对的。④一致性原则。知识产权价值评估要考虑很多关联因素、变量，这些关联因素与变量之间要存在合理的一致性，否则就会影响评估结果的科学性、准确性。

第二节 专利价值评估

专利是知识产权的核心部分，不仅量大，而且参与运营的可能性最大。因此，专利价值评估成为知识产权价值评估的核心部分，也是本书重点阐述的部分。专利价值评估方法层出不穷，除了基本的成本法、市场法和收益法，还有实物期权法、指标法(中国技术交易所研发的专利价值分析指标体系)、产业法(王虎，2014)、技术因素法(韦斯顿·安森，2009)等特殊方法。专利价值评估非常复杂，不可能用一种评估方法解决所有情境下的评估需求，而应该根据不同的评估背景、价值取向选择适当的一种或几种评估方法。

---

① 案例来源：https://wenku.baidu.com/view/a9503fec856a561252d36f78.html。

一、专利价值的分类

专利价值就是专利对于权利主体表现出来的积极意义和有用性。从本质上讲,专利价值体现在专利技术的独占实施使权利主体获得超额利润,即为专利技术的使用价值。但是,随着专利运用的深化,专利行为变得复杂多样,权利主体对专利的价值取向呈现多元化:有的是为了自己实施,有的是为了通过交易直接获取利益,有的是为了战略上的价值,有的是为了个人精神上的满足,等等此类行为。因此,若要准确评估专利价值,首先应该确定评估什么价值。

专利价值首先可以分为经济价值和非经济价值。专利的经济价值是人们通常认为的价值,是指专利为权利主体带来的经济利益。但是,在我国特有的环境下,仍然有为数不少的个人或单位是冲着专利的非经济价值而来的,如为了满足个人的成就感,为了评职称,为了完成任务指标,为了单纯的获奖等。这种非经济价值通常不需要评估,因个体需求而异。

专利的经济价值又可以分为直接经济价值和间接经济价值。专利的直接经济价值是指权利主体通过利用专利直接获取的经济利益,例如权利主体自己通过实施、许可、转让、质押、诉讼等方式直接获取经济利益。这是专利价值实现的主要途径。但是,随着专利战略的深入和推广,权利主体常常利用专利实现很多战略目标,如构筑技术壁垒、阻碍对手发展,增加谈判筹码、防范专利侵权,显示自身实力、吸引外来投资,博得用户好感、提高销售数量等(Wilton and Angela,2011),进而提高权利主体在市场上的竞争优势,并从中获取经济利益。这就是专利的间接经济价值,也可以叫作战略价值。战略价值体现在权利主体内部,通常也不需要评估。

专利的直接经济价值是很多企业所追求的价值实现方式,通常可以用货币来测量,也是专利价值评估的主要对象。根据专利所起的作用不同,专利的直接经济价值可以分为使用价值、交易价值、清算价值、担保价值和公平价值。①专利的使用价值,是指专利技术可用于工业生产的价值。②专利的交易价值,是指专利在交易市场上的价格,也可以叫作市场价值,通常表现为专利许可、转让、出资、企业合并收购等交易行为产生的经济利益。③专利的清算价值,指专利处于被迫出售、快速变现或其他非正常市场条件为依据判断的资产价值。④专利的担保价值,即专利作为财产权为担保债务的履行而可变现的价值。⑤专利的公平价值,是指专利权遭受侵害时,法院基于公平原则判处侵权人应该赔偿的基本金额,不包括惩罚性赔偿的部分(表 8.1)。

表 8.1 专利价值的分类与相关专利行为

专利价值的分类			相关专利行为
经济价值	直接经济价值	使用价值	实施
		交易价值	许可、转让、出资、合并收购
		清算价值	破产清算
		担保价值	质押

续表

专利价值的分类			相关专利行为
		公平价值	侵权赔偿
	间接经济价值	战略价值	进攻、防御、谈判、广告
非经济价值	—	—	提高声誉、评职称、获奖

二、专利价值的基本评估方法

(一) 专利交易价值评估

专利交易，即以专利使用权或所有权为客体的交易，主要体现为专利许可、转让、出资、以获取专利为目的的企业合并收购。专利交易价值最大的特点是：以专利使用价值为基础，但是受市场因素影响较大。支撑使用价值的是专利的法律特性和技术特性，这是专利的内在特性，也就是专利质量(李海燕和高拯，2013)。专利质量决定专利的内在价值，相对比较客观；市场因素决定专利的外在价值，相对比较主观(图8.1)。

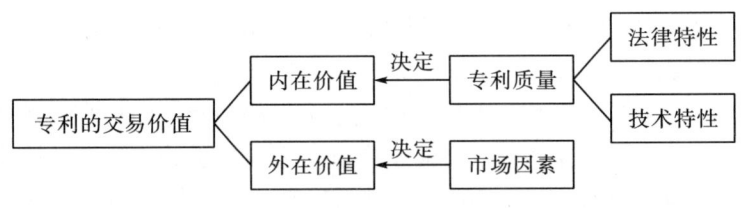

图8.1 专利交易价值的决定因素

具体而言，法律特性是专利价值存在的前提，尤其是专利的权利归属和法律效力，可以"一票否决"专利的价值。技术特性是专利使用价值的核心，尤其是技术的先进性、可替代性和成熟度，决定专利现在或未来被使用的可能性，对专利价值的形成有重要影响。市场因素包括市场需求、市场占有率、市场竞争力、交易双方的具体情况等，这些因素直接影响专利交易的最终价格。最终价格是交易双方充分博弈的结果，可能偏高或偏低，但始终不会过分偏离专利的内在价值。

就评估方法而言，宜采用市场法和收益法。如果存在可参照的类似交易，市场法是最合适的评估方法。比较的因素同样包括专利质量和市场因素，比较越细致、越充分，所得到的评估价格越可靠。但是，目前中国尚无活跃的公开的专利交易市场，该方法难以适用。收益法也是不错的选择，因为在专利交易过程中，买卖双方都会预测专利未来可能带来的经济利益，从而进行定价，关键在于如何估算预期利益。

(二) 专利清算价值评估

专利清算价值是企业处于破产或快速财产变现等非正常条件下时，专利的可变现价值。这种价值不是在公平、自愿的原则下进行谈判实现的，往往远低于市场价值，是比较确定的最低价值。评估时，关键在于分析专利的变现能力，即专利的质量状况和市场的接受程度。评估专利清算价值在于确定专利的最低价值，以保障债权人的利益，因此建议采用"重置成本+浮动价格"的评估模式。专利的重置成本通常被认为是专利的最低价值，但是专利的实际价值可能高于或低于成本，因此应该在重置成本的基础上予以浮动，其依据则是专利实际运用的状况，或假定市场环境下的预期收益。

（三）专利担保价值评估

专利的担保价值在专利权人和银行之间存在市场价值和清算价值的分歧。如果以市场价值作为担保价值，由于专利价值本身的不稳定性，会严重威胁银行的贷款安全，对银行极为不利。如果以清算价值作为担保价值，由于清算价值是专利的最低价值，专利权人只能获取极其有限的贷款额度，对专利权人明显不公，也不符合专利质押贷款的宗旨。从公平、公正的角度来讲，专利的担保价值应该介于市场价值和清算价值之间。至于这个平衡点应该如何把握，应该充分考虑出质人（专利权人）的还款信用、还款能力，以及质押专利的市场前景、变现能力等因素，使银行对风险相对可控。这种思路与《欧洲评估准则》将市场价值进行风险折扣的评估方式有相似之处（张东平，2009）。需要说明的是，欧洲的风险折扣绝非我国目前惯用的粗犷比例。第三方评估机构在评估专利的担保价值时，应该明确给出专利的市场价值和清算价值，并基于相关因素考虑估算出居间的可贷款额度，为借贷双方提供可信度强的参考。

（四）专利公平价值评估

专利权作为民事权利的一种，其侵权损害赔偿的基本原则依然是填平原则。确定专利侵权损害赔偿金额的关键是计算权利人的损失，这是赔偿的基本额度，亦即专利的公平价值。之所以称之为"公平价值"，是从填平原则的角度出发，将损害赔偿提升到维护专利权人和社会公众利益平衡的高度。

(1) 权利人的损失。以权利人的损失确定赔偿数额最能体现也最符合填平原则。我国最高人民法院的司法解释规定，权利人的损失可以根据专利权人的专利产品因侵权所造成销售量减少的总数乘以每件专利产品的合理利润所得之积计算；权利人销售量减少的总数难以确定的，侵权产品在市场上销售的总数乘以每件专利产品的合理利润所得之积可以视为权利人因被侵权所受到的损失。该规定采用的是"全部市场价值"规则（和育东，2009）。但是，一件产品中可能含有多件专利，即便只存在一件专利，专利为产品贡献的利润仅仅是总利润的一部分，因此用销售量直接乘以产品总利润来确定因（部分）专利侵权所遭到的损失夸大了专利的作用，免不了有惩罚的嫌疑。如若普遍适用该规则，实际上违反了填平原则，造成对侵权人的不公。理论上，应该以侵权专利对产品贡献的实际价值作为依据来计算损失，这也是美国专利法改革的方向（孙海龙和姚建军，2009）。不过，从产品总利润中分离某件专利所作出的贡献并非易事，这可能也是现行司法实践采用全部市场价值规则的根本原因，同时该规则还可以起到威慑的作用。现阶段，社会公众整体的知识产权意识相对较低，侵权现象比较严重，采用简单计算的方式有其合理性。但从长远来看，以专利的实际价值计算赔偿额度是追求公平正义的要求。

(2) 专利许可费。专利权是一种独占权，未经许可，他人不可擅自实施。如果专利权人不愿意许可他人使用，那么他可以独享市场，获得高额利润；如果专利权人许可他人使用,那么他有权收取一定的许可费。如此一来,通过产品获取利益或者直接收取许可费是专利权人利用专利获利的两种基本方式。当专利权被侵犯时,权利人的损失要么是失去的利润,要么是专利许可费。按照填平原则,侵权人所支付的赔偿应该可以将权利人恢复到未侵权的状态。通常情况下,权利人失去的利润要大于专利许可费,以失去的利润计算赔偿数额是公平的。但是,如果权利人未实施专利,或通过专利产品获利甚微,那么权利人失去的利润非常少,甚至是零,此时权利人理应有权获得不低于"合理许可费"(假定权利人和侵权人在公平谈判的条件下确定的许可费)的赔偿。因为在侵权尚未发生之前,权利人至少可以选择收取许可费。因此,专利侵权损害赔偿额度应该以权利人失去的利润来计算,但不得低于合理许可费。合理许可费可以参考实际发生的许可费进行测算,也可以根据个案的实际情况进行评估,具体评估方法可借鉴美国联邦法院在 1971 年的 Georgia PacificCorp.v.UnitedStatePlywoodCorp.一案中提出的 15 个考量因素[①]。

三、专利价值的特殊评估方法

(一)实物期权法

期权又叫选择权,它赋予主体在一定的时间内以固定的价格购买或者出售某种客体的权利,该主体可根据条件变化作出选择,但不承担任何义务。早期的期权主要是以债权、股票、货币或者期货为客体的金融期权。实物期权是金融期权在实物领域的拓展,其客体主要是自然资源、战略投资、无形资产等。实物期权法是对收益法的补充,它认为预期收益的不确定性本身是有价值的,是否投资的选择权就是期权。因此,实物期权法是对未来投资机会的选择权进行估值,再加上传统收益法评估的资产价值,最后形成资产的总价值。该方法最早由 Myers(1977)提出,经过多年的发展已经比较成熟,但由于期权定价模型的复杂性和评估人员理论水平的限制,广泛应用于实践还存在很大困难。知识产权预期收益的不确定性正好符合实物期权的特征,目前已有部分学者针对知识产权构建期权定价模型,甚至细分交易与不交易的情况,以及不同的知识产权类型(韩娟娟,2011)。不过实物期权法在知识产权价值评估中的运用仍然处于理论阶段。

(二)指标法

中国技术交易所于 2011 年开发出一套专利价值分析指标体系,包括法律、技术和经济三个层面下的 18 个指标,旨在反映专利价值的总体特征。可由专家根据材料对各指标进行打分,分数加权汇总后形成专利价值度。专利价值度不是具体的评估价格,而是分析结果,方便使用者据此作出价值判断或谈判决策。具体指标如图 8.2~图 8.5 所示(中国技术交易所组织,2012)。

---

① Georgia-Pacific Corp. v. United States Plywood Corp., 318 F. Supp. 1116, 1120 (S.D.N.Y. 1970), modified and aff'd, 446 F.2d 295 (2d. Cir. 1971).

第八章 知识产权价值评估

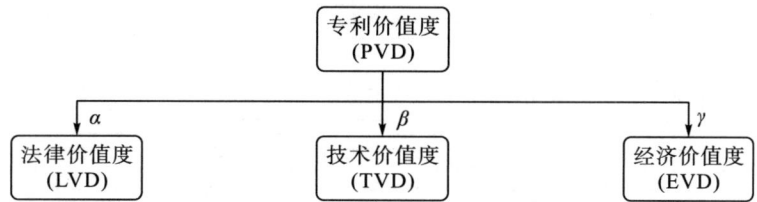

图 8.2 专利价值度(patent value degree，PVD)的三维划分

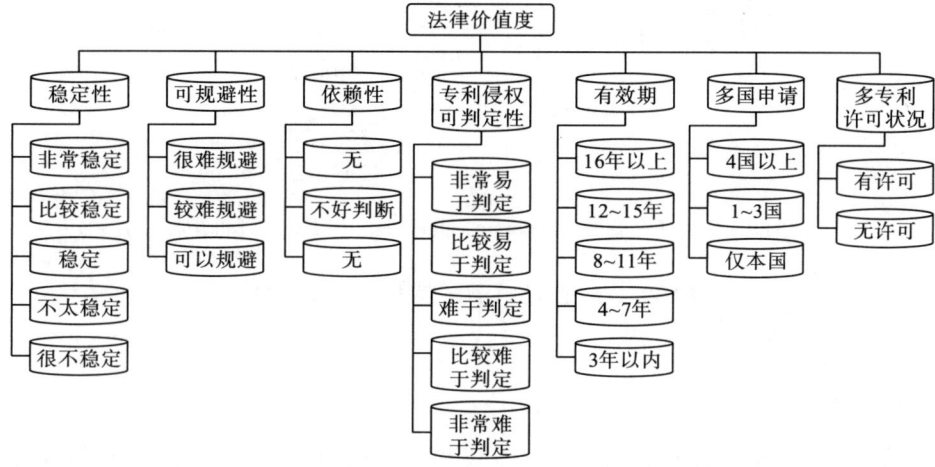

图 8.3 法律价值度(law value degree，LVD)评价指标

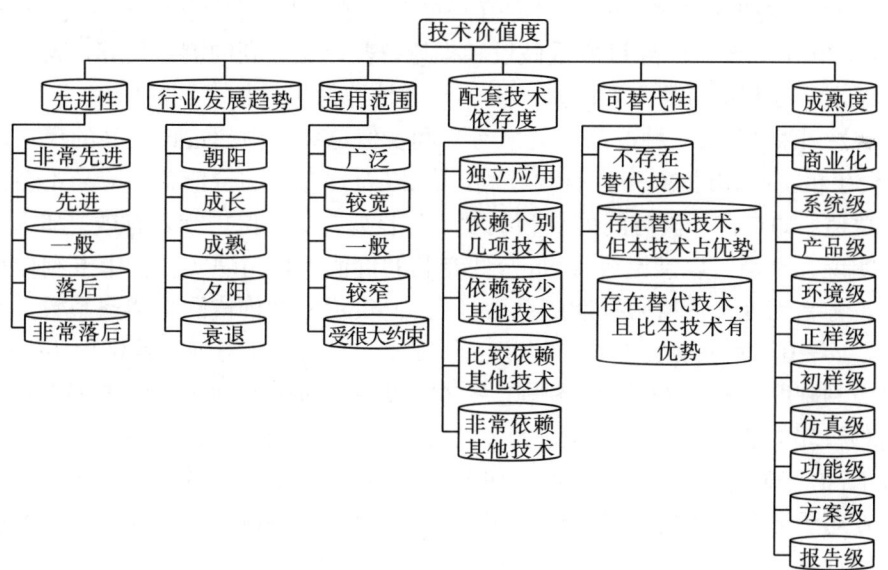

图 8.4 技术价值度(technology value degree，TVD)评价指标

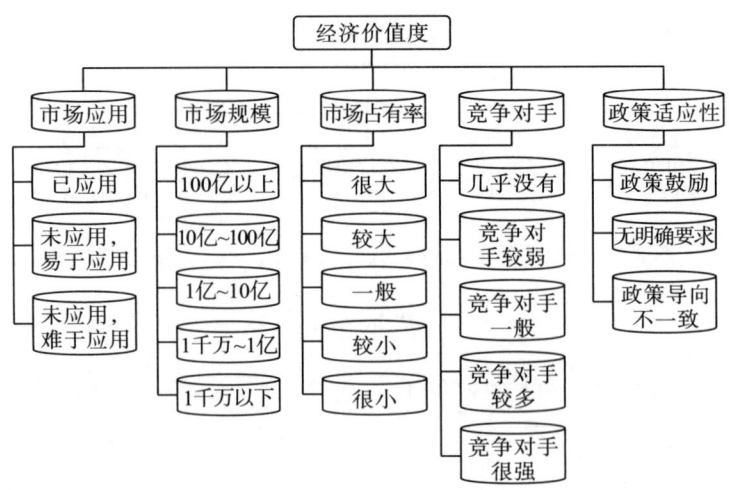

图 8.5 经济价值度(economic value degree，EVD)评价指标

$$PVD = \alpha \times LVD + \beta \times TVD + \gamma \times MVD$$

式中，$\alpha + \beta + \gamma = 100\%$。

(三) 产业法

产业法认为，决定一件专利的价值不仅仅与该专利相关，还应当与该专利持有人的市场影响力、该专利产品的市场总值、该专利产品上附加的有效专利数量、以及该产品所属产业的专利敏感度和评估时期的专利价值回报期望值(也就是专利保护状况)等重要因素相关(王虎，2014)。该方法经过多重假设和推论，多行业专利的测试估算，表明能够更加充分地考虑影响专利价值的主要因素，更加合理地评估出一件专利的价值。

假设(1)：附加在某一种产品上的所有专利价值总和不会超过该产品的市场总价值。例如，一台手机上有超过 20 万件有效专利，这 20 万件专利的价值总和应当不会大于该手机的市场总值。如果在一段时间内专利制度运行良好，专利保护行之有效；那么专利价值得以充分实现。于是可以推论(1)：每一件专利的价值评估与现实社会中专利保护的情况密切相关，称之为专利价值回报期望系数。用 ω 表示专利价值回报期望系数，其取值范围为 (0,1)。$\omega \to 0$，表示现实中专利制度完全失效，专利不能得到有效保护；$\omega \to 1$，则表示现实中专利制度施行非常有效，专利能够得到完全保护；尽管在现今的商业社会，并不存在这两种极端的情形，但应当说绝大多数的时间专利价值回报期望系数为 0~1。专利产生的价值，在宏观上实质表现为该行业所有专利对其所属行业的贡献。于是可以推论 2：每一类产业对于专利制度的敏感度决定了该行业专利的贡献及价值。用 θ 表示产业专利敏感系数，其取值范围为 (0,1)。$\theta \to 0$，表示该产业对于专利制度完全不敏感，也就是说专利对该产业的贡献为 0；如果 $\theta \to 1$，则表示该产业的发展完全依赖专利制度的建立而产生发展的，该行业的价值几乎全部由专利贡献产生。

结合假设 1 和推论 1、推论 2，可以得到：

$$pm = \theta \times \omega \times Q/N \tag{8.3}$$

其中，pm 为专利均值；Q 为专利产品市场总价值；N 为待估值专利所属产品有效发明专利数。

假设(2)：附加在该产品上所有专利的价值成等差排列，且价值最小专利的价值趋于0。那么，价值最低的专利就是 $p_1 \to 0$，而价值最高的专利则是 $p_n = 2pm$（图8.6）。

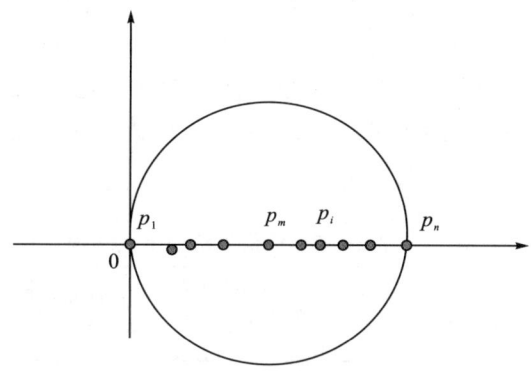

图8.6　一个产品上所有专利的价值等差分布图

如果用 $\acute{p}$ 来表示待估专利特征系数，其取值范围为(0,2)。当 $\acute{p}=0$，则表示待评估专利的价值为0；当 $\acute{p}=1$，则表示待评估专利 p 正好等于专利均值 pm；$\acute{p}=2$，则表示待评估专利是该产品上价值最高的专利。如此，待估值专利 p 的价值为

$$p = pm \times \acute{p} \tag{8.4}$$

结合式(8.3)和式(8.4)，可以得到：

$$p = (\omega \times \theta \times Q/N) \times \acute{p} \tag{8.5}$$

附加在产品上的专利价值差异主要是由该专利的专利性，以及该专利持有人的市场影响力所决定的。用 $t(0,1)$ 表示该专利的专利性指数，当 $t \to 0$ 时，表示该专利仅仅达到专利法对专利授权的要求，其专利保护范围几乎为0；当 $t \to 1$ 时，则表示该专利不仅具有极强的专利性，还可获得最大的专利保护范围。同时，用 $c(0,1)$ 表示该专利持有人的市场影响力，当 $c \to 0$ 时，表示该专利持有人几乎不具备市场影响力，完全是市场价格的接收者；当 $c \to 1$ 时，则表示该专利持有人具有完全的市场影响力，居于垄断地位，掌握市场定价权。于是，可以得到：

$$\acute{p} = t + c \tag{8.6}$$

综合上述公式，可以得到一种新的专利估值算法：

$$p = pm \times \acute{p} = (\omega \times \theta \times Q/N) \times (t + c) \tag{8.7}$$

第三节　商标价值评估

商标是企业的灵魂，商标集企业的信誉于一身，商标的价值评估俨然已变成品牌的价值评估。商标随着企业的使用，不断扩大地域范围和商品范围，有时又会出现"领地"纠纷（同一商标被注册在不同的商品类别或不同的国家）。因此，商标价值评估成为知识产权价值评估中最为复杂的部分（韦斯顿·安森，2009）。

商标的价值差异非常大，不同的商标之间，同一商标在不同的背景和时间，都存在巨大的差异。例如，2016 年 Brand Finance 公司发布的全球品牌价值排行榜，排名第一的"苹果"品牌价值为 1459.18 亿美元，排名第二的"谷歌"品牌价值为 941.84 亿美元，第一名与第二名足足相差一个数量级（表 8.2）。早几年，"可口可乐"品牌价值一直位居全球第一；在网络技术高速发展的今天，其品牌价值（341.80 亿美元）已远不如高科技公司（表 8.3）。再如，中国的"三鹿"商标，曾被评估为 150 亿元，在三聚氰胺事件出现以后，企业破产拍卖商标时以 730 万元售出。可见，商标价值评估必须是在确定的背景和时间下进行评估，评估结果只代表当时的情况。

表 8.2　2016 年全球最具价值十大品牌

2016 年排名	2015 年排名	品牌	行业	国家	2016 年品牌价值/百万美元	2016 年品牌评级	品牌价值同比变化/%	2015 年品牌价值/百万美元	2015 年品牌评级
1	1	苹果	科技	美国	145918	AAA	13.7	128303	AAA
2	3	谷歌	科技	美国	94184	AAA+	22.8	76683	AAA
3	2	三星	科技	韩国	83185	AAA	1.8	81716	AAA-
4	8	亚马逊	科技/零售	美国	69642	AA+	24.1	56124	AAA-
5	4	微软	科技	美国	67258	AAA	0.3	67060	AAA
6	5	Verizon	电信	美国	63116	AAA-	5.5	59843	AAA-
7	6	AT&T	电信	美国	59904	AA+	1.8	58820	AA+
8	7	沃尔玛	零售	美国	53657	AA	-5.4	56705	AA+
9	11	中国移动	电信	中国	49810	AAA-	4.0	47916	AAA-
10	15	富国银行	银行	美国	44170	AAA-	26.5	34925	AAA-

资料来源：腾讯科技.[2016-02-08].http://tech.qq.com/a/20160208/022815.htm。

表 8.3　2016 年全球最强十大品牌

排名	排名（2016 年品牌价值）	品牌	行业	国家	2016 年品牌价值/百万美元	品牌强势度指数/%	2016 年品牌评级
1	24	迪士尼	媒体	美国	31674	92	AAA+
2	324	乐高	玩具	丹麦	4520	92	AAA+
3	80	欧莱雅	大型集团	法国	14990	92	AAA+
4	58	普华永道	商业服务	美国	18569	91	AAA+
5	288	麦肯锡	商业服务	美国	4881	91	AAA+
6	29	耐克	服装	美国	28041	91	AAA+
7	79	强生	消费类产品	美国	15115	91	AAA+
8	17	可口可乐	软饮料	美国	34180	90	AAA+
9	72	NBC	媒体	美国	16103	90	AAA+
10	2	谷歌	科技	美国	94184	90	AAA+

资料来源：腾讯科技.[2016-02-08].http://tech.qq.com/a/20160208/022815.htm。

一、商标价值的影响因素

中国和绝大部分国家一样,商标法以保护注册商标为主,同时也保护未注册的驰名商标。因此,为了降低法律风险,商标运营基本以注册商标为主,商标价值评估的对象也主要是注册商标。影响商标价值的因素非常多,除了商标的法律状况,还包括商标的使用状况、商品的情况、公众的知晓状况,甚至还有企业的营销和声誉等。例如,Brand Finance 公司评选世界品牌的标准包括公众熟悉程度、忠诚度、推广活动、营销投资、员工满意度,以及企业声誉等。这些考虑因素非常广泛。

根据中国资产评估协会于 2012 年 7 月 1 日颁布实施的《商标资产评估指导意见》,评估商标价值时首先要明确注册商标的基本情况,包括:①商标的文字、图形、字母、数字、三维标志和颜色组合及其说明,商标注册号、注册期限及核准的注册类别;②商标的取得,包括原始取得和继受取得,以及商标注册、转让和继承程序办理情况;③指定使用注册商标的商品或者服务项目;④在类似商品或者服务上注册的相同或者近似的商标情况。

评估商标价值时除了要明确注册商标的基本情况外,还要综合考虑以下各项因素:①商标注册人的基本情况;②商标和与商标有关权利事项登记情况;③商标权利限制情况,包括在时间、地域方面的限制以及质押、法律诉讼等;④公众对该商标的知晓程度;⑤商标使用的持续时间;⑥商标宣传工作的持续时间、程度和地理范围;⑦与使用该商标的商品或服务相关的著作权、专利、专有技术等其他权利的情况;⑧宏观经济发展和相关行业政策与使用该商标的商品或服务的市场发展状况;⑨商标商品或服务的使用范围、市场需求、经济寿命、同类商品或服务的竞争状况;⑩商标使用、收益的可能性和方式;⑪类似商标近期的市场交易情况;⑫被评估商标资产以往的评估和交易情况;⑬商标权利维护方面的情况,包括权利维护方式、效果、成本费用等。

二、商标价值的评估方法

商标价值的评估方法基本沿用传统的三大方法:成本法、市场法、收益法,但是以市场法和收益法为主,并且对收益法进行了修正。

(1)成本法。成本法在商标价值评估中处于次要地位,因为成本与价值并不直接相关。但是,在企业破产清算时,评估商标的最低价值则适合使用成本法。商标的成本主要包括:商标设计成本、商标注册成本、商标宣传成本、商标维护成本、商标诉讼成本等。

(2)市场法。实践证明,市场法是商标价值评估中经常被运用的方法(韦斯顿·安森,2009)。虽然不同商标在所属企业、驰名度、所用商品、地域范围等方面都有较大差异;但是商标的本质属性是一致的,具有一定的可比性。此外,运用市场法不单单是确认商标交易价格,还可以确认商标许可费率,同时结合收益法以最终确定商标价值。

(3)收益法。收益法是商标价值评估中最重要的方法,因为在多数情况下,人们更关注使用商标能够带来的额外收益。在商标价值评估领域,收益法又可细分为成本节约法、许可费免除法和额外收益法。成本节约法,是指因为使用商标而节省的促销费、广告费、管理费等，这些费用应该核算为商标的价值。许可费免除法，是指如果商标权人将商标许可给第三方应该收取许可使用费，而商标权人自己节省了这一笔开支，节省的经费即是商标的价值。额外收益法，是指使用商标与不使用商标相比额外获得的收益，这些额外收益可能是因为使用商标后获得价格优势、数量优势、规模效应而增加的收益。

第四节 著作权和商业秘密价值评估

（1）著作权价值评估。中国著作权保护的作品种类比较多，主要包括文字作品，口述作品，音乐、戏剧、曲艺、舞蹈、杂技艺术作品，美术、建筑作品，摄影作品，影视作品，图形作品和模型作品，计算机软件程序等。不同的作品类型之间差异较大，因此著作权价值评估必须根据作品的类型和特点选取适当方法。

根据中国资产评估协会于 2011 年 7 月 1 日颁布实施的《著作权资产评估指导意见》，著作权价值评估时应该考虑以下因素：①作品作者和著作权权利人的基本情况；②作品基本情况；③作品的类别；④作品的创作形式；⑤作品的题材类型、体裁特征等情况；⑥著作权和与著作权有关权利的情况及其登记情况；⑦各种权利限制情况，包括相关财产权利在时间、地域方面的限制以及质押、诉讼等方面的限制；⑧与作品相关的其他无形资产权利的情况；⑨作品的创作成本、费用支出；⑩著作权资产以往的评估和交易情况，包括转让、许可使用以及其他形式的交易情况；⑪著作权权利维护情况，包括权利维护方式、效果，历史上的维护成本费用支出等；⑫宏观经济发展和相关行业政策与作品市场发展状况；⑬作品的使用范围、市场需求、经济寿命、同类产品的竞争状况；⑭作品使用、收益的可能性和方式；⑮同类作品近期的市场交易及成交价格情况。

著作权价值评估方法仍然以传统的成本法、市场法、收益法为主，尤其是后两种方法。评估计算机软件适用成本法与市场法相结合的方法，因为一方面开发和维护计算机软件所需成本相对较高，需要着重考虑；另一方面计算机软件交易市场比较活跃，可参考的信息比较丰富。评估除计算机软件以外的其他作品，通常适用市场法和收益法。在使用收益法时需要注意，著作权的使用期限越长，其价值可能越高，这与专利有所不同。如果著作权遭受侵权，其损害赔偿额可以考虑侵权人本应支付的合理许可费。

（2）商业秘密价值评估。商业秘密具备秘密性、价值性和保密性，才能成为一项真正的知识产权（张颖和于文广，2006），否则不具备价值评估的前提。由于商业秘密是未公开的信息，被知晓的范围有限，因此商业秘密的存在和边界处于不稳定状态，这给评估带来很大的困难。也是基于这个原因，商业秘密不能公开交易，市场法显然不适用评估其价值。或许，商业秘密的价值应该体现在诉讼中，其价值就等于其损失，即未来收益的损失。商业秘密的作用就是使企业获得竞争优势，从而赚取更多的经济利益。因此，收益法是商业秘密价值评估的首选方法。评估思路可以考虑比较是否存在商业秘密时企业的竞争地位以及获利的差异。同时还需要注意以下几个问题：首先，商业秘密与专利、商标、著作权相比，不具有绝对的排他性或垄断性，只要自己开发或合法途径获取相关信息，都可以成为这些信息的拥有者。也就是说，商业秘密的拥有者可能不只一个，这会影响其价值判断。

其次，商业秘密必须采取一定的保密措施，以维护其秘密性，因此，企业需要对商业秘密投入保密成本(汪琦鹰和杨岩，2009)。当企业为某一商业秘密投入较多成本进行高水平保密时，能够在一定程度上反映该商业秘密具有较高的经济价值。所以，成本因素也应考虑。再次，商业秘密往往是专利、商标、著作权等其他知识产权形成过程中的前期成果或部分成果，与其他知识产权混合在一起，并且处于动态变化过程之中，因此商业秘密价值评估既要考虑评估的时间点，也要考虑将商业秘密的价值剥离出来，这是一项非常困难的工作。

复习思考题

1. 企业为什么要评估知识产权的价值？
2. 知识产权价值评估的基本方法有哪些？
3. 专利价值如何分类？每一类型的专利价值适合用什么方法进行评估？
4. 你认为中国技术交易所的"专利价值分析指标体系"是否合理、完善？如需改进，你有什么建议？
5. 你对专利价值评估方法中的"产业法"如何评价？
6. 请结合商标价值的影响因素，尝试用收益法评估一件驰名商标的价值。
7. 请结合著作权价值的影响因素，尝试用收益法评估一件作品的著作权价值。
8. 评估商业秘密的价值时应该注意什么？

参 考 文 献

冯契，2007. 哲学大辞典(上). 上海：上海辞书出版社.
韩娟娟，2011. 基于实物期权法的知识产权价值评估. 南京：南京财经大学.
和育东，2009. 专利侵权赔偿中的技术分摊难题——从美国废除专利侵权"非法获利"赔偿说起.法律科学(西北政法大学学报)，(3)：161-168.
李海燕，高拯，2013. 浅议专利价值分析指标体系的构成因素. 中国知识产权报[2013-09-11], 7.
孙海龙，姚建军，2009. 完善专利侵害赔偿法律制度研究——以中美两国专利侵害赔偿制度及其司法实践比较为研究视角. 专利法研究，(2008)：321-340.
汪琦鹰，杨岩，2009. 企业知识产权管理实务.北京：中国法制出版社.
王虎，2014. 一种新的专利权价值评估数学模型及算法. 思博知识产权论坛.
余惠琴，2015. 电影版权价值的评估研究——以我国电影放映权价值为例. 广州：暨南大学.
张东平，2009. 基于质押目的的知识产权价值评估. 广州：广东工业大学.
张颖，于文广，2006. 论商业秘密的价值性.科技与法律，(2)：63-66.
中国技术交易所组织，中国，2012. 专利价值分析指标体系操作手册. 北京：知识产权出版社.
朱雪忠，乔永忠，2010. 知识产权管理. 北京：高等教育出版社.
韦斯顿·安森，2009. 知识产权价值评估.李艳译. 北京：知识产权出版社.
Myers S C，1977.Determinants of corporate borrowing. Journal of financial economics，(5)：147-176.
Wilton，Angela A D，2011.Patent value: A business perspective for technology startups. Technology innovation management review，1(3)：5-11.

第四篇：保护篇

第九章 知识产权侵权与救济

学习目标：
1. 理解专利权、注册商标、著作权和商业秘密等知识产权的保护范围。
2. 掌握侵犯知识产权的行为类型。
3. 掌握不构成侵犯知识产权的行为类型。
4. 了解知识产权侵权救济的方式和程序。

开篇案例九 "一种无线局域网移动设备安全接入及数据保密通信的方法"发明专利侵权纠纷案[①]

涉案专利系名称为"一种无线局域网移动设备安全接入及数据保密通信的方法"、专利号为ZL02139508.X的发明专利，专利权人为西安西电捷通无线网络通信股份有限公司（简称西电捷通公司）。2003年5月12日，国家质检总局发布《信息技术 系统间远程通信和信息交换 局域网和城域网 特定要求第11部分：无线局域网媒体访问控制和物理层规范》（GB15629.11—2003）。2006年1月7日，国家质检总局和国家标准委联合发布GB15629.11—2003/XG1—2006标准（上述两标准统称为涉案标准），对前述国家标准中涉及无线局域网安全的部分进行了修改。2003年1月7日，西电捷通公司向全国信息技术标准化技术委员会（简称全国信标委）出具《关于两项国家标准可能涉及相关专利权的声明》。该声明承诺在西电捷通公司的权利范围内，愿意与任何将使用该标准专利权的申请者，在合理的无歧视的期限和条件下协商专利授权许可。2009年3月~2015年3月，西电捷通公司与索尼移动通信产品（中国）有限公司（简称索尼中国公司）就涉案专利许可的问题进行了协商和沟通，但未最终达成许可协议。西电捷通公司以索尼中国公司生产、销售的手机构成专利侵权为由，诉至法院，请求判令索尼中国公司停止使用涉案专利，停止生产、销售使用涉案专利的手机产品，赔偿经济损失及合理支出合计3300余万元。一审法院判决索尼中国公司停止侵权，赔偿经济损失及合理支出共计910余万元。索尼中国公司不服，提起上诉。二审法院认为，涉案专利权利要求1与涉案标准中的技术方案相同。索尼中国公司至少在设计研发或样品检测阶段，未经许可完整地实施了涉案专利技术方案，在制造被诉侵权产品的过程中未经许可实施了涉案专利，侵犯了西电捷通公司的涉案专利权。针对索尼中国公司制造销售被诉侵权产品的行为，由于索尼中国公司仅提供内置WAPI（Wireless LAN Authentication and Privacy Infrastructure，无线局域网鉴别和保密基础结构）功能模块的移动终端，并未提供AP（Access Point，无线接入点）和AS两个设备，在

[①] 资料来源：中国法院网，2019[2019-04-24]. 2018年度北京法院知识产权司法保护十大案例. https://www.chinacourt.org/article/detail/2019/04/id/3851555.shtml.

没有直接实施人的前提下，索尼中国公司的行为不构成帮助侵权。在标准必要专利的许可谈判中，谈判双方应本着诚实信用的原则进行许可谈判。本案双方当事人迟迟未能进入正式的专利许可谈判程序，过错在索尼中国公司，其应当承担停止侵权及赔偿损失的民事责任。据此，二审法院判决：驳回上诉，维持原判。

【点评】在通信领域，产业界出于互联互通和提高经济效率的需要，对标准化技术存在内在需求和高度依赖。国内外众多技术标准制定组织制定的大量标准应运而生，其中往往包含大量专利技术。这些技术标准已经成为手机等通信设备等不可缺少的部分，使得通信领域的标准必要专利成为当今世界上商业价值最大的专利类型之一，并由此产生了大量纠纷。在标准制定过程中，为确保标准的顺利制定和实施，标准必要专利权人自愿向标准化组织作出相应的许可承诺，承诺将遵循"公平、合理、无歧视"的原则与标准实施者进行许可谈判，使得标准实施者对日后进行的许可谈判产生合理的预期和期待，并对标准必要专利权利的行使产生一定拘束力。此点也是导致标准必要专利侵权案件在侵权认定、责任承担等方面有别于普通专利侵权案件的主要原因。本案是国内首例通过终审判决认定标准必要专利实施人构成侵权并被法院依法颁布永久禁令的标准必要专利侵权案件，同时也是为数不多的标准必要专利权人系中国企业并最终胜诉的案件。本案在标准必要专利侵权案件的审理规则和责任承担方面进行了积极地探索，特别是在侵权比对、禁令颁布、过错认定及间接侵权等法律问题上进行了有益的尝试和探索，为今后此类案件的审理积累了经验。

知识产权保护是知识产权权利人（包括利害关系人）采取协商、司法或行政等途径预防和制止知识产权侵权的过程。知识产权保护是知识产权管理的重要组成部分，有效的知识产权保护不仅能够保障权利人通过萃取知识产权商业价值赢得创新所得，而且能够激励企业等创新主体创造数量更多、质量更优的知识产权。本章在前述知识产权创造和运营基础上，从知识产权侵权行为认定、知识产权法律救济、确认不侵权之诉等三个方面，分析专利、商标、著作权和商业秘密等知识产权的保护标准、规则和方法，旨在帮助企业准确判断和分辨侵犯知识产权的行为，在被侵权的情况下，及时采取适当的救济措施；在生产经营中注意避免侵犯他人的知识产权；在遭到不当侵权指控时，积极抗辩。

第一节　知识产权侵权认定

一、专利侵权认定

（一）专利权的保护范围

判断某种行为是否侵犯了专利权，必须先了解专利权的保护范围。《中华人民共和国专利法》第六十四条规定，发明或者实用新型专利权的保护范围以其权利要求的内容为准，说明书及附图可以用于解释权利要求的内容。外观设计专利权的保护范围以表示在图片或者照片中的该产品的外观设计为准，简要说明可以用于解释图片或者照片所表示的该产品的外观设计。也就是说，发明、实用新型专利的权利要求书划定的范围即是专利的保护范围。如何解释权利要求书划定的范围，直接决定专利保护范围的大小。可以将对权利要求书的解释方法概括为以下三种。

第一种是中心限定法，即将权利要求书中通过字面含义划定的保护范围作为专利保护范围的中心区域，同时根据发明的目的、性质和说明书的说明，将中心区域之外的一定范围也纳入专利保护范围。这种做法使得专利权的保护范围不局限于权利要求书的字面含义，可以较好地覆盖专利方案的全部特征，有利于充分保护专利权人的利益。但是对于公众而言，采用这种解释方法，不能使权利的边界明确清晰，不利于其通过阅读权利要求书而准确把握专利的保护范围。

第二种是周边限定法，与中心限定法相反，在解释权利要求时，要严格地按照权利要求书的字面含义进行，不能进行任何扩大解释。这种解释方法对专利申请人或专利代理师提出了较高的要求，必须准确地把握并描述权利要求，如果用语不当，可能导致缩小权利保护范围，对日后维权带来不利。而对于公众，这种方法可以使其清晰地把握权利的保护范围，避免了不确定性。

世界上多数国家都并非采用如上所述的简单的、绝对的、极端的"中心限定"或"周边限定"的解释方法，而是更倾向于采用第三种方法，即折衷的解释方法，力图既能为专利权人提供良好的保护，又能保证公众获得合理的法律确定性。从《中华人民共和国专利法》的规定及司法实践中的做法来看，我国在权利要求的解释上一直采取的是折中主义。即既要考虑权利要求书文字的字面含义，又参考说明书和附图对权利要求所作出的适当的延伸（刘春田，2014）。

(二)侵犯专利权行为的判断

1. 相同侵权

如前文所述，权利要求书决定专利的保护范围。权利要求书记载的是由各项技术特征构成的专利技术方案。该技术方案既包含现有技术，也包含区别特征。专利法所保护的是权利要求中的现有技术和区别特征组合而成的完整的技术方案。发现涉嫌侵犯专利权的产品或方法，判定究竟是否构成侵权，不是将涉嫌侵权的产品与专利产品进行比对，而是将涉嫌侵权的产品或方法所呈现的技术方案与专利权人的权利要求书记载的技术方案进行比对。

如果专利权人的技术方案具备三个技术特征 A、B、C，其中 A 为现有技术，B 与 C 为区别特征，专利权人的技术方案是 A+B+C，这三项技术特征组合而成的技术方案则是专利保护的对象和范围。如果涉嫌侵权的产品或方法所体现的技术方案同样由与专利权人技术方案相同的技术特征 A、B、C 构成，则侵权成立。如果涉嫌侵权的产品或方法所体现的技术方案由与专利权人技术方案相同的三项技术特征 A、B、C，另加一项专利技术方案所不具有的特征 D 构成，也就是说，如果被控侵权的技术方案是 A+B+C+D，这种情况下，虽然与专利权人的技术方案不同，增加了一项技术特征，但侵权仍然成立，因为侵权技术方案完全采用了专利技术方案的技术特征。也就是说，只要被诉侵权技术方案的技术特征包含了专利权保护范围的技术特征，即认定其落入了专利权的保护范围，无论被诉侵权技术方案是否包括其他增加的技术特征,都构成侵权。上述两种情形,专利权利要求书所要求保护的全部必要技术特征均被侵权技术方案的技术特征全面覆盖了。但是如果被控侵权的技术方案是 A+B,缺少专利技术方案中的 C 特征,则侵权不成立,因为缺少 C 特征的技术方案不是专利技术方案,被控侵权产品并未采用专利技术方案。

2. 等同侵权

在进行侵权判定时,有时会发现被控侵权的技术方案(A+B+C′)所包含的技术特征与专利技术方案(A+B+C)的技术特征存在不同,从表面看,似乎在这种情况下,侵权不成立。但是如果其中不相同的技术特征,实质上是用实质相同的方式或者相同的技术手段,替换了属于专利技术方案中的一个或若干个必要技术特征,使代替(侵权方案)与被代替(专利技术方案)的技术特征产生了实质上相同的技术效果。这种情况下,侵权仍然成立,我们称之为等同侵权。等同侵权认定,防止有人实质上利用了专利技术方案,却采取简单的替换方式,避免技术特征字面上完全相同,从而规避侵权责任。

最高人民法院《关于审理专利纠纷案件适用法律问题的若干规定》(2015)第十七条规定,《中华人民共和国专利法》所称的"发明或者实用新型专利权的保护范围以其权利要求的内容为准,说明书及附图可以用于解释权利要求的内容",是指专利权的保护范围应当以权利要求记载的全部技术特征所确定的范围为准,也包括与该技术特征相等同的特征所确定的范围。等同特征,是指与所记载的技术特征以基本相同的手段,实现基本相同的功能,达到基本相同的效果,并且本领域普通技术人员在被诉侵权行为发生时无须经过创造性劳动就能够联想到的特征。

等同侵权认定实质上是将专利权的保护范围扩大到权利要求文字记载的范围之外,以使专利权人的利益得到更充分保护。但同时也要注意保护公众的利益,专利权人曾经声明放弃的技术内容应当从等同范围中排除,这就是禁止反悔原则的适用。禁止反悔原则是指,在专利审批、撤销或无效宣告程序中专利权人为确立其专利的新颖性和创造性,通过书面声明或者文件修改,对权利要求的保护范围做了限制或部分放弃了保护,并因此获得了专利权,那么在专利侵权程序中法院适用等同原则确定保护范围时,禁止将已被限制排除或已经放弃的内容重新纳入专利保护范围(程永顺,2002)。如果专利权人可以通过等同原则保护在专利申请过程中已经放弃的技术方案,专利审查的目的就无从实现,专利权人的竞争者通过查阅专利申请阶段的文件而形成的合理预期也无法得到保障。禁止反悔原则对于遏制申请人的不诚信行为,实现专利审查制度的目的和维护公平竞争具有重要作用(王迁,2014)。

案例 9-1 孙俊义诉博成公司等实用新型专利等同侵权案

在孙俊义与任丘市博成水暖器材有限公司、张泽辉、乔泰达侵害实用新型专利权纠纷案[①]中,孙俊义诉称,被诉侵权产品为了恶意绕开"防粘连自动排汽阀"涉案专利技术,

---

① 中华人民共和国最高人民法院(2015)民申字第 740 号民事裁定书,https://wenshu.court.gov.cn/website/wenshu/181107ANFZ0BXSK4/index.html?docId=3c10fc1f1c8a4c53bc5daa390121de3b。

将进水口处人为改成平面，进而实现防粘连的功能。因此，被诉侵权产品与涉案专利比对符合《中华人民共和国专利法》规定的"等同侵权"。黑龙江省高级人民法院二审判决认为等同侵权不成立，孙俊义不服，向最高人民法院申请再审。

最高人民法院认为，案件各方当事人对被控侵权产品"一体式盖母进水套上表面为平面"，与涉案专利权利要求中"进水套的上表面呈锥面"这一技术特征不相同均无异议。本案争议焦点为：两者是否构成等同的技术特征，被诉侵权产品是否落入涉案专利权的保护范围。本案中判断被诉侵权产品"一体式盖母上表面呈平面"与涉案专利"进水套上表面呈锥面"的技术特征是否为等同技术特征需考虑以下因素：首先，应考虑等同原则与专利权保护范围之间的关系，以及专利法律制度规定等同原则的必要性。一方面，在专利侵权判定中，等同原则是对专利权利要求字面保护范围的扩张，是对专利权字面侵权的适当补充，等同原则的适用为专利权人提供了切实有效的法律保护，鼓励了技术创新；另一方面，专利制度本身又要确保专利权的保护范围具有足够的法律确定性和可预见性，不因滥用等同原则致使专利权保护范围缺乏确定性而损害社会公众的利益。因此，等同原则既是专利权保护中一项不可或缺的重要原则和制度，但同时又必须对等同原则的适用施加必要限制，兼顾专利权人和社会公众的利益，既要保护专利权人在现有技术基础上作出的技术贡献，又促进科学技术的进步。其次，等同原则的适用须考虑专利申请与专利侵权时技术的发展水平，防止对专利技术方案中某些技术特征以专利申请日后新出现的技术进行简单替换而规避侵权的情况，合理界定专利权的保护范围。

本案中，涉案 ZL200320112523.2 "防粘连自动排气阀"实用新型专利权利要求 1 和说明书均记载：进水套的上表面呈锥面。这表明，孙俊义在申请涉案专利时将其要求保护的技术方案限定为进水套的上表面呈锥面，不是平面，而锥面或平面均是涉案专利申请时，该领域普通技术人员普遍知晓的技术方案，因此，专利权人将权利要求中该技术特征限定为锥面是将平面排除在涉案专利权的保护范围之外。鉴此，在侵权判定时，不能将技术特征"锥面"扩张到"平面"予以保护，否则将有损社会公众对专利权保护范围确定性和可预见性的信赖，从而损害社会公众的利益，动摇专利制度的基石。故本案中，被诉侵权产品的技术特征与涉案专利权利要求记载的技术特征相比，并未构成等同的技术特征，被诉侵权产品未落入涉案专利权保护范围。故孙俊义该项申请再审理的诉讼请求由不成立，本院不予支持。

(三)不构成侵犯专利权的行为

(1)在专利侵权纠纷中，被控侵权人有证据证明其实施的技术或者设计属于现有技术或者现有设计的，不构成侵犯专利权。所谓现有技术，是指申请日以前在国内外为公众所知的技术。现有设计，是指申请日以前在国内外为公众所知的设计。申请日之前已经公知的技术或设计不能满足新颖性条件，不应取得专利授权。但是由于审查员往往难以检索与获知所有公知技术信息，并且实用新型与外观设计无须经过实质审查，因此一些不具有新颖性的技术和设计也被错误地授予了专利权。被控侵权人可以就该专利向专利复审委员会申请宣告无效，也可以直接以自己使用的技术或设计属于现有技术或设计为理由进行侵权抗辩。根据最高人民法院《关于审理侵犯专利权纠纷案件应用法律若干问题的解释》第十四条规定,被诉落入专利权保护范围的全部技术特征,与一项现有技术方案中的相应技术特征相同或者无实质性差异的,人民法院应当认定被诉侵权人实施的技术属于现有技术。被诉侵权设计与一个现有设计相同或者无实质性差异的,人民法院应当认定被诉侵权人实施的设计属于现有设计。

(2)专利侵权判断是以涉嫌侵权的产品或方法的技术特征与专利权利要求书记载的技术特征进行比对,只要被诉侵权技术方案的技术特征包含了专利权保护范围的技术特征,就构成侵权。因此,如果制造、使用、销售、许诺销售、进口的产品或方法的技术特征与权利要求书记载的技术特征不同,或没有全面覆盖权利要求书记载的技术特征,则不构成侵权。

(四)不视为侵犯专利权的行为

(1)专利产品或者依照专利方法直接获得的产品,由专利权人或者经其许可的单位、个人售出后,使用、许诺销售、销售、进口该产品的,不视为侵犯专利权。专利产品或者依照专利方法直接获得的产品在首次合法销售之后,与专利权人不再有任何关系,专利权人已经通过销售,获得其应得的利益,不应当再干预物品的进一步流通。这个原则也被称为首次销售、专利权用尽或专利权穷竭。对于专利权,《中华人民共和国专利法》采用了国际穷竭理论,承认平行进口。只要专利产品首次合法销售,专利权不仅在国内穷竭,同时也在国际范围内穷竭。如果有人将专利产品进口到中国,该行为不构成侵犯专利权。

(2)在专利申请日前已经制造相同产品、使用相同方法或者已经做好制造、使用的必要准备,并且仅在原有范围内继续制造、使用的,不视为侵犯专利权。根据先申请原则,专利权授予最先提出专利申请的人。而同一个发明创造不能授予两个专利权,如果有人在他人提出申请之前,也作出了同样的发明创造,就会丧失取得专利权的机会。如果该发明人在申请日之前,已经进行了相关投资,制造了专利产品,或已经做好制造、使用准备的,如果再禁止其使用,则对其很不公平。因此,专利法对专利权进行了限制,允许先行实施者在原有范围内继续使用其技术。根据《最高人民法院关于审理侵犯专利权纠纷案件应用法律若干问题的解释》第十五条第三款的规定,所谓原有范围,包括专利申请前已有的生产规模以及利用已有的生产设备或者根据已有的生产准备可以达到的生产规模。

(3)临时通过中国领陆、领水、领空的外国运输工具,依照其所属国同中国签订的协议或者共同参加的国际条约,或者依照互惠原则,为运输工具自身需要而在其装置和设备中使用有关专利的,不视为侵犯专利权。参与国际往来的国家对此都予以认可。该临时过境的规则来源于《巴黎公约》,其第五条之三规定,船舶、飞机以及陆上车辆等交通工具偶然性地进入一国领域时,该交通工具本身所用的有关专利技术不认为其构成侵权。

(4)专为科学研究和实验而使用有关专利的,不视为侵犯专利权。该规定是为了贯彻落实《中华人民共和国专利法》第一条规定的促进科学技术进步的立法宗旨。没有这一规定,就会使专利制度产生妨碍科学技术进步的负面作用。"专为科学研究和实验",应当是指针对获得专利的技术本身进行科学实验和研究,以判断专利技术的可行性,或确定实施专利技术的最佳方案,或探讨如何对专利技术作出改进等。如果不是针对获得专利的技术本身,而是利用专利技术作为手段进行另外的研究实验等情形则不属于专为科学研究和实验的范围(尹新天,2011)。

(5)为提供行政审批所需要的信息,制造、使用、进口专利药品或者专利医疗器械的,以及专门为其制造、进口专利药品或者专利医疗器械的,不视为侵犯专利权。任何国家,药品及医疗器械的生产和销售都需要经过行政部门的审批。此类产品直接涉及患者的安全,行政部门必须对生产厂商的产品进行严格的病理、毒理以及临床试验后才能发放生产许可。实务中,这些试验往往要花费数年时间。若是生产的药品或者医疗器械涉及专利技术,按常规必须等到专利保护期届满之后,这在事实上延长了药品和医疗器械的保护期限。包括美国在内的有关国家都在专利法和相关规定中作出了例外规定,即单纯是为了获得行政主管部门的生产许可而实施有关药品或医疗器械的专利技术的行为,不被视为侵犯专利权(刘春田,2014)。我国在2008年修正《中华人民共和国专利法》的时候,增加了该规定。

案例9-2 英特莱公司与蓝盾公司先用权抗辩案

在北京英特莱技术公司(简称英特莱公司)与深圳市蓝盾实业有限公司(简称蓝盾公司)北京分公司(简称蓝盾北京分公司)、北京蓝盾创展门业有限公司(简称蓝盾创展公司)侵害发明专利权纠纷案[①]中,英特莱公司主张被告蓝盾北京分公司与蓝盾创展公司侵犯其"防火隔热卷帘用耐火纤维复合卷帘及其应用"发明专利权,两被告认可被诉侵权防火卷帘产品已经落入英特莱公司涉案专利权保护范围,但主张蓝盾公司在涉案专利申请日前已经制造了相同产品,并仅在原有范围内继续制造,据此提出蓝盾公司享有先用权,不构成侵权。英特莱公司不服北京高级人民法院二审判决,向最高人民法院申请再审。

最高人民法院认为,根据《中华人民共和国专利法》第六十九条,《最高人民法院关于审理侵犯专利权纠纷案件应用法律若干问题的解释》第十五条规定,判断先用权抗辩是否成立应当考察以下四个条件:先用权人是否在专利申请日前已经制造出相关产品、相关产品是否属于相同产品、先用技术是否系先用权人自行研发或以其他合法手段获得、先用权人是否在原有范围内继续制造。最高法院据此对本案先用权抗辩是否成立进行了如下分析和认定。①本案中,广东省公安厅消防局于2014年1月10日出具"关于北京市第二中级人民法院调查函的答复",对一审法院提出的两次封样过程是否针对同一样品的调查问题进行了意见回复,确认广东省公安厅消防局于1999年12月30日和2001年2月19日两次出具的《消防产品检测委托书》中记载的"无机复合布质防火卷帘"产品样品之间具有同一性。涉案专利申请日为2000年4月28日,被诉侵权的防火卷帘产品的生产时间早于涉案专利申请日,故可以认定蓝盾公司在涉案专利申请日之前已经制造出了相关的防火卷帘产品。②一、二审法院经查证认定蓝盾公司提交给国家固定灭火系统检验中心检验的防火卷帘产品帘面与涉案专利属于相同产品具有事实依据。③蓝盾北京分公司和蓝盾创展公司提供了蓝盾公司研发与涉案专利相同的防火卷帘产品的设计可行性报告、计划书、任务书、研制报告书、设计总结、相关研发后会议纪要和技术人员的证人证言,以及案外人

---

① 中华人民共和国最高人民法院(2015)民申字第1255号民事裁定书,https://wenshu.court.gov.cn/website/wenshu/181107ANFZ0BXSK4/index.html?docId=998e442495ce419cb49eaa010114ba9c

提供的研发产品原材料的证明,可以证明被诉侵权产品系蓝盾公司自行研发。蓝盾公司在涉案专利申请日前为实施涉案专利做好了制造的必要准备。④相关资产明细表、制造、安装合同等证据可证明蓝盾公司在涉案专利申请日前生产钢质防火卷帘门时已经具备一定的生产规模和生产能力。蓝盾公司在1999年前制造防火卷帘和钢质、木质门窗产品的产值较高,用工人员较多,产品销售区域较广。在1999年城乡建设环境保护部(现住房和城乡建设部)出台新的防火规范促使各企业研发新产品的大背景下,新型的布质防火卷帘将替代传统的钢质防火卷帘成为防火卷帘产品的主要样态,在相关产品通过检验后,蓝盾公司利用已有的缝纫机、切割机等设备和人力投入制造涉案布质防火卷帘,符合市场生产规律。法院认定蓝盾公司制造涉案被诉侵权产品是在原有范围内继续制造具有事实和法律依据。⑤主张先用权的主体资格问题。本案中,制造商享有先用权,但制造商并非本案被告,提出抗辩的是制造商的交易对象、被诉侵权产品的销售商,在销售商提出合法来源,并就其提交的证据审查后能够认定制造商先用权成立的情况下,如果简单地要求追加制造商为当事人或者驳回销售商的抗辩,一方面会增加当事人诉累,另一方面也与享有先用权的制造商生产的产品可以合法流通相违背。本案中,被诉的侵权产品销售商可以主张制造商享有先用权。基于上述事实和理由,最高人民法院认定本案蓝盾北京分公司与蓝盾创展公司主张的先用权抗辩成立,北京英特莱公司的侵权主张不予支持。裁定驳回北京英特莱公司的再审申请。

案例 9-3 刘鸿彬诉京联发公司等实用新型专利侵权案

在刘鸿彬诉北京京联发数控科技有限公司(简称京联发公司)、天威四川硅业有限责任公司(简称天威公司)侵害实用新型专利权纠纷案①中,刘鸿彬诉称京联发公司等生产、销售的产品侵犯其专利权。京联发公司辩称,实用新型专利权自公告之日起生效,其生产、销售与专利申请相同的产品的行为发生在本案专利授权公告日前,不构成侵权。四川省高级人民法院判决,京联发公司向天威公司销售被诉侵权产品的行为不构成侵权,天威公司通过合法途径购买并使用被诉侵权产品的行为亦不构成侵权,刘鸿彬不服该判决,向最高人民法院申请再审。

最高人民法院审理认为,销售行为的认定,一般应当以销售合同成立为标准。本案中,天威公司与京联发公司之间的《购销合同》签订于2009年4月10日,专利法意义上的销售行为在该日已经实施,早于本案专利授权公告日(2009年10月21日)。根据专利法第十一条的规定,实用新型专利被授予后,专利权人才能取得制止他人未经许可实施其专利的权利,即他人不得为生产经营目的制造、使用、许诺销售、销售、进口实用新型专利权人的专利产品。同时,根据专利法第四十条的规定,实用新型专利权和外观设计专利权自公告之日起生效。由此可见,专利权人对于他人在实用新型专利授权公告日前实施该专利的行为,并不享有请求他人停止实施的权利。他人在实用新型专利授权公告日前实施该发明,包括制造、使用、销售、许诺销售和进口实用新型专利产品,并不为专利法所禁止,

---

① 最高人民法院(2015)民申字第1070号民事裁定书,https://wenshu.court.gov.cn/website/wenshu/181107ANFZ0BXSK4/index.html?docId=e83c6c57b88b4d79a4be53e13a5f162a。

相关实用新型专利产品不构成侵权产品。在此情况下，对于实用新型专利授权公告日前已经售出的产品的后续行为，包括使用、许诺销售和销售，也应得到允许。如果实用新型专利权人在授权公告日后可以禁止该专利授权公告日前已经售出的产品的后续行为，则相当于实用新型专利权的效力可以在授权公告日后延伸到授权公告日前的合法行为，不适当地扩大了专利法授予实用新型专利权人的权利范围，损害了社会公众应有的利益。本案中，京联发公司销售被诉侵权产品的行为在本案专利授权公告日前已经完成，该行为不为专利法所禁止。在此情况下，天威公司使用所购买的被诉侵权产品的行为也应得到允许。因此，天威公司后续的使用行为不侵犯本案实用新型专利权。刘鸿彬关于天威公司在本案专利授权公告日之后继续使用侵权产品的行为构成侵权行为的主张不能成立，不予支持。驳回刘鸿彬的再审申请。

二、商标侵权认定

(一)商标专用权的保护范围

《中华人民共和国商标法》第五十六条规定，注册商标的专用权，以核准注册的商标和核定使用的商品为限。这是对注册商标的使用范围进行了限定。如果注册商标权人实际使用的商标与核准注册的商标不一致，该实际使用的商标为未注册商标，如果商标权人在该未注册商标旁加注注册商标标志的，则构成对注册商标的改变，属于违反商标法规定的行为。如果注册商标权人将注册商标使用在未核定使用的商品上，并加注注册商标标志的，同样属于违法使用注册商标的行为。只有以核准注册的商标在核定使用的商品上使用才可以享有商标专用权的保护。

根据《中华人民共和国商标法》的规定，商标专用权的保护范围大于其使用权行使的范围，也就是说注册商标专用权人不仅可以禁止他人在商标权人核定使用的商品类别上使用与商标权人核准注册的标记相同的标记，还可以禁止他人在商标权人核定使用的商品类别上使用与商标权人核准注册的标记相似的标记、在商标权人核定使用的商品相似的类别上使用与商标权人核准注册的标记相同的标记、在商标权人核定使用的商品相似的类别上使用与商标权人核准注册的标记相似的标记。商标保护范围大于使用范围，原因在于防止混淆。商标的功能即区分商品或服务的来源，不同的商标标识指引着商品或服务的不同来源。消费者借助商标标识可以找到其需要的产品或服务，如果允许在相同或类似的商品或服务上使用相同或近似的商标，则会导致消费者发生混淆，同时也破坏了商标的识别功能。只要商标的使用可能导致消费者对商品或服务的来源发生混淆，就构成侵权，而不需要权利人证明发生了实际的混淆。

最高人民法院《关于审理商标民事纠纷案件适用法律若干问题的解释》对于商标相同与近似以及商品与服务类似的判断确立了标准与原则。所谓商标近似，是指被控侵权的商标与原告的注册商标相比较，其文字的字形、读音、含义或者图形的构图及颜色，或者其各要素组合后的整体结构相似，或者其立体形状、颜色组合近似，易使相关公众对商品的来源产生误认或者认为其来源与原告注册商标的商品有特定的联系。认定商标相同或者近似按照以下原则进行：①以相关公众的一般注意力为标准；②既要进行对商标的整体比对，又要进行对商标主要部分的比对，比对应当在比对对象隔离的状态下分别进行；③判断商标是否近似，应当考虑请求保护的注册商标的显著性和知名度。所谓类似商品或服务，是指在功能、用途、生产部门、销售渠道、消费对象等或在服务的目的、内容、方式、对象等方面相同，或者相关公众一般认为其存在特定联系、容易造成混淆的商品或服务。商品与服务类似，是指商品和服务之间存在特定联系，容易使相关公众混淆。认定商品或者服务是否类似，应当以相关公众对商品或者服务的一般认识综合判断；《商标注册用商品和服务国际分类表》《类似商品和服务区分表》可以作为判断类似商品或者服务的参考。

一般来说，商标之间越相似，商品或服务的类别越类似，在先商标的显著性越强、知名度越高，发生混淆的可能性越大。但是并非商标近似，就可以认定侵权，而是要求近似性程度达到足以产生混淆误认或导致相关公众对商标使用人之间的特定关系产生联想，而这又取决于商标的使用情况和知名度。在商标侵权诉讼案件中对于商标是否近似的判断，与商标注册审查中商标是否近似的判断存在着重要的区别。在授权审查程序中判断商标是否近似，主要是对两个商标的文字、符号本身进行对比，判断其发生混淆的可能性。而在商标侵权民事案件的司法程序中认定商标是否近似，则更加注重根据案件事实判断是否存在混淆、误导公众的现实可能性（殷少平，2011）。

(二) 侵犯商标专用权的行为类型

具体而言，根据《中华人民共和国商标法》第五十七条规定，以下行为属于侵犯注册商标专用权的行为。①未经商标注册人的许可，在同一种商品上使用与其注册商标相同的商标。所谓商标相同，是指被控侵权的商标与原告的注册商标相比较，二者在视觉上基本无差别。通常认为，在同种商品上使用相同商标，必然会发生混淆，因此商标法未将"混淆"作为确认该行为构成侵权的条件。②未经商标注册人的许可，在同一种商品上使用与其注册商标近似的商标，或者在类似商品上使用与其注册商标相同或者近似的商标，容易导致混淆的。这是混淆理论在我国立法中的明确体现。在同一种商品或者类似商品上将与他人注册商标相同或者近似的标志作为商品名称或者商品装潢使用，误导公众的，根据商标法实施条例的规定，也属于此类侵权行为。③销售侵犯注册商标专用权的商品。销售环节是实现侵权利润的重要的环节，因此这种行为是严重的商标侵权行为。④伪造、擅自制造他人注册商标标识或者销售伪造、擅自制造的注册商标标识。未经商标权人许可，制造其标识或用于自行生产假冒商品，或销售该标识，为他人侵犯商标权提供条件，该行为属于间接侵权。⑤未经商标注册人同意，更换其注册商标并将该更换商标的商品又投入市场。该行为不同于一般的侵犯商标权行为，并不是将他人商标用来标识自己的产品或服务，而是将他人商品上的商标去除，采用其他商标标识该商品，这种行为被称为"反向假冒"，对于其是否属于侵犯商标权的行为，学界的争议很大。⑥故意为侵犯他人商标专用权行为提供便利条件，帮助他人实施侵犯商标专用权行为的。为侵犯他人商标专用权提供仓储、运输、邮寄、印制、隐匿、经营场所、网络商品交易平台等，属于该项规定的提供便利条件。这种行为属于间接侵权，只有当行为人明知他人正在或者准备实施侵犯他人商标专用权的行为，仍然为其提供帮助的，才构成侵权。⑦给他人的注册商标专用权造成其他损害的。

根据最高人民法院《关于审理商标民事纠纷案件适用法律若干问题的解释》的规定，该项所指侵权包括如下几种情形。①将与他人注册商标相同或者相近似的文字作为企业的字号在相同或者类似商品上突出使用，容易使相关公众产生误认的。②复制、摹仿、翻译他人注册的驰名商标或其主要部分在不相同或者不相类似商品上作为商标使用，误导公众，致使该驰名商标注册人的利益可能受到损害的。驰名商标由于其较普通商标具有更高的知名度，更为卓著的信誉，也更容易成为他人不法利用的对象。因此，商标法为驰名商标提供了高于普通商标的特别保护，对于已注册的驰名商标则提供跨类保护。③将与他人注册商标相同或者相近似的文字注册为域名，并且通过该域名进行相关商品交易的电子商务，容易使相关公众产生误认的。

案例 9-4 三一重工诉永和重工商标侵权与不正当竞争案

在三一重工股份有限公司(简称三一重工)诉马鞍山市永合重工科技有限公司(原名马鞍山市三一重工机械制造有限公司，简称永和重工)侵犯商标权及不正当竞争纠纷案[①]中，原告三一重工系第1550869号"三一"商标(核定使用商品为第7类，包括压路机、挖掘机等)、第6131503号"三一"商标(核定使用商品为第7类，包括地质勘探、采矿选矿用机器设备、采煤机、机床等商品)的商标注册人，原告在其产品、厂房、办公楼、服务车辆、企业标语中广泛使用"三一"商标。原告生产的产品销售范围覆盖全国多个省份和地区，并广泛投放广告对其产品及"三一"品牌进行宣传。经过多年发展，原告获得多项荣誉。被告在其商标铭牌上分别标有"三一机床"、产品名称、型号、厂家名称等信息。在其厂房外墙上使用"三一重工"文字，并在其户外广告牌、网站宣传、门店招牌中使用"三一机床"文字。原告主张被告在第6131503号商标被核准注册前亦实施了侵犯第1550869号注册商标专用权的行为。同时，原告指控被告在其企业名称中使用"三一"的行为构成不正当竞争。 一审法院认定商标侵权与不正当竞争成立，被告不服提起上诉。

二审法院审理认为：被上诉人三一重工公司依法享有涉案第1550869号、第6131503号"三一"注册商标专用权，其合法权利应受法律保护。第1550869号"三一"注册商标由被上诉人三一重工在企业名称、产品、对外宣传、企业设施及股票名称中持续使用，被上诉人提供的证据足以证明该商标已为相关公众广为知晓，符合《中华人民共和国商标法》第十四条关于驰名商标的认定条件。且本案由于被诉侵权商品与涉案第1550869号"三一"注册商标核准使用的商品不相同亦不相似，被上诉人三一重工主张对涉案第1550869号"三一"注册商标给予驰名商标的跨类保护，亦主张上诉人在其企业名称中使用涉案第1550869号"三一"驰名商标的行为构成不正当竞争，因此，本案有必要对涉案第1550869号"三一"注册商标是否驰名作出司法认定。

本案中，被诉侵权商品为上诉人生产的机床类商品，与涉案第1550869号"三一"注册商标核准使用的起重机、挖掘机等商品不相同亦不相似，上诉人在其机床产品和对外宣传的醒目位置突出标注"三一机床""三一重工"标识，对一般公众而言，该标识实际上

[①] 湖南省高级人民法院(2012)湘高法民三终字第61号民事判决书，http://pkulaw.cn/case/payz_1970324840170931.html?match=Exact。

起到了识别商品来源的作用，属于商标化使用行为。以上诉人在被诉侵权商品上使用的"三一机床""三一重工"标识与涉案第1550869号"三一"驰名商标比对，"三一机床""三一重工"标识完整包含了涉案第1550869号"三一"驰名商标，二者构成商标法意义上的相同，易对相关公众产生误导，使相关公众误认为上诉人的商品来源于被上诉人处，损害了被上诉人作为第1550869号"三一"驰名商标注册人的合法权益，侵犯了被上诉人三一重工的注册商标专用权。同时，上诉人未经被上诉人的许可，在其机床产品和对外宣传的醒目位置突出标注完整包含涉案第6131503号"三一"注册商标的"三一机床""三一重工"标识，属于在同一种商品上使用与他人注册商标相同的商标的行为，侵害了被上诉人第6131503号"三一"注册商标专用权。

被上诉人于1994年11月22日成立，虽然其企业名称数次变更，但"三一"一直是其企业名称中最为显著和核心的部分，构成被上诉人的企业字号，该字号经被上诉人的持续使用及广泛宣传，具有较高的知名度，可以认定为《中华人民共和国反不正当竞争法》第五条第一款(三)项规定的"企业名称"，依法受法律保护。上诉人未经被上诉人许可，在企业名称中冠以"三一"文字，该文字与被上诉人的企业名称相同，与被上诉人所持有的1550869号"三一"驰名商标亦相同，虽然二者分属经营不同商品的企业，但上诉人的行为明显故意攀附被上诉人的知名度及市场影响力，有可能使相关公众产生误认和混淆，对被上诉人的企业名称和商标功能产生实际损害，属于擅自使用他人的企业名称损害竞争对手的不正当竞争行为，并同时属于违反诚实信用原则，将他人的驰名商标作为企业字号使用的不正当竞争行为。判决：驳回上诉，维持原判。

(三) 不构成侵犯商标权的行为

商标的功能是区分和识别商品来源的，商标权只是在于阻止他人利用商标标识混淆商品来源。如果其他人并非为了标识商品来源，而是为了告知公众关于其商品或服务的相关信息，使用了与注册商标相同或近似的标记，该使用并非商标意义上的使用，也不会造成消费者混淆误认，不构成侵犯商标权。《中华人民共和国商标法》第五十九条规定，注册商标中含有的本商品的通用名称、图形、型号，或者直接表示商品的质量、主要原料、功能、用途、重量、数量及其他特点，或者含有的地名，注册商标专用权人无权禁止他人正当使用。也就是说，如果为了提供商品或服务的质量、原料、功能等基本信息而善意地使用的文字或图形包含了商标权人的商标，不构成侵犯商标权。例如有人在纸巾类产品上注册了"薰衣草"商标，其他纸巾生产商为描述其纸巾产品的香型，使用了"薰衣草"文字，该使用行为即是为了表明产品的某种特点，并非表示产品来源，该行为不构成侵犯商标权。有汽车修理厂在其门店使用"专修奥迪""专修奔驰"标记，尽管其未经"奥迪""奔驰"商标权人同意，使用了其商标，但该使用行为，只是为了告知消费者其提供修理服务的内容和特点，不是为了表明商品的来源，该行为也不会导致消费者产生混淆误认，属于正当使用。

2. 在先使用者在原有范围内继续使用其商标

《中华人民共和国商标法》第五十九条第三款规定，商标注册人申请商标注册前，他人已经在同一种商品或者类似商品上先于商标注册人使用与注册商标相同或者近似并有一定影响的商标的,注册商标专用权人无权禁止该使用人在原使用范围内继续使用该商标,但可以要求其附加适当区别标识。我国商标法实行先申请原则,先行申请商标注册的,获得商标专用权,他人未经商标权人许可,不得在相同或类似的产品或服务上,使用与其注册商标相同或相似的标识。如果有人在商标注册人申请商标注册之前,就已经使用了相同或近似标识,并且在一定范围内为消费者熟知,为商标累积了信誉,如果因商标注册行为,禁止该在先使用人对标记的使用,则侵犯了该在先使用人的合法权益,并会对相关消费者辨识与购买在先使用人的商品或服务造成不利影响。

3. 商标权用尽

商标权用尽,又称商标权穷竭,它是指商标权人或者其被许可人将附载商标的商品投入市场销售后,其他任何人进一步使用或者销售该商品,不受商标权人的控制。换言之,当附载商标的商品进入市场流通后,商标权人对该商品商标权意义上的控制权即告穷竭,商标权人不能禁止该商品在市场上进一步流通,也不能禁止其他任何人使用该商品。因为,商标权人在附载其商标的商品首次销售时,已经实现了他的利益,如果允许其继续控制该商品,将限制商品的自由流动和贸易,产生不公平的后果。各国对于商标权的国内穷竭,基本都予以认可。但是商标权是否可以在国际范围内穷竭,即是否允许平行进口,各国态度不一。平行进口是指在国际贸易中,当商标权获得两个或两个以上的国家的保护时,未经进口国商标权人或其授权的人的许可,第三人进口并销售载有注册商标标识的商品的行为。如果承认商标权国际范围内穷竭,则允许平行进口。商标权人无权禁止真品的进口,未经一国商标权人同意,将载有其商标的商品,进口至该国,不构成侵权。不承认商标权在国际范围内穷竭的观点,是以商标权的地域性理论和商标信誉独立理论为依据,认为商标权人有权禁止任何人未经其许可进口载有其商标的商品。平行进口有利于消费者购买到价格更为优惠的商品,但对商标权人的利益会造成不利影响。平行进口不仅仅是法律问题,采取何种做法,取决于该国立法者的政策考量。

4. 标记的使用不会使相关公众混淆

判断商标侵权是否成立,往往是对商品之间的类似程度以及商标之间的近似程度进行判断,如果类似程度与近似程度达到足以使相关公众产生混淆则构成侵权。因此商标侵权抗辩可以以所使用标记与商标权人注册商标不构成近似,不会引起消费者混淆为理由。一些情况下,由于商品价值较高,消费者施加的注意力高于普通商品,即便商品类似或相同,商标也近似,因不会引起消费者混淆误认,也不认为构成侵权。例如,韩国现代汽车的图形商标与日本本田汽车的图形商标虽然近似,但并不会误导消费者,发生混淆,因此并不存在商标侵权问题。

案例 9-5 莱斯公司诉亚环公司涉外定牌加工侵犯商标权纠纷案

在浦江亚环锁业有限公司(简称亚环公司)与莱斯防盗产品国际有限公司(简称莱斯公

司)侵害商标权纠纷案①中,许浩荣于2003年5月21日获准注册了第3071808号"pretul及椭圆图形"商标,核定使用商品为第6类的家具用金属附件、五金锁具、挂锁、金属锁(非电)等。2010年3月27日,商标局核准该商标转让给莱斯公司。储伯公司系设立于墨西哥的一家公司。该公司在墨西哥等多个国家和地区在第6类、第8类等类别上注册了"pretul"或"pretul及椭圆图形"商标。2010年8月10日,亚环公司与储伯公司签订售货确认书,约定亚环公司供给储伯公司挂锁。2011年3月24日,储伯公司出具一份商标授权申明,称该公司系墨西哥注册商标"pretul"的合法所有人,该公司申明亚环公司生产的标有"pretul"商标的所有型号的挂锁均是根据该公司的授权而生产,并全部出口墨西哥。莱斯公司申请海关查扣了亚环公司生产并出口墨西哥的挂锁,向法院起诉称亚环公司行为侵犯其商标权。一、二审法院均认为:亚环公司在其加工的挂锁及包装盒上标注的"pretul及椭圆图形"商标,是商标意义上的使用行为,亚环公司未经莱斯公司许可,在同类商品上使用与莱斯公司享有的注册商标相同或相似的商标构成对莱斯公司商标专用权的侵犯,应承担停止侵权及赔偿损失的民事责任。亚环公司向最高人民法院申请再审。

最高人民法院认为,根据原审法院查明的事实,储伯公司系墨西哥"pretul"或"pretul及椭圆图形"注册商标权利人(第6类、第8类)。亚环公司受储伯公司委托,按照其要求生产挂锁,在挂锁上使用"pretul"相关标识并全部出口至墨西哥,该批挂锁并不在中国市场上销售,也就是该标识不会在我国领域内发挥商标的识别功能,不具有使我国的相关公众将贴附该标志的商品,与莱斯公司生产的商品的来源产生混淆和误认的可性能。商标作为区分商品或者服务来源的标识,其基本功能在于商标的识别性,亚环公司依据储伯公司的授权,上述使用相关"pretul"标志的行为,在中国境内仅属物理贴附行为,为储伯公司在其享有商标专用权的墨西哥国使用其商标提供了必要的技术性条件,在中国境内并不具有识别商品来源的功能。因此,亚环公司在委托加工产品上贴附的标志,既不具有区分所加工商品来源的意义,也不能实现识别该商品来源的功能,故其所贴附的标志不具有商标的属性,在产品上贴附标志的行为亦不能被认定为商标意义上的使用行为。

商标法保护商标的基本功能,是保护其识别性。判断在相同商品上使用相同的商标,或者判断在相同商品上使用近似的商标,或者判断在类似商品上使用相同或者近似的商标是否容易导致混淆,要以商标发挥或者可能发挥的识别功能为前提。也就是说是否破坏商标的识别功能,是判断是否构成侵害商标权的基础。在商标并不能发挥识别作用,并非商标法意义上的商标使用的情况下,判断是否在相同商品上使用相同的商标,或者判断在相同商品上使用近似的商标,或者判断在类似商品上使用相同或者近似的商标是否容易导致混淆,都不具实际意义。本案中,一、二审法院以是否相同或者近似作为判断是否构成侵犯商标权的要件,忽略了本案诉争行为是否构成商标法意义上的商标使用之前提,适用法律错误,本院予以纠正。

---

① 中华人民共和国最高人民法院(2014)民提字第38号民事判决书,http://www.chinaiprlaw.com/index.php?id=3253。

三、著作权侵权认定

(一)侵犯著作权的行为

根据《中华人民共和国著作权法》的规定,著作权人享有包括发表权、署名权、修改权、保护作品完整权等人身权,以及复制权、发行权、出租权、展览权、表演权、放映权、广播权、信息网络传播权、摄制权、改编权、翻译权、汇编权等财产权。作为邻接权人的表演者享有表明表演者身份、保护表演形象不受歪曲、许可他人利用、传播其表演,并获得报酬等权利。录音录像制作者对其制作的录音录像制品,享有许可他人复制、发行、出租、通过信息网络向公众传播并获得报酬的权利;广播电台、电视台有权许可他人以转播、录制、复制等方式利用其播放的广播、电视。上述著作权人与邻接权人享有的专有权利实际上是法律为其划定了一个特定范围,其他人只有得到其许可才可以在该范围之内行动,否则就会构成侵权。

《中华人民共和国著作权法》对应上述权利,列举了侵犯著作权的侵权行为。①未经著作权人许可,发表其作品。这是侵犯著作权人发表权的行为。发表权是将作品公之于众的权利,如果某作家创作了一部小说,尚不满意,还在修改完善中,其朋友未经其同意,将该小说发布在互联网上,这种行为就构成对作家发表权的侵犯。②未经合作作者许可,将与他人合作创作的作品当作自己单独创作的作品发表。根据著作权法的规定,合作作品不可以分割使用的,其著作权由各合作作者共同享有,通过协商一致行使。未经协商一致,将合作作品单独署名发表,不仅侵犯合作作者的署名权,还可能侵犯其发表权。③没有参加创作,为谋取个人名利,在他人作品上署名。只有作品的创作者才有权利在其作品上署名,这是特定身份权的体现。没有创作行为,却在他人作品上标注自己为作者,违反诚实信用原则,是侵犯他人署名权的行为。④歪曲、篡改他人作品。作品是作者思想和情感的表达,是其人格利益的体现。破坏他人作品原貌,妨害作者表达自由,并可能损毁作者的声誉。歪曲篡改他人作品,是对作者保护作品完整权的侵犯。⑤剽窃他人作品。剽窃即抄袭,利用他人作品的表达,却不加以注释说明,使人误解作品表达的来源。剽窃实际上是侵犯复制权的行为。⑥未经著作权人许可,以展览、摄制视听作品,或者以改编、翻译、注释等方式使用作品。该项涉及的是侵犯展览权、摄制权、改编权、翻译权、注释权的行为。⑦未经著作权人许可,复制、发行、表演、放映、广播、汇编、通过信息网络向公众传播其作品。该项涉及对复制权、发行权、表演权、放映权、广播权、汇编权、信息网络传播权的侵犯。⑧使用他人作品,应当支付报酬而未支付。这主要是指那些按照著作权法关于"法定许可"的规定,某些使用他人已发表的作品,可以不经著作权人许可,但应当按照规定支付报酬的情况(刘春田,2014)。⑨未经视听作品、计算机软件、录音录像制品的著作权人、表演者或者录音录像制作者许可,出租其作品或者录音录像制品的原件或者复制件。出租权,是有偿地向公众出租作品原件或复制件的权利。著作权法仅仅规定了上述所列三类作品和制品的权利人享有出租权。本项是侵犯出租权的行为。⑩未经出版者许可,使用其出版的图书、期刊的版式设计。我国在邻接权中增加了一类主体,即出版者,对其出版的图书、期刊版面格式的设计享有专有权,未经出版者同意,使用其版式设计的,侵犯了出版者的版式设计权。⑪未经表演者许可，从现场直播或者公开传送其现场表演，或者录制其表演，发行录有其表演的录音录像制品，或者通过信息网络向公众传播其表演。该项是侵犯表演者权的行为。⑫未经录音录像制作者许可，复制、发行、通过信息网络向公众传播其制作的录音录像制品。该项是侵犯录音录像制作者权的行为。⑬未经许可，播放、复制或者通过信息网络向公众传播广播、电视。该项系侵犯广播者权的行为。⑭未经著作权人或者与著作权有关的权利人许可，故意避开或者破坏技术措施，故意制造、进口或者向他人提供主要用于避开、破坏技术措施的装置或者部件的，或者故意为他人避开或者破坏技术措施提供技术服务。随着数字化技术与网络技术的迅猛发展，数字化作品的复制和传播权其容易，数字化作品遭遇侵权的情况日益严重。著作权人开始对其数字化作品采取技术手段以控制他人对其作品的利用。例如，使用加密技术防止他人未经许可接触作品、限制他人使用次数、防止他人进行复制等。虽然这些技术措施发挥了积极的保护著作权的作用，但也常常因遭到破坏，而无法有效保护作品著作权。因此许多国家出台相关法律，将破坏技术措施的行为定性为侵犯著作权的行为。⑮未经著作权人或者与著作权有关的权利人许可，故意删除或者改变作品、版式设计、表演、录音录像制品或者广播、电视上的的权利管理信息，知道或者应当知道作品、版式设计、表演、录音录像制品或者广播、电视上的权利管理信息未经许可被删除或者改变，仍然向公众提供。权利管理信息，是在作品、表演或制品中加入的用于识别作品或制品、作者、表演者、录音录像制品制作者的信息及有关作品、表演或制品使用的条款和条件的信息。删除或改变权利管理信息导致使用者无法了解作品等相关权利人的身份以及使用作品的条件，削弱了权利人对使用者的合理约束。因此，著作权法将破坏权利管理信息的行为定为侵犯著作权。⑯制作、出售假冒他人署名的作品。有观点认为，该种行为应当属于侵犯他人姓名权的行为。

案例 9-6　特普丽公司诉仰欧公司侵犯著作权纠纷案

在北京特普丽装饰装帧材料有限公司(简称特普丽公司)诉上海仰欧建筑装潢材料有限公司(简称仰欧公司)侵犯著作权案[①]中，2001 年 10 月，特普丽公司的员工设计了涉案作品"缠枝藤蔓"并运用到其产品样册《世纪之约》中。2014 年 3 月，特普丽公司在东方家园建材城的店铺公证购买了仰欧公司生产的涉案壁纸。经比对，特普丽公司生产的带有涉案作品"缠枝藤蔓"花型的壁纸与涉案被控侵权商品的图案花型相同，但颜色和底纹不同。特普丽公司认为仰欧公司侵权使用其享有著作权的美术作品生产壁纸，构成侵权。仰欧公司出具了名称为"墙纸(5)"的外观设计专利证书，专利权人为颜佳龙，专利申请日为 2013 年 7 月 31 日，授权公告日为 2014 年 3 月 5 日，该外观设计专利证书所附主视图图案与涉案作品图案花型相同。仰欧公司主张其对涉案壁纸产品的设计稿享有专利权，其涉案产品受到专利法的保护。

法院认为： 外观设计专利证书只能是相关"外观设计专利"享有专利权的初步证据。特普丽公司主张其在涉案外观设计专利申请注册日之前即设计了涉案图案，双方当事人对

---

① 北京知识产权法院（2015）京知民终字第 1918 号民事判决书，https://aiqicha.baidu.com/wenshu?wenshuId=c17cf1275ac8200d8cb7a9617bb3b39966ac42c0。

其外观设计中图形作品的著作权归属，仍需结合所涉及作品的设计情况、使用情况、取得权利的合同等证据加以认定。特普丽公司提交的劳动合同、产品样册、销售合同、发票以及淘宝网网页等证据能够形成完整的证据链，证明特普丽公司在仰欧公司申请涉案外观设计专利图案之前，已经开始公开销售使用有涉案作品图案的壁纸产品。综合考虑特普丽公司的设计情况以及销售情况，以及特普丽公司与仰欧公司属于同行业，仰欧公司有接触到该作品的可能性，可以认定特普丽公司对涉案作品享有在先著作权。仰欧公司未经涉案作品的著作权人许可，将涉案作品作为其壁纸产品的图案进行生产、销售，侵犯了特普丽公司的著作权。据此，法院判决仰欧公司停止侵权、赔偿经济损失及合理费用5.5万元。

著作权与专利权发生权利冲突主要体现为不同主体对相同或近似图案分别主张著作权和外观设计专利权。在著作权侵权案件中，确定双方各自权利的形成时间是认定侵权是否成立的前提。考虑到我国外观设计专利授权审查制度的特点，在著作权与专利权发生冲突时，对于外观设计专利中相关图案著作权的归属，外观设计专利证书只能作为认定著作权权属的初步证据。本案的裁判体现了司法保护在处理权利冲突纠纷时保护在先权利的原则。

(二) 不构成侵犯著作权的行为

1. 合理使用

根据《中华人民共和国著作权法》的规定，著作权人以外的人在某些情况下使用他人已经发表的作品，可以不经著作权人的许可，不向其支付报酬，但应当指明作者的姓名或者名称、作品名称，并且不得影响该作品的正常使用，也不得不合理地损害著作权人的合法权益。法律规定的这种情形在理论上称为合理使用。合理使用制度设置的前提是对著作权的确认和保护，不得不合理地损害著作权人的利益是对合理使用的总的原则性的限制。在此前提之下，给著作权施加一定的限制，给公众一定范围的无偿、自由使用作品的空间，保证信息的获取和享有，为更多的创作奠定良好的基础。合理使用制度协调著作权人、传播者与使用者之间的利益关系，通过均衡保护的途径，促进作品的传播和使用，维护社会公众的利益，最终实现著作权法促进整个社会科学文化事业繁荣的立法宗旨。

《中华人民共和国著作权法》第二十四条第一款列举了十二种合理使用的情形：①为个人学习、研究或者欣赏，使用他人已经发表的作品；②为介绍、评论某一作品或者说明某一问题，在作品中适当引用他人已经发表的作品；③为报道新闻，在报纸、期刊、广播电台、电视台等媒体中不可避免地再现或者引用已经发表的作品；④报纸、期刊、广播电台、电视台等媒体刊登或者播放其他报纸、期刊、广播电台、电视台等媒体已经发表的关于政治、经济、宗教问题的时事性文章，但著作权人声明不许刊登、播放的除外；⑤报纸、期刊、广播电台、电视台等媒体刊登或者播放在公众集会上发表的讲话，但作者声明不许刊登、播放的除外；⑥为学校课堂教学或者科学研究，翻译、改编、汇编、播放或者少量复制已经发表的作品，供教学或者科研人员使用，但不得出版发行；⑦国家机关为执行公务在合理范围内使用已经发表的作品；⑧图书馆、档案馆、纪念馆、博物馆、美术馆、文化馆等为陈列或者保存版本的需要，复制本馆收藏的作品；⑨免费表演已经发表的作品，该表演未向公众收取费用，也未向表演者支付报酬，且不以营利为目的；⑩对设置或者陈列在公共场所的艺术作品进行临摹、绘画、摄影、录像；⑪将中国公民、法人或者非法人组织已经发表的以国家通用语言文字创作的作品翻译成少数民族语言文字作品在国内出版发行；⑫以阅读障碍者能够感知的无障碍方式向其提供已经发表的作品。前款规定适用于对著作权有关的权利的限制。

《中华人民共和国著作权法》第三次修改之前，曾采用完全列举上述十二种情形的方式确定合理使用的范围。然而，现实中合理使用的具体情形总是千变万化的，将合理使用局限于法律确定的十二种情形中，不可避免地会遗漏应当作为合理使用处理的情况。随着现代信息传播技术和传播手段日新月异的发展，人们获取知识的手段更先进、更方便、更快捷，原本依法合理地使用作品方式，也会变得不合理。原本著作权人不必控制的使用方式，如果不控制可能会使著作权人的利益损失殆尽(刘春田，2014)。著作权合理使用范围是可变的，完全列举合理使用情形的规定，不能适应司法实践的需要。为此，著作权法第三次修改在第二十四条第一款增加一项，作为第十三项："法律、行政法规规定的其他情形"。增设该兜底条款使得对合理使用的认定相对灵活，不再局限于僵化地对应十二种情形，是立法的一个进步。美国《著作权法》最先引入了合理使用的判断规则，即为世界上众多著作权学者所称道的四条标准。其第一百零七条规定，确定某一使用他人作品的活动是否为合理使用，应考虑以下因素：①有关使用的性质与目的，包括这种使用是否有商业性质或者是为了非营利的教育目的；②被使用的版权作品的性质；③与整个有版权作品相比被使用部分的数量及内容的实质性；④使用行为对被使用的版权作品的潜在市场需求或价值所产生的影响。该规定为界定合理使用还是侵权使用确立了统一的原则和明确的方法。我们也可以借鉴美国的这种做法，将对合理使用的判断标准引入我国法律中，与列举的具体情形结合起来，进一步完善我国的合理使用制度。

2. 法定许可使用

法定许可使用是指依照著作权法规定，行为人以某些方式使用他人已发表的作品，可不必征得著作权人的同意，但应向其支付使用费，并尊重著作权人其他人身权利、财产权利的制度。法定许可使用具体包括以下方面。①凡是著作权人向报社、期刊社投稿的，作品刊登后，除著作权人声明不得转载、摘编的以外，其他报刊可以转载或者作为文摘、资料刊登，但应当按照规定向著作权人支付报酬。②录音制作者使用他人已经合法录制为录音制品的音乐作品制作录音制品，可以不必征得著作权人许可，但应当按照规定向其支付报酬；著作权人声明不许使用的不得使用。③广播电台、电视台播放他人已经发表的作品，可以不经著作权人许可，但应当按照规定支付报酬。但这里所涉及的作品，不包括视听作品以及录像制品。④为实施义务教育和国家教育规划而编写出版教科书，可以不经著作权人许可，在教科书中汇编已经发表的作品片段或者短小的文字作品、音乐作品或者单幅的美术作品、摄影作品、图形作品，但应按照规定向著作权人支付报酬，指明作者姓名或者名称、作品名称，并且不得侵犯著作权人依照本法享有的其他权利。

符合上述情形的使用，可以成为对抗侵权指控的抗辩。需要注意的是，法定许可使用与合理使用均不需经权利人许可，但二者的区别在于，合理使用不需支付报酬，但法定许可则必须向权利人支付报酬。因此,在上述各类情形之下使用作品,未征得著作权人同意,不构成侵犯著作权,但是,如果使用作品之后,未支付报酬,则是侵犯著作权的行为。上述法定许可使用的情形,只限于已经发表的作品,对未发表作品未经权利人许可使用,构成侵权。如果著作权人特别声明不许使用的,就被排除在法定许可的范围之外,未经其许可使用,构成侵犯著作权。

3. 所使用的并非著作权法意义上的作品

著作权法所称的作品,是指文学、艺术、科学领域内具有独创性并能以某种有形形式复制的智力成果。作品受著作权法保护要具备两个基本条件。首先,作品必须是能够被他人客观感知的外在表达。美国《著作权法》第一百零二条第二款规定:"对作者的原创作品的著作权保护在任何情形下都决不延伸至任何思想、步骤、方法、系统、操作法、概念、原则或发现,不管在该作品中上述内容以何种形式予以描述、解释、展示或体现。"该规定是著作权法中一个基本原则,即思想/表达二分法的体现。它意味着著作权法只保护作者具有独创性的表达,而对于思想,则不予保护,其宗旨被认为是划定了著作权保护的对象与公有领域之间的界限。其次,作品必须具有独创性,即作品由作者独立完成,不是抄袭而来。作品的完成应当是作者自己的选择、取舍、安排、设计、综合、描述的结果,既不是依已有的形式复制而来,也不是依既定的程式或程序推演而来(刘春田,2014)。因此,仅仅是思想或情感,而不是表达,或表达不具有独创性,则不构成著作权法意义上的作品,对其进行使用,不构成侵犯著作权的行为。

案例 9-7　导视公司诉湖北广播电视台侵犯计算机软件著作权及不正当竞争纠纷案

在北京导视互动网络技术有限公司(简称导视公司)诉被告湖北广播电视台侵犯计算机软件著作权及不正当竞争纠纷案[①]中,原告主张其开发了"TV 摇摇乐"电视新媒体娱乐应用软件并享有著作权,被告开发的"经视摇摇乐"娱乐应用软件运行界面、模式跟原告的软件基本相同,侵犯了原告的计算机软件著作权。一审法院判决侵权不成立,北京导视互动公司提起上诉。

二审法院认为:第一,导视公司在本案中主张权利的基础,是基于"TV 摇摇乐" 计算机软件著作权的保护,其明确表示所主张的功能、界面以及界面中的文字、图标均指的是计算机程序运行后的结果。不同的计算机程序运行可能生成相同的结果,所以《计算机软件保护条例》规定,我国计算机著作权保护的是计算机程序及其有关文档。导视公司主张两被上诉人开发的被控软件复制、抄袭了其"TV 摇摇乐"软件,应提交该软件的计算机程序及文档,并申请将被控侵权软件的计算机程序及有关文档与其权利软件进行比对。但导视公司未提交其权利软件的计算机程序及有关文档,并自认被控侵权软件程序语句及源程序与其享有权利的计算机软件不同,由此产生的不利法律后果应由导视公司承担。第二,导视公司主张的软件运行后实现的手机客户与电视节目之间的互动技术和功能,是开

---

① 湖北省高级人民法院(2015)鄂民三终字第 618 号民事判决书,https://susong.tianyancha.com/508db60f1cb711e6b554008cfae40dc0。

发软件的目的，属于设计、开发软件所用的思想。软件运行后生成的界面只是一些功能按钮的简单排列组合，属于功能操作界面。点开功能按钮弹出的文字、图标仅系操作方法的说明，供人机互动时选择使用，属于计算机操作方法的一部分。导视公司主张整个软件运行后实现与客户之间互动的技术以及由此生成的功能、界面、图标以及文字不属于软件著作权保护范围。第三，两个软件运行后生成的界面图形排列及文字的整体内容并不完全相同，仅存在部分文字和图标相似。导视公司也没有证明存在部分相同或相似的文字和图标具有独创性。这些相同功能选项的文字、图标属于类似手机软件功能描述的有限表达和常用图标，导视公司无权禁止他人在设计类似功能软件用户界面时使用这些有限的表达。综上，导视公司主张被控侵权软件复制抄袭了其享有权利的软件，构成侵权的上诉理由不能成立。

湖北广播电视台依据委托开发合同取得"经视摇摇乐"软件的著作权，其作为软件权利人，对该软件进行宣传、推广，是正当行为，不构成不正当竞争。二审法院判决驳回上诉，维持原判。

四、商业秘密侵权认定

（一）商业秘密的含义与构成要件

商业秘密，从字面来看即商业上的机密或秘密。规范的定义如《中华人民共和国反不正当竞争法》第九条第四款对商业秘密的界定："商业秘密，是指不为公众所知悉、具有商业价值并经权利人采取相应保密措施的技术信息、经营信息等商业信息。"商业秘密属于知识产权法的保护对象，这一点在《与贸易有关的知识产权协议》中进一步明确。该协议第一部分第一条中划出了协议所包含的知识产权的范围，其中第七项是未披露过信息的保护。这里未披露过的信息即指商业秘密。

商业秘密的范围包括但不限于：设计图纸（含草图）、试验结果和试验记录、产品配方、制作工艺、制作方法、样品、数据、计算机程序、管理诀窍、客户名单、货源情报、产销策略、招投标中的标底及标书内容等信息。商业秘密主要针对两类信息，即技术信息和经营信息。技术信息可以是有特定的完整的技术内容，构成一项产品、工艺、材料及其改进的技术方案，也可以是某一产品、工艺、材料等技术或产品中的部分技术要素。经营信息指经营管理中的包括财务、投资、采购、销售、人事、组织等各类信息。客户名单是其中一项重要内容，通常是指客户的名称、地址、联系方式以及交易的习惯、意向、内容等构成的区别于相关公知信息的特殊客户信息，包括汇集众多客户的客户名册，以及保持长期稳定交易关系的特定客户。

只有符合一定条件的信息才构成法律所保护的商业秘密。商业秘密的构成要件有三，即秘密性、价值性、保密性。

（1）秘密性。秘密性，即不为公众所知悉，是指有关信息不为其所属领域的相关人员普遍知悉和容易获得。某信息不为公众所知悉，但可能为权利人以外一定范围的人所知悉。只要是相对于非特定的多数人，它仍处于秘密状态即可。法律只要求某一特定的商业秘密与业已存在的公开信息不同，并不要求该商业秘密是独一无二的，也不要求这种商业秘密是近期开发的信息。因此,某些技术即便已经具有很长的生产历史,比如,我国传统的宣纸生产技术、景泰蓝生产技术,只要迄今为止此类技术不属于公知知识范畴,那么这类传统技术就仍然具有新颖性,具备商业秘密的条件,受法律保护(王春燕,1996)。根据我国《最高人民法院关于审理不正当竞争民事案件应用法律若干问题的解释》第九条的规定,具有下列情形之一的,可以认定有关信息为公众所知悉:①该信息为其所属技术或者经济领域的人的一般常识或者行业惯例;②该信息仅涉及产品的尺寸、结构、材料、部件的简单组合等内容,进入市场后相关公众通过观察产品即可直接获得;③该信息已经在公开出版物或者其他媒体上公开披露;④该信息已通过公开的报告会、展览等方式公开;⑤该信息从其他公开渠道可以获得;⑥该信息无须付出一定的代价而容易获得。

(2)价值性。价值性,也称商业价值性,是指有关信息具有现实的或者潜在的商业价值,能为其所有人带来经济优势或竞争优势。如果一项秘密与商业活动无关,不能在商业活动中运用,则不属于商业秘密,如军事秘密、政党竞选策略、宗教教义等。某种信息仅具有精神价值或社会价值等其他非商业价值,也不能构成商业秘密。构成商业秘密的信息不是抽象的概念、原理,而应是一种具体的方案或信息,持有人应能说明详细内容和划定明确界限,可以将之付诸实践。尚处于概念、原理阶段的设想因其不具有实用性而不受法律的保护。消极信息是不能直接运用于产业活动但能给信息持有人带来竞争优势的信息,如经研发被证实不宜采用的技术方案,该信息虽对其拥有者不能产生直接效用,但若被竞争者获知,则可从中得到借鉴,避免重蹈覆辙,防止人、财、物的无谓浪费,缩短研发时间,强化竞争优势。在此意义上,消极信息也可构成商业秘密(吴汉东,2007)。

(3)保密性。某种信息能否成为法律所保护的商业秘密,不仅要求信息的所有人主观上将该信息视为秘密,还要求其客观上采取适当的保密措施以维持信息的秘密性,这是商业秘密构成中的核心要件。保密措施包括技术手段和制度手段,前者如设置保险柜、进行电脑复制与打印监控等;后者如订立保密协议、建立保密制度等(刘春田,2007)。这里所说的保密措施,是指所有人依据具体情势而采取的合理的措施,而非过分的或极端的措施。只要所采取的保密措施与具体的技术信息与经营信息的商业价值等具体情况相适应,足以防备可以预见的泄漏,就应该认为是合理的。对于保密措施并不要求达到万无一失的程度。根据《最高人民法院关于审理不正当竞争民事案件应用法律若干问题的解释》第十一条的规定,人民法院应当根据所涉信息载体的特性、权利人保密的意愿、保密措施的可识别程度、他人通过正当方式获得的难易程度等因素,认定权利人是否采取了保密措施。具有下列情形之一,在正常情况下足以防止涉密信息泄漏的,应当认定权利人采取了保密措施:①限定涉密信息的知悉范围,只对必须知悉的相关人员告知其内容;②对于涉密信息载体采取加锁等防范措施;③在涉密信息的载体上标有保密标志;④对于涉密信息采用密码或者代码等;⑤签订保密协议;⑥对于涉密的机器、厂房、车间等场所限制来访者或者提出保密要求;⑦确保信息秘密的其他合理措施。

(二)侵害商业秘密的行为

(1)以盗窃、贿赂、欺诈、胁迫、电子侵入或者其他不正当手段获取权利人的商业秘密的行为。盗窃是直接获取方式,如窃取载有商业秘密的原件或复制件属于盗窃行为;贿赂、欺诈、胁迫等是间接获取方式，即诱使或迫使知悉商业秘密者泄漏秘密；电子侵入是指未获授权或超出授权，在网络上突破权利人防火墙，非法进入其计算机信息系统并窃取商业秘密；其他不正当方法包括雇佣商业间谍刺探、暗中安装监控设备等立法难以穷尽的手段(刘春田 2007)。判断是否属于"不正当手段"，应以公认的商业道德和合乎常理的行为方式为标准，凡以违反商业道德、超越合理界限的方法获取商业秘密的，均构成侵权。

(2)披露、使用或者允许他人使用以前项手段获取的权利人的商业秘密。这种侵权行为建立在不正当获取商业秘密的基础上，往往是不正当获取行为的目的行为，使用或允许他人使用一般以非法谋利为目的，不排除特殊情形下的泄愤报复。行为人的主观动机并不影响侵权性质的认定，只要对不正当获取的商业秘密向他人披露、自己使用或者允许他人使用，均为侵权行为。

(3)违反保密义务或者违反权利人有关保守商业秘密的要求，披露、使用或者允许他人使用其所掌握的商业秘密。这种情况与上述两种情况的主要区别在于，商业秘密的获取本身是合法的，属于违反信任关系的披露或使用。例如，与权利人有业务关系的单位或个人违反合同约定或者违反权利人保守商业秘密的要求，披露、使用或者允许他人使用其所掌握的权利人的商业秘密；权利人的职工违反合同约定或者违反权利人保守商业秘密的要求，披露、使用或者允许他人使用其所掌握的权利人的商业秘密。

(4)教唆、引诱、帮助他人违反保密义务或者违反权利人有关保守商业秘密的要求，获取、披露、使用或者允许他人使用权利人的商业秘密，即行为人积极促成、唆使他人、引诱、帮助他人违反与权利人或其他利害关系人的保密协议、违反权利人有关保守商业秘密的制度或要求、获取、披露、使用权利人的商业秘密。

(5)第三人明知或者应知商业秘密权利人的员工、前员工或者其他单位、个人实施上列违法行为，仍获取、披露、使用或者允许他人使用该商业秘密的，视为侵犯商业秘密。即第三人的恶意获取和使用构成侵犯商业秘密。构成第三人侵权有两个要件：主观要件即第三人对他人的违法行为"明知或应知"；客观要件是第三人自己客观上实施了违法行为，获取、使用或者披露他人的商业秘密(张玉瑞，2000)。

(三) 不构成侵犯商业秘密的行为

面临侵犯商业秘密的指控，被指控人如果认为权利人主张的商业秘密不能成立，或者自己使用或披露的信息与权利人主张的商业秘密不相同、或者自己是从合法的来源或渠道获得商业秘密的，则应提交相关证据证明侵权不成立。具体来讲，可以从以下方面进行抗辩。

(1)某信息不构成商业秘密。权利人主张其商业秘密遭受侵害，前提是存在法律认可的商业秘密，即某信息符合不为公众所知悉、具有商业价值并经权利人采取相应保密措施等商业秘密构成要件。如果某信息不构成商业秘密，则不存在侵犯商业秘密的行为。针对侵权指控，被控侵权人可以从某信息从公开渠道容易获得，或者该信息没有商业价值、权利人没有采取合理的保密措施等方面主张不存在商业秘密，从而使侵权指控失去存在基础。

(2)所使用或披露信息与权利人商业秘密不相同。商业秘密权利人提出侵权指控，必须举证证明侵权人使用的信息与权利人的商业秘密一致。因此,被控侵权人可以以自己使用或披露的技术信息或经营信息与权利人的商业秘密实质上并不相同为由进行抗辩,主张不构成侵犯商业秘密。

(3) 独立开发。独立开发是一种通过自己的创造性智力劳动获得与他人商业秘密相同信息的行为,是经营者诚实劳动、合法竞争的重要形式。独立开发出与商业秘密相同的信息后,如果开发者采取保密措施,也可成为商业秘密权利人。商业秘密没有如同专利一般的专有性和排他性。专利只授予最先提出申请的人,其他人即便自行开发研制出相同的技术方案,也不得继续使用该项技术。商业秘密持有人只能禁止他人以不正当手段取得自己的秘密,而不得排斥其他人通过独立开发研制拥有同样的技术。例如,甲、乙两人各自独立开发并拥有一项相同的技术秘密,一方面,甲、乙两人均不能排除对方使用该项技术秘密;另一方面,如果任何一人放弃该技术秘密,或者将其中的技术秘密申请专利,则有关信息即处于公开状态,技术秘密不复存在。在这种情形下,另一人不能向公开信息方主张任何权利(王春燕,1996)。

(4) 反向工程。反向工程是一种通过对从公开渠道获取的产品进行拆卸、测绘等逆向工程分析,从而探得产品中所包含的技术信息的行为。由反向工程获得技术秘密不构成对权利人商业秘密的侵犯。反向工程必须符合以下条件,才能成为有效的抗辩。①合法取得产品,即用于分析研究的产品必须通过购买、接受赠与、继承等方式合法取得所有权,或通过租赁、保管、承揽等有效合同合法占有产品(吴汉东,2007)。②不违反"黑箱封闭"条款。如果未获得商业秘密附着物所有权,而只是合法占有该物,并且根据与权利人明示或默示的约定不得将该物拆开或分解,则不能通过这种手段获取商业秘密,这就是"黑箱封闭"(张耕,2002)。违反黑箱封闭条款获取商业秘密不仅构成违约,也构成侵犯商业秘密。③参加反向工程的人员不得已经接触并知悉他人商业秘密,也不得曾通过协议约定负有不得进行反向工程的义务,否则该反向工程将被认为违法。④在实施反向工程时,应当对全过程进行详细记载,并保存好相关记录证据,如图纸、照片、资料、分析、试验数据等,用做反向工程的事实证明。否则,在诉讼中,没有证据证明存在反向工程,则反向工程作为合法来源的抗辩就不能成立。

(5) 从其他合法渠道获得商业秘密。通过签订许可合同或转让合同,从其他掌握该商业秘密的权利人处,合法获得商业秘密。

(6) 善意第三人的使用。如果第三人不知道也没有理由会知道所涉信息为他人商业秘密而加以使用或者披露,则因其无过错而不构成《中华人民共和国反不正当竞争法》第十条第二款针对第三人所规定的侵犯商业秘密的行为。

第二节 侵犯知识产权的法律救济

针对知识产权侵权行为,知识产权权利人应当采取措施以使自己的合法权益得到切实的保护。权利的保护方法可以分为两类,即私力救济和公力救济。所谓私力救济,是指当权利遭受侵害时,权利人以自己之力排除侵害、自行实现其权利。所谓公力救济,是指当权利遭受侵害时,权利人请求国家以公权力排除侵害、实现其权利(梁慧星,1996)。依据行使公权力的国家机关不同,公力救济可分为司法救济与行政救济。司法救济是请求国家司法机关判令侵权人承担民事责任或追究其刑事责任的形式对权利人给予的救济,具体可分为民事救济与刑事救济。行政救济是国家行政机关对权利人所给予的救济(张广良,2003)。本节主要讨论侵犯知识产权的公力救济。

一、民事救济

知识产权是私权,作为民事权利,其遭受侵害后的最主要救济方式即民事救济。权利人可以通过向法院提起民事诉讼,要求侵权人承担停止侵权、赔偿损失、消除影响、赔礼道歉的民事责任。此外,为了使权利人得到及时的救济,相关法律还规定了临时救济措施。

(一)赔礼道歉、消除影响

赔礼道歉、消除影响是《中华人民共和国民法典》第一百七十九条第一款规定的民事责任方式。作为民事责任形式的赔礼道歉将道义上的责任上升为法律上的责任,是以国家强制力保障实施的。消除影响是指侵权行为给权利人造成不良影响的,法院判令侵权人承担的以一定方式消除该不良影响的民事责任方式。依通说,赔礼道歉仅适用于知识产权权利人的人身权或精神权利受到侵害的情形,而专利权、著作权则具有人身权与财产权的双重属性,商标权等仅属于财产权。当著作人身权受到损害时,权利人可以要求侵权人承担赔礼道歉的民事责任。根据《中华人民共和国著作权法》第五十二条的规定,侵犯著作权,应当根据情况,承担停止侵害、消除影响、赔礼道歉、赔偿损失等民事责任。而在侵犯专利权、商标权的诉讼中,法院一般不支持权利人要求侵权人承担赔礼道歉的民事责任的请求。而《中华人民共和国专利法》《中华人民共和国商标法》也并未规定赔礼道歉的责任方式。

关于赔礼道歉,可以口头方式进行,如判令被告当庭向原告赔礼道歉,或以书面或者其他形式进行。如果被告已经采取了一定的方式对其侵权行为表示了歉意,则法院在判决中可免除被告的这一责任。当知识产权人的人格权或商业信誉因为侵权行为受到损害,如生产质量低劣的专利产品或假冒他人商标,致使消费者误以为知识产权人的产品不值得信赖,破坏了权利人的商业信誉,则侵权人应当承担消除影响的法律责任。对于消除影响的程度,有一个原则性的限制,即被告在多大范围内造成了不良影响,其便负有在该范围内消除不良影响的责任,而法院判决的消除影响的方式应该能够实现这一点。在实践中,法院多采用公开的方式,如在报刊、网站主页或在电视上刊登或者发布声明的方式来消除影响(张广良,2003)。

(二)停止侵权

知识产权人在起诉他人侵犯知识产权时,通常都会请求法院判令侵权人停止侵权,该请求一般也会得到法院的支持。因为,如果侵权行为继续,将进一步扩大对权利人的损害。停止侵权也是对权利人救济的首要方法。侵权是否成立,是否承担停止侵权的责任与侵权人的主观状态没有关系。根据《中华人民共和国专利法》第七十七条的规定,侵权人如果是为生产经营目的使用、许诺销售或者销售不知道是未经专利权人许可而制造并售出的专利侵权产品,能证明该产品合法来源的,不承担赔偿责任,但并不排除其承担停止侵权的民事责任。

但是,是否只要侵权成立,侵权人就必然承担停止侵权的责任呢?如果侵权产品涉及大型建筑工程,拆除或销毁侵权产品,会造成巨大的经济损失,并影响公共利益,是否还要绝对适用停止侵权?武汉晶源公司案对该问题做了回应。武汉晶源公司系"曝气法海水烟气脱硫方法及一种曝气装置"发明专利的权利人,华阳公司未经其许可使用了该专利,构成侵权。但福建高院认为,由于火力发电厂配备烟气脱硫设施,符合环境保护的基本国策和国家产业政策,且电厂供电情况直接影响地方的经济和民生。为平衡权利人利益及社会公众利益,晶源公司要求华阳公司停止侵权的诉讼请求,不予支持。对此,最高法院认为,烟气脱硫系统已被安装在华阳公司的发电厂并已实际投入运行,若责令其停止行为,则会对当地的社会公众利益产生重大影响,故原审判决在充分考虑权利人利益与社会公众利益的前提下,未支持武汉晶源公司关于责令停止侵权行为的诉讼请求,而是判令华阳公司按实际使用年限向武汉晶源公司支付每台机组每年 24 万元至本案专利权期限届满为止,并无不妥(奚晓明,2011)。该案是我国法院第一个认定专利侵权但是拒绝判令停止侵权的案例,明确了对公共利益造成重大影响是不判令停止侵权的一种情形。

最高人民法院 2009 年发布的《关于当前经济形势下知识产权审判服务大局若干问题的意见》第十五条指出,如果停止有关行为会造成当事人之间的重大利益失衡,或者有悖社会公共利益,或者实际上无法执行,可以根据案件具体情况进行利益衡量,不判决停止行为,而采取更充分的赔偿或者经济补偿等替代性措施了断纠纷。权利人长期放任侵权、怠于维权,在其请求停止侵害时,倘若责令停止有关行为会在当事人之间造成较大的利益不平衡,可以审慎地考虑不再责令停止行为,但不影响依法给予合理的赔偿。根据该《关于当前经济形势下知识产权审判服务大局若干问题的意见》,停止有关行为,可能出现以下三种情形,法院可以不判决停止侵权:①会造成当事人之间的重大利益失衡;②会有悖于社会公共利益;③实际上无法执行。

(三)赔偿损失

赔偿损失通常是知识产权遭受侵害后,对权利人而言最为重要的救济方式。《中华人民共和国专利法》第七十一条、《中华人民共和国商标法》第六十三条以及《中华人民共和国著作权法》第五十四条都确认了权利人因被侵权所受到的实际损失、侵权人因侵权所获得的利益、许可使用费以及法定赔偿等四种赔偿额计算方式,以下分别进行讨论。

1. 权利人因侵权受到的损失

仅有侵害行为,并不必然有损害发生。若虽有侵害行为但尚未发生损害,或侵害行为与损害之间并无相当因果关系存在者,自不得请求损害赔偿(曾隆兴,2004)。因侵害知识产权而发生实际损害主要就是知识产权价值实际遭受的减损,而非存在被减损的可能性。损害应当是已发生的、现实已存在的,不是有可能发生的。例如,对于侵害商标权,判定侵权的标准是商品或服务来源上的"混淆可能性"。但如果具体到相关的救济措施上,则只能说"混淆可能性"是禁令救济的标准,而非损害赔偿的标准。法院在判定损害赔偿时,必须考虑"事实上混淆"的证据,如消费者被混淆的调查证据,原告的购买者转而购买被告的商品等。

由于知识产权的价值取决于利用知识产权产生的收益。在知识产权人直接利用知识成果情况下,知识产权的价值表现为增加销售数量、提高销售价格、降低生产成本而产生的收益。而侵犯知识产权造成的损失则是可利用知识产权而产生收益的减损或丧失,或者说是如果没有侵权行为,而本可以由知识产权为权利人带来的利益,即应该增加而没有增加的财产。在知识产权人可以通过直接利用其知识成果获得市场利益的情况下,侵权人无疑成为权利人市场上的直接竞争对手,而侵夺了本属于权利人的市场利益。以原告所失利润计算损害赔偿额,仅在能够证明如果没有侵权行为,权利人本可以获得侵权销售额部分,以及本可以定更高的价格或花费更少的费用的情况下是适当的。换言之,对于具体的案件,利润损失包括如下方面:因侵权产品的出现而导致权利人产品销售量下降带来的利润损失、权利人生产成本的增加而带来的利润损失、侵权行为造成的权利人产品销售价格下降而带来的损失等。

但是,司法实践中,法院很少采用以权利人的损失计算赔偿额的方法,主要的原因是权利人难以证明其销售数量减少、价格下降所形成的损失正是由于侵权人的侵权行为导致的,可能有如市场出现其他竞争者、权利人产品品质下降、市场形势变差等多种因素会影响权利人产品的销量和价格。

2. 侵权人因侵权而获得的利益

知识产权法律制度赋予知识成果的创造开发者垄断权,由其决定如何利用知识成果,并独占地获得由知识成果产生的收益。也就是说,知识产权的价值归属于知识产权人。未经知识产权人许可,他人不得利用知识成果并享有由此产生的收益。当知识产权遭受侵害,侵权人利用知识成果获取的收益因缺乏法律上的原因而成为不当得利,不当得利不能由侵权人保有,而应返还给知识产权人。知识产权法仅原则性地规定了可以将因侵权所获利润作为赔偿额,但司法实践中如何确定因侵权所获利润是个难题。因为知识成果往往是作为一项生产要素与其他要素共同作用,生产出知识产品。在知识产品的总收益中,除了归属于知识产权的贡献外,还有一些收益来自其他生产要素如使用者的特殊经营能力、生产设备等的贡献。因此,只有因利用知识产权而产生的那部分收益才为因侵权而获得的利润。返还的范围也应以该部分利润为限。至于应归属于其他生产要素的收益,不应当作为应予以返还的侵权人利润。

我国 2009 年 12 月公布的《最高人民法院关于审理侵犯专利权纠纷案件应用法律若干问题的解释》第十六条做了专门规定:"人民法院依据专利法第六十五条第一款的规定确定侵权人因侵权所获得的利益,应当限于侵权人因侵犯专利权行为所获得的利益;因其他权利所产生的利益,应当合理扣除。侵犯发明、实用新型专利权的产品系另一产品的零部件的,人民法院应当根据该零部件本身的价值及其在实现成品利润中的作用等因素合理确定赔偿数额。侵犯外观设计专利权的产品为包装物的,人民法院应当按照包装物本身的价值及其在实现被包装产品利润中的作用等因素合理确定赔偿数额。"该解释在某种程度上确立了分摊原则。对于应当合理扣除的范围,最高人民法院知识产权庭负责人的解释是:针对专利侵权产品中存在多个专利权或者既有专利权又有商标权的实际情况,在侵犯其中一个或者部分专利权的诉讼中,不宜根据该产品的全部利润确定侵权人的获利,而应当限于侵权人因侵犯本案专利权所获得的利益[①]。司法实践中,应当注意对该规定的应用,充分考虑侵权行为与所得利润的因果关系。

3. 合理的许可使用费

知识产权人利用知识产权获得利益的一个重要方式是授权许可其他有生产能力的人使用知识成果,通过收取被许可人的许可使用费获得利益,而不是直接利用知识成果生产产品,获得收益。未经知识产权人许可,在知识产权人未曾、未能或未计划涉足的领域利用知识产权,显然不会形成与知识产权人的市场争夺,从而侵占其合法市场份额,也就不存在所谓生产销售利润损失,侵权行为只是使权利人丧失了发售许可证和获得使用费的机会。权利人遭受的损害应当是一定数额的许可使用费。当权利人的销售损失难以计算时,也往往以许可使用费作为赔偿的根据。

最高人民法院《关于审理专利纠纷案件适用法律问题的若干规定》第二十一条规定,"权利人的损失或者侵权人获得的利益难以确定,有专利许可使用费可以参照的,人民法院可以根据专利权的类型、侵权行为的性质和情节、专利许可的性质、范围、时间等因素,参照该专利许可使用费的倍数合理确定赔偿数额;没有专利许可使用费可以参照或者专利许可使用费明显不合理的,人民法院可以根据专利权的类型、侵权行为的性质和情节等因素,依照专利法第六十五条第二款的规定确定赔偿数额。"根据该规定,只有在有现成的合理的专利许可使用费可以参照的情况下,才能适用许可使用费的方法确定赔偿额。如果权利人未曾许可他人有偿使用专利权,并且权利人也未能与侵权人达成专利许可使用费协议,则此种方法就不能适用(戴建志和陈旭,1997)。

美、德等国家司法实践中通常在没有现成的使用费供参照的情况下,将合理的许可使用费界定为在一个虚拟的谈判中,由自愿的专利权人和自愿的潜在使用者形成的合意。这个虚拟的谈判以推定专利权有效为基础,谈判日期设定在被告侵权之时。在 Georgia-Pacific 诉 U.S. Plywood-Champion Papers,Inc.一案(崔国斌,2016)中,美国法院确立了在专利许可谈判中许可人与被许可人可能会加以考虑,从而会影响达成合理许可使用费的包括许可的性质及范围、在所实现利润中应归功于发明的利润比例等十五个要素。自此之后,这个被称为 Georgia-Pacific 要素的准则在美国法院确定合理许可使用费时得到广泛应用。这种以虚拟谈判确定许可费的方法值得我国予以借鉴。

4. 法定赔偿

法定赔偿是指在难以完全准确确定知识产权人的实际经济损失、侵权人的侵权获利,以及许可使用费的情况下,法律直接规定侵权人应当承担的损害赔偿金额或金额幅度,由法院在赔偿额度范围内,综合考虑侵权性质、情节等因素,运用自由裁量权酌定

---

① 最高人民法院知识产权庭负责人就《最高人民法院关于审理侵犯专利权纠纷案件应用法律若干问题的解释》答记者问 法律图书馆网站 http://www.law-lib.com/fzdt/newshtml/21/20091229091313.htm。

赔偿额。2020年修订的《中华人民共和国专利法》，将法定赔偿的最高限额由一百万元提高到五百万元；2013年《中华人民共和国商标法》则将法定赔偿的限额提高到三百万元，2019年修订的《中华人民共和国商标法》则进一步将法定赔偿的限额提高到五百万元；2020年修订的《中华人民共和国著作权法》，也将法定赔偿的最高限额由五十万元提高到五百万元。

法定赔偿是当有确定根据的实际损失、侵权获利许可使用费无法证明或查清时，才可适用的替代性、补充性方法。然而，法定赔偿方法已成为当前我国知识产权审判实践中确定赔偿数额采用最广泛甚至是占绝对地位的方法。法定赔偿的适用被泛化。形成这一现象的重要原因一方面是权利人难以提供充分、有效的证据证明其所受损失、侵权人获利以及许可使用费，另一方面，对于法官来说，运用法定赔偿方法要比运用其他方式成本更低、办案更有效率，所以愿意更多地运用法定赔偿方法。但是法定赔偿也由于其缺乏证据支持，主观随意性强而饱受诟病。本书作者认为，应当限缩法定赔偿的适用，通过加强权利人举证、法院借助于职权调取证据以及适用证据规则，借助专业人士的测算计量得出赔偿数额等方法，使赔偿额的裁判脱离缺乏根据的主观推断，做到有理有据，促进赔偿额确定的精细化、准确化。

此外，还有必要提及惩罚性赔偿。惩罚性赔偿，是加害人给付受害人超过其实际损害数额的一种金钱赔偿，具有惩罚、补偿等功能。关于我国的知识产权法是否应当采用惩罚性赔偿制度，争论已久。知识产权侵权损害赔偿历来坚持"填平原则"，即权利人获得的赔偿是用来弥补其实际损失的，不能超过其实际损失。由于知识产权保护对象的非物质性，知识产权保护比有形财产的保护成本更高、难度更大。认为仅仅适用"填平原则"并不足以弥补专利权人的损失和维权成本，应当采用惩罚性赔偿的观点逐渐被立法者接受。

2013年修改的《中华人民共和国商标法》首先引入了惩罚性赔偿。该法第六十三条规定，侵犯商标专用权的赔偿数额，按照权利人因被侵权所受到的实际损失确定；实际损失难以确定的，可以按照侵权人因侵权所获得的利益确定；权利人的损失或者侵权人获得的利益难以确定的，参照该商标许可使用费的倍数合理确定。对恶意侵犯商标专用权，情节严重的，可以在按照上述方法确定数额的一倍以上三倍以下确定赔偿数额。2019年修改的《中华人民共和国商标法》则规定，对恶意侵犯商标专用权，情节严重的，可以在按照上述方法确定数额的一倍以上五倍以下确定赔偿数额。2020年修改的《中华人民共和国著作权法》第五十四条第一款增加了对惩罚性赔偿的规定，"对故意侵犯著作权或者与著作权有关的权利，情节严重的，可以在按照上述方法确定数额的一倍以上五倍以下给予赔偿。"2020年修改的《中华人民共和国专利法》第七十一条第一款也增加规定"对故意侵犯专利权，情节严重的，可以在按照上述方法确定数额的一倍以上五倍以下确定赔偿数额。"尤其需要指出的是，《中华人民共和国民法典》第一千一百八十五条规定，故意侵害他人知识产权，情节严重的，被侵权人有权请求相应的惩罚性赔偿。由此可见，我国已在知识产权领域全面建立了惩罚性赔偿制度。

(四) 临时救济措施

知识产权临时救济措施，是知识产权权利人或利害关系人在法院作出最终判决之前，依法请求法院采取的财产保全、证据保全、行为保全等措施。临时措施有利于及时制止正在或即将实施的侵权行为、保存重要证据,防止损害后果进一步扩大和导致无法弥补的损失。《与贸易有关的知识产权协议》第五十条规定,司法机关有权责令采取迅速和有效的临时措施以便防止侵犯知识产权的货物进入商业渠道,以及保存关于被指控侵权的有关证据。《中华人民共和国专利法》《中华人民共和国商标法》《中华人民共和国著作权法》以该条规定为依据,规定了诉前责令停止侵权、诉前证据保全和诉前财产保全三类临时措施。

诉前责令停止侵权,在英美法系中称为"临时禁令",即在法院作出最终判决之前临时性地禁止当事人从事某种活动。《中华人民共和国著作权法》第五十六条、《中华人民共和国商标法》第六十五条、《中华人民共和国专利法》第七十二条都对诉前责令停止侵权做了规定,如《中华人民共和国专利法》规定,专利权人或者利害关系人有证据证明他人正在实施或者即将实施侵犯专利权、妨碍其实现权利的行为,如不及时制止将会使其合法权益受到难以弥补的损害的,可以在起诉前向人民法院申请采取财产保全、责令作出一定行为或者禁止作出一定行为的措施。申请人提出申请时,应当提供担保;不提供担保的,驳回申请。人民法院应当自接受申请之时起四十八小时内作出裁定;有特殊情况需要延长的,可以延长四十八小时。裁定责令停止有关行为的,应当立即执行。当事人对裁定不服的,可以申请复议一次;复议期间不停止裁定的执行。申请人自人民法院采取责令停止有关行为的措施之日起十五日内不起诉的,人民法院应当解除该措施。申请有错误的,申请人应当赔偿被申请人因停止有关行为所遭受的损失。

《中华人民共和国专利法》第七十三条、《中华人民共和国著作权法》第五十七条、《中华人民共和国商标法》第六十六条都对诉前证据保全进行了规定,即为了制止侵权行为,在证据可能灭失或者以后难以取得的情况下,权利人或者利害关系人可以在起诉前向人民法院申请保全证据。人民法院采取保全措施,可以责令申请人提供担保;申请人不提供担保的,驳回申请。人民法院应当自接受申请之时起四十八小时内作出裁定;裁定采取保全措施的,应当立即执行。申请人自人民法院采取保全措施之日起十五日内不起诉的,人民法院应当解除该措施。

《中华人民共和国著作权法》第五十六条、《中华人民共和国商标法》第六十五条、《中华人民共和国专利法》第七十二条均规定了诉前财产保全的临时措施。《中华人民共和国民事诉讼法》也规定了诉前财产保全制度可以适用于知识产权诉讼的诉前财产保全,该法第一百零一条规定,利害关系人因情况紧急,不立即申请保全将会使其合法权益受到难以弥补的损害的,可以在提起诉讼或者申请仲裁前向被保全财产所在地、被申请人住所地或者对案件有管辖权的人民法院申请采取保全措施。申请人应当提供担保,不提供担保的,裁定驳回申请。人民法院接受申请后,必须在四十八小时内作出裁定;裁定采取保全措施的,应当立即开始执行。申请人在人民法院采取保全措施后三十日内不依法提起诉讼或者申请仲裁的,人民法院应当解除保全。

二、刑事救济

侵犯知识产权的行为在多数情况下只是导致民事责任,但是对于严重侵犯知识产权的行为,不仅侵犯知识产权人的利益,还会扰乱市场经济秩序,对社会公共利益造成严重损害。因此,我国法律在民事责任之外还规定了刑事责任,对严重的侵犯知识产权构成犯罪的行为加以严厉制裁。

(一)假冒专利罪及法律责任

《中华人民共和国刑法》并未对严重侵犯他人专利权的行为规定刑事责任。原因在于,受到检索技术等诸多条件的限制,相当一部分缺乏新颖性或创造性的专利申请被错误地授予专利权。这些专利事后可能被申请宣告无效。如果将严重侵犯专利权的行为定为刑事犯罪,则在诉讼程序上应允许犯罪嫌疑人提出无效申请,并等待无效申请的最终决定。如果此期间犯罪嫌疑人被羁押,专利被最终认定无效,则犯罪嫌疑人的自由可能受到不公正限制。为充分保护人权,节约司法资源,暂不规定专利侵权的刑事责任(王迁,2013)。

《中华人民共和国刑法》仅规定了假冒专利罪。该法第二百一十六条规定,假冒他人专利,情节严重的,处三年以下有期徒刑或者拘役,并处或者单处罚金。根据专利法实施细则的规定,下列行为属于假冒专利的行为:①在未被授予专利权的产品或者其包装上标注专利标识,专利权被宣告无效后或者终止后继续在产品或者其包装上标注专利标识,或者未经许可在产品或者产品包装上标注他人的专利号;②销售第一项所述产品;③在产品说明书等材料中将未被授予专利权的技术或者设计称为专利技术或者专利设计,将专利申请称为专利,或者未经许可使用他人的专利号,使公众将所涉及的技术或者设计误认为是专利技术或者专利设计;④伪造或者变造专利证书、专利文件或者专利申请文件;⑤其他使公众混淆,将未被授予专利权的技术或者设计误认为是专利技术或者专利设计的行为。

(二)侵犯注册商标专用权的犯罪及法律责任

根据《中华人民共和国商标法》第六十七条规定,未经商标注册人许可,在同一种商品上使用与其注册商标相同的商标,伪造、擅自制造他人注册商标标识或者销售伪造、擅自制造的注册商标标识,销售明知是假冒注册商标的商品,构成犯罪的,除赔偿被侵权人的损失外,依法追究刑事责任。《中华人民共和国刑法》第二百一十三条、第二百一十四条、第二百一十五条针对上述三种构成犯罪的行为,规定了刑事制裁。假冒注册商标,情节严重的,处三年以下有期徒刑或者拘役,并处或者单处罚金;情节特别严重的,处三年以上七年以下有期徒刑,并处罚金。销售明知是假冒注册商标的商品,销售金额数额较大的,处三年以下有期徒刑或者拘役,并处或者单处罚金;销售金额数额巨大的,处三年以上七年以下有期徒刑,并处罚金。伪造、擅自制造他人注册商标标识或者销售伪造、擅自制造的注册商标标识,情节严重的,处三年以下有期徒刑、拘役或者管制,并处或者单处罚金;情节特别严重的,处三年以上七年以下有期徒刑,并处罚金。根据最高人民法院、最高人民检察院《关于办理侵犯知识产权刑事案件具体应用法律若干问题的解释》,对三种类型犯罪情节严重、特别严重的程度,分别从非法经营数额、销售金额、注册商标标识数量、违法所得数额等方面进行了界定。

(三)侵犯著作权罪及法律责任

根据《中华人民共和国著作权法》第五十三条的规定，对于未经著作权人许可，复制、发行、表演、放映、广播、汇编、通过信息网络向公众传播其作品的；出版他人享有专有出版权的图书的；未经表演者许可，复制、发行录有其表演的录音录像制品，或者通过信息网络向公众传播其表演的等八种类型的侵权行为，应当根据情况，承担相应民事责任；同时损害公共利益的，承担行政责任，构成犯罪的，依法追究刑事责任。

《中华人民共和国刑法》第二百一十七条相应地规定了侵犯著作权罪，即以营利为目的，未经著作权人许可，复制发行其文字作品、音乐、电影、电视、录像作品、计算机软件及其他作品的；出版他人享有专有出版权的图书的；未经录音录像制作者许可，复制发行其制作的录音录像的；制作、出售假冒他人署名的美术作品的，违法所得数额较大或者有其他严重情节的，处三年以下有期徒刑或者拘役，并处或者单处罚金；违法所得数额巨大或者有其他特别严重情节的，处三年以上七年以下有期徒刑，并处罚金。《中华人民共和国刑法》第二百一十八条规定了销售侵权复制品罪，即以营利为目的，销售明知是本法第二百一十七条规定的侵权复制品，违法所得数额巨大的，处三年以下有期徒刑或者拘役，并处或者单处罚金。

2004年11月和2007年4月出台的最高人民法院、最高人民检察院《关于办理侵犯知识产权刑事案件具体应用法律若干问题的解释》，2011年1月最高人民法院、最高人民检察院、公安部出台的《关于办理侵犯知识产权刑事案件适用法律若干问题的意见》，进一步对《中华人民共和国刑法》第二百一十七条、第二百一十八条中"违法所得数额较大""有其他严重情节""违法所得数额巨大""有其他特别严重情节""以营利为目的"等规定，做了具体解释。

(四)侵犯商业秘密罪及法律责任

根据《中华人民共和国刑法》第二百一十九条规定，侵犯商业秘密的行为，给商业秘密的权利人造成重大损失的，处三年以下有期徒刑或者拘役，并处或者单处罚金；造成特别严重后果的，处三年以上七年以下有期徒刑，并处罚金。侵犯商业秘密罪的成立以及所受刑事处罚均与侵犯商业秘密给权利人造成的损失密切相关。2004年12月22日起施行的《最高人民法院、最高人民检察院关于办理侵犯知识产权刑事案件具体应用法律若干问题的解释》将重大损失数额确定为五十万元以上，给商业秘密的权利人造成损失数额在二百五十万元以上的，属于刑法规定的"造成特别严重后果。2020年9月14日起施行的《最高人民法院、最高人民检察院关于办理侵犯知识产权刑事案件具体应用法律若干问题的解释(三)》第四条规定，给商业秘密的权利人造成损失数额或者因侵犯商业秘密违法所得数额在三十万元以上的，直接导致商业秘密的权利人因重大经营困难而破产、倒闭的，应当认定为"给商业秘密权利人造成重大损失"。该司法解释将侵犯商业秘密的入罪数额调整至30万元以上，降低了入罪标准。同时也扩充了侵犯商业秘密入罪的情形，将因侵犯商业秘密导致权利人破产倒闭纳入其中。可以说，对商业秘密的刑事保护力度进一步加强了。

案例 9-8　深圳华为公司 3 名前员工窃取公司商业秘密案①

被告人王志骏、刘宁、秦学军曾为华为公司员工，均为硕士研究生。其中，王、刘二人于 1997 年 5 月被华为公司聘用，秦学军于 1999 年被华为公司聘用。三被告人均曾任职硬件工程师并参与了华为公司光网络设备的研发工作，在职时分别与华为公司签订了《员工聘用协议书》和《员工保密合同书》。2001 年 8~9 月，刘宁、秦学军、王志骏分别以个人求学、家庭等原因，先后申请辞职，离开了华为公司。三人辞职时均与华为公司签订了《离职员工承诺书》，承诺不带走从华为公司获取的任何保密资料，未经华为公司书面同意不得向任何单位和个人透露该公司的商业秘密，不擅自使用华为公司商业秘密或利用华为公司商业秘密从事经营活动，自离职之日起 1 年内不得在与华为公司存在竞争关系的企业工作。但秦学军在离开华为公司时，将华为公司不为公众所知悉的部分技术机密文件带走。2001 年 7 月，尚在华为公司工作的王志骏、刘宁就与贝尔公司在深圳市、上海市等地进行商谈合作开发生产盒式的 2.5g 光网络设备事宜。同年 11 月 7 日，王志骏、刘宁各出资人民币 25 万元，在上海市成立了沪科公司，并聘用了秦学军等 20 多名原在华为公司从事光网络技术研发的技术人员进入沪科公司工作。同年 11 月 8 日，沪科公司与贝尔公司达成协议：由沪科公司提供盒式 2.5g 的光网络设备技术，贝尔公司则每月向沪科公司提供研发费用人民币 588010 元，并负责组织生产及销售；产品利润由沪科公司与贝尔公司三七分成。2002 年 5 月，王志骏、刘宁、秦学军等人，违背其与华为公司签订的相关保密协议，利用其在华为公司工作期间掌握的，以及被告人秦学军从华为公司窃取的光网络设备的相关技术资料，完成了有关产品技术文档的制作，并发送给贝尔公司。贝尔公司据此生产的产品，在市场上的销售额约为 600 万元。至同年 10 月双方终止合作止，沪科公司从贝尔公司获取研发费共计 588.01 万元。2002 年 10 月，沪科公司被 UT 斯达康公司整体收购，后者向沪科公司支付了 200 万元现金，并授予沪科公司部分员工共计 1500 万美元的股票期权。沪科被整编为 UT 斯达康的光网络部，对华为产品构成巨大威胁。

2004 年 12 月 6 日，深圳市南山区法院一审判决：3 名被告人均违反了其与华为公司签订的保密协议，共同给华为公司造成重大经济损失，构成侵犯商业秘密罪。王志骏和刘宁均被判处有期徒刑 3 年，各处罚金人民币 5 万元。秦学军被判处有期徒刑 2 年，并处罚金人民币 3 万元。已被冻结的沪科公司账户内款项，责令退赔给华为公司。南山区法院作出一审判决后，3 名被告人不服，依法提起上诉。2005 年 5 月 19 日，深圳市中级法院对 3 名上诉人及其律师提出的各种理由一一予以驳回，认为原审判决认定的事实清楚，证据充分、确实，定罪准确，量刑适当，程序合法，决定维持原判。

---

① 李南玲.华为窃密案终审裁定三被告因窃密罪被判刑. http://tech.sina.com.cn/it/2005-05-21/0641613673.shtml。

三、行政救济

对于知识产权侵权纠纷的处理，多数国家由司法机关来完成，我国则由司法和行政管理机关共同承担，因此，我国知识产权保护模式常被称为司法保护与行政保护并行的"双轨制"（邓建志，2008）。当知识产权被侵犯后，行政机关依据权利人的申请或依据职权主动保护权利人的合法权益，责令知识产权侵权人承担相应的行政责任，以维护社会正常的秩序。

（1）侵犯商标权的行政责任。根据《中华人民共和国商标法》第六十条的规定，市场监督管理部门处理侵犯注册商标专用权纠纷，认定侵权行为成立的，责令立即停止侵权行为，没收、销毁侵权商品和主要用于制造侵权商品、伪造注册商标标识的工具，违法经营额五万元以上的，可以处违法经营额五倍以下的罚款，没有违法经营额或者违法经营额不足五万元的，可以处二十五万元以下的罚款。对五年内实施两次以上商标侵权行为或者有其他严重情节的，应当从重处罚。销售不知道是侵犯注册商标专用权的商品，能证明该商品是自己合法取得并说明提供者的，由市场监督管理部门责令停止销售。

（2）侵犯著作权的行政责任。根据《中华人民共和国著作权法》第五十三条的规定，侵害著作权的行为同时损害公共利益的，如未经著作权人许可，复制、发行、表演、放映、广播、汇编、通过信息网络向公众传播其作品的；出版他人享有专有出版权的图书的；未经表演者许可，复制、发行录有其表演的录音录像制品，或者通过信息网络向公众传播其表演的；未经录音录像制作者许可，复制、发行、通过信息网络向公众传播其制作的录音录像制品的；未经许可，播放或者复制广播、电视的；未经著作权人或者与著作权有关的权利人许可，故意避开或者破坏权利人为其作品、录音录像制品等采取的保护著作权或者与著作权有关的权利的技术措施的；未经著作权人或者与著作权有关的权利人许可，故意删除或者改变作品、版式设计、表演、录音录像制品或者广播、电视上的权利管理信息的，知道或者应当知道作品、版式设计、表演、录音录像制品或者广播、电视上的权利管理信息未经许可被删除或者改变，仍然向公众提供的；制作、出售假冒他人署名的作品的，可以由主管著作权的部门责令其停止侵权行为，予以警告，没收违法所得，没收、无害化销毁处理侵权复制品以及主要用于制作侵权复制品的材料、工具、设备等，并可处以罚款。

（3）侵犯专利权的行政责任。根据《中华人民共和国专利法》第六十五条的规定，对于侵犯专利权的纠纷，专利权人或者利害关系人可以请求管理专利工作的部门处理。管理专利工作的部门处理时，认定侵权行为成立的，可以责令侵权人立即停止侵权行为，当事人不服的，可以自收到处理通知之日起十五日内依照《中华人民共和国行政诉讼法》向人民法院起诉；侵权人期满不起诉又不停止侵权行为的，管理专利工作的部门可以申请人民法院强制执行。

此外，对于假冒专利的，除依法承担民事责任外，由管理专利工作的部门责令改正并予公告，没收违法所得，可以处违法所得五倍以下的罚款；没有违法所得或者违法所得在五万元以下的，可以处二十五万元以下的罚款。负责专利执法的部门根据已经取得的证据，对涉嫌假冒专利行为进行查处时，有权采取下列措施：①询问有关当事人，调查与涉嫌违法行为有关的情况；②对当事人涉嫌违法行为的场所实施现场检查；③查阅、复制与涉嫌违法行为有关的合同、发票、账簿以及其他有关资料；④检查与涉嫌违法行为有关的产品；⑤对有证据证明是假冒专利的产品，可以查封或者扣押。管理专利工作的部门应专利权人或者利害关系人的请求处理专利侵权纠纷时，可以采取前款第①项、第②项、第④项所列措施。

第三节　确认不侵权之诉

(1) 确认不侵权之诉的意义。知识产权诉讼通常是指知识产权权利人认为自己的权利受到侵害时，向法院提起诉讼，要求保护自己的权利。作为侵权人，如果不同意权利人的主张，则可在权利人发起的侵权诉讼中进行抗辩。然而，知识产权人也可能并不提起诉讼，而是径直向涉嫌侵犯其知识产权的竞争对手发出警告函，要求其停止生产相关产品，同时向竞争对手的客户发函，警告其不得使用侵权产品，致使其担心卷入侵权诉讼，而停止购买和使用相关产品。对于知识产权人而言，这种做法有些时候可谓行之有效，无须花费大量人力物力进行侵权诉讼，却可以遏制侵权行为。然而对于被警告的涉嫌侵权人而言，一方面，其相关产品生产和销售会受到极大的影响，在与知识产权人的竞争中完全失利；另一方面，由于权利人并未发起诉讼，其无从进行抗辩，以对抗权利人的指控，往往处于一种极为被动的状态中。他们既不知对方何时起诉，也难以对自己行为是否合法作出准确判断。这种权利的不确定状态无疑会对被控侵权方可能的合法经营造成损害。在这种情况下，如果不给予涉嫌侵权人以一定的法律救济，是不公平的。于是，一些国家的法律规定了确认不侵权之诉，允许涉嫌侵权人在权利人不起诉时，主动提起诉讼，针对权利人的警告，辩白其行为，请求法院确认其行为不构成侵权，避免遭受不当警告导致的损失。确认不侵权之诉的本质是对涉嫌侵权人的救济。

(2) 提起确认不侵权之诉的条件。最高人民法院曾于 2002 年 7 月 12 日作出《关于苏州龙宝生物工程实业公司（简称龙宝公司）与苏州朗力福保健品有限公司（简称朗力福公司）请求确认不侵犯专利权纠纷案的批复》（〔2001〕民三他字第 4 号），引入了知识产权领域的确认不侵权制度。该批复指出，由于被告朗力福公司向销售原告龙宝公司产品的商家发函称原告的产品涉嫌侵权，导致经销商停止销售原告的产品，使得原告的利益受到了损害，原告与本案有直接的利害关系；原告在起诉中，有明确的被告；有具体的诉讼请求和事实、理由；属于人民法院受理民事诉讼的范围和受诉人民法院管辖，因此，人民法院对本案应当予以受理。本案中，原告向人民法院提起诉讼的目的，只是针对被告发函指控其侵权的行为而请求法院确认自己不侵权，并不主张被告的行为侵权并追究其侵权责任。以"请示确认不侵犯专利权纠纷"作为案由，更能直接地反映当事人争议的本质，体现当事人的请求与法院裁判事项的核心内容。

为进一步规范和完善确认不侵权诉讼制度，防止被告动辄提起确认不侵权之诉，在总结审判经验的基础上，2009 年《最高人民法院关于审理侵犯专利权纠纷案件应用法律若干问题的解释》进一步规定了提起此类诉讼的具体条件，其第十八条规定，权利人向他人发出侵犯专利权的警告，被警告人或者利害关系人经书面催告权利人行使诉权，自权利人收到该书面催告之日起一个月内或者自书面催告发出之日起二个月内，权利人不撤回警告也不提起诉讼，被警告人或者利害关系人向人民法院提起请求确认其行为不侵犯专利权的诉讼的，人民法院应当受理。因此，提起确认不侵权之诉，应具备3个条件。一是知识产权权利人已向他人发出了侵权警告，而被控侵权人不承认自己的行为构成侵权；二是知识产权权利人经被警告人或利害关系人催告，在合理期限内，不撤回警告，也不启动纠纷解决程序；三是知识产权权利人的此种迟延行为可能对被控侵权人的权益造成损害。需要注意的是，当事人提起确认不侵权之诉，除符合本条的规定外，还需符合民事诉讼法第一百零八条规定的起诉条件。

在被警告人提起确认不侵权之诉的同时，如认为权利人发送侵权警告的行为给其正当生产经营造成损害，可以要求权利人赔偿损失。法院经审理，如认为被警告人的行为不构成侵权，而权利人发送警告函的行为超出合理范围，确已给被警告人造成损失，则可在判决确认不侵权的同时，判令权利人赔偿被警告人相应的经济损失。

(3)关于确认不侵权之诉与侵权之诉的审理。司法实践中，出现了在被警告人提起了确认不侵权之诉之后，知识产权权利人又提起了侵权之诉，对这两个诉应当如何处理，存在不同的观点。有观点认为，侵权之诉应当吸收确认不侵权之诉。确定不侵权之诉的目的在于给予被警告人以救济，由法院对于权利人与被警告人之间是否存在侵权关系予以确认。而侵权之诉，首先应解决的问题同样是权利人与被警告人之间是否存在侵权关系。故在权利人提起侵权之诉后，被控侵权人可以通过答辩权的行使，来实现提起确认不侵权之诉的诉讼目的与诉讼利益。此外，侵权之诉的诉讼请求中，权利人还常常会要求被告承担侵权的责任，即具有一定的给付的内容，这是确认不侵权之诉所不具有的，也是确认不侵权之诉不能吸收侵权之诉的理由。受理确认不侵权之诉的法院应当将案件移送至受理侵权之诉的法院，后者可以对确认不侵权之诉按结案处理(张广良，2009)。

另有观点认为，这是两个独立的诉，但两者是基于相同的事实而产生的，故应该合并审理，即应该由实际在先立案受理的法院合并审理。该观点在《最高人民法院关于美国伊莱利利公司与常州华生制药有限公司专利侵权纠纷案件指定管辖的通知》中得到体现。该通知的主要内容是，山东省青岛市中级人民法院受理的(2003)青民停字第1号美国伊莱利利公司申请责令常州华生制药有限公司停止专利侵权行为一案及(2003)青民三初字第1416号美国伊莱利利公司诉常州华生制药有限公司专利侵权纠纷一案，与江苏省南京市中级人民法院受理的(2003)宁民三初字第212号常州华生制药有限公司诉美国伊莱利利公司确认不侵犯专利权纠纷一案，均涉及91103346.7号中国专利，均针对常州华生制药有限公司制造、销售和许诺销售"华生奥氮平"药品的行为提出申请或者诉讼请求。江苏省南京市中级人民法院实际立案受理案件在先。依据《中华人民共和国民事诉讼法》第三十七条第二款和《最高人民法院关于在经济审判工作中严格执行<中华人民共和国民事诉讼法>的若干规定》第二条之规定，山东省青岛市中级人民法院应当将其受理的美国伊莱利利公司诉常州华生制药有限公司专利侵权纠纷二案移送江苏省南京市中级人民法院合并审理。同时，鉴于常州华生制药有限公司对美国伊莱利利公司申请责令常州华生制药有限公司停止专利侵权行为一案中山东省青岛市中级人民法院作出的(2003)青民停字第1

号民事裁定书提出复议申请,而有关案件之间在程序上相互牵连,请山东省青岛市中级人民法院一并将该案移送江苏省南京市中级人民法院,由江苏省南京市中级人民法院对该复议申请一并依法作出决定①。

美国司法实践中的做法是,涉嫌侵权人作为原告提起确认不侵权之诉的程序中,系争知识产权的权利人为被告,一旦诉讼程序开始,被告在其答辩状中必须提出主张原告侵害其系争知识产权之反诉。被告若在该确认不侵权之诉的程序中,未提出对原告侵害其知识产权的反诉,一旦该确认之诉判决确定之后,则不得再对确认之诉中的原告提起侵害其知识产权的诉讼。依据《联邦民事诉讼程序法》第 13 条 a 之规定,该种反诉为强制反诉,被告若不在其答辩中提出该强制反诉,便丧失提出反诉的权利(王承守和邓颖懋,2006)。美国联邦最高法院曾在 S. Constr. Co, Inc. v. Pickard 一案中解释道:对基于与对方所提告诉中据以为请求之同一之交易或事故之反诉,要求必须在答辩状中叙明之原因,在于防止重复诉讼,以及得于同一诉讼中对于相同事故产生之争议皆可获得解决。此法则尤其是要禁止在之前的诉讼中未提反诉,之后又以与该反诉相同之主张提起另一诉讼的情形(王承守和邓颖懋,2006)。

作者认为,确认不侵权之诉与侵权之诉,涉及同一知识产权,基于同样的案件事实,诉讼的核心都在于确认侵权是否成立,因此两诉应当作为一个案件由一个法院受理。至于是确认不侵权之诉吸收侵权之诉,还是反之,应当依照我国民事诉讼法的规定,由先立案的法院受理。而美国在这个问题上的处理方法更为简便和高效,即权利人必须在确认不侵权之诉中提出反诉,否则丧失该权利。该做法节省了法院之间协调、移送、合并审理的程序,值得借鉴。

案例 9-9 双环公司诉本田株式会社确认不侵害专利权、损害赔偿之诉

在石家庄双环汽车股份有限公司(简称双环公司)诉本田技研工业株式会社(简称本田株式公社)确认不侵害专利权、损害赔偿纠纷案②中,双环公司主张其不构成侵害本田株式会社的专利权,并且由于本田株式会社向双环公司及其经销公司发送警告信的行为已经超出法律规定的合理维权范围,给双环公司造成损失,应承担相应的责任。一审法院判决确认双环公司生产、销售的涉案"LAIBAOS-RV"汽车不侵害本田株式会社涉案 01319523.9 号外观设计专利权;本田株式会社赔偿双环公司经济损失人民币 5000 万元。原被告均不服此判决,向最高人民法院提起上诉。由于最高人民法院已对本田株式会社诉双环公司等侵害涉案专利权纠纷案作出判决,判定涉案汽车未落入涉案专利权的保护范围,判令驳回本田株式会社的诉讼请求。该判决现已生效。因此本案的核心焦点问题是本田株式会社发送警告信的行为是否正当,是否应当承担相应责任。

最高人民法院认为,判断侵权警告是正当的维权行为,还是打压竞争对手的不正当竞

---

① 最高人民法院民事审判第三庭《关于美国伊莱利利公司与常州华生制药有限公司专利侵权纠纷案件指定管辖的通知》(2003)民三他自第 9 号。
② 中华人民共和国最高人民法院(2014)民三终字第 7 号民事判决书,https://wenshu.court.gov.cn/website/wenshu/181107ANFZ0BXSK4/index.html?docId=6abab21c323d4499aea1aa00011266ce。

争行为，应当根据发送侵权警告的具体情况来认定，以警告内容的充分性、确定侵权的明确性为重点。权利人发送侵权警告必须以确定的具体侵权事实为依据，在发送侵权警告时应当对所警告的行为构成侵权善尽审慎注意义务，对所涉侵权的具体事实进行充分考量和论证后进行。侵权警告的内容不应空泛和笼统，对于权利人的身份、所主张的权利的有效性、权利的保护范围以及其他据以判断被警告行为涉嫌构成侵权的必要信息应当予以披露。向销售商、进口商等主体发送侵权警告时，对确定被警告行为构成侵权而产生的注意义务要高于向制造者发送侵权警告的情形，其警告所涉信息应当更为详细、充分。

对于本田株式会社发送警告信的行为是否正当，最高人民法院认为，本田株式会社发送警告信可分为两个阶段。第一阶段是2003年9月18日~10月8日，本田株式会社的委托代理人先后八次发送侵权警告信，要求双环公司停止生产、销售涉案汽车。2003年9月18日~9月24日，本田株式会社对涉案汽车经销商莱克汽车公司、旭阳恒兴公司分别多次发送警告信，称涉案汽车侵害涉案专利权。莱克汽车公司、旭阳恒兴公司的销售行为构成专利侵权，要求立即停止销售。双环公司接到侵权警告信后，与本田株式会社协商沟通，并修改了被警告产品的外观设计，该行为表明，侵权警告信的内容对于双环公司而言是明确的。本田株式会社在第一阶段针对双环公司侵权警告的行为属于专利权人正当行使专利权的维权行为。

第二阶段是2003年10月15日，本田株式会社传真函告双环公司的定型设计方案仍侵害涉案专利权，双环公司遂于同年10月16日提起了本案之诉。本田株式会社于2003年11月24日向北京市高级人民法院提起诉讼指控双环公司及其销售商侵害涉案专利权后，于2004年1月9日向双环公司在全国的十余家经销商发送警告信，经销商的范围包括北京、新疆、珠海、天津、深圳、广东、湖南、昆明、南京等。本田株式会社在双环公司已经与其进行沟通协商，并寻求确认不侵害涉案专利权的司法救济，自身亦寻求侵害涉案专利权的司法救济后，继续向涉案汽车的销售商发送侵权警告信，并扩大了被警告经销商的发送范围。侵权警告信中仅记载了涉案专利权的名称、涉嫌侵权的产品名称以及受函客户涉嫌侵权的性质，没有披露主张构成外观设计相近似的具体理由或进行必要的侵权比对，也没有披露其与双环公司均已向法院寻求司法救济等其他有助于经销商客观合理判断是否自行停止被警告行为的事实。由于被警告的经销商作为双环公司的交易方，也是本田株式会社涉案专利产品的竞争者或客户群，本田株式会社在向这些经销商发送的警告信维护其专利权的同时，也有打击竞争对手、争取交易对象或者商业机会的作用。本田株式会社在没有进一步证据证明存在侵权事实的情况下，以与向制造者发送侵权警告时相同的注意义务，在第二阶段扩大发送内容不明确的警告信，尚难认定其尽到了合理的审慎注意义务，其行为致使双环公司利益遭受损失，存在过错。本田株式会社的行为并非专利法所赋予的正当的维权方式，而是有悖于鼓励和保护公平竞争的不正当竞争行为，由于该行为对双环公司造成了较大的损失，酌定本田株式会社赔偿双环公司经济损失人民币1600万元。

复习思考题

1. 如何判定专利等同侵权？
2. 在专利侵权纠纷中，被控侵权人可以主张哪些行为不构成侵犯专利权？
3. 不构成侵犯商业秘密的抗辩理由有哪些？
4. 侵犯知识产权的民事责任有哪些？
5. 提起确认不侵权之诉，应具备哪些条件？

参 考 文 献

程永顺，2002. 专利侵权判定实务. 北京：法律出版社.

崔国斌，2016. 专利法：原理与案例（第二版）. 北京：大学出版社.

戴建志，陈旭，1997. 知识产权损害赔偿研究. 北京：法律出版社.

邓建志，2008. 中国知识产权行政保护特色制度的发展趋势研究. 中国软科学，(6)：63-73.

梁彗星，1996. 民法总论. 北京：法律出版社.

刘春田，2007. 知识产权法. 北京：高等教育出版社 北京大学出版社.

刘春田，2014. 知识产权法(第五版). 北京：中国人民大学出版社.

王承守，邓颖懋，2006. 美国专利诉讼攻防策略应用. 北京：北京大学出版社.

王春燕，1996. 对商业秘密保护法律问题的再认识. 科技与法律，(4)：5-10.

王迁，2014. 知识产权法教程(第四版). 北京：中国人民大学出版社.

吴汉东，2007. 知识产权法. 北京：中国政法大学出版社.

奚晓明，2011. 中国知识产权指导案例评注(下卷). 武汉晶源环境工程有限公司诉日本富士化水工业株式会社、华阳电业有限公司侵犯专利权案 .中国法制出版社.

殷少平，2011. 对山东泰和世纪投资有限公司、济南红河饮料制剂经营部诉云南城投置业股份有限公司侵犯商标专用权纠纷再审案的法官评注//中国知识产权指导案例评注下卷. 中国法制出版社.

尹新天，2011. 中国专利法详解. 北京：知识产权出版社.

张耕，2002.商业秘密法律保护研究. 重庆：重庆出版社.

张广良，2003. 知识产权侵权民事救济. 北京：法律出版社.

张广良，2009. 知识产权民事诉讼热点问题研究. 北京：知识产权出版社.

张玉瑞，2000. 商业秘密法学. 北京：中国法制出版社.

曾隆兴，2004. 详解损害赔偿法. 北京：中国政法大学出版社.

第十章 知识产权海外保护

学习目标：
1. 理解我国企业海外知识产权诉讼情况及应对措施。
2. 掌握美国 337 调查基本程序、救济措施及我国企业应对策略。
3. 了解我国企业境外参展面临的知识产权威胁、风险及应对措施。

开篇案例十 美国历经近 2 年调查后宣布不会对大疆发布禁令[①]

2020 年 8 月 21 日，美国国际贸易委员会作出针对中国无人机企业大疆创新科技有限公司的 337 调查终裁：不会发布禁令。时隔两年，关于大疆及其关联公司在对美进出口或在美销售的无人机及其组件侵犯其专利权的指控最终被否决。

337 调查源于美国《1930 年关税法》（Tariff Act of 1930）第 337 节（简称"337 条款"）及相关修正案，旨在防止进口商品侵犯美国知识产权以及进口贸易中存在的不公平竞争。面对以知识产权为核心的 337 调查，大疆之所以能赢得最后胜利，离不开其在无人机领域掌握的核心技术。大疆公关总监谢阗地表示："大疆无人机能拆开的每一个零件都是自己生产的，底层代码都是自己的，无论是专利还是研究方法，任何无人机公司都很难绕过大疆。"

2017 年，美国军方以数据安全隐患为由，宣布停用大疆无人机，对其开始长达一年的制裁。事实上，由于无法找到可替代产品，在这一年中，大疆在美国的市场份额不降反升。2019 年 5 月，美国国土安全部网络安全和基础设施安全局发出警告：中国制造的无人机可能会向其在中国的制造商发送敏感的飞行数据，可能会将用户信息传回给中国政府。两个月后，大疆创新推出了大疆政企版无人机系统，并通过美国内政部官方测试与独立验证。最终结果显示，在对大疆无人机进行的 15 个月严格评估中，没有发现数据在系统外传输。

大疆成立于 2006 年，用了不到 12 年的时间，成长为无人机行业的"独角兽"，目前其在全球商用无人机市场上，占据 70%的市场份额。据统计，2013～2017 年，大疆的销售收入呈现每年约一倍的速度增长。到 2019 年，工业产值突破 260 亿元，2020 年上半年依然保持了 20%以上的增长速度。高速发展的背后，是不断的创新和突破。从 2009 年起，大疆几乎每年都有新产品问世。2012 年，大疆推出的首款航拍一体机"大疆科技精灵 Phantom 1"，将原本局限在专业市场的无人机推向大众消费市场。2013 年，"大疆科技精灵 Phantom 2 Vision"的单轴云台，能够让使用者通过终端控制摄像机镜头，从空中进行拍摄。2014 年推出的"小悟"可自主收放落架，2015 年推出的"大疆科技精灵 Phantom

---

[①] 资料来源：聂新鑫，侯颗.美国历经近 2 年调查后宣布不会对大疆发布禁令，自主创新才更有底气. 中央纪委国家监委网站. http://www.ccdi.gov.cn/toutiao/202008/t20200824_224267.html.

3"具备高清数字图像传输系统,可实现2公里内图像传输及室内自主悬停。从商用自主飞行控制系统起步,到逐步推出云台系统、多旋翼飞行器、小型多旋翼一体机等产品,大疆填补了国内多项技术空白,飞控系统、机架、云台、摄像头等零部件全部由其自主研发,并在自家工厂生产完成。据报道,大疆拥有目前全球最大的无人机研发团队,研发人员所占比例达25%。2014~2017年,大疆的专利申请数一直位居行业首位。世界知识产权组织发布数据显示,在2018年的国际专利申请数量中,大疆高达938项,全球排名第29位。以大疆为代表的消费级无人机的关键技术包括飞控系统、智能识别、跟踪、数据传输、云台系统等技术。业内人士分析,大疆在飞控中引入了"计算机视觉"与"机器学习"技术,还能以人工智能感知障碍、智能跟随,在一定程度上自主飞行。高精度微型云台技术、影像技术也是大疆无人机的一大特色。

大疆无人机产品覆盖影视传媒、能源巡检、遥感测绘、农业服务、基建工程、前沿应用等多个领域,正在从消费级无人机应用领域,向工业级领域拓展。在2019年4月的巴黎圣母院大火中,消防队员用大疆无人机监控巴黎圣母院火灾进程,寻找最佳位置洒水灭火,在拯救大教堂结构方面发挥了重要作用。在杂交水稻专家袁隆平院士的海水稻改良示范基地,大疆农业无人机根据设定的飞行路径,将一粒粒海水稻种子均匀地撒到农田里,工作效率是人工的近30倍,每亩节省约300~400元成本。在新冠肺炎疫情期间,大疆无人机通过一控多机的编队喷洒,解决了消毒设备缺乏、人手不足等问题,实现全国消杀作业超1.3万小时,面积超6亿平方米。在2020年汛期,使用大疆无人机,实现了对重点圩堤巡检、受灾区域大范围搜救、热成像查别管涌、激光测量溃口等多项抗洪救灾技术保障。中国无人机产业发展充分说明这样一个道理:掌握核心技术,不断创新、自立自强才是长久发展之计。

第一节 海外知识产权诉讼及应对

一、我国企业海外知识产权诉讼

随着全球经济一体化的发展,越来越多的中国企业实行"走出去"战略,开辟国际市场。在这个过程中,由于缺少知识产权的储备及战略安排,不了解国际知识产权规则,不少企业遭遇到国外企业发起的知识产权诉讼,并在争战中败下阵来,支付高额的赔偿或知识产权许可使用费,或者被迫退出了国外市场。一些企业由于无法支付高昂的海外诉讼费用,只能放弃应诉。也有企业据理力争,积极应对侵权指控。例如,在索尼诉比亚迪侵犯专利权案中,比亚迪有力反击,最终赢得了诉讼。2003年7月8日,索尼株式会社向东京地方法院起诉比亚迪股份有限公司侵犯其第2646657号日本锂离子充电电池专利,请求禁止比亚迪向日本出口最主要的6种型号的充电电池。比亚迪采取了无效索尼专利的策略。2004年3月19日,比亚迪向日本特许厅提起专利无效宣告请求,请求宣告索尼657号专利无效。无效理由有三:657号专利不具有新颖性、不具有创造性、说明书公开不充分。比亚迪通过对索尼专利和其他国家的几千项相同领域的发明专利进行了检索,从中调出600余项专利文献,又通过对比和筛选,将范围缩小至60余项。经专家鉴定,选取了其中在创造性上足以宣告索尼657号专利无效的6篇对比文献。2005年1月25日,日本特许厅作出裁定,以不具有创造性为由,宣告索尼657专利无效。索尼不服该无效决定,向日本知识产权高等裁判所上诉,后上诉被驳回,日本特许厅裁定得到维持。2005年12月2日,索尼向东京地方裁判所递交撤销起诉比亚迪专利侵权的请求书,撤销所有对比亚迪的指控。索尼针对比亚迪的诉讼,以比亚迪胜诉而告终。

美国莱伏顿公司诉浙江通领科技集团(简称通领集团)侵犯专利权案也是一个我国企业积极应诉、有效维护自身权益的典型案例。通领集团是一家外向型科技制造企业,其研制生产的接地故障断路器产品采用永磁式电磁机构原理的漏电保护技术,产品进入美国市场之前,通领集团将试制产品送美国律师事务所做专利侵权分析,在取得了针对莱伏顿公司专利的6项非侵权律师评定文书之后,于2004年1月,开始大批量销往美国,由于采用的是自主专利技术,性价比高,当年销售额就达到5000多万美元,一举占据了美国10%左右的市场份额。这样的热销很快遭到了竞争对手美国电器巨头世界500强企业莱伏顿公司的强烈抵制(当时该公司占据了美国市场60%的份额),开始从经销商下手阻击通领集团开拓美国市场。2004年4~7月,莱伏顿公司以侵犯其知识产权为由在美国三个州的地方法院起诉通领集团的四家美国经销商(范炜,2011)。为保住市场,通领集团聘请美国著名律师事务所代理诉讼,主动申请以被告身份介入新墨西哥州地方法院的诉讼。在介入诉讼的同时,通领集团向当地法院递交了两项司法动议,一是请求将另外两个州地方法院的3起同样权利要求的诉讼集中到新墨西哥州地方法院统一审理;二是在法院对该案作出终审判决之前,请求法院停止莱伏顿公司利用同一案由起诉通领集团其他经销商。法院批准了这两项请求。2006年5月23日,法院发布了马克曼命令,确定了通领集团产品不侵犯558号专利。之后,莱伏顿公司又以通领集团侵犯其766专利为由再次起诉,2007年3月5日,通领集团又一次获得了胜诉的马克曼命令。2007年7月10日,美国新墨西哥州联邦分区法院下达判决书,判定通领集团制造并销往美国的接地故障断路器产品不侵犯莱伏顿公司的专利权(中国保护知识产权志愿者,2008)。

在知识产权海外诉讼中,中国企业通常都是被告,被动应对国外企业的侵犯知识产权的指控。然而,随着中国企业创新能力和知识产权战略意识的不断增强,知识产权的拥有量不断增长,知识产权成为中国企业拓展国际市场的有力武器。中国企业开始作为海外知识产权诉讼的原告,主张权利。2006年2月10日,深圳朗科科技有限公司(简称朗科公司)向美国德克萨斯州东区区域法院递交了一纸诉状,将美国PNY(Paris and NewYork)科技公司(简称美国PNY公司)送上了被告席,要求美国PNY公司立即在全美国停止生产和销售闪存盘,并且赔偿巨额损失。这是中国IT厂商首次在美国起诉当地厂商侵犯专利权的事件。美国PNY公司是一家国际IT巨头,创建于1985年,主要从事内存、多媒体存储卡、显卡等产品的专业生产和销售。在美国IC及数码产品市场,PNY已经占据了第一品牌的位置,市场占有率高达46%,是美国计算机存储零售市场的主要企业之一。经过两年的取证和听证,法官于2007年12月13日作出对朗科公司有利的专利权范围断定。2008年2月11日,朗科公司与美国PNY公司展开庭外调解,达成专利授权许可协议。虽然此案以庭外和解告终,但由于此案是我国企业首次向国外IT巨头主张专利权并成功收取专利许可使用费、维护自己市场利益的开端,因此具有重要意义。

中国电信设备制造商中国华为技术有限公司诉摩托罗拉解决方案（Motorola Solution）有限公司一案，也是我国企业主动维权的典型案例。华为公司在2011年初向美国芝加哥联邦法院提起诉讼，要求法院发出禁止令阻止摩托罗拉分拆后的两个公司之一的摩托罗拉解决方案有限公司（简称摩托罗拉）以12亿美元的价格将其无线电信网络业务出售给华为的竞争对手诺基亚西门子网络有限公司（简称诺基亚西门子）。华为与摩托罗拉曾在无线网络领域是合作伙伴。华为向摩托罗拉提供过价值8.78亿美元的无线网络设备及技术，而这批设备与技术完全是基于华为自2000年起自主研发的技术，华为对此享有独立的知识产权。2009年，华为与诺基亚西门子一同竞拍摩托罗拉的资产时，败给了诺基亚西门子。华为认为，摩托罗拉与诺基亚西门子的交易将导致华为自主研发的技术泄漏给其最大的竞争对手，可能使其商业秘密被窃取，版权受侵害，而这将给华为造成"不可弥补的损害"。因此华为立即向芝加哥联邦法院提出中止此项交易的要求。2011年1月25日，芝加哥联邦法院发出了一项暂时性限制令，要求摩托罗拉暂停与诺基亚西门子的电信网络设备交易。2月22日，芝加哥当地法院便对华为诉摩托罗拉公司一案正式作出裁决，禁止摩托罗拉向诺基亚西门子转移华为公司的保密信息。此外还要求摩托罗拉聘请独立第三方检查保密信息的安全删除情况并允许华为对此进行审计。4月13日，华为与摩托罗拉共同宣布，双方已就所有未决诉讼达成和解，摩托罗拉向华为支付有关知识产权转让费。这代表着华为在摩托罗拉的知识产权诉讼中取得了胜利且获得了赔付，这是中国企业界在知识产权领域的一次重要胜利[①]。

二、商标海外遭抢注与维权

近年来，随着中国对外开放的扩大，中国商品大量走向世界，随之而来中国知名商标在海外被抢注的情况越来越突出。"Hisense"是青岛海信集团的英文商标，1999年1月，被国家工商总局商标局正式认定"Hisense"与"海信"为驰名商标。德国西门子集团下属的博世-西门子公司在德国恶意抢注了"HiSense"商标，与"Hisense"商标仅有微小的差别。之后，该公司又申请了马德里国际商标注册和欧共体商标注册，使得海信在欧盟地区"Hisense"的商标注册受阻。2002年，西门子以海信集团多次在德国参加展览会，使用"Hisense"商标为由，状告海信侵权。海信积极应诉，并要求德国商标局依法撤销博世-西门子公司注册的"HiSense"商标。2003年，海信集团提出愿意出5万欧元作为注册的补偿，购买"HiSense"商标，西门子却开出了4000万欧元的转让价格。商标转让的谈判一度陷于僵局。两家公司最终还是协商解决了纠纷，海信追回了商标，但该案件跨度长达6年之久，企业为此付出大量人力、物力和财力。2006年，王致和集团到德国注册商标时发现，王致和腐乳、调味品、销售服务三类商标被德国欧凯公司注册。2007年1月，在双方协商未果后，王致和集团在德国慕尼黑地方法院向欧凯公司提起诉讼，追讨其商标。当年11月，法院一审判决，要求欧凯公司禁用此商标，并撤销商标注册。欧凯公司上诉至德国慕尼黑高等法院，二审法院维持一审判决，王致和集团赢得了诉讼。广州漫谱是国内知名婴童用品厂商，所生产的婴儿游泳池、充气玩具、婴儿爬行垫及其他孕婴用品和电

---

① 薛松，2011[2011-04-14]. 摩托罗拉同意支付转让费侵权案华为获胜,http://business.sohu.com/20110414/n280263799.shtml.

热水袋在国内市场独占鳌头。2011年，该公司耗费巨资研发了独特的婴儿有声爬行垫，产品一经推出便在国内大获成功，并引起外商关注和寻求合作。当漫谱公司经过反复研究，决定将该产品出口至日本时，竟然发现其中英文商标"漫谱"与"Mambary"在日本都已被抢注。抢注者为先前曾与公司寻求合作的一家日本企业，在其后与漫谱进行的商标权收回谈判中，该公司一改先前寻求合作时的"诚意满满"，态度相当强硬。漫谱公司经多次协商仍未收回该注册商标①。此外，还有"同仁堂""全聚德""英雄""大白兔""大宝""狗不理""红塔山""五粮液""酒鬼"等商标，"沱茶""碧螺春""大红袍""龙井茶""铁观音""普洱茶"等50多种茶叶地理标志在海外被抢注，严重影响我国产品正常出口。据不完全统计，我国曾有超过80个商标在印度尼西亚被抢注，有近100个商标在日本被抢注，有近200个商标在澳大利亚被抢注②。

由于世界上多数国家均采取申请注册在先的原则，即谁先在该国申请注册商标，谁就拥有商标的专用权，并得到该国的法律保护。抢注者都是依据其所在国法律申请注册而取得商标权，被抢注商标的国内企业不论放弃原商标另创品牌，或是高价购回被抢注商标，亦或是通过法律途径撤销被抢注的商标，无疑都将增加企业的人力、物力、财力成本，更重要的是严重影响其发展海外市场。作为一种事后行为，跨国维权从根本上来讲是一种迫于无奈的被动选择，虽有补救的作用，但却无法完全弥补损失和消除影响，无法改变被抢注企业在国际竞争游戏规则中的被动境地，不少企业即使在付出巨大代价后仍然无法取得跨国维权的胜利。在应对海外抢注问题上我国企业应改变重救济而轻防范的倾向，不仅要亡羊补牢，还应该未雨绸缪，从被动走向主动，做到预防、维护与救济并重(窦鹏娟，2010)。

三、海外诉讼的应对

造成我国企业在海外诉讼中失利的原因主要包括三个方面。①我国多数企业不具有海外知识产权布局的战略意识，在海外的知识产权拥有量少，无法抗衡知识产权实力强大的国外企业。而传统的发达国家，如美国、日本、德国等国家的申请人，在其他国家进行知识产权布局、申请、要求获权的意识很强。不过，近几年中国的企业，尤其是在国际市场上拼杀的外向型的企业，这方面已经觉悟。已经有一些企业现已逐步成为真正意义上的跨国公司，不仅仅是产品、市场方面有竞争力，在产品的研发、市场分布以及知识产权获取上都进行了全球战略布局(陈福利，2008)。②我国企业知识产权风险防范意识差。很多企业仅仅短视地将产品销量、营业额等表面指标作为成功与否的标准，忽视知识产权风险，不进行知识产权检索就贸然"走出去"，也不注意保护自己的商标和专利。③我国企业不了解目标国的知识产权法律与诉讼程序，出现知识产权纠纷或被起诉侵权之后，无法有效应对，加之海外诉讼费用高昂，许多企业无力承担，只能接受不利后果。

总结我国企业在海外诉讼中的经验和教训，为了更好地应对海外诉讼，企业应当在以下方面予以注意。

---

① 漫谱有声爬行垫商标遭日企抢注,国内企业走出去需未雨绸缪,http://www.trademark.cn/soft/news/TmNews11220.htm.
② 中国知名企业商标被国外抢注损失惨重,http://blog.sina.com.cn/s/blog_623bb3a90100uge9.html。

(1) 积极在目标国取得知识产权。在经济全球化的背景下，随着企业实力的增长，跨出国门谋求海外市场已成为许多中国企业发展壮大的必由之路。如果企业生产的商品不仅仅意图在国内销售，还意欲打入国际市场，则应及时在目标国取得相应的知识产权，一方面为企业产品立足准备条件，另一方面防止其他企业的侵权指控，保证产品出口通路的顺畅。我国企业对已有的商标和专利在境外的注册数量一直保持较低的水平。企业应积极申请专利，在本国申请的同时，利用优先权制度，要及时在目标国申请专利。除了通过自行研发、委托他人开发、与他人合作开发技术并申请取得专利外，还可以从权利人处通过买断、要求授权、企业并购等方法取得专利权。通领集团能够赢得对美国莱伏顿公司的诉讼，正是由于其坚持技术创新，另辟蹊径自主研发永磁式漏电保护装置，拥有漏电保护断路器关键技术，并在美国和加拿大获得了12项发明专利，仅在美国就申请了7项专利，从而成功避开了竞争对手莱伏顿公司设置的专利技术壁垒(范炜, 2011)。

对商标而言，商标不仅应在本国及时注册，还应当选取意图进入的国外市场进行商标注册，取得商标权。而且企业还应考虑商标权的取得时机，只要确定了进入国外市场的战略目标，即便产品尚未出现在市场上，或尚未出口到他国，也应立即在本国及目标国申请商标注册，以防止被竞争对手抢注。及时申请并取得商标注册，为国外市场的开拓做好准备，可以避免商标被他人抢注之后的谈判回购以及诉讼将花费的巨额成本。

(2) 做好知识产权海外侵权预警和监测。侵权预警是防患于未然。专利预警工作一般包括数据检索和筛选、数据对比分析、专利侵权分析以及风险规避和应对。该项工作应当由企业技术人员、知识产权管理人员或法务人员组成的内部团队或专利代理机构、律师事务所等为企业提供服务的外部团队负责。通过使用检索工具和专业检索数据库进行预警检索，根据出口国家的专利法律法规以及相关规定，判断是否存在侵犯知识产权的情况。对可能发生的重大专利侵权争端和可能产生的危害程度等情况向企业决策层发出警报。通过对境外竞争对手已申请专利的分布及保护范围分析，防止本公司产品在出口到目标国后，遭受侵权指控，花费巨额资金应对诉讼，并承担最终被迫退出国外市场的不利后果。专利预警开展的思路是发现现实存在侵权危机，并设计合理方案预防这些危机。发现存在侵权风险时，可主动请求宣告风险专利的专利权无效，还可以主动与风险专利的专利权人沟通，取得风险专利的专利权或者实施许可，以避免侵权发生。开发针对风险专利的相关技术并申请专利，一旦相关技术是实施风险专利所需采用的，就可以与风险专利的专利权人进行交叉许可谈判，从而达到合法实施风险专利的目的。企业还可以通过规避设计，避开风险专利的权利要求保护范围，从而避免专利侵权风险。通领集团能够赢得对莱伏顿的诉讼，与其在进入美国市场之前，做了充分准备工作有直接关系。通领集团请美国律师针对莱伏顿公司相关专利进行了专利侵权分析，并由律师出具了不构成侵权的文件，从而做到知己知彼，心中有数，也为之后从容应对莱伏顿公司发起的诉讼并胜诉奠定了良好的基础。

对商标而言，涉外商标申请注册完成以后并不就是高枕无忧了，企业还需要在海外市场密切关注自己的商标，有实力的企业应该尽早完善商标海外监测制度，紧密关注是否有他人在使用或申请注册与自己商标相同或近似的商标。建立严密的境外商标监测系统，一旦发现他人申请相同或近似的商标，要在第一时间采取行动，向该国商标注册主管机关提出异议，阻止对方的商标获得注册，及时维护自身的商标权益。例如，五粮液在韩国争回商标权,剑南春、东方红在香港取回商标权,就是因为企业监测到自己的商标被他人抢注并及时提出了异议,及时维护了自己的权益(张跃,2010)。

(3)组织团队,开展诉讼。海外知识产权诉讼往往较为复杂、耗时较长,牵涉利益巨大,应当组织团队完成诉讼。这就需要组建一个坚强有力、专业精湛、工作高效的维权团队。该团队应当由熟悉企业涉诉技术及知识产权的技术专家、知识产权管理人员或法务人员、熟悉中国企业知识产权状况、具备在中国国内取证支持诉讼的条件和能力、熟悉目标国知识产权法律、诉讼程序,能有效地与国外律师就案件进行交流沟通的中国知识产权律师、具有丰富的代理中国企业应诉经验的目标国知识产权律师等人员组成。团队成员应分工负责,各司其职,尽早全面收集、组织有利的证据及抗辩或指控理由,以避免在诉讼中处于被动。

有学者指出,从市场规则的角度来看,中小企业是否有必要在海外获取或者维护知识产权,是否有必要提起侵权的诉讼,以及是否有必要将官司打到底,都应当从企业经营的角度加以考量。近年来,个别企业不计成本,在海外从事维权活动。然而,最后的结果却是赢了官司输了钱,甚至丧失了市场,这其中的经验教训值得总结。从市场规则的角度来说,知识产权是一种工具,企业获得和维护知识产权的终极目的是为了获得更大的经济利益。由此出发,包括中小企业在内的我国企业,应当做一个理性的市场主体,而非不计成本的维权者(李明德,2013)。

(4)寻求政府的支持。海外诉讼难度大、耗时费力,支出的诉讼成本高,涉诉企业应尽量寻求政府的支持,充分利用政府提供的各种资源和服务。我国政府也在积极探索如何更好地帮助企业做好海外知识产权维权工作。2011年11月,商务部成立企业知识产权海外维权援助中心,为企业搭建了解各国知识产权法律制度、维护自身合法权益的平台。从业务来看,海外维权援助中心开展的重点工作为:海外维权专家库、重点联系企业库、法规资料库的建设与维护,海外知识产权信息预警,重点行业知识产权竞争与布局调查,建立涉外知识产权重大纠纷协调处理机制,通过政府间知识产权交流机制推动知识产权重大案件的解决,提供境外展会知识产权服务等工作,并通过培训、研讨、宣传等形式帮助企业提升知识产权海外维权的意识与能力。一些地方政府如深圳市、北京市、江苏省等相继出台了《企业知识产权海外维权指引》,维护企业在开拓海外市场进程中的合法权益。还有的地方政府对企业知识产权境外维权进行资金援助。在企业遭受知识产权侵权或者受到指控时,政府支持的知识产权维权援助机构提供申请知识产权法律状态的查询、侵权与否技术判定参考意见、应对风险的策略咨询等援助服务(张红辉和周一行,2013)。

第二节 美国337调查及应对

一、美国337调查概述

美国337调查起源于美国1930年关税法第337条,该条后修正编入《美国法典》第19卷第1337节。根据该条款的规定,凡进口到美国的外国产品,不论以何种形式如销售、出租、寄售等进入美国,若其侵犯了美国本土产业现有或正在建立中的合法有效的具有执行力的专利权、注册商标、著作权或外观设计、专有技术等，即构成对337条款的违反，美国国际贸易委员会都可进行调查并采取制裁措施。实践中，337调查大多与专利权有关（薄守省 等，2005）。美国国际贸易委员会（International Trade Commission，ITC），是美国专门负责国际贸易管理的行政机构，其职责主要是调查和监督国际贸易行为，防止和处罚国际贸易中的不公平竞争行为。根据337条款进行调查，是ITC的一项重要职能。

337调查案件涉及的进口产品范围广泛，无论是美国企业还是外国企业，只要其在美国拥有知识产权，如认为进口到美国的产品侵犯了其知识产权，便可向美国国际贸易委员会提出调查申请。如果起诉符合条件，美国国际贸易委员会就将启动对被诉产品的调查。被告必须在收到起诉状20日内提出答辩。原被告之外的其他人，如果认为案件的处理结果与自己有利害关系，可以向负责案件审理的行政法官提出申请参加诉讼，是否允许参加，由行政法官决定。为提高正式审理的效率，由行政法官主持一个审理前置程序，即发现程序，通过这一程序，当事人可以要求对方披露与案件有关的事实或信息，或从对方获取必要的证据。正式听证会之前，主审行政法官会主持举行一次或一次以上的预审会议，以简化和明确争议点和诉讼请求，确保需要听证的范围，对证据或事实、文件的真实性予以确认，进行证据交换等。听证会，即正式审理程序，由双方当事人提出证据，质询对方、进行辩论。听证会后，行政法官审查完毕当事人提交的证据和辩论书状，根据听证会所达成的结论，对案件作出初步裁定。初步裁定应当在调查程序开始后15个月内作出，最长不超过18个月。

当事人对初步裁定不服，可以向ITC提出复审请求，请求书须详细提出不服裁定的争议点及理由，凡请求书中未列举的争议点，都视为接受，日后不得再向ITC或联邦法院提起。ITC接到复审请求书后进行审查决定是否准许复审，如未在法定期间内（通常30日或45日）作出复审决定并发出复审通知，视为拒绝复审请求，初步裁定即成为最后裁定。如同意复审，则会在通知中明确指出对哪些争议点进行复审。复审的结果可能是维持原裁定，或撤销原裁定、改判、驳回或发回重审。如果ITC的复审裁定被告违反了337条款，它将向总统提交一份裁定副本并将裁定结论在联邦公报上公布。总统有权从政策角度对裁定进行审查，衡量这一裁定的利弊。如总统审查后不同意执行该裁定，则ITC在接到通知后应停止裁定的执行。总统审查的期限是60日，如果未能在期限内作出否决，则视为批准了ITC的最后裁定。对于ITC的最后裁定，当事人可以以ITC为被上诉人向联邦巡回上诉法院提起上诉。当事人提起上诉争议的事项，以在ITC申请复审时提出的事项为限，凡复审中未提出的事项，在向法院上诉时也不得再提起。

在调查程序进行过程中允许原被告双方进行和解。例如，原告授予被告许可权，而被告向原告支付使用费，或者被告统一收回产品。和解协议达成后，必须征得ITC同意，经批准同意和解的，调查程序即告终结。ITC认为和解协议不违反公共利益的，一般会予以批准。如果双方未达成和解，而被告被认定侵权成立，ITC将提供三种救济措施：有限排除令、普遍排除令、停止令。有限排除令是禁止被列名为被诉企业的侵权产品进入美国市场的救济措施。该排除令的对象是特定的，仅仅针对337调查案件中的被调查的侵权企业的侵权产品，排除令可以适用于被调查企业现在和今后生产的构成侵权的所有类型的产品。普遍排除令是针对某一类侵权产品发布的全面禁止进口的命令，不论该产品来自哪些国家或地区的哪些企业，不论该产品的生产销售者是否在337调查案件中被列为被告。普遍排除令威力巨大，即使那些未被列入被告的企业的产品，也可以被禁止进入美国市场。普遍排除令的适用有严格的条件限制，即侵权人有规避有限排除令的可能，产品普遍性地侵权，难以确定具体的被告和侵权产品的来源。ITC在保护美国原告利益方面是不遗余力的，只要原告的证据使委员会确信存在普遍的侵权行为，除了调查的被告外，尚有众多的外国厂商在跃跃欲试向美国出口侵权产品，ITC就会考虑启用普遍排除令。由于ITC也意识到普遍排除令一定程度上会影响正常的贸易，一般而言，ITC希望原告尽可能地将被告全部列出，包括已进入美国市场或即将进入美国市场的厂商；在决定给予普遍排除令时，ITC还会考虑海关执行的难度以及是否会过度影响正常贸易（薄守省 等，2005）。停止令是针对已经进入美国的产品，命令其所有人停止销售或者以其他方式进行利用。原告要获得停止令的救济，需要向ITC证明进口产品的库存数量较大，具有显著的商业意义，如数量不大，并不会对市场产生有意义的影响，ITC可能不会签发停止令，而允许销售剩余的侵权产品存货。

申请人可以在向ITC提交立案申请书至ITC作出终裁前的任何时候申请临时救济措施。如果ITC初步认定存在违反337条款的行为，并且如果不采取临时救济措施将会对美国国内产业造成立即的、严重的损害，则会签发临时禁止令或排除令，对被告产品禁止进口、禁止销售或扣押等。当初步裁定作出后，临时救济措施将予以修改或撤销或以永久排除令代替。ITC作出的停止令、排除令等救济措施，自身并无执行权。停止销售命令由ITC提请法院执行，排除令则由美国海关与边境保护局执行。海关执行的方式是禁止被诉侵权产品进入美国各港口或对入港产品进行扣押。停止销售令则是以罚金方式执行，违反停止销售令而出售的，可处以罚款。337调查不能给予原告损害赔偿的救济，如果原告想获得损害赔偿，应到法院起诉。

二、337调查给我国企业及相关行业发展带来严重不利影响

337调查侵权成立可能导致一个企业甚至整个行业的相关产品丧失美国市场，337条款已被认为是目前国际上最具变通性和杀伤力的贸易保护手段。我国企业遭受美国337调查始于1986年，从1995年开始，美国每年都对我国企业提起337调查，自我国加入WTO后，出口产品结构从原先单一的资源密集型开始向资源密集型与劳动密集型并重、技术密集型为补充的综合出口产品结构过渡，技术含量高、附加值高的产品出口增长迅猛。美国作为中国最大的出口市场，出口额持续增长。我国企业成为337调查被告的数量更是呈逐年增加的态势。频繁的337调查，已给中国相关企业造成了重大损失，成为继反倾销调查后制约中国产品出口的主要因素。因此，337调查是我国较长时期内不能回避的难题，我国出口企业必须对此予以充分重视。

337调查涉案产品主要集中在电子、化工、机械等行业，给我国相关产业发展带来巨大不利影响。一些企业由于遭受337调查，出口和生产受到极大影响。例如，河北苏科瑞科技有限公司因美国泰莱公司提起的三氯蔗糖337调查案而一度陷入困境。该公司2005年开始出口涉案产品，产品供不应求，因337调查导致该产品的二期扩建工程停建，产量

仅为公司产能的1/10,出口大幅萎缩,众多客商暂停了与该公司的业务关系,使企业经营遭遇诸多困难。珠海炬力集成电路设计有限公司(简称炬力公司)在美国音视频集成电路设计企业矽玛特发起的337调查中,被ITC裁定侵犯了后者的两项专利权,并对炬力公司的侵权产品发布有限排除令和停止令。虽然炬力公司在一年后与矽玛特公司达成和解,但337调查的败诉对炬力公司产生了多方面不利影响,炬力公司不仅投入大量人力、物力,律师费支出达800万美元,而且丢失了大量客户。爱国者等公司停止向炬力公司采购MP3芯片,转而与炬力公司的最大竞争对手Sigmatel公司结成了上下游结盟合作伙伴,约定50%以上的爱国者MP3采用Sigmatel公司提供的芯片。337败诉对炬力公司的市场声誉也造成很大负面影响,2006年3月,炬力公司纳斯达克股价为9.94美元,ITC下达终局裁定时,其股价跌至8.29美元;2007年6月双方达成和解时,炬力公司的股价只有5.18美元(张平,2010)。

一些企业因337调查的应诉难度较大,费用高、取证时间短、法律专业性、复杂性程度高等原因不应诉,放弃主张权利,导致被判排除令,退出美国市场,从而使企业遭受重大损失。2000年11月7日,原告美国LPJ公司向ITC申请337调查,诉称其拥有的美国专利遭到被告中国常州华邦制药集团有限公司(简称华邦公司)等侵犯。本案涉案产品是4-雄烯二醇(一种用于健身的睾酮刺激剂)。被告除华邦公司以外,其他中国企业均没有应诉。由于华邦公司应诉程序不全,未在规定时间内提供有效证据,被判定未进入337调查的应诉程序。ITC缺席判决,认定华邦公司等侵权成立,发布有限排除令。相关涉案企业由此丢失了美国市场(张平,2010)。2004年5月17日,美国企业Newspring Industrial Corporation起诉中国江苏舜天股份有限公司和台州华森日用品有限公司进口的食品塑料容器侵犯其美国专利,要求ITC发布普遍排除令。由于两被告均未答辩,行政法官缺席判决,认定江苏舜天股份有限公司侵犯了原告三项专利。ITC最终裁决侵权成立,并且颁布普遍排除令,由此中国企业生产的所有相关的塑料食品包装盒类产品无法再进入美国市场[①]。

我国企业遭遇337调查,面临着如下不利因素。①海外诉讼难度大、费用高。我国企业在美国被诉,不了解美国337调查规则,且语言不通,必须聘请美国律师协助完成应诉。337调查案件的诉讼费用非常昂贵,一般都在200万～400万美元,有些案件,如美国福莱克斯公司针对山东圣奥公司等发起的337调查,山东圣奥及其盟友的诉讼支出高达2000余万美元。高昂的应诉费用使得许多被诉企业望而却步,一些企业无力应诉,只能不得已放弃美国市场。②应诉时间紧。337案件审理期限比较短,自发布公告之日起,一般12～15个月结束调查并作出最终裁决。337调查立案后,被诉企业必须在文件送达之日起的20天内予以书面答辩,并在5个月内完成证据的收集和披露,时间极为紧迫(张平,2010)。③制裁措施严厉。被诉企业被裁定侵权成立,如发出有限排除令,不仅被诉企业现在的侵权产品不得进入美国市场,包括该企业今后生产的构成侵权的所有产品也将被排除在美国市场之外。如果ITC发出普遍排除令,则不仅被诉企业的侵权产品,所有其他未参与337调查的同行业企业生产的同类产品都被禁止进入美国。

---

① 美国国际贸易委员会网站,http://pubapps2.usitc.gov/337external/?f=info&v=RemOrd/514/$File/337-TA-514.pdf。

三、我国企业应对 337 调查策略分析

(一)增强技术实力与知识产权意识,有效预防纠纷发生

面对 337 调查,我国应诉企业面临收集证据难、费用高昂、法律制度差异等重重困难。因此,企业的最优选择是练好内功,避免卷入 337 纠纷。

(1)积极创新,加大研发力度,及早获取知识产权。企业应该充分重视技术创新,加大研发投入。如果相关产品可能出口美国市场,要积极取得美国知识产权,这是避免 337 调查的最有效手段。以专利为例,专利先行已是国际市场竞争的惯用战略。而中国企业由于缺乏战略眼光和资金,很少在国外申请专利,这已严重影响了中国企业在国外市场上的竞争力。由于美国 337 条款同样保护外国公司基于美国法律所取得的知识产权,因此中国企业就相关技术取得美国专利不仅可避免遭受 337 调查,还可以将 337 调查作为中国企业保护自己利益而运用的竞争策略与进攻工具,利用 337 调查制止进口侵权行为,维护自己在美国市场的利益(范晓波 等,2009)。

(2)注意专利检索与专利信息的利用。为避免技术成果侵犯他人专利权,企业在技术研发开始前、研发过程中、产品出口之前各个阶段都应该密切关注相关技术信息,尤其是专利信息。研发前通过专利检索,了解相关技术信息,有助于确立研发方向,避免浪费资源。由于每天都有专利获得授权,专利技术信息是不断更新的,应在研发过程中随时进行专利检索,保持对专利信息的关注,以便在必要时改变研发方向,避免不必要的投入。企业产品出口美国之前,必须全面进行一次美国专利检索,如果发现相关专利,则通过与权利人协商取得许可,而进入美国市场,或者将产品转向其他没有此项专利保护的美国之外的国家和地区。这样做将使遭受 337 调查的风险降到最低。因此,企业应充分重视培养能熟练进行专利信息检索与利用的人才,以使专利检索工作有效开展(范晓波 等,2009)。

(3)妥善保存各种技术研发数据资料,为可能发生的纠纷做好证据准备工作。企业一旦卷入知识产权纠纷,不论是作为原告主张权利还是作为被告抗辩侵权不成立,都需要提供完全的证据材料。证据是赢得诉讼的关键,各种技术研发数据资料都有可能成为重要的诉讼证据,技术资料的遗失可能直接导致败诉的不利后果。337 调查中,应诉需提交的证据材料更是多达上万页,大多需要的是原始材料。因此,企业从科研项目开发到建设的每个过程都要做好原始资料的积累,以便在 337 调查中,有备无患,有效证明自己的主张(范晓波 等,2009)。

(4)利用合同条款降低 337 调查的不利后果。企业如系接受外商委托加工产品并出口,应特别注意该产品是否涉及知识产权,并要求外商提供该产品的有关知识产权证明文件。若外商既非权利人又无适当的授权证明文件,则需要考虑规避法律风险,应在合同中订立"任何有关侵犯知识产权的情况都应由该外商负责并赔偿己方损失"的条款。

(二)权衡利弊得失,灵活运用诉讼策略

(1)与权利人和解,保留美国市场。在 337 调查中,和解是一个重要的策略。贸易委员会积极鼓励各方当事人达成和解,并且在事实上强制要求各当事方在调查过程中就和解

事项进行讨论。什么时候和解、如何进行和解以及和解的条件都是应诉方在诉讼之外需要考虑的重要的商业决定。商业上的考虑和案情的状况都会影响能否和解,并决定和解条件。应诉方可以同意不再进口和销售涉案产品而取得和解,也可以通过获得许可或交叉许可而和解(霍金,2009)。据 ITC 统计数据表明,在 337 调查案件中,有 50%是通过双方和解解决的。如果我国企业经过充分分析和论证,认为我方进口产品确实侵犯了原告的知识产权或侵权可能性极大,而又不希望放弃美国市场时,则可以适时选择与对方和解的方式结束 337 调查,以向美国专利权人支付专利费为代价而保留美国出口市场。对于我国企业而言,是否达成和解,关键是要在出口市场的利润与专利使用费的数额之间衡量,需要通过谈判寻求合理的许可使用费。

(2) 积极应对调查,据理力争,充分维护自己的权益。337 调查案例表明,成为 337 调查的被告不一定被裁决构成侵权。ITC 统计数据显示,1999~2003 年,在 337 调查案件中,除双方达成和解协议的案件占 50%之外,其中有 20%的案件是外国企业侵权不成立的,14%是美国企业自行撤销诉讼的,只有 16%是侵犯美国企业知识产权的。因此,被调查企业有较大胜诉可能。但一般来说,只有被调查企业积极应诉,才能得到不侵权的认定结果。337 调查结果主要依赖原被告双方提交的证据材料,若不积极应诉,等于放弃申辩的机会,默认侵权成立。如果被告未能在法定期限内对原告的诉讼提出答辩,而自己又不能证明有正当不答辩理由,行政法官有权进行缺席审理并作出裁定,缺席裁定将对被告十分不利。从 337 调查实践看,如果被告不应诉,通常原告绝大部分诉求都将得到满足,不论是有限排除令还是普遍排除令都会给涉诉企业乃至相关行业带来巨大的损失。同时被诉企业会因被认定侵权,导致其国际市场的声誉遭受损害,进而影响市场份额。因此,对中国企业来说,如果认为自己的产品不构成侵权,而美国市场对企业发展意义重大,那么,躲避、不应诉都是不明智的选择。企业应当委托精通"337 调查"的国内外律师积极搜集证据,争取胜诉(张平,2010)。反之,如果侵权可能性大、产品在美国市场所占份额小、利润少、发展前景有限,相比应诉费用将得不偿失,则可选择不应诉。

如果企业自身并未被列入 337 调查案的被告中,但如果企业认为案件裁决结果与自己利益攸关,可以向 ITC 申请,加入到诉讼中。2007 年,当 25 家生产三氯蔗糖的中外企业被泰莱公司在 ITC 起诉时,捷康公司认为,如果中国涉案企业被判普遍排除令,自己公司也将被排除在美国市场之外,前期所做的很多市场投资和销售渠道建设都将付之东流,为保护自己的市场和客户,占据市场主动权,且自信捷康公司的生产工艺不侵权,于是向 ITC 递交了主动参与 337 调查的申请,最终被判其产品没有触犯 337 条款,而未参加诉讼和被判定侵权的被调查企业的产品被禁止出口到美国。捷康公司主动加入 337 调查并胜诉,给捷康公司带来诸多好处,公司知名度提升、销售网络建设加快、取得市场主动权,其仅用一年时间便跃居 2008 年中国出口和生产的第一位、全球第二位(张平,2010)。

在 337 调查中,针对原告指控,我国企业可采用以下抗辩策略。①主张原告专利无效。专利无效抗辩在 337 诉讼中可谓是"釜底抽薪",这是对诉讼根据发起的攻击。主张专利无效,往往重在否定专利的新颖性和创造性。②证明原告存在不公正行为。专利申请人在专利局申请专利的过程中,负有善良及诚实之义务。违反此义务者,包括虚伪陈述重要事实、未揭露重要事实或提供错误之重要信息,加上欺瞒意图,即构成不公正行为,亦即所谓"专利申请之诈欺"。不公正行为将导致该专利不可实施，专利权人于剩余的专利年限内，即不得再主张专利权(张平，2010)。③通过分析专利权利要求的保护范围，进行技术对比，证明自己采用的技术与原告专利技术不相同，不构成侵权。在原告专利无法被撼动的情况下，通过技术比对证明不侵权就成为最重要的抗辩手段。

(3)整合行业资源，应对337调查。337调查诉讼费用高昂、提供证据时间短暂等特点给被诉企业带来极大的压力，甚至一些企业根本无法独自承担，而337调查的后果又往往并不仅仅对被诉企业产生影响，而是会影响到相关产业或行业，未被调查的企业也可能遭受不利后果，被禁止同类产品出口美国市场。因此，这就要求相关企业为了共同的利益团结一致，发挥集体的力量应对337调查。在2003年美国劲量控股公司和EVEREADY电池公司诉包括中国和中国香港地区企业在内的24家企业侵犯其无汞碱性电池专利权的337调查中，中国电池工业协会动员了全行业的力量，组织9家被列名的中国电池企业以及9家相关企业，组成一支18家企业联合应诉团队，共同聘请了著名的美国霍金豪森律师事务所作为代理律师，还组建电池行业技术专家与教授联手的应诉专家工作组配合应诉，经过15个月的艰苦抗辩，最终胜诉。这一事例表明，有效整合行业资源共同应诉有助于我国企业赢得337诉讼，而行业协会可以在337调查中成为最佳组织者，发挥集体力量，维护本行业企业的利益。

(三)通过产品重新设计进入美国市场

如果我国企业在337调查中败诉，被判侵权成立，ITC发出普遍排除令或有限排除令，企业仍可以通过重新设计产品进入美国市场。如果涉案产品部件是企业制造的产品，则企业应当进行新产品的研发，通过产品替代重新进入美国市场。目前，重新进入美国市场的认定方式有两种：一是ITC认定，通过对产品的重新设计，向ITC提出出具咨询意见的申请，请求ITC认定其重新设计的产品并不构成对原告专利的侵权，重新进入美国市场；二是美国海关认定，请求海关认定重新设计的产品在ITC排除令的范围之外，从而进入美国市场(张平，2010)。

第三节　展会知识产权风险与应对

一、我国企业境外参展遭遇知识产权纠纷

近年来，随着对外开放的不断深入和"走出去"战略的实施，越来越多的企业走出国门，开辟国际市场。海外展会是国际贸易的前沿阵地，企业通过境外展会参展，向世界展示其产品、技术和品牌，对增强我国企业国际竞争力、扩大产品出口发挥了积极作用。据统计，目前我国每年有将近20000家企业参加各种境外产品展会，足迹遍布全世界60多个国家。欧洲是中国的传统海外市场，去欧洲参展是众多中国企业的首选，特别是展览大国——德国。在德国一年要举办100多场具有影响力的国际展会，全球70%左右的知名展会均在此举办，其中包括，汉诺威国际信息及通信技术博览会(Centrum der Büro- und Informationstechnik, CeBIT)、汉诺威国际工业博览会，柏林国际消费类电子产品展览会，

纽伦堡国际玩具展,纽伦堡国际打猎、运动武器及户外用品博览会以及法兰克福车展。包括这些著名展会在内的德国展会活动处于世界领先地位,每年都吸引全球各地大量参展商与观众前来参加(汉斯·戈达和卡尔·理查德·哈尔曼,2010)。

展会是知识产权产品的汇集地,也就成为知识产权纠纷的高发地,由于个别参展企业知识产权意识不强以及一些发达国家以知识产权执法为手段加强贸易保护等原因,我国企业在境外参展遭遇知识产权纠纷甚至被以涉嫌知识产权侵权名义查抄的现象时有发生。2006年10月初,在法国巴黎举办的世界制药原料展览会上,我国无锡金丽洁公司、南京砝蔚化工公司等3家企业被赛诺菲-安万特集团指控专利侵权,随后法国内政部有关部门对这3家企业的6名参展代表进行了扣押,并展开了司法调查,当天参展的中国医药企业全部"弃柜"回国,造成了中国企业都有侵权嫌疑的恶劣影响,这一事件被称为中国医药行业的"巴黎门"。2007年3月德国汉诺威电子展上,我国华旗、纽曼、迈乐数码、深圳超人、台积电等企业的MP3和MP4展品因涉嫌侵犯专利权,经意大利Sisvel公司申请而被查抄,部分展品被德国警方没收。2008年3月,德国汉诺威CeBIT大展,意大利的专利管理公司Sisvel、飞利浦、索尼爱立信和瑞士军刀,分别针对MP3、DVD、手机和U盘侵权行为,进行了查抄。涉案的51家参展商中,24家来自中国内地,3家来自香港,12家来自台湾[①]。2008年8月29日,柏林国际消费类电子产品展览会开幕当日,德国海关发起了更大规模的清查活动,包括我国海信、海尔厂商在内的69家参展企业被列入调查名单,约170款平板电视、140款MP3播放器、21款手机以及57款DVD刻录机被当局检查并没收(毛金生等,2012)。2010年4月,全球工程机械领域规模最大的展会——Lauma2010在德国慕尼黑举行。此次展会涉及中国企业的共有8起知识产权纠纷发生(江琳,2010)。在德国法兰克福照明和建筑展览会上,德国ABB施托茨接触元件有限公司从展览会上收集到了浙江省温州4家参展企业的侵权证据后,当即向布伦瑞克地方法院申请临时禁令,法院在展览期间即颁发了临时禁令,给中国其他参展企业的形象也造成重大影响(潘灿君,2012)。

二、展会知识产权执法措施

展会具有时限性,一般贸易类国际展会的持续时间为3～5天,权利人在如此短的时间内针对展会上出现的侵权行为进行证据收集、完成诉讼过程较为困难。而制止展会上的侵犯知识产权的行为,对于权利人具有重要意义。如果参展商的侵权行为未能在展会期间被及时制止,展会之后,侵权产品可能广泛蔓延,而那时的侵权人与侵权产品难以查找,权利主张难度更大。因此,针对展会期间的侵权行为,往往采取快速执法,于是临时禁令就成为最有效的执法方式。临时禁令,属于暂时性措施,系由法院在诉讼前或者诉讼中发出,以防止其在作出最终裁决之前当事人遭受难以弥补之损害的命令。欧洲议会以及理事会于2004年4月30日颁发了《关于知识产权执法的2004/48/EC号指令》,指令第4章专门对临时和预防措施进行了规定,其第9条第1款规定:"各成员国应当保证司法机关依申请人的申请享有以下权力:对侵权人发出临时禁令以防止任何即将发生的知识产权侵

[①] 境外参展中国企业知识产权典型案件, http://blog.sina.com.cn/s/blog_4bf771cf0100h9eg.html。

权,或者禁止被诉侵权行为的继续,或者允许继续该行为但必须提交担保金以保证对权利人的赔偿;裁定扣押或者交出怀疑侵犯知识产权的商品以防止其进入商业渠道或者在商业渠道中流通……"同时,其第4款进一步规定:"各成员国应当保证,必要时可以在被告还没有听证的情况下采取上诉所述的临时措施,尤其是任何拖延都可能对权利人造成不可挽回的损失的时候。在这种情况下,最晚应当在该措施执行后毫不迟疑地通知相关当事人所采取的措施。"指令的上述规则为欧盟国家采取临时禁令提供了明确的国际法渊源,各国针对国际展会上的侵犯知识产权的行为,较多地采取临时禁令以快速、及时地防范与制止侵权(毛海波,2013)。据统计,在2006年科隆五金展期间,在两天半时间里,德国法院就下达了近70个临时禁令[①]。

临时禁令具有这样几个特点。①案件具有紧急性、迫切性。原告必须使法院确信,案件是紧急的,如果不采取措施,会给原告带来不可弥补的损害。②案件本身法律关系比较简单明了,可以由法院以简略的临时禁令程序进行处理。以专利侵权为例,一般来讲,若此案涉及两个专利之间的等同侵权问题,则原告很难获得临时禁令。同时,争议中的知识产权的效力比较清楚,如果专利权的有效性尚有疑问,法院不会适用临时禁令。③法院以裁定方式决定,不需要写事实理由。④可以立即强制执行。申请人可以请求法院派人查封或者没收侵权商品。如果被申请人拒绝执行临时禁令的决定,执行人可以要求警方协助。如果被申请人表现顽固,法律甚至允许将被申请人临时拘留(毛金生 等,2011)。

临时禁令的停止侵权要求,不仅要求参展企业停止在展会上的展示行为,如撤下侵权产品和相关宣传海报和资料,还要停止在参展国境内的一切有关侵权商品的营销活动,如撤回广告,召回已投放市场的产品等。法院的令状还会命令查封和扣押涉嫌侵权的产品,如展出的设备或者机器。对于民事法庭作出的禁令,被告必须在送达之时立即无条件执行。如果法庭命令查封财产,法警就会扣押相应的物品,由其看管,直到后续的主程序作出生效判决为止。如果被告拒不执行,经申请人的申请,法院会下令处以罚款(通常是重罚)或者监禁(汉斯·戈达和卡尔·理查德·哈尔曼,2010)。取得并执行禁令这一措施,是权利人手中颇具杀伤力且行之有效的武器。禁令的取得相对容易,执行也比较简单,而被控侵权人的防御手段却处处受制。而且,临时禁令常常是在出其不意的情况下出现,让被控侵权人措手不及,比如在展会开始的时候送达,这就完全打乱了参展商的参展计划(汉斯·戈达和卡尔·理查德·哈尔曼,2010)。

除临时禁令之外,各会展举办国还为展会提供其他民事、行政、刑事保护。由于德国是展会大国,其对展会的知识产权的保护可谓全面周到,下文将重点以德国为例,探讨对展会知识产权的保护。在民事法律实践中,知识产权人可以向侵权的参展商发出警告信来制止侵权。警告信没有直接的法律约束力,如果侵权人接受,就此停止侵权,对权利人来说是最好的解决方案。很多警告信是在开展前发出的。德国专利法规定,如果专利权人在诉前没有向被告发出警告函,则原告必须支付全部诉讼费用,而在发出过警告函的情况下则不必支付全部诉讼费用。因此,原告在提起侵权诉讼前一般会送出警告书。

正式起诉也是德国展会上常见的法律手段之一。尽管通过正式起诉原告不能像用临时

---

① 张琳,李岩,朴秀,2008[2008-03-03]. 中国企业的海外参展路,http://21csp.com.cn/html/View_2008/03/03/FA1F3B1272.shtml.

禁令那样,马上就能达到禁止对方继续使用相关商标或专利的目的,但正式起诉仍然是德国和欧洲企业在展会上经常采用的方式之一。这里面的原因之一是在展台上可以很方便地送达起诉书。然而按德国民事诉讼法,如果外国企业来德国参加展览会,那么在展会召开期间,展台也属于该企业在德国的"营业场所",而营业场所也是可以有效送达起诉书的地点之一。如果被告不按时应诉,法院会做缺席判决。第二年参展时法院的缺席判决已经成为不能救济的判决。结果原告带着法庭执行员来对判决进行强制执行,在展会头一二天就把展台上所有的展品没收抵债,使中国参展商白来一场。这样原告在头一年展会没能达到的目的,在第二年展会上却充分而全面地达到了。

德国加大了在展会中对侵犯知识产权的打击力度,针对展会民事诉讼出台了速判速决的新规定,只要提交的具体侵权证据确凿,法院在 2 天内即可判决,并赶在展会期间下达判决书。检察院拿到判决后立即奔赴展馆向侵权者出示判决书并要求当场签字承认,并处以重罚(江琳,2010)。在德国,展会知识产权的行政程序是指知识产权边境执法程序。欧盟条例授权成员国海关对进口到欧盟的侵权产品予以扣押、没收并销毁。各国海关不仅可以在边境(机场、港口等)采取行动,还可以在本国境内,特别是对那些只是暂时从第三国进口到本国、为在本国的展会上展出的产品采取行动。目前在德国,专利、实用新型、外观设计、商标和版权可以取得海关执法保护。权利人将自己取得的知识产权向海关进行备案登记。如有涉嫌侵权的货物入境,权利人可以申请海关予以扣押,海关也可以在有重大侵权嫌疑的情况下自行决定扣押。海关作出决定只需要确定货品有侵权嫌疑即可,是否确实构成侵权最终将由法院确定[①]。

除了民事救济措施和海关扣押措施之外,知识产权权利人还可以向刑事执法机构举报侵权嫌疑人,指控该嫌疑人涉嫌进口、许诺销售或者销售侵权产品,这可能会导致警方展开查封行动,以及检察官启动刑事调查程序。在警方查封之后,会对责任人处以罚款,并对查封的货物予以没收、销毁,刑事程序常常就此终止。如果是情节比较严重的案件,刑事程序的结果可能是处以高额罚款,在特别罕见的案件里会出现判处责任人有期徒刑的结果(汉斯·戈达和卡尔·理查德·哈尔曼,2010)。

值得一提的是,一些国际展会组织者为解决展会知识产权保护问题,提出了其所组织的展会处理知识产权纠纷的规则。2001 年,意大利米兰马契夫秋季国际贸易博览会采取了一种由参展商自动采用和认同的特定的"知识和工业产权服务规定"。米兰国际博览会、意大利维罗纳国际石材展览会、维罗纳国际工程机械展之后也分别采用了该规定。1986 年,瑞士巴塞尔国际钟表和珠宝展成立了一个名为"专家组"的仲裁委员会,并确立了专门的规则,专为处理展会期间发生的侵犯知识产权的投诉,保证展会秩序和展会期间知识产权受到尊重。上述这些国际展会组织者自行制定、实施的知识产权保护以及纠纷解决规则,对权利人申诉条件、被申诉人答辩、证据采集、展位展品及宣传资料的检查、裁决人员的组成以及裁决程序等作出了详细规定,具有相当的权威性,相关的专家具有丰富的知识和阅历,参展商必须遵守并执行相应的裁决(毛海波,2013)。

---

① 张燕云. 德国展会上常见的知识产权纠纷策,http://patent.iprlawyers.com/news_show.asp?id=319。

三、展会知识产权风险应对策略

针对我国企业在国外参展遇到的一系列知识产权问题，我国相关行政部门积极研究制定对策，进一步加强企业境外参展知识产权管理工作，树立我国企业保护知识产权的良好形象，维护我国企业合法权益，促进我国产品出口平稳健康发展。2009年2月10日，知识产权局、外交部、工业和信息化部等9部门联合发布了《关于加强企业境外参展知识产权工作的通知》，通知对于行业主管部门、知识产权行政管理、出境参展管理等有关部门从预防、援助和协助企业自我维权3个方面提出10项应对措施。通知指出，要引导企业加强境外参展知识产权管理；指导组展单位加强对企业参展项目知识产权状况审查，建立境外参展企业知识产权相关情况信用档案；积极提供境外展会知识产权法律服务；加强与境外展会主办方的沟通和协调，深入了解展会主办国知识产权法律法规和展会执法情况，及时反映我国参展企业的要求；加大对知识产权滥用的对外交涉力度，研究制定符合我国实际的知识产权海外维权机制和争端解决机制；鼓励企业申请、注册和购买境外知识产权，从源头上减少或避免知识产权纠纷；引导企业建立知识产权合作机制，集中行业力量共同应对知识产权纠纷，降低风险，分摊成本；加大对企业知识产权管理能力的培训；积极宣传我国知识产权保护成就，树立我国企业良好形象；加强对境外参展知识产权有关工作的统筹协调，建立部门间信息通报和合作机制。我国各政府主管部门如能切实落实上述应对措施，无疑将会极大地改变我国企业目前境外参展的局面，有力促进我国企业开拓国际市场。从参展企业角度，应当从以下一些方面做好工作，有效防止和应对知识产权纠纷。

(1) 参加展会的企业应当积极创新，加强对参展产品的研发，及时向产品可能销售的国家及展会举办国申请取得相关知识产权。这样做，一方面有利于维护自身的利益，防止他人侵夺自己的知识成果。另一方面，有利于在遭遇侵权指控时，针锋相对进行抗辩或与提出侵权指控的企业进行交叉许可，化解纠纷。千万不要以为，自己已经在本国取得了相关知识产权就可以高枕无忧，知识产权具有地域性特点，只有在展会举办国获得知识产权，才能在展会中有效维护自身权利并对抗他人的侵权指控。

(2) 企业应当对自己的参展产品的知识产权情况做到心中有数。应当通过专业人员对竞争对手在参展国取得的与参展产品相关的知识产权进行检索，并同自己的参展产品的标志、技术或设计进行比对，评估侵权的可能性。将侵权可能性大的参展品，排除出参展名录，或对其通过规避设计，消除侵权因素之后，重新列为参展品。

(3) 企业境外参展前，应当了解与展会相关的知识产权保护规则。参展企业应充分了解展会举办国与展会相关知识产权规则及相关诉讼规则，所参加展会的组织者发布的知识产权规则，一方面遵守相关规则，以保证顺利参展，另一方面，懂得利用相关规则，维护自己的权利。参展企业应当聘请熟悉展会举办国知识产权法律的法律顾问或律师，充分了解并及时解决法律风险，避免纠纷发生。对于意图开辟并长期占领展会举办国相关产品市场的企业，可以通过国内律师事务所与展会举办国的知识产权合作律师建立长期稳定的业务联系，由展会举办国知识产权律师提供相关咨询、分析等专业服务。

(4) 提交保护信函。如果检索结果显示，有一定的可能性会构成侵权从而引发权利人的进攻,但是同时对于权利的有效性和是否构成侵权这两点又存在合理的怀疑,那么就应当在使用产品之前提前足够的时间来撰写保护信函。针对民事法庭颁发的诉前禁令,最行之有效的防御措施就是提交保护信函。实践中,在提交了保护信函的案件中,法院通常不会不经庭审就直接颁发诉前禁令。这样,保护信函的提交人就取得了庭审的机会,就可以利用这一机会,平等地在法官面前陈述自己的主张,不必担心在毫不知情的情况下突然收到一份已经生效的诉前禁令,大大降低了所面临的风险。保护信函应当包括以下内容。①将来可能会提起法庭程序的当事人。在这里应当尽可能列出所有潜在的申请人,包括权利人、权利人的关联企业、许可人或被许可人。②将来可能发动的攻击中,申请人将会主张什么权利;③简要地介绍案件的事实情况和来龙去脉。④从法律角度来论证为什么应当拒绝颁发诉前禁令,包括论证不构成侵权,或者作为申请基础的知识产权应当是无效的。⑤很多时候,可以主张当事人之间的冲突已经持续相当一段时间,或者潜在的申请人知晓被控侵权行为的存在已经有一段时间了,这样就可以破坏颁发诉前禁令的紧迫性要件。⑥具体说明案情过于宽泛而复杂,并不适合用诉前禁令这样的简易程序来裁决,并列举理由。应当在保护信函中尽力说明本案不符合颁发诉前禁令的条件。保护信函不仅仅应当提交到具有管辖权的法院和保护信函统一登记系统,还需要提交到各地具有管辖权的检察官以及负责会展举办国全国知识产权边境查封的海关总署,防止海关、警方的执法人员贸然采取行动,完全根据权利人要求没收货物(毛金生 等,2012)。

(5)积极主张和维护自己的合法权利。对于外国企业在展会上的侵权指控以及展品被查扣没收,如果我国企业认为自己的产品不构成侵权,也应积极申辩,防止外国企业滥用知识产权,阻碍我国企业占领国际市场。我国企业如在国际展会上发现自己的知识产权被他国企业侵犯,也应当主动出击,维护自己的知识产权。可以向涉嫌侵权的国外企业发送警告信要求其立即停止侵权,也要善于运用临时禁令制度、快速制止侵权,维护自己的权利。

复习思考题

1. 美国337调查是指什么?其基本程序是什么?
2. 美国337调查给知识产权权利人提供的救济措施是什么?
3. 中国企业应如何应对美国337调查?
4. 中国赴境外参展企业应当从哪些方面做好工作,有效防止和应对知识产权纠纷?

参 考 文 献

薄守省,杨麟,周勇,2005.美国337调查程序实务.北京:对外经济贸易大学出版社.
陈福利,2008.海外知识产权维权.中国资产评估,(2):24-25.
窦鹏娟,2010.中国驰名商标应对海外抢注的不足与对策——以"王致和"与"Hisense"案为例.乐山师范学院学报,(10):101-103.
范炜,2011."走出去"企业海外维权问题——对浙江通领科技集团知识产权海外维权的深度调查.浙江经济,(10):23-25.
范晓波,古艳东,马欢,2009.美国337调查与中国化工企业应对策略.北京化工大学学报(社会科学版),(3):20-23.

汉斯·戈达，卡尔·理查德·哈尔曼，2010. 刘晓春. 德国展会知识产权不当行使的防御之术. 电子知识产权，(12)：57-61.
霍金，2009. 路伟律师事务所. 国际贸易委员会337电池案例分析. 国家知识产权局，国外知识产权环境专题研究报告，14.
江琳，2010. 德国展会知识产权侵权风险应对措施之我见 bauma 2010 知识产权纠纷情况分析. 工程机械与维修，(7)：61，64-66.
李明德，2013. 中小企业知识产权海外维权中的几个问题. 知识产权，(1)：70-74.
毛海波，2013. 国际展会知识产权保护研究. 上海：上海人民出版社.
毛金生，谢小勇，刘淑华，等，2011. 海外专利侵权诉讼. 北京：知识产权出版社.
毛金生，谢小勇，王淇，等，2012. 德国展会知识产权纠纷应对100问. 北京：知识产权出版社：7.
潘灿君，2012. 企业海外知识产权纠纷调查及援助机制——以浙江省为例. 电子知识产权，(10)：50-55.
张红辉，周一行，2013. "走出去"背景下企业知识产权海外维权援助问题研究. 知识产权，(01) 83-85.
张平，2010. 产业利益的博弈——美国337调查. 北京：法律出版社.
张跃，2010. 我国商标海外被抢注现象及对策. 中华商标，(7)：24-27.
中国保护知识产权志愿者，2008. 中国企业知识产权海外维权手册. 北京：人民出版社.

第五篇：组织与战略篇

第十一章 知识产权组织

学习目标：
1. 理解知识产权管理的定位。
2. 掌握知识产权管理的含义和功能。
3. 了解知识产权管理兴起的理论和实践背景。

开篇案例十一　IBM：知识产权集中治理模式[①②]

IBM 是美国一家跨国科技和咨询公司，总部位于纽约州阿蒙克市。IBM 现在主要致力于为企业级用户提供大数据与分析、云计算、认知商务、IT 基础架构、移动基础架构和应用、安全等领域的服务、软件和系统解决方案。2020 年 IBM 的全球营业收入为 736.2 亿美元，净利润为 131.90 亿美元。截至 2013 年，IBM 在全球拥有 12 个研究实验室。

1989 年 5 月，James McGroddy 先生取代 John Armstrong 先生成为 IBM 研究负责人，对 IBM 的研究机构和知识产权管理进行了大刀阔斧的改革，逐渐形成了 IBM 知识产权集中治理模式。IBM 总部拥有庞大的知识产权管理机构，负责处理全球所有与 IBM 业务有关的知识产权事务，如专利、商标、著作权、半导体芯片、布图设计、商业秘密、字型及其他有关知识产权的事务。公司总部集中管理知识产权的产权归属问题，子公司开发部门的员工所完成的发明、著作及其他形式的知识产权均归属于母公司所有，然后再由总部知识产权管理机构负责处理有关授权事项。

IBM 总部设有知识产权管理总部，内设法务部和专利部，法务部主要负责相关法律的事务；专利部主要负责专利事务。专利部下设 5 个技术领域，每一个领域由一名专利律师担任专利经理。由于 IBM 是一个跨国集团公司，知识产权管理部门在美国本土主要设有研究所，在欧洲、中东、非洲地区、亚太地区设有其分支机构。若没有设置分支机构的国家，则是由该地区各国知识产权管理部门的代理人管理，或由邻近国家的知识产权管理部门负责。例如，亚太地区未设知识产权管理部门的国家，由日本的知识产权管理部门统筹管理。同时，IBM 知识产权管理总部对全球各子公司知识产权部门要求严格，除向总部做业务报告外，世界各地子公司的知识产权分部要统一执行总部的知识产权政策，并接受总部功能性管理。

由此可见，IBM 知识产权治理模式的特征是高度集权，层层细分，职权明确。这种集中治理模式表明 IBM 的知识产权部门在公司中拥有很高的地位和相当大的知识产权管理权限，这使得知识产权战略的制定能够更多地体现总部本身的意图，并使战略的实施不

---
① 资料来源：Bhaskarabhatla 和 Hegde（2014）。
② 资料来源：谷丹. 剖析 IBM 的知识产权管理模式.中国法院网. https://www.chinacourt.org/article/detail/2009/03/id/348185.shtml。

受太多阻碍。而在知识产权总部内部将知识产权管理划分为法务部和专利部的分工协调管理办法，使 IBM 的知识产权实现了职能化分类管理，各司其职，保证了知识产权管理的专业、准确和高效。此外，在全球众多研究所设立分支机构，并由知识产权管理总部统一管理，有效地实现了科技研发和知识产权管理的协调配合，使战略的制定更贴近市场，更贴近现实，提高了 IBM 知识产权管理的执行能力，同时，也使公司知识产权战略的实施在最大程度上实现了上下一致，连贯统一，无所偏差。

知识产权组织是知识产权管理的重要组成部分，知识产权创造、运营和保护等管理活动的有效开展，有赖于企业拥有合适的知识产权组织架构、人员配备和制度流程。组织服从战略，不同的生命周期、产业领域和经营战略，需要企业采取不同的知识产权治理模式、组织架构和制度流程与之匹配。本章结合中国《企业知识产权管理规范》国家标准，总结国内外典型企业的实践经验，对企业知识产权治理模式、组织架构和制度流程予以分析。

第一节　知识产权组织概念的提出

一、宏观背景：实施国家知识产权战略的内在要求

2008 年 6 月 5 日，国务院颁布实施《国家知识产权战略纲要》（以下简称《纲要》），开启了中国知识产权制度从"被动改进"到"主动完善"的战略进程，也标志着中国从此踏上依靠创新谋求国家可持续竞争优势的民族复兴之路。《纲要》提出，企业作为国家知识产权战略实施的重要主体和基础力量，应大力提高知识产权创造、运用、保护和管理能力，推动企业在创新道路上持续发展。2014 年 12 月，国家知识产权局、中央宣传部、外交部、发展和改革委员会等 28 个部门联合发布《深入实施国家知识产权战略行动计划（2014—2020 年）》（简称《行动计划》）。《行动计划》的主要行动之（三）即"强化知识产权管理，提升管理效能"明确指出"引导企业加强知识产权管理"，即"引导企业提高知识产权规范化管理水平，加强知识产权资产管理，促进企业提升竞争力。建立知识产权管理标准认证制度，引导企业贯彻知识产权管理规范。建立健全知识产权价值分析标准和评估方法，完善会计准则及其相关资产管理制度，推动企业在并购、股权流转、对外投资等活动中加强知识产权资产管理。制定知识产权委托管理服务规范，引导和支持知识产权服务机构为中小微企业提供知识产权委托管理服务。"

2013 年 3 月 1 日，国家质量监督检验检疫总局和国家标准化委员会共同发布的《企业知识产权管理规范》（GB/T 29490—2013）国家标准（以下简称《规范》）开始实施。《规范》认为企业知识产权管理体系是企业管理体系的重要组成部分，贯穿企业研发、生产、采购、销售、进出口等环节，企业知识产权管理体系作为一个整体过程，包括知识产权管理的策划、实施、检查和改进四个过程。企业知识产权管理体系的输入是企业经营发展对知识产权管理的需求，一般包括开发新产品，研发新技术；提高产品附加值，扩大市场份额；防范知识产权风险，保障投资安全；提高生产效率，增加经济效益。知识产权管理体系的输出一般包括激励创造知识产权，促进技术创新；灵活运用知识产权，改善市场竞争

地位；全面保护知识产权，支撑企业持续发展；系统管理知识产权，提升企业核心竞争力。2015年6月30日，国家知识产权局、科技部、工业和信息化部、商务部、国家认证认可监督管理委员会、国家标准委、国防科工局、总装备部联合制定《关于全面推行〈企业知识产权管理规范〉国家标准的指导意见》(以下简称《指导意见》)。《指导意见》的重点任务之(四)"优化企业知识产权管理体系"，提出"推动各类企业实施《规范》，建立与经营发展相协调的知识产权管理体系，引导企业加强知识产权机构、制度和人才队伍建设，将知识产权管理贯穿生产经营全流程。引导涉及国家安全、国民经济命脉和重要关键领域的国有企业实施《规范》，加强知识产权管理体系建设，建立健全知识产权资产管理制度。深入实施中小企业知识产权战略推进工程，鼓励科技型中小企业实施《规范》，支持小微企业实行知识产权委托管理。"

以上《纲要》和《规范》及其《行动计划》和《指导意见》，勾画出国家层面为支撑"创新驱动发展战略"而提出的知识产权发展匹配要求，给出了企业层面的知识产权管理基本目标、重点任务和措施规范等。特别是《规范》在明确管理体系和管理职责边界，以及资源管理要求的基础上，将知识产权获取、维护、运用、保护、合同管理、保密等统一定义为基础管理，这一认识是对《纲要》确立的知识产权"创造""运用""保护"和"管理"体例认知的深化。本书第二章将知识产权管理概括为企业为了赢得创新所得和竞争优势，创造、运营、保护和组织其知识产权如专利、商标、著作权、商业秘密等的一系列活动的总称。这一定义不仅契合了《规范》关于知识产权管理概念的认知，而且将《规范》的管理体系架构、管理职责设计及人力资源、基础设施、财务资源、信息资源等资源管理统称为知识产权组织。

二、微观背景：知识产权创造、运营和保护需要高效的组织支撑

知识产权组织概念较早见于萧延高(2011)从企业竞争优势视角建构的知识产权能力范畴。该文献借鉴Barney(2002)集成的战略管理资源观理论，认为既然官、产、学界均就知识产权的资源特性达成共识，即认为知识产权是企业赢得创新所得和谋求可持续竞争优势的战略资源，具有价值性、稀缺性以及难以模仿性，那么，企业就需要组织起来，采取相应的治理模式、组织架构和制度流程，支撑企业开发、利用和保护知识产权的管理行为。按照Barney和Hesterly(2002)的观点，企业组织的要素包括正式报告结构、正式和非正式的管理控制系统以及薪酬政策等。企业组织的这些要素通常被称为补充性资源和能力，因为从独立运作角度来看，他们创造竞争优势的贡献非常有限，但是一旦与其他资源和能力结合起来，他们就能够帮助企业实现对竞争优势潜力的全面开发。从这个意义上说，作为知识产权能力的行为要素之一，知识产权组织能力主要是作为知识产权创造、运营和保护的补充性能力，贯穿在知识产权创造、运营和保护过程中，起到组织协调和制度保证作用，知识产权创造、运营和保护需要高效的组织支撑。

知识产权组织主要包括三个方面的内容，即知识产权治理模式、组织架构和制度流程。知识产权治理模式是指企业采取何种权力结构，对专利、商标、著作权和商业秘密等知识产权进行管理，涉及企业整体和组成部分之间的知识产权管理权力划分；知识产权组织架

构是指企业采取何种组织形式,对不同的知识产权类型实施创造、运营和保护行为,涉及企业知识产权管理机构与其他机构之间、企业知识产权管理机构之间的职能划分;知识产权制度流程则是指企业实施知识产权创造、运营和保护行为的职责分工、行为准则和行动步骤等。企业知识产权组织的治理模式、组织架构和人员配置以及制度流程等,因企业所处生命周期、产业领域、企业规模甚至公司治理的差异而不同(萧延高,2011)。企业所处行业不同、规模各异,知识产权状况必然不同,大型企业和中小微企业在管理体系设置上也各有特色。因此,企业的知识产权管理体系必然不会存在一个能放之四海而皆准的统一体系。但不同企业的知识产权管理体系有些共同的要素,知识产权管理体系主要包括管理模式的选择、组织架构的建设、管理人员的配置以及管理制度、管理措施的制定与落实等方面,以对企业形成全局性、多层次和立体化的保护,实现通过知识产权经营为企业获得竞争优势的目标。

第二节 知识产权治理模式

企业知识产权治理模式的选择,没有也不必统一标准,企业应根据自身的发展阶段、经营战略、企业规模、行业特点等情况,对知识产权组织进行顶层设计,选择适合企业当前发展状况的知识产权治理模式。企业知识产权治理大致分为三种模式,即集中治理模式、分散治理模式和行列治理模式(于涛,2003;熊英,2007)。

一、集中治理模式

知识产权集中治理模式是指企业内部涉及知识产权管理的所有权力,统一集中由知识产权管理部门来行使,即知识产权管理部门全面负责处理所有与企业业务有关的知识产权事务。知识产权集中治理具体包括两个方面,一是指组织层级的集中治理,即母公司及其子公司的知识产权归属和运营的集中统一管理,二是知识产权类型的集中治理,即专利、商标、商业秘密、著作权等各种知识产权的集中统一管理。本书所指知识产权集中治理模式主要是针对组织层级的集中治理。

(1)主要特征。企业知识产权管理部门按照统一的知识产权战略和策略进行运作,子公司、分公司或下属机构的所有知识产权的重大决策权都由企业统一控制,在开发、生产、经营产品的活动中统一进行知识产权管理,子公司、分公司或下属机构只负责知识产权的日常管理工作,最大限度地保护企业的整体利益。

(2)核心优势。具有权责分明、命令统一、决策迅速、高效管理等优点,有利于企业对知识产权进行系统的管理,真正将知识产权制度有效地运用到企业生产经营等各个环节之中;有利于正确运用知识产权制度来维护企业的合法权益,提高企业国内外市场竞争中的有利地位。

(3)适用条件。集中治理模式适用于两种情形,即:①企业规模大,知识产权业务多而且比较集中,具备一支专业知识产权管理队伍,全员知识产权意识强;②企业规模小,知识产权业务少,且没有足够多的知识产权管理人才。

(4) 管理要求。企业知识产权管理部门同时涉及专利、商标、著作权及商业秘密等业务，而且涉及诸多利益主体，对管理人员的业务素质要求高。

(5) 典型代表。典型代表有 IBM、华为、中兴通讯等。

二、分散治理模式

知识产权分散治理模式是指企业内部的知识产权管理职权分散在企业各子公司或业务单元，企业设立知识产权领导小组全面组织协调企业知识产权工作。知识产权分散治理具体包括两个方面。一是组织层级的分散治理，即母公司和子公司各司其职，各自管理其所属知识产权。二是知识产权类型的分散治理，即专利、商标、商业秘密、著作权等隶属于不同部门，如企业研发部门负责专利、专有技术等事务；法律部门负责商标、著作权及知识产权诉讼等事务，有的企业则将商标、著作权、域名等归口企业文化管理部门，不一而足。本书所指企业知识产权分散治理模式主要针对组织层级的分散治理。

(1) 主要特征。在企业知识产权本部统一管理下的充分授权，对不同知识产权类型进行层级式管理。在这一治理模式下，母公司与子公司或业务单元之间的联系主要是资本纽带，子公司或业务单元享有充分的知识产权管理权限。母公司的知识产权本部的主要职能是开展战略规划、制度设计和重大诉争指导，知识产权的创造、运营、保护和组织活动由子公司或业务单元自行实施，其中，一个显著的特征是专利、商标、著作权和商业秘密等权利归属于子公司或业务单元，知识产权收益获取和运营成本支出均计入子公司或业务单元的当期损益。

(2) 核心优势。能够充分调动子公司或业务单元自主管理知识产权的积极性，有利于各子公司或业务单元根据自身所处行业领域的技术发展和市场竞争需要，动态调整知识产权管理策略。

(3) 适用条件。企业业务经营领域跨度大，母子公司治理结构相对松散。知识产权分散治理模式一般适用于大型企业集团。

(4) 管理要求。分散治理模式强调各子公司或业务单元的知识产权自治管理，容易导致各子公司或业务单元为了自身的短期或个体经营目标，忽略企业集团的长远发展目标和整体利益诉求。所以，需要强化与企业整体经营目标相匹配的知识产权战略发展规划，促进子公司或业务单元知识产权管理机构和人员之间的业务协同。

(5) 典型代表。典型代表有东芝、美的等。

案例 11-1 分散治理模式例举：东芝

东芝株式会社(简称东芝)是日本一家跨国集团公司，成立于 1875 年，现在主要为客户提供电力和社会基础设施、社区解决方案、电子元器件、生活产品和医疗健康系统等产品和服务。2009 年，东芝营业收入为 333.13 亿美元，员工总数超过 128000 人。东芝设有隶属于社长的法务部和研究开发统括部，其知识产权治理体系包括国内知识产权体系和海外知识产权体系两部分。

东芝国内知识产权管理部门由知识产权本部和 4 个研究所、11 个事业本部，及在各研究所和各事业部下属分别设置的专利部、科、组共同构成。知识产权本部设 7 个部门。①策划部：负责推动全公司的中长期知识产权策略，管理知识产权行政事宜；②技术法务部：负责处理知识产权诉讼事宜；③软件保护部：负责软件著作权的登记、运用、补偿事宜；④专利第一、二部：负责统筹管理技术契约工作；⑤专利申请部：集中管理国内外专利申请事宜；⑥设计商标部：负责商标的设计和申请、登记；⑦专利信息中心：负责管理专利信息，建立电子申请系统。东芝各研究所和各事业部配置知识产权部，直接隶属于负责技术工作的副所长或总工程师，主要担负该研究所、事业本部的知识产权行政事务，并负责从产品研究开发初期的专利发掘、专利调查、制作专利关系图到国内外专利的申请等所有业务。

东芝公司的海外知识产权体系也分为两部分，一部分在华盛顿、西海岸设立专利事务所；一部分在欧美的子公司内设置知识产权委员会，负责制定当地企业知识产权管理规则，定期讨论知识产权问题。知识产权本部则通过各委员会、研究会协调各事业部之间的联系，同时，对各事业部负责知识产权工作的人选有决定权[①]。

三、行列治理模式

知识产权行列治理模式是指企业主要按照技术产品或服务类别划分其知识产权管理职权；与此同时，在知识产权开发与获取阶段，法务部门通过人员配备和流程设计嵌入其中提供法务指导和咨询服务；在知识产权运营和保护阶段，法务部门集中管理相关知识产权转让、许可、谈判和讼争等事宜。具体而言，知识产权行列治理模式以企业产品或服务的技术发展和市场拓展为业务主线，法务部指派本部门专职或兼职人员参加企业内各产品线组织的产品法务会，或根据特定技术问题组织的作业部会议，了解技术、产品的相关情况，将法务工作贯穿于产品开发、制造和销售环节，及时识别和管控企业知识产权风险，提高解决技术发展和市场竞争过程中出现的知识产权问题的效率。

（1）主要特征。与集中治理模式的统一管理特征不同，行列治理模式强调按照技术产品或服务类别划分知识产权职权，关注的重点是企业相应产品或服务从技术研发、制造、营销等全过程的知识产权管理体系建构；与分散治理模式的不同法人业务单元分权管理所属知识产权特征不同，行列治理模式强调按产品线垂直管理相应知识产权的同时，也强调企业法务部门的全流程职能指导和流程服务。

（2）核心优势。既有利于企业避免研究开发的重复，又能支撑以产品线为基础的各事业部围绕产品发展策略持续开展知识产权管理；既有利于企业进行相应技术领域的战略性投资，又能支撑企业围绕技术发展实施知识产权布局，形成与市场拓展需求匹配的知识产权组合。

（3）适用条件。企业涉猎的技术领域、产品或服务系列多元化，且以产品或服务线为基础建立起业务垂直管理的事业部，企业拥有的知识产权数量多，知识产权结构复杂。

---

① 国外企业知识产权管理模式分析. http://wenku.baidu.com/link?url=KxKiKdSXTPyQM1e4p7VAMFjuf8-72EpEToCnFlTxE8mLcbCnFlTxE8mLcb"U51NWYE6VkYTIY4283bHrTNiYYMHUVpM9MHI7_3rquvVuwR6u7DVi2G-9hqMO。

(4) 管理要求。企业不仅需要按照技术类别或产品类别设立相应的知识产权管理部门，而且拥有业务精湛、渗透力强的法务管理机构，为企业各产品线的研究开发、生产制造、市场营销提供全流程职能指导和咨询服务。

(5) 典型代表。典型代表有鸿海科技、佳能等。

案例 11-2　行列治理模式例举：鸿海科技集团[①]

鸿海科技集团（即鸿海精密工业股份有限公司，又称富士康）是一家总部位于中国台湾新北市的跨国企业集团。鸿海科技集团成立于 1974 年，是全球规模最大的电脑、通信和消费电子代工企业。2019 年鸿海科技集团合并营业收入新台币 5.34 兆元，位列福布斯全球公司排名第 25 位，2020 年名列科睿唯安评选的《德温特全球百名创新机构》之列。

鸿海科技集团采用知识产权行列式治理模式管理数量庞大的知识产权。集团设法务总处，负责公司知识产权的开发、申请及维权、相关诉讼案件的处理。整个法务部为各个产品事业群服务，各知识产权部门根据产品事业群设置下设各个小组，分别负责产品事业群下各业务单元的不同产品对应的案件。法务部聘用不同国家和地区的知识产权律师，其特点是按照产品类别管理知识产权。实行按产品技术类别管理专利，从而避免重复开发技术；配合各事业群的产品策略对专利进行管理。各知识产权部门拆分到各产品事业群，属于各产品事业群单位，使得知识产权工作人员与研发人员一起工作，提供专利方面更直接的支持，有利于与研发人员更好的沟通；同时，使法务体制贯穿于产品开发至产品销售的各个阶段，提高解决问题的效率。

企业特别是高技术企业，其知识产权治理模式不论是集中治理、分散治理还是行列式治理，知识产权管理部门都有必要处于公司管理的核心层，与技术部门、经营部门密切配合，将授权后的知识产权工作全部汇集在此统一管理，成为总公司的智囊部门。同时，企业知识产权管理机构的设立应与企业规模大小相适应。规模较小的企业，可以设立直属于企业最高管理者或企业研发部门或企业法律部门的知识产权管理部门。而规模较大的企业，可以借鉴国外跨国公司的做法，将知识产权管理部门划分为若干个职能子部门，由最高管理部门对各子部门进行管理和协调，以确保企业知识产权管理的严密性和灵活性。特别需要注意的是，知识产权与企业技术创新和市场拓展密切相关，知识产权管理职能本身具有半业务、半职能特点。也就是说，企业知识产权治理模式的选择，还要注意保持风险管控和价值萃取的平衡。

第三节　知识产权组织架构

为了提高自身的知识产权组织能力，充分实现知识产权价值，企业有必要根据企业的经营战略和知识产权治理模式，构建动态的知识产权组织架构。然而，企业是否一开始就

[①] 资料来源：鸿海科技集团官网：https://www.honhai.com/zh-tw/about/group-profile。

建立独立的知识产权管理部门，不同知识产权类型是否统一由一个部门进行管理，需要根据企业自身发展情况而定。对于那些有能力和有条件的企业，应当设立专门的知识产权管理部门，这是做好企业知识产权工作的重要前提。而那些不具备条件和能力的企业，则可以将其知识产权工作交由企业内与知识产权相关的部门进行管理，即由其他部门代行企业的知识产权管理职能。例如，对于小企业或者技术实力薄弱的企业来说，设有一个专职人员负责知识产权管理工作也许是一种相对来说更能实现的选择。但是，企业越早设立知识产权管理部门，就越可能避免不必要的风险，并为企业发展奠定一个良好、安全和持续稳定的制度框架。

知识产权组织架构，是指企业为了管理知识产权资源、处理知识产权事务而进行的组织设置和人员配备。企业的知识产权管理部门并不一定要以"知识产权管理部"命名。只要该部门是专门履行企业知识产权管理职能的，即可认为是企业的知识产权管理部门，如华为的知识产权部、德国拜耳的专利委员会和专利处都是专门的知识产权管理部门。当然，企业代行知识产权管理职能的部门则不是专门的知识产权管理部门。一般情况下，重视知识产权管理的企业或者知识产权管理较为成熟的企业都会设置专门的知识产权管理部门，配备相应的专业管理人员。

知识产权组织架构与企业的经营战略和知识产权治理模式选择相关。作为企业管理知识产权的主要职能机构，知识产权管理机构与研发部门、经营部门、法务部门、市场部门等的职能分工和逻辑关系差异，形成了形态不一的企业知识产权组织架构。在企业实践中，知识产权管理部门在企业内部组织体系中通常采用三种组织架构：一是隶属于研发部门，二是隶属于法务部门，三是独立平行设置(朱雪忠，2016)。

一、隶属于研发部门的组织架构

企业知识产权管理部门设置于研发中心等研发部门之下，有利于最大限度发挥知识产权管理在企业技术研发中的作用，可以根据技术创新和产品开发部署，制定准确适用的知识产权战略。隶属于研发部门的组织架构适用于技术主导型的高科技企业，如图 11.1 所示。在这种架构下，企业知识产权管理主要为企业技术研发服务，知识产权类型重点是专利和技术秘密。

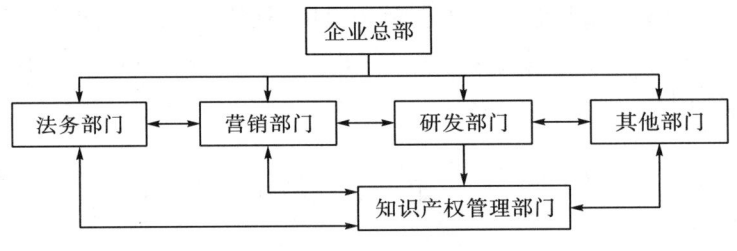

图 11.1 隶属于研发部门的组织架构

（1）优点。有利于知识产权管理部门从技术研发项目的确定到技术研发的过程以及技术评估等环节对企业研发活动进行全方位的指导，充分发挥知识产权管理(特别是专利管理)在技术创新中的作用。由于知识产权管理人员，专利人员直接参与到企业技术研发过程中，对企业所开发技术的特点、意义及其他信息比较熟悉，在专利申请时能更好地撰写申请文件，有利于申请取得成功。

(2)不足。知识产权管理部门的地位较低，在知识产权事务上对企业的影响力较小，不利于与其他部门的沟通与配合。针对这个问题，某些重视知识产权工作的企业往往会采取一些变通的处理方式，如赋予知识产权部门列席企业重要经营会议的权利，促使知识产权工作能够真正融入企业经营战略。

二、隶属于法务部门的组织架构

知识产权管理部门设置于法务部门之下，是法务部门一个相对独立的机构，负责企业知识产权管理及其相关事务，并与公司其他相关部门进行沟通和协调。这种架构适用于对法律要求较高、专利法律纠纷较多的新兴技术企业，如图11.2所示。

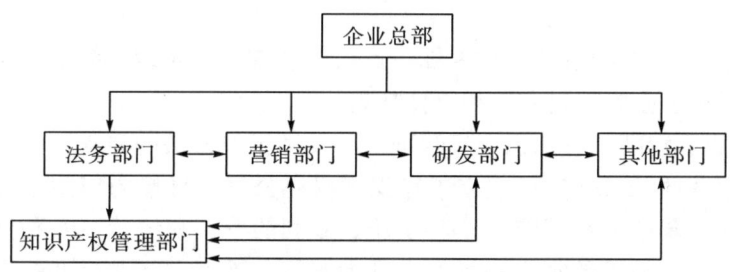

图 11.2　隶属于法务部门的组织架构

(1)优点。能充分发挥企业法律工作人员在知识产权事务中的作用，对企业各项知识产权的权利状态、风险防范较为熟悉；能充分发挥法律人员与管理人员的配合作用。

(2)不足。知识产权管理部门无法参与企业决策，在知识产权实务方面可能无法发挥其应有的作用，也不利于知识产权管理部门与研发部门的沟通。侧重于知识产权保护和业务往来中对知识产权风险的防范，适合专利技术不多、主要借助商标或其他无形资产拓展业务的企业。

比如，中兴通讯公司设立了企业知识产权领导小组，负责公司涉及的所有知识产权战略问题的决策，公司副总裁是领导小组主要负责人，主管公司层面的知识产权业务。法律部作为主管知识产权工作的具体业务部门，直辖于总裁办公室，共有20多名知识产权经理，80多名专职知识产权工作人员，管理着公司专利、商标、著作权、域名等知识产权业务，另有一支300多人左右的队伍负责公司的信息安全和商业秘密保护。同时，公司在产品事业部、技术中心、市场营销部设置知识产权工程师岗位。知识产权经理和知识产权工程师协同作业，形成一个完善的知识产权管理体系。

三、隶属于企业总部的组织架构

知识产权管理部门属于企业总部直接管辖，是企业中技术部门与经营部门的支撑单位,并与企业的研发部门、法务部门、营销部门等组建成企业最高层组织管理机构。知识产权管理部门是一个独立的管理部门,与企业的研发部门和法务部门等相互发生作用。技术研发过程中,知识产权管理部门对研发人员需要进行必要的专利知识指导。比如,如何用外围专利保护核心专利,如何避开他人的专利的限制等;为研发人员提供相应的专利信息,评估技术获得专利保护的可能性,申请专利;处理知识产权纠纷等。这种架构适用于规模较大、专利管理工作复杂的大型企业或者跨国企业,如图11.3所示。

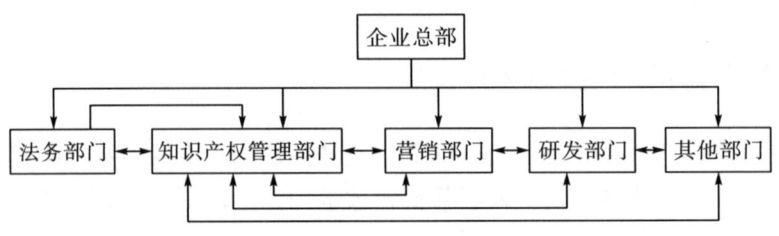

图11.3 隶属于企业总部的组织架构

(1)优点。直属于企业总部领导的知识产权管理部门,管理位阶高,可以参加企业决策,能够直接影响企业的发展方向和整体战略。

(2)不足。成本较高,对知识产权管理部门及其工作人员的要求较高。

例如,海尔集团于1992年成立了知识产权办公室,直接由集团总裁领导,知识产权部主要负责海尔集团专利战略制定和实施、专利的挖掘和经营、专利推进以及技术支持;负责集团规范化战略的制定和标准上升为国际、国家、行业标准的推进和支持。海尔集团在技术部门和各事业部也分别配备了知识产权管理人员,接受集团知识产权部的监督管理。

第四节 知识产权管理制度

企业通过建立和实施知识产权管理制度,能够提高企业知识产权创造、运营和保护的效率。企业知识产权管理制度,是指企业根据所处生命周期和产业领域,结合自身的经营目标、技术能力、市场地位,以及国内外法律制度环境,制定并实施的知识产权管理职能分工、标准规范和步骤流程等。通过制度建设的形式将企业内部的知识产权管理工作制度化、机制化、规范化,是企业知识产权工作日臻成熟和完善的主要表现,也是企业改进完善内部知识产权事务的有效工具和途径。企业知识产权制度,主要包括知识产权战略规划、知识产权权属、知识产权创造、知识产权运营、知识产权风险控制、知识产权考核奖惩、知识产权培训、知识产权合同等方面的管理制度和机制(朱雪忠,2016;杨铁军,2013)。本章的知识产权管理制度,主要涉及企业的知识产权管理总则,以及专利、商标、著作权和商业秘密的管理制度等。有关知识产权战略规划的制定和实施,将在本书后续章节专门讨论。

一、知识产权管理总则

知识产权管理总则是企业开展知识产权管理工作的纲领性文件,是其他知识产权管理制度的依据。一般而言,知识产权管理总则包括四个方面的内容。

(1)制定目的和适用范围。本部分一般包括四个要点:①企业制定知识产权管理制度的缘由和目的,主要围绕企业的经营战略目标、创新能力提升、竞争优势的获得和保持等方面来阐述;②适用范围,包括适用企业内部的单位和人员的界定;③定义和术语,对文件相关概念的内涵和外延进行界定;④适用冲突处理,主要是指总则与其他知识产权管理制度发生冲突时的适用规则。

(2)知识产权管理体制设计。本部分一般包括四个要点:①企业知识产权治理模式描述,即企业采取集中治理模式、分散治理模式还是行列治理模式;②知识产权组织架构,即企业知识产权管理机构的设置和隶属关系;③知识产权组织机构的职能分工;④知识产权管理人员的配置和结构。

(3)知识产权管理的总括性规范。本部分一般围绕企业知识产权类型和知识产权管理行为两个维度进行展开,给出企业专利、商标、著作权、商业秘密和其他知识产权类型的开发与获取、运营、保护等的行为规范,以及知识产权奖惩制度等。

(4)解释权和生效条款。本部分主要规范知识产权总则的解释权归属以及生效时间或条件。

案例11-2　知识产权管理总则例举:**公司知识产权管理总则

第一条　为了加强**公司(以下简称公司)的知识产权管理,持续提升公司的自主创新能力和竞争优势,实现将公司打造成为拥有自主知识产权、具有国际竞争力的现代化大公司的战略目标,特制定本总则。

第二条　本总则所称的知识产权管理,包括知识产权的形式要素和行为要素。形式要素是指专利、商标、著作权等;行为要素是指知识产权的创造、运用、保护和组织。

第三条　本总则适用于公司及其全资、控股子公司。

公司通过行使其在子公司的股东权利,使其全资、控股子公司适用本总则。

本总则适用于下列人员:

(一)公司的在职员工;

(二)因离休、退休、退养、离职等方式离开公司岗位的人员;

(三)与公司签有关于知识产权保护协议、条款、保证书等的人员。

第四条　本总则是公司其他知识产权制度的一般规定。本总则未做规定,或本总则的规定与公司此后制定和修订的其他知识产权制度的规定相冲突的,适用公司其他知识产权制度的规定。

第五条　公司的知识产权管理采用集中管理模式。

本条第一款所称的集中管理模式,一是指公司统一管理母公司及其子公司的知识产权；二是指由公司的知识产权管理机构统一管理专利、商标、著作权等多种形式的知识产权。

第六条　公司的知识产权管理人员配置采用专兼职相结合的方式。

本条第一款所称的专职人员是指公司的知识产权管理机构专门从事知识产权管理的人员；兼职人员是指公司其他职能部门、分公司、子公司等负有知识产权管理职责的人员。

第七条　公司知识产权管理体系由知识产权决策层、管理层、执行层三个层次组成。

公司总经理办公会议是知识产权管理的最高决策机构。公司技术委员会和专家委员会为公司的知识产权管理提供技术支持。

技术中心是公司知识产权管理的主管部门。技术中心下设知识产权办公室，配置专职管理人员具体承担公司知识产权的归口管理。

公司各直属单位、子公司设置专、兼职知识产权负责人和工作人员，具体承担本单位的知识产权工作。上述知识产权管理人员接受知识产权办公室的业务指导和管理。

第八条　公司的知识产权办公室行使下列职权：

（一）拟订和修订公司的知识产权管理的规章制度；

（二）制定公司的知识产权工作规划；

（三）负责组织实施公司的专利、商标、著作权、商业秘密等知识产权的创造、运用等工作；

（四）对知识产权的侵权、泄密等违纪、违法事件进行调查和处理，协同法务部门开展公司知识产权保护的监督、检查和指导工作；

（五）协同人力资源管理机构组织公司的知识产权教育与培训；

（六）公司赋予的其他职权。

第九条　公司设立专项知识产权经费，用以推进公司各项知识产权管理工作。

第十条　本总则规定的专利包括发明、实用新型和外观设计。

发明，是指对产品、方法或者其改进所提出的新的技术方案。

实用新型，是指对产品的形状、构造或者其结合所提出的适于实用的新的技术方案。

外观设计，是指对产品的形状、图案或者其结合以及色彩与形状、图案的结合所作出的富有美感并适于工业应用的新设计。

第十一条　员工的职务发明专利申请权属于公司；申请被批准后，公司为专利权人。公司员工的非职务发明专利申请权属于员工个人；申请被批准后，员工为专利权人。

本条第一款所称的职务发明是指公司员工执行公司的任务或者主要是利用公司的物质技术条件所完成的发明创造。

第十二条　公司各研发机构完成的发明创造，专利申请权属于公司。

公司与其他单位或者个人合作完成的发明创造，除另有协议外，专利申请权属于公司与合作者共有。

公司接受其他单位或者个人委托所完成的发明创造，除另有协议外，专利申请权属于公司。

第十三条　专利运用包括自行实施、转让、许可、投资等。

第十四条　专利保护包括预防和制止专利侵权、控制和应对专利被诉风险。

第十五条　为了鼓励持续的技术创新，公司实施全过程的专利奖励制度，具体奖励标准由公司《专利管理办法》规定。

本条第一款所称全过程是指专利申请、专利审查、专利授权、专利维护等过程，具体工作制度及流程，由公司《专利管理办法》规定。

第十六条　商标管理具体包括公司的商标注册申请、变更、续展、注销、使用、转让、许可和保护等工作等。

第十七条　公司根据现有和未来一个时期将有的产品或服务类别，开展商标的设计、注册申请、变更、续展、转让、注销等工作，具体工作制度及流程，由公司《商标管理办法》规定。

第十八条　公司的全资、控股子公司可以申请使用公司的注册商标。

公司根据业务发展需要，可以许可其他单位使用其注册商标。

第十九条　著作权管理具体包括公司的著作权登记、奖励、发表审查、许可、转让和保护等工作。

第二十条　本总则规定的著作权保护对象为职务作品。

本条第一款所称的职务作品是指公司及其员工为完成公司工作任务或利用公司物质技术条件创作并由公司承担责任的工程设计图、产品设计图、各类材料汇编、论文、地图、计算机软件、音像、照片、产品样本等作品。

第二十一条　公司的著作权登记、奖励、发表审查、许可、转让和保护的制度和流程，由公司《著作权管理办法》规定。

第二十二条　本总则由公司的知识产权办公室负责解释。

第二十三条　本总则自发布之日起施行。

二、专利管理制度

专利管理制度是企业知识产权管理制度的重要组成部分。由于企业专利管理涉及部门广泛，开发和维护、运营、保护等管理行为复杂，管理流程繁多，所以企业专利管理制度一般篇幅较长。一般而言，企业专利管理制度包括以下七个方面的内容。

(1) 制定目的和适用范围。本部分一般包括四个要点：①专利管理制度制定和实施的目的，主要从促进企业技术能力发展、激励员工面向客户需求开展发明创造、提升企业核心竞争力等角度阐述；②制度依据，包括法律依据、公司内部的经营战略、知识产权战略、知识产权管理总则等；③适用范围，包括组织和个人；④定义和术语解释。

(2) 专利管理体制。本部分一般包括三个要点：①专利管理原则，涉及专利管理行为和制度与公司其他管理行为和制度之间的逻辑联系，专利管理的动态性等；②专利管理机构设置，包括组织设置和人员配置；③管理机构的职责描述。

(3) 专利开发和维护。本部分一般包括四个要点：①专利权利归属，涉及企业内部的职务发明和非职务发明的专利权归属界定，企业与外部第三人协作形成的创新成果的专利权归属界定等；②专利文献检索与分析，涉及企业需要进行专利文献检索的情形和要求等；③专利申请的流程和标准，涉及可专利化的发明创造范围描述，企业内部专利申请的审查和批准流程规范，审查不予申请专利的处理等；④专利获权后的维护，涉及专利维护的机构和维护流程等。

（4）专利运用规范。本部分一般包括四个要点：①对企业运用专利的途径予以描述；②企业内部自行实施专利的流程，特别是母子公司之间实施相关专利的流程要求；③企业对外转让和许可专利的价值评估和审批流程；④企业运用专利对外投资或质押融资的价值评估和审批流程。

（5）专利保护规范。本部分一般包括四个要点：①专利讼争风险的识别和预防制度；②企业相关机构和人员的专利保护责任；③企业技术研发、新品上市、参展、进出口等活动中的专利保护要求和流程规范；④知识产权讼争解决机制。

（6）专利奖励规范。本部分一般包括五个要点：①专利奖励类别和奖励额度；②专利奖励申报流程；③专利奖励评审流程；④专利奖励资金的发放流程；⑤专利奖励资金的管理。

（7）解释权和生效条款。本部分主要规范专利管理制度的解释权归属以及生效时间或条件。

案例11-3　专利管理制度例举：**公司专利管理办法

第一条　制定目的

为了促进和保护**公司（以下简称公司）的技术创新，持续提升公司的技术能力，鼓励员工开展有价值的发明创造活动，依据《中华人民共和国专利法》《中华人民共和国专利法实施细则》和公司《知识产权管理总则》的规定，特制定本办法。

第二条　适用范围

2.1 本办法适用于公司各直属单位、子公司。

2.2 本办法适用于公司员工职务发明形成的自有专利、共有专利、受让专利及被许可使用专利等的管理。

第三条　定义及术语

3.1 专利：主要指(1)专利权，(2)受专利法保护的发明创造，(3)专利文献。

3.2 专利权：是指发明创造人或其权利受让人就一项发明创造向国家专利行政部门审批机关提出专利申请，经依法审查合格后向专利申请人授予的在规定的时间内，对该项发明创造享有的专有权，包括独占权、许可实施权、转让权及其他权利。

3.3 专利类型：包括发明、实用新型和外观设计。发明是指对产品、方法或者其改进所提出的新的技术方案。实用新型是指对产品的形状、构造或者其结合所提出的适于实用的新的技术方案。外观设计是指对产品的形状、图案或者其结合以及色彩与形状、图案的结合所作出的富有美感并适于工业应用的新设计。

3.4 职务发明：是指公司员工执行本公司的任务或者主要是利用本公司的物质技术条件所完成的发明创造。

3.5 专利"三性"：是指《中华人民共和国专利法》规定的新颖性、创造性和实用性，是授予专利权的实质条件。新颖性是指该发明或者实用新型不属于现有技术，也没有任何单位或者个人就同样的发明或者实用新型在申请日以前向国务院专利行政部门提出过申请,并记载在申请日以后公布的专利申请文件或者公告的专利文件中。创造性是指与现有技术相比,该发明具有突出的实质性特点和显著的进步,该实用新型具有实质性特点和进步。实用性是指该发明或者实用新型能够制造或者使用,并且能够产生积极效果。

第四条 管理原则

4.1 公司专利管理制度与系统管理制度(技术、经营生产、考核等)互为支撑。公司将专利的获取计为科研和新产品开发的立项、验收、评审等的重要指标,纳入对各直属单位、子公司的研发绩效考核。公司将知识产权培训作为对技术、生产、营销、知识产权等人员继续教育的重要内容,作为其考核、聘任、晋职、职(执)业资格注册等的依据之一。

4.2 公司专利管理遵循动态管理原则,逐渐实现从市场排他为核心的防御战略逐步向利润创造为核心的共赢战略转变。

第五条 管理职责

5.1 公司技术中心设知识产权办公室,具体负责公司的专利管理工作,主要职责包括:

(1)组织专利战略的制订与实施;拟订和修订专利管理制度;组织、指导、协调、检查公司各直属单位、子公司的专利工作。

(2)实施公司专利权的创造、运用和保护。包括:办理专利的代理、检索、申请、维持、变更、放弃等事务;组织专利的各种评审评价、技术质量审查、审计等事务;组织并参与专利的评估、使用、许可、转让、专利作价投资、质押、融资等;组织协调公司法务部门开展知识产权法律风险诊断,知识产权讼争的协商谈判、司法审判和行政处理等。

(3)联系国家各级有关行政主管部门和行业组织等,及时了解相关政策、法规及要求,适时反应本公司专利工作的问题和需求。

(4)负责以下事项涉及的专利审查:职务发明与非职务发明;科研、新产品开发项目立项与验收结题、成果申报;技术合同知识产权条款;涉及专利问题的参展项目;技术引进;其他创新活动需要的专利审查等。

(5)组织、实施专利信息管理与跟踪。包括:与技术信息所协同组织局域网版中外专利数据库、知识产权数据库、知识产权流程管理信息平台等的建设、维护、更新、升级与应用;收集、整理、跟踪、研究专利信息,开展专利战略研究和预警,为公司的创新活动提供服务。

(6)组织专利系统各类项目的申报工作。包括:各级政府专利获权奖、专项资金、课题、计划项目;各级政府知识产权试点示范、系统工作表彰等。

(7)组织公司的专利统计工作;组织及办理专利获权奖励事务;管理专利许可、转让、合资合作等技术贸易合同,办理专利合同备案。

(8)负责专利实施费与专利奖励的管理。

5.2 公司其他部门的管理职责遵循公司《知识产权管理总则》的规定。

第六条 专利权属界定

6.1 公司员工职务发明的专利申请权属于公司。申请被批准后,公司为专利权人。

6.2 公司各直属单位完成的发明创造,专利申请权属于公司。

6.3 公司委托其他单位或者个人完成,或者与其他单位或者个人以合作的方式完成的发明创造，原则上通过协议约定专利申请权属于公司;协议另有约定的，从其约定的相关权益。

6.4 公司接受其他单位或者个人委托所完成的发明创造，除另有协议外，专利申请权属于公司。

6.5 来公司学习、进修、实习、合作研究的客座研究人员或临时聘用人员，在公司学习或工作期间完成的发明创造，除另有协议外，专利申请权属于公司。

6.6 公司员工的非职务发明专利申请权属于员工个人。申请被批准后，员工为专利权人。

第七条 专利创造的原则

公司专利创造应当遵循以下原则：满足和创造市场需求；提高产品品质、降低制造成本、提升用户价值；提升公司技术能力和市场竞争力。

第八条 专利检索与分析

8.1 公司各直属单位、子公司开展以下活动必须进行专利检索：
(1) 重大专项、科研、新产品、新技术开发等项目的立项、研发及结题；
(2) 新技术、成套设备和关键设备的进出口贸易；
(3) 申请国家扶持、投资的科技项目；
(4) 以专利技术、设备作为投资的合资、合作；
(5) 拟提出专利申请的项目。

8.2 本条所列专利检索内容包括但不限于：
(1) 本领域的知识产权分布与保护态势及技术发展趋势；
(2) 主要国家和地区同行业的关键技术及知识产权保护范围；
(3) 竞争对手的专利趋势、最新动向、最新研发概念及发展策略；
(4) 如何突破现有的专利技术，建立对现有专利改进的替代方案；
(5) 对我公司研发空间和产业化的影响及知识产权对策等；
(6) 进出口技术或设备在我国、出口国及相关国家的专利法律状态等。

8.3 公司直属单位委托高校、院所及社会组织承担的研发项目，结题报告应当包括：产生的发明创造及知识产权情况，专利等知识产权的申请、登记及注册情况，当前的法律状态等。

8.4 对涉及公司重大利益的科研、新技术、新产品的研发、具有重大市场前景需要申请外国专利的创新技术，以及公司实施走出去战略的有关活动，知识产权办公室应当协同有关部门开展专利战略研究，提出专利分析报告。

8.5 各直属单位、子公司应当针对本领域主导产品和重点技术，建立包括国际国内主要竞争对手的专利地图，明确该产业技术领域的专利布局和归属，预测竞争对手的专利走向，构建本公司的专利布阵和专利网建设重点。

8.6 重大专项、科研、新产品、新技术开发等的立项申报、结题验收等各阶段活动应当接受知识产权办公室的专利审查。

第九条 专利申请与获权

9.1 在创新活动中形成的发明创造，包括新产品、新方法、新工艺、新设计、新材料、新结构等,凡符合专利三性条件的,都应及时提出专利申请。

9.2 专利申请活动实行内部审查制度。审查内容主要有如下几方面:

(1)是否属于国家秘密,是否符合国防专利申请条件;

(2)是否属于技术秘密;

(3)是否涉及侵犯知识产权保护的技术范畴;

(4)是否具有现实或潜在的商业价值;

(5)是否具备专利的"三性"申请条件;

(6)外观设计申请是否具备《中华人民共和国专利法》规定的外观设计条件;

(7)是否为本公司技术发展、市场拓展或知识产权战略的需要;

(8)适合采用何种知识产权工具;

(9)技术方案是否完整,适宜何种专利申请方案;

(10)申报的职务发明人是否具备资格条件;

(11)其他需要审查的要素。

9.3 专利申请评审的组织和形式:

(1)评审组织。由知识产权办公室根据专利申请项目情况及申请活动的动态需要,聘请公司技术经营和知识产权方面的专家,及时组织专利申请项目的评审工作。

(2)评审形式。采取函审或会议评审两种形式。原则上对涉及公司重大利益的专利申请项目采取会议评审,其余情况采取函审。评审形式的选择由知识产权办公室视具体情况决定。

9.4 职务发明申请专利的程序包括:

(1)发明人或设计人填写公司《职务发明专利申请表》及编写技术交底材料,公司各直属单位主管领导就专利申请是否符合专利申请的相关条件进行初步审查,并签字盖章。

(2)知识产权办公室审核,并针对专利申请技术进行专利检索;组织专家进行评审,推荐适宜的知识产权保护方案;技术中心负责人审批;公司分管技术领导审批。

(3)知识产权办公室直接组织专利文献撰写或委托专利事务所代理;委托国家权威专利信息部门进行专利三性检索;组织专家对专利申请文献进行技术质量审查;直接或委托专利事务所向国家办理专利申请;知识产权办公室与专利事务所组织发明专利答辩。

(4)国家授权。由知识产权办公室以公司名义缴纳各种专利费用。

(5)知识产权办公室组织专利获权奖励评审,办理各种专利获权奖励事宜。

9.5 非职务发明申请专利的程序包括:

(1)发明人或设计人填写"非职务发明"专利申请表,报本单位主管领导审核签章,报知识产权办公室审核后,报技术中心负责人审批。

(2)知识产权办公室出具非职务发明证明,有非职务发明证明的专利申请将不与公司发生权属争议,公司可视情况与申请人签订专利优先使用协议。申请人直接或委托专利事务所代理办理专利申请。

9.6 对不具备专利申请条件或不宜申请专利的技术的处置:

(1)对属于国家秘密或已列入本公司技术秘密的技术,纳入国家秘密或技术秘密保护程序,终止专利申请;

(2)对涉及国家重大利益或经济安全且符合国防专利申请的技术,组织国防专利申请;

(3)对不符合新颖性申请条件的,放弃专利申请;

(4)对不符合创造性和实用性申请条件的,鼓励发明人继续优化和改进;

(5)对既符合专利申请条件,又符合技术秘密条件,但采用技术秘密保护方式更有利于本公司利益的,终止专利申请,纳入技术秘密保护;

(6)在专利申请公布或公告前,有关人员不得将有关信息对外披露。

9.7 公司委托子公司完成的发明创造、公司各直属单位与子公司合作完成及子公司独立完成的发明创造,专利申请的流程参照本办法执行。

9.8 为提高专利申请项目的授权前景及授权后权利的稳定性,公司设立专利文献的技术质量审查。由知识产权办公室根据专利申请项目情况聘请相关领域的技术法律专家,对完成撰写的专利申请文献进行技术质量审查。

第十条 专利维护

10.1 公司申请的职务发明专利获权后,由知识产权办公室负责开展获权专利的维护工作,包括但不限于年费缴纳、权利稳定性评价和专利价值审查等。

10.2 知识产权办公室定期组织对公司拥有的专利进行技术价值和商业价值审查,提出相应的处理意见报技术中心负责人和公司分管副总工程师批准后执行。

第十一条 专利运用

11.1 公司各直属单位、子公司应当积极组织专利实施,尽快将专利技术转化为现实生产力。

11.2 公司实施自有专利,由技术中心组织协调相关单位实施。实施后,相关单位应将实施情况报告技术中心。

11.3 公司实施其与子公司的共有专利,由技术中心组织协调相关单位实施并备案。子公司实施其与公司的共有专利,由子公司组织实施并就实施情况向技术中心备案。

11.4 子公司实施公司的自有专利,须向技术中心提出书面申请,经同意后由子公司组织实施并将实施情况报告技术中心备案。

11.5 对公司无条件或不能充分实施的自有专利技术,报经公司批准后,许可或转让他人实施。

11.6 开展专利实施许可、转让活动应签订专利实施许可、转让合同。专利实施许可、转让合同应当到国家专利管理机关认定登记。专利技术许可转让的流程执行公司《技术许可转让管理办法》的规定。

11.7 有下列情况之一的,由技术中心委托符合执业要求的法定资产评估机构进行专利资产评估:

(1)转让专利申请权、专利权;

(2)企业改制、合资合作、联营兼并,或涉及专利许可单位的合资、合作;

(3)重大技术贸易,特别是以各种形式从外国引进专利技术;

(4)专利权质押;

(5)需要进行专利资产评估的其他形式。

11.8 知识产权办公室应当协同相关职能部门定期组织对公司拥有专利的评估,研究专利运营，创造专利最大的收益。

11.9 公司各直属单位及子公司应当把专利实施情况每年统计上报知识产权办公室，并按照各级政府部门的统计要求，配合知识产权办公室做好各项专利及实施的统计工作。

第十二条 专利保护

12.1 公司尊重他人的专利权利，同时依法维护自有专利权益。任何单位和个人不得采取不正当手段擅自使用、许可、转让公司的专利权。

12.2 公司员工有权保护公司的专利权不受侵犯。发现侵犯公司专利权行为应及时向知识产权办公室报告，并协助做好调查取证工作。

12.3 公司尊重员工在工作之余开展的个人创新活动，对非职务发明创造给予尊重。员工不得将职务发明创造以个人名义申请专利并持有该专利。

12.4 各直属单位、子公司组织对外参展活动的，需将参展项目报知识产权办公室专利审查，避免发生展会侵权事件。

12.5 在研制的新产品、新技术进入市场前，须开展相关知识产权调查和预警，规避市场风险。

12.6 在进出口技术或产品前，须报知识产权办公室备案。由知识产权办公室针对相关国家进行知识产权调查，作出知识产权调查报告，以规避和化解知识产权风险。

12.7 在购买设备、仪器、技术等贸易活动中涉及专利的，须报知识产权办公室备案。由知识产权办公室进行专利调查。购买合同应当有要求对方承诺和担保不存在知识产权纠纷的条款。

12.8 公司专利权益涉及海关保护的，应当按照海关知识产权保护条例要求，及时向海关总署申请办理专利权海关保护备案。

12.9 知识产权办公室建立专利申请、检索、答辩、授权、放弃、终止、评审、评估、使用、许可、侵权纠纷处理备案等的管理档案。

12.10 对违反本办法规定的行为，公司将依法追究直接责任人或有关单位负责人的经济和法律责任。

12.11 对可能存在侵犯公司专利权的行为，由知识产权办公室会同法务部门或委托第三方法律服务机构进行调查取证。在结合相关证据对可能存在的侵权行为进行事实和法律判断的基础上，由法务部门酌情采取协商、行政申诉、诉讼等措施，有效维护公司的专利权。

第十三条 专利奖励

13.1 为鼓励发明创造，促进专利创造、积累和商业化，公司设立专利申请奖、专利获权奖、获政府专利奖的项目奖、专利许可转让奖、专利工作奖等奖励项目。具体奖励名称和额度如下。

（1）专利申请奖。对于国家专利局受理后的专利申请，公司及子公司分别对本单位的职务发明人给予一次性专利申请奖励。其中：发明申请奖**元/项；实用新型申请奖**元/项。

（2）专利获权奖。对于获得国家专利局授权的专利项目，由知识产权办公室组织专家对新获权的专利进行评审评价，推荐奖励等级，在此基础上公司及子公司对本单位的职务发明人给予专利获权奖。

①专利获权奖等级：发明、实用新型各设特等、一等、二等、三等共四个等级；外观设计设一等、二等共两个等级。

②专利获权奖标准：发明包括特等奖**元，一等奖**元，二等奖**元，三等奖**元；实用新型包括特等奖**元，一等奖**元，二等奖**元，三等奖**元；外观设计包括一等奖**元，二等奖**元。

(3) 获政府专利奖的项目奖。①对于获得中国专利奖的专利项目，公司及子公司分别对本单位的职务发明人、实施人给予特殊奖励。其中：对获得中国专利金奖的项目的奖励金额与当年省科技进步一等奖同等待遇；对获得中国专利优秀奖的项目的奖励金额与当年省科技进步二等奖同等待遇。②对于获得省、市专利奖的项目，按照省市实际奖励的金额对职务发明人或实施人给予奖励。③上述奖金分配原则是：**%奖励职务发明人或设计人；**%奖励在专利创造、申请、实施、申报等过程中作出实质性贡献的其他人员。

(4) 专利许可转让奖。对于公司开展专利许可转让获得收益的，公司及子公司分别对职务发明人和实施人给予奖励。奖励金额为专利许可转让收入的**%以内。

(5) 专利工作奖。对于在专利创造、运用、管理、保护中作出突出成绩，或有效制止侵权、避免公司发生重大经济损失，或有效维护公司专利合法权益的成绩显著的人员给予表彰和奖励。

13.2 专利获权奖的评审条件如下。

(1) 发明、实用新型特等奖条件：创造性突出，解决了国际国内领域关键性、重要性技术问题；技术水平居国际领先地位，或是涉及国家安全与国民经济命脉的重大专利技术；占有相当大的市场份额，有非常广阔的市场前景，或为公司开拓市场作出了特殊贡献；经济效益和社会效益巨大，或可为公司避免重大的经济损失；在公司未来发展中起着举足轻重的作用；在运用、保护知识产权方面的成效重大。

(2) 发明、实用新型一等奖条件：创造性显著，解决了国内行业关键性、重要性技术问题；居国内领先水平，属升级换代技术，或对产品优化升级的促进作用明显；市场前景广阔(含潜在市场)；能为公司带来较大经济效益；属于公司的核心技术或技术优势，在运用、保护知识产权方面成效显著。

(3) 发明、实用新型二等奖条件：创造性明显，解决了较关键的技术问题；在产品结构优化、功能提升、性能改善、质量及效率提高、减低成本等方面的有益效果明显；有较广阔的现实或潜在市场前景；有一定的经济效益；在运用、保护方面有一定成效。

(4) 发明实用新型三等奖条件：有创造性，解决了一般性技术问题；可供选择的技术方案；小发明、小改进；有市场或潜在市场；属于外围专利或改进专利；在运用、保护知识产权方面有成效。

(5) 外观设计一等奖条件：具有显著的新颖性、创造性和艺术性，应用效果显著，能很好地树立和体现公司产品形象。

(6) 外观设计二等奖条件：具有新颖性和艺术性，应用效果良好，对树立公司产品形象有促进作用。

13.3 专利获权奖评审组织和规则：

(1)评审组织：由知识产权办公室与新获权的专利项目单位共同推荐在技术、经营、管理、法律等方面的专家组建专利获权奖评审组，报技术中心和公司分管副总工程师同意后，呈报公司主管领导审批。报告批准后，由知识产权办公室适时组织专利获权奖的评审工作。

(2)评审指标：按照公司《专利获权奖评审表》，从技术贡献、市场贡献、经济贡献、战略贡献、专利及科技信息资源利用等5项指标对专利项目可能为企业带来的经济及保护利益，具有的权重与价值作出科学合理的评审评价，在此基础上推荐奖励等级。

(3)评审规则：评审专家应当以客观公正、实事求是的态度，积极认真地参加评审工作，自觉遵守评审记录，保守评审秘密；当评审专家为某一项参评项目的职务发明人时，不参加本项目的评审及打分；对每项参评项目应当进行充分的集体讨论。在此基础上，每个专家按照《专利获权奖励评审表》中的1～5项评审指标，依据各项等级分数范围，在对应的单项得分栏打分；对指标不能完全反映其特点的项目，可在序号6的加分栏目中给予1～5分的加分，并说明加分理由；采取去掉一个最高分，去掉一个最低分，取其剩余分数之和的平均值作为每一个项目的得分；将每一项参评项目所得的分数，按照《专利获权奖评审等级对照表》确定奖励等级；进入一等奖的项目，可进入特等奖的评审程序；对奖励等级比例的设立，由技术中心负责人与公司分管副总工程师根据具体参评项目情况予以确定。

13.4 专利奖励的申报流程如下。

(1)专利申请奖流程：公司于次年对上一年度的专利申请项目办理专利申请奖。依据公司年度科技投入预算及上一年度公司的专利申请情况，由知识产权办公室提出年度专利申请奖励的申请报告，经技术中心审批后呈报公司主管领导批准，报告批准后，知识产权办公室到财务部办理奖金并实施奖金发放。

(2)专利获权奖流程：公司于次年办理上一年度的专利获权奖励。根据上一年度公司的专利获权情况，知识产权办公室向有关单位发放公司《专利获权奖励申请审批表》；由职务发明人填写此表，经本单位主管领导审核签章后报知识产权办公室；知识产权办公室初审并组织专家评审，推荐奖励等级；依据公司年度科技投入预算及评审情况，由知识产权办公室提出年度专利获权奖励的申请报告，经技术中心、公司分管副总工程师审批后，呈报公司主管领导批准；报告批准后，知识产权办公室编制奖金分配方案报技术中心审批，到财务部办理并实施奖金发放。

(3)获政府专利奖的项目奖流程：依据公司年度科技投入预算及公司获得政府专利奖情况，由知识产权办公室提出获政府专利奖的项目奖的申请报告，报技术中心审批后，呈报公司主管领导批准；报告批准后，知识产权办公室编制奖金分配方案报技术中心审批，到财务部办理并实施奖金发放。

(4)专利许可转让奖流程：依据公司年度科技投入预算及专利许可转让的情况，由知识产权办公室提出专利许可转让奖励的申请报告，经技术中心审批后，呈报公司主管领导批准；报告批准后，知识产权办公室编制奖金分配方案报技术中心审批，到财务部办理奖金并实施奖金发放。

(5)专利工作奖励流程：依据公司年度科技投入预算及公司专利工作情况，由知识产权办公室提出专利工作奖励和表彰的申请报告，报技术中心主管领导审核签章后，呈报公司主管领导审批，报告批准后，知识产权办公室到财务部办理奖金实施奖金发放。

13.5 公司将专利申请、授权数量及获奖情况纳入对技术人员的业绩考核，包括纳入职称、职位、资质、晋升等的考核指标，纳入总经理津贴、专家、学术带头人、称号等的评价指标。

第十四条 专利实施费和专利奖励的管理

14.1 公司专利实施费和专利奖励实行预算管理。由知识产权办公室每年编制预算报技术中心，技术中心编制公司年度科技投入预算，纳入公司年度科技投入预算总体平衡。

14.2 专利实施费适用范围是：

(1) 专利的申请、发明申请维持、复审、著录事项变更、优先权要求、提前公开、恢复权利请求、无效宣告、专利登记及附加、年费等；

(2) 专利检索、咨询、文献撰写等各项代理；

(3) 专利的评审评价、审计、技术质量审查、评估等；

(4) 专利数据库、知识产权数据库、知识产权流程管理信息平台等软硬件及配套设备的构建、维护、更新、升级、管理等；

(5) 专利的宣传、培训、会议、差旅；

(6) 专业工具、期刊、书籍、文献及书报资料；

(7) 专利战略调研、咨询等；

(8) 专利诉讼、查处等；

(9) 专利管理的其他支出。

14.3 专利奖励适用范围是：专利申请奖、专利获权奖、获政府专利奖的项目奖、专利许可转让奖、专利工作奖。

第十五条 附则

15.1 本办法由公司知识产权办公室负责制定并解释。

15.2 本办法自发布之日起施行。

三、商标管理制度

商标是关系企业声誉和品牌价值的重要无形资产，有关商标的注册、维护、运用、保护等管理行为需要有章可循。因此，商标管理制度也是企业知识产权管理制度的重要组成部分。由于商标须经注册程序方可获得商标专用权，企业商标管理制度一般包括以下六个方面的内容。

(1) 制定目的和适用范围。本部分一般包括三个要点：①商标管理制度制定和实施的目的，主要从提升企业的市场拓展能力，提高产品或服务的附加价值、企业品牌知名度和美誉度等角度予以阐述；②制度依据，包括法律依据和知识产权管理总则等；③定义和术语解释，如商标、主商标和从商标、防御商标和联合商标等。

(2) 商标管理体制。本部分一般包括两个要点：①商标管理机构设置，包括机构设置和人员配置；②商标管理机构的职责描述。

(3)商标设计和注册规范。本部分一般包括四个要点：①商标标识设计流程，包括需求提出和设计审批流程；②新商标标识注册的内部审查和注册流程；③既有注册商标扩大使用范围或扩大使用法域的内部审查和注册流程；④商标注册后的维护要求等。

(4)商标运用规范。本部分一般包括六个要点：①对企业运用商标的途径予以描述；②企业内部自行使用注册商标的规范，包括母子公司之间使用相关注册商标的流程要求；③企业对外转让和许可注册商标的价值评估和审批流程；④企业运用商标对外投资或质押融资的价值评估和审批流程；⑤注册商标转让、许可、投融资的权利管理；⑥注册商标对外许可后的监督管理。

(5)商标保护规范。本部分一般包括两个要点：①企业相关机构和人员的商标保护责任；②商标保护路径描述和争议解决机制的运用。

(6)解释权和生效条款。本部分主要规范商标管理制度的解释权归属以及生效时间或条件。

案例 11-4　商标管理制度例举：**公司商标管理办法

第一章　总　则

第一条　为了不断提高**公司(以下简称公司)的品牌知名度和美誉度，推动产品开拓市场，提升公司的竞争优势，依据《中华人民共和国商标法》《中华人民共和国商标法实施条例》和公司《知识产权管理总则》的规定，特制订本办法。

第二条　本办法所称的商标，是指由文字、图形、字母、数字、三维标志、颜色组合和声音等，以及上述要素组合而成，使用在商品或者服务项目上，用以区别不同商品生产者或者经营者的商品或者服务的一种标记。

第二章　管理机构及其职权

第三条　公司的商标归口管理机构是知识产权办公室。知识产权办公室具体承担商标管理工作。

第四条　公司知识产权办公室配置专职的商标管理人员，由商标管理人员具体实施公司商标创造、运用和保护等管理行为。

第五条　知识产权办公室行使下列职权：

(一)负责制定公司商标管理的规章制度；

(二)负责公司商标的申请、注册、续展、转让、评估、使用许可的审核及办理；

(三)会同法务部门处理公司商标讼争案件；

(四)指导和监督公司相关部门的商标使用工作，以核准注册的文字、图形、字母、数字或其组合为准；

(五)负责公司商标的档案管理、信息处理；

(六)协同人力资源管理部门组织公司的商标专业知识教育与培训；

(七)负责有关商标的其他事项。

第三章　商标设计和注册

第六条　公司相关单位及子公司根据产品开发和市场拓展需要，向知识产权办公室提出商标设计申请，并提出自己的标识设计建议。

公司相关单位及子公司根据产品开发和市场拓展需要，向知识产权办公室提出已注册商标拟增加使用的产品类别或扩大使用的区域范围。

第七条　公司对拟向国家商标行政管理部门申请注册的新商标标识实行内部审查制度。

本条第一款所称的内部审查主要包括以下三个方面：

(一)是否具备《中华人民共和国商标法》规定的商标申请条件；

(二)是否属于《中华人民共和国商标法》规定的不允许作为商标使用或者注册的范畴；

(三)是否能够体现公司的产品和企业形象。

第八条　对不具备商标注册申请条件或不宜申请商标注册的新商标标识的处置：

(一)对不符合《中华人民共和国商标法》规定的积极要件的，应告知申请部门进行修改，修改后继续申请；

(二)对不符合《中华人民共和国商标法》规定的禁止性条件的，应告知申请部门放弃申请。

第九条　公司申请新商标标识注册的流程是：

(一)申请部门自行或委托他人设计新商标标识，并广泛征求意见；

(二)知识产权办公室对新商标标识进行内部审查，确定拟使用的新商标标识；

(三)知识产权办公室在征求意见的基础上，拟订申请注册商标的使用范围；

(四)报请公司主管领导审批；

(五)知识产权办公室直接或委托商标事务所代理办理商标注册申请。

第十条　公司申请已有注册商标增加使用的产品类别或扩大使用的区域范围的注册流程是：

(一)知识产权办公室在征求意见的基础上，拟订已有注册商标申请增加使用的产品类别或扩大使用的区域范围；

(二)报请公司主管领导审批；

(三)知识产权办公室直接或委托商标事务所代理办理商标注册申请。

第十一条　相关单位和个人在商标设计和申请过程中应严格保守秘密。商标设计完成后，设计人应将设计过程中收集的全部资料、设计草图、定稿等整理成档案，妥善保存。

第四章　商标运用

第十二条　商标运用是商标创造和保护的目的，是提升公司品牌价值和竞争优势的重要途径。

本条所称的商标运用包括自用、许可、转让、投融资等。

第十三条　公司相关单位及子公司应当正确使用注册商标。

第十四条　知识产权办公室负责在条件成熟时，将公司注册商标申请认定为著名商标和驰名商标。

第十五条　为发挥注册商标的经济效益和社会影响力，公司可以在一定范围内，对外许可使用注册商标。

公司注册商标许可审批程序为：

(一)使用单位填写商标许可使用申请表，提交知识产权办公室；
(二)知识产权办公室会同公司相关单位对被许可方进行资格审查；
(三)报请公司主管领导审批。

注册商标许可须签订书面许可协议，明确双方权利和义务。知识产权办公室会同法务部门负责许可协议的谈判、签订，并对被许可方的使用行为进行监督管理。

第十六条　为实现注册商标的价值最大化，公司可以根据需要对外转让自身不再使用的注册商标。

公司注册商标对外转让的审批程序：
(一)拟转让商标的单位填写商标转让申请表，提交知识产权办公室；
(二)知识产权办公室会同财务部门、市场部门等相关单位对拟转让注册商标的使用情况和价值进行评估；
(三)对可以转让的注册商标，报请公司主管领导审批。

注册商标转让须签订书面转让协议，明确双方权利和义务。知识产权办公室负责转让协议的谈判、签订，并按规定办理转让登记手续。

第十七条　公司以商标权进行投资或质押融资的，须经知识产权管理办公室、法务部门和财务部门审查，公司主管领导审批。

投资管理部门会同知识产权办公室负责注册商标投资或质押融资协议的谈判、签订。

第十八条　知识产权办公室负责办理注册商标转让、许可、投资、质押融资等的权属登记和后续权利管理，并对注册商标许可使用行为进行监督管理。

第五章　商标保护

第十九条　知识产权办公室负责公司注册商标的保护，开展注册商标侵权违法事件的调查、调解、处理和诉讼等工作。

第二十条　公司员工有义务保护公司注册商标不受侵犯。发现侵犯公司注册商标的行为，应及时向本单位领导、知识产权办公室报告。

第二十一条　知识产权办公室应及时启动注册商标侵权行为调查。如侵权行为成立，已经或将对公司造成损害的，知识产权办公室应根据商标侵权情况，通过协商、行政处理或诉讼等途径维护公司的合法权益。

第六章　附　则

第二十二条　本办法由知识产权办公室负责解释。
第二十三条　本办法自发布之日起施行。

四、著作权管理制度

著作权(含计算机软件著作权)是法律赋予作者或其他著作权人对其文学、艺术或科学作品享有的各项专有权利的总称，包括阻止他人对作品进行复制、销售、演出、展示或改编的权利。《中华人民共和国著作权法》将文学、艺术和科学领域的作品分为9类，即文字作品，口述作品，音乐、戏剧、曲艺、舞蹈、杂技艺术作品，美术、建筑作品，摄影作品，视听作品，工程设计图、产品设计图、地图、示意图等图形作品和模型作品，计算机软件，符号作品特征的其他智力成果。由此可见，企业是著作权的重要主体，企业有必要通过制定和实施著作权管理制度，激励员工创作优秀作品，依法行使和保护自身的著作权益。

因企业所处的产业领域、生命周期和治理结构不同，其著作权管理制度的重点和流程会有所不同。一般而言，企业著作权管理制度包括七个方面。

(1)制定目的和适用范围。本部分一般包括四个要点：①著作权管理制度制定和实施的目的，主要从激励员工创造和设计，保护企业著作权益等角度予以阐述；②制度依据，包括《中华人民共和国著作权法》及其实施条例、《计算机软件保护条例》等法律依据和企业知识产权管理总则等；③适用范围，包括适用的主体范围和作品范围；④定义和术语解释，如作品、职务作品等。

(2)著作权管理机构和职责。本部分一般包括两个要点：①著作权管理机构设置，包括机构设置和人员配置；②著作权管理机构和人员的职责描述。

(3)作品创作和著作权登记规范。本部分一般包括五个要点：①不同创作途径的作品著作权归属规则；②职务作品的创作要求和流程；③职务作品的内部审查登记和外部登记流程；④职务作品登记后的维护要求；⑤非职务作品的创作和内部审查确权。

(4)著作权运用规范。本部分一般包括五个要点：①与工作领域相关的非职务作品公开发表内部审查流程；②职务作品会议交流或公开发表的内部审批流程；③企业使用他人著作权的规则；④企业转让或许可他人使用自有著作权的规则和要求；⑤企业采用著作权投资的规则和要求。

(5)著作权保护规范。本部分一般包括两个要点：①企业相关机构和人员的著作权保护责任；②著作权保护路径描述和争议解决机制的运用。

(6)著作权奖励规范。本部分一般包括以下两个要点：①著作权奖励标准；②著作权奖励评审流程。

(7)解释权和生效条款。本部分主要规范著作权管理制度的解释权归属以及生效时间或条件。

案例 11-5　著作权管理制度例举：**公司著作权管理办法

第一条　为完善**公司(以下简称公司)知识产权管理制度，增强员工著作权意识，提高公司著作权管理能力，维护公司著作权益，依据《中华人民共和国著作权法》《中华人民共和国著作权法实施条例》《计算机软件保护条例》《计算机软件著作权登记办法》和《**公司知识产权总则》等，特制定本办法。

第二条　本办法适用于公司各单位、各子公司。

公司全体员工(包括在岗员工，内部退养人员，各类请假、劳务输出等离岗人员)都必须遵守本办法。

第三条　本办法适用于公司员工完成的职务作品，包括特殊职务作品和一般职务作品。

本条所指特殊职务作品是指公司员工为完成公司指派的工作任务，利用公司的物质技术条件所创作的、由公司承担责任的、以纸质和其他电子媒体介质等形式实现的工程设计图、产品设计图、各类材料汇编、地图、计算机软件、音像、图片、产品样本等作品。

本条所指一般职务作品是指公司员工为完成公司工作任务所创作的、除本条第二款规定以外的其他作品。

第四条 公司的著作权管理纳入知识产权管理体系，由公司知识产权办公室归口管理著作权相关事务。知识产权办公室配备专职人员，具体承担公司著作权的日常管理事务。各子公司配备兼职人员，承担相应的著作权日常管理事务。

知识产权办公室的著作权管理职责是：

（一）制定和实施年度著作权工作计划，包括但不限于完善各项著作权管理制度、督促和调整著作权工作计划的实施，并按期进行工作总结；

（二）负责公司职务作品的内部审查登记和外部登记工作；

（三）保障公司职务作品的合法使用，负责对外发布信息、发表论文、参加展览会或研讨会之前的审查工作，参与涉及对外技术交流、技术合作、技术贸易等有关著作权合同或协议的起草工作，以及对外著作权问题的谈判；

（四）协助法务部门对侵犯本企业著作权的行为进行调查，及时处理著作权侵权纠纷，并向有关责任人追偿由其侵害行为造成的损失；

（五）组织公司职务作品的评审和奖励工作，及时整理和移交公司著作权档案资料；

（六）协助人力资源管理部门组织公司著作权相关知识的培训；

（七）其他应当由知识产权办公室承担的著作权管理事务。

第五条 公司法务部门负责处理公司的著作权纠纷，并对涉及著作权的有关问题进行法律咨询。

公司保密办公室负责处理公司职务作品涉及企业秘密的工作。信息技术中心负责审定计算机软件作品是否涉及公司企业秘密的工作。

公司档案馆负责公司登记职务作品资料的归档管理。

第六条 职务作品创作完成后，依法取得著作权。

特殊职务作品，作者享有署名权，著作权的其他权利由公司享有。

一般职务作品，著作权由作者享有，但公司有权在业务范围内优先使用。作品完成两年内，未经公司同意，作者不得许可第三人以与公司使用的相同方式使用该作品。

第七条 公司员工在开展职务创作活动前，实行必要的文献情报著作权检索和分析。作品创作过程中及完成后，进行必要的跟踪检索。对作品组织鉴定验收时应提供相应的著作权检索报告。

第八条 确定为公司自行创作的特殊职务作品的，由公司主管领导或子公司负责人与项目负责人签订知识产权办公室制发的《职务作品创作任务书》，项目组成员在创作活动中严格保密，创作完成后严格按照规定完成职务作品内部登记工作。

第九条 公司委托他人创作作品，著作权的归属应当在委托合同中明确约定属于公司。

第十条 公司与大学、科研机构和其他企业进行合作创作的，应当由公司与之签订书面合同书，明确作品的著作权归属，并明确约定保密责任和违约责任等。

第十一条　公司职务作品实行内部分类登记制度。

一般职务作品内部登记实行作者自愿原则。公司鼓励员工就其一般职务作品在公司内部进行登记。

公司特殊职务作品实行强制内部登记。

公司各直属单位、各子公司员工在特殊职务作品完成后**个工作日内，向知识产权办公室提交作品内部登记申请文件。一般职务作品内部登记时限参照本项规定执行。

公司员工在提交职务作品登记申请文件时，应当在《职务作品权属认定书》上签字。

职务作品内部登记申请文件格式和附件要求由知识产权办公室拟制。

第十二条　知识产权办公室应当定期或根据需要不定期组织公司相关部门负责人和专业人员组成专业鉴定组和评审委员会，对职务作品进行鉴定。

评审委员会由**人组成，成员由公司主管知识产权工作的副总经理从专家库中选聘；专业鉴定组由**人组成，成员由知识产权办公室与公司相关单位协商推荐。

专业鉴定组和评审委员会负责对职务作品的等级进行鉴定。

职务作品涉及企业秘密的，由公司保密办公室或信息技术中心按照公司《商业秘密管理办法》或《技术秘密管理办法》进行定密。

第十三条　申请内部登记的职务作品经专业鉴定组鉴定和评审委员会批准后确定等级，并由知识产权办公室登记成公司职务作品。

知识产权办公室在开展职务作品登记时，应当注明职务作品类别和等级。如果涉及企业秘密的，还应注明密级。

知识产权办公室在完成公司职务作品内部登记后，应当及时书面告知职务作品创作人员或作者有关职务作品的等级和内部登记完成情况。

第十四条　公司特殊职务作品等级分为四等，即一等作品、二等作品、三等作品和四等作品。

公司一般职务作品等级分为四等，即卓越作品、优秀作品、良好作品和一般作品。

第十五条　知识产权办公室对完成内部登记的职务作品，视情况在报请公司主管领导批准后，向相应的著作权管理机关申请著作权登记，预防著作权权属纠纷的发生。

第十六条　公司特殊职务作品属于公司知识产权，由公司决定作品著作权的处理和使用方式。公司内部相关单位和人员因工作需要可以查阅和使用，但须办理书面手续，说明使用原因、时间和范围。对涉及企业秘密内容的特殊职务作品，须经公司保密办公室或信息技术中心审核，负责保密工作的公司主管领导批准方可查阅和使用。

公司已经内部登记的一般职务作品的查阅和使用按照公司档案管理制度进行。但涉及企业秘密的一般职务作品的查阅和使用，须参照本条第一款的程序办理。

第十七条　公司员工完成的、未经内部登记的一般职务作品，在互联网、会议或期刊等发表前，必须经公司知识产权办公室会同保密办公室或信息技术中心进行保密审查。只有通过保密审查后的方可对外发表和使用。

第十八条　公司转让或许可第三人使用自有职务作品的，必须进行可行性论证。

第十九条　公司尊重他人的著作权，并采取积极措施，避免侵犯他人的著作权益。

第二十条　公司员工有权保护公司著作权不受侵犯。在发现侵犯公司著作权的行为时，应及时向知识产权办公室报告，并协助做好调查取证工作。

第二十一条　公司依法维护自身的著作权益。知识产权办公室应当建立著作权风险预警机制，适时监控可能出现的著作权侵权或被侵权行为。

当发生著作权侵权纠纷或著作权权属纠纷时，公司法务部门应当采取及时有效的措施，必要时请求著作权管理机关处理，或依照合同提出仲裁申请或向人民法院起诉，切实维护公司的合法权益。

第二十二条　公司对完成职务作品内部登记的作者给予相应奖励。

特殊职务作品的奖励分为三个等级，相应的奖励金额为：

（一）一等职务作品：**元；

（二）二等职务作品：**元；

（三）三等职务作品：**元。

一般职务作品的奖励分为三个等级，相应的奖励金额为：

（一）卓越职务作品：**元；

（二）优秀职务作品：**元；

（三）良好职务作品：**元。

第二十三条　公司经营职务作品著作权获得利益的，职务作品作者可按有关规定获得报酬。

第二十四条　公司知识产权办公室按年度统计职务作品的奖励，报经公司主管领导批准后，会同财务部门向相关人员发放。

第二十五条　公司员工擅自发表含有公司商业秘密内容的作品的，将按国家有关法规和公司商业秘密管理办法追究相应的法律责任和经济责任。

第二十六条　本办法由公司知识产权办公室负责解释

第二十七条　本办法自**年**月**日起执行。

五、商业秘密管理制度

按照我国《中华人民共和国反不正当竞争法》的规定，商业秘密是指不为公众所知悉、具有商业价值并经权利人采取相应保密措施的技术信息、经营信息等商业信息。也就是说，商业秘密主要包括两类，即技术秘密和经营秘密。从制度本源来讲，商业秘密是平衡雇主对其技术信息、经营信息的垄断权利和雇员流动性的制度设计；从战略管理的资源观角度来看，商业秘密与时间领先、专利、商标等一样，是企业谋求和保持核心竞争力的战略资源，在市场竞争中发挥着举足轻重的作用(Merges et al., 2012)。然而，与专利、商标不同，商业秘密的秘密性和保密性，决定了企业商业秘密管理制度具有与其他知识产权管理制度不同的特定要求和实质内容。其中，技术信息和经营信息的定密、解密标准和流程，商业秘密的使用和保护规则，是商业秘密管理制度的核心内容。从制度体例来看，由于技术秘密对于一些企业来说显得特别重要，所以这部分企业往往在商业秘密管理制度之外，单独配套制定了技术秘密管理制度。一般而言，企业商业秘密管理制度包括七个方面的内容。

（1）制定目的和适用范围。本部分一般包括三个要点。①商业秘密管理制度制定和实施的目的,主要从提升企业的核心竞争力,保障企业技术创新和生产经营的健康发展等角度予以阐述;②制度依据,包括法律法规依据和知识产权管理总则等;③适用范围,包括适用的机构范围和保密人员范围的界定。

(2) 商业秘密的范围和权利归属。本部分是商业秘密管理制度的一大特点和重要内容,一般包括以下四个要点:①商业秘密的涵义界定;②技术信息的范围界定;③经营信息的范围界定;④商业秘密的权利归属规则。

(3) 商业秘密管理体制。本部分一般包括两个要点:①商业秘密管理机构设置,包括组织设置和人员配置;②商业秘密管理机构的职责描述。

(4) 商业秘密密级划分。本部分一般包括四个要点:①商业秘密的等级及其划分依据;②不同等级的商业秘密的内涵和特征描述;③商业秘级定密流程;④商业秘密的解密条件和流程。

(5) 保密措施。本部分一般包括四个要点:①不同密级资料的使用权限及审批措施;②不同密级资料和涉密场所等的物理隔绝和技术防范措施;③涉密人员、外来人员和协作单位等的管理措施;④信息平台和宣传报道的审查流程和管理措施。

(6) 奖励与惩罚。本部分一般包括两个要点:①奖励标准和流程;②惩罚条件和流程。

(7) 解释权和生效条款。本部分主要规范商业秘密管理制度的解释权归属以及生效时间或条件。

案例11-6 商业秘密管理制度例举:**集团公司技术秘密管理办法

第一章 总 则

第一条 为有效保护**集团公司(以下简称集团公司)的技术秘密,切实保障集团公司在激烈的市场竞争中获得和保持可持续竞争优势,根据集团公司《知识产权战略规划》和《商业秘密管理办法》,制定本办法。

第二条 本办法适用于集团公司及其分支机构。集团公司绝对控股的子公司参照本办法执行。

本办法适用于本条第一款所列单位的在职员工,其他负有保密义务的离职员工以及与上列单位签订保密协议的其他人员。

第三条 集团公司技术秘密管理遵循过程控制原则,即根据技术研发、技术转让或许可、技术商业化及其他技术交流活动的不同特点开展有重点的技术秘密管理活动。

第四条 集团公司技术秘密管理遵循模块化管理原则,即结合不同密级、不同技术领域的技术秘密开展差异化管理,并处理好技术秘密与经营秘密、技术秘密与专利、版权等其他知识产权形式的有效衔接。

第五条 属于国家秘密的适用国家相关法律法规规定。

第二章 技术秘密的范围

第六条 本办法所称技术秘密是指不为公众所知悉、能为集团公司带来经济利益、具有实用性并经集团公司采取保密措施的技术信息,属于商业秘密。

不为公众所知悉是指该技术信息不能从公开渠道直接获取。

能带来经济利益、具有实用性,是指该技术信息具有确定的可应用性,能带来现实的或者潜在的经济利益或者竞争优势。

保密措施是指:

(一)集团公司及委托机构与知悉或者可能知悉该技术秘密的有关机构或人员签订了保密协议;

(二)集团公司及委托机构已经把该技术秘密保护要求告知有关机构或人员;

(三)集团公司及委托机构对该技术秘密的存放、使用、转移等环节采取了合理、有效的管理办法;

(四)其他保密措施。

技术信息,是指一切与集团公司技术研发、生产制造、市场拓展以及其他职能活动相关的设计、技术方案或技术诀窍、计算机源程序、计算机程序文档、关键数据、产品配方、制作工艺、制作方法等技术知识、经验和信息。

第七条 本办法所称技术秘密具体包括但不限于以下形式的技术信息:

(一)技术发展和研发项目文档资料,如战略发展规划、技术发展规划、技术发展研究报告、研发项目建议书、研发项目可行性报告、研发项目鉴定结论、技术方案和设计构想、技术开发文档、工程文档等;

(二)记录研发活动内容的各类文档资料,如会议记录、研发日志、实验结果、仿真结果、技术改进通知等;

(三)技术和工艺参数、产品性能参数等;

(四)研发项目的最终成果和阶段性成果等;

(五)技术诀窍,产品生产的工艺程序、操作知识和经验、产品的测试方法等;

(六)工业配方、化学配方等;

(七)计算机程序、软件源代码、源程序、可执行程序;

(八)产品图纸、模具图纸以及设计草图等;

(九)技术标准、质量标准等;

(十)新产品和新设备样品、样机、模型等;

(十一)研发、测试、生产和工程环节需要保密的材料、设备和场所等;

(十二)集团公司需要保密的其他技术信息。

第八条 本办法所称技术秘密包括但不限于以下过程中的技术信息:

(一)落在专利技术范围但未披露的技术信息;

(二)处于专利申请与审批阶段但尚未披露的技术信息;

(三)未申请专利(包括具备专利条件但尚未申请专利、具备专利申请条件但不便于申请专利和不具备专利申请条件)但采取了保密措施的技术信息。

第九条 集团公司员工的职务行为取得的技术秘密,归集团公司所有。

本条所称职务行为是指执行集团公司的任务或者主要是利用集团公司的物质技术条件所开展的活动。

第十条 集团公司投入全部或部分资金,委托第三人开展人才培养、教学、科研开发、产品开发及生产实践和经营销售活动取得的技术秘密,归集团公司所有或与第三人共有。

签订合同或协议时应约定技术秘密权利归属。

第十一条　来集团公司学习、工作、合作研究的人员及临时聘用的国内外人员，在学习和工作期间完成的技术秘密，归集团公司所有。签订合同或协议时应约定技术秘密权利归属。

第三章　技术秘密的管理机构

第十二条　集团公司保密委员会是技术秘密管理的归口领导机构，其组成与职责依照《**集团公司保密委员会职责》的规定执行。

第十三条　技术中心是集团公司技术秘密的归口管理单位，负有下列职责：

（一）全面负责技术秘密管理工作；

（二）制订技术秘密管理的目标并监督实施；

（三）负责本办法的组织实施；

（四）制订技术秘密管理的相关配套制度、流程和措施，并负责组织实施；

（五）其他由集团公司确定的职责。

第十四条　知识产权办公室是集团公司各项技术秘密管理工作的具体承担单位，对技术中心负责，并接受集团公司保密办公室的业务指导。

知识产权办公室在技术秘密管理方面的职责是：

（一）起草技术秘密管理方面的规章制度，起草并落实各项技术秘密管理的流程和措施；

（二）负责技术秘密的认定登记、密级和保密期限调整、解密等事项，并按程序开展技术秘密资料的移送保管；

（三）负责职责范围内的技术秘密内部查阅和使用登记；

（四）负责集团公司研发、制造和市场等机构相互之间涉及技术秘密的行为的监督检查；

（五）负责会展、出版等各种对外使用技术秘密行为的审查报批；

（六）负责集团公司对外委托或合作开发、技术转让或许可，技术咨询和服务、合作制造、市场拓展中涉及技术秘密的行为的监督检查；

（七）负责非集团公司人员参观、学习、访问、培训、交流等涉及技术秘密行为的审查批准和参观证核发登记；

（八）对完成技术秘密的项目组或发明人、设计人，按照集团公司相关规定商请保密办公室后，负责提出奖励建议；

（九）对违反国家法律法规和集团公司技术秘密管理规定的行为，商请保密办公室后，负责提出相应的处罚意见；对情节严重需要提交司法机关的，移送法律顾问机构并配合其调查处理；

（十）其他涉及技术秘密管理的职责。

第十五条　为了保证集团公司技术秘密管理的持续开展，知识产权办公室应当配备相应的岗位和人员，具体负责落实技术秘密各项管理工作。

第十六条　集团公司各研发机构、生产单位、子公司和其他职能部门的负责人是相应单位的保密第一责任人；各研发机构、生产单位、子公司和其他职能部门应当根据业务性质和工作需要配备相应的专职或兼职保密人员，具体承担该单位的技术秘密管理工作，并接受知识产权办公室的在技术秘密方面的业务管理和指导。

第四章 技术秘密的认定

第十七条 集团公司技术秘密认定、密级和保密期限调整、解密实行强制登记制度。

第十八条 技术秘密的划密原则、密级认定、保护期限、档案保管等，本办法没有规定的，遵照集团公司《商业秘密管理办法》执行。

第十九条 按照技术秘密对集团公司生存与发展的重要程度、生产周期、技术成熟程度、技术潜在价值和市场需要程度等因素，确定其密级和保密期限。

第二十条 集团公司的技术秘密划分为 A、B、C 三级。

A 级：特别重要的技术秘密，对集团公司的经济利益或者技术优势具有特别重大影响的技术信息，一旦泄漏，将可能使集团公司遭受巨大的利益损失，损害集团公司的关键性技术优势，甚至引发严重的法律纠纷。

B 级：重要的技术秘密，对集团公司的经济利益或者技术优势具有重大影响，一旦泄密，将可能使集团公司的利益遭受严重的损失或者损害集团公司的技术优势。

C 级：一般的技术秘密，对集团公司的利益或者生存与发展具有较大影响，一旦泄密，将可能给集团公司的利益造成损失。

第二十一条 技术秘密 A、B、C 级的技术信息范围，依照集团公司《商业秘密管理办法》，结合本办法第七条和第二十条的规定予以确定。

第二十二条 技术秘密保密年限及标识设置依照集团公司《商业秘密管理办法》执行。

第二十三条 技术秘密具体项目由各职能部门、分支机构和子公司根据《商业秘密管理办法》和本办法的规定，结合本单位具体情况，在自行研究，提出密级划分意见的基础上，填写《**集团公司技术秘密项目申报表》，报知识产权办公室初步审查后，报集团公司保密委员会审定。

对于集团公司定期编制下发的计划及其它内容，一旦确定了密级，在以后新形成同类文件材料时，直接在封面上盖保密印章及定密时间，并由形成单位将形成的技术秘密项目明细，报知识产权办公室登记，不再另行密级审批。

列入集团公司技术秘密的项目，各单位应当在载体材料上按本办法的规定加盖保密印章及定密时间，并在有关范围内公布。

第二十四条 技术秘密一旦认定，由知识产权办公室负责登记，录入集团公司技术秘密管理系统，并通报保密办公室。

第二十五条 各单位对技术秘密载体的管理要落实专人负责，专柜保管，并安装防盗系统，确保技术秘密载体处于安全状态。对技术秘密文件材料要按档案管理要求进行分类、编号、建立台帐、纳入规范化管理。

第二十六条 各单位每年应对技术秘密文件材料进行检查、清点和整理工作。

第二十七条 有下列情况之一的，应当及时变更技术秘密密级：

(一)知悉范围拟作较大变动的；

(二)对企业利益的影响程度发生明显变化的。

第二十八条 有下列情形之一，应当及时提前解密：

(一)技术趋向陈旧，失去保密价值的；

(二)已有替代技术或根据竞争需要提前解密的；

(三)已经扩散并很难采取补救措施的。

第二十九条 对于在保密期限内需要升密、降密、解密，以及延长保密期限的，由形成单位或保管单位向知识产权办公室提出书面申请，由知识产权办公室进行初步审查后，报集团公司保密委员会审定。经保密委员会审定后的密级调整、保密期限调整以及解密决定，由知识产权办公室予以登记，并通知相关单位。

第五章 技术秘密的使用

第三十条 对需要传阅和留存的技术秘密文件材料，必须严格按领导阅批范围进行传阅和留存，不得随意扩大传阅和留存范围。传阅和留存过程中必须严格签收，及时催办和回收。

传阅和留存在相关单位和个人处的技术秘密文件材料及其复印件应当妥善保管，非经本办法规定的程序，不得向任何权限范围外的第三人泄漏。

第三十一条 超过本办法规定的传阅和留存范围，技术秘密文件材料的查阅和复制的审批权限为：

(一)技术秘密A级文件材料的查阅和复制须经总经理及其授权人批准；

(二)技术秘密B、C级文件材料的查阅和复制须经集团公司主管领导批准。

第三十二条 因工作需要，查阅技术秘密文件材料应限制在最小范围之内。凡查阅技术秘密文件材料，必须有查阅单位的报告和具有审批权的领导的签批意见。

第三十三条 因研发、生产、市场营销和其他职能工作需要，在档案管理部门查阅属集团公司技术秘密的重要生产图纸和技术文件，须经有审批权的领导审批。

第三十四条 凡属技术秘密生产图纸和文件材料的晒发，各承办单位要严格控制发放份数，不得随意增发。晒图《申请单》必须由具有审批权的领导批准，并报知识产权办公室备案。在发送、传递过程中要严格履行登记和移交手续。任何单位和个人不得擅自晒发和复制集团公司技术秘密的生产图纸和技术文件材料。

第三十五条 凡涉及技术秘密的产品加工，加工完成后，由生产安全管理部门会同有关单位迅速下达"图纸资料明细回收通知"由档案管理部门统一核实回收，统一销毁。销毁工作按集团公司《档案工作管理规定》执行。

第三十六条 因工作需要发往各处室、分厂、车间、工段、班组的技术秘密文件材料，各单位要高度重视，妥善保管，只供本单位本项目相关人员使用，其他人员不得借阅。

第三十七条 技术秘密文件材料的复制(复印、印刷等)必须在集团公司内进行。具体操作参照《集团公司国家秘密事项管理办法》相关规定办理。

第三十八条 技术秘密文件材料不得使用电话、传真、计算机联网发送。在特殊情况下必须由集团公司主管领导批准，并采取有效保护措施后方可发送。

第三十九条 以涉及集团公司技术秘密的技术、产品、设备和资料等参加各种形式的展览会或宣传报道，应当在事前送知识产权办公室审查，并报有审批权限的主管领导批准，按程序采取相应的保密措施，确保集团公司技术秘密不被泄漏。

第四十条 本办法规定范围内负有保密义务的人员，以刊物、书籍、会议、互联网等形式公开或非公开出版涉及集团公司技术秘密的技术信息的，应当在事前送知识产权办公室审查，并报有审批权限的主管领导批准方可实施。

第六章　技术秘密的保护

第四十一条　集团公司有权要求与涉密员工签订保密协议或者在劳动合同中约定保密条款。

第四十二条　有关技术秘密管理的规章制度，纳入新员工培训计划和干部培训计划，强化保密意识。

第四十三条　涉密员工应当遵守集团公司技术秘密管理的各项规章制度，履行与其工作内容相应的保密义务；不得盗窃或未经授权以任何不正当方式获取、藏匿、传送技术秘密，并在工作需要或离职时返还一切记载技术秘密的载体；未经授权，不得把技术秘密，包括集团公司负有保密义务的第三方技术秘密以任何形式透露给第三人。

第四十四条　集团公司有权与管理人员、技术人员和其他负有保密义务的人员签订竞业限制条款。在解除或者终止劳动合同后，负有保密义务的人员不得到与本集团公司生产或者经营同类产品、从事同类业务的有竞争关系的其他用人单位工作，或者自己生产或者经营同类产品、从事同类业务。竞业限制期限由合同约定；没有约定的，期限为二年。

第四十五条　在公司的技术研发、生产制造、市场拓展和其他职能环节，因工作需要涉及技术秘密交底的，应当办理技术秘密交底手续。

公司内部机构和人员之间技术秘密交底遵循下列流程：

（一）根据工作需要确定技术秘密交底方案，明确交底的技术秘密和涉密人员范围；

（二）将技术秘密交底方案呈报有审批权的主管领导批准；

（三）技术秘密交底并办理交底手续清单；

（四）将技术秘密交底手续清单交给交底单位的技术秘密管理人员登记；

（五）交底单位技术秘密管理人员及时将交底情况报知识产权办公室备案；

（六）技术秘密交底涉及技术资料、文档和实物返还的，接受交底单位和人员应当按照交底时确定的时限返还相关资料、文档和实物给交底单位，并承担保密义务。

第四十六条　在与第三人委托或合作开发、技术转让或许可，技术咨询和服务，以及合作或委托制造过程中，涉及集团公司技术秘密的，应当采取保密措施，保证集团公司技术秘密不被泄漏。

第四十七条　在与第三人委托或合作开发、技术转让或许可，技术咨询和服务过程中涉及集团公司技术秘密的，遵循下列流程。

（一）集团公司相关单位在向第三人出示、展示、移交涉及技术秘密的资料、文档和实物，或者因工作需要邀请第三人参观涉密场所前，应当与第三人签订保密协议，明确保密的对象、范围、期限、权利和义务、法律责任等；保密协议一式三份，集团公司相关单位和第三人各执一份，第三份由相关单位的保密人员连同该项目其他须移送的保密资料一并报知识产权办公室备案。

（二）集团公司相关单位在向第三人出示、展示、移交涉及技术秘密的资料、文档和实物，应当按照工作需要和合同约定进行，办理移交手续，注意保守集团公司技术秘密。

（三）因工作需要邀请第三人参观涉密场所的，应当预前知会涉密场所的管理人员和知识产权办公室，安排好参观路线，并按照事先安排的路线参观，不得随意变更参观路线和场所。

（四）相关单位邀请第三人参观涉密场所的，必须及时到知识产权办公室领取参观证并做好登记，被参观的涉密场所凭知识产权办公室核发的参观证放行并做好门卫登记工作；参观完毕后，相关单位应当及时返还领取的参观证并核销。

（五）与第三人开展委托或合作开发项目时，应当注意在合同中约定研发成果的归属，维护集团公司对后续形成的技术秘密的合法权益；在接受技术咨询和服务时，应当注意在合同中约定咨询报告和分析资料的权利归属和使用权限，以维护公司的合法权益。

（六）相关单位的保密人员应当在合作项目结束后，及时将该项目的保密协议、技术秘密移交清单和其他保密登记清单报知识产权办公室备案。

第四十八条　与第三人开展合作制造或委托制造的，遵循下列流程：

（一）在进行涉密技术或样品等交底前，集团公司相关单位应当与第三人签订保密协议，或者在合作合同中签订保密条款，明确保密的对象、范围、期限、权利和义务、法律责任等；

（二）在向第三人移交或接受第三人涉密技术资料或实物样品等时，并当办理移交手续，注意保守集团公司技术秘密，遵守对第三人的保密义务；

（三）因工作需要邀请第三人参观涉密场所的，应当预前知会涉密场所的管理人员和知识产权办公室，安排好参观路线，并按照事先安排的路线参观，不得随意变更参观路线和场所；

（四）在合作制造或委托制造过程中形成的技术信息需要保密的，相关单位应当及时按本办法规定程序进行技术秘密认定，必要时应当及时与第三人签订保密协议。

第四十九条　受邀请到集团公司参观、学习、交流、访问和培训的外来人员，涉及技术秘密的，应当签订保密协议。

第五十条　受邀请到集团公司参观、学习、交流、访问和培训的外来人员，涉及技术秘密的，应当遵循下列流程：

（一）接待单位应当提前做好接待日程安排和计划，确定涉密范围和技术秘密披露形式、场所等；

（二）接待单位应当会同知识产权办公室，与拟涉密外来人员签订保密协议；

（三）接待单位披露的技术秘密属于技术文档、资料和其他类似载体的，应当做好相应的记录或移交手续，相关单位的保密人员应当对技术秘密披露的事项予以登记；

（四）接待单位披露的技术秘密涉及涉密场所的，应当预前知会涉密场所的管理人员和知识产权办公室，安排好参观路线，并按照事先安排的路线参观，不得随意变更参观路线和场所。

第七章　奖励与惩罚

第五十一条　技术秘密认定登记后，依据技术秘密的技术水平、经济效益、推广使用价值、保密周期，集团公司参照专利奖励制度给予完成技术秘密的项目组或发明人、设计人一次性奖励。奖金由集团公司知识产权专项费用支付。

第五十二条　技术秘密在集团公司应用、向第三人实施许可或转让技术秘密获得效益后，集团公司参照专利实施奖励制度向技术秘密完成人给予奖励。

第五十三条　集团公司对在技术秘密的实施推广、管理和保护工作中作出突出贡献的单位和人员给予表彰和奖励。

第五十四条　集团公司按照《中华人民共和国劳动合同法》的规定，以及劳动合同和保密协议关于竞业限制条款的约定，向保守技术秘密的人员支付保密费。

第五十五条　侵害集团公司技术秘密造成损害的，应当承担相应的民事或刑事责任，并承担因调查侵害行为的费用。因侵权行为造成该项技术秘密内容完全公开，应当赔偿该技术秘密的全部价值。其价值，由国家认定的无形资产评估机构评定。

对侵害集团公司技术秘密造成损害，需要通过司法、行政程序追究侵害人法律责任的，知识产权办公室应当会同保密办公室、法律顾问机构等，报经有审批权限的主管领导批准后及时向相应的司法、行政机关报案或提起诉讼。

第五十六条　有下列行为之一，给集团公司造成损失的，视情节轻重，追究直接责任者和单位负责人的相应责任：

（一）未及时履行登记手续或未采取有效保护措施，造成技术秘密泄密、流失的；

（二）违犯项目验收、鉴定等工作的保密要求的；

（三）未经有关部门审核，擅自将技术秘密以论文或其他方式公开的；

（四）剽窃他人技术秘密的。

第八章　附则

第五十七条　本办法由集团公司知识产权办公室负责解释。

第五十八条　本办法自发布之日起实施。

复习思考题

1. 知识产权治理模式的类型及其区别。
2. 知识产权组织架构的类型及其特点。

参 考 文 献

萧延高，2011. 企业知识产权能力与竞争优势. 北京：知识产权出版社.

熊英，2007. 国外企业知识产权管理借鉴. 企业改革与管理，(9)：28-29.

杨铁军，2013. 企业专利工作实务手册. 北京：知识产权出版社.

于涛，2003. 国外企业知识产权管理模式分析. 电子知识产权，(6)：18-22.

朱雪忠，2016. 知识产权管理(第二版). 北京：高等教育出版社.

Barney J B，2002. Gaining and Sustaining Competitive Advantage (2nd Edition). Upper Saddle River: Prentice Hall.

Barney J B, Hesterly W S, 2012. Strategic Management and Competitive Advantage (4th Edition). New York: Pearson Education Inc.

Bhaskarabhatla A, Hegde D, 2014. An organizational perspective on patenting and open innovation. Organization Science, 25(6): 1-20.

Merges R P, Menell P S, Lemly M A, 2012. Intellectual Property in the New Technological Age (6th Edition). New York: Wolters Kluwer Law & Business.

第十二章 知识产权战略制定和实施

学习目标：
1. 理解知识产权战略的意义。
2. 掌握知识产权战略的框架。
4. 了解知识产权战略分析、制定和实施过程。

随着经济全球化的不断发展，企业资源的"轻量化"和企业发展"创新驱动"越来越成为主流，知识产权在企业竞争中的作用越来越显性化。知识产权创造、运营、保护和组织等也从先前的"偶然""非连续"和"部门"性企业管理活动逐渐演变成"必然""长远"和"全局"性企业管理活动，知识产权管理正在嵌入企业研发、生产、营销、财务和人力资源等各个管理环节，知识产权战略的制定和实施已经成为企业特别是创新型企业的重要管理活动。作为企业整体经营战略的组成部分，知识产权战略的制定和实施，既要遵循企业战略管理的一般规则和方法，又要考虑知识产权的资源特性和知识产权管理的特定功能。

第一节 知识产权战略的理论和方法

一、企业战略基本理论

（一）战略的起源和含义

"战略"（strategy）一词最早是军事方面的概念。在西方，"strategy"一词源于希腊语"strategos"，意为军事将领、地方行政长官。后来演变成军事术语，指军事将领指挥军队作战的谋略。公元 579 年，东罗马皇帝莫里斯（Maurice）用拉丁文写了一本书——*Stratajicon*，被认为是西方第一本战略著作。在中国，"战略"一词历史久远，"战"指战争，略指"谋略"。春秋时期孙武的《孙子兵法》被认为是中国最早对战略进行全局筹划的著作。"凡战者，以正合，以奇胜""故曰：知己知彼，百战不殆；不知彼而知己，一胜一负；不知彼不知己，每战必殆""故上兵伐谋，其次伐交，其次伐兵，其下攻城。攻城之法为不得已。"这些耳熟能详的名句表明谋略和策划在军事上的重要意义。在现代，"战略"一词被引申至政治、经济和管理等领域，其涵义演变为泛指统领性的、全局性的、左右胜败的谋略、方案和对策。

从企业管理的角度来看，战略是指企业如何获得竞争优势（competitive advantage）的理论（Drucker，1994；Barney and Hesterly，2012）；是使企业能够在竞争中获得成功的观念、决策和行动（Dess et al.，2012）；或者是企业为了有效利用核心竞争力获取竞争优势而采取的措施和行动的集合(Hitt et al.，2013)。一般而言，拥有竞争优势的企业表现为能够创造高于竞争对手的经济价值(economic value)。经济价值，简而言之，是指购买企业产品或服务的顾客获得的利益与该产品或服务的全部经济成本之间的差别。因此，企业的竞争优势可以用其创造的经济价值与竞争对手创造的经济价值的差异来刻画。如果一个企业创造出高于竞争对手的经济价值，可以认为该企业拥有竞争优势；如果一个企业创造的经济价值低于竞争对手，可以认为该企业处于竞争劣势；如果一个企业创造的经济价值与竞争对手等同，则可以认为该企业处于竞争对等。根据竞争地位的维持时间不同，竞争优势和竞争劣势又细分为临时性的和可持续的两类。

从企业未来发展的角度来看，战略表现为一种计划，而从企业过去发展历程的角度来看，战略则表现为一种模式。如果从产业层次来看，战略表现为一种定位，而从企业层次来看，战略则表现为一种观念(Mintzberg，1987a)。此外，战略也表现为企业在竞争中采用的一种计谋。这是关于企业战略比较全面的看法，即著名的 5P 模型。企业之所以需要战略，主要是出于以下四个方面的原因，或者说企业战略具有的功能，即明确方向、聚焦努力、定义组织、保证一致性。

(二)战略管理理论的源流

Mintzberg 等(1998)对比总结了 20 世纪 60 年代以来战略管理的十大流派。由于对战略形成本质的不同认知，战略管理理论大致可以概括为十大学派。①设计学派，将战略制定看作是一个主观概念作用的过程，主张战略形成应当深思熟虑，严谨缜密；同时，战略应该简明清晰，易于理解和传达，便于执行、检验和不断改进。②计划学派，将战略制定视为一个正规化过程，决策者对整个过程承担责任，并尽可能详尽清楚地阐明，以便具体地落实战略目标、预算程序和各种运作计划。③定位学派，把战略形成看作是一个分析过程，强调外部环境分析的重要性。④企业家学派，将战略制定视为一个构筑愿景的过程，认为战略是企业家个人价值观念的体现，企业家通过发挥个人的影响力和能力，决定战略的选择及行动，战略制定的主要任务是积极寻找新的机遇。⑤认知学派，将战略形成看成一个心智过程，其实是将认知心理学作为理论基础，采用心理学的理论解释战略家的思想。⑥学习学派，把战略形成看作是一个应急的过程，将战略视为一个复杂的、进化的、渐进的和想象的过程，注重分析战略在组织中实际上是怎样形成的。⑦权力学派，将战略形成看作是一个协商的过程，强调在战略形成过程中，必须考虑权力即政治方面的因素。⑧文化学派，将战略形成看作一个集体思维和社会交互的过程，把个体的集合连接到组织这个整合实体之中，着眼于共同利益，确立了组织风格与个人风格的同等地位，有利于建立整体观念。⑨环境学派，将战略的形成过程看作是企业对外部环境的反应过程，环境作为一种综合力量，成为企业战略形成过程的中心角色。⑩结构学派，将战略的形成看作一个变革的过程。随着企业资源、能力、知识、社会资本、社会网络和敏捷性等对企业可持续发展的影响日益增强，战略管理理论越来越重视企业资源的获取、动态能力的建构、知识的创造和转化，以及社会资本和社会网络的应用，资源观、能力观、知识观、战略网络等理论得以彰显和发展。

(三)战略管理过程

Dess 等(2012)等将战略管理过程分为三个模块,即战略分析、战略制定与战略实施。Hitt 等(2013)则将战略管理过程细分为战略输入、战略行动和战略输出三个组成部分。结合上述文献,可得战略管理过程如图 12.1 所示。

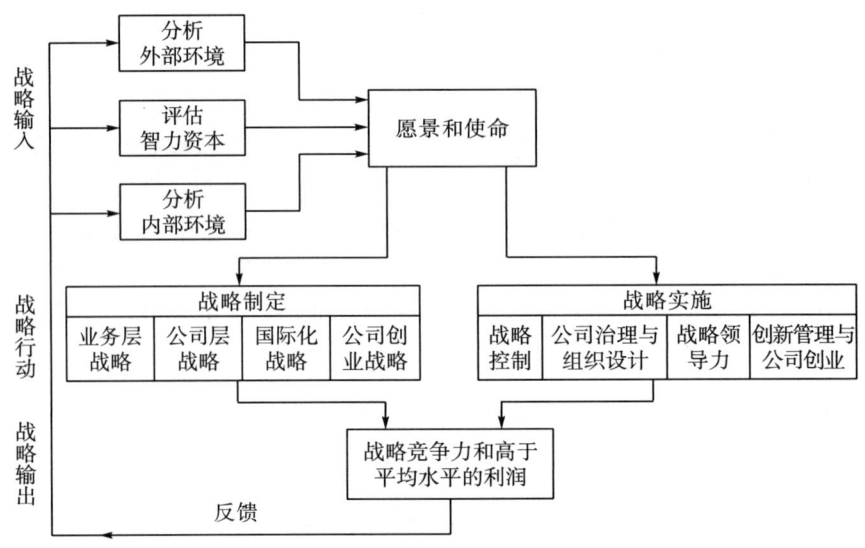

图 12.1 战略管理过程示意图

二、知识产权战略的含义和原则

(一)知识产权战略的含义

有学者总结认为,知识产权战略的基本含义是,企业为获得并保持市场竞争优势,运用知识产权制度提供的保护手段,获取最佳经济效益的总体性谋划(冯晓青,2015);企业知识产权战略是企业运用知识产权制度,通过提高自身竞争力,实现其利益最大化的策略(朱雪忠,2010)。企业知识产权战略既是知识产权系统的一个组成部分,又是企业战略的一个子系统。知识产权战略涉及整个知识产权领域,其本身是一个包括专利战略、商标战略、版权战略、商业秘密战略、域名战略、知识产权人才战略、知识产权信息战略、知识产权资本战略等相对独立又彼此交融的子系统构成的系统整体(王岩云,2005)。同时,知识产权战略又可具体分为导入、管理与释放等战略阶段。

借鉴现有关于知识产权战略的研究成果,结合知识产权管理的功能定位,本书从企业创新和竞争的角度给出知识产权战略的定义,即在知识产权法律制度情境下,企业为了赢得创新所得和竞争优势而持续发展自身知识产权能力的总体性谋划和一系列策略与措施。这一界定可以从以下四个方面来理解。①知识产权战略的根本目的是为了赢得创新所得和竞争优势,这是由知识产权管理本身的功能所决定的。从本书第二章的分析可以看出,企业知识产权管理的功能包括三个方面,即保护创新成果,维护市场竞争;指引创新路径,服务市场拓展；赢得创新所得，支撑经营战略。可见，企业的知识产权战略服务于创新活动，包括保护创新成果，指引创新路径，赢得创新所得，最终为企业赢得可持续竞争优势提供有力的支撑。②知识产权战略的主要内容是围绕持续发展企业知识产权能力，从知识产权形式要素和行为要素两个维度进行的总体性谋划和采取的一系列策略和措施；企业知识产权能力发展的起点、目标和路径受到企业所处行业背景、市场结构、企业生命周期和规模等因素的影响。③知识产权战略是企业整体经营战略的组成部分，知识产权战略服从于达成企业经营目标的需要，包括总体发展目标、技术发展目标、市场拓展目标和组织发展目标等；知识产权战略目标、重点和任务、措施与实施步骤等，均应结合企业的内部资源状况和外部竞争环境予以确定和调整；知识产权战略也应与企业经营发展阶段保持动态匹配。④知识产权战略的制定和实施，都是在一定法域的知识产权法律制度情境下进行的。知识产权战略的制定和实施不仅离不开知识产权法律制度，而且应当充分利用知识产权法律制度，持续发展自身的知识产权能力，赢得创新所得和竞争优势。

(二)知识产权战略的原则

为了增强知识产权战略的有效性，企业在制定和实施知识产权战略过程中，有必要遵循以下四项基本原则。

(1)发展知识产权能力原则。发展企业的知识产权能力，是知识产权战略制定和实施的直接目的。知识产权能力是指企业创造、运营、保护和组织专利、商标、版权、商业秘密以及其他知识产权形式的能力。如果离开企业知识产权能力这一直接目的，知识产权战略目标、重点和任务、战略措施等就会失去形成依据和存在价值，也难以体现知识产权管理的针对性和实效性。发展知识产权能力原则，需要企业在制定和实施知识产权战略过程中，结合企业自身所处的行业特点、资源情况、生命周期、知识产权能力基础等，紧紧围绕企业经营目标，具体确定未来一个时期知识产权能力发展的目标、重点和任务，以及采取的战略措施。

(2)谋求持续竞争优势原则。谋求持续竞争优势，是企业制定和实施知识产权战略的根本目的。通过知识产权创造激励机制，有效积累知识产权；通过促进知识产权商业化，持续改进产品结构和质量，实现知识产权的商业价值，提升企业的创新能力和竞争位势；组合运用司法、行政、海关等多种知识产权保护途径，形成良好的创新文化氛围，增强企业的核心竞争力，使企业在动态的技术和市场竞争中形成和保持持续竞争优势。谋求持续竞争优势原则，要求企业在制定和实施知识产权战略过程中，以增强企业动态的核心竞争力为基本方向，将知识产权管理活动嵌入到企业其他业务和职能活动中，注重企业知识产权管理与其他管理活动的交互作用，共同谋求和保持企业的可持续竞争优势。

(3)匹配整体发展战略原则。匹配整体发展战略，是企业知识产权战略制定和实施的行为边界。匹配整体发展战略原则有两层含义，一是知识产权战略必须服务于企业整体经营战略，与企业经营发展阶段和整体经营目标实现动态匹配，促进企业整体经营战略的实现和经营目标的达成。当企业整体发展战略目标和重点调整时，知识产权也有必要作出相应的调整。二是知识产权战略有必要与企业的技术发展战略、市场拓展战略等子战略形成良好协同和动态交互关系，既要获得其他子战略的支持，又能促进其他子战略的实施，共同支撑企业整体发展战略的推进。匹配整体发展战略原则，既要求企业在确立知识产权战略目标和任务时保持一定的柔性和开放度，又要求企业在实施知识产权战略过程中，能够为整体战略目标调整提供强有力的支撑。

(4) 多主体、全过程、全方位原则。知识产权战略是一项系统工程，只有坚持多主体参与、全过程控制、全方位发展，才能为知识产权战略制定和实施提供组织保障，保证企业知识产权能力的协调发展。"多主体"是指企业知识产权战略需要高层管理者、战略管理部门、知识产权管理机构、研发机构、制造部门、市场部门等多主体参与，并与相关政府、司法、中介、联盟者等保持良好的公共关系，为知识产权战略的实施创造良好的环境；"全过程"是指根据企业发展阶段和经营目标，有重点地加强知识产权创造、运营、保护和组织等过程控制；"全方位"是指需要根据不同技术、产品特性和市场拓展需求，有重点地组合发展专利、商业秘密、商标、版权等多种知识产权类型。多主体、全过程、全方位原则，要求企业在制定和实施知识产权战略过程中，既要高层动员，又要部门配合；既要根据企业发展需要强化知识产权数量积累和结构优化，又要有重点地关注知识产权商业价值实现和立体保护机制建设。

三、知识产权战略的框架

借鉴前述企业战略的原理和结构，结合知识产权管理的功能和特性，给出知识产权战略的基本框架。如图 12.2 所示，知识产权战略包括三大模块，即环境分析、战略制定和战略实施，三大模块由上往下，构成知识产权战略的模块序列；并经战略实施反馈机制，形成知识产权战略的信息闭环。

(1) 环境分析。知识产权战略的环境分析包括外部竞争环境分析、企业内部环境评估和企业知识产权能力认知三个模块。知识产权外部竞争环境分析，是指借助企业战略管理的 PETS 分析法和竞争五力模型，或价值网络和情景规划等，对企业所处的知识产权法律制度环境、经济环境、产业技术发展、社会文化氛围等进行扫描，对由具有交换关系供应商、消费者，以及具有相互作用的替代者和互补者构成的知识产权价值网络进行分析，从而给出企业在未来一个时期发展知识产权能力面临的机会和威胁。企业内部环境评估，是指运用价值链理论和方法(Porter, 1985; Stabell and Fjeldstad, 1998)，对企业内部与知识产权相关的技术发展、制造或服务流程、市场拓展的价值链进行分析，给出包括企业的供应商、消费者和联盟伙伴在内价值链结构和价值创造机制，从而明确企业未来一个时期知识产权能力发展的优势和劣势。企业知识产权能力认知，是指企业结合自身的经营战略目标，对其知识产权创造、运营、保护和组织能力进行检视，找出企业知识产权能力与企业整体发展战略需求之间的不匹配之处和企业知识产权能力发展基本思路，从而为企业知识产权能力发展战略目标和战略任务的确立提供可靠的依据。

(2) 战略制定。知识产权战略制定是指企业根据所处外部竞争环境的分析、内部整体经营战略要求和资源状况的评估、自身知识产权能力的认知结果，明确知识产权战略目标、分解知识产权战略重点和任务、拟定知识产权战略措施的过程。其中，知识产权战略目标包括未来一个时期企业知识产权能力发展的总体目标和分目标，分目标一般包括知识产权创造能力、运营能力、保护能力和组织能力等方面的具体发展目标。知识产权战略重点和任务是企业根据确定的知识产权战略目标,明确战略期间的知识产权能力发展重点和相应的任务模块。知识产权战略措施则是企业为了实现知识产权战略任务而采取的具体措施和行动。

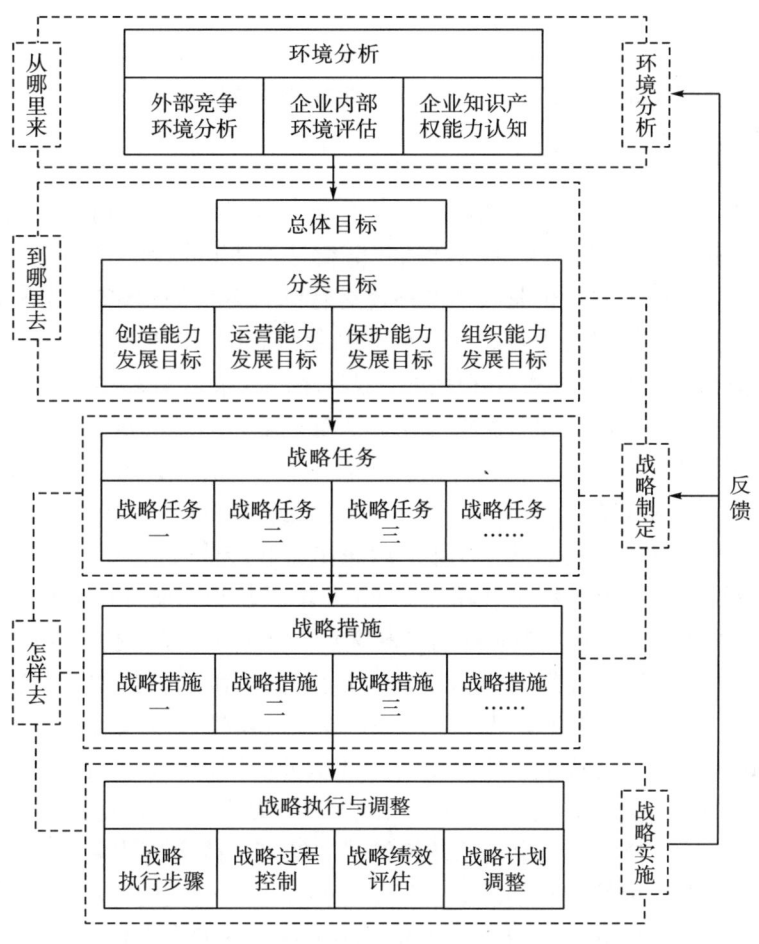

图 12.2　知识产权战略基本框架

(3)战略实施。知识产权战略实施是指企业根据知识产权能力发展目标和任务,落实各项知识产权战略措施的步骤和保障。具体包括知识产权战略的执行步骤、过程控制、绩效评估和计划调整等。其中,执行步骤是企业结合时间维度和战略任务与措施维度,给出战略任务和措施的实施步骤和阶段;过程控制包括企业为了保障知识产权战略执行步骤的顺利推进和战略目标的逐步达成而在组织和财务等方面的保障安排,以及对知识产权战略执行情况的跟踪检查;知识产权战略绩效评估包括企业开展的知识产权战略实施绩效年度、中期和期末评估;计划调整则是企业根据知识产权战略绩效评估结果,结合整体发展战略对知识产权战略的调整要求,而对知识产权战略目标、重点和任务以及措施作出的调整和安排。

第二节 知识产权战略的环境分析

一、知识产权战略环境分析方法

如前所述,知识产权战略环境分析主要包括三个模块,即外部竞争环境分析、企业内部环境评估和知识产权能力认知。不同的模块对应不同的分析方法。

(一)外部竞争环境分析的方法

对外部竞争环境的分析方法包括但不限于分析一般环境状况的 PETS 分析法,预见外部环境变化的环境扫描法、环境监测法和情景分析法,分析竞争力量对比的竞争五力模型和价值网络法等,以及早期对企业内外部环境进行综合分析的 SWOT 分析法。企业可以根据自身知识产权战略制定的需要,有重点地组合选择相应的外部环境分析方法。

(1) PETS 分析法。企业虽然对其所处一般环境的发展趋势和事件难以预见且不能控制,但一般环境的构成要素往往对企业战略具有显著影响(Dean et al., 1998)。所以,知识产权战略的环境分析不能忽略企业所处的一般环境。对企业所处一般环境的分析方法是 PETS 分析法,即将一般环境分为五个部分:①政治法律环境,主要是指与企业研究开发、市场拓展和知识产权发展有关的法律制度、政策措施和产业发展规划等;②经济环境,主要是指与企业发展有关的宏观经济环境,如 GDP 增长趋势,企业所处相关产业的整体发展状况等;③技术环境,主要是指企业所处相关产业的技术发展现状和趋势,对产业技术或市场具有潜在"创造性破坏"(Schumpeter, 1942)作用的新兴技术的发展状况,如新一代电子信息技术、现代生物技术、纳米技术等,以及利用新技术或组合新技术而产生的新的商业模式等;④社会文化环境,主要是对企业所处的知识产权文化和氛围环境的分析。随着全球化的不断深入发展,企业知识产权战略的一般环境分析视野应当及于全球化环境,具体而言,就是在分析本土市场的政治法律、经济、技术和社会文化环境的同时,有必要对现有和潜在全球市场的政治法律、经济、技术和社会文化环境进行有重点的分析。这一点对于致力于国际化甚至全球本土化发展的企业来说尤为重要。

(2) 环境扫描法和环境监测法。环境扫描和监测是通过对企业外部环境特别是竞争环境演化趋势和关键事件发展过程进行跟踪监测,预见外部环境变化和洞见正在发生的变化,从而为企业及时进行策略乃至于必要时的战略调整提供可靠的依据。从知识产权战略环境分析角度来看,环境扫描和监测法主要用于知识产权战略实施过程中对外部竞争环境的动态跟踪监测,从而为知识产权战略实施过程中的调整提供外部环境分析依据。动态的环境扫描和监测结果与知识产权战略实施绩效反馈机制相结合,可以使企业知识产权战略的实施调整更加科学和合理。企业知识产权战略环境扫描和监测法的有效实施,有赖于企业知识产权管理机构联合研究开发和市场拓展部门,充分发挥企业中层管理者的能动作用(企业中层管理者在感知外部技术发展和市场变化方面具有得天独厚的优势)(Hill and Rothaermel, 2003),通过倾听和汇总消费者、供应商、销售商、外协厂商等关于产品和服务的诉求,以及对竞争对手或潜在进入者的技术发展和市场拓展情况进行文献跟踪或在线监测等,动态了解和掌握企业知识产权战略外部环境的变化。

(3)情景分析法。情景分析法又称为情景规划法,是一种适用于动态外部环境下进行商业预见的重要工具,通过对商业系统未来发展的可能性和导致商业系统从现状向未来发展的一系列动力、事件、结果的描述和分析,增加企业战略的弹性和对未来不确定性的应变能力(Schoemaker,1995;Mathur and Shah,2005。与传统线性规划思路不同,情景分析法并不试图对未来的情况做准确的预测,而是通过敏锐地洞察商业系统中重要的驱动力在不同的条件下可能的变化情况,结合不同利益主体对未来的不同需求和设想,系统地提出适应未来不确定环境下可能的解决方案,并通过广泛的讨论取得共识和确定行动方案,从而增强了商业决策的科学化和民主化。在知识产权战略环境分析中引入情景法,需要企业知识产权管理机构与战略管理机构在高层管理者的支持下,找出未来一个时期企业知识产权能力发展的关键环境影响因素,知识产权战略规划人员不再是制定一个终极方案并设法说服高层决策者相信自己的判断,而是利用自身的知识、专业、洞察力和协调能力,系统地提出未来可能发生的几种情景,拓宽高层决策者的视野;而高层决策者根据自身的实践经验判断和验证情景与现实世界的匹配程度,将信息反馈到战略规划人员,不断对情景进行校准和改进。从而提高不确定环境下战略决策的科学性和对实际问题的应对能力。

(4)五力模型法。虽然 Porter(1980,2008)构建的产业竞争五力模型被指其前提是零和博弈,本质上属于静态环境分析方法(Dess et al.,2012),但是五力模型仍然不失为企业用于分析自身知识产权能力发展的外部竞争环境威胁的重要工具。五力模型的核心观点是来自新进入者的威胁、购买者的讨价还价能力、供应商的讨价还价能力、替代产品和服务的威胁、产业内竞争对手的密集度,其决定了特定产业内企业的赢利潜力。从知识产权管理的视角来看,五力模型竞争环境分析方法有助于企业通过分析现有竞争对手的知识产权积累和布局、跟踪评估潜在进入者和替代者的知识产权发展走向、了解掌握供应商和消费者的知识产权谈判能力,找到自身未来可能面临的知识产权能力发展威胁和短板,以及企业知识产权能力发展的机会和突破口,为企业制定和实施知识产权战略提供决策依据。

(5)价值网络法。在战略管理领域,价值网络法是对竞争五力模型的拓展,该方法通过分析竞争参与者的相互作用如何影响企业创造和萃取价值能力,力求准确地给出企业在外部商业环境中的价值活动策略(Brandenburger and Nalebuff,1995;Stieglitz and Heine,2007)。按照价值网络理论,在既定的价值网络中,企业与外部相关者的相互关系分为两类,即直接交易关系和相互作用关系。前者是指企业与顾客和供应商的关系,后者是企业与替代者和互补者的关系。将价值网络法引入企业知识产权战略环境分析,需要企业将关注焦点从单纯对付竞争对手转变到满足为企业创造知识产权价值的利益主体的合理诉求。从竞争的角度来看,特别要关注替代者和互补者的知识产权的发展动向,同时也不能忽视顾客和供应商对企业知识产权的价值诉求。价值网络法为企业在知识产权战略制定和实施过程中开展"合纵连横"提供了较好的理论基础和分析工具。

(二)内部环境评估的方法

(1)价值链分析法。价值链分析法是 Porter(1985)提出用以分析企业内部价值活动进而构建竞争优势的战略分析方法。该方法将组织视为价值创造活动的序列过程,并将价值活动分为两类，即基本增值活动和支持性增值活动。前者包括进货物流、生产运作、出货物流、市场营销、服务等活动环节，表现为产品或服务的有形创造，通过营销活动将产品或服务转移给购买者，以及售后服务等，属于创造价值的主要活动；后者包括采购、技术开发、人力资源管理和日常管理等。将价值链分析法引入企业知识产权战略的内部环境分析，可以帮助企业从价值创造视角重新审视知识产权价值的创造流程和资源配置，将知识产权价值创造嵌入到企业基本增值活动和支持性增值活动中，系统分析企业的知识产权价值创造链，为企业构建与整体经营战略相匹配的知识产权价值创造链，优化企业不同知识产权价值创造环节的资源匹配提供精准的依据。当然，三十年前提出的通适性企业价值链分析法，主要考虑企业基于物质性产品的价值创造活动，既未关注到企业知识产权这一非物质性产品的价值创造，也不可能考虑基于知识产权特性的价值创造活动的功能细分，如技术开发活动对于企业知识产权价值创造来说显然是基本增值环节而非支持性增值环节。因此，将价值链分析法引入企业知识产权战略内部环境分析时，有必要进行相应的调整。

(2) VRIO 法。VRIO 内部环境分析方法是由资源学派代表人物 Barney(2002，2010) 集成战略定位理论和资源观而开创并不断完善的。这一内部环境分析方法认为，企业的竞争潜力决定于企业的资源或能力的四个方面：①价值性，即企业的资源是否足以能使其有能力利用环境机会或消减环境威胁；②稀缺性，即企业的资源是否仅为一小部分竞争企业所控制；③可模仿性，即没有相应资源的企业在获取或开发该资源时是否面临成本劣势；④组织性，即企业的政策和组织流程是否足以支持自身去利用有价值、稀缺和高模仿成本的资源。将 VRIO 内部资源分析方法引入企业知识产权战略制定过程中，有助于企业从企业资源视角审视自身的既有知识产权，围绕价值性、稀缺性和高模仿成本去开发和积累知识产权，并重视组织架构和流程与知识产权战略的动态匹配。

(三) 知识产权能力测度的方法

(1) 双维度法。第二章将知识产权能力界定为企业为了谋求竞争优势，创造、运营、保护和组织专利、商标、版权、商业秘密以及其他知识产权形式的能力。企业知识产权战略的本质在于：在知识产权法律制度情境下，企业为了赢得创新所得和竞争优势而持续发展自身知识产权能力的总体性谋划和一系列策略与措施。也就是说，知识产权战略的根本目标在于支撑企业赢得创新所得和竞争优势，知识产权战略的主要内容是持续发展知识产权能力。也就是说，发展与企业创新和竞争需要动态匹配的知识产权能力，是知识产权战略存在的价值。为此，知识产权战略制定过程中，就需要系统地考察和测度企业的知识产权能力，从而为明确未来一个时期企业知识产权战略目标、任务和措施提供合理的逻辑起点。企业知识产权能力要素解构，可以从两个维度来展开，即知识产权静态形式要素和动态行为要素。知识产权静态形式要素维度是指企业的不同知识产权类型，如专利、商标、版权、商业秘密、集成电路布图设计、地理标志、植物新品种等。处在不同产业技术领域和不同产业价值链的企业，在选择知识产权类型上是有差异的。知识产权动态行为要素维度是指企业的不同知识产权价值活动，如知识产权创造、运营、保护和组织。知识产权能力测度的双维度法，就是指企业在考察和测度自身知识产权能力时，首先就要打开知识产权能力构成要素"黑箱"，从知识产权静态形式要素和动态行为要素两个维度，构建起合理的知识产权能力测度指标体系,为企业科学合理地测度和评估自身的知识产权能力提供依据。

(2)能力定位法。企业知识产权能力定位法较早见于 Adler 和 Winograd(1992)的四阶段说,即根据企业的知识产权管理及其政策演化,将企业知识产权管理分为四个阶段,包括忽视阶段、警觉阶段、敏感阶段、混合阶段;Davis 和 Harrison(2002)的五层次说,即根据知识产权管理在全球跨国公司运营中的不同功能,将企业知识产权管理水平分为防御型、成本型、利润型、集成型和愿景型。本书借鉴上述企业知识产权能力定位的理论和方法,根据知识产权在企业价值创造和经营战略中的实际功能和价值来划分,将企业的知识产权能力分为负值型、防御型、成本型、利润型、整合型等五种不同的层级。其中,负值型知识产权能力阶段是指企业以加工制造为主,缺乏自觉的知识产权管理目标和行为;防御型知识产权能力阶段是指企业为了保护其技术创新所得和市场地位,预防和应对来自竞争对手的知识产权诉争风险,有意识地开展知识产权管理活动;成本型知识产权能力阶段是指企业致力于通过新产品开发或工艺改进来获得竞争优势,重视通过产品创新和工艺创新提高产品和服务的差异化水平,降低企业成本,关注知识产权持有费用;利润型知识产权能力阶段是指企业在其技术领域拥有大量核心和基础的专利,通过强大的知识产权能力为其带来高额利润,知识产权收益成为企业的主要利润来源;整合型知识产权能力阶段是指企业高度关注未来产业技术的演化和不确定市场的发展,通过知识产权特别是专利布局,引领产业的发展方向,探索和应对(而不是降低)未来技术和市场发展不确定性,谋求在新兴技术轨道上成为产业发展的领导者和推动者。通过企业知识产权静态形式要素和动态行为要素双维度法,有利于系统考察和测度企业的知识产权能力;通过能力定位法,结合企业所处的产业竞争特征和价值网络利益主体的知识产权能力和价值诉求,可以较为全面地给出企业的知识产权能力定位,从而为企业分析和评估自身的知识产权能力与整体经营战略需求的匹配程度提供有力的支撑。

二、知识产权战略环境分析要点

(一)外部环境预见的要点

(1)宏观经济、政策制度、技术发展和社会文化环境分析。首先,知识产权管理的商业性特征,决定了企业在分析知识产权战略外部环境时,离不开对宏观经济环境发展变化的预见。企业知识产权战略的宏观经济环境分析,重点是预见企业既有和潜在市场所在国家、地区的宏观经济发展走向和经济增长速度,以及企业所在的主流产业发展态势和新兴产业可能的发展机会。其次,知识产权管理的合规性特征,使得企业在制定知识产权战略规划时,必须高度重视外部政策制度环境分析。企业知识产权战略的政策制度环境分析,重点是分析企业营业所在法域的法律制度特别是知识产权制度及其未来的演化,企业既有和潜在市场所在国家、地区的产业发展规划以及对企业的知识产权管理活动的激励和约束政策。再次,企业的诸多知识产权类型如专利、技术秘密、版权、集成电路布图设计等,均与技术发展高度相关。企业知识产权战略的技术发展环境分析,不仅要求预见企业所在主流产业领域的产品技术、工艺技术乃至管理流程等的连续性发展和变化,还要重视可能给企业所在主流产业带来"创造性毁灭"(Schumpeter, 1942)或"破坏性创新"(Christensen, 1997)结果的突破性新兴技术发展,预见其中可能出现的知识产权发展机会和威胁。最后,知识产权不仅是法律制度的组成部分,也是企业参与市场竞争的重要战略资源,知识产权植根于特定法域的经济技术发展水平、法律文化环境和财产观念等中,因此企业知识产权战略的外部环境预见,还需要考虑企业营业所在地的社会文化环境,特别是知识产权文化氛围和意识,离开特定的社会文化环境,企业的知识产权战略在实施过程中就有可能"水土不服",无法完成既定战略任务,落实既定战略措施,实现既定战略目标。

(2)企业所在产业价值网络利益主体的知识产权竞争态势和诉求分析。根据产业竞争五力模型和价值网络模型,企业所在产业价值网络利益主体主要包括广义的替代者、互补者、供应商和顾客。其中,广义的替代者包括与企业有竞争关系的既有竞争者、潜在进入者、狭义替代者。知识产权战略外部环境分析和预见,需要考虑企业既有竞争者、潜在进入者和狭义替代者的知识产权竞争态势,以及互补者、供应商和顾客的知识产权诉求,以便积极应对来自既有竞争者、潜在进入者和狭义替代者的知识产权竞争压力,主动满足来自互补者、供应商和顾客的知识产权匹配需求。由此可见,企业对所在产业价值网络利益主体的知识产权竞争态势和诉求分析,主要包括两个方面的内容:一是对既有竞争者、潜在进入者和狭义替代者的知识产权竞争态势的分析。既要分析既有竞争者和潜在进入者在主流产业技术和主流市场的知识产权积累和布局,又要预见既有竞争者和潜在进入者在新兴产业技术和新兴市场的知识产权布局和发展趋势。既要分析与企业有直接竞争关系的竞争者的知识产权发展态势,又要分析与企业产品或服务有替代关系的替代者的知识产权发展情况。二是对互补者、供应商和顾客的知识产权诉求的分析。既要考虑与企业有相互作用关系的互补者的知识产权诉求,又要考虑与企业有交易关系的供应商和顾客的知识产权诉求。需要说明的是,企业在分析知识产权外部竞争环境时,往往专注于对来自既有竞争者、潜在进入者和狭义替代者的知识产权竞争布局和竞争态势分析,容易忽略对互补者、供应商和顾客的知识产权匹配诉求的分析。其实,后者对企业知识产权商业价值的实现起着决定性作用,不可偏废。

(3)外部环境对企业知识产权能力发展的需求分析。企业在对外部一般竞争环境发展态势和来自产业价值网络利益主体的知识产权压力与诉求进行分析的基础上,需要总结出外部环境对企业知识产权能力发展的需求,从而达到预见企业知识产权外部环境的目的。外部竞争环境对企业知识产权能力发展需求的分析要点,主要包括以下两个方面的内容:一是外部竞争环境给企业知识产权能力发展带来的现实和潜在威胁,特别是企业所在特定产业技术和市场环境下,企业未来面临来自既有竞争者、潜在进入者、狭义替代者、互补者、供应商和客户的知识产权发展压力;二是在外部竞争环境为企业知识产权能力发展造就的知识产权能力发展机会,包括企业在主流产业技术和市场、新兴的技术和市场拥有的知识产权能力发展机会和空间。

(二)内部资源评估的要点

(1)企业整体经营战略、技术创新战略和市场发展战略评估。企业的知识产权战略从属于企业整体经营战略,同时服务于企业的技术创新战略和市场发展战略。因此,企业的知识产权战略制定离不开对企业整体经营战略及其配套技术创新战略和市场发展战略的准确评估。首先，全面分析和准确评估企业整体经营战略的目标、重点和任务、主要措施及其实施步骤。企业整体经营战略是企业特定阶段的总体发展构想和筹划，企业不同发展阶段的经营战略，需要相应的知识产权能力与之匹配并提供支持，因此一般在整体经营战略中对知识产权能力发展的目标和重点会做出一定的部署和安排。知识产权战略的制定不能偏离企业整体经营战略的总体部署和基本安排。同时，知识产权战略在制定过程中，需要结合企业整体经营战略的目标、任务和措施，对知识产权能力发展的目标、任务和措施作出精准而细致的谋划，实现与企业整体经营战略需求的动态匹配，从而为推进整体经营战略的实施提供有力的支撑。从这个意义上讲，企业知识产权战略在制定时就要考虑整体经营战略实施过程中的调整，以及整体经营战略调整时如何实现动态匹配。其次，全面分析和准确评估企业技术创新战略和市场发展战略。知识产权管理的护航、导航和领航功能，主要是针对企业的技术创新和市场拓展而言的。因此，企业在制定知识产权战略过程中，就需要基于自身的技术创新战略和市场发展战略，对知识产权能力发展需求提出精准的预判。通过分析企业在主流产业技术和新兴技术领域、既有主流市场和潜在新兴市场的发展战略的分析，可以更为精确地判断出企业在未来一个时期的知识产权能力发展方向和目标，以及应当明确的战略重点和任务，有利于增强企业知识产权战略性布局、运营和保护的针对性和实效性。

(2) 企业价值创造活动的资源配置评估。随着知识产权成为企业参与竞争的战略性核心资源，迫切需要知识产权管理嵌入到企业价值链的各个价值创造活动中，从而全面实现知识产权的商业价值。因此，知识产权战略的制定，离不开企业价值链的价值创造活动的资源匹配分析和评估。从企业知识产权战略的角度评估企业价值创造活动的资源配置，主要包括以下四个方面的内容：一是对企业研究开发活动的资源配置进行评估，包括企业在主流产业技术和新兴技术领域研发活动的人力、物力、资金和信息资源等的配置状况进行分析；二是对企业生产制造活动特别是外协活动的人力、物力、财力和信息资源等的配置状况进行评估；三是对企业既有市场和潜在市场拓展和服务活动的资源配置状况进行评估；四是对企业财务、人力资源、公司治理等活动的资源配置进行评估。对企业价值链的主要价值创造活动资源配置进行分析和评估，有利于找出企业价值创造活动的关键环节及其变化情况，从而为企业知识产权战略重点和任务的确立提供充分的依据。

(3) 企业整体经营战略和价值创造活动对知识产权能力发展的匹配需求分析。对企业整体经营战略、技术发展战略和市场拓展战略的分析，以及企业价值链主要价值活动的资源匹配评估，最终归结为企业整体经营战略和价值创造活动对未来一个时期企业知识产权能力发展的匹配需求上，其要点包括以下三个方面：一是确立企业知识产权形式类型如专利、商标、版权、商业秘密、集成电路布图设计等的重点发展对象及其组合；二是明确企业知识产权管理活动如创造、运营、保护、组织等的动态调整方向；三是企业未来一个时期基于整体发展阶段和价值创造活动的知识产权管理形式要素和行为要素组合的知识产权能力发展定位要求。事实上，处于不同产业技术领域、不同企业生命周期、不同市场发展阶段的企业，其知识产权类型选择和知识产权管理活动重心是有很大差异的。

(三)知识产权能力测度的要点

(1)评测企业既有专利、商标、版权、商业秘密等知识产权类型积累状况。企业知识产权战略制定,既是对未来一个时期知识产权能力发展的总体谋划,又需要对过去积累的知识产权进行系统而全面的梳理。后者是前者的发展基础。评测企业既有知识产权类型的积累状况,主要从以下三个维度展开。一是时间维度,即根据企业既有知识产权类型的形成时间进行梳理,这一维度有助于帮助企业了解自身知识产权的形成过程和来源。二是功能和价值维度,即根据不同知识产权类型如专利、商标、版权、商业秘密等的功能和价值进行分类整理,如专利中的发明、实用新型和外观设计,标准必要专利和非标准必要专利,核心专利和外围专利等;又如商标中的主商标和从商标,防御商标和联合商标,驰名商标和非驰名商标等;再如商业秘密中的经营秘密和技术秘密,秘密、机密和绝密等。三是应用领域维度,即根据技术类别和法域或市场类别等,对不同的知识产权类型进行细分整理。通过对既有知识产权类型进行时间维度、功能和价值维度以及应用领域维度的分类整理,可以清晰地绘制出企业不同类型知识产权的分布图,有助于企业根据未来技术竞争和市场拓展需要,有效进行知识产权发展布局。

(2)评测企业知识产权创造、运营、保护和组织能力。知识产权战略制定,不仅要分析和评估企业研究与开发、生产制造、市场拓展、服务、人力资源、财务、信息等一般性价值创造活动的资源配置,而且还要重点评估企业知识产权创造、运营、保护和组织等价值活动,测度企业的知识产权创造、运营、保护和组织能力。企业知识产权创造、运营、保护和组织能力的测度主要包括以下四个方面的内容:一是知识产权创造能力,包括企业专利、商标、版权和商业秘密等知识产权类型的创造投入和机制设计等,这是企业知识产权价值的基础和源泉;二是知识产权运营如投资、转让、许可、融资、自行实施等的商业化价值活动的比率和绩效等,这是企业知识产权价值的主要实现途径;三是知识产权保护能力,包括知识产权维权和应对侵权指控的响应速度、力度等,这是企业知识产权价值的保障因素;四是知识产权组织能力,包括知识产权管理机构设置和人员配备、制度建设等,这是企业知识产权价值的平台因素。对企业既有知识产权创造、运营、保护和组织能力的合理评价和测度,有利于企业理性分析自身既有知识产权能力与内外部竞争环境需求的匹配程度,找准未来一个时期企业知识产权能力发展的方向和重点。

(3)结合企业外部竞争环境和内部资源状况,给出适应未来竞争需要和匹配整体战略需求的知识产权能力发展总体思路。通过对外部竞争环境、企业内部资源状况、企业知识产权能力评测等三个方面的分析,最终需要给出适应企业未来竞争需要和匹配整体经营战略需求的知识产权能力发展总体思路。这是企业知识产权战略环境分析和预见的最终目的。企业知识产权能力发展总体思路包括以下两个方面的内容:一是企业知识产权能力发展的总体取向,二是企业知识产权能力发展的主要"抓手"或落脚点。前者解决的是企业知识产权能力发展的基本方向问题,后者解决的是企业知识产权能力发展的根本路径问题。

案例 12-1　某重型装备制造集团公司知识产权战略环境分析

装备制造业是体现国家竞争力和产业竞争力的基础性战略产业。经过近五十年艰苦卓越的持续努力，我国装备制造业的制造能力不断提高，装备制造能力与国外先进国家的差距不断缩小。但是，在技术发展和市场竞争日益全球化的背景下，存在着制造能力和创新能力不对称的现象，严重制约着我国装备制造产业竞争力的提升。为此，《国家中长期科学和技术发展规划纲要》（2006—2020 年）提出要着力提高装备设计、制造和集成能力，把获取装备制造业核心技术的自主知识产权作为我国产业竞争的突破口。

作为我国重型装备制造业的龙头企业，××集团理应担负起加快装备制造业创新和提升产业竞争力的历史重任。为此，××集团"十一五"发展战略规划纲要和科技发展规划明确提出要以增强自主创新能力作为公司发展的战略基点，实施"走出去"战略，建立"世界知名成套装备基地"，建立"世界知名铸锻钢基地"。目前，××集团的自主创新模式仍然是以引进消化吸收再创新为主，在铸造、锻造、模锻和大型成台套设备等方面逐步形成了一定的原始创新和集成创新能力。因此，在"十一五"至"十二五"时期，生产线工艺设计技术创新和设计改进是自主创新的重点，积极跟进和有效移植是技术发展的主导策略。

当前，××集团自主创新正面临着来自国际国内的双重知识产权压力。从国际来看，为了保持竞争优势，发达国家跨国公司凭借其长期积累起来的技术优势、品牌优势和规模优势，在巩固其技术先进性和工程总包能力的同时，对中国本土的装备制造企业形成知识产权合围之势。对装备行业集中的 IPC 国际专利分类中 B 大类中国发明专利申请统计结果表明，目前中国企业的申请量约占总量的 42.8%（包括国外跨国公司在华子公司和研究机构），日本、美国、德国、英国、韩国等国企业的发明专利申请约占 57.2%。同时，发达国家跨国公司高度防范技术转移和产品交易中的技术溢出，对其掌握的核心专利和关键技术秘密予以严密控制。从国内来看，为了应对国外跨国公司强大的知识产权压力，也为了企业自身可持续发展的需要，国内主要的重型装备制造企业纷纷走上以创新谋发展的道路，重视技术学习和创新能力的提升，强化知识产权的有效积累和运营，以期提高竞争位势。

进入 21 世纪以来，伴随着研发经费的持续增加和创新成果的不断涌现，××集团在专利申请、品牌推广、版权登记和技术秘密保护方面取得了长足的进展。目前，××集团共申请了中国专利××件（其中发明专利××件，实用新型××件），获得授权的专利××件（其中发明专利××件，实用新型××件）；商业秘密保护项目××项；商标注册××件（覆盖××类商品），其中"××"和"××"被认定为"××省著名商标"；职务作品近××余万件，法人作品××余万件，已获得国家级著作权职务技术成果××项，内部版权登记××项。先后成为"全国企事业知识产权示范创建单位""第一、二批全国企事业专利试点工作先进单位""××省商标管理先进单位""××省版权保护示范单位"等。

在看到××集团知识产权工作成效的同时，我们更应该认识到，××集团知识产权工作的总体水平与国外跨国公司相比，仍然存在较大差距。目前××集团尚未建立起与自身技术发展主导策略相适应的动态专利地图和预警机制，尚未形成可持续的专利累积激励机制，尚未形成强有力的商业秘密特别是技术秘密保护机制，知识产权商业化机制还有待进一步完善。因此，迫切需要将知识产权工作嵌入到研发、制造和市场拓展过程中，组合运用包括专利、技术秘密、商标、版权等在内的多种知识产权工具，建立高效的知识产权创造、运用、保护和组织机制，为××集团实施自主创新战略，实现建设"两个基地"的战略目标提供有力的支撑。

第三节　知识产权战略的制定

一、知识产权战略目标的结构和要点

企业知识产权战略目标是指企业结合内外部竞争环境和内部资源状况，根据企业整体经营发展战略的匹配要求，确立未来一个时期企业知识产权能力发展定位。企业知识产权战略目标解决的是企业知识产权战略向"何处去"的问题，具体包括总目标和分目标。

(1) 企业知识产权战略总目标。企业知识产权战略总目标是指企业根据自身知识产权战略总体思路，对企业未来一个时期知识产权能力发展定位的总体概括。企业知识产权战略总目标一般包括三个要点。①知识产权战略期间，即明确知识产权战略的截止年份或年月。②知识产权能力发展的总体定位，即高度概括在知识产权战略期间，企业的知识产权能力需要达到的层次和水平。这是知识产权战略总目标的核心内容。③企业整体经营战略目标简要重述，即表明企业知识产权能力发展定位与企业整体经营战略目标的匹配关系。

(2) 企业知识产权战略分目标。企业知识产权战略分目标是指企业根据适合自身发展需要的维度，对知识产权战略总目标的分解和细化。企业可以根据以下三个维度来确立其知识产权战略分目标。①时间维度包括短期如年度、中期如五年、长期如十年或二十年等。企业采用时间维度分解其知识产权战略目标，一般适用于制定长期的知识产权战略规划。②产业或产品维度，如果企业采用多元化特别是不相关多元化经营战略，其知识产权战略分目标就有必要采用产业或产品维度进行分解和细化，以保证企业知识产权能力发展的整体推进；如果企业已经进入或正在进入国际化甚至全球本土化发展阶段，也就是企业产品或服务已经进入其他法域的国际市场甚至开始基于不同法域和国家进行本地化运营，还有必要引入法域或国家维度，关注企业在不同法域或国家的知识产权能力发展。③职能维度，包括知识产权管理的创造、运营、保护乃至组织能力发展分目标。这一维度在确立知识产权战略分目标时的运用，往往涉及企业需要根据未来一个时期整体经营战略目标和任务，对知识产权管理职能的重心进行根本性调整。比如，企业从单一的公司化治理结构向集团化治理结构转变，可能就会把企业知识产权管理架构和流程的再造推到一个战略性的高度，在知识产权战略分目标中体现出来。又比如，企业技术发展阶段从模仿、模仿性创新阶段发展到自主创新阶段，技术战略从防御型战略演化到进攻型战略，就会要求企业知识产权战略的重心从知识产权创造和保护转移到知识产权运营，由此使得知识产权运营及其模式建构凸现出来。

案例12-2　某重型装备集团公司战略目标例举

（一）总目标

到××年，将××集团打造成为拥有自主知识产权、具有国际竞争力的现代化跨国公司。

（二）分目标

1. 在××引进设计技术方面，引进消化吸收转化拥有自主知识产权的技术达到××以上。
2. 在××自主开发设计技术方面，拥有自主知识产权的技术达到××以上。
3. 在××技术方面，通过消化吸收、合作开发、自主开发等方式，拥有自主知识产权的技术达到××以上。
4. 在其他（包括××等）方面，拥有自主知识产权的技术力争达到××以上。

案例12-3　某再生纤维集团公司战略目标例举

（一）总目标

到××年，××集团知识产权战略目标是：建立适应"整合创新""产业多元"和"集团治理"转型需要的知识产权管理体制和知识产权创造能力，实现知识产权价值最大化，有力支撑××集团"××"发展战略构想的实现。

（二）分目标

1. 根据产品规划和市场拓展需要，到××年，××集团新增申请国家专利××件，申请国际专利××件，申请国内注册商标××件，申请国际注册商标××件。
2. 到××年，××集团的研发费用占销售收入年平均××以上，知识产权经费占研发费用年平均××以上。
3. 确立集团式母子公司知识产权管理模式，构建以《知识产权管理总则》为基础的知识产权管理制度体系。

二、知识产权战略任务的结构和要点

知识产权战略任务是企业根据确定的知识产权战略目标，明确战略期间的知识产权能力发展重点和相应的任务模块。知识产权战略任务解决的是为了达成知识产权战略目标而需要"做什么"的问题。企业知识产权战略任务可以从以下两个维度予以确立。

（1）知识产权形式要素维度，即根据企业所在产业技术特征和提供的产品或服务要求，围绕不同的知识产权形式如专利、商标、版权、商业秘密、集成电路布图设计、植物新品种等，明确不同知识产权形式在创造、运营、保护和组织等方面的发展重点和任务。企业运用这一维度组织知识产权战略任务，往往是该企业的未来发展对特定知识产权形式非常倚重，或者说特定的知识产权形式的创造、运营、保护和组织对企业的发展具有举足轻重的作用，需要重点予以关注。比如，专注于软件开发的企业，其知识产权战略任务可能会围绕计算机程序的版权创造、运用和保护而展开；又比如，专注于特定商品或服务销售的企业，其知识产权战略任务可能会围绕商标权的创造、运用和保护而展开。

(2) 知识产权行为要素维度，即根据企业未来一个时期所处的发展阶段，围绕知识产权管理职能即创造、运营、保护和组织等，结合不同知识产权形式如专利、商标、版权、商业秘密等，明确企业的知识产权能力包括创造能力、运营能力、保护能力和组织能力等方面的发展重点和任务。企业知识产权战略任务的确立，多采用知识产权行为要素维度，原因是这一维度更容易清晰表达企业知识产权管理职能，突出未来一个时期企业知识产权能力发展的"短板"与急需解决的问题。在知识产权创造能力模块，知识产权战略任务往往会围绕资源投入、激励机制、知识产权形式的数量积累和质量提升、不同知识产权形式的组合结构与动态调整等方面展开；在知识产权运营能力模块，知识产权战略任务一般围绕知识产权的商业价值实现途径如自行实施、投资、转让许可、融资、评估审计等方面展开，意在提升知识产权对企业产品或服务价值的贡献度；在知识产权保护能力模块，知识产权战略任务一般围绕知识产权事前、事中和事后风险管控机制建设展开；在知识产权组织能力模块，知识产权战略任务一般围绕机构设置和人员配备、制度、平台和流程建设展开。

案例 12-4　某重型装备集团公司战略任务例举

(一) 激励创造，有效积累知识产权

1. 合理确定经费投入。年均研发费用占销售收入的××以上，年均知识产权经费占研发费用的××以上。知识产权费用主要用于：知识产权奖励，中外专利数据库建设与维护，专利申请与维持，驰名商标建设和品牌建设，技术秘密管理，版权登记，域名管理与保护，企业内外的知识产权培训与学习，知识产权维权等。

2. 有效积累专利数量，优化专利结构，提高专利质量。其中，专利申请量每年递增××以上，保持在国内同行中的领先地位；发明和实用新型的比例每年力争保持××；结合"积极跟进和有效移植"的技术发展主导策略，积极开发外围专利，增加与竞争对手竞争与合作的筹码；配合"走出去"战略的实施，适时提出国际专利申请，打破国际专利申请为零的局面；逐步由"离散专利"向"组合专利"、"外围专利"向"核心专利"、"基本专利"向"技术标准"渗透，不断提高专利申请的质量。

3. 积极制定和修订企业标准，提高××集团在国内行业标准和国家标准中的参与率。平均每年制定和修订企业标准××项以上。进一步提升××集团在国内行业标准和国家标准的参与率，积极参加国际标准组织的活动，掌握市场竞争的主动权和控制权。在××等领域形成一批事实标准。

4. 以驰名商标为切入点，提升××集团商标和品牌的价值。针对建立国际知名的现代化企业目标，开展"中国驰名商标"建设；配合"走出去"战略的实施，在产品和经营活动可能进入的国家与地区进行商标先行注册；结合产品的市场占有率，在××等产品领域形成品牌系列，提高××集团产品的知名度和附加值。

5. 强化技术秘密的保护。将技术秘密纳入××集团知识产权管理的范围，规范和完善技术秘密的认定与登记管理；建立严密统一的参观、学习和交流中的技术秘密保护机制并保证其良好运行；健全××集团与客户、协作单位、下属单位和员工之间的保密协议，完善技术秘密的合法使用程序和技术秘密侵权救济机制。

6. 进一步完善版权甄别和登记机制。在工艺和产品设计、计算机软件、企业文化等方面的作品版权登记数量有突破性增长。建立和完善适用于企业内部和外部版权管理机关版权登记的作品甄别机制。建立版权和技术秘密保护协作机制，完善涉及工艺创新、产品创新等方面的作品发表审查制度。大力推进企业软件正版化工作，不断提高计算机软件正版化率。

(二)促进利用，积极推动知识产权商业化

1. 进一步完善并落实专利、技术秘密和版权商业化的奖励制度，加大知识产权指标在科研项目鉴定、新产品开发项目鉴定、科技成果奖和创新成果奖中的权重，引导创新成果向产权化、商业化方向发展。

2. 建立知识产权审计评估机制，定期对××集团拥有的专利、商标、技术秘密、版权等进行必要的评估，决定维持、放弃、公开等，促进知识产权的有效利用。

3. 力争实现具有自主知识产权的产品产值占产品总产值的比例达到××以上。

4. 积极跟进××集团产品结构调整步伐，提高知识产权在产品结构调整中的贡献率。

5. 提升与国内重型装备制造龙头企业相适应的知识产权分享能力。在与国内其他合作者或联盟者的技术合作或技术转移过程中，确保具有知识产权分享的控制力；在与国外合作者或联盟者的技术合作或技术转移过程中，逐步形成一定的知识产权交叉许可能力，拥有一定的话语权。

(三)加强保护，建立立体维权、复合保护的机制

1. 建立与××集团技术发展战略和市场拓展战略相适应的知识产权预警机制，及时准确地分析和预测重型装备制造行业知识产权竞争态势，发布预警信息，采取有效措施应对国际国内知识产权壁垒，化解××集团在研发、技术转移和市场拓展中潜在的知识产权风险。

2. 完善知识产权的管理、法律、保密协调机制，形成科学有效的知识产权运作体系。

3. 根据技术发展和市场拓展需要，建立动态的知识产权、法律服务等中介机构遴选机制，有效利用中介机构的服务成果。

4. 提高综合运用行政、司法、海关等知识产权保护手段的能力。

(四)增强意识，整体提升知识产权管理水平

1. 健全知识产权管理机构，有效推进知识产权战略规划的制定并实施。

2. 适度充实知识产权管理人员的数量，优化管理人员的知识结构和能力结构，提升××集团的知识产权管理水平。

3. 建立方便、快捷的技术秘密和版权登记流程。

4. 形成××集团知识产权知识普及的长效机制，通过培训、宣传、竞赛等多种形式，使一线员工知识产权知识培训率达到××，科级以上管理者知识产权知识培训率达到××。

三、知识产权战略措施的结构和要点

知识产权战略措施是指企业为了完成知识产权战略任务而采取的具体措施和行动的集合，解决的是"怎么做"的问题。如果没有对应的具体措施予以落实，知识产权战略重

点和任务就会成为"空中楼阁",仅仅是"看上去很美"。从这个意义上说,知识产权战略措施的确立要注意三个方面的问题。一是战略措施的"针对性",即知识产权战略规划中的各项战略措施必须是针对战略任务而提出,或者说是为了完成战略任务、最终达成战略目标而采取的措施,注重战略措施与战略任务的对应关系。二是战略措施的"可行性",即各项知识产权战略措施与企业自身的资源状况包括人力、物力、财力、信息特别是知识产权等资源的积累和发展空间相匹配,否则战略措施的推进就会发生严重困难,最终难以实现先前确立的战略任务和目标。三是战略措施的"适应性",随着全球化的持续发展和新兴技术的不断涌现,企业竞争环境日益呈现出不确定性。在动态的竞争环境中,如何保持战略柔性和敏捷是企业制定知识产权战略时必须面对的难题。知识产权战略的柔性和敏捷,最直接地体现在企业知识产权战略措施上。也就是说,当企业知识产权战略目标和任务的动态调整,会在知识产权战略措施层面呈放大效应,这就要求战略措施保持对企业竞争环境变化和知识产权战略目标与任务调整的适应性,也就是说,在知识产权战略目标和战略任务调整情境下,战略措施能够及时作出回应并对调整后的战略目标和任务形成有力的支撑。

一般而言,企业知识产权战略措施可以从按照战略任务的顺序和体例进行组织,也可以组合知识产权形式要素和行为要素,围绕实现知识产权战略任务需要而次第展开。

案例 12-5 某重型装备集团公司战略措施例举

为了落实上述四个方面的工作重点和任务,切实保障知识产权战略目标的实现,在"十一五"至"十二五"时期,××集团要采取以下十项主要措施工程,包括专利地图工程、知识产权预警工程、基于绩效的知识产权激励工程、标准化工程、知识产权商业化工程、知识产权审计工程、驰名商标工程、技术秘密保护工程、知识产权立体保护工程、知识产权管理人才工程。

(一)专利地图工程

在专利检索和咨询的基础上,细分××集团"十一五"至"十二五"时期及更长期间重点发展或重点突破的产业技术和产品,建立包括国际国内主要竞争对手的专利地图,明确该产业技术领域的专利布局和归属,预测竞争对手的专利走向,从而明确××集团的专利布阵和专利网建设重点,充分发挥专利信息在××集团"积极跟进和有效移植"技术发展主导策略中的引领和保障功能。

专利地图工程主要包括以下内容:1.确定专利地图的重点产品和技术领域;2.确定专利地图重点检索的外国和国内厂商及机构;3.绘制××集团现在和即将进入的产品领域的专利分布和发展趋势图。专利地图工程的具体内容详见附件一(略)。

(二)知识产权预警工程

企业知识产权预警机制,是对可能发生的知识产权纠纷提前发出警示并辅之以应对措施,同时对突发性的知识产权纠纷及时作出反应,以实现企业利益最大化或损失最小化。通过将知识产权工作延伸到研发前端和市场拓展后端,及时准确地分析和预测知识产权竞争态势和风险,发布预警信息,采取有效措施应对国际国内知识产权壁垒,化解潜在的知识产权风险,保障××集团技术研发、技术转移和市场拓展目标的实现。

知识产权预警工程主要包括以下内容:①确定重点预警的产品和技术;②建立以专利为核心的知识产权信息库;③对以专利为核心的知识产权信息予以定量和定性的分析;④研究以专利为核心的知识产权预警指标,探索知识产权预警模型,力争在某些重点产品上建立预警系统;结合相关法律法规和关联主体状况,针对某些重点产品制定切实可行的应对措施。知识产权预警工程的具体内容详见附件二(略)。

(三)基于绩效的知识产权激励工程

知识产权创造是企业创造性智力成果和标识性成果产权化为专利、技术秘密、商标、版权等知识产权的过程。只有以提升企业绩效为目的,以权利化和商业化为导向,激励员工将技术创新成果产权化为企业所有或排他性使用,才能持续积累企业的技术能力,为企业的自主创新提供强有力的知识资源支撑。

知识产权激励工程主要包括以下内容。①改进知识产权奖励体系。结合专利、技术秘密、版权、商标等不同知识产权在提高企业绩效或增强企业竞争力方面具有的价值大小和创新水平,完善××集团的知识产权奖励体系。②将知识产权纳入科技创新奖励体系。增加知识产权指标在科技成果奖、创新成果奖指标体系中的权重,引导创新成果的产权化和商业化。③将知识产权纳入××集团科技创新项目评价和业绩考核体系。此外,将知识产权指标纳入技术职称评价指标体系,并适当增加其权重。知识产权激励工程的具体内容详见附件三(略)。

(四)标准化工程

标准化工程是通过积累和及时修订企业标准,参与行业标准、国家标准乃至国际标准的制定及其他相关活动,持续积累自身的技术能力,使企业的技术发展和产品开发保持主流趋势。鉴于××集团在中国装备制造业的龙头企业地位,以及实施"走出去"战略的需要,××集团有必要通过标准化工程,不断积累自身的技术能力,谋求在行业或联盟体的主导地位。

标准化工程主要包括以下内容。①进一步完善××集团企业标准体系。一方面,积极推行企业标准制订和修订"项目管理"模式,落实标准定期复审机制,从根本上提高××集团标准的适应性和竞争力。另一方面,不断学习和搜集竞争者、协作者、供应商、客户的技术标准,特别是注意搜集和消化国外先进装备制造企业的技术标准,并予以统一管理。②积极参与国内装备制造的行业标准和国家标准的制定,掌握重点发展的技术和产品领域的标准话语权,谋求在相关技术标准制定工作中的主导地位。③选择具有一定技术优势和市场优势的技术领域,代表中国的装备制造业参加国际标准化组织的活动。④利用在行业标准化工作中的话语权和知识产权积累,加大采用国际标准、国外先进标准的力度,利用国际先进技术水平,促进××集团产品设计制造水平的快速提高。标准化工程的具体内容详见附件四(略)。

(五)知识产权商业化工程

知识产权商业化有两层含义,一是指以专利、技术秘密、版权等为代表的创造性智力成果和商标、厂商名称等工商业标记,内化到企业的产品或服务中,改进企业的产品或服务的结构和品质,提升企业的产品或服务的价值;二是知识产权虽然没有直接内化到企业提供的产品或服务中,但其存在给竞争对手的研发、制造和市场拓展形成了一定的竞争压力和壁垒,提高了企业在商业谈判和竞争中的能力和位势。因此,知识产权商业化是知识产权战略制定和实施的根本。

知识产权商业化工程主要包括以下内容。①落实××集团专利商业化的相关奖励制度,设立技术秘密商业化奖励制度。②完善研发机构、生产部门、市场拓展机构的信息沟通和协作机制,引导和要求采用具有自主知识产权的创新性产品和先进技术及工艺等,持续提高知识产权在优化产品结构和服务质量中的贡献率。③在确保控制权和收益权的条件下,采用许可或转让形式,将××集团积累的部分技术和工艺在联盟体内适度转移和扩散,发挥××集团知识产权的最大价值。知识产权商业化的具体内容详见附件五(略)。

(六)知识产权审计工程

知识产权审计工程是为了建立科学的知识产权长效评估机制,以最合理的成本,最有效的知识产权工具,固化和产权化创新成果。同时,对知识产权存量的价值予以评估,实现知识产权资源价值最大化。

知识产权审计工程主要包括以下内容:①对创新成果价值予以评估,根据公司技术发展战略需要,结合创新成果特点和不同知识产权工具特性,选择是否需要知识产权保护,需要何种知识产权工具的保护。②对专利申请文献的技术质量予以审查,提高专利申请的获权比例。特别是发明专利授权之前有早期公开程序,更需要提高专利申请的获权比例。③对公司已有的专利、技术秘密等予以适时清理,评估已有的知识产权的价值,结合公司技术和市场竞争需要,决定是否公开,是否放弃等。知识产权审计工程的具体内容详见附件六(略)。

(七)驰名商标工程

就不相同或者不相类似商品申请注册的商标是复制、摹仿或者翻译他人已经在中国注册的驰名商标,误导公众,致使该驰名商标注册人的利益可能受到损害的,不予注册并禁止使用。所以,相对于一般注册商标而言,驰名商标的美誉度更高,附加值更大,保护范围更广,保护力度更强。

驰名商标工程主要包括以下内容。①明确驰名商标获得路径和条件。②驰名商标的认定的标准之一是商标连续使用的时间,所以××集团应当立足现有的注册商标,开展驰名商标建设工作。③在××集团的主导产品和战略性产品中重点选择技术先进、工艺稳定的产品,开展创名牌产品活动。④将商标与企业形象识别系统结合起来,对××集团的商标进行深度、持续的宣传。⑤将互联网域名管理与驰名商标的认定申请工作相结合。驰名商标工程的具体内容详见附件七(略)。

(八)技术秘密保护工程

由于"十一五"至"十二五"期间的主导技术创新策略是积极跟进和有效移植,决定了××集团创新主要集中在生产线工艺设计技术创新和设计改进方面。而大量的生产线工艺设计技术创新和设计改进成果不能申请或不便申请专利。因此,加强技术秘密的保护不仅有利于固化和保守公司的创新成果,不断积累技术能力,而且有利于激发一线研发人员和其他员工的创新热情,激励他们为保护公司技术秘密而持续努力。

技术秘密保护工程主要包括以下内容。①完善技术秘密管理体制。由技术中心负责××

集团研发机构、生产制造机构和市场营销机构的技术秘密管理,并接受保密委员会的业务领导和保密办公室的业务指导。②健全技术秘密认定标准和流程,实行技术秘密强制登记管理制度。技术秘密登记工作具体由知识产权管理机构承担。③统一设计××集团参观、学习、交流流程并予严格执行,构筑××集团技术秘密保护的第一道防线。④抓好产学研合作研发、技术许可、合作制造、市场营销中的技术秘密保护工作,构筑××集团技术秘密保护的第二道防线。⑤建立技术秘密泄密问责制度,构筑××集团技术秘密保护的第三道防线。技术秘密是××集团的重要经营资源,对因故意或重大过失泄密的行为,给公司造成损失的,严格追查相关责任单位和直接责任人的法律责任。技术秘密保护工程的具体内容详见附件八(略)。

(九)知识产权立体保护工程

专利、商标、版权、技术秘密等知识产权具有复合维权、多位一体、内在联系的特点。为了更有效地保护和运营××集团的知识产权,有必要采取立体保护模式,即根据创新成果的特点,组合运用专利、商标、版权和技术秘密等不同的知识产权工具,以最大限度合理保护××集团的创新成果和其他智力成果。

知识产权立体保护工程的主要内容是围绕大型成套产品、大型铸锻模锻件产品、核电及重容产品等重点产品,以及热加工技术、冷加工技术、设计工艺软件等先进技术和工艺,根据不同产品和技术的特性,结合不同知识产权工具的保护重点和力度,形成差异化的知识产权立体保护形式。知识产权立体保护工程的具体内容详见附件九(略)。

(十)知识产权管理人才工程

知识产权的本质是对创造性智力成果和标识性智力成果的法律化、权利化。知识产权管理人员的价值在于对创造性或标识性智力成果进行二次创造,在法律的框架下将智力成果结构化、产权化、集成化。从这个意义上说,知识产权管理人员的素质和执业水平影响甚至决定了所获得的知识产权的质量及其后续提升、知识产权的利用和保护水平。××集团的知识产权战略的实施,离不开强有力的知识产权管理机构建设和管理人才配备。

知识产权管理人才工程主要包括:①调整××集团的知识产权管理机构设置及其职能,统一开展知识产权战略规划的制定和实施调整,专利管理,技术秘密管理,商标、域名和品牌管理,版权管理,知识产权奖励、科技成果奖励、创新成果奖励的评审管理等;②采用专兼职管理人员的方式,充实××集团的知识产权管理人员队伍,优化知识产权管理人员的知识结构和能力结构。知识产权管理人才工程的具体内容详见附件十(略)。

第四节 知识产权战略的实施和调整

一、知识产权战略实施的步骤

如前所述,知识产权战略实施是指企业根据知识产权能力发展目标和任务,落实各项知识产权战略措施的步骤和保障,包括战略措施执行、战略过程控制、战略绩效评估和战略计划调整四个方面的内容。其中,知识产权战略实施的步骤,即战略措施执行和战略过程控制,是知识产权战略整体的重要组成部分。一般而言,知识产权战略实施步骤按照两个维度来组织和展开。

(1)时间维度。如果企业制定的知识产权战略是中期(如五年)计划,可以按照知识产权战略目标和战略任务的里程碑,划分出知识产权战略的实施期间。按照知识产权战略目标和战略任务的里程碑来划分知识产权战略实施的二级期间,更符合知识产权战略的整体推进要求,因此优于单纯按照时间长短来划分知识产权战略实施的二级期间做法。如果企业制定的知识产权战略是长期(如十年或二十年)计划,可以按照企业整体经营战略的实施期间划分方式,对知识产权战略实施的二级期间进行划分。这样的划分方式有利于实现企业知识产权战略与企业整体经营战略在时间上的匹配。在二级期间划分的基础上,企业可以根据企业知识产权战略措施的实际需要,按照相应年度内的季度或月度划分知识产权战略实施的三级期间,以便于实现知识产权战略时间维度和措施维度的契合。

(2)措施维度。如前所述,知识产权战略的各项措施是为了达成战略目标和实现战略任务而提出的。在固定其他因素的情形下,战略措施的顺利推进和落实,能够保障知识产权战略任务的实现,最终完成相应的战略目标。因此,按照措施维度分解和制定知识产权战略的实施步骤,有利于知识产权战略目标和战略任务的实现。按照措施维度细分和制定知识产权战略实施步骤时,有以下三个方面值得注意:一是将各项知识产权战略措施无一遗漏地列入知识产权战略实施步骤或推进计划中;二是按照各项知识产权措施的内在逻辑和工作内容,将知识产权战略措施进一步细分为相应的战略措施子模块,并将细分后的战略措施子模块按照先后逻辑顺序排列;三是根据战略目标和战略任务的总体要求,将排列后的战略措施子模块嵌入上述时间维度,做到每一项具体的战略措施子模块与战略实施的三级期间的高度契合。

在按照时间维度和措施维度细分和制定知识产权战略实施步骤的同时,企业还需要综合考虑在不同的知识产权战略实施期间,落实和完成相应的知识产权战略措施子模块所需要的人力、物力、财力、信息、组织等资源匹配,以及外部公共关系的构建和优化。在此基础上,围绕特定的知识产权战略措施子模块,形成具体的实施方案,从而保障知识产权战略实施步骤的顺利推进。

二、知识产权战略实施的评估与调整

知识产权战略实施的绩效评估,是指企业按照战略绩效评估指标和流程,对一定期间的知识产权战略实施效果和过程进行专项或综合性评价。科学合理地实施知识产权战略绩效评估,是达成知识产权战略目标和完成知识产权战略任务的重要保障。正确实施知识产权战略绩效评估,需要注意以下四个方面的问题。①制定知识产权战略绩效评估的指标及其权重。知识产权战略绩效评估指标包括两个方面的内容,一是企业当期的知识产权战略目标和任务完成情况,二是企业为了完成既定知识产权战略目标和任务,具体落实和执行相应知识产权战略措施的过程控制和资源耗费。②明确知识产权战略绩效评估的流程,包括明确绩效评估的组织和实施机构及人员,绩效评估的关键工作节点,绩效评估结果的应用和反馈等。③合理划分绩效评估的周期。知识产权战略绩效评估包含常规的年度评估、中期评估和期末评估,也包含围绕知识产权战略目标和任务的里程碑事件进行的专项评估。④重视绩效评估结果的应用和反馈。知识产权绩效评估，既是对过去特定期间的知识产权战略实施情况的总结，又是未来特定期间知识产权工作的基础和前提，涉及知识产权战略实施的后续调整。因此，只有重视绩效评估结果的应用、沟通和反馈，才能达到知识产权战略绩效评估的最终目的。

知识产权战略实施的评估，除了绩效评估外，还应当包括外部竞争环境变化和内部整体经营战略调整等在内的环境评估。当企业所在主流产业技术和市场，或者新兴技术和潜在市场发生重大变化时，企业的整体经营战略目标和任务可能发生相应的调整。在这种情境下，企业知识产权战略实施有必要进行及时的环境评估。企业依据绩效评估结果和环境评估结果，对期初制定的知识产权战略目标和重点任务进行相应的调整，并采取相应的战略措施，以保障战略目标的达成和战略任务的实现。

案例 12-6　某重型装备集团公司知识产权战略的实施与调整例举

(一)制定和执行知识产权战略推进计划

1. 知识产权机构应当在本规划报送审查批准时，完成包括各项工程的详细工作目标和实施方案等在内的知识产权战略推进计划，并商请其他部门后予以确定。

2. 要充分认识到知识产权战略的实施，关系××集团"十一"至"十二五"时期整体发展战略任务的完成，关系××集团的技术积累和自主创新能力的提升，关系××集团的核心竞争力的获得和保持，将本规划的实施纳入相关部门的工作计划和年度考核体系。

3. 落实知识产权专项资金。本规划通过后，将严格按照确定的知识产权经费占研发经费的比例，落实知识产权专项资金，保证本规划的顺利推行。

××集团知识产权战略推进计划详见附件十一(略)。

(二)知识产权战略实施的评估与调整

1. 在知识产权战略实施的第二年度结束，由公司组织专家对知识产权战略的实施效果进行期中评估，根据公司发展整体要求，相应调整发展对策。

2. 知识产权战略完成后，由公司相关部门、外界专家组成评估小组，对战略量化指标的实现、各项战略措施的效果等，进行综合的、全方位的、科学的评估，为制定下一个知识产权战略提供科学依据。

××集团知识产权战略绩效评估标准和流程详见附件十二(略)。

复习思考题

1. 知识产权战略应当遵循哪些原则？
2. 知识产权战略环境分析的内容和方法是什么？
3. 知识产权战略目标、任务和措施的逻辑关系是什么？
4. 知识产权战略绩效评估的要点是什么？

参 考 文 献

冯晓青，2015. 企业知识产权战略(第 4 版). 北京：知识产权出版社.

王岩云，2005. 企业知识产权战略系统论. 经济与管理，(10)：83-86.

朱雪忠，2010. 知识产权管理. 北京：高等教育出版社.

Adler P S, Winograd T A, 1992. Usability: Turning Technologies into Tools. New York: Oxford University Press.

Barney J B, Hesterly W, 2012. Strategic Management and Competitive Advantage (4th ed.). Upper Saddle River: Pearson Education Inc.

Barney J B, 2002. Gaining and Sustaining Competitive Advantage. 2nd Ed. Upper Saddle River: Prentice Hall.

Barney J B, 2010. Gaining and Sustaining Competitive Advantage. 4nd Ed. Upper Saddle River: Prentice Hall.

Brandenburger A, Nalebuff B J, 1995. The right game: Using game theory to shape strategy. Harvard Business Review, 73(4): 57-71.

Christensen C M, 1997. The Innovator's Dilemma: When New Technologies Cause Great Firms to Fail. Boston: Harvard Business School Press.

Davis J L, Harrison S S, 2002. Edison in the Boardroom: How Leading Companies Realize Value From Their Intellectual Assets. New York: John Wiley & Sons.

Dean T J, Brown R L, Bamford C E, 1998. Differences in large and small firm responses to environmental context: Strategic implications from a comparative analysis of business formations. Strategic Management Journal, 19(8): 709-728.

Dess G G, Lumpkin G T, Eisner A B, et al., 2012. Strategic Management (6th Ed.). New York: McGraw-Hill/Irwin.

Drucker P, 1994. The theory of business. Harvard Business Review, September/October: 95-105.

Hill C W L, Rothaermel F T, 2003. The performance of incumbent firms in the face of radical technological innovation. Academy of Management Review, 28(2): 257-274.

Hitt M A, Ireland R D, Hoskisson R E, 2013. Strategic Management (10th ed.).Mason: South-Western.

Mathur S, Shah B, 2005. Evolving from information to insight. MIT Sloan Management Review, 46(2):51-58.

Mintzberg H, 1987a. The Strategy Concept I: Five Ps for Strategy. California Management Review., Fall: 11-24.

Mintzberg H, 1987b . The strategy concept II: Another look at why organizations need strategies. California Management Review., Fall: 25-32.

Mintzberg H, Ahlstrand B, Lampel J, 1998. Strategy Safari: A Guided Tour though the Wilds of Strategy. New York: The Free Press.

Porter M E, 1980. Competitive Advantage: Techniques for Analyzing Industries and Competitors. New York: The Free Press.

Porter M E, 1985. Competitive Advantage: Creating and Sustaining Superior Performance, New York: The Free Press.

Porter M I, 2008. The five competitive forces that shape strategy. Harvard Business Review, 86(1): 79-93.

Schoemaker P J H, 1995. Scenario planning: a tool for strategic thinking. MIT Sloan Management Review, (winter): 25-40.

Schumpeter J A, 1942. Capitalism, Socialism and Democracy. New York: Harper & Row.

Stabell C B, Fjeldstad O D, 1998. Configuring value for competitive advantage: On chains, shops, and networks. Strategic Management Journal, 19: 413-437.

Stieglitz N, Heine K, 2007. Innovations and the role of complementarities in a strategic theory of the firm. Strategic Management Journal, 28(1):1-15.

第六篇：案例篇

第十三章 知识产权管理案例

本章精选中国三个典型企业的知识产权管理案例，旨在结合案例企业的知识产权管理里程碑事件，讨论处于不同产业背景和不同企业生命周期的中国企业的知识产权管理实践的困惑及其解决之道。案例一重点分析全球本土化发展阶段的华为实施反专利劫持的动因和策略；案例二侧重讨论凭借互联网技术和商业模式创新迅速崛起的小米等创业型公司在国际化初期面临的专利竞争格局及其应对策略；案例三分析了丝丽雅面对"效率瓶颈""资源瓶颈"和"环保瓶颈"所作出的创新努力，以及采取的相应的知识产权管理策略。

案例一　华为：全球化进程中的反专利劫持动因和策略[①]

2015年2月，《华尔街日报》《纽约时报》《金融时报》等媒体纷纷聚焦中国国家发展和改革委员会(以下简称国家发改委)处罚美国高通公司案，以技术或商业头条连篇报道该案并发表评论。上述报道和评论在援引高通高管表达遗憾和整改的同时，不约而同提出这样一个问题：是什么因素促使中国ICT企业如华为和中兴通讯等，能够借反垄断之名，打破二十几年来欧美跨国公司与中国企业之间通行的单向专利许可模式和游戏规则？

这是一个非常理性的问题，显现出欧美产业界对中国ICT企业与欧美跨国公司之间专利竞争转折点的认知。而要理性地回答这个具有商业历史价值的问题，单一时点的单一案例挖掘显然是不够的。实际上，国家发改委对高通反垄断调查并处罚案并非孤立案件，其前传是华为诉IDC(包括InterDigital Inc.的四家全资子公司)标准必要专利许可费案、华为诉IDC(包括InterDigital Inc.及其两家全资子公司)垄断民事侵权案、国家发改委对IDC反垄断调查案等案件，如表13.1所示。把上述系列案件串在一起，中国ICT企业与美国跨国公司之间专利竞争曲线的拐点就出现了，即从单方面承受高额专利许可费——专利劫持(2007~2010年，斯坦福大学法学院Lemley教授和加州大学哈斯商学院Shapiro教授发表系列论文，证明专利许可因"禁令"制度因素影响而存在"劫持"问题)——进入到主动实施反专利"劫持"行动，以期逆转专利竞争劣势，寻求全球市场和利润的重新分配。因此，如果能够结合过去25年华为的经营战略变迁及其与欧美跨国公司专利竞争动态演化过程，理清华为的反专利劫持动因和策略，不仅对中国本土企业的全球化具有重要参考价值，而且对欧美跨国公司应对中国本土企业的专利竞争"新常态"，同样具有现实启发意义。

[①] 本案例原文发表在《中欧商业评论》2015年第11期，内容有增删。

表 13.1　华为等中国 ICT 企业与 IDC 和高通在中国的反专利劫持案件

案件期间	当事人	案由	裁判人	结果
2011.12～2013.10	华为诉IDC	标准必要专利许可使用费纠纷	深圳中级人民法院和广东省高级人民法院	判令 IDC 中国标准必要专利及标准必要专利申请对华为许可费率以相关产品实际销售价格计算，不超过 0.019%（IDC 要约许可费率为 2%）
2011.12～2013.10	华为诉IDC	滥用标准必要专利许可市场支配地位的垄断民事侵权纠纷	深圳中级人民法院和广东省高级人民法院	判令 IDC 立即停止针对华为实施的过高定价和搭售的垄断民事侵权行为；IDC 赔偿华为经济损失人民币 2000 万元；驳回华为的其他诉讼请求
2013.12～2014.3	华为举报IDC	滥用标准必要专利许可市场支配地位的垄断纠纷	国家发改委	应 IDC 的申请中止调查。IDC 采取消除涉嫌垄断行为后果的具体措施，主要包括：不对中国企业收取歧视性高价许可费，不将非标准必要专利与标准必要专利进行捆绑许可，不要求中国企业将专利向其进行免费反向许可，不直接寻求通过诉讼方式迫使中国企业接受其不合理的许可条件等
2013.11～2015.2	中美企业举报高通	滥用标准必要专利许可市场及基带芯片市场支配地位的垄断纠纷	国家发改委	作出行政处罚决定，责令高通停止在中国滥用市场支配地位的违法行为，并处高通 2013 年度中国销售额 8%即 60.88 亿元的罚款。高通提出一系列整改措施，主要包括：按整机批发净售价的 65%收取专利许可费，不对过期专利收取许可费，不要求免费反向许可，不得没有正当理由搭售非无线通信标准必要专利许可，不将不挑战专利许可协议作为向中国被许可人供应基带芯片的条件

一、华为反专利劫持的动因何在

（1）知识产权观念的转变：华为反劫持的文化基础。在过去的二十多年里，华为的经营战略经历了三个阶段，即进入本土市场阶段（1991～2000 年）、开拓国际市场阶段（2001～2010 年）和全球本土化发展阶段（2011 年～今）。相应地，华为的知识产权观念经历了两次重大转变，即由进入本土市场阶段的"拿来主义"转变为开拓国际市场阶段的"尊重他人知识产权、积累自有知识产权"，再转变到全球本土化发展阶段的"运营自有知识产权，支撑全球市场拓展"，试图遵循国际规则处理知识产权事务，转变其先前的专利竞争劣势地位。如果说华为知识产权观念的第一次转变是 2003 年 1 月 22 日思科在美国起诉华为知识产权侵权案被动促成的，那么第二次转变则是华为积累了大量的自有知识产权和丰富的国际知识产权争端解决经验以后，主动匹配全球本土化经营战略的结果。为了保障全球本土化经营的安全和实现自有知识产权的价值，对 IDC 等美国跨国公司实施反专利劫持行动就成了华为的文化共识。

（2）技术差距的持续缩小甚至局部赶超：华为反劫持的底气所在。在技术追赶和行业进入初期，华为与欧美领先企业的技术能力差距很大。不仅完全无法准确评估外国领先企业专利技术等的商业价值，而且在产业技术领域积累的知识产权根本无法与后者抗衡，不得不在开拓国际市场时接受欧美领先企业开出的高额专利许可费（在 2004 年 8 月 5 日的"中国高科技企业全球化战略研讨会"上，时任华为高级副总裁的徐直军先生曾透露，华为的 CDMA 设备在海外市场向高通缴纳的专利许可费率用高达 6.75%）。此后十年，无论多么困难，华为一直坚持高于竞争对手的研发投入，持续发展技术能力，不断积累知识产权，最终缩小了与欧美领先企业的技术差距，甚至在部分产业技术领域开始扮演领先者角色。此外，在与欧美跨国公司进行的知识产权谈判和诉讼中，华为也积累了按照国际规则处理知识产权事务的丰富经验(据美国 Patent Freedom 公司统计，仅在 2009～2013 年，华为就曾遭受过如 IDC 这样的非专利实施实体(non-practicing entities，NPEs)超过 54 起专利诉讼)。因此，在全球本土化发展阶段，华为认为自己有能力通过司法和行政途径拒绝来自个别欧美跨国公司的 Non-FRAND(fair，reasonable and non-discriminatoy，公平、合理、无歧视)专利许可费率，为自身持续增加研发投入赢得更大的空间，并在全球竞争中获得更有利的专利和商业竞争环境。

(3) 成本优势的减弱：华为反劫持的财务动因。在技术追赶和行业进入初期，华为等中国 ICT 企业之所以能够承受高额专利许可费，在于其拥有欧美领先企业不完全知晓的成本优势，包括廉价劳动力，改革开放急剧降低的中国经济制度成本，以及大规模制造带来的规模经济和产品质量提升等(2005 年 5 月 6 日北京大学周其仁教授在首届"CCER 中国经济观察"报告会上对中国制造业成本优势予以总结)。但是，随着经济全球化的深入和新兴市场的发展，中国的人力资源、土地、能源、环保等要素成本大幅攀升。特别是进入全球本土化发展阶段后，"全球化优化配置资源"势必增加华为人力成本和商务成本等方面的支出；同时，从"模仿""追赶"到局部"超越"，华为必须加大研发和品牌推广等方面的成本。因此，自身既有成本优势的逐渐丧失，加上全球化运营带来的成本增加，使得华为无法继续承受来自外国领先企业的高额专利许可费，不得不转而强烈要求欧美跨国公司大幅降低持续多年的高额专利许可费，以维护自身的商业利润平衡，保证公司可持续发展。

(4) 中国知识产权制度的完善：华为反劫持的制度保障。改革开放以来，中国的知识产权制度经历了两次重大变革，即从 20 世纪 80 年代初期开始为适应改革开放需要的全方位引进立法，到 21 世纪初为加入世界贸易组织的大幅度被动修正立法，再到 2008 年以后为适应全球化和数字化时代发展要求而进行的特色化主动完善立法。包括《中华人民共和国专利法》在内的大幅度修法使中国的知识产权制度向国际化和现代化迈进了一大步。比如，在专利法中确立了"诉前临时措施""司法最终审查权""防止专利权人滥用权利""按照专利许可费倍数增加侵权损害赔偿""专利管理部门的行政处理职权限定在责令停止侵权行为""严格强制许可的条件""增加国际申请(PCT)的规定"等一系列制度。特别是 2008 年 6 月 5 日国务院发布《知识产权战略纲要》，开启了中国知识产权制度从"被动改进"到"主动完善"的战略进程。标志性事件是 2008 年 8 月 1 日起施行的《中华人民共和国反垄断法》》出台，紧接着是《中华人民共和国专利法》《中华人民共和国著作权法》《中华人民共和国商标法》的再次大幅度修订。而《最高人民法院关于审理侵犯专利权纠纷案件应用法律若干问题的解释》、《专利行政执法办法》等制度的实施，强化和提升了中国知识产权司法裁判与行政执法能力。正是中国知识产权制度的持续完善、司法裁判和行政执法能力的明显提升，为华为等中国 ICT 企业在中国实施反专利劫持行动提供了有力的制度支持。

二、华为采取何种策略成功实现反专利劫持

(1) 聚焦反劫持对象和领域。在本轮反劫持行动中，华为等中国 ICT 企业是以反垄断为突破口，将反劫持对象锁定为盈利模式及其专利许可行为广受"诟病"的 IDC；中国手机联盟等受 IDC 案启发，向国家发改委举报，将反劫持的对象锁定为高通，并将反劫持领域集中于全球最具竞争力的 3G、4G 无线通信基础设施和终端设备标准必要专利许可市场。这一策略不仅避免了与曾经帮助过自身发展的竞争者如 IBM、Intel、Microsoft、Texas Instrument、Cisco 等跨国公司发生专利冲突而四面受敌，还获得来自政府、合作伙伴、用户及消费者甚至竞争者的道义支持，而且为自身在全球最有发展空间的无线通信基础设施和终端设备市场扭转专利竞争劣势地位，重新定义利益分配格局扫除了障碍。具体而言，如果说华为起诉 IDC 是对 IDC 于 2011 年 7 月在美国国际贸易委员会和特拉华州法院起诉华为的一种回应策略，那么，国家发改委对高通反垄断调查并处罚案，则是积累了大量知识产权的部分中国 ICT 企业扭转不公平专利竞争格局的绝佳机会和大胆尝试。

(2) 组合运用司法和行政救济途径。华为等中国 ICT 企业根据反劫持对象及其行为特点，结合自身的诉求和案件进展，通过组合运用司法和行政救济途径，成功实现了对美国跨国公司的反专利劫持。在华为诉 IDC 三大案件中，华为组合运用了中国和美国法院的司法救济途径和反垄断机构的行政救济途径策略，不仅大幅降低了标准必要专利许可费率，而且迫使 IDC 全面撤销了在美国对华为提起的 337 项调查和诉讼。在国家发改委对高通反垄断调查并处罚案中，合理的考量则是，一方面，在华为进入无线通信领域初期，高通曾向华为提供过支持和帮助，在未来的无线通信技术领域，华为也期待能有机会与高通合作，因此无意与高通以诉讼方式正面发生冲突。另一方面，高通在无线通信领域的产业地位和专利体量完全不是 IDC 这样的企业所能够比拟的，华为对高通贸然提起反垄断诉讼的胜算远不如对抗 IDC 在反垄断案的胜算。此外，高通将不挑战许可专利作为被许可人获得其基带芯片的条件。如果华为主动提起诉讼且败诉，将会导致华为未来一个时期无法进入甚至必须退出美国或其他部分区域市场。

(3) 恰当提出诉求和理由。在华为诉 IDC 三大案件中，标准必要专利许可市场是案件的主要载体，但导火索则是标准必要专利被许可人华为的反垄断诉求，即标准必要专利权人 IDC 滥用其市场支配地位，违反 ETSI (European Telecommunications Standards Institute，欧洲电信标准化协会)、TIA (Telecommunications Industry Association，美国电信工业协会) 等国际电信组织公认的 FRAND 原则，损害竞争者的利益，损害竞争秩序。上述诉讼请求的确定，正好契合中国法院和反垄断机构制止滥用知识产权排除和限制竞争行为、通过反垄断维护市场竞争秩序的决心，以及通过具体案件确立反对"非法垄断技术、妨碍技术进步"判例标杆的强烈愿望。但是，在对 IDC 的反专利劫持行动中，华为针对 IDC 在美国分别向国际贸易委员会请求 337 调查和向法院请求专利侵权救济的行为，将反专利劫持诉求一分为二，即请求裁决"标准必要专利使用费争议"和制止 IDC 作为标准必要专利权人"垄断民事侵权"，起到了"一石二鸟"的效果，既大幅降低标准必要专利许可费率，又制止了 IDC 的垄断民事侵权行为，并获得相应的损害赔偿。而在国家发改委对高

通反垄断调查并处罚案中，调查问题始终聚焦于高通在 CDMA、WCDMA、LTE 无线通信标准必要专利许可市场和基带芯片市场是否具有市场支配地位，是否实施了相应的滥用市场支配地位行为。在调查过程中，国家发改委也充分听取了高通的陈述和申辩（据统计，国家发改委先后与高通沟通 28 次，其中高通总裁 Derek Aberle 先生就与时任国家发改委价格监督检查与反垄断局局长的许昆林先生见面 8 次）。高通最终接受了国家发改委的行政处罚决定，并提出相应的整改措施。

三、对中国 ICT 企业有何借鉴价值

(1) 发展技术能力，积累专利组合：保障市场安全。华为在过去 25 年里承受的专利打击和竞争壁垒，再次提示依靠技术模仿或技术引进迅速建立起制造能力，或者在全球技术集成背景下依靠商业模式模仿或创新成长起来的中国 ICT 企业：知识产权是参与国际竞争的基本条件；制造能力甚至部分技术和专利可以买到，但是，引领产业发展的核心技术，吸收和创造新知识的技术能力，以及建立在自身技术能力基础上的可持续竞争力是买不到的；核心技术的获取和技术能力的发展，有赖于企业面向客户需求持续创新，并显性化为自有知识产权；缺乏核心技术、技术能力和自有知识产权，无法从根本上保障企业国际市场拓展的安全，最终也无法突破成本要素价格上升带来的发展制约。仅有制造能力，企业很难抵御产业"冬天"和成本高企的双重夹击；只靠商业模式维系，企业也难摆脱本土竞争者的模仿赶超，遑论走出国门"与狼共舞"。因此，在积累了一定市场容量和现金流以后，这样的中国 ICT 企业亟待克服组织浮躁，树立"十年磨一剑"的组织文化，坚持发展自身的技术能力，通过多种渠道积累有价值的专利组合，实现技术能力和商业模式的平衡发展。唯有如此，才能有效控制企业海内外市场拓展的知识产权风险，保障企业整体运营的安全。

(2) 培育技术自信，实现专利价值：争取利润空间。华为在缩小与欧美跨国公司技术差距甚至实现局部超越时，出于全球本土化运营的需要和成本优势减弱带来的财务压力，凭借大量的知识产权积累和丰富的知识产权事务处理国际经验，最终取得了反专利劫持的标志性胜利。这样的组织勇气和能力，对已经拥有较强技术能力和大量知识产权且正在参与全球竞争的中国 ICT 企业，具有十分重要的参考价值。不同的产业发展环境造就不同的企业发展机遇，不同的产业竞争地位要求不同的企业担当能力。20 世纪 80 年代通过技术引进或技术模仿"新设"或"转型"进入本土市场的一批中国 ICT 企业，已经从"后来者"发展成为中国的行业领军企业，成为实实在在的产业"在位者"。其中，有一部分企业发现并抓住了新兴产业技术轨道形成期的技术和市场发展"机会窗"，成为欧美领先企业"不可忽视"甚至"可怕"的竞争对手。然而，要从"不可忽视"或"可怕"的竞争对手转变成"可敬"的竞争对手，获得全球市场竞争的平等"话语权"，就需要这部分企业表现出应有的技术自信，敢于利用合适的时机，采取恰当的策略，凭借积累的技术能力和专利组合，在不同法域向欧美跨国公司的单向专利许可模式和游戏规则说"不"。只有通过降低标准必要专利许可费率和实施非标准必要专利交叉许可等，实现自有知识产权的商业价值，才能为企业全球运营赢得更大的利润空间，为企业在新兴产业领域加强研发投

入和品牌发展提供持续的财务支持。

(3) 匹配经营战略，聚焦知识产权功能：赢得竞争优势。2015 年 6 月 15 日，华为高级副总裁宋柳平先生在"强国名家讲堂"做题为"华为的知识产权工作与思考"演讲时提到，华为整个结构设计，包括创新能力和知识产权，都是围绕着经营目标来设计的。所以华为没有所谓的独立知识产权战略，华为一切战略目标都围绕经营，使自己能够存活下来，并能够在竞争中不断地发展。这是华为知识产权顶层设计的精要，对立志全球化经营但尚处于创业或成长期的中国 ICT 企业具有强烈的借鉴意义。近些年来，中国部分企业的知识产权特别是专利功能出现了一些异化现象，如为了获得政府资助或奖励而申请专利，为了获得高新技术企业资格而不得不申请专利，为了资本市场融资需要而紧急申请专利等。这些现象表明企业的知识产权疏离了经营战略目标，未能实现知识产权与企业经营战略的动态匹配。从华为进入本土市场、开拓国际市场和全球本土化等不同发展阶段的知识产权观念变革可以看出，只有将知识产权嵌入企业整体经营战略，围绕企业不同发展阶段的经营目标，有重点地发挥知识产权的"护航""导航"和"领航"功能，才能保障企业全球运营安全，赢得可持续竞争优势。

四、对欧美跨国公司有何现实启示

(1) 及时调整针对华为等中国 ICT 企业的标准必要专利许可费标准和专利许可策略。中国虽然不是判例法国家，但深圳市中院和广东省高院确立的"标准必要专利使用费纠纷"案由和"垄断民事侵权纠纷"案由等，对其他法院仍然具有很强的借鉴价值。因此，一方面，欧美跨国公司在向中国 ICT 企业发出标准必要专利许可邀约时，应当遵循 FRAND 原则开展标准必要专利许可，以免引起不必要的标准必要专利许可诉讼或反垄断调查。另一方面，可以根据不同技术能力和专利需求的中国 ICT 企业采取差异化专利许可策略。在与华为、中兴通讯等已经拥有大量专利的跨国公司进行专利许可谈判时，有必要将标准必要专利和非标准必要专利分开并明示，分别采取不同的原则进行许可谈判。对于专利积累数量少、质量低的中国企业，充分考虑被许可人对专利的需求，在区分标准必要专利和非标准必要专利的情况下，经与被许可人谈判协商，仍然可以进行打包许可。此外，如果需要与被许可人约定反向许可，应当对被许可人反向许可的专利价值予以考虑，特别是部分中国被许可人同样持有高价值专利组合。

(2) 持续跟踪中国知识产权制度的动态变化，灵活运用中国知识产权侵权救济途径。发展中国家不仅意味着新兴的市场，也意味着制度的变革。一方面，欧美跨国公司有必要密切关注中国知识产权制度的最新进展，如从"知识产权大国"向"知识产权强国"转型引发的新一轮知识产权制度改进，以及在北京、上海、广州试点设立专门的、具有中级人民法院审判权的知识产权法院，开展知识产权审判改革试点等。另一方面，可以充分利用中国知识产权制度不断完善的机遇，选择恰当的途径，实现自身的知识产权价值。对在中国的非标准必要专利侵权行为，可以选择在被告所在地或侵权行为地法院及时提起诉讼，并在诉讼过程中寻求庭外和解、法庭调解或法庭判决等多种解决办法。对于在中国的标准必要专利侵权行为，在协商不成的情况下，可以向法院提起"标准必要专利使用费纠纷"

之诉,请求中国法院按照FRAND原则,责成侵权人支付相应的标准必要专利许可费。也可以灵活选择侵权行为地或侵权人所在地专利行政部门,通过行政执法途径制止专利侵权行为。

(3)主动改变既有的商业思维和盈利模式,在5G、下一代芯片、云计算和云服务等领域与华为等中国企业开展合作,引领构建全球数字化时代的商业生态。ICT产业是全球发展最活跃、竞争最激烈的产业领域之一,改变甚至颠覆既有产业的新兴技术和商业模式不断涌现,技术、市场和管理均面临高度不确定性。为了避免产业在位者的"创新困境",欧美跨国公司亟待利用自身在5G、下一代芯片、云计算和云服务等领域的技术和品牌优势,主动调整ICT产业"狂飙突进"时代的"单兵"发展模式,改变"赢者通吃"的商业思维,特别是改变已经广受"诟病"的单一专利许可盈利模式,采取更加开放的跨行业合作,推进5G、下一代芯片、云计算等领域的通行标准制定、技术创新及其商业应用,引领华为等已经追赶上来的中国企业共同构建未来全球数字化时代的全新商业生态,赢得未来的"相对竞争优势"(华为CEO任正非先生在2015年1月22日冬季达沃斯论坛年会上提到这一概念)。实际上,早在2014年9月26日,Intel就宣布以股权形式向清华紫光旗下从事芯片设计的展讯通信和锐迪科微电子投资约15亿美元,联合开发和销售一系列基于英特尔架构的系统芯片产品。无独有偶,2014年6月23日,高通与华为、比利时微电子研究中心、中芯国际宣布共同投资中芯国际集成电路新技术研发(上海)有限公司,开发下一代CMOS逻辑工艺,打造中国最先进的集成电路研发平台。上述合作项目表明,欧美跨国公司正在调整既有商业思维,为构建未来数字化时代的商业生态作出积极努力。

案例二 小米:国际化的专利困局与对策

2014年7月,成立仅四年的小米科技有限责任公司(简称小米)决意踏上国际化征程,先后试水印度、巴西、南非、美国等国际市场。然而,来自欧美实体性跨国公司和NPE的专利诉案却如影随形,在一定程度上延缓或阻滞了小米进军国际市场的步伐。小米国际化初期的专利困局,不禁让人联想到2003~2005年发生的Cisco诉华为专利侵权案、Sony诉比亚迪专利侵权案等系列诉讼案。不过,与10年前华为等国际化初期的专利竞争态势相比,以小米为代表的中国新一代创业型公司身处的专利竞争情境已经发生了根本性变化,远非仅仅汲取华为等上一代中国本土企业的经验或教训,就能安然走出国际化初期的专利困局。因此,深入剖析小米国际化面临的专利之困、困局之势及破局之策,对凭借互联网技术和商业模式迅速崛起的中国创业型公司具有现实借鉴意义。

一、专利之困

(1)Ericsson诉小米专利侵权案。2014年7月22日,小米在印度首次启动网络销售,短短四个月,印度市场的小米智能手机销量就突破了100万部。这一发展势头引起了瑞典电信设备制造商Ericsson的注意。2014年12月5日,Ericsson向印度德里高等法院提起诉讼，诉称小米侵犯其拥有的 ARM（Advanced RISC Machine，自适应多速率音频编码解码器）、EDGE（Enhanced Data Rate for GSM Evolution，增强型数据速率 GSM 演进技术）和 3G（第三代移动通信技术）标准中的 8 项标准必要专利。2014 年 12 月 11 日，印度德里高等法院签发临时禁令，禁止小米在印度市场销售、推广、制造及进口涉嫌侵犯 Ericsson 专利的相关产品，同时要求小米在印度的电子商务合作伙伴 Flipkart 停止销售涉案产品。经过小米紧急交涉，2014 年 12 月 16 日德里高等法院作出裁决，在满足每台设备预缴 100 印度卢比于法院提存条件下，小米可继续在印度销售基于 Qualcomm 芯片的手机。2015 年 5 月 21 日，该案开庭。

为了应对 Ericsson 提起的诉案及其可能引发的连锁效应，小米主动靠拢移动通信标准领域另一"专利大户"——Qualcomm。12 月 3 日，Qualcomm 宣布与小米达成专利许可协议，承诺授予小米开发、制造和销售 3G（WCDMA 及 CDMA2000）和 4G（包括 3 模 LTE-TDD、TD-SCDMA 和 GSM）完整设备的付费专利许可，小米支付的专利许可费用与 Qualcomm 向中国国家发改委提交的整改措施条款一致。

（2）Blue Spike 诉小米专利侵权案。Blue Spike 位于美国德克萨斯州泰勒市，在取证水印、信号提取、数据安全和软件水印等领域拥有近 100 项专利。2013 年 10 月 14 日，Blue Spike 以专利故意侵权为由，将小米诉至美国德州东区联邦地方法院泰勒分院。涉案专利为"Method for Stega-Cipher Protection of Computer Code"（专利号：US 5745569），一种采用数字水印保护计算机代码版权的方法，授权日期为 1998 年 4 月 28 日，发明人为 Blue Spike 的创始人 Scott A. Moskowitz 先生。Blue Spike 在起诉书中称，小米未经其许可，在红米、米 1s、米 2、米 2a、米 2s 以及米 3 等手机产品中使用其专利技术，请求法院判令小米赔偿其因此遭受的实际损失并承担三倍惩罚性赔偿，同时请求法院签发临时性禁令和永久性禁令。

2015 年 11 月 19 日，Blue Spike 再次以专利故意侵权为由，将小米及在美国市场销售小米产品的海淘平台——TOMTOP（深圳通拓科技）列为共同被告，一并诉至美国德克萨斯州东区联邦地方法院马歇尔分院。涉案专利为"Data Protection Method and Device"（专利号：US 8930719），一种采用整体方法对数字信息进行编码、解码并对数据予以保护的装置和方法，授权日期为 2015 年 1 月 6 日，发明人仍然是 Scott A. Moskowitz 先生。Blue Spike 在起诉书中称，小米未经其许可，在米 4、米 5、米 Note Plus、红米 1S、红米 2 和红米 Note2 等 14 个产品中使用其专利技术，请求法院判令小米赔偿其因此遭受的实际损失并承担三倍惩罚性赔偿，同时请求法院签发临时性禁令和永久性禁令。

根据美国专利公司 RPX 官网提供的案件信息统计，Blue Spike 是典型的 NPE，仅在 2012 年 9 月~2015 年 9 月，该公司提起的专利诉讼先后达到 121 件，涉案专利为 11 件，华为、中兴通讯、小米、OPPO、Google、Facebook、Texas Instruments、Adobe Systems、NEC、Fujitsu、Panasonic 等公司均是其专利讼案的被告。据美国电子前沿基金（Electronic Frontier Foundation）统计，该公司曾有过在两周内提起 45 件以上专利诉讼的记录。由此可见，Blue Spike 的专利诉讼经验十分丰富，无论是产业领导者还是创业型公司，都是其专利讼案的"座上客"；特别地，上述案件在美国众多 NPE 中具有一定的示范效应，不可小视。

二、困局之势

(1) 知识产权制度变迁，专利竞争空间范围从海外法域波及到中国本土。如果说在华为、中兴通讯、联想、长虹、TCL 等企业的国际化初期，中国知识产权制度环境的主要特征是国内知识产权保护弱化，那么在加入世界贸易组织后十五年"市场经济地位过渡期"内，中国为适应全球化和数字化时代发展要求而主动进行的特色化立法与执法努力，明显改善了中国知识产权制度环境。标志性事件是《知识产权战略纲要》的发布和持续推进，《中华人民共和国反垄断法》的出台和《中华人民共和国专利法》《中华人民共和国著作权法》《中华人民共和国商标法》等的大幅度修订。比如，在专利法中确立了"诉前临时措施""司法最终审查权""防止专利权人滥用权利""按照专利许可费倍数增加侵权损害赔偿""专利管理部门的行政处理职权限定在责令停止侵权行为""严格强制许可条件""增加国际申请(PCT)的规定"等一系列制度。而《最高人民法院关于审理侵犯专利权纠纷案件应用法律若干问题的解释》和《专利行政执法办法》等制度的实施，特别是在北京、上海、广州试点设立专门的、具有中级人民法院审判权的知识产权法院等知识产权审判制度改革，强化和提升了中国知识产权司法裁判与行政执法能力。中国知识产权制度的不断改进和完善，使得小米等创业型公司国际化的专利竞争将不仅仅出现在海外法域和市场，而且可能在中国本土市场爆发。

(2) 企业核心业务转型，专利竞争结构从新兴产业技术领域的标准必要专利延伸到不断涌现的非标准必要专利。如果说当年华为和中兴通讯的程控交换机、长虹和 TCL 的大屏幕彩色电视机等，主要是凭借其在主流产业技术轨道上，通过"技术引进"或"技术模仿"建立起来的低成本制造能力去占领本土市场和拓展国际市场，那么，小米等创业型公司借以改变本土市场竞争格局进而试图发展国际市场的利器，则是其在智能手机、互联网电视、路由器、智能机器人、飞行影像系统等全球新兴产业技术轨道上拥有的独特产品开发设计能力和商业模式创新能力。也就是说，小米等创业型公司崛起的"本钱"，是利用智能终端等模块化集成基础，借助互联网技术和商业模式持续开发设计和营销新的产品，在以自有品牌大幅拉低智能终端、其他产品和服务价格的同时，增加消费者体验和社会福利。中国本土企业核心业务发展的代际差异，使得小米等创业型公司在国际化初期，就会直接触碰到全球新兴产业领域领先企业嵌入在技术标准中大量尚且有效的标准必要专利，以及不断涌现的非标准必要专利。简而言之，小米等新一代创业型公司在国际商业竞争中面对的专利结构更加复杂且存在诸多不确定性。

(3) 专利积累时间紧缩，影响甚至决定企业国际化成败的专利能力发展周期大幅缩短。从 2001 年 1 月 18 日华为总裁任正非先生发表《雄赳赳，气昂昂，跨过太平洋》讲话，到 2011 年 12 月 6 日华为向深圳市中级人民法院起诉 InterDigital Inc.(美国交互数字公司)等标准必要专利许可使用费案和垄断民事侵权案，整整用了十年；从 2004 年 12 月长虹决意进入平板等离子彩电行业，到 2014 年 11 月长虹以转让其持有四川虹欧显示器件有限公司股权的方式退出等离子彩电行业，大约也是十年；无独有偶，2014 年 12 月，正值 TCL 跨国并购法国汤姆逊彩电业务和阿尔卡特手机业务十周年。由此可见，以华为、中兴通讯、长虹、TCL 等为代表的一代中国本土企业，伴随其国际化成败进程的专利积累和专利能力发展周期大约为十年。但是，能够在很大程度上影响甚至决定小米等新一代创业型公司国际化成败的专利能力和技术发展周期将会大幅缩短。一方面，互联网技术的高度不确定性和集成性，很容易造成这一领域迅速崛起的企业被其他更富有创意的新进入者"创造性毁灭"，或者被已经拥有强大技术积累和雄厚资金实力的产业在位者"湮灭"；另一方面，依靠互联网社群营销模式支撑的小米式创业企业，不仅很难摆脱本土市场甚至国际市场模仿者的赶超，而且容易因为某一期间、某一市场的产品或服务用户体验欠佳而遭遇"粉丝"用脚投票，不得不黯然出局；此外，依靠市场估值汇聚资本的发展模式，也容易使企业因专利诉讼等原因导致其国际化进程暂时受挫，出现市场估值大幅缩水而影响资本聚集，最终止步于企业发展的"冬天"。

(4)专利竞争格局多元，专利主体及其诉求从海外竞争者单纯的"赢得市场"演化为海内外竞争者和非竞争者"赢得市场与萃取商业价值"。

如果说华为等企业国际化初期遭遇的专利竞争主要来源于海外竞争对手的专利打压，目的是阻滞中国本土企业进入其先占的国际市场，那么小米等创业型公司面对的专利主体及其专利竞争目的就要复杂得多。进入 21 世纪以来，企业逐渐将专利视为战略性核心资源，专利不仅是企业技术创新成果的产权化形式，而且成为企业谋求技术广泛商业价值的重要途径；专利讼争不仅是竞争者为争夺市场而"打压对手"的有力武器，而且是权利人深度萃取专利"商业价值"的重要手段。专利权的实施逐渐远离发明设计人和原始权利人，专利投资、融资、托管、转让、许可等逐渐成为新型的独立商业形态。在这一背景下，小米等创业型公司国际化进程中面临的专利竞争对手就不仅仅是有竞争关系的 Apple、Samsung、Ericson、Google、Cisco、Qualcomm 等外国实体性跨国公司，以及华为、中兴通讯、联想、TCL 等中国本土发展起来的实体性跨国公司，还包括与小米等创业型公司没有竞争关系的 NPE 如 Blue Spike、InterDigital Inc.、Packet Intelligence LLC 等。事实上，小米等创业型公司的科技型、成长性、充足现金流和专注市场拓展等特性，已经使之成为 NPE 眼中的新晋"肥羊"。由此可见，国际化初期专利竞争主体和目的的"纯粹性"，现在看来也许是华为和中兴通讯当年的"幸运"；而专利主体及其诉求多元化可能带来的"腹背受敌"，可以视为小米等创业型公司国际化初期的"不幸"。

三、破局之策

（一）分而治之，差异化应对专利主体的多元诉求

常言道："兵来将挡，水来土掩"。小米大可不必因专利讼案而乱了阵脚。讼案来时，自可交付不同法域的专业服务团队打理。作为一家有很强国际化意愿的创业型公司，面对专利主体及其诉求的多元化竞争格局，小米需要采取的策略是分而治之，差异化应对专利主体的多元诉求。

(1)Qualcomm、Ericsson 等 2G、3G、4G 等产业技术标准的主要制定者。在上述专利主体区分标准必要专利和非标准必要专利情况下，小米等创业型公司的现实选择是按照 FRAND 原则与权利人谈判确定标准必要专利许可费，同时根据自身的技术开发和目标市

场拓展需要，有选择地接受专利权人的非标准必要专利许可甚至标准必要专利和非标准必要专利打包许可。专利诉讼是为争取更合理和更有利专利许可费率的有效策略。不尊重他人的知识产权，不按照国际通行规则处理知识产权事务，一味回避专利权人的正当诉求，也许能够暂时不予支付专利许可费，但是由此给公司带来的市场进入壁垒和商誉损失，最终可能得不偿失。在印度市场曾一度达到公司手机出货量45%的深圳基伍公司，就是因为2011年诺基亚提起的专利讼案，从此无缘印度市场。

（2）Blue Spike、InterDigital Inc.等为获取不菲和解金或赔偿金的NPE。对于这类NPE提起的专利讼争，小米等创业型公司只需在相应法域聘请专业律师团队应诉并据理力争，尽量避免因NPE的专利侵扰可能暂时影响国际化步伐而放弃诉讼努力。诸多研究表明，NPE在推动专利市场发展方面有其存在合理性，但是来自NPE的专利诉讼确实也增加了企业特别是创新型小企业的成本，以致减少研发投入、风险投资甚至延续企业创立。因此，与NPE的专利讼争，可能会在一定程度上暂时阻滞小米等创业型公司的产品进入欧美成熟市场，但给企业商誉带来的负面影响甚微。例如，据RPX官网提供的案件信息统计，仅在2010年1月1日～2015年12月31日，华为被诉类似案件达到152件、中兴通讯33件、联想28件。

（3）Apple、Samsung、Cisco、Google、华为、中兴通讯等海内外实体性跨国公司。上述产业巨擘既是小米等创业型公司在国际市场和本土市场上的直接竞争者，也是既有或新兴产业技术标准的制定者，其专利诉求特别需要小米等创业型公司引起重视。一旦这样的企业发起专利攻击，小米等创业型公司可能既无招架之功，也难有还手之力。毕竟，这样的企业发起的专利讼争将会呈现组合特征，包括地域上的"国际市场和本土市场组合"，诉求上的"赢得市场和萃取商业价值组合"，手段上的"专利诉讼和行政执法组合"。如何在商业竞争中与上述企业保持微妙的平衡，并在组织心理和资源配置上积极做好专利讼争的准备，是小米等创业型公司国际化初期乃至今后很长一个时期的必修课。

（二）内外兼修，多路径打造有价值的专利组合

华为、中兴通讯、联想、长虹、TCL等企业国际化进程中承受的专利打击和竞争壁垒表明：知识产权是参与国际竞争的基本条件；缺乏核心技术、技术能力和自有知识产权，无法从根本上保障企业国际市场拓展的安全，最终也无法突破成本要素价格上升带来的发展制约。在积累了一定市场容量和现金流以后，小米等中国新一代创业型公司亟待克服组织浮躁，树立"十年磨一剑"的组织文化，聚焦既有主导产品和相关新兴技术领域，内生外引，多渠道积累有价值的专利组合，实现技术能力和商业模式的平衡发展，保障企业整体运营的安全。

（1）采取"压强"式研发投入，通过内部研发及与大学和科研机构合作研发，持续积累高价值的专利组合。与阿里巴巴、京东等互联网平台企业不同，小米选择的是以互联网平台为依托、以社群电商为渠道、以移动智能终端产品和服务为载体的企业发展模式。如果小米不能通过内部研发及与大学和科研机构合作研发，在新兴技术不断涌现的智能终端、移动互联网和物联网领域尽快实现关键技术突破，积累高价值的核心专利，最终恐难摆脱"游击"和"山寨"的凋零厄运。

(2) 借助互联网平台和社群文化，与"米粉"和合作伙伴开展开放式协同创新，快速积累外围专利和应用技术，同时增强与"米粉"和合作伙伴的黏性。"周掌柜"周宇先生曾在《小米的战略瓶颈》（2016 年 1 月 5 日）中细致分析过小米的核心商业模型，即不同于华为、Samsung、Apple 等企业的"社群电商+互联网平台战略+生态链投资"模式。"米粉"追逐的，不仅仅是小米高性价比的智能手机，还包含小米"为发烧而生"的情怀和"米粉"的参与存在感。小米需要做的，就是把这种独特的商业模式与新兴的产品和服务创新进行对接，持续创造出与众不同的技术、产品和服务。舍此，小米就可能落入"凡尘"，在商业"红海"中沉浮，甚至不知所终。

(3) 组合采用目标市场的业务收购和基于互联网平台的专利购买，寻求主流产业技术和新兴技术领域的双重专利集聚。业务收购是欧美跨国公司和中国上一代 ICT 企业获取目标市场既有专利的常用手法。此外，Google 通过互联网平台进行专利集聚的做法也可资借鉴。2015 年 4 月 27 日，Google 对外宣布启动一项"专利收购推广计划"（patent purchase promotion），2015 年 5 月 8～22 日，专利持有人可以在 Google 的试验性网络交易平台上推荐和介绍自己的专利，并且报出转让价格。Google 对所有申报的专利进行价值评估，并告知持有人是否收购。

(4) 接受产业技术标准主导者的专利许可和后续开发的反向许可，寻求国际市场拓展的专利"外衣"。从小米目前选择的主导性产品和服务来看，智能手机、互联网电视和路由器都是技术集成度很高而又不断发展的领域，这就意味着小米的产品和服务无论如何都绕不开产业"大鳄"先前和正在埋下的专利"地雷阵"。对于专利积累数量较少又亟待国际化的小米等创业型公司来说，寻求产业技术标准主导者的专利许可，不失为快速进入海外目标市场的捷径。特别地，随着中国知识产权制度的不断完善，知识产权反垄断步伐的加快，小米等创业型公司已经可以通过与主流产业领导者进行许可谈判和制度设计，获得后续开发的有偿反向许可机会，从而将积累起来的相关专利嵌入到主流产业技术和商业竞争中。

（三）合纵连横，全方位谋划新兴商业生态中的专利位势

为了能够在未来的国际化进程中突出专利封锁重围，保障公司整体运营的安全，小米等创业型公司在持续积累有价值专利组合和发展技术能力的同时，有必要突破传统的"零和博弈"商业思维，采取合纵连横策略，在产业价值网络中向上攀登，向下渗透，主动融入新兴的全球数字化商业生态构建，全方位谋划非均衡产业发展格局中的专利位势。

(1) 以产业价值网络为纽带，联合一批基于互联网技术和商业模式创新而不断涌现的创业企业，包括海外目标市场特别是印度、巴西、南非、俄罗斯等新兴经济体所在法域的互联网创业型企业，利用传统信息通信产业领域领先企业不具备或不甚熟悉的互联网基因，建立和扩大开放式互联网创新网络。进而凭借集成创新和破坏性创新积累起的专利组合，在移动互联网和物联网领域的 5G 应用、下一代芯片、云计算和云服务等新兴商业领地站稳脚跟。2014 年 11 月 6 日，大唐电信全资子公司联芯科技与小米共同投资的北京松果电子有限公司签署《SDR1860 平台技术转让合同》，就是小米在这个方面所做的努力。

(2) 充分利用移动通信产业领导者在 5G、芯片、云计算、云服务等新兴领域重新"洗

牌"的机会，凭借独特的互联网基因、平台和社群，主动融入移动通信产业领导者正在构建的全球数字化商业生态。同时将积累的专利组合嵌入主流产业领导者构建的专利池中，做到"你中有我，我中有你"，力争在新兴的全球数字化商业生态系统中谋得"一席之地"。这是小米等创业型公司提升专利位势、拓展国际市场、完成组织再造的绝佳机会。如果游离于这场"洗牌"游戏之外，一旦新的产业格局"尘埃落定"，小米等创业型公司就可能陷入被主流产业"边缘化"的困局。

(3) 凭借对互联网技术和商业模式的理解，重点围绕智能终端、移动互联网、物联网等新兴领域开展智能家庭、智能社区、智能交通、智慧城市等生态链投资，形成以投资为纽带、有别于传统产业价值链的新型价值共享网络和专利分享平台。一方面，在移动互联网和物联网产业价值网络中，努力向上攀登，持续投资具有高度不确定性的新兴技术领域，不断积累"为我所有"或"为我所用"的高价值专利组合，为在全球数字化商业生态中提升专利位势提供有力支撑；另一方面，利用独特的互联网基因、互联网技术和商业模式，向传统的制造业进行技术、商业模式和资本渗透，筑牢在大产业格局中的优势地位和财务底线。

2015年3月4日，小米董事长兼CEO雷军先生接受中国网财经记者采访时表示，专利上的纠纷就是小米的"成人礼"。如前所述，华为、中兴通讯、联想、长虹、TCL等一代中国本土企业，足足用了十余年的时间，在国际化和全球本土化征程上抢滩涉水，以奋斗者的姿态践行着他们的商业使命；在新的商业竞争情境下，如果小米等新一代创业型公司能够破解国际化初期的专利困局，最终迈过专利竞争的"成人礼"门槛，得以在全球数字化商业生态中赢得"一席之地"，同样值得彪炳中国商业史册。

案例三　丝丽雅：依靠创新突破瓶颈的知识产权管理策略[①]

宜宾丝丽雅集团有限公司(简称丝丽雅)始建于1984年，其前身是国营宜宾化学纤维厂，采用的粘胶法纤维制备技术即R535A(B)型纺丝机系20世纪50年代从东德引进。2000年，丝丽雅通过工艺创新，获得了"一锭多丝"重大技术突破(该项技术成果由"单路多丝离心纺和半连续纺丝机及其粘胶丝纺工艺"等1项发明专利和15项实用新型专利构成)，粘胶长丝生产能力从18000吨/年迅速扩张到70000吨/年，生产成本比国内同行低5000元/吨，一跃成为全球粘胶法纤维行业的在位企业。2012年，丝丽雅的产值达到100亿元，其粘胶长丝产量居世界第一，占国内市场份额33%以上，占国际市场份额的25%以上，出口量约占销售量的50%。

然而，直到1997年，宜宾化学纤维厂仍然是一个资产负债率达到96%的濒临破产的企业，员工不足1000名，生产能力仅为粘胶长丝3000吨/年和棉浆粕18000吨/年，规模效益在国内行业排名末尾，人心浮动、前途渺茫。就在这一年，现任丝丽雅董事长、总裁的冯涛先生调任宜宾化学纤维厂厂长。面对企业在再生纤维行业遭遇的生存困境，冯涛及其团队面临两个发展选择：一是在成熟的粘胶纤维领域(工业化生产始于1905年)实现技

---

① 本案例原文发表在《创新与创业管理》2013年第九辑，内容有较大幅度删减和修改。

术创新，克服企业发展的"效率瓶颈"；二是在新兴的溶剂法纤维素纤维领域(1997年全球仅有奥地利Lenzing公司和英国Courtaulds公司试投产，产能分别为1.5万吨/年和5.5万吨/年)跟随外国领先企业，实现技术创新，跨越式突破企业发展的"环保瓶颈"。在经过初步的试验(1997年12月9日与四川大学共同申请了"溶剂法纤维素纤维制造方法"发明专利并获得授权)和对技术发展、市场爆发时点及自身的资源能力综合评估后，丝丽雅高层管理团队选择了在成熟的粘胶纤维领域寻求创新突破。由此开启了丝丽雅在成熟的产业技术领域寻求技术创新实现技术追赶的历程，也由此形成了丝丽雅依靠创新突破发展瓶颈的知识产权管理策略。

一、突破"效率瓶颈"：一锭多丝技术工艺创新

粘胶纤维是以天然纤维素为原料，经湿法纺丝而制成，有粘胶长丝和粘胶短纤之分。粘胶纤维行业是一个资金密集型、劳动密集型的传统成熟行业，工业化生产已经有100余年历史。国内外粘胶长丝常规生产方式为半连续中性纺，国内企业的主要设备R535A(B)型纺丝机是20世纪50年代从东德引进，每个纺丝位(即锭)，包含一个供胶计量泵、一套摇滚杆曲管过滤器、一个喷丝头、一对凝固辊、一对去酸辊、一个导丝漏斗、一套电锭离心缸等工艺件，一个纺丝位生产一股丝(该股丝的单丝数决定于喷丝头孔数)。该纺丝机纺制中性丝饼，丝的均匀性较好；但由于只有一个离心缸及其控制结构，限制了纺丝机的生产能力，存在产能低、占地面积大、投资大等不足。

为了从根本上突破丝丽雅在粘胶纤维制备上的"效率瓶颈"，冯涛先生提出了一个大胆的想法，即一个纺丝位同时生产多股丝，以成倍提高生产效率。经过三年的持续研发，丝丽雅终于开发成功了一锭多丝技术。该项技术成果由"单路多丝离心纺和半连续纺丝机及其粘胶丝纺工艺"(发明专利号：ZL00132054.8)和"半连续离心机每锭多离心缸及其控制结构"(实用新型专利号：ZL00245222.7)为核心的1项发明专利和15项实用新型专利构成。技术变革主要体现在以下方面。①设备创新，包括与一锭多丝技术匹配的纺丝机的结构，包括供胶管路、喷丝机构、凝固牵伸机构、去酸喷淋方式、卷绕结构及电器结构等的技术创新。②工艺创新，与一锭多丝技术匹配的工艺技术创新，包括粘胶过滤工艺、酸浴工艺、丝条成形工艺、去酸丝饼卷绕工艺、空调工艺等方面技术难点的突破。该项技术变革的经济意义在于：由于能够在原粘胶长丝纺丝机R535A(B)的一个纺丝位同时生产两到三股丝，原半连续纺丝机生产能力得以成倍提高，而纺丝机的占地面积不增加和空间位置不做变动，所需的公用工程设施变动甚小。旧设备运用该新技术改造后可迅速成倍增加产量而新增投入很低。一锭多丝技术的成功开发和运用是近100年来粘胶纤维制备技术的一项跨时代的工艺创新，被称之为全球粘胶纤维产业的"奇迹"和纺织行业的"原子弹"，获得2005年"国家科技进步二等奖"和第十一届"中国专利金奖"。

一锭多丝技术创新改变了丝丽雅的命运。粘胶纤维行业是一项劳动密集并且低附加值的产业，生产成本始终是最重要的竞争因素。一锭多丝技术及其相关持续性创新不仅使丝丽雅的粘胶长丝生产能力从18000吨/年迅速扩张到现在的70000吨/年，而且技术改造资金投入仅相当于新建厂的30%，实现了低于国内同行5000元/吨的成本竞争力，成功地帮

助丝丽雅突破"效率瓶颈",凭借成本领先优势一跃成为国内行业领袖企业。其中,丝丽雅采取了专利引领,专利、商业秘密、商标和著作权等有效组合的知识产权管理策略,保障了丝丽雅在国内粘胶纤维行业依靠创新而获得的竞争优势地位。

二、突破"资源瓶颈":竹、木、棉、麻复合纤维产品创新

目前,全球粘胶纤维生产主要以棉短绒或木浆为浆粕原料。由于我国木材资源短缺,棉短绒资源又受棉花产量的制约,每年需要进口大量棉短绒和木浆。2009年我国粘胶纤维生产能力达到202万吨,作为粘胶纤维原料的棉短绒和木浆进口量分别为16.12万吨和85.12万吨。致使短丝级棉浆和木浆价格一路飙升。据中国化纤信息网统计,2010年底,短丝级棉浆的价格为19500元/吨,木浆的价格为2300元/吨,分别较2009年同比上涨59.18%和66.67%。包括丝丽雅在内的中国粘胶纤维企业面临严峻的"资源(或原料)瓶颈"。

为了克服日益严峻的"资源瓶颈",丝丽雅和国内其他企业如吉林化纤、山东海龙、新乡化纤等企业均试图将粘胶纤维的浆粕原料扩展到中国盛产的竹材上,开发并规模化生产以竹浆粕为主要原料的粘胶纤维替代产品。全世界竹类植物约有70多属、1200多种,目前全世界竹林面积已达2200万公顷,年竹材产量为1500万~2000万吨。亚太竹区是世界最大的竹区,有竹子约50多属、900多种,同时竹林面积占世界竹林面积的45%,竹种资源占全世界竹种资源总数的80%。其中,中国竹类资源丰富,现有竹类资源有500多种,竹林面积达520万公顷,占世界竹林总面积近1/4。

从1999年开始,丝丽雅在国内率先成立竹纤维素粘胶纤维产品研发项目组,先后攻克了竹浆粕及其制备工艺,竹纤维及其制备工艺,竹、木、棉、麻复合纤维素浆粕及其制备工艺,竹、木、棉、麻复合纤维及其制备工艺,竹炭粘胶纤维及其制备工艺,竹溶解浆废液处理方法等技术难题。2003年5月~2013年4月30日,先后提交了50件发明专利申请和1件实用新型专利申请,获得授权并持续有效的专利29件,正在审查中的申请15件,围绕竹浆粕、竹纤维和复合纤维产品及其制备工艺形成了一个专利群(表13.2)。为了获得稳定的竹浆粕原料来源,实现复合纤维的产业化生产,2007年11月,丝丽雅战略性重组四川长宁县竹海纸业有限公司,控股成立竹海特种纤维素公司,在中国竹资源集中的地区(四川省长宁县)专业从事竹浆粕的研发和生产,力争达到20万吨/年的生产规模。同期,吉林化纤也突破了竹浆粕和竹纤维及其制备工艺,获得两项核心发明专利,随后在河北藁城、四川宜宾、湖南益阳成立了三家子公司,专门生产竹浆粕和竹纤维,其竹纤维产量已经达到3.5万吨/年。

表13.2 丝丽雅等企业在竹纤维素纤维领域的专利申请和授权情况 (单位:件)

企业名称	专利申请		权利状态			技术范围 (竹纤维素浆粕、纤维及其制备方法)	主导产品 (竹浆纤维)
	发明	实用新型	有权	审中	无权		
丝丽雅	50	1	29	15	7	竹纤维素浆粕和竹、木、棉、麻复合纤维素浆粕及其制造方法,后处理工艺;竹、木、棉、麻复合纤维素粘胶纤维及其制造方法;竹炭粘胶纤维及其制造方法;竹溶解浆预水解废液的处理方法和工艺等	慕赛尔(竹棉复合纤维)

续表

企业名称	专利申请		权利状态			技术范围 (竹纤维素浆粕、纤维及其制备方法)	主导产品 (竹浆纤维)
	发明	实用新型	有权	审中	无权		
吉林化纤	6		2		4	竹浆粘胶纤维制造工艺；竹材溶解浆置换蒸煮方法，漂白方法，废气处理方法等	"天竹"纤维 (竹纤维)
山东海龙	7		3	1	3	竹炭纤维素纤维及其制造方法；竹、棉复合纤维素浆粕及其制造方法等	无
新乡化纤	2				2	竹浆粘胶纤维的制造工艺；竹炭粘胶纤维的制造方法	无

说明：①按照《中华人民共和国专利法》的规定，专利包括发明、实用新型和外观设计三类；由于表中的企业在竹纤维领域均未申请外观设计专利，故略去。②专利权利状态中，"有权"是指该专利申请已经获得授权并继续处于有权状态；"审中"是指该专利申请已经受理并正在审查中；"无权"是指该专利申请被驳回、撤回、授权后未续费而终止、授权后被宣告无效等。③专利检索截止日：2013 年 4 月 30 日。

数据来源：根据中国国家知识产权局www.sipo.gov.cn和专利搜索引擎http://www.soopat.com的专利数据库交叉检索整理。

竹纤维产品在生产粘胶纤维的过程中最大限度地保留了纤维内含有的抗菌物质，使生产的粘胶纤维无须进行药剂处理即具有抗菌、防菌功效，并且制备的粘胶纤维的水洗性和耐磨性较高，抗菌持久性长。同时，竹纤维不仅具有棉木等粘胶纤维良好的吸湿性、染色性和抗静电性，同时具有滑爽、凉爽、细腻、光亮等优良特性。经过中国部分在位粘胶纤维企业不遗余力的推广，竹纤维或竹、木、棉复合纤维逐渐得到下游纺织企业的认可和接受，成为棉木等粘胶纤维的优质替代产品。竹浆粕及其纤维素纤维的开发成功，成为中国后发企业突破"原料(资源)瓶颈"的重大产品创新。

三、突破"环保瓶颈"：溶剂法纤维和粘胶法纤维的错位技术创新

成熟的粘胶法纤维素纤维的生产过程中释放大量硫化氢、二硫化碳等有害气体和工业废水，容易造成环境污染和人体危害，工艺也比较复杂。因此，早在 20 世纪 70 年代，欧洲发达国家的领先企业开始研究溶剂法新型环保纤维素纤维及其制备工艺，以期突破再生纤维素纤维制造的"环保瓶颈"。溶剂法纤维素纤维是指利用某一溶剂体系直接将纤维素溶解后纺丝制成的纤维。合适的溶剂及其真溶液制备、独特的纺丝方法和溶剂回收等是溶剂法纤维产业化的关键。目前，纤维素溶剂共有三大体系，即有机溶剂体系、水溶剂体系和离子液体体系。与传统的粘胶法技术路线相比，溶剂法纤维素纤维制造过程中省去了碱浸渍、老成、黄化、熟成等工序，而且不经历任何化学反应过程，废弃物和产品均可自然降解，生产过程中的氧化胺溶剂几乎能实现完全回收利用，对环境不产生污染，被誉为"21世纪的绿色环保纤维"。其中，Lyocell 纤维是运用有机溶剂体系中的 N-甲基吗啉-N-氧化物(NMMO)为溶剂，用干喷湿纺法纺制的再生纤维素纤维，1989 年由国际人造纤维和合成纤维委员会正式命名。Lyocell 纤维结构基本上与棉纤维相同，具有独特的光泽和良好的吸湿性，同时具有涤纶的强度、真丝的手感和天然透气及抗静电性等优良特性。

1969 年，Eastman Kodak 公司首次公开了以 N-甲基吗啉-N-氧化物(NMMO)制备氨氧化物作为纤维素溶剂的发明专利(专利号：US3447939)。奥地利 Lenzing(兰精)公司也在 20 世纪 70 年代末开始着手 NMMO 溶解纤维素研究工作，对新纤维的生态学和特性做了

大量的基础研究。在 1987 年获得 Akzo Nobel 公司的专利授权后，Lenzing 公司通过对实际试验生产中存在的技术问题进行改进，发展形成了自己的 Lyocell 纤维工艺技术，并于 1997 年在奥地利建成第一条 1.5 万吨/年的 Lyocell 纤维生产线，2004 年开始在欧洲和亚洲进行 Lyocell 纤维的规模化投入建厂。英国 Courtaulds 公司自 1978 年开始研究用 NMMO 溶剂法生产纤维素纤维；1982 年解决了溶剂回收和连续化生产工艺，获得了高溶剂回收率。1984 年完成了最初连续生产线(实验设备)，掌握了纺丝的主要关键技术。1993 年 Courtaulds 公司在美国 Alabama 州投资建成美国第一家 1.8 万吨/年工业化生产厂，实现了 Lyocell 纤维的规模化生产。2004 年，Lenzing 公司收购了 Courtaulds 公司，由此成为全球溶剂法纤维素纤维领域的领导企业。2012 年，Lenzing 公司的 Lyocell 纤维产能达到 15 万吨，并于 2013 年开建全球最大的 Lyocell 纤维生产基地，预计 2015 年达到 21 万吨规模。Lenzing 公司三大产品系列 Tencel(Lyocell 纤维)、Lenzing Modal(莫代尔纤维，Lenzing 公司开发的一种用欧洲云杉和榉木等木质浆粕为原料制造的可降解高湿模量粘胶纤维)和 Lenzing Viscose(普通粘胶纤维)分别占全球市场的 99%、80%和 15%，在公司纺织纤维产品的销售收入中占比分别为 21%、15%和 64%。在市场上，Lenzing 公司的 Lyocell 纤维由于产品具备高强度、吸水性好和可降解等卓越性能，与普通粘胶纤维相比具有 40%～60%的销售价格优势。由以上描述可见，经过近 30 年的持续研发和 15 年的产业化努力，Lenzing 公司探索和采用了完全不同于粘胶法化学技术路线的溶剂法物理技术路线，在再生纤维产业领域取得了面向"环保瓶颈"的技术创新，用 NMMO 溶剂法生产的 Lyocell 纤维成为公司战略性新兴产品，公司也由此成为全球溶剂法纤维素纤维产品及其制备工艺领域的领先者。

我国关于 NMMO 溶剂法技术路线的研究始于 20 世纪 80 年代末。成都科技大学(后并入四川大学)较早开始 NMMO 溶剂法纤维素纤维的纺丝工艺试验，并与丝丽雅联合攻关研究 Lyocell 纤维的纺丝工艺条件，于 1997 年共同申请了"溶剂法纤维素纤维制造方法"发明专利(专利号：ZL97107819.X)并于 2001 年获得授权，该专利绕开 NMMO 溶剂研制法和物理性能基础研究，直接提供了一种采用 NMMO 溶剂与纤维素浆粕共混纺丝，制成再生纤维素纤维的制造方法，属于溶剂法纤维技术轨道上可商业化的核心纺织工艺。但由于当时丝丽雅面临"效率瓶颈"和生存问题，最终选择了在成熟的粘胶法技术路线上寻求突破，有关溶剂法纤维素纤维产品及其制备工艺的研究就搁置起来。同期，东华大学、中国纺织科学研究院、山东海龙、湖北化纤、新乡化纤等大学、科研院所和企业开展了溶剂法纤维素纤维的工程化研究，在溶剂筛选、制备与回收以及纺丝工艺等方面取得了一些进展，部分技术成果获得了专利保护。在溶剂筛选方面，如东华大学近十几年来一直在从事离子液体溶剂和复合溶剂的纤维素纤维制备方法研究，获得了"一种离子液体为溶剂的纤维素纤维制备中溶剂的回收方法"发明专利(专利号：ZL200510111966.3)、"一种溶解纤维素的新型溶剂及其制备方法和用途"发明专利(专利号：ZL200710046186.4)、"一种纤维素复合溶剂体系及其应用"发明专利申请(申请号：201210496602.1)等一系列相关技术成果，在理论上和实验室阶段解决了以离子液体为溶剂的溶剂制备和回收等关键技术问题，使作为溶剂和凝固浴组分的离子液体得到有效的回收，回收率高达 95.0%～99.9%，可进行纤维素纤维的连续生产。在溶剂制备与纺丝工艺方面，东华大学获得了"溶剂法纤维素纤维的纺丝原液的制备工艺"发明专利(专利号：ZL02151225.6)、"溶剂法纤维素纤维纺丝的复合喷丝板"发明专利（专利号：ZL200610117933.4）等专利技术成果；中国纺织科学研究院也拥有"一种纤维素纺丝液的制备方法"发明专利（专利号：ZL200710063744.8）、"一种纤维素纤维的纺丝方法和一体化设备"发明专利（专利号：ZL200710098484.8）等。2012年中国纺织科学研究院与新乡化纤合作建成的国产化年产千吨级Lyocell纤维产业化示范线稳定运行。2014年5月30日，恒天天鹅股份有限公司在河北高阳上马6万吨/年Lyocell纤维项目。2015年8月13日，成立于2010年的山东英利实业有限公司也宣布进军Lyocell纤维领域。

如前所述，出于企业当时面临的特定发展瓶颈和资源状况，丝丽雅选择了在粘胶纤维技术轨道持续"深耕"，先后突破了"效率瓶颈"和"资源瓶颈"，通过知识产权的快速跟进，保障丝丽雅赢得创新所得，形成了竞争优势。同样是在粘胶纤维领域，丝丽雅也在克服"环保瓶颈"方面作出了积极努力。标志性事件是2010年9月22日，丝丽雅提出的"棉短绒氧解制备溶解浆的方法"发明专利申请（CN 200810044654）获得授权。在此基础上，丝丽雅提出了一系列新型溶解浆制备方法和工艺专利申请并陆续获权，解决了传统溶解浆制浆工艺的污染严重、得率低两大问题。2015年6月，丝丽雅年产12万吨环保型强力生物基纤维"雅赛尔"的新产品生产线投产运行，意味着丝丽雅在既有粘胶法纤维技术轨道上突破"资源瓶颈"和"环保瓶颈"所做的努力形成产业化成果。丝丽雅在粘胶纤维领域依靠创新突破发展瓶颈而获得的成功，与其如影随形的知识产权创造、运营、保护和组织工作密不可分。

由此可见，由于特定的企业生存环境和发展瓶颈、产业技术发展轨迹、公司治理结构和组织文化等多种因素影响，丝丽雅形成了自身独特的技术能力发展路径和个性，以及相应的知识产权管理策略集合。只是，丝丽雅在既有粘胶纤维技术轨道上"深耕"成本和技术并获得成功的同时，溶剂法纤维技术轨道涌现，全球生物基纤维素纤维产业面临重新洗牌的格局。在这种情形下，丝丽雅又该如何应对，是需要特别考量的。